Thomas Scharff
Die Kämpfe der Herrscher und der Heiligen

Symbolische Kommunikation in der Vormoderne

Studien zur Geschichte, Literatur und Kunst

Herausgegeben von
Gerd Althoff, Barbara Stollberg-Rilinger
und Horst Wenzel

Thomas Scharff

Die Kämpfe der Herrscher und der Heiligen

Krieg und historische Erinnerung
in der Karolingerzeit

Wissenschaftliche Buchgesellschaft

Die Deutsche Bibliothek – CIP-Einheitsaufnahme
Ein Titeldatensatz für diese Publikation ist bei
Der Deutschen Bibliothek erhältlich.

Das Werk ist in allen seinen Teilen urheberrechtlich geschützt.
Jede Verwertung ist ohne Zustimmung des Verlages unzulässig.
Das gilt insbesondere für Vervielfältigungen,
Übersetzungen, Mikroverfilmungen und die Einspeicherung in
und Verarbeitung durch elektronische Systeme.

© 2002 by Wissenschaftliche Buchgesellschaft, Darmstadt
Gedruckt auf säurefreiem und alterungsbeständigem Papier
Printed in Germany

Besuchen Sie uns im Internet: www.wbg-darmstadt.de

ISBN 3-534-15990-X

Inhalt

Vorwort IX

Einleitung: Der Krieg im Mittelalter und seine Erforschung 1
  I. Forschungsüberblick: Die Beschäftigung mit dem Krieg in der Mediävistik 2
  II. Das Anliegen der Arbeit: Thema und Vorgehen 5
    1. Theoretischer Ansatz 5
    2. Methodisches Vorgehen 7
    3. Auswahl der Quellen und Untersuchungszeitraum 8
      a) Die Quellengrundlage: Der erweiterte Gebrauch des Historiographiebegriffs 8
      b) Das 9. Jahrhundert als Untersuchungszeitraum 10

I
Der Krieg in den Quellen

Erstes Kapitel – Der Krieg in den Fürstenspiegeln: Geistliche Ermahnung und praktische Ratschläge 15
  I. Mahnbriefe und Fürstenspiegel bis zur Zeit Karls des Großen 16
  II. Die Fürstenspiegel des 9. Jahrhunderts 17
    1. Die ‚Via regia' Smaragds von St.-Mihiel und mit ihr verbundene Texte 17
    2. Die Schriften Jonas' von Orléans und Hinkmars von Reims 19
      a) Jonas von Orléans 19
      b) Hinkmar von Reims 22
    3. Die Mahnschreiben Lupus' von Ferrières an Karl den Kahlen 23
    4. Der ‚Liber de rectoribus christianis' des Sedulius Scottus . 24
  III. Zusammenfassung: Fürstenspiegel und Krieg 27
  IV. Exkurs: Die Vegetius-Rezeption im 9. Jahrhundert 29

Zweites Kapitel – Der Krieg in der Hagiographie: ‚Gegenwelten' und Barbarenkämpfe 32
  I. Die *milites Christi* im Krieg gegen Dämonen, Heiden und Häretiker 33

II. Die Welt des Heiligen als ‚Gegenwelt' zur Welt des Kriegers . 36
III. Der reale Krieg im Leben des Heiligen 38
   1. Der Krieg als Störung des geistlichen Kampfes
      der Heiligen 38
   2. Normanneneinfälle und Translationsberichte in
      Westfranken 40
   3. Der Krieg zur Ausbreitung des Glaubens: Die sächsische
      Hagiographie 43
IV. Der Heilige im Krieg 45
V. Zusammenfassung: Krieg und Hagiographie 50

Drittes Kapitel – Der Krieg in der Dichtung: Panegyrik und
Realismus 53
  I. Ermoldus Nigellus und die Taten Ludwigs des Frommen . . . 54
   1. Der Feldzug von 818 gegen die Bretonen 55
   2. Die Eroberung Barcelonas 58
   3. Friedliebend und im Krieg unbesiegbar: Gegenseitige
      Ergänzung von Krieg und Frieden im Werk Ermolds 60
   4. Das Antlitz des Krieges 62
 II. Weitere Darstellungen des Krieges in der Dichtung der
    Karolingerzeit 65
   1. Ermolds Vorgänger: Die Zeit Karls des Großen 65
   2. Spätere epische Formen des Herrscherlobs um die Wende
      zum 10. Jahrhundert 69
     a) Die ‚Gesta Karoli' des Poeta Saxo 69
     b) Die ‚Gesta Berengarii' 71
   3. Dichtungen auf große militärische Ereignisse 73
     a) Das ‚Ludwigslied' 74
     b) Sedulius Scottus, ‚De strage Normannorum' 76
     c) Das Gedicht Abbos von Saint-Germain-des-Prés über
        die Belagerung von Paris 77
   4. Klagen 80
     a) Angelberts Rhythmus über die Schlacht bei Fontenoy . 80
     b) Florus von Lyons ‚De divisione imperii' 80
     c) Das Gedicht über die Gefangennahme Ludwigs II. . . . 81
     d) Klagen über die Zerstörung Lindisfarnes,
        Mont-Glonnes und Aquilejas 82
III. Zusammenfassung: Dichtung und Krieg 83

Viertes Kapitel – Der Krieg in der Historiographie: Legitimierung
der karolingischen Dynastie und Krisenbewältigung 87
  I. Die karolingische Historiographie im 9. Jahrhundert 88

Inhalt VII

  II. Der Krieg in den verschiedenen Formen der karolingischen
Geschichtsschreibung 91
    1. Die Annalistik 92
    2. Die Universalgeschichte 95
    3. Die Viten 98
    4. Die Gesta episcoporum und Gesta abbatum 100
    5. Nithards Historien 102
 III. Zusammenfassung: Historiographie und Krieg 103

II
Kategorien der Darstellung

Fünftes Kapitel – Krieg und Zeit 109
   I. Der Krieg in der Zeit des Herrschers: Die Strukturierung der
Jahre nach den in ihnen geführten Kriegen 109
    1. Der jährliche Krieg 109
    2. Der Krieg in den Jahren 114
    3. Die verlorene Zeit 119
    4. Zyklische und lineare Zeit 120
  II. Der Krieg im Ablauf des Jahres 121
 III. Zeit des Krieges – Zeit der Jagd 124

Sechstes Kapitel – Krieg und Raum 129
   I. Die Grenzen des Raumes 131
    1. Die Erweiterung der Christianitas 131
    2. Der Kampf als Überwindung der Grenze und als Besetzung
des Raumes 134
      a) Die Stadtmauer als Grenze und als Chiffre des zu
erobernden Raumes 134
      b) Die *vastatio* als symbolische Besetzung des Raumes . . . 138
  II. Die Qualität des Raumes: Ausbau und Störung der
Sakraltopographie 146
    1. Der Ausbau der Sakraltopographie 147
    2. Die Störung der Sakraltopographie durch die Barbaren . . 148
 III. Die ‚Präzision' der Lokalisierung: Der Krieg im physischen
und metaphysischen Raum 150

Siebtes Kapitel – Krieg und Herrschaft 153
   I. Die Schlacht als Gottesurteil 155
  II. Die Bedeutung des Eides für Herrschaft und Krieg 158
    1. Der Eid bei Nithard 158
    2. Eid und Krieg 162

III. Die Verrechtlichung der Darstellung des Krieges	165
1. Der gerechte Krieg	166
2. Der Kampf gegen ‚Tyrannen' und ‚Rebellen'	167
a) Gegner als Tyrannen	168
b) Widerstand als Rebellion	171
IV. Die religiöse Dimension des Krieges	174
1. Die Hilfe Gottes und der Heiligen	175
2. Das Eingreifen des Teufels	178
3. Der Herrscher als Bewahrer des christlichen Volkes vor gegenseitigem Morden	181
4. Begründungen des Krieges gegen Christen und Ermahnungen zu normgerechtem Verhalten	182
V. Friede oder gerechter Krieg als Ziel von Herrschaft?	184

Achtes Kapitel – Krieg und Erinnerung: Die Namen der Helden im kulturellen Gedächtnis	189
I. Erinnerung als Zweck der Verschriftung von Geschichte	189
II. Die Erinnerung an Personen und Ereignisse im Verlauf des historischen Geschehens	192
1. Erinnerung und Vergessen der Heldentaten	192
2. Die Größe des Sieges	197
3. Einen Namen gewinnen oder verlieren	200
III. Der Zusammenhang von historischer und kultischer Erinnerung	203
1. Historiographie und Dichtung	203
2. Epitaphe auf verstorbene Große	205
3. Das Verschweigen von Namen	209
IV. Der Krieg im kulturellen Gedächtnis	210
1. Liturgische Memoria	211
2. Die Erinnerung der Kriege im Rahmen der christlichen Heilsgeschichte	213

Zusammenfassung und Ausblick	215
Anmerkungen	225
Quellen und Literatur	291
Abkürzungen	291
I. Quellen	291
II. Sekundärliteratur	298
Register	327

Vorwort

Am Anfang dieses Buches – und also auch am Ende der Arbeit daran – möchte ich denen danken, die mein Unternehmen begleitet und gefördert haben. Ich tue das sehr gern, da mir dies noch einmal die Verbundenheit mit den Genannten ebenso wie ihre Beteiligung an dem Entstandenen vor Augen führt.

Die vorliegende Studie wurde im Jahr 2000 vom Fachbereich Geschichte/Philosophie der Westfälischen Wilhelms-Universität Münster als Habilitationsschrift angenommen. Der anregenden und weiterführenden Kritik der Gutachter – Professor Gerd Althoff, Professor Arnold Angenendt, Professor Hans-Werner Goetz, Professor Johannes Hahn und Professor Hagen Keller – habe ich sehr viel zu verdanken. Herrn Althoff danke ich überdies, gemeinsam mit den anderen Herausgebern, für die Aufnahme der Arbeit in diese Reihe zur „Symbolischen Kommunikation in der Vormoderne".

Mein akademischer Lehrer Hagen Keller hat mich nicht nur in meinem Interesse an der Historiographie auf die Karolingerzeit verwiesen, sondern er hat mir auch in der Phase des Schreibens der Arbeit, in der ich sein Assistent war, den nötigen Freiraum gelassen und mir jederzeit seinen Rat und seine Unterstützung gegeben. Zudem hatte ich das Glück, während der gesamten Zeit der Abfassung in Thomas Lentes einen Freund und Gesprächspartner zu haben, der sich meine Ideen immer geduldig anhörte, meine halbfertigen Manuskripte bereitwillig las und sie in oft langen Gesprächen mit mir diskutierte.

Meine Frau Monika Geschermann-Scharff hat sich von mir über die Jahre hinweg mehr über den Krieg im 9. Jahrhundert anhören müssen als alle anderen Genannten. Ohne die Gespräche mit ihr hätte ich die Studie so nicht schreiben können. Daß sie zudem, wie immer, alle Teile der Arbeit gelesen, kommentiert und korrigiert hat, danke ich ihr von Herzen. Ihr und unseren beiden Töchtern Henrike und Pauline widme ich dieses Buch.

Münster, im Dezember 2001   Thomas Scharff

Einleitung:
Der Krieg im Mittelalter und seine Erforschung

Am Anfang der fränkischen Geschichtsschreibung steht der Krieg: ‚Ich will schreiben von den Kriegen der Könige mit den feindlichen Völkern, der Märtyrer mit den Heiden, der Kirchen mit den Ketzern', sagt Gregor von Tours am Beginn der Vorrede zum ersten Buch seiner ‚Historien'[1]. Über den Krieg schreiben wollen auch seine Nachfolger in der Karolingerzeit, um deren Werke es in dieser Arbeit geht. Wie Gregor bereits zeigt, handelt es sich dabei um Kriege oder Kämpfe sehr unterschiedlicher Art. Der geistliche Kampf der Märtyrer und Kirchen wird aber in einem Atemzug genannt mit dem ‚realen' Krieg der Könige gegen die Fremdvölker. Krieg hat also immer eine überweltliche Dimension. Er ist für die Menschen des Frühmittelalters mehr als die handfeste Auseinandersetzung auf dem Schlachtfeld. Deshalb bedarf der Krieg für sie der Eingliederung in die göttliche Weltordnung, der Interpretation und Zuordnung.

Die zentrale Bedeutung, die Gregor dem Krieg für seine Darstellung der Geschichte der Franken beimißt, erweist sich im interkulturellen Vergleich oftmals als konstitutiv. Sie steht nicht nur am Anfang der fränkischen, sondern auch am Beginn der gesamten abendländischen Historiographie. Bereits der ‚Vater der Geschichtsschreibung', Herodot, wollte die Auseinandersetzungen zwischen Griechen und Persern beschreiben und die Gründe aufdecken, ‚warum sie untereinander Krieg geführt haben'[2]. Und der erste ‚echte' Historiker, Thukydides, wählte sich den Krieg zwischen Athen und Sparta zum Gegenstand seines Werkes[3].

Bei dieser Omnipräsenz des Krieges in der Historiographie liegt es nahe, sich der Geschichtsschreibung selbst über den Krieg zu nähern, da er das verbindende Element zwischen Werken ganz unterschiedlicher Provenienz ist. Denn der Krieg ist nicht nur Gegenstand und Thema der Geschichtsschreibung, sondern in entscheidender Weise auch Grund dafür, daß Geschichte überhaupt verschriftet wird. Wenn er auch sicherlich nicht der ‚Vater aller Dinge' ist, so ist er doch zumindest einer der Väter der Historiographie. Das hat nicht zuletzt seinen Grund darin, daß der Krieg als Streit mindestens zweier Parteien immer auch mindestens zwei Interpretationen der Auseinandersetzung und ihres Verlaufs zuläßt, die bei den jeweiligen Gegnern häufig offizielle Geltung erlangen.

In der Art, wie der Krieg in den schriftlichen Formen dargestellt und wie über den Krieg gesprochen wird, müßten sich, so die Ausgangsüberlegung der vorliegenden Studie, generelle Aussagen über die Art der Darstellung von Geschichte in den Quellen machen lassen. Es steht also zu vermuten, daß man über die Untersuchung der Darstellung des Krieges nicht nur Erkenntnisse über ihn selbst, sondern über die Quellen insgesamt erlangen kann. Zum Verständnis des gewählten Ansatzes wird im folgenden ein kurzer Überblick über die Richtungen bei der Erforschung des Krieges innerhalb der Mediävistik gegeben. Daran schließt sich die Ausführung der Fragestellung dieser Studie an, um zu zeigen, wie sich die Arbeit in die bisherige Forschung einordnet.

I. Forschungsüberblick: Die Beschäftigung mit dem Krieg in der Mediävistik

Bei der Erforschung des Krieges in der Mediävistik kann in methodischer und thematischer Hinsicht vielfach eine Orientierung an allgemeinen Entwicklungen innerhalb der Geschichtswissenschaft beobachtet werden. Gleichzeitig ist seine Erforschung – wahrscheinlich stärker, als es auf vielen anderen Gebieten der Fall ist – verknüpft mit der lebensweltlichen Erfahrung der sich mit dem Krieg beschäftigenden Historiker. Mehr als andere Themen ist der Krieg niemals frei von vor- und außerwissenschaftlichen Interessen. Ohne an dieser Stelle einen vollständigen Überblick über die Literatur zum Thema ‚Krieg im Frühmittelalter' geben zu wollen, sollen im folgenden die wesentlichen Ansätze und Entwicklungen innerhalb der Forschung vorgestellt werden.

Im Rahmen einer an politischen Ereignissen orientierten Geschichtswissenschaft spielte auch der Krieg als Ultima ratio der Politik immer eine wichtige Rolle. Solange der Krieg auch von Historikern weitgehend als eine mögliche, wenn auch möglichst zu vermeidende Form der Interaktion zwischen den von ihnen als Subjekte der Geschichte begriffenen handelnden Staaten betrachtet wurde, solange war Kriegsgeschichte normaler Bestandteil der allgemeinen Geschichte. Davon zeugen zum einen eine ganze Reihe von Kriegsgeschichten bis in die erste Hälfte des 20. Jahrhunderts, in denen auch das Mittelalter seinen Platz hat oder die sogar als Überblicksdarstellungen vollständig dem Mittelalter gewidmet sind[4]. Krieg wird in diesen Arbeiten oftmals aus rein militärischer Sichtweise betrachtet[5]. Zum anderen zeugt davon die vor allem in der deutschen Mediävistik, die traditionell stark auf Rechts- und Verfassungsgeschichte ausgerichtet war, vorhandene Verknüpfung der Militärgeschichte mit eben diesen Themen. Vielfach wurde, wie etwa von Wilhelm Erben, der „Rechtscharakter des Krieges im Mittelalter" untersucht mit dem Ziel, den Krieg und vor allem die Schlacht als Entscheidung von Streitfällen in rechtlichen Kategorien darzustellen[6]. Darüber hinaus wurden militärische Entwicklungen bei der Herausbildung des Lehnswesens untersucht, bis hin zu Otto Brunners Postulat des direkten Zusammenhangs von Einführung von Reiterheeren in der Karolingerzeit und der Entwicklung der Lehnsabhängigkeit[7].

Nach dem Ende des Zweiten Weltkriegs fand diese ‚klassische' Militärgeschichte in Deutschland kaum noch eine Fortsetzung, abgesehen von einigen Arbeiten, die sich mit den genannten rechts- und verfassungsgeschichtlichen Thesen auf der Grundlage neuerer Theorien auseinandersetzen[8]. Außerhalb Deutschlands, vor allem im angelsächsischen Sprachraum, gibt es hingegen eine bis heute andauernde Tradition militärhistorischer Arbeiten, in denen die verschiedensten Aspekte von Krieg und Kriegführung thematisiert werden[9]. Zunehmend bedeutender wurden aber auch vor allem sozialgeschichtliche Fragestellungen, wie etwa in Arbeiten von Jean François Verbruggen und François Louis Ganshof. Auf diese Weise wurden die rechtshistorischen Ansätze in einem anderen Zusammenhang fortgeführt[10].

Mit der Konfrontation der Weltmächte im Kalten Krieg und den Diskussionen um Frieden und Abrüstung läßt sich auch in der Mediävistik ein Rückgang des Krieges als Untersuchungsgegenstand zugunsten der Friedensproblematik beobachten. Dabei konnte neben anderen Vorgängern[11] vor allem an ältere Forschungen zu den Gottesfrieden oder ihrer Weiterung, den Landfrieden, angeknüpft werden, die Zentralprobleme mittelalterlicher ‚Staatlichkeit' berühren und für die Verfassungsgeschichte schon immer von großer Bedeutung waren[12]. Nun wurden sie stärker in den Kontext gesellschaftlicher Entwicklungen eingebunden[13]. Dazu traten Untersuchungen über den Charakter des ‚Pazifismus' innerhalb religiöser Bewegungen des Hoch- und Spätmittelalters wie der Franziskaner, Waldenser und Hussiten auf der Grundlage der Pazifismusdiskussion der achtziger Jahre[14]. In diesem Kontext entstand auch eine ganze Reihe von Überblicken über die mittelalterliche Friedensproblematik, die zum Teil auch darum bemüht sind, die frühmodernen Weiterungen des Themas zu verdeutlichen[15].

Mit der Rückkehr des Krieges nach Europa auf dem Balkan scheint der Krieg als Untersuchungsgegenstand auch in der Forschung wieder an Relevanz zuzunehmen, wie in den Kulturwissenschaften immer wieder festgestellt wird[16]. Dabei haben sich die Interessen und die methodischen Zugänge der Historiker weiterentwickelt sowie die Fragen nach dem, was auch in anderen Bereichen der Geschichtswissenschaft von Bedeutung ist. Zwei Themenbereiche scheinen mir hier vorrangig zu sein: Zum einen geht es um den Zusammenhang von Krieg und Gewalt und ihrem Stellenwert in einem Zeitalter, dem allgemein eine hohe Gewaltbereitschaft und

-präsenz zugesprochen wird. Zum anderen wird in zunehmendem Maß der Frage nach den ‚Bildern' und ‚Vorstellungen' vom Krieg sowohl in konkreter als auch in übertragener Weise nachgegangen.

Dabei hat sich in der Gesamteinschätzung nicht viel verschoben. Krieg und Gewalt werden immer noch als eine der Grundlagen der *conditio humana* im Mittelalter betrachtet[17]. Zunehmend wird aber danach gefragt, welchen Stellenwert Gewalt konkret in den mittelalterlichen Gesellschaften hatte und in welcher Weise Gewalt nach innen und nach außen kontrolliert und gelenkt wurde[18]. Für das spätere Mittelalter geht es dabei vor allem um Formen der Fehdeführung sowie um deren zunehmende Beschränkung und Kriminalisierung[19]. Zudem wird der Zusammenhang von innerstädtischer Gewalt und Rechtsdurchsetzung erforscht[20]. Gewalt wird hier in erster Linie als inneres Phänomen von Gruppen interpretiert. Mit diesen Arbeiten verbunden sind Studien zur Wahrnehmung von Konflikten, die versuchen, die Sichtweisen in den Auseinandersetzungen zu rekonstruieren und damit Hintergründe für gewaltsame Austragung von Streit aufzudecken[21].

Auch bei der Erforschung von Kriegen und Konflikten im früheren Mittelalter haben sich vor allem rechts- und kulturanthropologische Fragestellungen und deren Anwendung auf die Geschichte Europas befruchtend ausgewirkt[22]. Dabei stehen die Probleme von Ritualisierung der Kriegführung und ritualisierter Konfliktaustragung oder auch Konfliktvermeidung im Zentrum. Ersteres hat Janet Nelson für das Karolingerreich, letzteres vor allem Gerd Althoff für das gesamte frühere Mittelalter mit Betonung der ottonischen und salischen Zeit untersucht[23]. Durch diese Arbeiten werden zunehmend die ‚Regeln' deutlich, durch die frühmittelalterliche Konflikte gesteuert wurden und welche die scheinbar grenzenlose Gewaltanwendung in dieser Epoche zügelten. Im Kontext der Ritualisierung bekommt auch die Untersuchung der mit dem Krieg verbundenen liturgischen Formen, wie sie Michael McCormick vornimmt, eine grundlegende Bedeutung[24]. Hiermit werden Arbeiten zum Verhältnis von Kirche und Krieg im frühen Mittelalter auf einer anderen Ebene ergänzt[25].

Diese Ansätze zu einem neuen Verständnis des Krieges im Mittelalter werden auch immer stärker auf jene mittelaltertypischen Spezialthemen angewendet, die grundsätzlich eng mit der Militärgeschichte verbunden sind und, unabhängig von neuen Forschungsrichtungen, immer Gegenstand der Forschung waren, wie etwa Rittertum[26] oder Kreuzzüge[27]. So lassen sich etwa bei der Erforschung der spanischen Reconquista die konstatierten Wandlungen bei den Fragestellungen zeigen, wenn – um nur zwei Beispiele zu nennen – nach den sozialen und wirtschaftlichen Implikationen der Reconquista[28] oder nach den Deutungsmustern des Heiligen Krieges auf der Iberischen Halbinsel[29] gefragt wird.

II. Das Anliegen der Arbeit: Thema und Vorgehen

1. Theoretischer Ansatz

Die vorliegende Studie bemüht sich um einen von den bisherigen Forschungen abweichenden, neuen Zugang, auch wenn sie vor allem den genannten Arbeiten von Janet Nelson und Gerd Althoff wichtige Anregungen verdankt. Im Mittelpunkt steht nicht die Rekonstruktion von Verhaltensmustern im Krieg oder von Vorstellungen über den Krieg, sondern eine Analyse der Beschreibungen des Krieges selbst. Es geht um die Frage, in welchen Formen das kriegerische Geschehen in verschiedenen Quellengattungen verschriftet und in welcher Weise somit über den Krieg gesprochen wird.

Es wird also gefragt, wie der Krieg von den Schreibenden in ihren Kosmos eingeordnet, mit Sinn gefüllt, der historischen Erinnerung, dem kulturellen Gedächtnis eingefügt wird[30]. Dieser Frage liegt die Überlegung zugrunde, daß Gesellschaften – unabhängig davon, ob sie sehr stark oder weniger intensiv auf Kriegführung ausgerichtet sind – in bestimmter Hinsicht durch ihr Verhältnis zum Krieg charakterisiert werden können, so daß dieses Verhältnis auch als Vergleichsparameter zwischen Gesellschaften dienen kann. Charakterisiert werden kann eine Gesellschaft im interkulturellen oder historischen Vergleich unter anderem durch die Formen, in denen sie ihre inneren und äußeren Konflikte austrägt, vermeidet oder provoziert, aber auch durch die Art des ‚Umgangs' mit Krieg und Konflikten auf intellektueller Ebene. Das führt weniger zur Frage, wie man Konfliktverhalten und -austragung aus den Quellen rekonstruieren kann, sondern vielmehr zur Frage, auf welche Art das kriegerische Geschehen verschriftet und damit in den Prozeß der kulturellen Erinnerung eingegliedert wird[31].

Dieses Vorgehen resultiert vorrangig aus zwei verschiedenen Überlegungen: Zum einen baut die Arbeit auf einer Erkenntnis auf, die in letzter Zeit in der Forschung immer stärker vertreten wird, daß nämlich die Kriegführung wie das gesamte Handeln der Menschen des früheren Mittelalters – vor allem der Herrscher – in hohem Maß durch Ritualisierung und Zeichenhaftigkeit geprägt war[32]. Hier wird nun die These vertreten, daß der Ritualisierung und Zeichenhaftigkeit des Handelns gleichermaßen eine ausgeprägte Zeichenhaftigkeit bei der Darstellung der Ereignisse entspricht. Es ist naheliegend, daß Menschen, die es gewohnt sind, sich in einer Welt zu orientieren, in der ein stark ritualisiertes Verhalten wesentliche Bereiche des öffentlichen und privaten Handelns bestimmt, auch ihr Denken und ihre Erfahrung von Geschichte an diesen Kriterien ausrichten. Auf diese Weise kommt es dazu, daß auch die öffentlichen Ereignisse – unter ihnen der Krieg –, um die allein es in den Quellen geht, in einer Art dargestellt werden, die in ausgeprägter Form solche rituellen Handlungsweisen imitiert. Die Darstellungen sind damit für die Zeitgenossen leicht verständlich, für die heutige Zeit müssen sie aber gleichsam dechiffriert werden. In dieser Studie wird das vor allem hinsichtlich verschiedener Begriffe, wie dem der *vastatio* oder der Darstellung der Mauer bei Belagerungen, aber auch hinsichtlich der gesamten Darstellung des Krieges in Raum und Zeit und im Hinblick auf Herrschaft vorgenommen. Wird, um ein Beispiel für die Problematik zu geben, dem überlegenen Belagerer einer Stadt ein Schlüssel in einem Symbolakt übergeben, wie es die Quellen zu behaupten scheinen, oder steht die Übergabe als Chiffre für ‚Sieg' in den Quellen? Bevor man daran geht, ritualisiertes, symbolisches Verhalten aus den Texten zu rekonstruieren, ist es meines Erachtens notwendig, die symbolischen Formen, in denen Verhalten oder Tatbestände beschrieben werden, zu dechiffrieren. Daraus ergibt sich nicht zwangsläufig ein Widerspruch, oftmals wird zwischen Handeln und Darstellen nicht methodisch sauber zu trennen sein.

Zum anderen wird die Arbeit von der Überzeugung geleitet, daß es in den Zeiten nach dem ‚linguistic turn' oder der ‚thick description' notwendig ist, sich neben den traditionellen Formen der Quellenkritik ein Instrumentarium zu erarbeiten, mit dessen Hilfe man die Quellen analysiert, bevor man sich auf die – im wertneutralen Sinn positivistische – Ebene der Rekonstruktion von Verhalten oder mentalen Dispositionen begibt[33]. Was für historische Fakten längst feststeht, kann auch über Mentalitäten, Verhaltensweisen und ähnliches ausgesagt werden: Weder Fakten noch Verhaltensmuster oder Einstellungen lassen sich wirklich und letztendlich überprüfbar aus den Quellen ‚rekonstruieren'. Eine um so größere Bedeutung hat daher die Erzählung selbst, die narrative Struktur. Die Diskurse über den Krieg zu analysieren müßte als ‚moderne' Form der Quellenkritik jeglicher weiteren Beschäftigung mit den Texten vorausgehen. In der Analyse des Redens über den Krieg soll hier beispielhaft versucht werden, narrative Struktur und Darstellungsmodi – die historische Semantik also – als Gegenstände der historischen Quellenkritik zu etablieren.

Auf einer anderen Ebene, aber mit den genannten Fragen verbunden, soll zudem untersucht werden, auf welche Weise der Krieg in die historische Erinnerung der Karolingerzeit Eingang gefunden hat. Dabei wird Erinnerung als Prozeß aufgefaßt: Welche Darstellungsformen wurden tradiert? Welche Fragen wurden dabei diskutiert? Welche Ideen wurden propagiert? Am Ende der Arbeit sollte nicht eine Erkenntnis darüber stehen, wie die Karolinger Krieg geführt haben, sondern wie ihre ‚Intellektuellen' den Krieg aufgezeichnet und damit ‚verarbeitet' haben. Das ist nicht zuletzt auch eine quellenkritische Fragestellung, denn wer weiß, wie, mit welchen Intentionen und unter welchen Konventionen der Krieg, das kriegerische Geschehen in die Quellen gelangt, der kann die Quellen anschließend anders interpretieren. Es ist auch eine anthropologische Frage, denn der Krieg ist natürlich nicht eine Besonderheit des 9. Jahrhunderts, sondern kann einen wichtigen Ansatzpunkt für interkulturelle Vergleiche bieten[34].

2. Methodisches Vorgehen

Der Frage nach der Darstellung des Krieges soll in zwei Schritten nachgegangen werden, für die die beiden großen Teile der Arbeit stehen. Zunächst werden die unterschiedlichen Quellengattungen – Fürstenspiegel, Hagiographie, historische Dichtung und Historiographie – jeweils in eigenen Kapiteln untersucht. Anschließend werden vier verschiedene Kategorien der Darstellung herausgegriffen, um an ihnen gemeinsame Strukturen herauszuarbeiten. Dabei handelt es sich zum einen um die grundlegenden Kategorien jeglicher historischen Darstellung – ‚Zeit', ‚Raum' und ‚Erinnerung' –, zum anderen um die Kategorie der ‚Herrschaft' als der wichtigsten Kategorie sozialer Organisation und Interaktion.

Bei der Untersuchung der Quellen soll dem Problem Rechnung getragen werden, daß sehr unterschiedliche Quellengattungen für die Beantwortung der Fragestellung zusammen untersucht werden müssen. Die Grundlage bildet die Historiographie des 9. Jahrhunderts, die vor allem für die Untersuchung der einzelnen Kategorien herangezogen und durch weitere Quellen ergänzt werden soll. Daß alle diese Quellen in engem Zusammenhang mit der Geschichtsschreibung gesehen werden müssen, ergibt sich aus dem von ihnen Dargestellten: Bei der Dichtung geht es um Werke, die historische Ereignisse behandeln; Hagiographie ist eine Form mittelalterlicher Darstellung von Geschichte; und die Fürstenspiegel schließlich argumentieren, gerade wenn es um die Funktion und Aufgabe des Herrschers im Krieg geht, in erster Linie mit historischen Belegen. Wenn auch alle Quellen vom Krieg erzählen, so ist es doch angebracht, die Gattungen zunächst einzeln zu untersuchen, da sich in ihnen je eigene Funktionen des Krieges und Formen der Darstellung zeigen lassen, die man nicht von vornherein einfach unter die verschiedenen Kategorien subsumieren kann.

Aufgrund der ganz unterschiedlichen Struktur der Quellen können sie nicht nach einem gleichen Schema untersucht werden, vielmehr muß ihren Eigenheiten Rechnung getragen werden. Da die Historiographie die für das Thema ergiebigste und wichtigste Quellengattung ist, deren Beispiele im zweiten Teil der Arbeit am stärksten herangezogen und teilweise auch an entsprechender Stelle insgesamt ausgiebig diskutiert werden (z. B. Nithard im Kontext der Eide), wird sie im ersten Teil kürzer und summarischer behandelt als die anderen Gattungen. Es geht vor allem darum zu zeigen, welche Rolle der Krieg in den einzelnen historiographischen Genera spielt. Bei Fürstenspiegeln und Dichtungen hingegen bietet sich ein Zugriff über die Analyse der einzelnen untersuchten Werke an, da die Darstellung und Funktion des Krieges in den verschiedenen Beispielen sehr unterschiedlich ist. In der sehr umfangreichen hagiographischen Überlieferung schließlich spielt der Krieg eine insgesamt keineswegs zentrale Rolle, so daß sich aus einzelnen Werken oftmals jeweils nur wenige Aussagen ziehen lassen. Deshalb wird in diesem Fall ein systematischer Zugriff angestrebt, der die Belege in einen größeren Zusammenhang einordnet. Diese Unterschiede im Zugriff tragen der Unterschiedlichkeit des untersuchten Materials Rechnung.

Bei der Untersuchung einzelner Kategorien der Darstellung des Krieges werden die in ihrer Sichtweise stark voneinander abhängigen und oft von denselben Autoren verfaßten Quellengattungen zusammen betrachtet. Die jeweils zu verfolgende Frage ist, welche gemeinsamen und damit für die Epoche grundlegenden Tendenzen sich aus den Quellen rekonstruieren lassen: Wie wird der Krieg zum Beispiel in die Zeit eingeordnet? Welche Bedeutung kommt ihm innerhalb welchen Zeitbegriffs zu? Erst wenn man solche Fragen geklärt hat, kann man mit einzelnen Schilderungen konkreter kriegerischer Ereignisse bewußt umgehen und sie reflektiert auf einer zureichenden Basis interpretieren.

3. Auswahl der Quellen und Untersuchungszeitraum

Die skizzierten Fragestellungen könnten in den verschiedensten Epochen und anhand unterschiedlicher Quellen untersucht werden. Jedoch bietet sich die Karolingerzeit und ihre Überlieferung in besonderem Maß an, zum Ausgangspunkt der Untersuchung gemacht zu werden, wie im folgenden zu erörtern ist.

a) Die Quellengrundlage: Der erweiterte Gebrauch
   des Historiographiebegriffs
Die Überlegungen zu dieser Arbeit gingen ursprünglich von der Untersuchung historiographischer Quellen aus. Es war zunächst geplant, nach der Darstellung des Krieges in der Geschichtsschreibung zu fragen. Ein Blick auf die Überlieferung zeigte aber sehr schnell, daß eine solche Eingrenzung kaum sinnvoll und erklärbar ist. So kann man, wenn man die Viten Ludwigs des Frommen untersucht, schwerlich darauf verzichten, das

panegyrische Gedicht des Ermoldus Nigellus hinzuzuziehen, welches das Bild dieses Herrschers in der Forschung sehr stark geprägt hat und das in letzter Zeit auch im rein positivistischen Sinn stark ‚aufgewertet' worden ist[35]. Dabei müssen aber andere Maßstäbe gelten als bei der Historiographie, da ein Dichter ganz andere und sehr viel freiere Möglichkeiten hat, mit seinem Stoff umzugehen als ein Historiograph[36]. Daher bietet sich eine gesonderte Untersuchung an, in die dann auch neben Ermoldus Nigellus die weitere historische Dichtung des Zeitalters einzubeziehen ist, da die anderen Dichter nicht weniger als er auf historische Ereignisse rekurrieren, ja zuweilen sogar historiographische Werke, wie die ‚Gesta Karoli', in Versform fassen.

Noch deutlicher einsichtig als die Hinzuziehung der Dichtung ist es, auch die Hagiographie mit zu untersuchen. Hagiographie übermittelt aus der Sicht der Zeitgenossen historische Ereignisse[37]. Wie bei der Dichtung ist der Krieg in der Hagiographie nur ein Thema unter anderen. Sie nimmt aber Stellung zu militärischen Ereignissen der Zeit, denn sowohl die Eroberung Sachsens als auch die Normanneneinfälle – um die wichtigsten Themen für die Hagiographie im Kontext der Arbeit zu nennen – werden aus jeweils unterschiedlichen Gründen ausführlich behandelt.

Nicht auf den ersten Blick verständlich könnte die Untersuchung der Fürstenspiegel sein, da es in ihnen natürlich nicht darum geht, historische Ereignisse nachzuerzählen. Sie sind aber als Grundlage von besonderer Bedeutung. In ihnen werden genau jene Werte und Verhaltensmuster tradiert und den Herrschern, um ihnen den idealen König vor Augen zu führen, nahegebracht, die auch in der Historiographie aufgegriffen und an den einzelnen Herrschern verifiziert oder falsifiziert werden. Zudem argumentieren sie ausgesprochen stark mit historischen Mustern, indem sie ihre *exempla* für gute oder schlechte Regierung aus der Geschichte nehmen – und zwar nicht nur aus der biblischen Überlieferung, sondern auch aus den profanen Historikern[38].

Es wird in dieser Arbeit bewußt nicht so weit gegangen, den Begriff der Historiographie in der Form auszuweiten, wie es etwa in dem von Anton Scharer und Georg Scheibelreiter herausgegebenen Tagungsband über Historiographie im frühen Mittelalter geschieht[39]. Dort erscheinen neben den ‚klassischen' historiographischen Genera wie selbstverständlich auch Beiträge zu Narrationes von Urkunden und zum Verhältnis von Liturgie und Geschichtsschreibung – um von der Hagiographie gar nicht zu reden[40]. In Teilen von Urkunden Historiographie zu sehen, ist ein faszinierender und sicher sehr viel weiterführender Ansatz, der hier allerdings nicht gewählt werden soll[41]. Mit diesen Quellen gelangt man in Bereiche, in denen es sehr schwer sein dürfte, noch von Vergleichbarkeit mit den anderen Texten zu sprechen.

b) Das 9. Jahrhundert als Untersuchungszeitraum
Es bietet sich auf besondere Weise an, das 9. Jahrhundert als Zeitraum der Untersuchung zu wählen[42]. Das liegt zum einen an der Vielfalt der Erscheinungsformen und der Permanenz des Phänomens Krieg. Was die Autoren beschreiben wollten, erlebten ihre Zeitgenossen und sie selbst in militärischen Auseinandersetzungen ganz unterschiedlicher Art: Die Franken nahmen an Kriegen teil, die noch unter Karl dem Großen weiter in der Tradition der Eroberungen standen und seit Chlodwig das Fränkische Reich zum größten staatlichen Gebilde des westlichen Mittelalters gemacht hatten. Diese Tradition ist in der Geschichtsschreibung sehr stark präsent, auch oder gerade weil um 800 die Expansion des Fränkischen Reiches merklich nachließ und unter der Regierung Ludwigs des Frommen vollständig zum Erliegen kam[43]. Gleichzeitig erlebten die Menschen seit der Wende vom 8. zum 9. Jahrhundert mit den ‚Invasionen' der Normannen und Muslime quasi den Rückschlag des Pendels, Angriffe vor allem auf den Westen des Frankenreiches, denen sie nun abwehrend und in der Beschreibung oftmals ratlos oder fast panisch gegenüberstanden. Schließlich ereignete sich nach dem Tod Ludwigs des Frommen das, was durch biologischen Zufall in der Thronfolge bei den beiden letzten Herrscherwechseln hatte vermieden werden können: Es kam zum Bruderkrieg zwischen den Söhnen des Kaisers, zum *bellum plus quam civile* in der Typologie Isidors von Sevilla[44], der schlimmsten Form des Krieges, nämlich dem unter Verwandten, in den alle Franken mit hineingezogen wurden. Dieser Umbruch von Expansion zu Defensive und hin zu inneren Auseinandersetzungen läßt besonders interessante Perspektiven in den schriftlichen Darstellungen erwarten, zumal dabei alte Muster der Schilderung und Deutung vermutlich von langer Dauer waren.

Damit ist bereits der zweite Punkt für die Bedeutung des Krieges in der Karolingerzeit angesprochen: Was in dieser Zeit an historischem Geschehen verschriftet wurde, hatte oftmals einen sehr nachhaltigen Einfluß auf das weitere Mittelalter. Karl der Große war für die nachfolgenden Jahrhunderte nicht ein bedeutender oder vorbildlicher Herrscher, sondern, wie es Franz-Josef Schmale treffend ausdrückt, „eine schlechthin konstitutive Persönlichkeit, an deren Leben und in deren Leben deutlich wurde, was überhaupt ein König war und sein sollte"[45]. Dafür spricht nicht nur die breite Überlieferung seiner Vita, sondern auch die in späteren Jahrhunderten immer wieder vorgenommenen Aktualisierungen dieses Herrschers[46]. Da der Grund seiner großen Bedeutung letztlich seine enormen militärischen Erfolge und deren ‚Propagierung' waren, wirkten auch diese als Muster lange Zeit nach, und Karl wurde mit späteren militärischen Ereignissen in Verbindung gebracht. Vor diesem ‚Giganten' mußten seine unmittelbaren Nachfolger zwangsläufig unbedeutend erscheinen, was das

Bild Ludwigs des Frommen bis weit in unsere Zeit hinein als „des großen Königs kleiner Sohn" geprägt hat[47].

Krieg spielt in der Karolingerzeit auch deshalb eine so große Rolle für die Überlieferung, weil sich die Dynastie von ehemaligen Hausmeiern als Herrscher legitimieren mußte. Das tat sie auf der Grundlage ihrer militärischen Erfolge[48], die ihre Vertreter anstelle der merowingischen Könige vollbrachten. Dem Krieg wuchs somit eine ungeheuer wichtige Funktion zu, von der man mit Recht erwarten kann, daß sie auf seine Darstellung zurückgeschlagen ist.

Hinzu kommt weiter die Tatsache, daß es während der Herrschaft Karls des Großen und seiner Nachfolger kaum ein Jahr ohne Krieg gab. Die Omnipräsenz von Krieg und Gewalt ist in dieser Zeit auch für mittelalterliche Verhältnisse sehr hoch. Moderne Historiker haben darüber sehr genau Buch geführt und sind auf nur sehr wenige ‚friedliche' Jahre gestoßen, in denen die Quellen nichts über militärische Unternehmungen verlauten lassen oder sogar betonen, daß es keinen Kriegszug gegeben habe[49]. Letzteres zeigt, wie bemerkenswert es die karolingischen Autoren fanden, wenn ein Jahr ohne Krieg dahinging. Diese Permanenz des Krieges dürfte auch für das an Gewalt gewöhnte Mittelalter nicht unbedingt die Regel gewesen sein.

Besonderes Interesse kommt dem untersuchten Zeitraum schließlich auch deshalb zu, weil sich in ihm bei der ‚Formierung Europas' Wandlungsprozesse im Zuge der Feudalisierung vollzogen. Diese verliehen dem Bild vom Krieg und vom Krieger neue Dimensionen, die eine Tradition begründeten, die für das weitere Mittelalter von höchster Bedeutung sein sollte. Der Zerfall des karolingischen Großreiches und die Umwandlung zu den Nachfolgestaaten stellte zudem Modelle der Herrschaftsausübung infrage. Dabei wurden Vorstellungen vom Herrscher – wobei es immer auch um seine militärischen Aufgaben ging – zur Disposition gestellt, was die Zeitgenossen zu Diskussionen veranlaßte, die in der Überlieferung faßbar werden.

I
DER KRIEG IN DEN QUELLEN

ERSTES KAPITEL

Der Krieg in den Fürstenspiegeln: Geistliche Ermahnung und praktische Ratschläge

Viele der Gedanken und Positionen, die in den Diskursen über den Krieg im 9. Jahrhundert geäußert wurden, sind eng verbunden mit Darstellungen des idealen Herrschers, die gelehrte Theoretiker in Fürstenspiegeln oder Mahnschreiben entwickelten. Mit den Fürstenspiegeln übernahm das Mittelalter aus der Spätantike eine literarische Gattung, die in unterschiedlichen Schriftkulturen vom Alten Orient bis in die Renaissance zu finden ist. Die mittelalterlichen Fürstenspiegel entwickelten sich aus Frühformen in der Merowinger- und frühen Karolingerzeit[1] und erlebten ihre erste Blüte im 9. Jahrhundert. Dort können sie als Kennzeichen gesehen werden „für die Intensität, mit der ... Wesen und Aufgaben des Königtums neu durchdacht und untersucht wurden"[2]. Formal geht es in den Fürstenspiegeln darum, das rechte Verhalten des Herrschers möglichst vollständig mit dem Zweck der grundsätzlichen Wissensvermittlung oder Ermahnung zu erörtern[3]. Inhaltlich behandeln sie vor allem die Stellung des Königs in der Weltordnung, die Bedeutung der Definition des *rex* nach Isidor von Sevilla und seine Kontrastierung mit dem *tyrannus*, die Aufgaben des Königsamtes sowie die Tugenden des Herrschers und ihre Bedeutung für das Wohl seines Volkes[4].

Die Fürstenspiegel insgesamt sowie einzelne ihrer Vertreter sind von der Forschung ausführlich untersucht worden, so daß es ausreicht, hier nur auf die Rolle des Krieges in diesen didaktischen Schriften einzugehen[5]. Das Thema der Heerführung trete, so Otto Eberhardt in seiner Untersuchung der ‚Via regia', in den Fürstenspiegeln seit dem Alten Orient in seiner Bedeutung hinter die anderen, regelmäßig behandelten Herrschaftsaufgaben zurück, nämlich Gottesverehrung und Rechtsprechung[6]. Dabei seien praktische Überlegungen auf wenige ausgewählte Gesichtspunkte reduziert, bei denen vor allem die Fürsorge für die Soldaten und ihre Ausbildung thematisiert würden. Von der unmittelbaren Praxis abgelöst seien Gedanken zur allgemeinen ethischen Haltung des Herrschers, wozu auch seine Frömmigkeit und sein Bemühen um göttlichen Beistand im Krieg zählten.

Es wird zu überprüfen sein, ob sich die von Eberhardt behauptete untergeordnete Bedeutung der Kriegführung aufrechterhalten läßt, wobei gerade das Argument, dieses Thema sei wegen seiner Behandlung am Ende der Schriften weniger wichtig, von vornherein fragwürdig erscheint.

Auch ist es, wie zu sehen sein wird, nicht unproblematisch, die Forderung nach dem Bemühen um göttliche Hilfe von der Praxis der Kriegführung zu lösen und allgemeinen ethischen Prinzipien zuzuordnen.

I. Mahnbriefe und Fürstenspiegel bis zur Zeit Karls des Großen

Grundlegend für die Königsethik und damit auch für die Behandlung des Krieges in den karolingischen Fürstenspiegeln sollten neben merowingischen vor allem westgotische und irische Vorstellungen werden, wie die folgenden Beispiele zeigen: Isidor von Sevilla bekam vor allem dadurch fundamentale Bedeutung, daß er die Königsherrschaft zum Königsamt objektivierte, welches an das Gesetz und die Herrschertugenden gebunden und in die nun erweitert aufgefaßte *ecclesia* integriert war. Für ihn muß der *terror* des Königs erzwingen, was das Wort des Priesters nicht vermag[7]. In der merowingischen Herrscherethik treten als die zentralen Haupttugenden *iustitia* und *pietas* auf, die sich nur im Frieden entfalten können. Damit wurden Friedensschaffung und Heidenkrieg, der mit seinem erfolgreichen Abschluß den Frieden erst wirklich sichert, zur Pflicht des Herrschers[8]. Der irische, für die Entwicklung der Königsethik einflußreiche und zwischen 630 und 700 entstandene Traktat ‚De duodecim abusivis saeculi' Pseudo-Cyprians betrachtet die Verteidigung des Landes als Teil der *iustitia*, die dort als einzige Herrschertugend aufgefaßt wird[9]. Der Sieg im Kampf gegen die Langobarden ist es so auch, der Karl den Großen im Brief des Iren oder Angelsachsen Cathwulf vor allen anderen Menschen auszeichnet[10].

Gegen Ende des 8. Jahrhunderts entwickelten sich aus den merowingischen Mahnbriefen die *litterae* (oder *epistolae*) *exhortatoriae*, die Königen und weltlichen Großen zur Vervollkommnung ihrer Moral und Standesethik dienen sollten. Der Krieg spielt in ihnen insoweit eine Rolle, als den Großen als Laien und Kriegern darin versprochen wird, daß auch ihnen das ewige Leben zugesichert ist und der *saecularis militia* ein Weg zu christlicher Existenz gezeigt wird[11]. Für die Zeit Karls des Großen sind vor allem die Mahnbriefe Alkuins von großer Bedeutung, welche dieser an angelsächsische Könige oder an die Söhne Karls richtete. Für Alkuin sind der Kampf gegen die Feinde der Christenheit und ihre Bekehrung im Sinne der *correctio* die Aufgabe des Königs. Seine ihm neben der *sapientia* von Gott verliehene *potestas* wird im Krieg zum *terror* gegenüber den Feinden der Christenheit[12]. Friede und Freiheit der Kirche, so sagt schließlich Paulinus von Aquileja, seien erst als Folge des Sieges über die äußeren Feinde möglich[13].

II. Die Fürstenspiegel des 9. Jahrhunderts

Aus den im vorigen Abschnitt in aller Kürze vorgestellten Quellen entwickelte sich die Fürstenspiegelliteratur des 9. Jahrhunderts, die einen Höhepunkt der gesamten Gattung darstellt. Im folgenden werden die einzelnen Texte in chronologischer Reihenfolge diskutiert.

1. Die ‚Via regia' Smaragds von St.-Mihiel und mit ihr verbundene Texte

Den ersten Fürstenspiegel im neunten Jahrhundert verfaßte Abt Smaragdus von St.-Mihiel (um 750–826/30). Seine ‚Via regia' schrieb er zwischen 811 und 814 wahrscheinlich für Ludwig den Frommen, der damals in Aquitanien regierte[14]. Auf die Rolle des Herrschers im Krieg kommt Smaragd explizit in den drei letzten Kapiteln der Schrift zu sprechen. Vorher gibt es zu diesem Thema nur kurze Hinweise und die Ermahnung des Herrschers zur Friedfertigkeit, die sich aber vor allem auf sein Wirken innerhalb der *ecclesia* bezieht. Aber auch dort solle er mit Eifer gegen Falschheit vorgehen, um dann seine Milde walten zu lassen[15].

Dort, wo Smaragd die Kriegführung behandelt, geht es ihm darum, zu zeigen, daß Gott Sieger und Besiegte nach seinem Willen erwählt. Er weiß im vorhinein, wem der Sieg zufällt[16]. Dem König als Adressaten des Fürstenspiegels wird der Triumph dann zufallen, wenn er die Gesamtheit der im Text niedergeschriebenen Verhaltensmaßregeln befolgt, die Smaragd direkt vorher noch einmal zusammenfaßt[17]. Der Herrscher soll nicht auf die Stärke und Bewaffnung seines Heeres vertrauen, sondern das Heil in der Anrufung Gottes, im Gebet, suchen[18]. Nach dem Beispiel Davids soll er um Gottes Beistand bitten, um mit seiner Hilfe sein Königreich zu verteidigen[19]. Unmittelbar auf diese Forderungen schließt die ‚Via regia' mit einer Reihe von Bibelzitaten zur Wirkmächtigkeit des Gebetes. Daß das Vertrauen auf Gott nicht allein den militärischen Sieg bringt, zeigt Smaragd, indem er den 60. Psalm zitiert, in welchem Gott als Fels und als Turm gesehen wird, der vor den Feinden Schutz bietet: Jener Turm sei voll von *virtutes*, nicht von Waffen, er kämpfe mit dem Wort statt in der Schlacht und beschütze und bewahre seine Erwählten nicht *localiter*, sondern *universaliter*[20].

Nach Einschätzung Otto Eberhardts haben die Ausführungen zum Krieg auch wegen ihrer Stellung am Ende des Fürstenspiegels relativ wenig Gewicht. Außerdem werde die Herrschaftsaufgabe der Heerführung durch den oben wiedergegebenen Christusvergleich vollständig auf die rein geistige Ebene transponiert[21]. Beide Behauptungen lassen sich meines Erachtens kaum halten, denn auch wenn die Äußerungen zum Krieg nicht sehr viel Raum einnehmen, so erhalten sie doch gerade durch ihre Position am Schluß erhebliche Bedeutung. Es handelt sich hier nicht um ein Anhängsel oder eine Verlegenheitslösung, sondern es wird die Auswirkung der Beachtung der im gesamten vorigen Text ausgeführten Normen geschildert: Gott, der den Sieg im Krieg zuteilt, wird ihn jenem Herrscher schenken, der sich nach diesen Normen verhält. Wenn man so will, dient folglich das gesamte Verhalten des Herrschers dem Sieg im Kampf. Und dieser Kampf wird keineswegs vollständig auf die geistige Ebene transponiert. Das zeigt sich allein schon dadurch, daß nach dem Christusvergleich am Ende von Kapitel 31 – nach Eberhardt der „Schlußpunkt" der ‚Via regia' – im nun wirklich abschließenden 32. Kapitel *De oratione* der König noch einmal ausdrücklich auf das Gebet zur Verteidigung seines *regnum* verpflichtet wird. Der Christusvergleich zeigt lediglich, daß das Vertrauen auf Gott und die Zuflucht allein zu ihm nicht nur im militärischen Bereich gelten, um den es hier vordringlich geht. Das Bestehen des Königs im Kampf und die erfolgreiche Verteidigung seines Reiches haben also einen sehr viel höheren Stellenwert, als es auf den ersten Blick erscheint.

Nach Hans Hubert Anton sind Smaragd neben der ‚Via regia' auch noch eine Versfassung dieses Fürstenspiegels, die mit ihm zusammen an Ludwig den Frommen gesandt worden sei, zuzuschreiben sowie ein Mahnschreiben, das die Überarbeitung eines merowingischen Monitoriums darstelle und, ebenfalls durch das Gedicht ergänzt, Ludwigs Sohn Pippin zugeeignet worden sei[22]. Diese Texte zählt Anton zusammen mit der ‚Via regia' und der zweiten Elegie des Ermoldus Nigellus an Pippin, der sich an Smaragd orientiert habe, zu einer ‚aquitanischen Fürstenspieglergruppe'[23]. Fidel Rädle und Otto Eberhardt haben dagegen das Mahnschreiben und die Verse, die im 7. Jahrhundert in Spanien entstanden seien, als Quellen Smaragds erwiesen, womit freilich die gemeinsame Verbreitung und Wirkung der Texte auch noch im 10. Jahrhundert keineswegs negiert wird[24]. Gegen die Benutzung der ‚Via regia' durch Ermoldus Nigellus hat Eberhardt ebenfalls schwerwiegende Argumente vorgebracht[25]. Ob Ermold sich nun an Smaragd orientiert hat oder beide ähnliches Gedankengut aufgegriffen haben, die um 828 entstandene Elegie an König Pippin von Aquitanien setzt, was den Krieg anbetrifft, durchaus vergleichbare Akzente. Das Gedicht, welches Pippin sich vorlesen lassen und das ebenso wie das Epos für Ludwig den Frommen der Aufhebung von Ermolds Verbannung dienen soll, betrachtet die Machterweiterung des Reiches und den Sieg über die Feinde als Lohn für gute Herrschaft und für die Sorge der Karolinger für die Kirche[26]. Das Geschlecht Pippins hat auch nach dem Erwerb der Herrschaft nicht aufgehört, die Kirche zu fördern und war deshalb siegreich, was Ermold mit der Aufzählung der Erfolge aller Karolinger seit Karl Martells Vater Pippin bis zu Ludwig dem Frommen belegt[27]. Bei letzterem geht Ermold am weitesten: Ludwig, der Pippin am meisten als Vorbild hingestellt wird, wollte keine *regna* erobern und besitzt sein *imperium* allein durch Gott[28].

2. Die Schriften Jonas' von Orléans und Hinkmars von Reims

Die Fürstenspiegel und fürstenspiegelartigen Schriften Jonas' und Hinkmars gehören in eine Reihe und sollen deshalb auch in einem Unterkapitel zusammen betrachtet werden, da sich hier Einflüsse spiegeln. Daran können Abhängigkeiten, aber auch Entwicklungen und Veränderungen deutlich gemacht werden.

a) Jonas von Orléans
Wie Smaragdus von St.-Mihiel und Ermoldus Nigellus stammte auch Jonas von Orléans (vor 780–843) aus Aquitanien. Aus seiner Feder sind eine Reihe von Schriften fürstenspiegelartigen Charakters hervorgegangen, die hier teilweise zu betrachten sind[29]. Seine ‚Institutio regia' von 831 für Pippin von Aquitanien gehört in den Kontext der Diskussion um neue Herrschaftskonzepte unter Ludwig dem Frommen, einer Diskussion, die außer in den Fürstenspiegeln vor allem auch in Akten von Reformkonzilien faßbar wird, welche dem Herrscher Verhaltensnormen übermittelten und bei deren Redaktion Jonas' Name wiederholt auftaucht. So ist das zweite Buch der Akten der Pariser Synode von 829 vollständig in der ‚Institutio regia' aufgegangen. Dieser Teil der Synodalakten ist in seiner Struktur nichts anderes als ein Fürstenspiegel für Ludwig den Frommen, dem die Beschlüsse des Konzils außerdem in einer von Jonas ausgearbeiteten *relatio* der Synodalen übermittelt wurden. Inhaltlich taucht alles in den Akten der Pariser Synode von 836 ebenfalls wieder auf. Vieles aus den Ausführungen über den Herrscher in diesen Schriften geht zudem wiederum auf einen Laienspiegel zurück, die ‚Institutio laicalis', die Jonas zwischen 818 und 828 für Graf Matfrid von Orléans verfaßt hat[30].

Der zuletzt genannte Text war schon für Carl Erdmann eine Enttäuschung, als er bei der Untersuchung der frühmittelalterlichen Kriegsethik feststellte, daß man in ihm „vergebens nach einem Wort über die Moral des Kriegers" suche, obwohl „der ausschlaggebende Teil der Gesellschaft noch in erster Linie dem Waffenhandwerk oblag"[31]. Man muß wohl konstatieren, daß das Anliegen der Laienspiegel ein anderes war, als eine Kriegsethik zu propagieren, denn auch vorher bei Alkuin oder später bei

Dhuoda ist vom Verhalten im Krieg nicht die Rede[32]. Eher sollten wohl der Kriegerelite, deren Hauptbeschäftigung natürlich der Kampf war, die Maximen einer christlichen Lebensführung übermittelt werden. Es sollte ihnen verdeutlicht werden, auf welche Weise man sein Leben außerhalb des Krieges gottgefällig einzurichten hatte. Zudem war der Krieg eine ‚öffentliche' Aufgabe, die in erster Linie den Herrscher betraf. Von seinem Verhalten hingen, wie die in diesem Kapitel angeführten Beispiele ausgiebig belegen, Erfolg und Mißerfolg im Krieg ab. Wenn der kriegführende Adel sich nicht normgerecht verhielt und es zu Plünderungen und Übergriffen kam, war es die Aufgabe des Königs, ihn davon abzuhalten und auf den rechten Weg zurückzuführen, wie ein Brief Hinkmars von Reims an Karl den Kahlen vom Februar 859 belegt, in dem der Bischof seinen König entsprechend ermahnt[33].

Auch die ‚Institutio regia' behandelt das Thema Krieg nicht sehr ausführlich und wenig originell, und die Aussagen bilden dort keinen eigenen Abschnitt. Von Pseudo-Cyprian übernimmt Jonas die Verteidigung der *patria* als Teil der Herrschertugend der *iustitia* und die Aufzählung der Übel, die sich einstellen, wenn der König sich nicht an die als *lex* bezeichneten Einzelforderungen der *iustitia* hält – und zu diesen Übeln gehören der Bruch des inneren Friedens sowie Einfälle und Zerstörungen der Feinde[34]. *Pax et concordia* für das Volk zu garantieren, ist Teil des Königsamtes *(regale ministerium)*[35]. Außerdem wird mit einer Reihe von biblischen Beispielen belegt, wie der Ungehorsam gegen Gott den Untergang von *regna* herbeiführen kann, die generell nicht ererbt oder mit eigener Kraft erworben, sondern von Gott gegeben sind[36]. Die interessanteste Äußerung zum Krieg stammt aus dem Widmungsschreiben an König Pippin. Dieses hilft mit seiner Erwähnung der Ereignisse von 830 auch, den Fürstenspiegel zu datieren. Auf die Auseinandersetzungen nimmt Jonas Bezug, wenn er sagt, daß Gott das Blutvergießen unter der den Königen anvertrauten Christenheit nur durch die Gebete der Priester, die frommen Taten des Kaisers und die Liebe der Brüder untereinander abgewendet habe. Nur die gegenseitige Bruderliebe und die gottgewollte Verehrung des Vaters könnten den Frieden und eine glückliche Regierung weiterhin garantieren[37].

Jonas von Orléans scheint demnach mit seinen Schriften für das Thema Herrscher und Krieg bisher wenig ergiebig zu sein, sieht man einmal von der situationsbezogenen Widmung ab, die, was neu ist, direkt in das Thema des *bellum plus quam civile*, also des Bruderkrieges, führt und Wege zu seiner Vermeidung aufzuzeigen versucht. Große Bedeutung für das Thema bekommt Jonas allerdings durch eine Handschrift aus Orléans, die Hans Hubert Anton, auf der älteren Forschung aufbauend, mit hoher Wahrscheinlichkeit ihm zugeschrieben hat. Es handelt sich dabei um eine Zusammenstellung von Auszügen aus Konzilsakten und -materialien zu den Pflichten der Prälaten, den Grundlagen und Aufgaben des Königtums, der Gewaltenproblematik und zum Schutz des Kirchenguts[38]. Nach Anton ist dieser Text möglicherweise der „Entwurf oder (eine) Materialsammlung für einen Konzilstext oder ein Konzilsschreiben [etwa 836] an Ludwig den Frommen"[39]. Von besonderer Bedeutung ist dabei der Mittelteil mit 24 *Capitula diversarum sententiarum pro negociis rei publice consulendis* zu den Pflichten des Königtums. In diesem stark von Augustin abhängigen Abschnitt nimmt die Rolle des Herrschers im Krieg breiten Raum ein, und nach Anton tritt „(z)um erstenmal im Frühmittelalter ... ein entwickeltes christliches Kriegerethos hervor"[40], das, wie noch zu sehen sein wird, nicht folgenlos bleiben sollte.

Vom Krieg handeln neun Kapitel, von denen sieben einen Textblock bilden (c. 3–9) und zwei weitere einzeln an anderer Stelle stehen (c. 16 und 22). Wie der übrige Text bestehen die Kapitel fast ausnahmslos aus Zitaten von Autoritäten; die ersten sieben Kapitel sind vollständig Augustin entnommen. Nach der Feststellung, daß Kriegführung und die Erweiterung des Reiches durch die Unterwerfung von Völkern eine Notwendigkeit und kein Glück seien[41], geht es vor allem um zwei Dinge: darum nachzuweisen, daß diejenigen, die Krieg führen, Gott nicht mißfallen und darum, das Töten im Krieg – und auch in der Rechtsprechung – zu rechtfertigen[42]. Außerdem wird die bei anderen Fürstenspiegeln bereits mehrfach angeführte Maxime wiederholt, nach der Gott den Sieg nach seinem Willen der gerechten Seite zuteilt und man daher auch nicht auf die eigene Stärke vertrauen soll[43]. Diese Warnung vor allzu großem Vertrauen diesmal in die zahlenmäßige Stärke, aber auch vor der Angst wegen der eigenen geringen Anzahl, wird noch einmal wiederholt und aus der Geschichte mit dem Beispiel der Übermacht des Xerxes gegenüber den Griechen und seiner Niederlage nach Orosius belegt[44]. Den selbständigsten Teil stellt das 22. Kapitel dar, welches das Verhalten des Königs im Krieg schildert und mit einer Ausnahme dem 20. Buch des Deuteronomium, den Kriegsgesetzen der Israeliten, entnommen ist[45]: Der König soll nicht von Gottes Gebot abweichen, damit seine Herrschaft lange andauert. Wenn er in den Kampf zieht und ein größeres Heer sich ihm entgegenstellt, soll er sich nicht fürchten, weil Gott mit ihm ist. Und dasselbe soll für alle anderen gelten. Die Anführer sollen vor der Schlacht durch die einzelnen Abteilungen gehen und die Ängstlichen auffordern, nach Hause zu gehen, damit sie nicht auch noch die anderen erschrecken. Mit den Worten des Judas Makkabäus soll der Herrscher sein Heer vor der Schlacht ermahnen, nicht an Beute zu denken, da ihnen die Schlacht noch bevorstehe.

Zum ersten Mal trifft man also innerhalb der Fürstenspiegelliteratur bei Jonas von Orléans auf die Diskussion der Frage, ob man in Übertretung des fünften Gebotes überhaupt Krieg führen dürfe[46]. Er bejaht die Frage eindeutig und unmißverständlich, indem er die Erlaubnis, Menschen unter bestimmten Bedingungen zu töten, nach göttlichem und menschlichem Recht auch auf den zivilen, innergesellschaftlichen Bereich ausdehnt. Krieg darf geführt werden, er ist aber, nach Augustins Vorstellungen vom gerechten Krieg, höchstens eine Notwendigkeit und nur in den Augen böser Menschen ein Glück. Schlimmer als Krieg wäre nur, wenn Übeltäter über Gerechtere herrschten. Das einträchtige Zusammenleben mit einem guten Nachbarn ist aber ein größeres Glück als die Unterwerfung eines bösen. Folglich ist es ein schlechter Wunsch, jemand haben zu wollen, den man hassen kann, um ihn dann zu besiegen. Im als notwendig erkannten Krieg muß alles Vertrauen auf Gott gesetzt werden, der der gerechten Sache den Sieg verleiht. Mit dieser traditionellen Mahnung schließt Jonas wieder an die älteren Texte an, beschränkt sich mit dem Beispiel aus Orosius aber auch nicht allein auf biblische Belege, mit denen das Verhalten im Krieg verbildlicht werden soll. Sein letzter Hinweis über das Verhalten vor der Schlacht läßt ihn noch einmal auf die Einigkeit zurückkommen, die schon im Widmungsschreiben seiner ‚Institutio regia' eine wichtige Rolle zur Abwehr der äußeren Feinde spielt.

b) Hinkmar von Reims

Für die Herausbildung des Herrscherethos im 9. Jahrhundert ist Hinkmar von Reims (†882) mit seinem sehr stark auf aktuelle Anlässe reagierenden Œuvre, das auch eine ganze Reihe von paränetischen Werken umfaßt, höchst bedeutend[47]. Im hier interessierenden Zusammenhang ist es vor allem wichtig, daß Hinkmar die 24 *Capitula* aus Jonas' Konzilsschreiben fast vollständig in seinen Fürstenspiegel ‚De regis persona et regio ministerio' übernahm, den er um 873 für Karl den Kahlen verfaßte. Hinkmar fügte die Kapitel aber nicht einfach in seinen Text ein, sondern ordnete sie neu und in mancher Hinsicht besser. Wo Jonas in seiner Materialsammlung offensichtlich Abschnitte aus seinen Vorlagen hintereinander abschrieb und somit etwa alle Stellen zum Krieg aus Augustin gebündelt aufführte, ordnete Hinkmar die Kapitel neu nach thematischen Gesichtspunkten[48]. Den Abschnitt über den Krieg beginnt dabei auch er mit der Aussage, daß Krieg eine Notwendigkeit und kein Glück sei (c. 7 = Jonas, c. 3). Daran anschließend bringt er aber gekürzt das bei Jonas weiter hinten stehende Kapitel über das Verhalten des Herrschers im Krieg, das wegen seiner allgemeinen und den König direkt betreffenden Aussagen mit an den Beginn paßt (c. 8 = Jonas, c. 22 [teilw.]). Darauf folgen drei Kapitel über die Problematik des Tötens im Krieg, die auch bei Jonas hintereinanderstehen (c. 9–11 = Jonas, c. 4 und 6–7), allerdings nicht unmittelbar, denn das Jonas-Kapitel über die Zuteilung des Sieges nach Gottes Willen paßt nicht in diese Reihe und wird nun im Anschluß an sie zitiert (c. 12 = Jonas, c. 5). Das Kapitel aus der Jonas-Sammlung, das ursprünglich an diese Stelle gehörte, wird nun weit nach hinten geschoben, da es sich zwar mit der Frage nach der Zulässigkeit des Tötens beschäftigt, aber stärker auf die Todesstrafe Bezug nimmt (c. 24 = Jonas, c. 8). An das Kapitel über Gottes Einwirken auf den Sieg wird nun direkt jenes angehängt, das zeigt, wie Gott den Kampf anschaut und der gerechten Seite den Sieg verleiht (c. 13 = Jonas, c. 9). Schließlich folgt noch der bei Jonas sehr viel weiter hinten stehende, aber thematisch zu den vorherigen Kapiteln gehörende Abschnitt darüber, daß man nicht wegen der geringen Anzahl der eigenen Truppen verzagen solle, wenn man Gott auf seiner Seite habe (c. 14 = Jonas, c. 16). Einzig nicht von Jonas übernommen und ein Zusatz Hinkmars ist Kapitel 15, das Oblationen und Gebete für die Gefallenen fordert und diese Forderung mit einer Stelle aus dem zweiten Buch der Makkabäer belegt[49].

Hinkmar von Reims betrieb mit seinem Fürstenspiegel die Fortführung der Rezeption augustinischer Vorstellungen über den gerechten Krieg. Seine Schrift strukturiert die Gedanken über den Krieg, die bei Jonas von Orléans noch als Exzerpt zusammengestellt sind. Interessant ist, daß Judas Makkabäus, dessen Rede an seine Soldaten bereits Jonas zitiert, bei ihm noch stärker zum Vorbild des gerechten Kriegers für den König wird. Mehr als andere biblische Herrschergestalten war er offensichtlich geeignet, den idealen Krieger zu verkörpern[50].

3. Die Mahnschreiben Lupus' von Ferrières an Karl den Kahlen

Zur Fürstenspiegelliteratur wird in der Forschung seit langem auch eine Gruppe von drei Briefen gezählt, die Lupus von Ferrières (um 805–nicht vor 862) in den Jahren 843, 844 und 845 an Karl den Kahlen gerichtet hat[51]. Die Schreiben sind zwar im Umfang nicht mit den anderen untersuchten Texten zu vergleichen, gehören aber inhaltlich in denselben Zusammenhang. Für diese Arbeit sind sie besonders interessant, da sie im Kontext von militärisch für Karl schwierigen Situationen entstanden sind, auf die sich daraus ergebenden Probleme eingehen und Antworten zu geben versuchen.

Bei Smaragds ‚Via regia' stehen die Ermahnungen zum Vertrauen auf Gott und zum Gebet ganz am Ende. Der ersten Brief Lupus' von Ferrières wird von ihnen gleichsam eingerahmt. Das Schreiben beginnt mit der Forderung zum täglichen Gebet, und es endet mit dem Versprechen, daß die eifrige Befolgung der Ermahnungen Karl bei Gott und allen guten Menschen Gefallen einbringen und er mit Gottes Hilfe ‚Rebellen', die nicht näher benannt werden, aber vermutlich in Aquitanien anzusiedeln sind, besiegen und das ewige Leben erlangen werde[52]. Entsprechend endet auch der zweite Brief, indem er der Hoffnung Ausdruck gibt, daß die Revolten in Aquitanien und der Bretagne aufhören mögen, wenn der Herrscher sich gute Ratgeber suche, wenn er also dem Tenor des Schreibens folgt[53]. Der dritte Brief, der hier am interessantesten ist, führt all das konsequent fort: Am 22. November 845 hatte Karl gegen die Bretonen bei Ballon eine vollständige Niederlage hinnehmen müssen und war selbst nur knapp mit dem Leben davongekommen. Zunächst hatte sich sogar das Gerücht seines Todes verbreitet[54]. Lupus, dem diese Gerüchte bekannt waren, beglückwünscht Karl zu seiner Rettung und weist mit einer Fülle von Bibelstellen nach, daß Gott dafür verantwortlich ist und daß er den besten Rat gibt. Lupus endet konsequent mit dem Psalmenwort: ‚Rufe mich an in der Not, so will ich dich erretten, und du sollst mich preisen' (Ps 50,15). Also soll auch hier wieder im Krieg alle Hoffnung auf Gott gesetzt werden. Lupus, der gern als einer der ‚ersten Humanisten' bezeichnet wird, ergänzt das allerdings noch durch Maximen heidnischer, antiker Weisheit, indem er Sallust und Publius Syrus zitiert, letzteren mit der für die Situation passenden Sentenz, daß ein Krieg lange vorbereitet werden müsse, um schnell zu einem Sieg zu kommen, was man sicher als Kritik am verlorenen Feldzug sehen kann[55]. Zum festen Vertrauen auf Gott und zu seiner Anrufung im Gebet für den Sieg kommt bei Lupus also immer die Frage nach dem richtigen Rat für das zum Sieg führende Handeln hinzu, und dieser Rat wird zunächst bei Gott, dann aber auch bei den antiken paganen Autoren gesucht. Er stellt also neben die Erfüllung ritueller Handlungen im Gebet praktische Maßnahmen, die auch helfen sollen, den Erfolg zu sichern. Diese Maßnahmen müssen aus dem Fundus antiker Bildung gezogen werden, womit Lupus den ‚Intellektuellen' als besten Ratgeber auch im Krieg erweist, dessen Ratschlägen zu folgen ist. Daß der Herrscher sich den richtigen Rat verschaffen soll, ist ein Thema, das sich insgesamt durch alle drei Briefe zieht.

4. Der ‚Liber de rectoribus christianis' des Sedulius Scottus

Über die Lebensdaten des Iren Sedulius Scottus ist sehr wenig bekannt, man weiß lediglich, daß er seine Werke ab etwa 840 verfaßt hat. Seinen Fürstenspiegel ‚De rectoribus Christianis' schrieb er, wie Nikolaus Staubach gezeigt hat, im Jahr 869/70 für Karl den Kahlen und nicht, wie davor angenommen, für Lothar II.[56]. Auch bei Sedulius Scottus stehen, wie bei

Smaragd, die Kapitel über den Krieg wieder am Ende des Textes. Bei ihm kann man aber auch auf den ersten Blick nicht sagen, daß der Krieg eine untergeordnete Rolle spielt, denn ein Viertel der 20 Kapitel ist ausschließlich diesem Thema gewidmet[57]. Dabei nimmt das Vertrauen auf Gottes Beistand im Krieg auch hier die zentrale Position ein, allerdings mit ganz eigenen Akzentuierungen.

Sedulius beginnt seine Ausführungen über den Krieg damit, daß die *boni rectores* im Kampf gegen die Tyrannen nicht auf sich selbst und ihre Stärke vertrauen sollen, sondern auf Gottes Kraft und seine Gnade[58]. Mit Beispielen aus der Natur und aus der Geschichte belegt er die vorher mit Bibelzitaten untermauerte Universalität dieser Maxime: Er zeigt, wie ein Starker, der jeden anderen besiegen kann, durch die Menge der Gegner überwunden wird, wie die Schwachen den Starken überlegen sein können und wie die große Menge der geringeren Anzahl unterliegen kann – letzteres wieder mit dem Xerxes-Beispiel, das auch Jonas von Orléans verwendet.

Das Vertrauen auf Gott soll sich darin manifestieren, daß seine Hilfe im Gebet gesucht wird, wenn sich die Gerüchte über den Krieg verdichten, denn Gott kann die Bitten seiner Auserwählten erhören und die Wildheit der Feinde zunichte machen[59]. Belegt wird diese Aussage mit der Wirkmächtigkeit des Gebetes durch Mose im Kampf gegen die Amalekiter sowie mit einer ganzen Reihe von anderen alttestamentlichen Beispielen. Zusätzlich wird aber auch die Geschichte der christlichen römischen Herrscher Konstantin und Theodosius herangezogen und durch Beispiele aus der Hagiographie ergänzt. Alle diese Berichte zeigen, so Sedulius, daß mehr Menschen durch Gebet und göttliche Hilfe als durch weltliche Waffen aus Todesgefahr errettet werden[60].

Unglück und Rückschläge können allerdings auch den gut Regierenden widerfahren[61]. Sie sollen dann nicht verzweifeln, sondern weiter ihre Hoffnung auf Gott setzen, die Prüfungen im diesseitigen Leben ertragen und sich mit geistlichen Waffen rüsten. Allerdings kann auch das ein Mittel zum Erfolg sein, denn viele Schriftbelege zeigen, wie solche Herrscher schließlich ihre Gegner überwanden und lange und glücklich regierten.

Von den *virtutes*, mit denen sich der *bonus princeps* im Unglück zu versehen hat, kommt Sedulius anschließend auf die *concordia pacis*, die den Herrscher am meisten auszeichnen soll[62]. Im Frieden gelingt es ihm am besten, sein Reich zu mehren, zu ordnen und zu regieren, da die Königsmacht durch den Frieden am stärksten wächst. Schließlich ist es die *concordia*, der innere Friede, mit der äußere Feinde am leichtesten besiegt werden können.

Im letzten Abschnitt schließlich wird der König aufgefordert, im Triumph immer vor Augen zu haben, daß Gott den Sieg und den Frieden schenkt und daß ihm dafür stets Dank gebührt[63]. Auch hier werden Belege aus dem Alten Testament und der Geschichtsschreibung angeführt.

Von allen Ausführungen zum Krieg in den einzelnen Fürstenspiegeln sind die Kapitel bei Sedulius Scottus am ausführlichsten und haben den stringentesten Aufbau. Das gilt für ihren inneren Zusammenhalt wie auch für ihre Einbettung in den Gesamtkontext des Fürstenspiegels. Bei der inneren Struktur der fünf Kapitel kann man eine aufeinander aufbauende Komposition beobachten. Mit der Ermahnung, sein Vertrauen auf Gott statt in die eigene Stärke zu setzen, steht die allgemein bekannte Forderung der Fürstenspiegel am Anfang. Daß sich dieses Gottvertrauen im Gebet konkretisiert, zeigt der folgende Abschnitt, dem eine Erörterung des möglichen und naheliegenden Einwands folgt, was denn davon zu halten sei, wenn Gottvertrauen und Gebet nicht zum Sieg führen. Bei der Beschreibung der Tugenden, mit denen sich der Herrscher im Unglück, aber auch generell rüsten soll, wird die Friedfertigkeit besonders herausgestellt, da sie die innere Einheit herstellt und somit letztlich zum Sieg über den äußeren Feind führt. Mit der Forderung, daß der bei der Beachtung dieses Verhaltenskodex unausweichlich sich einstellende Triumph Gott zugeschrieben und daß ihm dafür gedankt werden soll, ist Sedulius Scottus wieder am Beginn seiner Ausführungen angelangt, alle Hoffnung auf Gott zu setzen.

Innerhalb des Gesamtzusammenhangs des Fürstenspiegels sind die Kapitel Teil des Themenbereichs ‚Herrscher und Kirche', der den ganzen zweiten Teil der Schrift ab Kapitel elf bildet[64]. Sie werden eingerahmt von der Aufforderung an den Herrscher in Kapitel 13, den christlichen Glauben mit Eifer zu verbreiten, und dem im Schlußkapitel geführten Nachweis, daß seine Erfolge und Siege Geschenk Gottes sind und in ursächlichem Zusammenhang mit den Leistungen für die Kirche stehen, daß sie also die Einhaltung der Forderungen des Fürstenspiegels belohnen[65]. Dem Klerus stehen diese Leistungen auch deshalb zu, weil seine Angehörigen durch Gebet und Opfer als *spirituales milites* auch den weltlichen Erfolg sichern[66]. Man kann also auch hier wieder wie schon bei Samragdus von St.-Mihiel sehen, daß der Krieg eine wesentliche Funktion im Fürstenspiegel hat und daß Mißerfolg oder Gelingen militärischer Unternehmungen davon abhängig gemacht werden, ob der König dem gesamten Komplex der aufgestellten Normen nachkommt, nicht nur den direkt für den Krieg formulierten Verhaltensmaßregeln.

III. Zusammenfassung: Fürstenspiegel und Krieg

Der Diskurs über den Krieg im 9. Jahrhundert läßt in den Fürstenspiegeln eine Reihe von Grundprinzipien deutlich werden, die mehr oder weniger in jedem Text auffindbar sind und den Herrschern offensichtlich vorrangig nahegebracht werden sollten. Das wichtigste dieser Prinzipien ist, daß Sieg und Niederlage im Krieg aus Gottes Hand empfangen werden. Daher sind sowohl das Vertrauen auf die eigene Stärke, als auch die Verzagtheit aufgrund eigener Schwäche vollkommen überflüssig. Nur im Vertrauen auf Gott und seine Güte, die der gerechten Seite den Sieg zuteilen wird, kann man überhaupt im Krieg bestehen. Das Gottvertrauen des gerechten Herrschers konkretisiert sich dabei in der Erwartung der Wirkmächtigkeit des Gebets, womit natürlich nicht das persönliche Gebet des Königs vor der Schlacht gemeint ist, sondern die Gebetshilfe des Klerus als der Gemeinschaft der ‚geistlichen Krieger', die vor allem aufgrund dieser Funktion die Fürsorge und materielle Unterstützung des Königs verlangen dürfen. Der Erfolg im Krieg kann daher als Belohnung dieser Unterstützung von Gott geschenkt werden, wie überhaupt der Sieg die Vergeltung für die Einhaltung des Gesamtkomplexes der in den jeweiligen Fürstenspiegeln aufgestellten Normen ist[67]. Das in den Fürstenspiegeln vermittelte Wissen erweist sich demnach im Krieg als wirksam und besitzt dadurch eine der wesentlichen Eigenschaften von ‚Weisheit' in der Definition Aleida Assmanns[68]. Es hilft dazu, das Reich zu erhalten und zu fördern.

In allen Fürstenspiegeln ist die Bewahrung des Friedens eine der wichtigen Herrschaftsaufgaben, wenn nicht gar die wichtigste. Mit diesem Frieden ist allerdings immer der innere Friede gemeint, der den Krieg keineswegs ausschließt, sondern eher als Fundament für eine erfolgreiche Kriegführung betrachtet wird, da der Kampf gegen die äußeren Feinde nur gemeinsam geführt werden kann. Er ist aber auch das Ergebnis erfolgreicher Kriegführung, denn nur der Sieg über die äußeren Feinde garantiert den wahren Frieden. Auf diese Weise können Bewahrung des Friedens und Verteidigung des Landes als Herrschaftsaufgaben unmittelbar nebeneinander stehen und die Machterweiterung, also die territoriale Ausdehnung, gar als Lohn für gute Herrschaft und Sorge um die Kirche betrachtet werden. Kritik am Krieg findet sich im Ansatz nur bei Jonas von Orléans und folglich auch bei Hinkmar von Reims mit der an Augustin orientierten Maxime, daß der Krieg eine Notwendigkeit und kein Glück darstelle. Aber er ist eben eine – und das ist für Jonas sehr wichtig – erlaubte und notwendige Angelegenheit. Ein Leben in Frieden mit den Nachbarn ist zwar eher zu wünschen, aber nicht mit allen Mitteln zu erstreben.

Mit der Rezeption der augustinischen Gedanken über die Notwendigkeit des Krieges und die Zulässigkeit des Tötens wird durch Jonas gegenüber Smaragd von St.-Mihiel eine neue Seite aufgeschlagen, indem zumindest in Ansätzen der Krieg in Frage gestellt wird, allerdings nur, um ihn sofort wieder zu rechtfertigen. Ein anderer ‚Entwicklungsschub' zeigt sich bei Lupus von Ferrières, der in seinen Briefen neben biblischen Exempla auch heidnische antike Autoren aufführt, um dem Herrscher auch ihren Rat für seine militärischen Unternehmen zur Verfügung zu stellen. Ansonsten wird die gesamte Bandbreite des Schriftwissens herbeigezogen, um die eigenen Aussagen zu belegen: Das Alte Testament bildet dabei die Hauptquelle, wobei sich bei individuellen Vorlieben einige Stellen oder Bücher gehäuft finden, so etwa – thematisch nicht verwunderlich – Exodus oder Makkabäer. Bei den Beispielen aus der profanen Geschichte wird vor allem auf Orosius und seine Darstellung des Xerxes-Feldzugs zurückgegriffen. Die größte Bandbreite an Exempla bringt Sedulius Scottus, der die genannten Möglichkeiten noch erweitert, indem er Heiligenberichte aufnimmt oder bei Isidor von Sevilla entlehnte Beispiele aus der Natur, wie den Kampf von Tieren untereinander, anführt.

Die Bemerkungen zum Zusammenhang zwischen dem Verhalten des Königs als Herrscher und seinem Erfolg im Krieg haben bereits gezeigt, daß man nicht davon reden kann, in den Fürstenspiegeln würden ‚nur' allgemein ethische Prinzipien erörtert, nicht aber praktische Fragen der Kriegführung. Zwar wird dem Herrscher als Adressat der Schriften wenig über taktisches oder strategisches Verhalten vor oder in der Schlacht gesagt, es wird aber immer wieder aufgezeigt und nachgewiesen, wie seine gesamte Königsherrschaft im Krieg ihr Gelingen oder Scheitern erweist. Krieg ist kein vom sonstigen Handeln des Herrschers abgelöster autonomer Bereich[69]. Und dabei ist die Sorge des Herrschers um Gebetshilfe von ganz eindeutig praktischem Charakter, zeigen doch die Schilderung der Vorbereitung des Bretonenfeldzuges bei Ermoldus Nigellus oder die Masse der überlieferten Kriegsliturgie, wie sehr das Gebet um das Gelingen der Militärunternehmen in die Praxis der Kriegführung gehört[70]. Und auch die Propagierung anderer Verhaltensnormen ist letztendlich auf den Sieg in der Auseinandersetzung gerichtet. Wenn Sedulius Scottus dem König rät, welche Tugenden er sich im Mißerfolg und in der Niederlage aneignen soll, dann dient diese geistige ‚Aufrüstung', wie Sedulius mit vielen Beispielen belegt, dazu, daß Gott ihm schließlich doch noch den Sieg schenkt.

Den Autoren der Fürstenspiegel ist es also nicht nur wichtig, dem Herrscher ethische Normen für seine Haltung zum Krieg und für sein Verhalten im Krieg zu geben, sie wollen ihm helfen, den Sieg im gerechten Krieg, der allein zu wahrem Frieden führt, auch in der Praxis zu erlangen. Dazu zählt der Rat, sich der Gebetshilfe des Klerus zu versichern, dazu zählen aber auch ‚praktische' Hinweise im modernen Verständnis. So gibt Lupus von Ferrières aus dem Fundus seiner Bildung Maximen antiker Autoren als Ratschläge weiter; Jonas von Orléans legt dem König eine Musteransprache des Judas Makkabäus für den Moment vor der Schlacht ans Herz. Was hier noch fehlt, ist eigentlich nur die Übermittlung antiken militärtechnischen Wissens im eigentlichen Sinn. Aber auch das ist geschehen, zum Teil durch die in diesem Kapitel genannten Autoren und sogar im Kontext der Fürstenspiegelliteratur, wie der folgende Exkurs zeigt.

IV. Exkurs: Die Vegetius-Rezeption im 9. Jahrhundert

In diesem Abschnitt geht es um ein Werk spätantiker pragmatischer Schriftlichkeit, das im 9. Jahrhundert eine große Bedeutung erlangte und häufig im Kontext historiographischer und ‚didaktischer' Schriften überliefert wurde: Die ‚Epitoma rei militaris' des P. Flavius Vegetius Renatus ist eine handbuchartige Denkschrift über das römische Militärwesen vom Ende des 4. Jahrhunderts, mit welcher der Autor in der Zeit der Gefährdung des Reiches eine grundlegende Militärreform am Vorbild des klassischen römischen Heeres zu erzielen versuchte[71]. Obwohl man weiß, daß im Mittelalter bereits Beda Venerabilis den römischen Autor kannte und älteste überlieferte Vegetius-Auszüge aus dem 7. Jahrhundert stammen, brachte erst die Karolingerzeit eine, so Friedrich Prinz, „fast schlagartige Verbreitung" der militärtechnischen Schrift[72].

Es sind sowohl mehrere Handschriften aus dem 9. Jahrhundert überliefert, als auch Erwähnungen in Bibliothekskatalogen oder anderen Schriften, die auf eine weite Verbreitung hindeuten: So gibt Alf Önnerfors in seiner Edition zehn Handschriften an, die ins 9. Jahrhundert gehören[73]. Daß man zusätzlich auf der Reichenau und in St. Gallen Exemplare des Vegetius besessen hat, bezeugen außerdem Einträge in Handschriftenkatalogen dieser Zeit[74]. Auch der fränkische Hochadel war im Besitz des Werkes, wie es das Testament Graf Eberhards von Friaul belegt. Dieser vermacht darin eine Handschrift einem seiner Söhne[75].

Interessant ist nun weniger die Tatsache, daß man das Werk im 9. Jahrhundert kannte, abschrieb und verbreitete, als vielmehr die Frage, wer für wen aus welchen Gründen eine Abschrift oder Bearbeitung herstellen ließ. Wichtige Hinweise geben zwei überlieferte Widmungsgedichte, die ursprünglich Vegetius-Handschriften beigefügt waren und aus der Feder prominenter Verfasser stammen: Bischof Frechulf von Lisieux wird im allgemeinen als erster angesehen, der für die Verbreitung des Vegetius im 9. Jahrhundert verantwortlich war[76]. Ein von ihm verfaßter Brief ist als

Einleitung einer Klasse von Handschriften vorangestellt, die folglich auf sein Exemplar zurückgehen[77]. In diesem Schreiben widmet Frechulf seine Abschrift des Vegetius Karl dem Kahlen. Aus dem Brief erfährt man, daß Frechulf ein einziges fehlerhaftes Exemplar vorgelegen hat, welches er für die Abschrift durchkorrigiert hat[78]. Zeitlich gehört die Handschrift, die nach seiner Weltchronik entstanden ist, in den Kontext der Normannenkämpfe, in denen sie dem König vielleicht als Hilfe dienen sollte[79].

In einem anderen Fall wird direkt angesprochen, wer die Feinde waren, die mit Hilfe des aus Vegetius stammenden Wissens bekämpft werden sollten: Das oben erwähnte Exemplar, das Markgraf Eberhard, einem Schwager Karls des Kahlen, gehörte, war jenem von Bischof Eberhard von Lüttich überreicht und mit einem Widmungsgedicht von Sedulius Scottus versehen worden, der den Bischof auch zur Übersendung veranlaßt hatte[80]. Es gibt auch darüber hinaus noch eine Reihe von Gedichten, die Sedulius Scottus Eberhard gewidmet hat[81]. Und Sedulius spielt am Ende des Gedichts auf die Feinde Eberhards an, indem er sagt, daß die Slawen und Sarazenen sich vor dem Markgrafen fürchten[82]. Man weiß darüber hinaus, daß Sedulius nicht nur Einleitungsgedichte zu Vegetius verfaßte, sondern ihn auch für sich exzerpiert hat, wie kurze Auszüge in seinen Kollektaneen zeigen[83].

Mehr als nur Exzerpte hat Hrabanus Maurus Vegetius entnommen. Er faßte einige Kapitel mit Kürzungen und Ergänzungen zu einer neuen Schrift zusammen, die unter dem Namen ‚De procinctu Romanae miliciae' überliefert ist. Überlieferungskontext und Inhalt sind für die hier behandelte Thematik von höchstem Interesse: Die Schrift ist einem Werk angefügt, das hauptsächlich von den Kardinaltugenden handelt und fürstenspiegelartigen Charakter hat. Dieses Werk – ‚De anima' – ist König Lothar II. gewidmet, womit auch hier wieder militärisches Wissen für den Herrscher aufbereitet wird[84]. Hrabanus begründet die Anfügung der *quaedam capitula de disciplina Romanae miliciae* in seinem Widmungsschreiben mit den neuesten Barbareneinfällen, womit er auf die Angriffe der Normannen anspielt, die sich um die Entstehungszeit der Schrift im Jahr 855 oder 856 leicht nachweisen lassen[85]. Um ihnen zu begegnen, so sagt er, habe er aus dem Buch des Vegetius jene Stellen exzerpiert, zusammengestellt und mit kurzen Anmerkungen versehen, in denen es um die Aushebung von Rekruten gehe[86]. Der Mainzer Erzbischof und Gelehrte versprach sich demnach offensichtlich eine effektivere Bekämpfung der Normannen durch eine effektivere Form der Auswahl der Soldaten. Das Prinzip seiner Stellenauswahl wird durch eine Lektüre seines Werkes bestätigt. Die 14 *capitula* sind vor allem dem ersten Buch des Vegetius (c. 1–18) entnommen und durch zwei Kapitel des zweiten Buches (c. 23f.) ergänzt. Es geht dabei stets um die Auswahl und Ausbildung von Rekruten. Weggelassen hat Hrabanus Abschnitte, die für das fränkische Heer seiner Zeit keine Rolle spielten, wie die Frage, ob Rekruten vom Lande oder aus der Stadt eher geeignet seien (Veg. I,3) – ein Problem, das in der agrarisch geprägten fränkischen Gesellschaft ziemlich unerheblich gewesen sein dürfte. Seine kurzen Zusätze (in c. 3, 4 und 12) betreffen ebenfalls die Verhältnisse im Frankenreich, indem sie auf die dortige Erziehung der jungen Männer oder besondere Fähigkeiten der Franken anspielen, die sich von den Zuständen im antiken Rom unterscheiden.

Man kann also mit guten Gründen behaupten, daß Hrabanus Maurus mit seinem Werk ‚De procinctu Romanae miliciae' ein Stück handlungsanweisender und Wissen bereitstellender – also pragmatischer – Schriftlichkeit verfaßt hat, mit dem er Lothar II. bei seinen militärischen Unternehmungen helfen wollte[87]. Hier wurde nicht einfach antikes Wissen weitergeleitet und in die repräsentative Form eines Kodex gefaßt, sondern praktisch umgeformt für Bedürfnisse der eigenen Zeit. Berücksichtigt man diese Erkenntnis für die Beurteilung der angesprochenen Abschriften des Vegetius, so besteht aller Grund, davon auszugehen, daß auch ihre Verfasser sich in der Tat eine praktische Auswirkung ihres Tuns auf das militärische Handeln derjenigen versprachen, denen sie ihre Werke widmeten. Es handelt sich bei der Vegetius-Rezeption also um eine Adaptation historischen militärischen Wissens für die praktische Anwendung, die teilweise einhergeht mit einer auf bestimmte Situationen ausgerichteten Aktualisierung. Darauf, daß man es nicht mit einer „wahllose(n) Rezeption antiken Traditionsgutes" zu tun habe, hat bereits Friedrich Prinz hingewiesen und diese Tätigkeiten in den Kontext des seit Karl dem Großen institutionalisierten Kriegsdienstes des Klerus gestellt[88].

Hinsichtlich der Fürstenspiegel ist diese Erkenntnis ein weiterer Hinweis darauf, daß es sich bei ihnen um Lebensregeln für die Praxis handelt. Das zeigt sich gerade in der engen Verbindung von Vegetiusüberlieferung und ‚De anima'. Zumindest gilt diese Einschätzung für die Äußerungen zur Kriegführung in der Fürstenspiegelliteratur, die demnach mehr wiedergibt als allgemeine ethische Normen.

Zweites Kapitel

Der Krieg in der Hagiographie: ‚Gegenwelten' und Barbarenkämpfe

‚Als Alkuin eines Nachts, wie er es gewohnt war, für sich allein beten und Psalmen singen wollte, überkam ihn eine tiefe Müdigkeit. Er erhob sich vom Bett und legte seinen Mantel ab. Als ihn wiederum der Schlaf überfiel, entkleidete er sich vollständig bis auf Hemd und Hose. Weil die Müdigkeit trotzdem anhielt, nahm er eine Räucherpfanne, ging zum Feuer, füllte sie mit Kohlen, legte Räucherwerk darauf und erfüllte so den ganzen Raum mit angenehmem Duft. Da erschien ihm der Teufel in menschlicher Gestalt als ein großer, tiefschwarzer, häßlicher und bärtiger Mann und überhäufte ihn mit Schmähungen. ‚Was tust du Heuchler, Alkuin? Warum versuchst du, vor den Menschen gerecht zu erscheinen, während du ein Blender und großer Schwindler bist? Glaubst du denn, daß du dir mit deinen Betrügereien Christus geneigt machen kannst?' Aber der Streiter Christi stand unabwendbar mit David im Turm, der mit aller Rüstung versehen ist und an dem tausend Schilde hängen und sprach mit himmlischer Stimme: ‚Der Herr ist mein Licht und mein Heil, vor wem soll ich mich fürchten? Er ist die Kraft meines Lebens, vor wem soll ich Angst haben? Erhöre, Herr, mein Bitten, höre auf die Stimme meines Rufens, mein König und mein Gott, weil ich Dich bitte, Herr. Frühmorgens hörst Du meine Stimme, am Morgen bereite ich mich auf Dich vor und betrachte Dich, mitten in der Nacht erhebe ich mich, um Dich zu bekennen. Die Hochmütigen bezichtigen mich der Lüge; ich aber erforsche mit ganzem Herzen Deine Gebote. Mein Herz möge vollkommen werden in Deinen Geboten, und es mögen zuschanden werden, die mich ungerecht zugrunde richten, während ich nicht zuschanden werde, derweil der Tag naht und die Schatten weichen.'[1]

Darauf entfloh der Feind, und Alkuin konnte sein Gebet beenden und sich endlich zur Ruhe begeben. Zu dieser Stunde, so versichert Alkuins Hagiograph, war nur einer seiner Schüler mit Namen Waltdramnus wach; er sah im Verborgenen alles mit an und wurde so zum Zeugen des unheimlichen Kampfes[2].

I. Die *milites Christi* im Krieg gegen Dämonen, Heiden und Häretiker

Was Alkuin im Bericht seiner Vita erlebt hat, ist ein beliebig herausgegriffenes Beispiel für die Kämpfe, in denen sich die Heiligen zu bewähren haben. Ihre Schlachten schlagen sie zu Lebzeiten vor allem als einsame Streiter in der Verborgenheit des nächtlichen Klosters oder der Einsiedelei. Ihre Gegner sind die Dämonen oder deren Beherrscher, der Teufel selbst, der sich in unterschiedlichster Gestalt den Heiligen naht und den Kampf gegen sie eröffnet[3]. Diese Auseinandersetzung mit den eigenen Zweifeln, Ängsten und Schwächen hatte das Christentum schon seit langem mit einer aus dem militärischen Bereich stammenden Terminologie zu umschreiben versucht, die auch in dieser Erzählung aufscheint, wenn Alkuin nach den Anfeindungen des Teufels als *miles Christi* bezeichnet und mit einem Bild aus dem Hohenlied (Cant 4,4) in einen festen Turm seines Gottvertrauens gestellt wird[4]. Die Vorstellungen reichen allerdings noch weiter zurück bis zum stoischen Topos vom ‚Leben als Kriegsdienst', den Paulus an mehreren Stellen übernommen und weiter ausgeführt hat. Durch die Anwendung auf die Märtyrer und die Fortbildung in der Mönchsbewegung des 4. bis 6. Jahrhunderts wurde der Begriff der *militia Christi* besonders auf diese exklusiven Gruppen innerhalb der *christianitas* zugeschnitten[5]. Eine ganz neue Bedeutung sollte ihm später mit der Verchristlichung der *saecularis militia* im 11. Jahrhundert zukommen[6].

Auch die karolingische Hagiographie beschreibt ihre Protagonisten und deren Taten in diesen bereits seit langem etablierten ‚militärischen' Kategorien[7]. Für das Thema dieser Arbeit ist das von erheblicher Bedeutung, da die Historiographen die Bilder des geistlichen Krieges der Heiligen aus der Hagiographie natürlich kannten. Daher stellt sich die Frage, inwieweit diese Darstellungen eine Rückwirkung auf die Geschichtsschreibung hatten oder ob beide nicht sogar den gleichen Mustern und Traditionen folgten. Vorbild für die spätere Literatur wurde dabei in nicht unerheblichem Maß vor allem die Benediktsregel. Sie gebraucht die Begriffe *militia* bzw. *militare* an mehreren, teilweise hervorgehobenen Stellen, zweimal allein im Prolog. Damit beschreibt sie die Gemeinschaft unter dem einen Herrn[8] und betont, daß die Mönche für den wahren König kämpfen[9]. Die Benediktsregel bezeichnet sich im Kontext der Aufnahmeriten für einen Mönch sogar selbst als das ‚Gesetz', unter dem der neu Eintretende ‚kämpfen' will[10].

In der Hagiographie wird der Heilige, über dessen Taten man berichtet, sehr häufig als *miles Christi* bezeichnet[11]. Im selben Kontext, aber weitaus seltener, werden auch die Ausdrücke *miles Dei*[12] oder *miles Domini*[13] gebraucht. Zusammen mit seinen Mitstreitern oder mit der monastischen

Gemeinschaft ist der Heilige Teil der *militia Christi*[14], die sich an verschiedenen Stellen explizit absetzt von der *saecularis militia*[15]. Die Heiligen, so begründen es ihre Hagiographen, seien die glorreichen Streiter *(belligeratores)* für den christlichen Glauben, für den sie auf der Seite des einzig wahren Königs ihr Leben lang kämpften. Mit ihren frommen und tatsächlich vollbrachten Taten, so die Hagiographie, überträfen sie die fiktiven Helden der heidnischen Dichtung. Wenn deren ‚unnütze Fabeln' selbst von Christen immer noch mit Eifer gelesen würden, so dürften die wahren Erzählungen über die Heiligen auf keinen Fall mit Schweigen übergangen werden[16].

Die *miles*-Terminologie wird durch das Verb *militare* – seltener auch *decertare* oder *belligerare*[17] – für die Tätigkeit der Heiligen vervollständigt. Für Gott *(deo, domino)* und gegen den Teufel *(contra diabolum)* kämpfen die *milites Christi*[18], was oftmals gerade dann betont wird, wenn sie ins Kloster eintreten oder eine abgelegene Klause beziehen, und was somit diesen Vorgang bezeichnet. Der Kampf wird zum Teil explizit vom *militare* im früheren Leben der Heiligen unterschieden, welches, wie noch zu zeigen ist, so zum Synonym für die forthin abgelegte adlige Lebensführung wird.

Auch auf weibliche Heilige und deren Wirken für Gott kann der Begriff *militare* grundsätzlich angewendet werden, wie das Beispiel der hl. Anstrudis zeigt[19]. Mit dem Substantiv *miles* werden sie allerdings nicht belegt. Die Heilige ist normalerweise vielmehr die heilige Jungfrau; es ist also ihre *virginitas*, auf die im Gegensatz zur Betonung des adligen Kriegertums oder dessen Entsagung ihrer männlichen Gegenmuster verwiesen wird. Gleichwohl kann die *sancta virgo* als *ductrix spiritalium tyronum* bezeichnet und ihr Eifer im Glauben mit Verben wie *certare* umschrieben werden[20].

Die hier auf die Novizinnen angewandte Bezeichnung *tirones*, die ursprünglich die römischen ‚Rekruten' meinte, verweist auf weitere aus dem Bereich des Militärischen stammende Vokabeln, die neben der *miles*-Terminologie Verwendung fanden. So lautet eine der Standardformeln, daß es der Wunsch des Heiligen, zur *tyrocinia Christi* zu gehören, sei, der ihn zum Mönchsleben geführt habe[21]. Und im ‚Kriegsdienst' Christi bleiben die Mönche ihr Leben lang: So wird ein betagter Mönch, der bei der Flucht des Konvents von St. Bertin vor den Normannen im Kloster zurückbleibt, weil er dessen Zerstörung nicht überleben will, als ein *in Christi tyrocinio emeritus miles* bezeichnet[22]. Letztendlich ist es aber ein Anderer, der die Entscheidung für diesen Kriegsdienst trifft. In der Vita Adalhards von Corbie läßt Paschasius Radbertus Christus selbst sich seine ‚Rekruten' – unter denen hier auch der Heilige ist – auswählen: ‚Du hast Dir nämlich, guter Jesus, den Rekruten und Jungen erwählt; und nicht jener Dich, sondern Du hast jenen erwählt und vorauserwählt durch deine zuvorkommende Barmherzigkeit.'[23] Daß Adalhard mit zwanzig Jahren ins Kloster eintrat, gab Paschasius Radbertus die Möglichkeit zu einem alttestamentlichen Vergleich, der die militärische Terminologie noch stärker hervorhebt: Wie Mose und Josua nach dem Auszug aus Ägypten die über zwanzigjährigen kampffähigen Männer der einzelnen Stämme Israels zählen und einschreiben ließen (Num 1), so werden die Erwählten heute in den *liber vitae* geschrieben. Sie waren es, die auch schon mit Josua in den Krieg zogen (Jos 8)[24].

Neben diesen Bezeichnungen gibt es vereinzelt weitere, wie *athleta, armiger Christi* oder *belligerator*. Die Ausdrücke werden weitgehend synonym gebraucht, was sich daran zeigt, daß sie zum Beispiel in der karolingerzeitlichen Bearbeitung der merowingischen ‚Vita Sigiramni' alle gleichbedeutend nebeneinander auftreten[25]. Eine andere Bezeichnung und einen anderen Aspekt des Krieges, den die Heiligen zu führen haben, nämlich den Kampf gegen die Häresie, verdeutlicht das Epitheton des *expugnator (nefandissimae) heresis*. Alkuin hat es sich nach Ansicht seines Hagiographen durch seinen Einsatz im Kampf gegen den spanischen Adoptianismus des Felix von Urgel verdient[26].

Die Metapher des Kriegers, der einen Kampf gegen seine und die Feinde Christi führt, bringt eine Fülle von weiteren Bildern mit sich, mit denen die besondere Rüstung und Bewaffnung im Kampf gegen das Fleisch und die Laster geschildert werden. So schlägt der Einsiedler Aridius den unsichtbaren Feind mit dem Mund betend, nicht mit dem Schwert kämpfend zurück – mit Fürbitten statt mit Eisen, mit Gebeten statt mit Waffen[27]. Der Heilige ergreift die Rüstung des Glaubens, um den Fallstricken des Teufels zu entkommen[28]. Oder er kleidet sich mit der Rüstung der Gerechtigkeit, dem Schild des Glaubens, dem Helm des Heils und dem Schwert des Wortes Gottes zum Streit gegen den Teufel[29]. Diese Auseinandersetzung ist der *agon* des Heiligen, den er täglich mit dem Teufel ausficht[30]. Er rüstet sich dazu mit strenger Askese, wie es Ardo in der Vita Benedikts von Aniane beschreibt, der sich durch Schlafentzug, Schweigen und Fasten wie ein erfahrener Streiter auf den zukünftigen Kampf vorbereitet habe[31]. Am eindrucksvollsten wird die Auseinandersetzung mit den Lastern in militärischen Termini in der ‚Vita Liutbirgae' – also in der Lebensbeschreibung einer Frau – geschildert, und zwar dort, wo Bischof Theotgrimus von Halberstadt dem *comes* Bernhart den Weg der Heiligen zur Vollkommenheit und die Probleme, die sich auf diesem Weg ergeben, zeigt: Alle Todsünden stellen sich nacheinander Liutbirga entgegen und führen gegen sie ihre Truppen ins Feld. So etwa die *superbia*, die die Menge ihrer *milites* anführt und deren besondere Gefährlichkeit darin besteht, daß sie nicht allein bei schlechten, sondern auch bei guten Taten ihre Siegeszeichen aufrichtet[32].

Auf ähnliche Weise sind auch *avaritia, luxuria, ira, arrogantia* und *fraus* gerüstet. Um gegen sie im ‚schrecklichen Krieg' zu bestehen, muß die Heilige fest auf Gott und die Kraft seiner *virtutes* vertrauen.

Die Bilder erinnern stark an die ‚Psychomachie' des Prudentius, die bereits seit dem Ende des 5. Jahrhunderts zum allgemeinen christlichen Bildungsgut gehörte und Muster für den geistlichen Kampf bereitstellte[33]. Der Kampf der Tugenden gegen die Laster im Innern des Menschen ist ein Thema, welches das Mittelalter außerordentlich interessiert hat, wie die literarische und künstlerische Rezeption der ‚Psychomachie' im gesamten Mittelalter ebenso belegt wie die Tatsache, daß Prudentius seit Alkuin „zum meistgelesenen, imitierten, glossierten und kommentierten Dichter" wurde[34]. Die hier besprochenen Heiligenviten zeigen die Wirkung des Prudentius sehr anschaulich.

II. Die Welt des Heiligen als ‚Gegenwelt' zur Welt des Kriegers

Werden das Wirken des Heiligen sowie sein Kampf gegen den Teufel und seine Heerscharen auch in militärischen Termini geschildert, so steht doch sein Leben gerade im Kontrast zur Welt des adligen Kriegers. Die Differenz im Verhältnis dieser beiden Welten zueinander bekommt dadurch ihren eigentümlichen Charakter, daß sie dezidiert voneinander abgesetzt werden und doch auch gemeinsame Werte und Ausdrucksformen besitzen. Dies rührt vor allem daher, daß der Heilige für gewöhnlich im Kontext seiner Conversio aus der kriegerischen Adelswelt heraustritt, der er ursprünglich durch Abkunft, Erziehung und dadurch verinnerlichtes Normsystem und internalisierte Verhaltensmuster angehört hat. Vor allem seit der ‚Aristokratisierung' des Heiligenideals in der Merowingerzeit wird der Adel zu einer unabdingbaren Voraussetzung für Heiligkeit[35]. Der Schritt der Conversio wird als Übergang von der weltlichen in die geistliche *militia* gesehen. Auch hier gibt es – wie schon mit der Benediktsregel für den Begriff des *militare* durch den Mönch – mit der Vita des hl. Martin von Tours vom Ende des 4. Jahrhunderts ein Vorbild. Sein Hagiograph, Sulpicius Severus, beschreibt, wie der zwanzigjährige Soldat und Sohn eines römischen Militärtribuns zwei Jahre nach seiner Taufe den Dienst verläßt[36]. Er vollzieht diesen Schritt bezeichnenderweise unter dem Kaiser Julian Apostata, dessen *donativa*, also kaiserliche Geldgeschenke an die Soldaten, er vor einem Feldzug ablehnt. Martin wartet dabei den Augenblick ab, in dem er, wie alle anderen, zum Empfang des Geschenkes vor den Kaiser tritt, um ihm zu sagen, daß er bisher für ihn gekämpft habe, das aber nun für Gott tun werde und daß er ab jetzt ein *miles Christi* sei[37]. Von dort an bezeichnet ihn Sulpicius Severus in seiner Vita durchgängig als *miles Domini* oder *miles Christi*.

Die Hagiographie des 9. Jahrhunderts übernimmt dieses Bild zumindest teilweise. Denn es sind meistens nicht schlechte Herrscher, aus deren Dienst die Heiligen in den Dienst Gottes übergehen. Außerdem wandelt sich die Bedeutung des Begriffs *militare* vom römischen Militärdienst zur Tätigkeit des Vasallen am Herrscherhof. So dient der hl. Lantbert am Hof König Chlothars in der *milicia regis*. Die Wendung *in aula regis militare* wird auch in dieser oder ähnlicher Form ganz allgemein in der Historiographie verwendet, um die Tätigkeit des Adels in der Umgebung des Herrschers zu beschreiben. So sagen etwa die Einhardsannalen, daß Karl der Große Beute unter den Großen und Höflingen sowie unter den übrigen *in palatio suo militantes* verteilt habe[38]. Lantbert nun verläßt die *milicia regis*, um ins Kloster zu gehen. Dieses wird in der Vita, die somit bei den militärischen Termini bleibt, folgerichtig als ‚schimmerndes Heerlager Christi' bezeichnet. Dort legt der Heilige die geistliche Rüstung an – den Helm des Heils, den Panzer des Glaubens, das Schwert des Heiligen Geistes – und kämpft damit fortan gegen den unsichtbaren Feind. Der Heilige vollzieht so einen bereits seit langem ersehnten Schritt, da seine Seele immer schon viel stärker nach dieser anderen *milicia* gedürstet hat[39]. Den Klostereintritt kann übrigens auch die Historiographie mit denselben Worten beschreiben, wenn etwa davon gesprochen wird, daß Karlmann, der älteste Sohn Karl Martells, beschlossen habe, die *saecularis milita* zu verlassen, um sich ins Kloster zu begeben, und man deshalb in einem bestimmten Jahr keinen Kriegszug unternommen habe[40].

Die Verbindung des Heiligen in seiner klösterlichen ‚Gegenwelt' zur Außenwelt mit ihren Werten und Normen besteht aber nicht nur darin, daß der neue Kampf des Heiligen in denselben Termini wie die reale Kriegführung geschildert wird. Es scheint auch von großer Bedeutung zu sein, daß der *vir Dei* zumindest theoretisch in der Lage wäre, den Anforderungen an adlige kriegerische Lebensführung gerecht zu werden, auch wenn sie von Anfang an nicht die Lebensform ist, die er sich wünscht. Genauso wichtig wie seine adlige Herkunft – wobei sein Adel topisch noch von seiner Frömmigkeit übertroffen wird – ist dabei der Beweis seiner militärischen Fähigkeiten. Erst durch sie wird die Conversio zum ‚geistlichen' Kampf eine wirkliche Wende. Und nur derjenige, der über Qualitäten als Krieger verfügt, wird offensichtlich von seiner adligen Umwelt auch als Heiliger ernst genommen.

Besonders anschaulich zeigt sich das in der Vita Walas, des ehemaligen Grafen und militärischen Befehlshabers. Das ‚Epitaphium Arsenii' ist zwar literarhistorisch schwer einzuordnen, aber sein Verfasser, Paschasius Radbertus, beschreibt das Leben seines Helden ganz im Stil der Heiligenviten[41]. Der wohl nicht ganz so freiwillige Eintritt Walas ins Kloster wird als Verwirklichung eines lange gefaßten Entschlusses dargestellt[42]. Vorher habe er aber im Auftrag und anstelle des Herrschers in hervorragender Weise dessen Truppen geführt[43]. Es wird also ausdrücklich betont, daß Wala an exponierter Stelle militärisch tätig gewesen ist. Aber bereits bei der militärischen Karriere Walas im Dienst Karls des Großen hätten sich, so Paschasius Radbertus, auch die Qualitäten des späteren Mönchs gezeigt: Durch seine Freundlichkeit bezwungen, liebten ihn die wilden Barbaren und kamen später, nachdem er Mönch geworden war, zu ihm[44].

Der Nachweis kriegerischer Tugenden kann auch über die Vorfahren erbracht werden, wenn etwa zu Beginn der Vita über die Taten des Vaters des Heiligen berichtet wird. Ein anschauliches Beispiel dafür ist die Vita Benedikts von Aniane, dessen Vater Einfälle der Wasconen zurückschlug. Vernichtet habe er die Eindringlinge, die das Land verwüsten wollten, so daß nur der entkommen konnte, der schnell sein Heil in der Flucht gesucht habe[45]. Von Benedikt selbst wird gesagt, daß er von seiner Kindheit bis zum Erwachsenwerden *militavit*, sich also nach den Normen der adligen Kriegergesellschaft verhielt. Nach der Errettung aus Todesgefahr bei einem Flußübergang gelobte er, das hinfort nicht mehr zu tun, trat in ein Kloster ein und *Deo iugiter militavit*[46].

Es hat allen Anschein, als ob die adligen Werte, mit denen der Heilige aufwächst – und die der Vitenschreiber ebenso wie seine Leser und Hörer kennt und teilt – im Leben des Heiligen weiterwirken. Der Heilige oder stellvertretend für ihn seine Familie müssen ihnen zumindest im Prinzip nachkommen können. Die Welt des Krieges ist terminologisch das Vorbild für das heiligmäßige Leben und wird durch dieses keineswegs infrage gestellt, auch wenn der Übergang von der einen in die andere Welt im Mittelpunkt steht.

III. Der reale Krieg im Leben des Heiligen

1. Der Krieg als Störung des geistlichen Kampfes der Heiligen

Die Hagiographie kennt aber nicht nur den ‚inneren' Krieg des Heiligen gegen die finsteren Mächte in sich selbst oder in der Welt, sie kennt auch die Kriege zwischen den Menschen zu Lebzeiten des Heiligen. Im 9. Jahrhundert sind es vor allem die Sachsenkriege und die Normanneneinfälle, die in der Hagiographie thematisiert wurden und die sogar in großer Zahl hagiographische Schriften veranlaßt haben. Über diese Kriege wird allerdings nur im Zusammenhang mit dem Leben und Wirken der Heiligen berichtet und sie erfüllen daher in der Gattung ganz spezifische Funktionen.

Vor allem sind sie eine Störung des Lebens der *milites Christi*, die ihre eigentlichen Aufgaben durch die Bedrängung oder Zerstörung ihrer Klöster und Klausen nicht mehr richtig wahrnehmen können. Sie sind zur Flucht gezwungen, und vor allem die Translationsberichte aus der Zeit der Normanneneinfälle zeigen, daß nicht einmal die toten Heiligen ihre Ruhe finden, sondern ihre Reliquien von den Klostergemeinschaften mit auf die Flucht vor den heidnischen Angreifern genommen werden[47].

Generell bringt allerdings jede Form des Krieges diese Folgen mit sich, ob es sich um die ‚Aufstände' der Sachsen, die Einfälle von Sarazenen und Normannen oder um innere Streitigkeiten im Reich handelt. Auch die Bürger- oder Bruderkriege der Merowingerzeit werden aus der Rückschau des 9. Jahrhunderts genauso bewertet wie diejenigen der eigenen Gegenwart: Die schlimmste Folge des *bellum civile* zwischen Theuderich III. und Dagobert II. ist für den unbekannten Autor der ‚Vita Sadalbergae' die Verbrennung von Reliquien infolge der Kampfhandlungen – wohl zusammen mit den Kirchen und Klöstern, in denen sie sich befinden, wie der Kontext der Stelle nahelegt[48].

In den ‚Miracula sancti Filiberti' führen die *orribilia bella* zwischen den Söhnen Ludwigs des Frommen dazu, daß die Bewachung der Küsten vernachlässigt wird und die Angriffe der Normannen zunehmen. Sie fahren die Flüsse hinauf und zerstören die Städte, weshalb überall Reliquien in Sicherheit gebracht werden müssen. Die Kausalkette der Erzählung endet mit dem Bericht, daß auch die Mönche aus Noirmoutier, die sich nach der ersten Flucht von ihrer Klosterinsel im Atlantik in St. Philibert de Grandlieu aufhalten, erneut flüchten müssen. Sie können dabei zunächst ihren Heiligen nicht mitnehmen, obwohl das Kloster niedergebrannt wird[49]. In der Logik des Berichts erscheint die Zerstörung der Klöster und die Gefahr für die Leiber der Heiligen letzten Endes als die gravierendste Folge des Bruderkrieges, der die Bedingungen für die Gefährdung schafft. Der Krieg zwischen den Söhnen Ludwigs des Frommen ist aber nur mittelbare Ursache des Unglücks, weil die direkte Gefahr von den heidnischen Normannen ausgeht. Sie sind, ebenso wie die Sarazenen oder Sachsen, eine ständige Bedrohung für die Klöster und Kirchen, die immer wieder von diesen heidnischen Völkern zerstört werden[50]. Legt man hagiographische Berichte zugrunde, so erscheinen Aufstände wie der Widukinds im Jahr 784 sogar ausschließlich als Abfall vom christlichen Glauben, Zerstörung von Klöstern und Vertreibung der Mönche[51].

Ganz deutlich tritt die Funktion der Barbareneinfälle in der ‚Vita Anskarii' hervor. Die Zerstörung Hamburgs durch die Normannen, die Ansgar 845 als Bischof erleiden mußte, wird von seinem Hagiographen Rimbert im Stil der oben genannten Beispiele erzählt: Als Ansgar, der zunächst die Verteidigung der Stadt organisieren will, feststellt, daß man dazu nicht imstande sein würde, ist sein einziges Ziel die Rettung der Reliquien, die ihm auch gelingt. Die Stadt mit allen Kirchen, Klöstern, Büchern und allem Kirchengerät wird von den Normannen geplündert und niedergebrannt. Nun aber, so wird betont, beginnt der Heilige nicht etwa zu klagen, sondern erweist sich in demütiger Duldung der Ereignisse als zweiter Hiob[52]. Am Ende der Vita werden diese Ereignisse wieder aufgegriffen und als Teil des das ganze Leben Ansgars umfassenden Martyriums betrachtet[53]. Hier soll zwar in einem ganz speziellen Fall der ‚Makel' des fehlenden Martyriums des Missionars ausgeglichen werden, indem eine besondere Form des gesamten Lebens als Martyrium konstruiert wird[54]. Dennoch kann die an dieser Stelle explizit geäußerte Funktion der Barbareneinfälle verallgemeinert werden: Sie sind Teil der Prüfungen des Heiligen, die sein Leben im Kampf gegen den Teufel und für Gott oder das Wirken nach seinem Tod stören. Indem er sie erduldet, bewährt sich aber in diesen Prüfungen seine Heiligkeit auf besondere Weise. Daß der Heilige auch eingreifen kann, wird im vierten Kapitel zu sehen sein.

Die Erklärung des Martyriums Ansgars ist im übrigen kein Einzelfall, sondern läßt sich zum Beispiel auch beim hl. Pirmin zeigen. Diesem, so heißt es in seiner Vita, sei zwar nicht das Martyrium durch das Schwert zuteil geworden, trotzdem besitze er die *dignitas* des Märtyrers, da er in Gott viele *bona certamina* bis zum Ende ausgefochten habe[55]. Auch mit Pirmin wird ein Heiliger, dem seine Vita wohl zu unrecht Missionstätigkeit zuschreibt, für das fehlende ‚echte' Martyrium entschuldigt, wenn auch nicht in der Ausführlichkeit, wie es bei Ansgar geschieht. Der Hagiograph weist aber auch bei ihm noch einmal ausdrücklich auf die Kämpfe hin, die er im Namen Gottes während seines Lebens auszufechten hatte. Er gebraucht dabei die Worte des 2. Timotheus-Briefes, die er auch an anderer Stelle benutzt, und in denen es um den Dienst an der Wahrheit und die Verkündigung des Evangeliums geht[56].

2. Normanneneinfälle und Translationsberichte in Westfranken

Wie der Bericht der ‚Miracula sancti Filiberti' bereits angedeutet hat, sind es innerhalb der Hagiographie vor allem die Translationsberichte und die mit ihnen eng verbundenen Mirakelerzählungen, in denen die Normanneneinfälle im 9. Jahrhundert zum beherrschenden Thema wurden. Irgendwann einmal – oft sogar mehrmals – mußten fast alle nahe dem Meer oder größeren Flüssen gelegenen Konvente ihre Klöster verlassen, um ihre Reliquien und sich selbst vor den plündernden Normannen in Sicherheit zu bringen[57]. Die Thematik wird in den Berichten aus der zweiten Hälfte des 9. Jahrhunderts derart beherrschend, daß Heinz Löwe mit Blick auf die Translationsberichte dieser Zeit gar von einer ‚Flüchtlingsliteratur' gesprochen hat[58]. Einige Translationsberichte wurden direkt aus diesem Anlaß verfaßt, ältere, bereits existierende, wurden vielfach um die neuen Begebenheiten erweitert, die sich auf der Flucht und bei der später meistens erfolgten Rückführung ereigneten. Der Abt von Glanfeuil, Odo, nutzte die Gelegenheit der Flucht vor den Normannen sogar dazu, den Kult um den hl. Maurus durch eine erfundene Vita und einen Mirakelbericht voranzutreiben[59]. Die besonders große Nähe von Translations- und Mirakelberichten entsteht dadurch, daß die Heiligen bei den erzwungenen Ortswechseln ihre Wirkmächtigkeit natürlich vielfach erweisen und auch in den Kampf gegen die Normannen eingreifen können. Durch seine Wundertätigkeit kann der Heilige gar die Trauer der Mönche über ihre erzwungene Flucht mit den Reliquien in Freude verwandeln, wie es pikanterweise gerade die eben genannten ‚Miracula S. Mauri' ausdrücken[60].

Die Überfälle der Normannen, die aus der Sicht der klösterlichen Autoren in erster Linie eine Gefahr für die Reliquien darstellen, machen es den Mönchen zur Pflicht, die Leiber der Heiligen in Sicherheit zu bringen. Zuweilen spürt man in den Berichten einen gewissen Drang, diese Flucht zu rechtfertigen: Die Mönche von St. Vaast sehen die Flucht als ihre Aufgabe an, um Gott nicht zu versuchen, obwohl die Normannen durch die Bitten des Heiligen von der Zerstörung des Klosters abgehalten worden sind[61]. In St. Bertin erinnern sich die Mönche an die Mahnung aus Matth 10,23: „Wenn sie euch aber in einer Stadt verfolgen, so fliehet in eine andere". Nur vier Brüder wollen lieber das Martyrium erleiden, als die *desolatio* ihres Klosters überleben[62].

Die für moderne Beobachter wie für mittelalterliche Zeitgenossen naheliegende Frage, warum die Heiligen die Normanneneinfälle nicht insgesamt durch ihre Fürbitten abgewehrt haben, warum also die Heiden derartige Erfolge gegenüber den Christen erreichen und ihre sakralen Orte zerstören konnten, wird damit beantwortet, daß Gott die Überfälle erlaubt. Denn verantwortlich für die Normanneneinfälle sind die Menschen im Frankenreich mit ihren Sünden. Deshalb läßt Gott es zu, daß sogar die Heiligen vorübergehend die Flucht vor den Normannen antreten müssen, auch wenn sie die Feinde in Einzelfällen immer wieder zurückschlagen oder am Ende gar dafür verantwortlich sind, daß sie das Frankenreich wieder fluchtartig verlassen[63]. Zuweilen können die Heiligen sogar Gott dazu bringen, die Normannen als Mittel zu gebrauchen, um innerfränkische Feinde des Klosters, also des Heiligen selbst, zu bestrafen[64]. Vielfach werden Prophezeiungen bemüht, welche diese Überfälle ankündigen[65]. Direkter Anlaß – bzw. Ausdruck der Sünden der Franken – ist immer wieder die Uneinigkeit der Großen, die zur Schwächung der Abwehr führt oder als Gerücht die Normannen erreicht, ihnen Hoffung auf leichte Beute macht und sie so zum Angriff reizt[66]. Wohl deshalb wird auch immer wieder der mangelnde Widerstandswille kritisiert und gesagt, daß sich niemand den Normannen wirklich entgegengestellt habe[67].

Bei der Schilderung der Kämpfe gegen die Normannen kann man eine relativ große Präzision beobachten. Die Routen, welche die Normannen auf ihren Zügen zurücklegten, und die Städte, die sie dabei zerstörten, werden häufig minutiös aufgelistet. Das verwundert nicht, wenn man daran denkt, daß die hagiographischen Berichte ja gerade die Fluchtwege der Mönche mit den Reliquien schildern und somit dem räumlichen Aspekt großes Gewicht geben[68]. Auch bei Zahlenangaben scheint es so zu sein, daß sie in der Hagiographie dem historisch Wahrscheinlichen ziemlich nahe kommen und – wie die Untersuchungen Horst Zettels zeigen – der zeitgenössischen Historiographie vielfach vorgezogen werden können[69]. Selbst Änderungen in der Art der Kriegführung, wie der Übergang zur berittenen Kampfweise durch die Normannen, werden aufgezählt[70]. Diese hohe ‚Glaubwürdigkeit' im rein positivistischen Sinn belegt, wie wichtig den Hagiographen eine exakte Schilderung der dargestellten Ereignisse war. Sie gehören ebenso wie die geschehenen Wunder zu den Umständen der Translation und werden daher ebenso ausführlich berichtet.

Bedingt durch die Konventionen der Gattung, werden der Krieg und die damit verbundene Bedrückung der Heiligen trotz all ihrer Schrecken nicht nur ausführlich geschildert, sondern mit Sinn gefüllt. Vor dem Hintergrund des göttlichen Strafgerichts erweist sich Gottes Gnade in einzelnen Siegen oder der gelungenen Errettung von Reliquien. Ebenso erweist sich die Wirkkraft des Heiligen, der durch seine Fürsprache gerade die göttliche Intervention veranlaßt. So wird die – anders als im Normalfall – erzwungene Translation der Gebeine des Heiligen zu einem Ereignis göttlicher Gnade, und die Normannen werden zum Teil der göttlichen Vorsehung, was bei aller Angst und Verzweiflung, welche die Einfälle sicher hervorgerufen haben, dabei hilft, auch dem Auftreten der Normannen einen Sinn und ihnen selbst eine Funktion im göttlichen Heilsplan zuzuweisen.

Wie wichtig es für die Mönche war, die Erlebnisse literarisch zu verarbeiten, wird deutlich, wenn man die von Historikern häufig geäußerte Behauptung betrachtet, daß die Berichte stark übertrieben seien. Zum einen ist das – durchaus berechtigt – angezweifelt worden, und man hat gezeigt, daß die Überfälle oftmals in der Tat verheerend gewesen sein müssen[71]. Man darf aber nicht den methodischen Fehler begehen, die einzelnen Schilderungen in der Hagiographie hochzurechnen und auf das gesamte Frankenreich zu beziehen, was dann vermutlich tatsächlich zu einem verzerrten Bild führen dürfte. Man muß die Ereignisse zum einen jeweils für das einzelne Kloster betrachten und sollte die Gesamteinschätzung der Autoren nicht einfach übernehmen. Das führt dazu, daß zum anderen genauer betrachtet werden muß, was in den Klöstern aus der Sicht der Mönche eigentlich geschehen ist. Das war mehr als ‚nur' die Zerstörung der Klostergebäude und eine meistens nur vorübergehende Flucht des Konvents vor den Angreifern. Mayke de Jong hat auf den engen Zusammenhang zwischen physischer und geistiger Klausur hingewiesen und gezeigt, daß die Zerstörung der Klöster in der späteren Karolingerzeit nachhaltige Erschütterungen der monastischen Disziplin mit sich gebracht hat und, wie sie sagt, ‚traumatische' Folgen für die klösterliche Gemeinschaft haben konnte[72]. Vor diesem Hintergrund müssen die Texte interpretiert und eingeordnet werden. So betrachtet ist der Schluß, daß die Flucht oftmals allzu übereilt vorgenommen worden sei, nicht immer angemessen. Des weiteren reicht allein die Feststellung, die Normannen hätten die betreffenden Klöster tatsächlich gar nicht heimgesucht – was die Translations- und Mirakelberichte mit der Ablenkung der Feinde durch den Heiligen erklären – nicht aus, um die Flucht herunterzuspielen[73]. In jedem Fall sind hier für die Mönche einschneidende Ereignisse geschehen, die in der Hagiographie erklärt werden.

Interessant ist in der Tat die immer wieder betonte Wirkung von Gerüchten über Normanneneinfälle auf die Zeitgenossen, wenn der *rumor* über das Herannahen der Feinde die Menschen zum Handeln treibt. Eher als die Annahme allzu großer Ängstlichkeit oder die Betonung des Schreckens, der von den Normannen ausging, sollte man hier in der Erklärung aber wohl die Kommunikationsbedingungen im Blick haben. Wie sehr präventives Handeln auf ‚Gerüchte' hin in der frühmittelalterlichen Gesellschaft vor allem im militärischen Bereich vonnöten und gar überlebenswichtig war, zeigen auch die Fürstenspiegel, wo dem Herrscher das Aufgebot auf den *rumor* des Krieges hin nahegelegt wird[74]. Außerdem sind die Einfälle der Normannen auch oft nichts anderes als eine Reaktion auf den *rumor* von Streitigkeiten der Christen untereinander[75].

3. Der Krieg zur Ausbreitung des Glaubens: Die sächsische Hagiographie

Im Gegensatz zu all den genannten Kriegen mit ihren negativen Konnotationen gibt es eine Form der militärischen Auseinandersetzung, die in ihrer Gesamtheit positiv bewertet wird. Gemeint ist der Krieg, den der Herrscher für die Erweiterung der *christianitas* als Eroberungs- und Missionskrieg gegen die ‚Heiden' führt. Daß es im Kontext dieser Kriege auch zu Gegenangriffen der Heiden mit den üblichen Folgen für die Klöster kommt, spielt für das Bild keine Rolle, denn diese Reaktionen werden grundsätzlich in einer anderen Kategorie als Aggression, nämlich als ‚Aufstände', geschildert, wie bei Widukind zu sehen war.

Für die hier angesprochene Form des Krieges ist, was kaum verwundert, die sächsische Hagiographie von besonderer Bedeutung, da hier im gerade eroberten und missionierten Teil des Frankenreichs eine ‚Bewältigung' und Sinngebung des langwierigen Krieges vorgenommen werden mußte, der den unterworfenen Sachsen als Niederlage noch sehr präsent war[76]. Der sächsische Eroberungskrieg Karls des Großen ist neben den Normanneneinfällen das zweite große militärische Ereignis, das die Hagiographie des 9. Jahrhunderts stark beeinflußt hat, indem es vor allem die Produktion hagiographischer Schriften anregte[77].

Karls Sieg über die Sachsen wird gesehen als die Unterwerfung dieses Volkes unter das Joch Christi[78]. Die Eroberung wird als Krieg für Christus begriffen, dem die Sachsen als neue Glieder der Kirche zugeführt werden. Der Krieg gegen die Sachsen wurde – gemäß der ‚Translatio Sancti Alexandri' Rudolfs von Fulda, der dabei wörtlich Einhard zitiert – auf Vorschlag Karls des Großen dadurch beendet, daß die Sachsen das Christentum annahmen und sich dann mit den Franken zu einem Volk verbanden[79]. Erst nach diesem Sieg für Christus, so sagt es der Verfasser der ‚Translatio Sancti Viti', gewährte Gott dem Herrscher Ruhe vor seinen Feinden[80]. Der Sieg über die Sachsen als ‚Feinde des Friedens' ist das letzte Glied in einer Kette von Triumphen, die mit dem Leiden und der Auferstehung Christi begonnen und sich mit den Siegen der Apostel und Märtyrer fortgesetzt haben. Der Siegeszug Christi von den Römern bis zu den Sachsen wird mit den Worten des militärischen Triumphes geschildert. Wie ein globaler Stratege unterwirft Christus sich die Welt mit Hilfe der Apostel und Märtyrer und schließlich mit Hilfe des Frankenherrschers[81]. Den Frieden, den Gott seiner Kirche nun schenkt, nutzt Karl dazu, die Kirche in Sachsen zu strukturieren und zu organisieren. Für diesen Vorgang ist also wieder der Friede vonnöten, der auf den siegreichen Krieg folgt[82]. Das Christus und dem Frankenherrscher unterworfene Land ist nun bereit, den Körper des Heiligen aufzunehmen, was dann zur wahren Durchdringung durch den Glauben führt[83].

Neben dieser generellen Interpretation der Eroberung und der mit ihr verbundenen Mission kennt die Hagiographie auch im Krieg die Möglichkeit der individuellen Missionierung. So geschieht es in den ‚Miracula Wandregisili', daß ein *miles* des Klosters St. Wandrille mit Namen Sigenandus, der mit dem fränkischen Heer das Land der Sachsen verwüstet, von diesen gefangengenommen wird. Er bittet den Heiligen um Errettung, worauf ihn der Sachse Abbo fragt, warum er so oft den Namen Wandregisilus sage. Sigenandus erwiedert, er sei der Diener des Heiligen und erwarte seine Rettung von diesem. Daraufhin läßt ihn Abbo aus Furcht vor dem Heiligen frei. Als Abbo später als Geisel ins Kloster St. Wandrille gegeben wird, bekehrt er sich endgültig und läßt sich taufen[84]. Hier erfolgt also die Unterwerfung freiwillig auf die Erlebnisse im Krieg hin.

IV. Der Heilige im Krieg

Wenn der Krieg auch in erster Linie das Leben des Heiligen stört und ihm allenfalls die Möglichkeit zur Bewährung oder gar zum Martyrium verschafft, so gibt es doch auch Fälle, in denen der Heilige aktiv in den Krieg eingreift, um den Sieg zu schenken oder Angriffe abzuwehren, aber auch, um Frieden zu stiften und vor allem, um durch seine besonderen Qualitäten die Zukunft militärischen Geschehens vorauszusagen.

Die Fähigkeit zur Voraussage kann aus der Sicht des Hagiographen sowohl positive als auch negative Dinge – also Niederlagen der Feinde Christi oder auch Bedrückungen der Christenheit – betreffen. Als *nuncius Dei* begibt sich der hl. Lebuin zur jährlichen Versammlung der Sachsen in Marklo, auf der sie gemeinsam beschließen, was in Kriegs- oder Friedensdingen im gegenwärtigen Jahr zu tun sei. Er fordert sie zur Bekehrung auf und weissagt ihnen, daß sie, die keinen König über sich haben, ansonsten von einem benachbarten König unterworfen würden. Dieser werde sie, wie es ja auch tatsächlich eingetreten ist, in mehreren Kriegen zermürben, ins Exil führen und ihnen ihren Besitz nehmen[85]. Auf der anderen Seite sieht der hl. Liudger im Traum die Einfälle der Normannen und daß er sie nicht mehr erleben werde voraus. Er sieht aber auch, daß sich schließlich nach ihrer erfolgreichen Abwehr der Friede wieder einstellen werde. Sein um 825 schreibender Biograph Altfrid beendet das Kapitel mit der Feststellung, daß tatsächlich nach dem Tod des Heiligen fast jährliche Überfälle der Normannen zu verzeichnen seien, daß er aber hoffe, sie würden nach der Vorhersage des *vir Domini* ein Ende finden[86].

Ähnliche Fälle wie die geschilderten gibt es häufiger. Dabei können die Visionen sich auf zukünftige oder zeitlich parallele, räumlich aber entfernte militärische Ereignisse beziehen: Als der junge Theuderich III. auf der Jagd den hl. Ansbert trifft und nach seiner Zukunft befragt, sagt dieser ihm, daß er einst König werden und nach mühsamem Kampf über seine Feinde triumphieren werde[87]. In den ‚Miracula sancti Filiberti' ist es zwar nicht der bereits verstorbene Heilige selbst, der noch vor der Flucht seiner Mönche von der Insel Noirmoutier einen Sieg über die Normannen voraussagen kann; aber ein Mönch in Corbie sieht am Tag des Heiligen, dem 20. August 835, wie die Normannen mit Hilfe Filiberts auf der Insel zurückgeschlagen werden und berichtet es später[88]. Die Fähigkeit, in bestimmten Situationen zeitlich oder räumlich entfernte Ereignisse voraussagen zu können, gehört zu den Qualitäten des Heiligen[89]. Es wird von seinen Mitmenschen regelrecht erwartet, so daß er von ihnen auch direkt um Auskunft angegangen werden kann, wie es dem hl. Aridius während einer Belagerung von Limoges geschieht. Als die Stadt zur Übergabe aufgefordert wird, begibt sich einer der Verteidiger zum Heiligen, um von diesem zu erfahren, ob er etwas über die zukünftigen Ereignisse voraussehen könne[90]. Daraufhin gibt Aridius detaillierte Auskunft.

Mit diesen seherischen Fähigkeiten wird der Heilige auch zum aktiven Teilnehmer am Kriegsgeschehen, indem er die Kämpfenden mit seinen Voraussagen zu größerer Standhaftigkeit oder zum anhaltenden Widerstand ermuntern kann: Mit der Hoffnung auf ein vorausgesagtes Ende lassen sich die Normanneneinfälle leichter ertragen, und das Leid einer Belagerung – der Hunger oder die Angst vor feindlichen Geschossen – kann in Widerstandskraft umgesetzt werden, wenn man glaubt, daß es am Ende gut ausgehen wird.

Während Heilige hier also den Krieg erleiden und zum geduldigen Ertragen aufrufen, greifen sie in anderen Fällen oftmals direkt in das Geschehen ein[91]. Auch hier bietet die sächsische Hagiographie wieder interessante Beispiele, wenn etwa der hl. Wigbert, dessen Vita 836 von Lupus von Ferrières verfaßt wurde, die Sachsen bei ihrem Einfall in das Frankenreich im Jahr 774 abwehrt. Lupus widmet volle zehn der insgesamt 30 Kapitel seiner Vita diesen Ereignissen und betont damit deutlich ihren Stellenwert[92]: Zunächst verlassen die Bewohner – auch hier unter Mitnahme der Reliquien – die Stadt Fritzlar und bringen sich hinter den Befestigungen des benachbarten Büraburg in Sicherheit. Zum ersten Mal erweist sich die Hilfe des Heiligen bei einem Ausfall, bei dem die Sachsen in die Flucht geschlagen werden[93]. Später wird ein Sachse, der Feuer an die Kirche von Fritzlar legen will, durch die Fürsprache des Heiligen gelähmt[94]. In der Zwischenzeit bewahrt eine Erscheinung die Kirche davor, zusammen mit dem Ort niedergebrannt zu werden, was aber nicht direkt auf den hl. Wigbert bezogen wird[95].

Der Heilige ist es also, der die Sachsen durch seine Fürsprache zurückschlägt und seine Hand schützend über die Fritzlarer Kirche und über diejenigen hält, die seine Reliquien gerettet haben[96]. Dem hl. Willehad wird in seiner zwischen 843 und 855, also etwa ein Jahrzehnt nach der ‚Vita Wigberti' entstandenen Lebensbeschreibung gar die vollständige Unterwerfung der Sachsen zugeschrieben. Nach seiner Flucht beim Aufstand Widukinds 782 und einem Aufenthalt in Italien[97] bittet er Karl den Großen darum, erneut den ‚Frieden des Evangeliums' unter den Sachsen verbreiten zu dürfen[98]. Er bekommt die Erlaubnis und die notwendige materielle Ausstattung dazu; dann predigt er dem Volk, baut die zerstörten

Kirchen wieder auf und setzt Priester ein. Dadurch, so die Vita, finden die Sachsen noch im selben Jahr wieder zum Christenglauben zurück, und selbst Widukind, der ‚Urheber des ganzen Übels und Anstifter des Treuebruchs', unterwirft sich Karl und wird getauft[99]. Bei alledem ist nicht die Rede davon, daß die Sachsen militärisch besiegt werden. Es ist vielmehr das Verdienst des Heiligen, daß sie sich erneut dem Christentum zuwenden und unter die Herrschaft Karls zurückkehren, von der sie vorher abgefallen sind, indem sie sich gewaltsam erhoben und viele Priester ermordeten. Der Sieg über die Sachsen wird dargestellt als Überzeugungsarbeit Willehads, der auf eigene Bitte von Karl dazu beauftragt wird. Hierbei geht es meines Erachtens um mehr als nur die ‚Bewältigung' der Ereignisse für die Sachsen als neue Angehörige des Fränkischen Reiches[100]. Die Argumentation ist nur dann voll verständlich, wenn man die Handlungslogik innerhalb der Gattung der Hagiographie betrachtet, der sie folgt.

Wie in den Sachsenkriegen, so handeln die Heiligen auch bei den Normannenüberfällen. Ihre Fürsprache verschont das Kloster insgesamt oder ermöglicht wenigstens die erfolgreiche Flucht vor den anstürmenden Feinden. Ihre Anwesenheit kann aber auch einzelne Schlachten oder Gefechte entscheiden, in denen dann Gott im Gesamtkontext der von ihm als Strafe für die sündige Menschheit verhängten Einfälle den von ihm Bevorzugten seine Gnade erweisen kann. Diese Funktion innerhalb der Berichte läßt die Schilderungen normannischer Überfälle und der Reaktionen auf sie oftmals sehr ausführlich ausfallen, so daß wir vielfach die längsten und vielschichtigsten Erzählungen zu diesem Beispiel kriegerischen Geschehens ausgerechnet in der Hagiographie finden. Unser modernes Bild der Normanneneinfälle ist also in starkem Maß von dieser Quellengattung geprägt.

Der bereits erwähnten Fürsprache des hl. Vedastus haben es die Mönche von St. Vaast zu verdanken, daß die Normannen im Jahr 851 gar nicht erst bis zum Kloster kommen[101]. Genauso veranlaßt der hl. Richarius die Feinde bei ihrem Einfall sechs Jahre zuvor dazu, an einen anderen Ort zu ziehen. Seine Erscheinung und die von ihm geäußerten ‚Sicherheitsgarantien' lassen die Mönche nach ihrer erneuten Flucht im Jahr 859 wiederum ins Kloster Saint-Riquier zurückkehren[102].

Sehr viel komplizierter hingegen ist das Eingreifen des hl. Germanus, ebenfalls beim Normanneneinfall von 845. Im Bericht seiner Translatio wird der Angriff ausführlich kommentiert und gedeutet, und dem militärischen Geschehen wird sehr viel Raum gegeben. Zunächst wird betont, daß der Einfall mit göttlicher Erlaubnis als Strafgericht über die Franken hereinbricht, weil nach dem Tod Ludwigs Streit unter ihnen ausgebrochen ist und die Sünden der Christen immer zahlreicher geworden sind[103]. Wegen ihrer inneren Zwistigkeiten sind die Franken auch nicht zur Ge-

genwehr in der Lage, und die Mönche von St. Germain-des-Prés haben niemanden, der sie verteidigt, außer Gott und dem Heiligen. Deshalb treten sie, nach bekanntem Muster, mit den Reliquien die Flucht an[104]. Der Heilige verläßt zwar sein Kloster, beschützt aber auch weiterhin – so betont es der Translationsbericht – den Ort, an dem er so viele Jahre geruht hat. Denn im Gegensatz zur Stadt Paris, die mit göttlicher Erlaubnis erobert wird, bestraft der hl. Germanus diejenigen Normannen, welche die Kirche zerstören wollen[105]. Die Angreifer bitten schließlich Karl den Kahlen, der ihnen vorher auch eine militärische Schlappe beigebracht hat, um friedlichen Abzug aus Respekt vor dem Heiligen, der der einzige gewesen sei, der ihnen Furcht eingeflößt habe und dessen Reliquien anschließend ins Kloster zurückkehren können[106].

Der triumphale Sieg des Heiligen wird dadurch perfekt, daß er den heimgekehrten Anführer der Normannen, Ragenarius, der sich vor seinem König Horich damit brüstet, Paris erobert und St. Germain geplündert zu haben, schlägt, als dieser sagt, daß bei den Franken die Toten mehr Mut als die Lebenden besäßen, da sich ihm nur ein alter, lange verstorbener Mann entgegengestellt habe. Ragenarius überlebt diesen Angriff nicht, und täglich sterben einzelne seiner Begleiter. Aus Furcht, selbst zu sterben, läßt Horich die übrigen töten und schickt ihre Köpfe zur Buße den Franken; alle Gefangenen hingegen läßt er in seinem Reich suchen und ehrenvoll heimkehren[107]. Der Sieg, den das Volk wegen seiner Sünden nicht erringen konnte, gebührt also dem Heiligen allein[108].

Diese Geschichte ist vor allem deshalb so interessant und wird hier so ausführlich wiedergegeben, weil man an ihr sehen kann, wie der Heilige auf zwei Ebenen eingreift. Zum einen beschützt er den Ort, an dem seine Reliquien ruhen, also sein Kloster, davor, von den heidnischen Angreifern geschändet zu werden, auch wenn er abwesend ist. Da Gott den Einfall der Normannen als Strafe für die Sünden der Franken im Prinzip zuläßt, greift der Heilige auch nicht ins Schlachtgeschehen ein und läßt ihnen außerhalb seines Klosters freie Hand. Sein Eingreifen hat aber – das ist der zweite Punkt – eine solche Wirkung auf die Normannen, daß sie nach Beendigung ihrer ‚Mission' aus Furcht vor ihm das Land verlassen. Seine Rache an den Zurückgekehrten macht die Überlegenheit gegenüber den Heiden noch einmal deutlich und betont, daß dieser Sieg von ihm errungen wurde und nicht ein Erfolg der Franken ist. So kann aus der Sicht des Heiligen auch ein wenig erfolgreiches militärisches Vorgehen als Sieg interpretiert und, was noch wichtiger erscheint, mit Sinn aufgeladen werden.

In den ‚Miracula S. Bertini' ist der Krieg gegen die Normannen ebenfalls wieder der Hintergrund, vor dem und auf den bezogen sich die Wunder der Heiligen ereignen. Der gesamte Bericht beginnt mit der ‚Tyrannei der Heiden', die im Jahr 861, über Seine und Loire heransegelnd, ganz

Neustrien und die Bretagne mit Feuer und Schwert verheeren[109]. Im hier zu betrachtenden Kontext ist die Erzählung des zweiten Einfalls von 890/91 allerdings von größerer Bedeutung[110]. Die Normannen, die in dieser Zeit immer wieder im Frankenreich überwintern, wollen den Ort Sithiu (St. Omer) und das außerhalb gelegene Kloster St. Bertin angreifen und versprechen sich leichte Beute. Daß sich ihre Hoffnung nicht erfüllt, schreibt der wohl als Augenzeuge bei den Ereignissen anwesende Autor der Hilfe Gottes und dem Zuspruch der Heiligen, die sich diesen Ort als Ruhestätte erwählt haben, zu[111]. Im Anschluß an die Darstellung des überraschenden und vollständigen Sieges über die Normannen diskutiert der Autor – ausgehend von der Teilung der Beute zu drei gleichen Teilen unter die Kirchen *(aecclesiis)*, die Mönche und Armen *(oratores et pauperibus)* sowie die Laien *(nobiliores cum inferioribus)* – die Frage, ob der Sieg eher den Betern oder den Kämpfern zuzuschreiben sei[112]. Seine Antwort ist, daß es die *oratores et imbelles* gewesen seien, die Gott von den Mauern herab, von denen sie das Schlachtfeld sehen konnten, mit ihrem Flehen und durch die Fürsprache des hl. Audomarus (Omer) und des hl. Bertinus dazu gebracht haben, die Arme der Kämpfer zu stärken.

Deutlicher als an dieser Stelle kann eigentlich das Selbstvertrauen des Beters gegenüber dem Krieger nicht zum Ausdruck gebracht werden. Angesichts der auch in diesem Mirakelbericht gleich im Anschluß kritisierten Passivität der weltlichen Machthaber gegenüber den Einfällen der Normannen, denen sich niemand entgegenstellt, wird hier die Aktivität des Beters herausgestellt, der, wenn der Kampf unvermeidbar wird, mit seinem Handeln die Heiligen zur Intervention bewegt und damit den Sieg begründet.

In den ‚Miracula S. Benedicti' schließlich greift der Heilige sogar selbst in das Kampfgeschehen ein, um der christlichen Seite den Sieg zu schenken. Der hl. Benedikt gewährt dem Grafen Girboldus von Orléans seine Hilfe, um die Normannen bei ihrem Einfall 878 so vernichtend zu schlagen, daß von ihnen kaum einer übrig bleibt, um den Nachkommen vom Ausgang der Schlacht berichten zu können[113]. Denn nach dem Kampf wird dem Grafen klar, daß jener Mönch, den nur er selbst sehen konnte und der, die ganze Zeit über neben ihm her schreitend, die Zügel seines Pferdes gehalten und mit einem großen Knüppel viele Feinde erschlagen hat, niemand anderes war als der Heilige selbst, der ihn auf diese Weise beschützt und seine Schritte gelenkt hat[114].

Aber nicht nur die Abwehr der Feinde oder der Sieg im Kampf gehen auf die Fürsprache des Heiligen zurück, er erscheint auch als Vermittler und Friedensstifter. In dieser Funktion tritt er natürlich vor allem innerhalb der *christianitas* auf und nicht gegenüber den als ‚Rebellen' oder ‚Invasoren' angesehenen paganen Feinden, die letzten Endes besiegt werden, auch wenn dem Sieg lange Prüfungen vorausgehen. Christen untereinander aber gefallen Gott nur dann, wenn sie im Frieden verbunden sind. Diese Mahnung legt Paschasius Radbertus Adalhard von Corbie in den Mund, der als Friedensstifter zwischen den verfeindeten Städten Spoleto und Benevent sowie zwischen ‚den Griechen und allen Mittelmeerinseln‘ auftritt[115]. Der Heilige wird beschrieben als ein ‚Sohn des Friedens und ein Band der Liebe‘ *(filius pacis charitatisque catena)*, der immer heiter, mild und fröhlich ist, aber auch ein ‚Kämpfer für die Gerechtigkeit‘ *(pro justitia certator)*. Paschasius Radbertus versäumt nicht zu erwähnen, daß der Frieden, dessen Wiederherstellung der Heilige vermittelt hat, aus seiner Sicht bis heute anhalte und die beiden Städte im Frieden Christi *(in pace Christi)* verbündet seien.

Solchen konkreten Friedensstiftungen stehen nicht näher bezeichnete Akte der Versöhnung gegenüber, die dem Heiligen allgemein zugeschrieben werden. So sagt Eigil von Fulda über seinen Abt Sturmi, er habe denjenigen, die den Frieden gebrochen haben, befohlen, sich noch vor Sonnenuntergang miteinander zu versöhnen[116]. Der Kontext ist hier nicht ganz eindeutig. Aber es geht um die Missionstätigkeit Sturmis, also darum, Friedfertigkeit und Versöhnung als christlichen Wert zu propagieren, und nicht etwa darum, sie innerhalb einer mönchischen Gemeinschaft aufrechtzuerhalten.

Die Heiligen greifen also auf vielfältige Art in die militärischen Auseinandersetzungen ein: Verfeindete Christen bringen sie durch Ermahnung zu gegenseitiger Liebe wieder zueinander; heidnische Invasoren wehren sie ab oder halten sie durch ihre Fürsprache wenigstens von der Zerstörung sakraler Orte ab; die bedrängte Christenheit ermuntern sie durch Visionen, die ein gutes Ende versprechen; und den Krieg zur Ausbreitung des Glaubens begleiten sie durch ihre Predigt, mit der sie die militärischen Erfolge, die letztlich demselben Ziel dienen, in den Schatten stellen.

V. Zusammenfassung: Krieg und Hagiographie

Im 9. Jahrhundert spielt der Krieg für Entstehung und Inhalt hagiographischer Quellen eine wichtige Rolle. Seine Bedeutung als Anlaß für die Abfassung von Viten, Mirakel- und Translationsberichten dürfte mindestens ebenso groß sein wie die der karolingischen Renaissance, deren neue stilistische Ideale oftmals zur Überarbeitung älterer merowingerzeitlicher Texte führten[117]. Die Normannenüberfälle machten es ebenfalls notwendig, alte Texte zu ergänzen, wenn etwa die Umbettung der Reliquien einen neuen Translationsbericht erforderte oder sich neue Wunder im Kontext dieses Vorgangs ereigneten. Viele Berichte wurden aus diesem Anlaß auch neu verfaßt, genauso wie solche, die die Übertragung von Reliquien ins neu eroberte und erst noch zu christianisierende Sachsen beschrieben. Die militärischen Ereignisse erscheinen dabei auch inhaltlich als Hintergrund, vor dem sich das dramatische Geschehen der Hagiographie entfaltet. Nicht selten bringt die Hagiographie mit die ausführlichsten Schilderungen militärischen Geschehens im 9. Jahrhundert überhaupt.

Neben dem Krieg als realer gesellschaftlicher Erscheinung kennt die Hagiographie aber noch eine zweite Form des Krieges, nämlich den inneren Kampf für Christus gegen die Mächte des Bösen. Während der ‚reale' Krieg als normale Erscheinung des diesseitigen Lebens den Hintergrund abgibt für die Bewährung des Heiligen in schweren Situationen und für den Erweis seiner Heiligkeit, ist der ‚innere' Krieg seine eigentliche Bestimmung. Der Streiter Christi ‚betritt das Schlachtfeld' und ‚erreicht das Kloster', wie es in der ‚Vita Adalhardi' heißt[118].

Die Metaphorik des inneren Kampfes ist bestimmt durch die Bilder vom realen Krieg: Jeder Teil der militärischen Ausrüstung kann mit einer Tugend des geistlichen Streiters identifiziert werden. Darin stehen die Hagiographen in einer langen Tradition, die auf die Frühzeit des Christentums, auf das Neue Testament, zurückgeht und ihren eindrucksvollsten Niederschlag in der karolingerzeitlich breit rezipierten ‚Psychomachie' des Prudentius gefunden hat.

Diese Metaphorik dürfte der frühmittelalterlichen adligen Kriegergesellschaft entgegengekommen und leicht verständlich gewesen sein. Ihre Werte wirken in der Hagiographie vor allem dort weiter, wo der Heilige zwar den innerweltlichen Krieg zugunsten des geistlichen Kampfes aufgibt, aber doch zuvor seine prinzipielle Befähigung zum Krieger entweder selbst oder durch die Taten seiner Vorfahren erwiesen hat. Der Krieg wird keineswegs grundsätzlich abgelehnt, sondern lediglich in die Bahnen des Heidenkrieges zur Verteidigung und Ausbreitung des Glaubens kanalisiert. Es scheint für die Einordnung dieser Deutung nicht unerheblich zu sein, daß sie sich vor dem Hintergrund dessen entwickelt, was Friedrich Prinz als „Militarisierung" des hohen Klerus durch die Bruderkriege und die Invasionen bezeichnet hat[119]. Dabei sind nicht die Fragen wichtig, wer jeweils die Adressaten der Hagiographie waren, von welchem Publikum die Texte gelesen oder vor welchem Publikum sie verlesen wurden[120]. Die Hagiographie gibt vielmehr ein Heiligenideal wieder, das in einer adligen Kriegergesellschaft von Mönchen formuliert wurde, die selbst dieser Gesellschaft entstammten.

Die Schilderung des realen Kriegsgeschehens des 9. Jahrhunderts weist durchaus Besonderheiten gegenüber der Historiographie auf[121]. Das trifft nicht auf das Eingreifen der Heiligen in das Kampfgeschehen zu. Dies ist ein ganz ‚normaler' Vorgang. Wichtiger ist, daß der Gegenstand der Darstellung oft zu einer internen eigenständigen Handlungslogik der Ereignisse führt. So bringen die Einfälle der Normannen zuerst und vor allem die Reliquien an den Orten, an denen sie aufbewahrt werden, in Gefahr. Der Schutz der Reliquien ist die Aufgabe der mönchischen Gemeinschaften, denen sie anvertraut sind, und die Heiligen erweisen sich als Helfer im Kampf, wenn ihre Rettung bewerkstelligt wird. Die Hagiographie betont somit die Auswirkung der heidnischen Angriffe auf die Sakraltopographie des Frankenreichs, die durch die Einfälle durcheinandergebracht wird. Sie bleibt dabei aber nicht stehen, sondern beschreibt auch ihre Wiederherstellung oder Neuordnung[122].

Keine andere Textgattung zeigt so deutlich wie die Hagiographie, in welch hohem Maß für die karolingischen Intellektuellen die Kämpfe und Kriege, welche die Herrscher zu führen haben, mit den Auseinandersetzungen in Parallele zu sehen sind, die von den Heiligen auszufechten sind. Die Einflüsse gehen dabei in beide Richtungen: Während die militärische Terminologie der Hagiographie, wie gezeigt, aus dem weltlichen Krieg der Herrscher entlehnt ist, kann die daraus entwickelte Metaphorik durchaus auf die Herrschertheologie zurückwirken. Man denke dabei nur an das berühmte Figurengedicht des Hrabanus Maurus aus seiner Sammlung ‚De laudibus sanctae crucis'. Dort wird Ludwig der Fromme mit Rüstung und Waffen in das Gedicht förmlich hineingestellt. Während man das Gedicht ganz normal von links nach rechts, Zeile für Zeile lesen kann, ergeben die Buchstaben auf der Ausrüstung des Herrschers zusätzlich Erläuterungen zum Charakter seiner Waffen wie *scutum fidei* und ähnliches[123]. Es ist gezeigt worden, wie hier im Bild Ludwigs die verschiedenen Stränge des Herrschers als fränkischem Krieger, Nachfolger Konstantins und *miles Christianus* durch Hrabanus Maurus zusammengeführt wurden[124]. Eine solche Darstellung und Ausdeutung wäre ohne die in der Hagiographie entwickelten Bilder undenkbar.

DRITTES KAPITEL

Der Krieg in der Dichtung: Panegyrik und Realismus

Für eine Untersuchung über die Darstellung des Krieges in der Literatur des 9. Jahrhunderts spielt es eine bedeutende Rolle, in welche Form die Rede über den Krieg gegossen wird. Prosa und Dichtung sind natürlich nur ganz grobe Raster, innerhalb derer man noch sehr viel stärker differenzieren muß. Aber es lohnt in der Tat, die Dichtung einmal als Ganzes in den Blick zu nehmen, denn die Wahl der gebundenen Rede setzt bereits die Entscheidung darüber voraus, daß man hohe Ansprüche an die Ästhetik der Darstellung stellt, daß Form und Inhalt des Berichteten in einem bestimmten Verhältnis zueinander stehen[1]. Nimmt man etwa die drei ‚Lebensbeschreibungen' Ludwigs des Frommen, so ist evident, daß das Gedicht Ermolds, das gleich im Anschluß zu betrachten sein wird, etwas ganz anderes ist als die beiden Viten Thegans und des Astronomen und daher auch sinnvoller in einem anderen Kontext untersucht werden sollte – es sei denn, es ginge lediglich um die Rekonstruktion von ‚Fakten' aus dem Leben des Herrschers nach den drei Werken, wobei dann im Vergleich der Dichter traditionell vermutlich immer etwas weniger ‚Glaubwürdigkeit' beanspruchen könnte.

Daß die an den Gattungen orientierte ‚Auskoppelung' Ermolds eigentlich nicht ausreicht, um hier hinreichend zu differenzieren, wird deutlich, wenn man die beiden anderen Werke nebeneinander stellt und die Kritik am Stil Thegans betrachtet. Daß sein Werk in der Art von Annalen geschrieben und mehr der Wahrheit als dem eleganten Stil verpflichtet sei, schreibt schon Walahfrid Strabo in der Vorrede zu seiner Ausgabe Thegans[2]. Hierin muß man sicherlich nicht zwangsläufig abnehmende Fähigkeiten des früher doch so stilsicheren, nun aber vielleicht zu sehr beschäftigten Chorbischofs, dessen „Bildung von einst ausgetrocknet" sei, annehmen, wie es, Walahfrid folgend, auch Ernst Tremp tut[3]. Man kann wohl eher vermuten, daß die Entscheidung, das Werk *in morem annalium* abzufassen, bewußt fiel und aus bestimmten inhaltlichen Gründen, die es anderweitig zu untersuchen gälte, erfolgt ist.

Im folgenden wird ein Überblick über den Krieg in der karolingischen Dichtung des 9. Jahrhunderts gegeben. Dabei soll auch nach Formen differenziert werden. Neben den bekannteren und auch umfangreicheren ‚Carmina historica' werden auch Gedichte zum Herrscheradventus und ganz allgemein zum Herrscherlob sowie schließlich eine Gruppe von Klagen über Vorgänge und Zustände untersucht[4]. Als Ausgangspunkt dient dabei Ermoldus Nigellus, dessen Werke für die hier behandelte Thematik besonders ergiebig sind.

I. Ermoldus Nigellus und die Taten Ludwigs des Frommen

Im Spätsommer des Jahres 818 versammelte sich auf Befehl Ludwigs des Frommen ein Heer aus Franken und anderen Angehörigen seines Großreiches in Vannes, um in die Bretagne einzufallen. Die Grafschaft Vannes bildete zusammen mit den Grafschaften von Nantes und Rennes die sogenannte ‚Bretonische Mark', die den karolingischen Herrschern als Ausgangsbasis für die Unterwerfung der gesamten Bretagne dienen sollte. Schon seit Pippin dem Jüngeren versuchten sie, diesen Plan in die Tat umzusetzen, und immer wieder melden die Quellen ‚Erfolge', denen dann jeweils ein ‚Abfall' der besiegten Bretonen folgte[5]. Über die Geschehnisse des Jahres 818 glaubt man seit jeher, deshalb so gut ‚informiert' zu sein, weil Ermoldus Nigellus diesen Feldzug Ludwigs als geeignet für seine Auswahl der Taten des Kaisers ansah, die er in seinem Gedicht über Ludwig in panegyrischer Form präsentiert. Die Ereignisse bilden dort den Inhalt fast des gesamten dritten Buches, Ermold bestreitet mit ihnen also fast ein Viertel des Gesamtwerkes, das aus vier Büchern besteht[6].

Das Gedicht ist für die Geschichts- wie für die Literaturwissenschaft in mehrfacher Hinsicht von großem Interesse[7]. Abgesehen vom Beowulf ist es das erste weltliche Epos des Mittelalters, und es beinhaltet die erste dichterische Gestaltung von Sarazenenkämpfen überhaupt, was die späteren Chansons de geste wieder aufnehmen[8]. Inhaltlich ist es klar gegliedert: Jedes der vier Bücher baut einen Handlungskomplex aus und stellt in panegyrischer Form jeweils die Taten Ludwigs dar. Im ersten Buch geht es um die Einnahme Barcelonas, die Ludwig 801 noch als aquitanischer Unterkönig bewerkstelligte; das zweite Buch schildert den Besuch Papst Stephans IV. 816 in Reims; Buch drei beschreibt, wie erwähnt, den Feldzug von 818 gegen die Bretonen; und im letzten Buch schließlich geht es vor allem um die Taufe des Dänenkönigs Harald und die sich daran anschließenden Festlichkeiten in der kaiserlichen Pfalz zu Ingelheim.

Zwei der vier Bücher handeln also ausschließlich vom Krieg. Wenn man die Aussagen über seine Person im Gedicht ernst nimmt, wußte der Dichter, wovon er sprach. Denn er schildert im selben Werk noch einen zweiten Feldzug in die Bretagne, der sechs Jahre später stattgefunden und an dem er selbst teilgenommen hatte. Darin stilisiert sich Ermold – für einen Dichter vielleicht ganz passend – zu einer nicht so recht in diese Welt gehörenden Figur, indem er selbstironisch den komischen Anblick, den er in der Rüstung abgab, und die Reaktion Pippins (I. von Aquitanien) darauf beschreibt:

‚Dorthin trug nun auch ich den Schild an der Schulter, der Degen
Hing mir zur Linken, allein keinen geschmerzt hat mein Hieb.
Pippin sah's, er lachte darob und sagte verwundert:
‚Bruder, die Waffen gib auf: Schreiben sei mehr dein Geschmack."'9

Als er zwischen 826 und 828 diese Zeilen schrieb, befand sich Ermold, der vermutlich gebürtiger Aquitanier war, im Exil in Straßburg, in das ihn Ludwig der Fromme aus nicht eindeutig geklärten Gründen geschickt hatte. Es wird vermutet, daß Ludwig ihm einen ‚schlechten Einfluß' auf Pippin unterstellte und ihn so von seinem Sohn trennen wollte[10]. Mit diesem Gedicht, so teilt Ermold dem Leser mit, wollte er den Kaiser dazu bewegen, ihn in seine Heimat zurückziehen zu lassen. An diesem Anliegen muß auch die Bewertung des Werkes gemessen werden. Herrscherlob ist hier nicht allein Auftragswerk, sondern persönliches Anliegen in der Erwartung eigener Vorteile. Man kann wohl davon ausgehen, daß Ermold, der ja in direkter Nähe zum Hof gestanden hatte, dem Leser und Hörer[11] einen Ludwig präsentierte, von dem er glaubte, daß er der Selbstwahrnehmung bzw. der erhofften Fremdwirkung des Kaisers entsprach. Also Panegyrik in reinster Form und – was für das hier behandelte Thema wichtig ist – dabei eine hohe Bedeutung militärischer Aktionen.

1. Der Feldzug von 818 gegen die Bretonen

Ermoldus Nigellus stellt den Angriff auf die Bretonen als Ergebnis einer offiziellen Befragung des ‚zuständigen' Grafen Lambert von Nantes auf einem Reichstag durch Ludwig den Frommen dar, der in Erfahrung gebracht hatte, daß die Bretonen Einfälle in die Mark unternahmen und sich diese vollständig aneignen wollten. Die Befragung Lamberts wird – was für Ermolds Darstellungen insgesamt interessant ist – als an einem Fragenkatalog orientiert wiedergegeben, der in diesem Zusammenhang offensichtlich dem Herkommen *(more)* entspricht und den Lambert der Reihe nach zu beantworten hat[12]. Die Antworten Lamberts lassen es für Ludwig unmöglich erscheinen, nicht einzugreifen: Das Christentum ist nicht verwurzelt, Ehegesetze werden nicht eingehalten, es herrscht kein Recht, und immer wieder gibt es Überfälle auf das Gebiet der Franken. Ludwig will aber nicht gleich mit seinem Heer gegen die Bretonen ziehen, da es sich bei ihrem König Morvan um einen christlichen Herrscher handelt. Deshalb schickt er den Abt Witchar als Boten zu Verhandlungen an den Hof des Bretonenherrschers. Die ausführlichen Ermahnungen können Morvan fast umstimmen und für den Frieden gewinnen, bis seine Frau ihn davon abbringt und er die Tributzahlungen an die Franken ablehnt[13]. Das Geschehen wird, wie schon vorher auf dem Reichstag, hauptsächlich anhand von Reden und Gegenreden entwickelt. Die letzte stolze Erwiderung Morvans bzw. ihre Wiedergabe durch Witchar gegenüber Ludwig veranlaßt den Herrscher direkt zur Kriegsvorbereitung[14]. Vorher betont Witchar immer wieder Friedensliebe und Frömmigkeit der Franken und ihres Kaisers auf der einen sowie ihre Unbesiegbarkeit im Krieg auf der anderen Seite. Bereits die Titulatur Ludwigs bei der Nennung seines Auftrags läßt daran keinen Zweifel: ‚Stolz der Franken und Schmuck der Christenheit, Erster im Frieden und im Glauben, aber auch niemals Zweiter im Krieg‘[15]. Auch wenn Morvan ein noch so gewaltiger König wäre, sagt Witchar, und ihm so prominenter Beistand zuteil würde wie durch die Helden Odysseus, Pyrrhus oder Achilles, niemals könnte er Ludwig besiegen, der wie Aeneas oder Caesar auch gegen die größte Übermacht siegreich wäre[16]. Denn das Volk der Franken siege immer durch die Liebe zu Gott und den Glauben; zwar liebe es den Frieden, aber wenn es zu den Waffen greifen müsse, komme ihm niemand gleich[17]. Die Rede Witchars gipfelt in der prophetischen (V. 1481: *Vera canam vates, sumque propheta tuus*) Voraussage der zwangsläufigen Niederlage der Bretonen, die somit dem von seiner Frau verursachten Starrsinn ihres Königs angelastet wird[18].

Die Vorbereitung zum Krieg nutzt Ermold, um das Geschehen plastisch auszumalen. Ausführlich beschreibt er, wie Ludwig die Franken und die unterworfenen Völker *(Francos gentesque subactas)* nach Vannes beruft[19]. Das Itinerar des Kaisers, das ihn ausdrücklich ‚sicher‘ durch seine *regna* führt, wird detailliert beschrieben: Überall besucht er die sakralen Orte, versichert sich dort des Zuspruchs der Heiligen und bekommt auf seinem Weg die Unterstützung der geistlichen und weltlichen Großen zugesichert[20]. Daß Ermold nicht übertreibt, wenn er so stark auf die Inszenierung des Aufmarsches abhebt und jeden Aufenthalt des Herrschers als Ereignis beschreibt, kann man an einem Beispiel zeigen: Aus Tours, einer der Stationen Ludwigs, ist ein Gedicht zu seinem Adventus überliefert, das von Dümmler in der MGH-Edition wohl fälschlich Theodulf von Orléans zugeschrieben wurde, welches aber wohl Abt Fridugisus von St. Martin verfaßt hat[21]. Der Dichter versichert Ludwig darin der Hilfe des heiligen Martins, der – womit ein Bild aus der Hagiographie aufgenommen wird – als *atleta fortis* für ihn auf seiner Seite kämpfen wird[22]. Der kommende Krieg wird als Ergebnis des Bruchs von Verträgen durch die Feinde dargestellt[23]. Diese werde Ludwig, wie alle anderen Feinde auch, in den Staub treten[24].

Es ist durchaus kein Einzelfall, daß ein solches Gedicht im Kontext des Herrscheradventus überliefert ist, und man kann darin zumindest ansatzweise die Formen fassen, in denen herrscherliche Kriegszüge dichterisch und liturgisch ‚begleitet' worden sind. Man hat sogar versucht, noch zwei weitere Stücke aus der Sammlung der Gedichte Theodulfs dem Feldzug Ludwigs im Jahr 818 zuzuschreiben, von denen eins mit Sicherheit nicht von Theodulf, sondern vielleicht von Jonas von Orléans stammt[25]. Beide beziehen sich jedenfalls auf einen Herrscheradventus in Städten, die Ludwig 818 besucht hat – nämlich Orléans und Angers – und gehören, wenn sie aus einem anderen Jahr stammen sollten, doch wohl auch in einen ähnlichen Kontext. Auch das auf Jonas zurückgehende Gedicht feiert Ludwig als waffenmächtigen und gottesfürchtigen Herrscher, der die überheblichen Völker zurückdrängt und ihnen seinen Fuß auf den Nacken setzt[26]. Auch die Heiligen werden hier wieder genannt. Da es sich in diesem Fall um den Adventus in der Stadt und nicht im Kloster handelt, ist es auch die Gemeinschaft der Stadtheiligen, die den Kaiser auf seinem Feldzug und bei der Rückkehr begleiten soll[27].

Es ist noch eine ganze Reihe weiterer Adventus-Gedichte überliefert. Dabei ist der Kontext jeweils nicht immer klar zu ermitteln und das einzelne Gedicht nicht immer einem bestimmten Herrscher oder einem Treffen zwischen zwei Herrschern zuzuordnen. Auch geht es nicht immer darum, dem König Erfolg und die Hilfe der Heiligen in militärischen Unternehmungen zu wünschen, was dann bedeutet, daß die Adventus-Zeremonie nicht während eines Feldzugs unternommen wurde[28]. Auch der allgemeine Hinweis auf Siege oder die Furcht bestimmter oder nicht näher bezeichneter Feinde deutet auf Herrscherlob ohne Bezug zu einem gerade unternommenen, konkreten militärischen Unternehmen[29].

Die größte Zahl von Gedichten stammt aus der Feder des Sedulius Scottus. Er hat verschiedenen karolingischen Herrschern Gedichte zum Adventus gewidmet, in denen er ihre militärische Tüchtigkeit preist: Karl dem Kahlen[30], Ludwig dem Deutschen[31], Lothar I.[32] und dessen Sohn Lothar II.[33]. Auch ein nicht datierbares Treffen zwischen Karl dem Kahlen und Ludwig dem Deutschen hat er mit einem Gedicht gefeiert[34]. Außerdem gibt es mehrere Dichtungen auf die erfolgreichen Militäraktionen Eberhards von Friaul, des Schwiegersohns Ludwigs des Frommen[35].

Neben den Gedichten zum Herrscheradventus muß man sich in diesem Kontext verschiedene Arten von Kriegsliturgie vorstellen, die an anderer Stelle behandelt werden sollen[36]. Der Aufmarsch zum Heereszug war also, wie es Ermoldus Nigellus eindrucksvoll andeutet, alles andere als ein rein rational militärisches Unternehmen. Er diente dazu, die Hilfe der jenseitigen Welt sicherzustellen sowie nach außen Macht und Herrschaft des Kaisers zu demonstrieren.

Nach diesen kurzen Ausführungen über die Dichtungen, die direkt im Kontext von Kriegszügen entstanden sind und vorgetragen wurden, jetzt wieder zurück zu Ermoldus Nigellus: Neben den Reden und der Schilderung des Aufmarsches nimmt die Darstellung des nach modernen Vorstellungen ‚eigentlichen' Kriegsgeschehens relativ wenig Raum ein. Es eignet sich auch nicht für eine panegyrische Schilderung der Heldentaten Ludwigs, denn die Bretonen stellen sich nicht zur Schlacht, sondern greifen aus dem Dickicht auf den engen Wegen an: *Bella inproba* (Faral übersetzt: „une guerre sans gloire", „gräulichen Krieg", heißt es bei Pfund) führt man auf den engen Pfaden, keine Schlacht bieten die Bretonen, die sich in ihren Häusern verstecken[37]. Erst der Angriff Morvans auf den fränkischen Troß und der für beide tödlich endende Zweikampf des Königs mit dem Franken Coslus bietet die Gelegenheit zu ausführlicherer Schilderung der Heldentat eines einzelnen[38]. Das Fehlen ‚berichtenswerter' Ereignisse führt allerdings auch dazu, daß mehr in den Vordergrund tritt, was normalerweise wenig auftaucht, vermutlich aber wohl den Hauptteil frühmittelalterlicher Kriegführung ausmachte: Plünderung und Zerstörung[39]. Alles wird von den Franken fortgerafft, ob Menschen, Schafe oder Rinder, nichts kann vor ihnen versteckt werden. Alle Häuser werden niedergebrannt mit Ausnahme der Kirchen, die der fromme Kaiser zu schützen befohlen hatte[40]. Es klingt kaum so, als ob es Abscheu gewesen ist, der Ermold an dieser Stelle die Feder geführt hat. Vielmehr soll der Abschnitt vermutlich zeigen, wie das Land vollständig von den Franken durchdrungen wird, wie sehr sie auch ohne siegreiche Schlacht die Oberhand haben[41]. Was Krieg wirklich war, wußten die Leser und Hörer Ermolds offensichtlich recht genau.

2. Die Eroberung Barcelonas

Die andere große Schilderung eines militärischen Unternehmens bei Ermoldus Nigellus ist einem Ereignis gewidmet, das viel mehr Stoff zur Darstellung bietet als der Kleinkrieg in der Bretagne und das neben den Schlachten von allen Dichtern und Historiographen immer wieder am meisten beschrieben wird: der Belagerung einer befestigten Stadt. Auch hier beginnt der Dichter mit einer Reichsversammlung im Frühjahr 800, auf welcher der Beschluß zum Kriegszug gefaßt wird. Die Begründung muß dabei nicht so ausführlich sein, geht es doch in diesem Fall nicht gegen Christen, denen man zur Kriegführung erst noch ihr unchristliches Verhalten nachweisen müßte. Die Gegner in Barcelona sind Muslime und damit quasi ‚natürliche' Feinde[42]. Jährlich werden seit langem von Barcelona aus Raubzüge unternommen[43], und Jahr für Jahr zur Erntezeit kommen ihrerseits die Franken, belagern die Stadt und verwüsten ihre Umgebung – allerdings ohne Erfolg, da Barcelona vom Meer aus versorgt werden kann[44].

In Parallele zur Darstellung der Befragung des Grafen Lambert anhand eines vorher genau feststehenden Fragenkatalogs gibt der Dichter auch diesmal einen Einblick in den Ablauf einer Reichsversammlung, indem er offensichtlich formal korrekt schildert, wie eine solche Zusammenkunft und die dort anstehenden Entscheidungsprozesse vor sich gingen[45]. Am Beginn steht die Frage des aquitanischen Unterkönigs Ludwig an seine Großen, wohin man den diesjährigen Kriegszug unternehmen solle, ihnen seien die Verhältnisse im Gegensatz zu ihrem Herrscher schließlich bekannt[46]. Als erster ergreift daraufhin Lupus, der *princeps* der Wasconen, das Wort und rät in eigenem Interesse (V. 165: *qui propriae gentis agebat opus*) zum Frieden. Daraufhin interveniert Wilhelm, der *dux* von Toulouse, kniet nieder, küßt die Füße des Königs und sagt, daß Frieden erst nach der Eroberung der wichtigsten Stadt der Sarazenen zu haben sei[47]. Das ist offensichtlich die Antwort, die Ludwig wünschte, denn er lächelt, umarmt und küßt Wilhelm und sagt, dies sei auch sein geheimer Wunsch gewesen und nun beschlossene Sache. Es folgt durch Beifallsgemurmel die Zustimmung der Großen; auch sie küssen die Füße des Herrschers. Dieser läßt verkünden, daß die Belagerung am ersten Vollmond im September beginnen soll.

Ermoldus Nigellus hat mit diesem Bericht klargestellt, daß der Feldzug mit dem *consensus fidelium* stattfindet. Daß auch, wie im Krieg gegen die Bretonen, der göttliche Beistand angerufen wird, berichtet er im folgenden Abschnitt, in dem er sagt, daß der fromme König, entbrannt in der Liebe zu Christus, viele Klöster gegründet habe. Es folgt dann als Exkurs die Gründungsgeschichte von Conques, die auch deshalb an diese Stelle paßt, weil bei ihr auch der Kampf gegen die Sarazenen eine Rolle spielt[48].

Im Gegensatz zum ‚Guerillakrieg' gegen die Bretonen wird der eigentlichen Belagerung von Barcelona viel Platz eingeräumt[49]. Obwohl der historische Ludwig wohl erst zur Übergabe der Stadt erschienen ist, wird er bei Ermold in allem zur treibenden Kraft: Er versammelt die Fürsten vor der Stadt und hält ihnen eine flammende Rede; er geht während der Belagerung mit dem Zepter in der Hand durch die Reihen der Kämpfer und ermahnt sie durchzuhalten; und er ist es schließlich, der seinen Speer mit solcher Wucht über die Mauern schleudert, daß er im Marmor stecken bleibt, woraufhin den Sarazenen derart der Mut sinkt, daß sie sich endgültig ergeben[50]. Mit dieser übertriebenen Betonung der Rolle des Königs bestätigt Ermoldus Nigellus Bemerkungen aus der Historiographie, daß man diesen Sieg für Ludwigs Ruhm auszunutzen versucht habe, denn sowohl die Chronik von Moissac als auch der Astronom berichten, daß man, als sich die Übergabe der Stadt abzeichnete, Ludwig herbeirief, damit der Sieg seinem Namen zugeschrieben werden und seinen Namen berühmt machen sollte[51].

Ludwigs Gegenspieler Zado ist in den Schilderungen das genaue Gegenteil des Königs: Er verhält sich – nahezu resigniert – fast immer passiv. Schließlich versucht er zu flüchten, um Hilfe zu holen, und wendet eine hinterhältige List an, nachdem er gefangen wurde und die Bewohner Barcelonas zur Übergabe auffordern soll[52]. Von Anfang an gibt er eigentlich alles verloren, sobald ihm gemeldet wird, daß diesmal nicht der Gotenfürst Bero der Angreifer sei, sondern Ludwig, der ruhmvolle Sproß Karls. In einer Rede an seine Gefährten läßt er sich über die Stärke der Franken aus: Sie hätten noch jeden Gegner besiegt, ständig trügen sie Waffen, schon die Jugend sei an den Krieg gewöhnt, und bereits ihr Name lasse erschauern, sei er doch von *feritas* (,Wildheit') abgeleitet – eine Herleitung, mit der sich der Maurenfürst in Ermolds Darstellung übrigens als Kenner der ,Etymologien' Isidors von Sevilla herausstellt[53].

Die berichtete Heldentat des Coslus, der Morvan im Zweikampf tötet und dabei selbst den Tod findet, hat hier ihr Gegenstück im Verhalten Hilthiberths und Wilhelms, die sich über die Mauer hinweg bewaffnete oder verbale Duelle mit Mauren liefern. Hilthiberth tötet Durzaz, der die Franken verspottet, mit dem Speer; Wilhelm antwortet einem anderen Mauren, der über die Mauer ruft, daß die Versorgungslage in der Stadt viel besser sei als bei den Franken, daß er eher sein Pferd essen als aufgeben würde. Diese Sentenz läßt den Mut der Mauren sinken und veranlaßt sie, zum ersten Mal ihren Fürsten zur Aufgabe aufzufordern[54]. Überhaupt werden auffällig viele Namen beteiligter Großer genannt und somit deren Memoria im Gedicht weitergegeben, ebenso wie die Namen der von ihnen getöteten Feinde[55].

Überraschend kurz fällt die Schilderung der Übergabe Barcelonas aus[56]. Einzug des Königs, ,Säuberung' der Orte, an denen die Muslime ihre ,Dämonen' angebetet haben und Gebet werden nur kurz erwähnt; ausführlicher ist der Bericht über die Übergabe der Beute an Karl den Großen und dessen Reaktion darauf[57].

3. Friedliebend und im Krieg unbesiegbar: Gegenseitige Ergänzung von Krieg und Frieden im Werk Ermolds

Wie gesehen, spielt der Krieg eine wesentliche Rolle im Gedicht Ermolds zum Lob Ludwigs des Frommen. Das ist kein Zufall, sondern vom Autor intendiert, der bereits zu Anfang sagt, er wolle die Taten des Herrschers als Krieger, welche die Welt erzählt, berichten[58]. Zwei Bücher sind fast vollständig kriegerischen Ereignissen gewidmet, und auch im vierten Buch wird noch einmal ausführlich ein weiterer Feldzug gegen die Bretonen geschildert[59]. Aber auch im übrigen Werk ist vom Krieg die Rede bzw. werden die Taten des Friedens als Ergebnisse siegreicher Kämpfe und der militärischen Reputation der Franken und ihres Herrschers dargestellt. Dabei werden zwei sich jeweils gegenseitig ergänzende Begriffspaare immer wieder herausgestellt: Krieg gehört zum Frieden, ist quasi seine Grundlage und Bedingung, und: Militärische Tüchtigkeit und Liebe zu Gott sind die herausragenden Eigenschaften der Franken insgesamt und Ludwigs im besonderen.

Bereits der Name Ludwigs ist für Ermold Programm bzw. Vorzeichen *(prodigium)*, denn er kann etymologisch vom lateinischen *ludus* abgeleitet werden, weil seine Untertanen sich (spielerisch) des Friedens freuen können[60], oder er kann aus dem fränkischen *Hluto* (,berühmt') und *Wicgch* (Kriegsgott, von Ermold mit ,Mars' übersetzt) zusammengesetzt sein, was dann auf den Krieger verweist. So habe schon den Jungen Frömmigkeit und Mut ausgezeichnet[61]. Und weiter: Alle berühmten Herrscher überrage er an Macht und militärischer Reputation, noch mehr aber in der Liebe zu Gott[62]. Dem berühmten Einhard legt Ermold die Worte in den Mund, daß Ludwig nach dem Tod Karls in der Lage sein werde, die Rechte des Reiches durch Waffengewalt, Klugheit und Glauben zu wahren[63]. Überhaupt sind es immer ,Autoritäten' – gern auch Fremde oder Gegner, die in diesem Zusammenhang um so glaubwürdiger sind, – die das Lob der Franken und ihres Herrschers verkünden: Abt Witchar versucht Morvan klarzumachen, daß die Franken immer durch ihren Glauben und die Liebe zu Gott siegen[64]. Der Muslim Zado führt die Unbesiegbarkeit der Franken freilich nur auf ihre militärische Kraft zurück[65]. Der gerade unter der Patenschaft Ludwigs getaufte König Harald hingegen betont, daß vielleicht jemand Ludwig an Macht und Waffengewalt gleichen könnte, an Frömmigkeit aber überrage er alle[66]. Und daher, so folgert Ermoldus Nigellus, habe Ludwig im Namen Christi erreicht, was seine Vorfahren und selbst Rom mit den Waffen nicht vermochten: Freiwillig hat sich der Dänenkönig zu seinem Vasallen gemacht[67].

Während Karl der Große, so Ermold weiter, mit seinen Eroberungen beschäftigt war, konnte sich im Reich Unrecht festsetzen, das Ludwig nun wieder beseitigt hat[68]. Seine Rolle als Gesetzgeber betont Ermold im zweiten Buch ausdrücklich. Aber – das ist von entscheidender Bedeutung – seine legislativen Maßnahmen können nur im Frieden vonstatten gehen, und der Friede, der ihnen zugrunde liegt, ist ein Ergebnis siegreicher Kriege. So wird das zweite Buch praktisch eingerahmt von zwei Aussagen, die den ,wehrhaften' Frieden beschreiben: Zu Beginn des Buches heißt es, daß bei den Franken der Friede herrschte, weil der Krieg und Gott die Feinde niedergestreckt hätten[69], und zu Beginn des nächsten Buches wird gesagt, daß die Waffenmacht des Kaisers mit Gottes Hilfe noch mehr erstarkt sei und daß bei allen Völkern durch die Frömmigkeit Friede herrsche und der Ruhm der Franken durch Ludwig über das Meer und bis zum Himmel dränge[70]. Und entsprechend kann dann auch die Reform- und Rechtsprechungstätigkeit Ludwigs damit eingeleitet werden, daß die Grenzen des Reiches zur Zeit unverletzt seien und es, da man keine Kriege führen müsse, angemessen sei, Recht zu sprechen[71]. Genauso kann im dritten Buch erst nach dem Tod Morvans und der Niederlage der Bretonen von Ludwig das Recht eingesetzt und damit der Friede wiederhergestellt werden[72]. Im Frieden, der durch den siegreichen Krieg ‚errungen' wurde, kann Ludwig seinen Herrschertätigkeiten nachkommen, wozu vor allem Rechtsetzung, aber auch kirchliche Reform und ähnliches gehören. Durch die Siege legitimiert er den Anspruch auf seine Herrschaft, den Karl ihm bestätigt, indem er auf dem Reichstag zur Regelung seiner Nachfolge auf die gerade aus Spanien eingegangene Beute hinweist, die sein Sohn an ihn gesandt hat[73].

4. Das Antlitz des Krieges

Der vorige Abschnitt hat gezeigt, daß Interpretation und Einordnung des Krieges in das historische Gesamtgeschehen für Ermoldus Nigellus eine wichtige Rolle spielten. Im Reden über den Krieg rechtfertigt Ermold aber nicht nur die Herrschaft Ludwigs oder lobt den Kaiser, er evoziert auch grandiose Bilder, die – einmal ganz abgesehen von der historischen Faktizität einzelner Handlungen oder Aussagen – ein für Leser und Hörer vorstellbares Geschehen erstehen lassen. Die Präzision vieler Szenen, die Plastizität seiner Metaphern führen das Kriegsgeschehen sehr viel eindringlicher vor Augen, als es etwa die Historiographie je könnte oder wollte. ‚Wahr' sind geschilderte Handlungen, weil sie genau so stattgefunden haben könnten, oder Bilder, weil Ermold darauf rechnen konnte, daß sie verstanden wurden, daß sie das Geschehen in einer Weise beschrieben, die Zeitgenossen angemessen erschienen sein muß.

Auf die Detailtreue seiner Beschreibung von Hoftagen, auf denen die Beschlüsse zur Kriegführung fielen, ist bereits mehrfach eingegangen worden. Die Abläufe waren Ermold offensichtlich genau bekannt. Er beschreibt, wie Ludwig die Situation im Grenzgebiet zur Bretagne mit einem genauen Fragenkatalog an seinen Grafen Lambert zu erforschen versucht. Er schildert auch auf dem Hoftag vor der Belagerung Barcelonas sehr genau den Ablauf der zeremoniellen Formen: ‚rhetorische' Frage des Herrschers an seine Getreuen, Kniefall, Fußkuß und aufeinanderfolgende Reden der Beteiligten, Zustimmung Ludwigs durch Mimik und Gestik

(Lächeln, Umarmung, Kuß), Beifallsgemurmel und wiederum Fußkuß[74]. Auch wenn Wilhelm seine Rede natürlich nicht so gehalten hat, wie Ermold sie wiedergibt, ist sie doch sehr viel mehr als ein „Vehikel seiner (sc. Ermolds) unerträglichen Lobhudelei"[75]. Nach dem ersten Hoftag ist es äußerst beeindruckend, wie er die Stationen Ludwigs auf seinem Weg in die Bretagne beschreibt und damit zeigt, wie sich der Kaiser den sakralen Zuspruch für sein Unternehmen gesichert hat.

Ob nun alle von Ermold geschilderten Zeremonien und Rituale im Detail in der berichteten Form stattgefunden haben, sei dahingestellt. Gerade Fuß- und Kniekuß sind, anders als am byzantinischen oder päpstlichen Hof, im Westen niemals Teil des offiziellen Herrscherzeremoniells geworden. Diese Form des Kusses „hat im mittelalterlichen Rechts- und Lehnswesen nicht den Charakter einer beziehungsstiftenden und rechtsbegründenden Gebärde angenommen"[76]. Die wenigen überlieferten Fälle, von denen Ermold gleich mehrere beisteuert, können als spontane Gesten der Unterwerfung oder Ehrbekundung gedeutet werden[77]. Sie können aber auch als Reflex der Kenntnis byzantinischer Verhältnisse interpretiert werden, was nicht heißen muß, daß sie die „Freude des Höflings am *savoir vivre*" kennzeichnen[78]. Sie wären dann vielmehr nicht als reale zeichenhafte Handlung der historischen Persönlichkeiten zu deuten, sondern als Zeichen der Autoren, mit denen sie die Bedeutung eines Ereignisses oder eines persönlichen Abhängigkeitsverhältnisses herauszustreichen beabsichtigten. Sollte diese Möglichkeit zutreffen, so hätte Ermold in seinem weitgehend exakten Bericht mit einem nicht der Realität entsprechenden Detail eine besondere Markierung gesetzt, die für seine Leser und Hörer, welche die Verhältnisse kannten, zu erkennen sein mußte.

Bei der Darstellung des Krieges bietet Ermold fast alle denkbaren Möglichkeiten. Das ist von Bedeutung, denn er hätte ja durchaus auch andere militärische Unternehmungen für sein Werk auswählen können. Er beschreibt ausführlich die Belagerung und die *vastatio*; die Schlacht – ein Ereignis, das von den kriegführenden Parteien in der Realität wohl möglichst vermieden wurde[79] – wird durch Zweikämpfe repräsentiert. *Vastare* (‚verwüsten', ‚brandschatzen') ist einer der zentralen Begriffe mittelalterlicher Kriegführung, der aber selten mit Inhalt gefüllt wird[80]. Wenn auch die Hauptaufgabe mittelalterlicher Heere darin bestanden zu haben scheint, das Land des Feindes zu verwüsten, so war das doch nicht die Tätigkeit, die Ruhm einbrachte und schildernswert erschien. Ermold empfindet das offensichtlich ebenso, wenn er diese Aktionen und Kämpfe als *inproba* bezeichnet. Er sagt dann aber doch mehr darüber, als man gemeinhin findet, wenn er in den oben zitierten Versen von Plünderung, Zerstörung, Menschen- und Viehraub spricht. Daß hier keineswegs verschämt und gleichsam aus Versehen grausame Handlungen nur angedeutet werden, sondern vollkommen klar ist, daß dieses das eigentliche und hauptsächliche Kriegsgeschehen ist, das eben nur wenig für die Schilderung ‚hergibt', zeigt der Bericht über den zweiten Feldzug gegen die Bretonen im vierten Buch. Dort findet sich die ebenfalls oben zitierte selbstironische Stelle über den lächerlichen Anblick des Dichters auf dem Kriegszug. Diese wird geradezu eingerahmt von Berichten über die Zerstörung des Landes: Die Truppen Pippins verwüsten das ganze Land, das gesamte Vieh geht zugrunde, und die Menschen werden entweder gefangengenommen oder getötet[81]. Sollte eine Rechtfertigung für diese Art der Kriegführung vonnöten sein, so wird sie im folgenden Vers gegeben, in dem sich der Rest der Bretonen dem Caesar ergibt.

Ganz anders dagegen verhält es sich bei der Belagerung. Sie bietet ausführlich Stoff für die Schilderung, ist doch auch die Einnahme einer Stadt, wie die Stellen aus der Chronik von Moissac und der Ludwigs-Vita des Astronomen zeigen, ein Ereignis, das Ruhm und Prestige des Eroberers im Ansehen der Zeitgenossen enorm steigerte. So verwundert es nicht, daß die Stadt Barcelona von Ermold sogar personifiziert und direkt angesprochen wird.

Die Belagerung wird gegliedert in Reden, Zweikämpfe bzw. Einzelaktionen und Angriffe des gesamten Heeres, die gewöhnlich durch Metaphern ausgedrückt werden. Letztere wählt Ermold gern aus dem Bereich des Sphärischen: Wie der Wind, der alles niederreißt, stürmen die Franken heran; wie Drosseln und andere Vögel, die den Weinberg kahlfressen, so fallen die Franken in das Gebiet um Barcelona ein und zerstören die Ernte; wie Wasservögel, die ihren Kopf in die Luft strecken und vom Adler gepackt werden, so werden die über die Brüstung schauenden Mauren von den Wurfgeschossen der Franken getroffen[82]. Zweikämpfe dienen dazu, den Ruhm des Siegers zu erhöhen. Das wird deutlich bei Coslus, der Morvan tötet, selbst wiederum aber von Morvans Begleiter getötet wird, welcher anschließend die tödliche Verletzung von Coslus' Knappen empfängt, den er seinerseits sterbend durchbohrt. Coslus sei, so Ermold, nur Franke, keineswegs einer der Edelsten, bis dahin kaum bekannt, der nun durch seine Rechte Ruhm erwarb[83]. Auch andere Franken, die Mauren töten, werden namentlich genannt. Bei der Belagerung von Barcelona kommt es zusätzlich zu Kämpfen zwischen Franken und Muslimen, die sie von der Mauer herab verspotten.

Metaphorik, heroische Zweikämpfe, ausgefeilte Reden an Freunde und Feinde, vor allem aber durchgehend die gebundene dichterische Rede führen zu einer Ästhetisierung des brutalen Kampfgeschehens, die es überhöht und es dadurch für Herrscherlob oder ‚Königstheologie' geeignet werden läßt. Noch der einfache Aufmarsch oder die Vernichtung der gegnerischen Nahrungsgrundlage werden zu sprachlich ‚schönen' Bildern geformt, die denen, die wußten, was dort vor sich gegangen war, die Richtigkeit und ‚Schönheit' ihres Tuns vor Augen führten. Die frühmittelalterliche Kriegergesellschaft fand darin ihre Hauptbeschäftigung in ansprechender Weise dargestellt und in die göttliche Weltordnung integriert wieder. Der Herrscher, der nun einmal in erster Linie auch Heerführer war, konnte sich – und das war auch wohl Ermolds Ziel – hier wiederfinden.

II. Weitere Darstellungen des Krieges in der Dichtung der Karolingerzeit

Im folgenden sollen die am Werk Ermolds beispielhaft gewonnenen Erkenntnisse anhand der sich mit dem Krieg beschäftigenden Dichtung des 9. Jahrhunderts verifiziert und vertieft werden. Es soll dabei gefragt werden, inwieweit seine Darstellung des Krieges verallgemeinert werden kann, aber auch, welche weiteren Formen und Möglichkeiten der dichterischen Beschäftigung mit dem Krieg es gibt und wie diese umgesetzt werden. Dabei bietet es sich an, die einzelnen Dichtungen in einer Reihenfolge zu behandeln, die sowohl an Themen als auch an Gattungen orientiert ist. Das mag zwar aus philologischer Sicht unangemessen sein, ist aber für die Fragestellung der vorliegenden Arbeit von Vorteil[84]. Wichtiger als die Gattungszugehörigkeit der einzelnen Dichtungen ist hier oftmals der inhaltliche Kontext, in dem der Krieg jeweils behandelt wird.

1. Ermolds Vorgänger: Die Zeit Karls des Großen

Ermoldus Nigellus hat bei der Abfassung seiner Dichtung an vielen Stellen ein Werk benutzt, das in ähnlich panegyrischer Absicht Ludwigs Vorgänger Karl den Großen feiert[85]. Überlieferung und heutige Form dieses ‚Aachener Karlsepos' – der Titel ist den älteren Bezeichnungen ‚Paderborner Epos' oder ‚Karolus Magnus et Leo papa' vorzuziehen[86] – bereiten einige Schwierigkeiten. Nach den Überlegungen von Dieter Schaller handelt es sich hier um ein Fragment, nämlich um das dritte von vier Büchern einer größeren Dichtung. Darauf verweist der Umstand, daß weder Anfang noch Schluß des nur in einer einzigen Miscellanhandschrift des späten 9. Jahrhunderts überlieferten Textes die Merkmale einer epischen Großdichtung aufweisen. Außerdem wird zu Beginn sehr deutlich auf zwei vorausgehende Bücher Bezug genommen[87]. Die ursprüngliche Vierzahl der Bücher ist nach dem Vorbild der vom Verfasser nachweislich benutzten Martinsvita und anderer Dichtungen leicht zu erklären[88].
Der erhaltene Teil des Werkes schließt mit dem Beginn des Treffens

Karls mit Papst Leo III. in Paderborn[89]. In der älteren Forschung wurde es als Ausdruck einer vor 800 in Aachen entstandenen ‚Kaiseridee' interpretiert, die 799 in Paderborn näher zur Sprache gekommen sei[90]. Das Gedicht sei dem Papst, so Karl Hauck, anläßlich einer Einholungszeremonie in Paderborn als ‚Begrüßungs-Enkomion' vorgetragen worden[91]. Diese Möglichkeit von Anlaß und Verwendung der Dichtung wird ebenso durch den fragmentarischen Charakter widerlegt, wie auch dadurch, daß sie auf das erste Jahrzehnt oder sogar nach den neuesten Erkenntnissen auf die Zeit unmittelbar nach 800 datiert werden kann[92]. Christine Ratkowitsch hat unlängst gezeigt, daß das Epos als Reflex auf die Kaiserkrönung zu sehen ist und mit ihrer Analyse der literarischen Vorbilder, mit denen sich der anonyme Dichter auseinandersetzt – Vergil, Venantius Fortunatus und Corippus –, belegt, daß Karl hier als legitimer Erbe römischer, fränkischer und byzantinischer Traditionen gezeigt wird[93].

Man kann nur darüber spekulieren, was in den verlorenen Abschnitten gestanden haben könnte. Im Vergleich mit anderen Großdichtungen der Karolingerzeit vermutet Schaller, daß es im ersten Buch um die Ahnen und die Anfänge Karls, im zweiten um seine Kriege und im letzten schließlich vielleicht um die auf das Treffen in Paderborn folgende Kaiserkrönung gegangen sein könnte[94]. Das meiste aus dem Text, das im Rahmen dieser Studie von Interesse gewesen wäre, wäre folglich verlorengegangen, und es ist müßig, darüber zu spekulieren, in welcher Form Karl als Heerführer präsentiert worden ist, wenn seine Kriege denn nun tatsächlich Gegenstand des zweiten Abschnitts gewesen sind. Man kann sich nur an das halten, was überliefert wurde und kommt damit zu einem sehr lückenhaften Bild. Es ist vielleicht mit dem zu vergleichen, was aus Ermolds Dichtung gezogen werden könnte, wenn von dieser nur das zweite Buch erhalten geblieben wäre, das in erster Linie Ludwigs Zusammenkunft mit dem Papst schildert. Wenn die Berichte über die Feldzüge gegen Barcelona und die Bretonen fehlen würden, bliebe nicht viel zum Thema ‚Krieg' übrig.

Der Krieg wird im überlieferten Teil des Karlsepos in zweifacher Hinsicht behandelt. Zum einen wird Karl als Sieger, als *inclitus heros*, gefeiert. Als waffenmächtig, mild im Sieg und ein König im Triumph überragt er mit seiner Güte alle anderen Könige[95]. Denen, die sich erheben, legt er sein Joch auf, und aus Furcht tun ‚Rebellen' nun, was sie aus Torheit vorher verweigert hatten[96]. Daß diese Beschreibungen am Anfang des Textes erscheinen, macht es wahrscheinlich, daß sie sich auf Schilderungen von militärischen Taten des Herrschers beziehen, die im vorausgehenden Buch berichtet wurden. Karl wird als auf der Höhe seiner Macht stehend dargestellt. Äußerungen zu seiner Bildung und Frömmigkeit überwiegen an dieser Stelle allerdings bei weitem.

Zum anderen wird der Aufmarsch des fränkischen Heeres beschrieben, unter dessen Schutz sich der Papst nach dem Überfall in Rom stellt[97]. Papst und Kaiser treffen sich in Paderborn. Dorthin kommt Karl nach seinem Heereszug gegen die sächsischen ‚Rebellen', der die Gesandtschaft an Leo einrahmt[98]. Als imaginärer Blick von der Anhöhe aus, auf der Paderborn liegt, wird die Erscheinung des Heeres Karls beeindruckend evoziert: Er selbst überrage alle um Hauptsläge, nie vorher habe man Ähnliches gesehen[99]. Diese Inszenierung des Geschehens durch den Autor wird fortgesetzt, indem Karl Pippin dem Papst mit hunderttausend Mann Gefolge entgegenziehen läßt, um ihn einzuholen, und dann selbst seinem Heer befiehlt, die Rüstungen anzulegen und Aufstellung zu nehmen, um den Gast zu empfangen. Sowohl Pippins Abteilung als auch Karls Heer wirft sich dreimal vor Leo zu Boden[100]. So wie der Leser oder Hörer des Epos beeindruckt werden soll, so ist es auch der Papst, der staunend die unterschiedlichen Trachten, Sprachen und Waffen der Völker aus den verschiedensten Teilen des Erdkreises wahrnimmt[101]. Hier wird Karl, der zu Beginn des Buches als Sieger beschrieben wird, eindrucksvoll zum mächtigen Herrscher über viele Völker und zum würdigen Schützer des Papsttums[102]. Die Bedeutung des Epos liegt auch hier wieder darin, daß große Szenen mit militärischen Bestandteilen ausgearbeitet und vor Augen geführt werden.

Aus der Zeit vor der Jahrhundertwende sind drei weitere Dichtungen überliefert, die in diesem Kontext von Bedeutung sind, da sie sich alle mit militärischen Erfolgen Karls des Großen auseinandersetzen: dem Sieg über die Sachsen und ihrer Bekehrung, der Unterwerfung Tassilos und der endgültigen Bezwingung der Awaren. Die Kriege werden in diesen als „Festgedicht"[103], „eposartigem Panegyricus"[104] oder „Triumph- und Danklied"[105] bezeichneten Dichtungen immer in einen heilsgeschichtlichen Rahmen gestellt, der das Handeln Karls begründet.

Im ‚Carmen de conversione Saxonum', bei dem die Paderborner Massentaufen von 777 im Zentrum stehen und das unmittelbar nach diesem Ereignis entstanden ist, wird das kriegerische Geschehen der vorausgegangenen Jahre relativ kurz abgehandelt[106]. Eingebettet in eine Schilderung der ersten fünf Weltzeitalter bis zur Erlösung durch Christus und eine Vorausschau auf das Ende der Zeiten[107], wird über die Sachsen berichtet. Der Krieg steht zwischen dem Heidentum der Sachsen und ihrer Bekehrung. Mit der Hilfe Gottes – so der Verfasser des Gedichts, hinter dem Dieter Schaller Paulinus von Aquileja vermutet – hat Karl sich die Sachsen in schweren Kämpfen unterworfen[108].

Auch das Gedicht des Hibernicus exul auf die Unterwerfung Tassilos im Jahr 787 ist wohl unmittelbar nach diesem Ereignis entstanden. Es ist nicht vollständig, der gesamte Hauptteil und vielleicht auch der Schluß sind verlorengegangen[109]. Der verlorene Teil der Dichtung ist auch leider der Abschnitt, in dem man Aussagen über die militärischen Aktionen erwarten könnte. Denn nach dem Bericht über den grundlosen Abfall Tassilos, den Karl zunächst gar nicht glauben will, und der Vorbereitung des Feldzuges bricht der Text mitten in der Ansprache des Herrschers an seine Großen ab. Das Geschehen wird erst mit der Übergabe von Geschenken an Tassilo, der sich unterworfen hat, wieder aufgenommen. Man hat also lediglich die wenig aussagekräftigen Verse über die Rüstung zum Heereszug[110] und den Anfang der Rede Karls, in der er die trojanische Herkunft der Franken bemüht und auch Bayern als Teil des ihnen von Gott zugewiesenen Territoriums darstellt[111]. Alfred Ebenbauer vermutet allerdings, daß im fehlenden Teil gar nicht so sehr von Militäraktionen die Rede gewesen sein müsse. Kämpfe hätten schließlich überhaupt nicht stattgefunden, und da der Teufel als eigentlicher Urheber des Abfalls Tassilos und damit als Gegner Karls angesehen werde, könnte es in diesem Teil um die „das Böse überwindende Kraft", die vom König ausstrahlt und die den Teufel überwindet, gegangen sein[112]. Wie so eine Darstellung allerdings ausgesehen haben soll, ist schwer nachvollziehbar. Was bleibt, ist, daß auch dieser Sieg Karls ein Triumph für Christus ist. Da es gegen einen christlichen Gegner geht, ist es ganz folgerichtig, daß mit dem Eingreifen des Teufels argumentiert wird.

Ein solches Begründungsproblem gibt es im letzten hier zu besprechenden Gedicht, dem Rhythmus über Pippins Awarensieg von 796, nicht[113]. Zwar waren die von Karl bereits 791 entscheidend geschlagenen Awaren zum Teil schon christianisiert, als der italienische Unterkönig und Sohn Karls, Pippin, ihr Reich endgültig unterwarf[114]. Trotzdem beginnt das Gedicht mit ihren Greueltaten, von denen vor allem die Kirchen betroffen sind. Gott selbst schickt daraufhin den hl. Petrus, um Pippin und sein Heer zu begleiten, und der König errichtet ein Lager an der Donau[115]. Damit ist die Darstellung militärischer Ereignisse auch schon beendet. Der Hauptteil der Dichtung handelt im Lager der Awaren, wo dem König von einem gewissen Unguimerus geraten wird, sich zu unterwerfen. Der Ratgeber geht dabei so vor, daß er beschwört, was passieren würde, wenn Pippin seinen Feldzug fortsetzte: Der König werde seine Herrschaft verlieren, das Land werde besetzt und verwüstet[116]. Genau das, was hier geschildert wird, ist in der Realität auch geschehen, der Rhythmus allerdings verschweigt es. Die schlechten Aussichten genügen dem König, um sich freiwillig zu Pippin zu begeben und sich ihm zu unterwerfen. In drei abschließenden Strophen wird Gott für diesen Sieg gedankt.

2. Spätere epische Formen des Herrscherlobs um die Wende zum 10. Jahrhundert

Nach dem Werk Ermolds gibt es erst wieder am Ende des 9. Jahrhunderts epische Großdichtungen, die einer Herrschergestalt gewidmet sind. In der Zwischenzeit ist es nicht wieder zu einem solchen Werk gekommen. Erst die späten Angehörigen des Karolingerhauses ließen an ihren Höfen Dichtungen dieser Art entstehen.

a) Die ‚Gesta Karoli‘ des Poeta Saxo

Ein besonders interessantes Beispiel karolingischer Dichtung sind die ‚Gesta Karoli‘ des Poeta Saxo, eines Corveyer Mönchs, der das Werk zwischen 888 und 891 verfaßt hat[117]. Abgesehen von wenigen Abweichungen, sind die drei ersten Bücher des Epos eine Versifizierung der sog. Einhardsannalen, deren Stoff sie ab 771, dem Beginn der Alleinherrschaft Karls, jeweils in Zehnjahresschritten übernehmen[118]. Das vierte Buch folgt einer unbekannten annalistischen Vorlage, über die viel spekuliert wurde[119], und umfaßt die Jahre 801 bis 813, also die Zeit des Kaisertums Karls. Im abschließenden fünften Buch übernimmt der Poeta Saxo weite Teile aus Einhards ‚Vita Karoli magni‘. Nach den benutzten Vorlagen wird auch das Werk benannt. Zwischen Buch vier und fünf heißt es: *Annalium de gestis Caroli magni imperatoris liber quartus explicit; incipit quintus de vita et obitu eiusdem*[120]. Es ist singulär, daß eine Dichtung als Annalenwerk bezeichnet wird, kennzeichnet aber auch die Bedeutung dieser Gattung für die Karolingerzeit[121].

Als Adressaten oder Auftraggeber hat man wiederholt auf Arnulf von Kärnten, einen Ururenkel Karls des Großen, verwiesen, denn im fünften Buch wird er als Erneuerer des Frankenreichs angesehen, als derjenige, der den Verfall der *Frantia* nach dem Tod Karls aufgehalten hat und in der Lage ist, das Reich wieder zu einen[122]. Bereits vorher wird bei der Aufführung der Ahnen Karls der hl. Arnulf von Metz angerufen, seinen gleichnamigen Nachkommen zu schützen[123]. Das Epos beinhaltet damit genealogische Information unter Hervorhebung des gleichnamigen Ahnen in der gleichen Weise, wie es das ‚Carmen de exordio gentis Francorum‘ für Karl den Kahlen aufführt, dem darin seine Verwandtschaft, die angeblich auf die Merowinger zurückgeht, unter Hervorhebung Karls des Großen aufgelistet wird[124]. Wichtiger und in der Forschung stärker diskutiert als der Bezug auf Arnulf ist aber die Bedeutung des Epos als Ausdruck sächsischen Selbstverständnisses vier Generationen nach der fränkischen Eroberung und Missionierung des Landes. Die Vereinnahmung Karls, der hier vor allem als Bekehrer der Sachsen gesehen wird, und die Verbindung von Franken und Sachsen zu einem *populus* liegen dem Panegyricus als Ideen zugrunde und liefern Konzeptionen, die später noch Widukind von Corvey übernehmen sollte[125].

Die Bedeutung des Krieges für das Gesamtwerk zeigt sich am Umgang mit der Vorlage der ‚Vita Karoli magni' im letzten Buch. Diesen Abschnitt, der oftmals nur als Anhang zu den ersten vier chronologischen Büchern betrachtet wurde, hat Alfred Ebenbauer als zentrale Stelle erwiesen, von deren Deutung man auf das gesamte Werk rückschließen kann[126]. Den Hauptteil des Buches bildet nach dem Lob der Vorfahren Karls der Stoff der Kapitel 15 bis 32 aus Einhards Karlsvita in teilweise veränderter Anordnung[127]. Das Buch beginnt vorher mit einer Einleitung und einer ausführlicheren Darstellung der Sachsenbekehrung[128], und es endet mit dem Preis Karls als weltlichem und christlichem Herrscher mit nochmaliger Betonung seiner Sachsenmission[129]. Der Poeta Saxo übernimmt Einhards Text also erst mit Kapitel 15, der Zusammenfassung der Kriege Karls. Deren vorherige Schilderung bei Einhard läßt er weg. Statt dessen sagt er am Ende des Resümees der militärischen Taten Karls, daß er diese in den ersten vier Büchern beschrieben habe[130]. Damit treten die vier annalistischen Bücher an die Stelle der die Kriege Karls aufzählenden Kapitel der Vita, und der Poeta Saxo übernimmt auf diese Weise Einhards Großbau für sein Werk[131]. Wenn die Annalen auch über andere Dinge berichten als nur über Kriege, so scheint doch für den Poeta Saxo ihre Hauptfunktion eben darin zu liegen.

In dieser Deutung erscheint auch der Beginn der ‚Gesta Karoli' noch in einem etwas anderen Licht. 771 ist zwar der Anfang der Alleinherrschaft Karls, weshalb sich dieses Datum anbietet. Im folgenden Jahr aber, was noch wichtiger erscheint, beginnen die langen Kriege Karls gegen die Sachsen. Beim Poeta Saxo werden die Ereignisse von 771 quasi zum Prolog. Ein solcher fehlt dem Werk ansonsten, erst das letzte Buch weist eine prologartige Einleitung auf. Der Dichter bringt hier nur, nach einer ausführlichen Jahresangabe, kurz die Fakten aus den Annalen. Zum Jahr 772 hingegen geht er weit über das hinaus, was die Einhardsannalen berichten, indem er ausführliche ‚ethnographische' Angaben zu den Sachsen macht, gegen die Karl zu kämpfen beginnt[132]. Der Poeta Saxo setzt an jener Stelle mit seinem Bericht ein, an der die Auseinandersetzungen mit den Sachsen beginnen. Die Geschichte Karls wird also bereits von Anfang an auf diese bezogen, was wiederum zeigt, daß es hier um die Interpretation sächsischer Geschichte in Auseinandersetzung mit der fränkischen Eroberung geht.

Der Poeta Saxo schildert aber auch die anderen Kriege Karls, je nachdem, was die Annalen dazu berichten. Im fünften Buch werden seine militärischen Erfolge dann sogar zweimal zusammengefaßt, einmal, wie bereits gezeigt, nach Einhard und ein zweites Mal im eigenständigen

Schlußteil, der Karl verherrlicht[133]. Dort zeigt der Poeta Saxo, daß Karl größer ist als die antiken Helden: Die Römer haben unter dem Kommando vieler verschiedener Feldherrn und in vielen Jahren gerade einmal Italien erobert, während Karl in kurzer Zeit Völker unterworfen hat, die die Römer nicht einmal dem Namen nach kannten[134]. Zum Reich dieses größten Herrschers der Geschichte zu gehören, so scheint der Dichter hier zu argumentieren, ist ein Glück für die Sachsen, zumal er direkt im Anschluß an diese Stelle auch noch die Verdienste Karls um die Sachsenbekehrung anführt. In den ‚Gesta Karoli' sind also die Sachsenkriege eingebunden in die Missionierung der Sachsen und somit für sie heilsgeschichtliche Notwendigkeit. Die anderen Kriege Karls hingegen zeigen seine Größe als weltlicher Herrscher, die seiner Bedeutung als christlicher König in nichts nachsteht.

b) Die ‚Gesta Berengarii'
Bereits ins 10. Jahrhundert fällt die Entstehung des letzten großen karolingischen Epos, der ‚Gesta Berengarii'. Das Gedicht auf den Enkel Ludwigs des Frommen wird in der griechischen Überschrift als ‚Panegyricus auf den unbesiegbaren Kaiser Berengar' bezeichnet, womit gleich zu Beginn deutlich wird, daß auch hier militärische Taten des Protagonisten im Vordergrund stehen[135]. Diese dürften, wie es der Prolog sagt, nicht verschwiegen werden[136]. Entstanden ist das Gedicht nach der Kaiserkrönung Berengars, aber noch zu seinen Lebzeiten, also zwischen 915 und 924. Ob der Panegyricus dem Kaiser kurz nach seiner Krönung dediziert wurde, ist ebenso strittig wie die Verfasserschaft des Bischofs Johannes von Cremona, des Kanzlers Berengars[137]. Philologen haben die – im Vergleich zu vielen anderen der hier zu besprechenden Texte – hohe sprachliche Qualität des Panegyricus herausgestrichen, aber auch auf seine an vielen Stellen geringe Anschaulichkeit verwiesen, auf die noch einzugehen sein wird[138]. Im Vordergrund der folgenden Betrachtung sollen vor allem die beiden ausführlichen Schlachtenschilderungen stehen, die den Text für das hier untersuchte Thema besonders interessant machen.

In vier Büchern wird der Weg Berengars zur Kaiserkrönung in der Auseinandersetzung mit Wido von Spoleto geschildert, wobei der Umgang mit dem historischen Stoff noch freier ist, als es bei den anderen besprochenen Großepen der Fall war[139]. Das Recht dazu nimmt sich der Panegyriker aus der Definition der von ihm benutzten Gattung, wie man aus einer der vielen, teils vom Verfasser selbst, teils von einem Zeitgenossen stammenden Glossen, in diesem Fall zur oben zitierten griechischen Überschrift, erfährt[140].

Zunächst sei kurz der Gesamtinhalt skizziert: Nach einem Prolog beginnt das erste Buch mit Herkunft, Jugend und Beginn der italienischen

Königsherrschaft Berengars, die zusammenfassend als Friedenszeit geschildert wird[141]. Dann tritt Wido von Spoleto auf, der aus Neid in Italien einfallen und ein Bündnis mit Berengar brechen will, worauf dieser Gegenmaßnahmen ergreift. Es kommt zur ersten Schlacht, die für Berengar siegreich endet. Das zweite Buch ist ganz der zweiten großen Schlacht zwischen den beiden Kontrahenten gewidmet, die auf neue Angriffe Widos folgt und bei Anbruch der Nacht abgebrochen werden muß. Im dritten Buch sendet der ostfränkische König Arnulf Berengar seinen Sohn Zwentibold zur Hilfe und zieht nach dessen Rückkehr selbst nach Italien, allerdings ohne daß seine Kaiserkrönung in Rom geschildert würde. Wido zieht sich jeweils zurück und beginnt erst nach dem Abzug Arnulfs seinerseits erneut den Krieg, stirbt aber unmittelbar darauf, ebenso wie später sein Sohn Lambert. Das vierte Buch beginnt wieder mit einem Einfall nach Italien, diesmal durch Ludwig (den Blinden) von Niederburgund. Auch dieser Feind wird überwunden und geblendet. Damit bleibt dem Dichter noch, die nun unangefochtene Kaiserkrönung Berengars zu schildern.

Insgesamt beschreibt der Panegyricus den Sieg des rechtmäßigen italienischen Königs Berengar gegen äußere Invasoren, der ebenso wie seine karolingische Herkunft zur Grundlage für sein Kaisertum wird. Bereits zu Beginn des ersten Buches wird er als Nachkomme Karls des Großen beschrieben, was der Wahrheit entspricht, und als von Karl III. bei dessen Tod als König eingesetzt dargestellt, was keineswegs zutrifft[142]. Auf seinem Weg ist Berengar der Hilfe Gottes sicher, der ihm den Sieg schenkt und seinen Feind Wido zum rechten Zeitpunkt sterben läßt[143].

Die Beschreibung der beiden Schlachten orientiert sich stark an der Darstellung dieses Sujets in antiken Texten. Die Reden und das persönliche Verhalten der Protagonisten spielen eine große Rolle. Schon vor dem Feldzug teilt Wido in einer langen Rede mit, daß er sich ein Reich erwerben wolle[144]. Im ersten Gefecht wendet sich das Heer Widos zur Flucht. Wido versucht, die Truppen zur Umkehr zu bewegen, wird aber selbst von einem seiner *comites* mit Erfolg aufgefordert, sich anzuschließen, da alle anderen flüchten würden und er allein den Feind nicht aufhalten könne[145]. Dem gibt Wido schließlich nach, womit die Schlacht entschieden ist. Am folgenden Tag bitten Boten Widos Berengar darum, die Gefallenen bestatten zu dürfen, was dieser ihnen auch gewährt. Dabei gibt es wieder ausführliche Reden, in denen die Boten den Sieg Berengars als göttliche Entscheidung akzeptieren und Berengar seinerseits die ‚Gallier' ermahnt, sich schleunigst aus Italien zurückzuziehen[146].

Die Schilderung der zweiten Schlacht ist noch wesentlich ausführlicher und interessanter. Sie schließt unmittelbar an das soeben geschilderte Geschehen an, mit dem das erste Buch endet. Zu Beginn des zweiten Buches wird der erneute Krieg nur kurz dadurch begründet, daß Wido abermals angreifen will[147]. Anschließend wird über fast hundert Verse das Aufgebot beider Seiten aufgelistet und daraufhin die Schlacht in einer Abfolge von Einzelkämpfen geschildert. Viele Personen sind aus heutiger Sicht nicht zu bestimmen, und es läßt sich auch oftmals kein Bezug zwischen Namen im ersten und im zweiten Teil der Schilderung herstellen[148]. Es trifft hier offensichtlich auch zu, was Janet Nelson für die Historiographie anhand der Historien Nithards gezeigt hat: daß man den Bericht nur dann vollkommen verstehen kann, wenn man die Ereignisse und vor allem die beteiligten Personen kennt[149]. Auch für die panegyrische Dichtung gilt folglich, daß sie für einen engen Kreis von Personen um den Herrscher herum bestimmt war, die wußten, um welche Ereignisse und Handlungen es dabei ging.

Hauptsächlich werden Heldentaten einzelner Großer in viel ausführlicherer Weise als bei Ermoldus Nigellus geschildert, wobei die Darstellung der Einzelkämpfe sich stark an antiken Vorbildern orientiert[150]. Es gibt die gleichen Handlungsmuster wie bei Ermold: Einer verspottet die Feinde und wird daraufhin von einem aufgebrachten Gegner getötet; ein anderer tötet einen Gegner und wird anschließend selbst von einem dritten umgebracht[151]. Die Hauptfigur ist natürlich Berengar, dessen Heldentaten im Schlußteil von Buch 2 berichtet werden[152]. Er kämpft wie ein Löwe, alle Feinde fliehen vor ihm, und schließlich wird er selbst verwundet, was ihn aber zu nur noch heftigerem Kampf anspornt. Schließlich beendet die Nacht das Morden. Ist der historische Ausgang der ersten Schlacht noch recht unsicher, so scheint sicher, daß Berengar die zweite Schlacht verloren hat und die Darstellung in den ‚Gesta‘ mit der Nacht als Ende des Kampfes mehr als beschönigend ist[153].

Die beiden Schlachten bilden die Höhepunkte der Darstellung militärischer Ereignisse in den ‚Gesta Berangarii‘. Ansonsten ziehen die Gegner herum, und Wido versucht häufig, der Schlacht auszuweichen. Ein wichtiges Ereignis ist noch die Belagerung und Eroberung Bergamos durch Berengar und Arnulf, die hier direkt vor dessen Romzug und der nicht erwähnten Kaiserkrönung stattfindet[154]. Mit dieser Belagerung wird auch das zweite große Thema der Kriegsberichte aufgenommen, das bei Ermoldus Nigellus einen so hohen Stellenwert hat. Hier ist der Bericht allerdings kürzer, er vervollständigt aber die verschiedenen Möglichkeiten, militärische Heldentaten des Protagonisten zu zeigen.

3. Dichtungen auf große militärische Ereignisse

Herrscherlob gibt es in der Dichtung auch in Verbindung mit der Darstellung einzelner militärischer Ereignisse, vor allem während der Kämpfe mit den Normannen. Die Verarbeitung dieser Ereignisse kann in der Dichtung auf sehr unterschiedliche Weise vor sich gehen. Ein besonders interessanter, aber auch ebenso problematischer Fall ist das ‚Ludwigslied'. Bei diesem Gedicht ist von der Sprachform über die Gattungsfrage bis hin zur Funktion fast kaum etwas hinreichend geklärt.

a) Das ‚Ludwigslied'

Beim ‚Ludwigslied' handelt es sich um den einzigen in dieser Arbeit untersuchten Text, der nicht in lateinischer Sprache verfaßt ist, sondern in einem rheinfränkischen Dialekt mit mittel- und niederfränkischem Einschlag[155]. Berichtet wird der Sieg des westfränkischen Karolingers Ludwigs III., eines Enkels Karls des Kahlen, über die normannischen Invasoren in der Schlacht von Saucourt im Jahr 881[156]. Die Zuschreibung kann daraus erschlossen werden, daß im Text gesagt wird, es gehe um einen König Ludwig, welcher der Sohn eines anderen Königs Ludwig (des Stammlers) gewesen sei, der seinen Vater früh verloren und das ihm zugefallene Reich mit seinem Bruder Karlmann geteilt habe[157]. Das Lied muß bald nach der Schlacht entstanden sein, da der noch als Lebender angesprochene Ludwig III. bereits knapp ein Jahr später gestorben ist.

Die germanistische Forschung hat sich ausführlich mit der Frage nach der Gattungszuordnung des ‚Ludwigsliedes' beschäftigt. Ältere, ‚germanophile' Arbeiten haben versucht, hier den letzten Vertreter einer sonst allerdings nicht überlieferten Gattung des ‚südgermanischen Preisliedes' auszumachen[158]. Gegen diese Annahme spricht aber der durch und durch christliche Tenor des Liedes, weshalb es dann auch von anderen als ‚christliches Heldenlied' gesehen wurde[159]. Ausgehend von der Frage nach der Funktion ist auch versucht worden, das Lied als ‚Propagandadichtung' zur Anwerbung ostfränkischer Krieger zum Kampf gegen die Normannen zu interpretieren. Dieser Ansatz, der inhaltlich an manchen Stellen wenig überzeugend ist und auch vom Verfasser als „spekulativ" bezeichnet wird, hat allerdings für sich, daß er über den intendierten Rezipientenkreis die Sprachform zu erklären vermag, in der das Lied gehalten ist[160]. Dagegen ist allerdings auch versucht worden, nachzuweisen, daß im westfränkischen Reich Ludwigs III. in bestimmten Kreisen nicht Romanisch, sondern Fränkisch gesprochen wurde – was allerdings philologisch höchst umstritten ist und hier nicht weiter erörtert werden soll[161]. Auch die Vorstellung, daß es sich um die Nachahmung lateinischer Rhythmendichtung, wie der im Anschluß zu behandelnden Rhythmen über die Schlacht von Fontenoy oder die Gefangennahme Ludwigs II. in Benevent, handeln könnte, ist geäußert worden[162].

Auf jeden Fall hat man es hier mit einem seltenen Beispiel schriftlich niedergelegter volkssprachiger Dichtung über militärische Taten zu tun, über deren Existenz man sonst nur durch allgemeine Hinweise informiert ist. Erinnert sei nur an die berühmten Stellen bei Einhard über Karls Befehl, die uralten volkssprachigen Lieder über die Taten und Kriege der früheren Könige aufzuschreiben, oder das ‚Gegenstück' bei Thegan über Ludwigs Abneigung gegenüber den ‚heidnischen Liedern', die er in seiner Jugend gelernt hatte[163]. Diese Lieder ‚historischen' Inhalts muß man unterscheiden von der Heldendichtung vom Typ des oft mit dem ‚Ludwigslied' verglichenen ‚Hildebrandsliedes'. In der Heldendichtung ist zum einen historische Wahrheit kaum oder gar nicht faßbar, und es steht zum anderen ein tragischer Konflikt des Helden und dessen Lösung im Mittelpunkt, was auf das ‚Ludwigslied' in keiner Weise zutrifft[164].

Inhaltlich ist das Lied ganz auf Ludwig III. zugeschnitten, wie bereits aus dem lateinischen Titel hervorgeht, der besagt, daß es sich um einen *Rithmus teutonicus* über König Ludwig handle[165]. Dieser König dient Gott gern und wird dafür von ihm belohnt[166]. Nach dem frühen Tod des Vaters wird Gott selbst sein Erzieher; er gibt ihm Herrschertugenden, ein herrliches Gefolge und den Thron in Franken, was er alles sogleich mit seinem Bruder Karlmann teilt – ein Motiv aus dem Alten Testament[167]. Der nun folgende Kampf gegen die Normannen wird zweifach begründet: Gott will den jungen König durch die Heiden dahingehend prüfen, ob er in der Lage ist, Mühsale zu ertragen, und er will – ganz so, wie bei den Heiligenviten argumentiert wurde – die Franken wegen ihrer Sünden mahnen[168]. Das Volk tut daraufhin Buße, und Gott schickt den – zunächst abwesenden – Ludwig zum Schutz seines (sc. Gottes) Volkes gegen die Eindringlinge, was der König demütig auf sich nimmt[169]. Ludwig reitet nach Franken, wird von den Seinen empfangen und hält eine Rede an sie, in der er seine göttliche Sendung betont, den Mitstreitern oder ihren Angehörigen aber auch Belohnung verspricht[170]. Darauf reitet er den Normannen mit einem heiligen Lied auf den Lippen mutig entgegen, und das ganze Heer stimmt in das ‚Kyrie eleison' mit ein[171]. Die Beschreibung der eigentlichen Schlacht ist kurz und ganz auf Ludwig zentriert, der tapferer und kühner als alle anderen kämpft[172]. In den letzten beiden Strophen wird Gott und den Heiligen für den Sieg gedankt und mit einem Lob auf den Herrscher sowie der Bitte, daß Gott ihn in seiner Gnade erhalte, geschlossen[173].

Die kurze Wiedergabe des Inhalts zeigt bereits, wie stark hier ein christliches Herrscherideal betont wird[174]. Das Verhalten des Königs im Gebet vor der Schlacht und im Dank danach ist an den Normen der Fürstenspiegel orientiert[175]. Die Schlacht als Prüfung und der Sieg durch die Hilfe der Heiligen sind Bestandteile, die aus der Hagiographie bekannt sind. Was auch immer die korrekte gattungsspezifische Zuordnung und die historische Funktion des Liedes sein mögen, hier werden in der Volkssprache dieselben Normen und Ideale vertreten, die auch die lateinische Literatur bestimmen.

b) Sedulius Scottus, ‚De strage Normannorum'

Einen Sieg über die Normannen beschreibt auch Sedulius Scottus in seinem Gedicht ‚De strage Normannorum'[176]. Wer die Eindringlinge dabei wo und wann besiegt hat, läßt der Text vollkommen offen – daß hier die Taten eines irischen Heeres aus der Heimat des Dichters oder eines friesischen Kontingents besungen werden, wie es in der Literatur angenommen wurde, ist reine Spekulation[177]. Es geht aber auch nicht darum, einen König als Schlachtensieger zu feiern, sondern Gott selbst als denjenigen zu preisen, der die Normannen bezwungen hat. Seinem Lob dienen der Anfangs- und Schlußteil der drei, jeweils 24 Verse umfassenden Abschnitte, während im Mittelteil die Schlacht selbst beschrieben wird. Himmel, Meer und Erde werden zusammen mit der ganzen Christenheit aufgefordert, Gottes gewaltige Taten zu preisen. Er lenkt die Welt, teilt Belohnung und Strafe aus, weshalb sein starker Arm die Feinde des Glaubens niedergestreckt hat[178]. Im Mittelteil wird diese Sichtweise ausgeführt: Blutdürstig und siegessicher stürmen die Normannen heran, überheblich wie die Erbauer des Turmes zu Babel, und werden von Christus besiegt, so daß drei Myriaden von ihnen fallen. Daher wird Christus im Schlußteil der gebührende Dank abgestattet. Er ist der gerechte Richter, der Herr des Erdkreises, die Zierde der Christen, der Fürst der Glorie, der Bezwinger der Bösen[179]. Und im Gegensatz zu den Normannen kann nur er als fester Turm und Schild des Heils bezeichnet werden, wie es auch die Fürstenspiegel und die Hagiographie tun[180]. Wie beim Zug durch das Rote Meer hat Gott erneut sein Volk beschützt, weshalb ihm Lob und Ehre gebühren[181]. Die Normannen werden damit den Ägyptern gleichgesetzt, dem Heer des Pharaos, der in der Exegese für gewöhnlich als Bild für den Teufel gesehen wird[182].

Die völlige Ungewißheit über Raum, Zeit und Beteiligte sowie die alleinige Zuschreibung des Sieges an Gott zeigen, daß Sedulius Scottus hier etwas ganz anderes als Herrscherlob oder ähnliches beabsichtigt hat – im Unterschied zu seinen oben erwähnten Gedichten zum Herrscheradventus[183]. Gott wird nicht für den Sieg des Herrschers gedankt, sondern er selbst wird als Sieger gefeiert. Ob es dabei überhaupt um ein konkretes Ereignis geht oder ganz allgemein um die erfolgreiche Auseinandersetzung mit den Feinden, ist nicht auszumachen. Der ausführliche Dank an Gott verweist eher auf eine liturgische Funktion. ‚De strage Normannorum' scheint daher in den Bereich der Hymnendichtung zu gehören, unter die es Josef Szövérffy auch einordnet[184]. Im Gegensatz zu den übrigen hier behandelten Dichtungen tritt menschliches Handeln in diesem Fall ganz zurück hinter das göttliche Eingreifen in die Geschichte.

c) Das Gedicht Abbos von Saint-Germain-des-Prés über die Belagerung von Paris

Die längste karolingerzeitliche Dichtung über ein militärisches Ereignis ist das Epos Abbos von Saint-Germain-des-Prés über die Belagerung von Paris durch die Normannen im Jahr 885/86[185]. Ebenso wie Ermold und Angelbert war Abbo Augenzeuge dessen, was er berichtet. Das geht aus mehreren Stellen hervor, an denen er sich auf seine Augenzeugenschaft beruft[186]. Abbo begründet die Abfassung seines Werkes interessanterweise unter anderem mit pragmatischen Absichten. Auch bei ihm sind panegyrische Tendenzen zwar keineswegs auszuschließen, so wie er auch selbst immer wieder betont, die Taten König Odos und Bischof Gauzlins wie auch die Wunder des hl. Germanus schildern zu wollen[187]. In seiner Widmung an Gauzlin nennt er aber neben dem topischen Wunsch nach Übung – die er in der Einschätzung von Philologen auch durchaus nötig hat – als ausdrücklichen Grund für seine Schilderung zusätzlich das Bedürfnis, anderen Machthabern, die Städte zu verteidigen hätten, für ihre Aufgabe ein dauerhaftes Beispiel zu geben[188]. Wie noch zu sehen sein wird, zeichnet sich seine Schilderung tatsächlich durch Detailtreue und Nachvollziehbarkeit der Ereignisse aus[189].

Das Werk besteht aus drei Büchern, von denen nur die beiden ersten historische Ereignisse schildern, während das dritte Lebensregeln für Kleriker beinhaltet, für die bisher niemand einen Zusammenhang mit den vorangehenden Abschnitten feststellen konnte. Es wird immer wieder vermutet, daß nur die heilige Dreizahl Abbo veranlaßt hat, das dritte Buch, das auch mehrfach allein überliefert ist, den beiden ersten anzufügen[190]. Das zweite Buch ist außerdem von Abbo selbst später um Ereignisse aus der westfränkischen Geschichte nach der Belagerung von Paris ergänzt worden[191].

Das Gedicht beginnt mit einem Zwiegespräch des Dichters mit der Stadt Paris und kommt schnell und unvermittelt zum eigentlichen Gegenstand, der Belagerung. Normannische Schiffe erscheinen auf der Seine in solcher Menge, daß sie den Fluß vollständig bedecken. Dann begibt sich Siegfried, der Anführer der Normannen, der ‚nur dem Namen nach König ist', zu Bischof Gauzlin, und es kommt zu einer bemerkenswerten Unterhandlung[192]: Siegfried beugt das Haupt und fordert ungehinderten Durchzug, gegen den er die Stadt verschonen und die Ehre Gauzlins und Odos nicht beeinträchtigen wolle. Gauzlin lehnt das rundweg ab, mit dem Hinweis darauf, daß die Stadt von Kaiser Karl in seine Obhut gegeben worden sei, damit das Reich, durch sie geschützt, in Ruhe gedeihen könne und nicht, damit sie untergehe. Und er fragt Siegfried direkt, welche Strafe er wohl über sich selbst verhängen würde, wenn er an Gauzlins Stelle wäre und der Forderung nachgeben würde. Der Normanne antwortet, daß er in diesem Fall den Tod verdient hätte und kündigt dem Bischof die Belagerung an. Das Gespräch zeigt, daß der Bischof und der Heide offensichtlich über denselben Wertecodex verfügen. Es ist das Gespräch zweier militärischer Anführer, das von Respekt zeugt und bei dem es in erster Linie um Ehre geht, die seitens der Franken nicht gewahrt werden kann, wenn sie den Forderungen Siegfrieds nachkommen. Der Bischof kündigt kein göttliches Strafgericht oder ähnliches über die Normannen an. Das ist um so bemerkenswerter, als später bei der Beschreibung der Kämpfe immer wieder auf den Gegensatz zwischen Heiden und Christen, denen Gott zur Seite steht, abgehoben wird. Hier geht es allein um die Pflicht des adligen Anführers zur Verteidigung der Stadt.

Im weiteren Verlauf beschreibt das erste Buch den Beginn der Belagerung und vor allem den Kampf der Normannen gegen den Turm, der die Brücke zur Ile de la Cité schützt, bis zu seiner Zerstörung. Dieser Turm wird zum Symbol des Widerstands gegen die Angreifer. Wie die Stadt Paris personifiziert Abbo auch das Bauwerk: Der Turm hat eine Mutter, nämlich die Nacht, in der er von den Verteidigern aufgestockt wird[193]; die Angreifer geben ihm wegen seiner Form den Namen ‚Ofen'[194]; er ‚schaut', ‚klagt', und ‚trauert' um seine getöteten Verteidiger[195]; er ‚fürchtet' sich vor dem Anführer der Normannen, der ihm die ‚Augen' ausreißen will, womit wohl die Türen gemeint sind[196]; und ein Normanne muß ihn sterbend um Vergebung für das bitten, was er ihm angetan hat[197].

Diesen Turm, der den Eingang zur Stadt verschafft, versuchen die Normannen mit allen Mitteln einzunehmen oder zu zerstören. Zuerst greifen sie ihn einfach an, dann versuchen sie, Feuer an ihn zu legen und ihn mit Belagerungsmaschinen zu bezwingen[198]. Sie greifen von ihren Schiffen aus die Brücke an, versuchen, die Gräben aufzufüllen, setzen Sturmböcke ein und lassen brennende Schiffe gegen die Brücke treiben[199]. Bei allen Angriffen wird den Verteidigern göttliche Hilfe zuteil, indem Gott z.B. selbst Regen schickt, der das Feuer löscht. Gebete zu Maria und dem hl. Germanus erwirken deren helfende Fürsprache, welche die Schiffe der Normannen auflaufen läßt oder die Pfeile der Verteidiger so lenkt, daß sie jene Normannen treffen, die Kriegsgefangene töten und mit deren Leichnamen die Gräben auffüllen wollen[200]. Die Einnahme des Turms gelingt den Normannen erst, nachdem die Brücke eingestürzt ist und der Turm nur noch von zwölf Verteidigern gehalten wird, deren Kampf und Martyrium Abbo ausführlich schildert[201].

Außer diesen zwölf Verteidigern stehen vor allem Bischof Gauzlin, Abt Ebolus und Graf Odo im Vordergrund, deren Heldentaten – was auch die beiden Geistlichen betrifft, denn Ebolus greift sogar selbst das Lager der Feinde an – und Gebete die Normannen abwehren. Letztere plündern, nachdem sie ihr Lager errichtet haben, immer wieder die ganze Gegend zwischen Seine und Loire und versuchen auch, sich des Klosters Saint-Germain-des-Prés zu bemächtigen, wofür sie der Heilige, der zuvor in die Stadt gebracht worden war, straft[202]. Das erste Buch schließt damit, daß die personifizierte Neustria über die von ihr erlittenen Beutezüge der Normannen klagt, aber auch ihre Triumphe vermeldet, nämlich daß neben Paris weder Chartres noch Le Mans von ihnen eingenommen werden konnten und die Franken auf dem Schlachtfeld Sieger geblieben sind[203].

Im zweiten Buch gibt es mehrfach Unterstützung von außen für die Stadt. Zunächst erscheint der ostfränkische Graf Heinrich, um Gauzlin zu helfen. Er überfällt das Lager der Normannen, muß sich aber zurückziehen[204]. Bei einem späteren Entsatzversuch wird er getötet[205]. Dazwischen gelingt es Odo, ein Heer des Kaisers zur Hilfe heranzuführen. Aber auch dieses kann zwar die Normannen schlagen, muß sich aber wieder zurückziehen[206]. Erst das Eingreifen Karls III. selbst führt zum Abzug der Normannen, aber nur gegen Zahlung eines Lösegeldes und die Überlassung Burgunds zur Plünderung[207]. Zwischendurch greifen die Normannen immer wieder an. In höchster Not können nur Wunder des hl. Germanus die Stadt bewahren – so auch, nachdem sie, entgegen der Zusagen gegenüber Karl III., Paris erneut belagern[208]. Mit dieser letzten Schilderung von Wundern schließt vermutlich die erste Redaktion des Werkes. Die Belagerung von Paris ist damit beendet, obwohl die Normannen weiterhin Franzien plündern und die Stadt Meaux erobern[209]. Nach der Wiederaufnahme des Werkes schildert Abbo die Taten des nach dem Tod Karls zum König erhobenen Odo[210].

Die ‚Bella Parisiacae urbis‘ sind ein Werk, das in seiner Gesamtheit sehr schwer einzuordnen ist. Es verbindet hagiographische Absichten im Bericht über die Taten des hl. Germanus mit Herrscherlob Odos wie auch Bischof Gauzlins zu einer ausgesprochen lebendigen Schilderung der militärischen Ereignisse. Es scheint mir daher kein Fehler zu sein, Abbos Aussagen über seine Absichten bei der Abfassung Glauben zu schenken, wenn er sagt, er wolle über die Taten der Genannten berichten und – worauf oben bereits hingewiesen wurde – anderen Großen ‚Anschauungsmaterial‘ für den Fall liefern, daß sie ihre Städte gegen die Normannen verteidigen müssen. Aus dem Bericht kann man die Belagerung sehr gut rekonstruieren, und vor allem das erste Buch expliziert fast ‚lehrbuchhaft‘ die verschiedenen Möglichkeiten, mit denen die Normannen sich der Befestigung des Turmes und der Brücke zu bemächtigen versuchen. Neben dem Lob der beteiligten Großen läßt Abbo auch Kritik am Verhalten Karls III., der sich durch Lösegeld freikauft, und später sogar am Verhalten Odos, wie es in der Hagiographie überliefert ist, erkennen.

4. Klagen

Anders als die bisher vorgestellten Dichtungen gibt es auch eine ganze Reihe von Werken, die nicht die Taten von Herrschern verherrlichen, sondern den Krieg oder seine Folgen beklagen. Diese im Anschluß zu behandelnde Form hatte durch die Bruderkriege und die Einfälle äußerer Feinde im 9. Jahrhundert eine gewisse Konjunktur.

a) Angelberts Rhythmus über die Schlacht bei Fontenoy
Auch Angelbert beschreibt ein einzelnes Ereignis in seinem abecedarischen Rhythmus über die Schlacht von Fontenoy, die Entscheidung im Bruderkrieg zwischen den Söhnen Ludwigs des Frommen[211]. Das Gedicht ist aber nicht eine Verherrlichung des Sieges, sondern eine Klage über das fürchterliche Gemetzel, das Angelbert als Anhänger Lothars, also auf der Seite des Verlierers kämpfend, selbst miterlebt hat. Wie er sagt, ist er der einzige Überlebende der ersten Schlachtreihe[212]. Ohne Einleitung und Begründung des Ereignisses beginnt die Klage über den Bruch des brüderlichen Friedens und des christlichen Gesetzes, der das größte Morden aller Zeiten nach sich ziehen und nur die Dämonen erfreuen sollte[213]. Gott ist auf der Seite Lothars, der tapfer kämpft, die Feinde zurückwirft und nur durch Verrat besiegt werden kann[214]. Die Schlacht ist ein Verbrechen *(scelus)*, nicht des Lobes oder eines Liedes würdig, sie sollte aus seiner Sicht ganz aus dem Jahreskreis gestrichen werden[215]. Nur Trauer und Klagen über die Toten bleiben übrig[216].

Mit vielen biblischen Bezügen stellt Angelbert das für die Franken wohl traumatischste Ereignis ihrer Geschichte dar. Neben dem Schrecken des Bruderkrieges muß er auch noch die Niederlage verarbeiten, wobei beides nur durch teuflischen Einfluß und Verrat möglich sein kann. So hätte Lothar zum rechtmäßigen Sieger werden müssen, wenn alles mit rechten Dingen zugegangen wäre. Das ist aber letztlich auch sekundär, denn der gesamte Tag sollte aus jeglicher Erinnerung gestrichen werden. Angelbert zeigt hier eine ganz andere Seite des Krieges, die in den epischen Dichtungen auf Karl oder Ludwig nicht vorkommt. Im Krieg, der als Bruderkrieg von vornherein ein Verbrechen ist, kann auch das jenseits von Sieg und Heilsgeschehen existierende Gesicht des Kampfes gezeigt werden: die Felder, die noch während der Schlacht von den Gewändern der Toten auf beiden Seiten so weiß sind wie die Felder im Herbst von den Vögeln[217]; oder die schließlich nackten Leichname, die gierig von den Aasfressern verschlungen werden[218].

b) Florus von Lyons ‚De divisione imperii'
Mit dem Bild der die Leichname der Gefallenen fressenden Wildtiere und Vögel beschreibt auch Florus von Lyon den Ausgang der Schlacht von

Fontenoy in seiner Klage über die Teilung des Reiches[219]. Das Gedicht des Schülers Agobards von Lyon ist eines der deutlichsten Beispiele für den auch von Agobard an führender Stelle vertretenen Gedanken der Unteilbarkeit des Frankenreiches[220]. Beklagt wird der Zustand im Reich nach den Konflikten, die auf den Tod Ludwigs des Frommen folgten und in der Schlacht von Fontenoy ihren bei Florus durch Himmelszeichen angekündigten Höhepunkt fanden[221]. Vor der Beschreibung dieser Auseinandersetzung wird der einstige Zustand des Reiches in Frieden und Einheit dem jetzigen in Zersplitterung in drei Teilreiche mit Kleinkönigen *(reguli)* an der Spitze gegenübergestellt[222]. Noch vor dieser Schilderung des einstigen Idealzustandes werden am Anfang die allgemeinen Verhältnisse beklagt, bei deren Charakterisierung Gewalt und Krieg eine führende Rolle spielen[223]: Durch die Gewalttaten ist alles zerstört[224]. Die Liebe zu Gottes Gesetz und die Furcht vor diesem sowie vor dem König und dem (weltlichen) Gesetz sind verlorengegangen[225]. Das äußert sich darin, daß es keinen Respekt vor der sakralen Sphäre mehr gibt und auch keine Angst vor Eidbruch[226]. Während das Volk leidet, mordet der Adel untereinander, so daß die Erde vom Blut getränkt ist, das niemand rächen wird[227].

Florus beklagt also die Gewalt der Franken gegeneinander sowie die innere Zerrissenheit und Machtlosigkeit des Reiches. Über das jetzige Verhältnis zu äußeren Feinden sagt er zwar nichts, betont in seiner Schilderung des alten Idealzustandes aber, daß früher allein die *virtus* der Franken alle Feinde abgeschreckt habe[228]. Und was von der fränkischen *virtus* übriggeblieben ist, sagt das Gedicht ja ausführlich. Wenn für Florus also auch der innere Zustand des Frankenreiches entscheidend ist, so läßt er doch keineswegs offen, was in Zukunft von den Feinden zu erwarten ist.

c) Das Gedicht über die Gefangennahme Ludwigs II.

Bei Angelbert hatte bereits die Form des abecedarischen Rhythmus Verwendung gefunden. Rhythmen wurden im Frühmittelalter allgemein gern für Schlachtenschilderungen verwendet[229], so auch im Lied auf die Gefangennahme Ludwigs II. im Jahr 871. Der Sohn Lothars I. und dessen Erbe als Herrscher des Mittel- sowie Kaiser des Gesamtreiches wurde in einem Aufstand der Beneventaner unter der Leitung ihres *dux* Adalgis über einen Monat lang gefangengehalten[230]. Auch in dieser Dichtung ist wieder von einem ‚Verbrechen' die Rede, das in Benevent geschehen sei und aller Welt bekannt gemacht werden solle[231]. Wenig wird über den Hergang der Ereignisse berichtet. Interessant ist, daß Ludwig, der als *sanctus pius* bezeichnet wird und seinen Weg wie zum Martyrium geht, ebenso wie sein Vater Lothar im Rhythmus Angelberts in die Christusnachfolge gestellt wird: Lothar wird von seinen *duces* wie Christus von Judas verraten, was bei Ludwig ebenfalls angedeutet wird, wenn er seine Peiniger fragt, warum sie zu ihm kommen wie zu einem Dieb mit Schwertern und mit Stangen und damit die Worte Christi in Gethsemane gebraucht[232].

d) Klagen über die Zerstörung Lindisfarnes,
  Mont-Glonnes und Aquilejas

Die Darstellung der Klagen sollte nicht abgeschlossen werden, ohne die Gedichte über die Zerstörungen von Klöstern und Städten zu erwähnen. Was Abbo von Saint-Germain-des-Prés als Klage Neustriens über die Einfälle der Normannen in sein Gedicht einfügt, kann auch zur selbständigen Dichtung anwachsen, in der diese Ereignisse betrauert werden. So beklagt etwa Alkuin die Zerstörung Lindisfarnes durch die Normannen im Jahr 793 in einem Gedicht an Hygebald, den Abt des Klosters[233]. Um diesem Trost zu spenden, stellt Alkuin die Ereignisse in den Kontext von Wandel und Vergehen: Große Reiche in der Geschichte sind verschwunden und kaum mehr bekannt. Aber auch die eigene Zeit kennt viele Beispiele des Untergangs und der Unterdrückung durch fremde Machthaber[234]: Ganz Asien und Afrika werden derzeit, so Alkuin, ebenso wie Spanien von Heiden unterjocht. Rom und ganz Italien sind von den Goten zerstört worden, und auch Gallien mußte neun Jahre unter den Hunnen leiden. Den Grund dafür kann man nicht ermessen, letztlich ist es aber immer eine Prüfung, welcher Gott seine Heiligen unterzieht, um sie später zu belohnen[235]. Da die Jugend und mit ihr die Fähigkeit zu kämpfen vergeht, kann man seinen Sinn nur auf die andere Welt richten, um mit Gottes Hilfe wie Moses im Kampf siegen zu können. Jener hat erfolgreicher mit Gebeten als mit Waffen gekämpft[236]. Erst im Anschluß an diese Ausführungen kommt Alkuin zu der Zerstörung Lindisfarnes durch eine ‚heidnische Schar'[237]. Der Abt soll diejenigen, die beim Angriff zu Märtyrern geworden sind, nicht betrauern und sich den Dulder Hiob in seinem Schmerz zum Vorbild nehmen.

Das Gedicht Alkuins ist vor allem wegen des weiten Horizonts, in den es das historische Ereignis stellt, von Interesse. Was dem Kloster widerfahren ist, geschieht immer wieder und muß von Christen ertragen werden. Die Haltung, die er dem Abt im Unglück einzunehmen empfiehlt, erinnert stark an das, was auch in den Fürstenspiegeln von Königen im neunten Jahrhundert erwartet wird. Diese Perspektive wird in der Klage über die angebliche Zerstörung des Klosters Mont-Glonne durch den Bretonenfürsten Nomenoi im Jahr 849 nicht erreicht. Das Gedicht, das wohl erst aus dem 10. Jahrhundert stammt[238], stellt die Zerstörung als Folge der Bruderkriege dar, die nicht nur zur Zersplitterung des Reiches geführt haben, sondern auch zur Plünderung heiliger Orte und zur Verwirrung aller Dinge:

Fit plurima vastatio, sanctis locis praedatio,
cunctis bonis turbatio, rerum simul confusio[239].

Weit zurück in die Geschichte greift schließlich Paulinus von Aquileja in seinem Gedicht über die Zerstörung seiner Stadt durch Attila im Jahr 454. Paulinus schildert ausführlich die Untaten der Heiden, die töten, versklaven, heilige Schriften verbrennen, liturgische Geräte rauben und die ganze Stadt verarmt zurücklassen[240]. Aber der Patriarch von Aquileja kann auch darauf verweisen, daß Atilla inzwischen seine Strafe erhält, und am Ende Christus darum bitten, die Seinen vor solch einem Schicksal in Zukunft zu bewahren[241]. Klagen wie diese und das Gedicht Alkuins über Lindisfarne zeigen, wie Kriege erlitten werden. Sie versuchen, die erlebten oder aus der Geschichte gelernten Katastrophen in den Kontext der eigenen Gegenwart einzufügen und ihnen einen Sinn im Heilsgeschehen zu geben.

III. Zusammenfassung: Dichtung und Krieg

Die in diesem Kapitel vorgestellten Dichtungen sind in vielfacher Hinsicht schwer vergleichbar. Zunächst haben sie lediglich gemeinsam, daß sie aus der Karolingerzeit stammen und in irgendeiner Weise den Krieg thematisieren, sei es im Rahmen größerer Darstellugen oder als einen Gegenstand unter anderen. Die Dichtungen gehören aber ganz unterschiedlichen Gattungen an und stammen aus ganz verschiedenen, oftmals kaum oder gar nicht zu ermittelnden Entstehungs- und Verwendungskontexten. Gleichwohl ist es doch möglich, Gemeinsamkeiten oder Besonderheiten herauszustellen.

Zunächst einmal sind die Dichter in vielen Fällen keine weltfremden Poeten, die den Krieg nur aus dem in der Klosterbibliothek vorgenommenen Studium antiker Autoren oder der historischen Bücher des Alten Testaments kennen. Sie sind daher nicht darauf angewiesen, die Ereignisse nur in Anlehnung an antike oder biblische Formen zu schildern, obwohl sie das natürlich auch tun und auch für den Augenzeugen das Zitat antiker Vorbilder für die Schilderung des selbst erlebten Zeitgeschehens kein Widerspruch ist. Einige der Dichter wissen aber ganz genau – zumindest stellen sie es so dar –, was es heißt, an Feldzügen teilzunehmen oder im Kampf dabei zu sein. Die Verse, mit denen Ermoldus Nigellus seine Erscheinung auf dem Feldzug in die Bretagne parodiert, sind oben bereits zitiert worden[242]. Als selbst beteiligt am Kampfgeschehen stellt sich hingegen Angelbert dar und bezeichnet sich als den einzigen Überlebenden aus der ersten Schlachtreihe Lothars bei Fontenoy[243]. Ebenso direkt hat Abbo von Saint-Germain-des-Prés die Belagerung von Paris durch die Normannen miterlebt, bei deren Beschreibung er sich mehrfach auf seine Augenzeugenschaft beruft[244]. Daß bei einer Belagerung auch Dichter mit eingeschlossen werden, ist nun nicht verwunderlich, daß aber Dichter Feldzüge begleiten, sollte festgehalten werden, und daß ‚Kombattanten' selbst zur Feder greifen, ist vielleicht nicht von vornherein selbstverständlich. Angelbert ist dabei keine Ausnahme, wissen wir doch, daß auch der Historiograph Nithard, der Laienabt von Centula, Karl den Kahlen auf seinem Feldzug begleitet hat und im Kampf gefallen ist[245].

Die so entstandenen Dichtungen sind zum großen Teil Auftragswerke. Sie können aber auch vom Autor selbst ausgehen und mit konkreten Zielsetzungen für die eigene Person versehen sein. So verband Ermoldus Nigellus mit seinem Panegyrikus auf Ludwig den Frommen ganz offensichtlich die Absicht, vom Herrscher begnadigt zu werden und aus seiner Verbannung in Straßburg wieder in seine vermutlich aquitanische Heimat zurückkehren zu können. Auch wenn man über die Umstände und Gründe seines Exils nicht viel weiß, besteht doch im Grunde genommen keine Veranlassung, an seiner Selbstdarstellung als *exul* zu zweifeln und eine topische Selbststilisierung zu vermuten[246].

Viele der behandelten Dichtungen gehören in einen zeremoniellen oder liturgischen Gebrauchszusammenhang. Sie sind damit Teil der karolingischen Inszenierung, Selbstdarstellung und Selbstthematisierung. Offensichtlich ist der liturgische Gebrauch bei den Gedichten zum Herrscheradventus, bei denen ja teilweise sogar der historische Anlaß zu ihrer Entstehung rekonstruiert werden kann – wie bei dem Zug Ludwigs des Frommen im Jahr 818 gegen die Bretonen und seinen vorherigen Aufenthalten in Klöstern und Städten. Peter Willmes zeigt, wie diese Dichtungen konkret in die Zeremonien, die aus dem klösterlichen Adventus stammen, eingebaut waren[247].

Eine liturgische Verwendung hat man auch für das Gedicht des Sedulius Scottus über eine nicht lokalisierbare Normannenschlacht angenommen, da hier der historische Bezug völlig unklar ist und das Wirken Gottes als Geber des Sieges im Vordergrund steht[248]. Göttliches Eingreifen in das Kriegsgeschehen ist freilich allein noch kein Hinweis auf eine liturgische Verwendung, denn auch in den Dichtungen zum Ruhm einzelner Herrscher steht Gott auf der Seite des fränkischen Heeres. Allerdings steht dabei der Preis historischer Gestalten im Vordergrund, die sich eben auch durch ihr Verhältnis zu Gott auszeichnen, der mit seiner Hilfe die Zustimmung zu ihrer Herrschaft gibt. In welcher Form man sich eine Verwendung dieser epischen Dichtungen im zeremoniellen Rahmen des Hofes vorstellen muß, ist schwer zu eruieren. Daß viele Gedichte auf öffentlichen Vortrag verweisen, steht außer Zweifel[249]. Das ‚Aachener Karlsepos' und die ‚Gesta Berengarii' sind wahrscheinlich jeweils nach den

Kaiserkrönungen Karls des Großen und Berengars I. entstanden. Diese Datierung deutet auf eine Verwendung bei Feierlichkeiten hin, die zwar nicht unmittelbar in zeitlichem und räumlichem Zusammenhang mit den Krönungszeremonien stehen müssen, aber doch in relativ kurzem Abstand auf sie Bezug nehmen dürften[250].

Die postulierte Verwendung der Dichtungen im Rahmen größerer Feierlichkeiten könnte das für Historiker interessante Phänomen erklären, daß die Autoren in hohem Maß über den historischen Stoff verfügen und ihn, vor allem in panegyrischer Absicht, weitgehend nach ihren Vorstellungen formen können[251]. Davon war vor allem bei der Vorstellung der ‚Gesta Berengarii‘ die Rede[252]. Historisches Geschehen wird in erster Linie ex eventu gedeutet und oftmals nicht einmal in den grundlegendsten Fakten ‚korrekt‘ dargestellt. Dagegen hat man den Eindruck, daß die Dichter die Abläufe zeremonieller Handlungen wie Hoftage oder Krönungen äußerst präzise beschreiben, mit all den Formen, in denen sie tatsächlich stattgefunden haben könnten[253].

Ähnliches gilt teilweise für die Darstellung militärischer Handlungen. Abbo von Saint-Germain-des-Prés ist, wie gezeigt, sehr präzise in der Beschreibung der normannischen Versuche, den Turm und damit die Stadt einzunehmen. Die Kampfhandlungen werden natürlich im Gewand typischer Bilder antiker Formensprache präsentiert, beschreiben aber offensichtlich die Ereignisse von Paris relativ exakt. Es sei daher nochmals betont, daß man die einleitende Absichtserklärung Abbos, mit seinem Gedicht ein *exemplum* für andere Verteidiger von Städten gegen die Normannen zu geben, durchaus ernst nehmen und nicht einfach abtun sollte[254].

Auch bei Abbo ist die Darstellung des Krieges Mittel der Panegyrik für einzelne Herrscher, allerdings steht bei ihm der Krieg selbst im Mittelpunkt. Der heftig umkämpfte Turm und die belagerte Stadt werden personifiziert. In anderen Dichtungen, in denen es viel zentraler um die Taten von Königen oder anderen Großen geht, stellt der Krieg eine Bewährungsprobe für diese dar. Am stärksten zu erkennen ist das im Ludwigslied, in dem der Einfall der Normannen explizit eine göttliche Prüfung des Herrschers ist[255]. Sonst erweist der König seine Herrschaftsfähigkeit durch sein siegreiches Auftreten im Kampf, wie etwa Ludwig der Fromme, der sich mit seinem Sieg in Barcelona als würdiger Nachfolger Karls des Großen präsentiert[256]. Dadurch, daß sie nicht nur siegreich sind, sondern ihre Siege auch im Vertrauen auf Gott erringen, zeigen die Protagonisten eine weitere Eigenschaft, die einem Herrscher zukommt.

Neben der Verherrlichung der Könige bietet die Dichtung auch die Möglichkeit, einzelne Große herauszustellen und ihre Taten im Kampf gebührend zu würdigen. Seit den Anfängen historischer Dichtung gehört es zu den Themen, die Gesamtheit der Schlachten in Einzelkämpfe aufzugliedern und die daran Beteiligten durch ihr Verhalten zu charakterisieren. So besteht dann auch der Hauptteil der Schlachtenschilderungen aus der Wiedergabe von Einzelkämpfen oder dem Lob des Verhaltens des Königs und der Wirkung dieses Verhaltens auf den Ablauf der Kämpfe.

Das Bild des Krieges in den Klagen ist naturgemäß ein anderes als das in der panegyrischen Dichtung. In ihnen werden die dunklen Seiten des Krieges evoziert, die ansonsten nur schemenhaft deutlich werden. Bei Ermoldus Nigellus wird zwar die Zerstörung geschildert, aber nur die des gegnerischen Landes, seiner Weinstöcke und Viehweiden. Die nackten, geschundenen Leichname, die von Vögeln und wilden Tieren zerrissen werden, beschreiben hingegen nur Angelbert und Florus von Lyon in ihren Klagen über die Schlacht von Fontenoy und die Teilung des Reiches[257]. Einzig bei Abbo von Saint-Germain-des-Prés werden in einem Epos die Zerstörungen der Normannen ausführlich genannt, unter denen ganz Neustrien zu leiden hatte. Aber dieser Einschub am Ende des ersten Buches hat auch ganz eindeutig den Charakter einer Klage innerhalb des Epos über das von den Normannen verursachte Unheil[258]. In diesen Klagen erscheint der Krieg als das genaue Gegenteil dessen, was er in der Panegyrik ist. Er ist nicht mehr ein Vehikel zum Lob des Herrschers, dessen Erwähltheit sich im Schlachtensieg zeigt und der so zum Heil seines ganzen Volkes wird. Der Krieg ist nicht mehr Mittel zur Ausweitung der Christenheit, sondern durch den Krieg wird die Christenheit gespalten und mordet sich gegenseitig hin. Durch den Krieg geraten, wie Alkuin zeigt, die Christen überall in der Welt in Bedrängnis. Nirgendwo sonst erscheint ein so pessimistisches Bild der gegenwärtigen Situation: Asien, Afrika und Spanien sind den Heiden ausgeliefert, und auch die abendländischen Klöster werden von ihnen geplündert[259]. Nur die Hoffnung auf die Strafen für die Feinde im jenseitigen Leben bleibt den Christen[260].

Viertes Kapitel

Der Krieg in der Historiographie: Legitimierung der karolingischen Dynastie und Krisenbewältigung

Die Voraussetzungen für eine Beschreibung des Krieges in der Geschichtsschreibung des 9. Jahrhunderts sind grundsätzlich andere als bei den bisher behandelten Quellengattungen. Die Bedeutung des Krieges muß für die Historiographie nicht erst noch erwiesen werden, wie es für die Fürstenspiegel, die Hagiographie und die historische Dichtung der Fall ist. In diesen Textsorten muß man nach der Schilderung und Bewertung kriegerischer Begebenheiten suchen. In der Historiographie dagegen ist der Krieg viel stärker präsent, manchmal ist er sogar das einzige Thema. Bei Nithard etwa geht es um nichts anderes als um die Beschreibung und Deutung der Bruderkriege aus der Sicht seines Auftraggebers Karls des Kahlen, wie es Nithard anschaulich im Prooemium seines Werkes mitteilt. Er führt dort aus, er habe den Auftrag zur Niederschrift der gegenwärtigen Ereignisse von seinem Herrn erhalten, als sie zusammen mit dem Heer in die Stadt Châlons-sur-Marne eingerückt seien[1]. Auch bei Werken, die nicht vorrangig darauf zielen, ein bestimmtes militärisches Ereignis zu beschreiben, hat der Krieg einen hohen Stellenwert. Er ist eines der Themen, die nach den Konventionen der Gattung berichtenswert sind.

Das Thema kann hier relativ kurz behandelt werden, da die Beispiele aus der Historiographie auch in den folgenden Abschnitten die größte Rolle spielen und einzelne Werke an gegebener Stelle intensiver diskutiert werden sollen. In diesem Kapitel ist es in erster Linie wichtig, die Bedeutung der Historiographie im 9. Jahrhundert allgemein zu beurteilen. Es soll danach gefragt werden, in welcher Weise die verschiedenen Formen von Geschichtsschreibung sich jeweils der Thematik des Krieges nähern und wie sie den Krieg in den Gesamtablauf der Geschichtsdarstellung integrieren. Dabei muß die Ausführlichkeit der Behandlung in diesem Kapitel nicht mit der Bedeutung des jeweiligen Werkes übereinstimmen. Es geht hier vor allem um Aussagen über den Krieg. Außerdem werden wichtige historiographische Werke zum Teil im weiteren Verlauf der Studie noch intensiver zu behandeln sein, weshalb manchmal kürzere Hinweise ausreichen.

I. Die karolingische Historiographie im 9. Jahrhundert

Die Historiographie hat zweifelsohne im 9. Jahrhundert einen großen Aufschwung genommen[2]. Es ist eine bedeutende Entwicklung zu konstatieren von dem „erschöpften Ausklang und Abschied", von dem Herbert Grundmann für die Geschichtsschreibung der Merowingerzeit gesprochen hat[3], bis hin zur Vielfalt und Breite der historiographischen Überlieferung, wie sie im Verlauf der Karolingerzeit begegnet[4]: Die Annalistik wird nicht nur vom Umfang her erweitert, sondern nimmt auch zum Teil sehr viel stärker interpretierende Ansätze auf; mit den ersten Viten weltlicher Herrscher tritt eine völlig neue Gattung zutage; außerdem wird in den Gesta die Geschichte von Institutionen beschrieben, und es kommt zu neuen Ansätzen universalgeschichtlicher Erfassung und Deutung der gesamten ‚Weltgeschichte'.

Nicht ganz so unbestritten wie das Phänomen selbst ist seine Erklärung. Natürlich hat man häufig die karolingische Renaissance – oder Reform oder *correctio* – bemüht, um den geistesgeschichtlichen Hintergrund für diese Entwicklung zu erfassen. Bei Wilhelm Löwe ist die Entstehung einer umfangreichen und vielfältigen Historiographie noch in erster Linie Ausdruck der intellektuellen und religiösen Entwicklungen in der Zeit Karls des Großen[5]. Die heutige Forschung legt aber nun, auch für andere Epochen, sehr viel stärkeres Gewicht auf die konkreten Entstehungsbedingungen und fragt nach den Absichten und Zielen der Autoren sowie den Gründen für ihre Arbeit. Angesichts solcher Ansätze ist die Erklärung, daß im 9. Jahrhundert das Bildungsstreben zunahm, man sich verstärkt der Antike zuwandte und dann nach alten Vorbildern eben auch wieder Geschichte schrieb, daß also die dichtere historiographische Überlieferung auf kulturellen ‚Fortschritt' zurückzuführen sei, zumindest problematisch. Gerade hinsichtlich der Karolingerzeit stellt sich die Frage, ob Geschichtsschreibung nicht ebensogut oder sogar noch eher Anzeichen für gesellschaftliche Krise oder Wandlungen sein kann.

Begründungen dieser Sichtweise liegen auf der Hand. Denn nicht die glorreiche Zeit Karls des Großen hat die bedeutendsten Geschichtswerke hervorgebracht, sondern die Phase der späteren Krisen. So entwarf Einhard sein die Darstellungen bis heute prägendes Karlsbild in einer Zeit, in der sich die negative Bewertung des Herrschers nach dem Regierungsantritt seines Sohnes – auch mit Einhards Hilfe – erst gerade wieder zum Positiven zu wandeln begann[6]. Thegan rechtfertigte in seiner Biographie Ludwig den Frommen direkt nach dessen Wiedereinsetzung in die Herrschaft und klagte seine Gegner an[7]. Nithard beschrieb den Krieg zwischen den Söhnen Ludwigs zeitgleich aus der Sicht einer der Parteien und mit der Absicht, Einfluß auf die Anhänger Karls des Kahlen zu nehmen[8]. Alle diese Werke profitierten sicherlich in stilistischer und wohl auch kompositorischer Hinsicht von der karolingischen Renaissance und sind in gewisser Weise auch Ausdruck dieser Entwicklung. Der Grund für ihr Entstehen liegt aber jeweils in einer aktuellen Krisensituation. Es handelt sich hier um dasselbe Phänomen, das auch bei der Hagiographie beobachtet werden kann. Dort war die karolingische Renaissance direkter Anlaß für die sprachliche Überarbeitung oder Neufassung hagiographischer Werke. Gleichzeitig lieferten die Krisensituationen, die durch die Normanneneinfälle entstanden waren, die Begründung dafür, daß Translationen und anderes berichtet werden mußten und waren somit ebenfalls Grundlage der Hagiographie[9].

Diese Einschätzung beschreibt aber nicht zureichend den Entstehungsanlaß der Historiographie in der Karolingerzeit. Viele Werke, auch die genannten, legitimieren ganz deutlich den Aufstieg der Karolingerdynastie zur Königsherrschaft im Frankenreich. Das läßt sich vor allem bei Annalenwerken wie den ‚Annales Mettenses' zeigen, die nicht zeitgleich zu den in ihnen berichteten Ereignissen entstanden waren und in denen zu einem bestimmten Zeitpunkt die fränkische Geschichte insgesamt unter dem Aspekt des Aufstiegs der Dynastie dargestellt wurde[10]. Auf die Reichsannalen trifft diese Einschätzung ebenfalls zu, wie man an einem einzelnen Aspekt der Darstellung zeigen kann: Matthias Becher hat anhand der Berichte über die Auseinandersetzungen zwischen Karl dem Großen und dem Bayernherzog Tassilo nachgewiesen, daß den Reichsannalen an dieser Stelle die Aufgabe zukam, diesen Konflikt und den Sturz Tassilos im Sinn des karolingischen Hofes zu interpretieren[11]. Wie Becher gezeigt hat, geht es dabei nicht nur darum, daß die Annalen aus pro-karolingischer Sicht geschrieben sind; vielmehr konstruieren sie idealtypisch das Verhältnis zwischen Herrscher und Großen bzw. zeigen an einem Aufstand, wie dieses Verhältnis sein sollte.

Ein wichtiges Phänomen der karolingischen Historiographie ist die ausgesprochene Nähe vieler Werke und ihrer Verfasser zu den Herrschern[12]. Es ist allgemein anerkannt, daß große Teile der Geschichtsschreibung einen quasi offiziellen Charakter haben. Bereits Leopold von Ranke hat festgestellt, daß die Reichsannalen im unmittelbaren Umkreis des Hofes entstanden sein müssen und eine diesem genehme, quasi offizielle Version der Geschichte wiedergeben, weshalb er auch ihre heutige Bezeichnung eingeführt hat[13]. Ihr Abbrechen im Jahr 830 wird im allgemeinen mit der Palastrevolution gegen Ludwig den Frommen erklärt, in die auch ihr mutmaßlicher Verfasser, Abt Hilduin von St. Denis, involviert war[14]. Nach den Reichsteilungen fanden die Annalen in allen Teilreichen eine Fortführung in verschiedenen Annalenwerken. Alle schreiben ganz eindeutig aus der Sicht der jeweiligen Herrscher, wobei die Nähe zu diesen wie überhaupt die Verfasserfrage nicht immer und erst recht nicht immer eindeutig geklärt werden kann.

Aber nicht nur die Annalen, sondern auch andere historiographische Werke stehen in unmittelbarer Nähe zu den Herrschern. Nithard beruft sich, wie gezeigt, auf einen Auftrag Karls des Kahlen, die ‚Wahrheit' über die Streitigkeiten mit seinem Bruder Lothar darzustellen. Ernst Tremp vermutet, daß die Ludwig-Biographie des Astronomen, ein „Geschichtsbuch" für Karl den Kahlen war[15]. Frechulf von Lisieux widmete das zweite Buch seiner Weltchronik der Kaiserin Judith, um damit zur Erziehung ihres Sohnes Karl beizutragen, während er bereits das erste auf Veranlassung des kaiserlichen Kanzlers Helisachar abgefaßt hatte[16]. Und auch Reginos Chronik war vielleicht zur Erziehung Ludwigs des Kindes bestimmt[17].

Diese Nähe der karolingischen Geschichtsschreibung zu den Herrschern kann auf zwei verschiedene Intentionen hindeuten: Zum einen kann sie Instrument im Auftrag der Könige sein, um deren Taten und die ihrer Vorfahren im rechten Licht erscheinen zu lassen. Zum anderen, und damit teilweise verbunden, ist es möglich, daß Historiographie, die für den Herrscher und damit wohl auch eine relativ geschlossene Rezipientengruppe am Hof bestimmt ist, bewußt in offene Diskurse innerhalb dieser Gruppe eintritt. Das bedeutet, dem Herrscher werden damit Interpretationen nahegelegt, von denen der Historiograph möchte, daß er und sein Umfeld sie adaptieren.

Diese Stellung der Historiographie läßt sich an einem Beispiel sehr gut nachweisen: Nithards ‚Historiae' sind, wie bereits mehrfach erwähnt, eindeutig ein Auftragswerk Karls des Kahlen, auf dessen Befehl sich der Autor anfangs beruft[18]. Es geht also darum, eine Version des Bruderkrieges aus der Sicht der einen Seite herzustellen. Janet Nelson zeigt nun, daß das Werk Nithards offensichtlich für die Anhänger Karls des Kahlen bestimmt war und diese für die Position ihres Herrschers gewinnen sollte[19]. Da hier eine fast zeitgleiche Entstehung der Schrift mit den Ereignissen postuliert werden kann, bedeutet dies, daß Nithard auf Diskussionen, die im adligen Anhang des Königs durch die vielfältigen Loyalitätskonflikte der Auseinandersetzung entstanden waren, reagierte oder sie gar in gewisser Weise antizipiert hat.

Die karolingische Historiographie war für einen relativ kleinen Kreis von Rezipienten um den oder die Herrscher konzipiert und wollte Einfluß auf deren Sicht der Geschichte ausüben[20]. Damit nimmt sie eine ganz ähnliche Stellung ein wie die Geschichtsschreibung der Ottonenzeit ein Jahrhundert später. Für diese haben vor allem die Arbeiten Hagen Kellers und Gerd Althoffs gezeigt, daß sie in ganz ausgeprägter Weise auf zeitgenössische Diskussionen, so vor allem auf die um das Kaisertum Ottos des

Großen und dessen Einschätzung reagierten[21]. Hier wurden unterschiedliche Konzepte vertreten und diese den Herrschern auch durch die Historiographen nahegebracht.

II. Der Krieg in den verschiedenen Formen der karolingischen Geschichtsschreibung

Wenn man die Darstellung des Krieges in den verschiedenen Formen der karolingischen Geschichtsschreibung untersuchen will, ist es notwendig, die Diskussion um die Abgrenzung historiographischer Genera zu berücksichtigen. Die Art, in der noch Herbert Grundmann in seiner kurzen, aber einflußreichen Einführung in die mittelalterliche Geschichtsschreibung historiographische Genera unterscheidet, wobei er teilweise auf zeitgenössische Selbstbezeichnungen der Werke, teilweise auf mittelalterliche oder moderne Gattungsbegriffe rekurriert[22], ist in neuerer Zeit mehrfach kritisiert worden. Ausgehend von mittelalterlichen gattungstheoretischen Erörterungen – vor allem von Gervasius von Canterbury –, haben Gert Melville, Franz-Josef Schmale und andere gezeigt, daß es sinnvoll ist, Geschichtsschreibung nach Inhalt und Darstellungsweise in zwei große Gruppen einzuteilen: eine stärker am chronologischen Ablauf orientierte Geschichtsschreibung *(chronographia)* und eine solche, die Geschichte und Geschehen deutend, interpretierend und im kausalen Zusammenhang erzählt *(historiographia)*[23]. Diese Beobachtungen sind vor allem deshalb sehr wichtig, weil sie sich an den Intentionen der mittelalterlichen Geschichtsschreiber orientieren und damit oftmals alte, aber wenig sinnvolle konventionelle Einteilungen modifizieren.

Für die Karolingerzeit ist diese Unterscheidung allerdings in bestimmter Hinsicht nicht ganz unproblematisch. Die am weitesten verbreitete und in ihrer Wirkung auf andere Genera wichtigste Ausprägung der Historiographie ist in dieser Epoche die Annalistik, also die chronographische Gattung schlechthin[24]. Ihr kommt so etwas wie eine Leitfunktion zu, da sich auch Werke anderer Genera implizit oder explizit am annalistischen Schema orientieren, um Geschichte darzustellen[25]. So sind aus der Sicht Walahfrid Strabos Thegans ‚Gesta Hludowici' *in morem annalium* geschrieben[26]. Der zweite Biograph Ludwigs des Frommen, der Astronom, hat seine ‚Vita Hludowici' eigenhändig nachträglich am Rand mit Jahreszahlen versehen[27]. Das heißt, daß er die annalistische Struktur, die das Werk ja bereits auch ohne die Angabe der Jahreszahlen hatte, noch einmal optisch verdeutlichte. Und sogar in der historischen Dichtung konnte das Schema angewendet werden, wenn, wie in den ‚Gesta Karoli' geschehen, ein Annalenwerk – die Einhardsannalen – in Verse gebracht wurde[28].

Außerdem zeigt eine Betrachtung der Überlieferungssituation der Reichsannalen dieses Werk als so etwas wie den ‚Basistext' einer großen Anzahl von Geschichtskompilationen der Karolingerzeit. Denn die Annalen sind selten allein überliefert und stehen meistens im Zusammenhang mit dem ‚Liber Historiae Francorum' oder den Viten der karolingischen Herrscher, in denen die Reichsannalen zudem auch noch inhaltlich benutzt wurden[29].

Man kann also in formaler Hinsicht in der Karolingerzeit einen starken Einfluß der *chronographia* auf die *historiographia* konstatieren. Hinzu kommt, daß die neuen Gattungen der Universalgeschichte oder der Gesta episcoporum bzw. abbatum mit ihrer Betonung der *series temporum* stärker den chronographischen Aspekt verdeutlichen[30]. Dagegen stehen die Herrscherviten und das ja auch als ‚Historiae' in die Wissenschaft eingegangene Werk Nithards. Gerade diese karolingischen Besonderheiten sowie der Umstand, daß hier neue Gattungen auftreten, macht es sinnvoll, beim Vorgehen nicht nur die beschriebene Zweiteilung vorzunehmen. Alle eben genannten Quellengattungen sollen daher im folgenden auf ihre jeweiligen Aussagen zum Krieg einzeln behandelt werden. Dabei wird am Ende der folgenden Untersuchung natürlich auch zu fragen sein, ob chronographische und historiographische Werke hier unterschiedliche Akzente setzen.

Innerhalb der karolingischen Historiographie hat der Krieg in den verschiedenen Werken natürlich ganz unterschiedliche Formen, und er nimmt unterschiedlich viel Raum ein. Vor allem aber kommt ihm die Funktion zu, den Aufstieg der Dynastie der Karolinger zu rechtfertigen. Denn es ist die erfolgreiche Kriegführung, durch die sich die Karolinger auszeichnen und die ihrem Haus die sonst fehlende Legitimierung zur Königsherrschaft einbringt[31]. Eine auf diese Weise erworbene Legitimität erfordert natürlich, daß die jeweils regierenden Herrscher erneut ihre Herrschaftsfähigkeit durch neue, erfolgreiche Kriege unter Beweis stellen. Auch das zeigt die Historiographie.

1. Die Annalistik

Es bietet sich an, den Überblick über die Darstellung des Krieges in den einzelnen historiographischen Genera mit der Annalistik zu beginnen, deren grundlegende Bedeutung für die gesamte karolingische Geschichtsschreibung bereits herausgestellt wurde[32]. Die immer wieder angeführte Herkunft der Gattung aus Einträgen am Rand von Ostertafeln hat neuerdings Rosamond McKitterick in Frage gestellt und die Notizen auf solchen Tafeln als sekundäre Erscheinung eingestuft[33]. Ihrer Ansicht nach sind die Annalen Ausdruck des Bedürfnisses der Franken, durch den sich nun erst

Der Krieg in den verschiedenen historiographischen Gattungen 93

vollständig durchsetzenden Gebrauch der Inkarnationsära und das darauf beruhende jährliche Vorgehen ihre Identität aus der Verbindung mit der gesamten christlichen Geschichte und dem Leben Christi zu konstruieren[34] sowie eine allgemein anerkannte Version der gemeinsamen Vergangenheit zu schaffen[35]. In diesem Kontext muß auch die Darstellung des Krieges gesehen werden.

In den Annalenwerken der untersuchten Epoche ist das Thema ‚Krieg' im Vergleich zu den anderen untersuchten Quellen am stärksten präsent. Annalen besitzen, je nach Ausführlichkeit und allgemeinem Berichtshorizont, eine relativ klar festgelegte Anzahl von Themenbereichen, die in die einzelnen Jahresberichte aufgenommen werden und damit gleichsam ‚geschichtswürdig' sind. Der Krieg ist eines dieser Themen, oftmals das am ausführlichsten behandelte. Diese Bedeutung hängt damit zusammen, daß der Krieg vom Herrscher oder seinen Beauftragten geführt wird und daß der Herrscher im Mittelpunkt der meisten Annalenwerke steht. Seine Kriege, Festaufenthalte, die von ihm geleiteten Reichs- und Kirchenversammlungen und seine ‚Familienangelegenheiten' – Heirat, Geburt von Kindern, Todesfälle – sind die vorrangigen Informationen, die man aus Annalen erhält. Dazu treten Berichte über Ereignisse im Umkreis der Institutionen, in denen die Annalen entstanden sind, Meldungen über bemerkenswerte Naturerscheinungen, die oftmals als göttliche Zeichen für künftige Ereignisse auch mit dem Herrscher in Verbindung stehen[36], sowie eine ganze Reihe schwer zuzuordnender Nachrichten über außergewöhnliche Ereignisse: das Auftreten von Häresien, teuflische Umtriebe, Visionen, außergewöhnliche Fasten etc. Hier sind letztlich keine Grenzen gesetzt, und es hängt auch innerhalb der Annalen oft von Vorlieben einzelner der meist mehreren, aufeinanderfolgenden Autoren ab, was historisch überliefert wird.

Daß nahezu Jahr für Jahr über Kriegszüge des Herrschers berichtet wird und diese manchmal sogar das einzige Thema sind, hat natürlich Folgen für die Art und Weise, in der Herrschaft in den Annalen erscheint und offensichtlich auch erscheinen soll. Der offizielle Charakter der Reichsannalen und ihrer Fortsetzungen legt für die dortigen Meldungen über Kriegszüge und andere militärische Unternehmungen nahe, daß es sich dabei um so etwas wie offizielle ‚Kriegsberichterstattung' handelt, in der die Kriege in bestimmter, dem Hof genehmer Form dargestellt werden. Daß es sich zumindest teilweise auch so verhält und daß sich diese Sichtweise ändern konnte, kann man sehen, wenn man gerade die Kriegsberichte in den Reichsannalen mit denen in den sogenannten Einhardsannalen vergleicht. Letztere sind eine Rezension der Reichannalen, die bis zum Jahr 812 stilistische und bis 801 auch teilweise gravierende inhaltliche Änderungen vornimmt. Sie stammen von einem Verfasser, der auch aus dem Umkreis des Hofes kam, aber nicht von Einhard, der sie hingegen später für seine Karlsvita benutzt hat[37]. An einigen Stellen, an denen in den Reichsannalen Siege Karls des Großen berichtet oder Niederlagen einfach verschwiegen werden, setzen die ‚Annales qui dicuntur Einhardi' dem eine andere Version entgegen, die oft wenig schmeichelhaft für den Karolinger ist. Offensichtlich sind sie nach seinem Tod entstanden und spiegeln die kritische Bewertung des Herrschers in der Frühphase seines Nachfolgers wider[38].

An dieser Stelle soll nicht auf alle Annalenwerke der Karolingerzeit im einzelnen eingegangen werden. Es handelt sich dabei bereits vom Ansatz her um sehr unterschiedliche Texte, denn das annalistische Schema ist oftmals das einzige, was die Arbeiten miteinander verbindet. Es ist eine breite Spannweite zwischen den vielen kargen Annalenwerken, in denen lediglich Jahr für Jahr die aus der Sicht und aus dem Horizont der wechselnden Verfasser wichtigsten Ereignisse berichtet werden, und durchkomponierten Geschichtswerken, wie den ‚Annales Bertiniani', die zwar ihren Stoff auch nach Jahren gliedern, aber inhaltlich und interpretatorisch eigenständige Geschichtswerke darstellen, die weit mehr als nur die Vermittlung von Fakten bieten. Für die Jahre, in denen Hinkmar von Reims das Werk bearbeitet hat (861–882), hat Heinz Löwe die ‚Annales Bertiniani' als „vollkommenen Spiegel seiner (sc. Hinkmars) Persönlichkeit und seiner politischen Anschauungen" bezeichnet[39]. Ausführliche Werke mit interpretierenden Elementen, wenn auch in sehr unterschiedlichem Maß, sind grundsätzlich jene Annalen, welche in den Teilreichen die abgebrochenen Reichsannalen wieder aufnehmen, wie neben den ‚Annales Bertiniani' die ‚Annales Fuldenses'[40] die ‚Annales Xantenses'[41] oder die ‚Annales Vedastini'[42]. Diese Einschätzung gilt auch für die ‚Annales Mettenses priores' mit ihrer äußerst komplizierten Überlieferungsgeschichte, die ein eigenständiges Werk sind, aber, wie viele andere Annalen auch, die Reichsannalen in starkem Maß benutzt haben[43].

Da die Annalenwerke permanent über militärische Ereignisse berichten, lassen sich in ihnen Wandel und Entwicklungen in den Bewertungen und Einschätzungen des Krieges am besten verfolgen. Dabei ist freilich nochmals zu betonen, daß die meisten Werke höchstens phasenweise Jahr für Jahr niedergeschrieben worden sind und in der Regel über längere Zeiträume von einem einzigen Autor im Nachhinein abgefaßt wurden. Somit lassen sich nicht unbedingt kontinuierlich Tendenzen rekonstruieren. Was sich aber zeigen läßt, sind zum einen die objektiven Gegebenheiten, nämlich der Wandel von den Eroberungs- zu den Verteidigungskriegen und inneren Auseinandersetzungen. Wichtiger ist aber, daß man auch zeigen kann, daß die Werte sich nicht ebenso schnell ändern wie die Tatsachen. Denn während in der Regierungszeit Ludwigs des Frommen

Verteidigungsmaßnahmen gegen die Normannen zwar berichtet werden, bleibt doch das Hauptaugenmerk auf die äußeren Kriege gerichtet, welche traditionell die eigentliche Aufgabe des Herrschers sind[44].

Das bedeutet, daß die Einschätzung der Annalen als der ‚objektivsten' historiographischen Gattung problematisch ist. Zwar kann man zeitlich relativ exakt feststellen, ab wann etwa Berichte über Normanneneinfälle auftreten, wann sie sich verdichten und fast zu so etwas wie jährlich zu berichtender Routine werden, bis sie dann wieder in ihrer Intensität nachlassen und endlich verschwinden. Hier kann man zumindest Trends erkennen und wiedergeben. Aber die Interpretation und Einschätzung der Ereignisse in den Werken ist keineswegs so eindeutig. Es hängt davon ab, welche kriegerischen Maßnahmen man im Zusammenhang mit dem Herrscher schildern will, wie das Beispiel Ludwigs des Frommen zeigt. Dazu kommt, daß Annalen – wie Matthew Innes und Rosamond McKitterick betonen – immer das institutionelle Gedächtnis einer bestimmten Gemeinschaft oder *familia* kreieren[45]. Für die einzelnen Werke und die Darstellung der Normanneneinfälle bedeutet diese Tatsache, daß es von der Lage etwa des Klosters, in dem die Annalen entstehen, abhängig ist, wie dramatisch und für den gesamten Geschichtsablauf bedeutsam diese Aktionen geschildert werden – je nachdem, inwieweit die klösterliche Gemeinschaft und die umliegende Landschaft betroffen sind.

2. Die Universalgeschichte

Ebenso wie die Annalenwerke versucht die Universalgeschichte die historischen Ereignisse in der Zeit zu verorten und zu fixieren. Aufbauend auf Bedas Konzept der Weltären, geben universalhistorische Werke einen Überblick über die Gesamtgeschichte bis zur eigenen Zeit oder einem bestimmten Zeitpunkt[46]. Die Universalgeschichte hat dabei die Tendenz, in annalistischer Form zu enden, vor allem, je näher das Geschehen der eigenen Gegenwart rückt. Nun sind natürlich auch immer mehr Informationen vorhanden, mit denen jedes einzelne Jahr gefüllt werden kann. Darin kann aber nicht der einzige Grund für diesen Umstand liegen. Eher bietet es sich an, danach zu fragen, ob nicht unterschiedliche Konzepte innerhalb der Werke bei der Darstellung der ferneren Vergangenheit einerseits und der näheren oder unmittelbaren Vergangenheit andererseits vorliegen.

Die Universalgeschichte bildet, wie Anna-Dorothee von den Brincken es ausdrückt, häufig den ersten Teil von annalistischen Aufzeichnungen[47]. Man könnte auch sagen, daß es sich bei dem, was heute als Weltchronistik oder Universalgeschichte begriffen wird, um Annalenwerke ‚mit Vorgeschichte' handelt. Man hat es also mit zwei völlig unterschiedlichen Bestandteilen zu tun, deren Inhalt auch auf unterschiedliche Weise interpretiert werden muß. Es geht in den Werken nicht darum, historische Information seit Anbeginn der Schöpfung oder einem anderen signifikanten Datum zu liefern, sondern es soll gezeigt werden, wie sich die hauptsächlich untersuchte Zeit – die nicht immer die eigene unmittelbare Gegenwart sein muß – in den Ablauf der Gesamtgeschichte einfügt.

In der Weltchronistik der Karolingerzeit geht es darum, die Geschichte der Franken und vor allem der Karolingerdynastie in den Gesamtablauf der Geschichte seit Christi Geburt oder der Erschaffung der Welt einzuordnen und ihren Herrschern – zumal, mit unterschiedlichem Akzent, nach der Kaiserkrönung – damit einen gebührenden Platz zuzuweisen. Es gibt dabei unterschiedliche Konzeptionen, gemeinsam ist den Darstellungen aber immer, daß die Karolinger vor allem mit Karl Martell als erfolgreiche Feldherrn in die Geschichte eintreten.

Diese Einschätzung wird in den ersten universalhistorischen Kompilationen, die, mit Ausnahme des ‚Chronicon Moissiacense', auch nur sehr kurze Abrisse der Geschichte sind, noch nicht so stark deutlich. Bei diesen Werken steht das Interesse, die Ereignisse in der Zeit zu verorten, noch stark im Vordergrund[48]. Aber auch in der um 818 geschriebenen Chronik von Moissac treten die Franken insgesamt – nicht nur die Dynastie der Karolinger – nach Fredegar als Sieger über die Alanen in die Geschichte ein. Auch wenn sie hier noch römische Hilfstruppen sind, ist der erfolgreiche Kampf, durch den sie Land erwerben, für sie von Anfang an konstitutiv[49].

Eine ganz eigenständige und vielleicht auch eigenwillige Konzeption verfolgt Frechulf von Lisieux in seiner zwischen 825 und 830 geschriebenen Chronik[50]. Dieses Werk, das zwar oft als ‚Weltchronik' bezeichnet wird, aber eher eine für seine Zeit einzigartige „Monographie der Antike" ist[51], stellt in zwei Teilen zunächst die Geschichte bis Augustus und anschließend bis zu Papst Gregor dem Großen und dem Beginn der Herrschaft von Langobarden und Franken dar[52]. Frechulf, der sein Werk der Kaiserin Judith und ihrem Sohn Karl dem Kahlen widmet, endet also mit den Merowingern. Aber auch die Vorgänger des Karolingerhauses stellt er vor allem als Sieger über Goten, Bretonen und Sachsen dar[53].

Ado von Vienne ordnet um 870 die Geschichte des sechsten und letzten Zeitalters seit Christi Geburt auch nach den römischen Kaisern, deren Namen und Zahl der Regierungsjahre er an den Anfang eines jeden Abschnitts stellt. Nach Konstantin V. fährt er mit Karl dem Großen fort, den er als den ersten Imperator aus der *gens Francorum* bezeichnet[54]. Auf diesen Wechsel im Kaisertum wird aber bereits lange vorher übergeleitet. So wird die vorausgehende Regierungszeit Konstantins bereits vollständig mit den militärischen Taten Karls und zuvor seines Vaters Pippins gefüllt.

Die Darstellung beginnt mit dem Feldzug Pippins und seines damals noch nicht ins Kloster eingetretenen Bruders Karlmann gegen den aquitanischen *dux* Hunald[55]. Davor, in der Zeit des Kaisers Leons III., wird Karl Martell ausschließlich als siegreicher Heerführer vorgestellt. Er geht als Gewinner aus dem Bürgerkrieg der Franken nach dem Tod Dagoberts III. hervor und wird nach der Schlacht von Vincy 717 zum Majordomus und *princeps Austrasiorum*[56]. Und als solcher führt er, ohne daß Ado es näherer Erklärungen wert befunden hätte, einen Feldzug nach dem anderen, die er natürlich alle siegreich beendet[57]. Er stirbt als *dux Francorum*[58].

Auch die um 908 entstandene Chronik Reginos von Prüm argumentiert noch ganz ähnlich[59]. Das erste der zwei Bücher, das als *libellus de temporibus dominicae incarnationis* überschrieben ist[60], führt von der Geburt Christi bis zum Tod Karl Martells. Das zweite Buch, das die Nachricht über seinen Tod noch einmal wiederholt, bezeichnet Regino als *liber de gestis regum Francorum*, so daß daran bereits deutlich wird, worum es dort geht[61]. Die beiden Aspekte der Darstellung zeigen sich hier sehr schön. Nach Hans-Henning Kortüm hat das erste Buch rein einleitenden Charakter für die Zeitgeschichtsschreibung, die Regino im zweiten Buch als seine eigentlich Aufgabe statt des Verfassens einer Weltgeschichte ansieht[62]. Zu den Taten der fränkischen Könige wird nun aber hingeführt durch die militärischen Taten ihres Ahnen Karl Martell. Regino, der sich im ersten Buch für den großen Rahmen des historischen Ablaufs weitgehend an Bedas Weltchronik orientiert, fügt aus der ‚Historia Langobardorum' des Paulus Diaconus und aus den ‚Annales S. Amandi' die Feldzüge und Siege Karls in den Text ein[63]. Er beginnt mit dem Tod Pippins des Mittleren, dem sein Sohn Karl in das *principatum* gefolgt sei, das er gegen den Konkurrenten Raganfred ‚in vielen Schlachten und Kriegen' mit dem Höhepunkt des Sieges in der Schlacht von Vincy behauptet habe[64]. Karl habe Raganfred die Stadt Angers überlassen und allein die Herrschaft über das ganze Volk der Franken übernommen[65]. Von nun an werden von Regino die weiteren Siege Karls vor allem aus den genannten Annalen hinzugefügt, und zwar unter Angabe seiner Regierungsjahre[66]. Damit wird die Regierung der vier byzantinischen Kaiser, die in diesem Zeitraum an der Macht sind, zu einem leeren Ordnungsschema, das durch Karls Taten überlagert wird. Nach all den Siegen kann Regino, auch hier wieder den Annalen von Saint-Amand folgend, den Tod Karls, des *bellicosissimus et victoriossimus princeps Francorum* im 26. Jahr seiner Herrschaft vermelden[67]. Mit dieser Darstellung ist der Weg bereitet für die karolingischen Könige, deren Herrschaft auf dem Fundament der Siege Karl Martells ruht.

3. Die Viten

Eine Ausrichtung am annalistischen Denk- und Strukturierungsschema ist auch bei einigen der Biographien der Karolingerzeit zu beobachten. Mit dieser Gattung, der Vita eines weltlichen Herrschers, entsteht im 9. Jahrhundert tatsächlich etwas ganz Neues, eine Form, die zwar auch von der Heiligenvita beeinflußt ist, aber ebenso antiken Vorbildern folgt[68].

Die erste Vita eines weltlichen Herrschers ist die nach neuesten Forschungen vermutlich 823 entstandene ‚Vita Karoli magni'[69]. Ihr folgten 836/37 beziehungsweise 840/41 die ‚Biographien' Ludwigs des Frommen durch den Trierer Chorbischof Thegan und einen als ‚Astronom' in die Wissenschaft eingegangenen Anonymus[70]. Der Krieg wird in diesen Werken sehr unterschiedlich behandelt. Bei Einhard und dem Astronom spielt er eine wichtige Rolle für die Bewertung des Herrschers. Das wird ausführlich im Kapitel über ‚Krieg und Zeit' zu thematisieren sein. Die Könige zeigen dort mit ihrer erfolgreichen Kriegführung, daß sie den Anforderungen, die an sie gestellt werden, nachkommen. Einhard berichtet über die Kriege Karls en bloc und folgt damit seinem römischen Vorbild Sueton[71]. Der Astronom, der sein Werk selbst am Rand mit Jahreszahlen versehen hat, was die annalistische Ausrichtung zeigt, folgt in den ersten 22 Kapiteln zum Teil einer Vorlage, der *relatio* eines gewissen Adhemar, der die Kriege Ludwigs miterlebt hat und später Mönch geworden ist. Dadurch geraten militärische Aktionen in diesem Abschnitt besonders in den Vordergrund[72]. Diese Betonung liegt aber keineswegs nur an der Vorlage und ihrer eventuellen getreuen Übernahme, die nicht verifiziert werden kann. Im Anschluß an die Schilderung von Ludwigs militärischen Leistungen berichtet der Verfasser von dessen Herrschaftsübernahme. Indem er zuvor Ludwigs militärische Erfolge betont, dokumentiert er zugleich dessen Befähigung, Herrschaft auszuüben.

Thegan, der sein Werk *in morem annalium* schreibt, verfolgt eine ganz andere Darstellungsabsicht. Er schreibt noch zu Lebzeiten seines Protagonisten und will offensichtlich Ludwigs Herrschaft rechtfertigen und die Schuld an seiner Absetzung bestimmten Leuten – vor allem Ebo von Reims – zuweisen[73]. Deshalb argumentiert er vor allem in diese Richtung und polemisiert gegen den ‚Emporkömmling' Ebo und anderes. Es handelt sich nicht in dem Maß um eine vollständige Vita, wie es beim Werk des Astronomen der Fall ist. Der Krieg spielt bei ihm daher nicht eine so entscheidende Rolle, sondern kommt eher am Rand vor.

883 schrieb der Mönch Notker von St. Gallen seine ‚Gesta Karoli' nieder, ein Werk, das wiederum einen ganz anderen eigentümlichen Charakter hat[74]. Seine Schrift ist ein Auftragswerk Karls III., das zu schreiben ihm dieser befohlen hatte, nachdem er Notkers Kloster besucht und den

Mönch dort von den Taten seines Ahnen hatte erzählen hören[75]. Das gesamte zweite Buch der Gesta ist nach Notkers Angaben den Kriegstaten Karls nach den Erzählungen eines Veteranen aus den Kriegen gegen Awaren, Sachsen und Slawen gewidmet[76]. Das stimmt zwar nicht ganz, da teilweise auch anderes berichtet wird, zeigt aber die Bedeutung, die den militärischen Aktionen in der Erinnerung an Karl im späten 9. Jahrhundert beigemessen wurde. Notker gibt anekdotenhafte Erzählungen wieder, die auch die Ahnen Karls des Großen, Pippin und Karl Martell, betreffen und meistens wenig miteinander zu tun haben. Sie zeigen aber insgesamt auch wieder die Bewährung der Karolinger im Krieg.

Schließlich seien noch die ‚Gesta Dagoberti' erwähnt, eine Beschreibung der Taten des Merowingerkönigs Dagoberts I., der von 623 bis 638 regierte. Das Werk ist zwischen 831 und 834 in St. Denis entstanden und war offensichtlich für Ludwig den Frommen bestimmt[77]. In der Darstellung weitgehend an Fredegars Chronik angelehnt, heben die Gesta in auffälliger Weise die militärischen Erfolge und Fähigkeiten Dagoberts hervor[78]. Dazu werden kriegerische Unternehmen im Resultat beschönigt oder ein sagenhafter Feldzug gegen die Sachsen aus dem ‚Liber historiae Francorum' übernommen[79].

Das vielleicht Abt Hilduin oder Hinkmar zuzuschreibende Werk, welches Dagobert als Gründer und Förderer des Klosters verherrlicht, kann als Ermahnung oder auch Bestätigung des Kaisers interpretiert werden, in der Klosterreform fortzufahren und vor allem St. Denis nicht aus dem Blick zu verlieren[80]. Dort wurde Ludwig nach seiner Absetzung am 1. März 834 wieder in die Herrschaft eingesetzt, nachdem Hilduin auf der Seite seiner Gegner gestanden hatte. Aber auch wenn es sich nicht so verhält, ist das offensichtliche Bemühen auffällig, das Vorbild für den in seiner Herrschaft gefährdeten oder gerade wieder eingesetzten Ludwig als tatkräftigen und erfolgreichen militärischen Führer darzustellen. Eine Sicht, die auf die Situation zugeschnitten zu sein scheint, denn bei den Zeremonien seiner Ab- und Wiedereinsetzung spielte, den Quellen zufolge, gerade auch die Abnahme und Zurückgabe seiner Waffen eine entscheidende Rolle[81].

Der Überblick über die Viten zeigt, daß sich aus ihnen hinsichtlich des Krieges kein einheitliches Bild ergibt. Das mag auch daran liegen, daß die Gattung selbst kaum einheitlich ist. Die Werke sind schwer miteinander zu vergleichen, auch wenn in ihnen jeweils eine Herrschergestalt im Mittelpunkt steht. Diese erweist ihre Qualitäten durch militärische Taten oder zieht ihre Legitimation aus den Taten ihrer Vorfahren.

4. Die Gesta episcoporum und Gesta abbatum

Eine biographische Ausrichtung haben auch die verschiedenen Formen der Gesta (episcoporum oder abbatum) als einer an Personen orientierten Geschichte von Institutionen. Der Unterschied zu den Viten besteht darin, daß der einzelne nur als Funktionsträger in einer langen Reihe gesehen wird, wenn auch Schilderungen teilweise das Ausmaß einer Vita annehmen können. So geht es in den Gesta auch und vor allem immer um geographische und spirituelle Einheiten wie Bistümer und Abteien. Vorbild dieser Form der Historiographie war, wenn auch wohl nicht in einem so hohen Grad wie bisher häufig angenommen, die Papstgeschichtsschreibung im ‚Liber pontificalis', der im 6. Jahrhundert begonnen worden war und zunächst bis 891 als Sammlung von Papstviten fortgeführt wurde[82]. In den Gesta der Bischöfe von Ravenna und Neapel bald nachgeahmt, erlebte die Gattung im Hochmittelalter ihre Blüte[83]. Auch hier muß wieder darauf hingewiesen werden, daß sehr unterschiedliche Werke unter einem Gattungsbegriff zusammengefaßt sind. Im Frankenreich wurden die Gesta von dem Langobarden Paulus Diaconus etabliert, als er 784 auf Veranlassung Bischof Angilrams die ‚Gesta episcoporum Mettensium' verfaßte. Sowohl dieses Werk als auch die um 833 geschriebenen ‚Gesta abbatum Fontanellensium' – die Geschichte der Äbte von St. Wandrille – sind eng mit dem karolingischen Herrscherhaus verbunden, leisteten also auf einer anderen Ebene, was die Viten der weltlichen Herrscher auch versuchten. Denn der Metzer Bischof Arnulf war bekanntlich Ahnherr der Karolinger, und der hl. Wandregisel, der Gründer von St. Wandrille, war ein Bruder Pippins des Älteren.

Durch die Orientierung der Darstellung an Bischöfen beziehungsweise Äbten tritt das Königtum in den Gesta für gewöhnlich im Verhältnis zu anderen Formen der Geschichtsschreibung erheblich zurück. Daher spielt auch der Krieg in ihnen als königliche Herrscheraufgabe eine weniger bedeutsame Rolle. Eher trifft man auf jene Äußerungen zum Krieg, die auch in der Hagiographie erscheinen: So ist, um das Beispiel der ‚Gesta abbatum Fontanellensium' aufzugreifen, von den Äbten die Rede, die als *agonistae* auf dieser Welt ihren *agon* bis zum Ende kämpfen[84]. Sie und ihre Mönche sind die *milites Christi*, deren Leben erzählt wird[85]. Ein besonders verdienstvoller Mönch kann zum *signifer fortissime Christi militiae* werden[86], und der Klostergründer, der hl. Wandregisel, wird am merowingischen Königshof in militärischen Dingen erzogen, bevor er sich entscheidet, für Gott zu kämpfen[87]. Dasselbe wird etwa auch vom hl. Germanus in den zwischen 872 und 879 entstandenen ‚Gesta pontificum Autissiodorensium' berichtet: Er leistet Militärdienst unter römischen Kaisern und verläßt dann später die *militia mundi*, um sich der *cælestis militia* anzuschließen[88]. Auch in diesem Werk, das bis in die Frühzeit der Christenverfolgung zurückreicht, wird vom *agon* der *athletae Christi* gesprochen[89]. Die Gesta können also in erster Linie als Abfolge von Lebensbeschreibungen der *spirituales milites* gesehen werden und rücken damit in die Nähe der Hagiographie[90].

Daß diese Einschätzung gerade in der früheren Karolingerzeit nicht immer zutrifft, wird vor allem dann deutlich, wenn man die ‚Gesta episcoporum Mettensium' betrachtet. Ihre Nähe zu den Karolingern ist oben bereits erwähnt worden, und in der Forschung hat man immer wieder darauf hingewiesen, daß sie der Legitimation der Karolingerdynastie dienen sollten[91]. Das legen schon äußere Faktoren nahe: In Metz wurde kurz vor Entstehen der Gesta die Gattin Karls des Großen, Hildegard, in der Nähe des Begründers der karolingischen Dynastie bestattet, und der Inhaber des Bischofsstuhles, Angilram, war Erzkapellan am Königshof und hatte Paulus Diaconus mit der Abfassung des Werkes beauftragt. Damit treten die Gesta mit ihrer Funktion in eine Reihe mit ganz anderen Geschichtswerken. In ihnen wird die überwiegende Mehrzahl der Bischöfe von Metz in äußerster Kürze abgehandelt. So zählt Paulus Diaconus an einer Stelle sechs aufeinanderfolgende Bischöfe auf und sagt, daß es schon sicher sei, daß durch ihre Bemühungen die Kirche Gottes gewachsen sei, obwohl ihm ihre Taten im einzelnen vollkommen unbekannt seien[92]. Über zwei andere Bischöfe etwa sei außer ihren Namen nichts überliefert[93]. Dagegen setzt Paulus vier Schwerpunkte mit der Gründung des Bistums durch Bischof Clemens, dem Hunnensturm zur Zeit Bischof Auctors, dem Pontifikat des hl. Arnulf und der Genealogie seiner Nachkommen sowie den Taten Bischof Chrodegangs. Walter Goffart hat gezeigt, daß die drei ersten ‚Szenen' in Entsprechung zu Episoden aus dem Buch Genesis – Schöpfung, Sintflut und Segnung Jakobs durch Isaak – gestaltet sind, während die vierte ‚Szene' am typischen Formular des römischen ‚Liber pontificalis' orientiert ist[94]. Während also die ersten Szenen die Geschichte des Bistums in einen überzeitlichen Sinnzusammenhang stellen, wird die letzte zum Beginn der ‚modernen' Bischofsreihe, in der nach Chrodegang dann auch Angilram folgen kann.

Ohne Goffarts interessante Argumentation hier im einzelnen zu diskutieren, sei lediglich auf die Darstellung des Pontifikats Arnulfs von Metz in den Gesta verwiesen. Die dort vorherrschende Genealogie des Karolingerhauses stellt die Verbindung zwischen Metz und der Familie – konkret: Karl dem Großen – her. Arnulf selbst stammt aus einem hochadligen und, wie er betont, äußerst tapferen fränkischen Geschlecht[95]. Über seinen Sohn Anschisus erklärt Paulus die trojanische Herkunft der Franken. Und dessen Nachkommen, von Pippin dem Mittleren bis zu Karl dem Großen, werden ausschließlich als erfolgreiche Krieger präsentiert: Pippin dem

Mittleren kommt niemand an Kühnheit gleich. Karl Martell hat vor allem die Sarazenen, Pippin der Jüngere die Wasconen besiegt. Karl der Große schließlich hat das Reich der Franken mehr erweitert als jemals ein Herrscher zuvor[96].

Hier zeigt sich, daß die Gesta in der Darstellung und vor allem auch in der Zielsetzung in vielfacher Hinsicht etwas anderes intendieren als die Hagiographie[97]. Man findet in den Gesta hagiographische und historiographische Argumentationen und Erklärungsmuster nebeneinander[98]. Das läßt sich auch an der Rolle zeigen, die der Krieg in ihnen spielt. Auf der einen Seite stehen die typisch hagiographischen Vorstellungen von der *militia Christi*, der sich der Heilige in Abwendung vom weltlichen Kriegsdienst zuwendet, um seinen geistlichen Kampf zu kämpfen. Hinzu kommt auch wieder der Krieg als Störung des gottzugewandten Lebens, wie sie immer wieder von den Hunnen oder den innermerowingischen Kriegen verursacht werden[99]. Auf der anderen Seite wird zumindest in einigen Gesta eine Beziehung zur karolingischen Dynastie aufgezeigt, deren Vertreter als siegreiche und tapfere Feldherrn erscheinen. Mit dieser Darstellung greifen die Werke genau jene Muster aus der Historiographie auf, die der Legitimierung der Dynastie dienen sollen.

Beide Funktionen des Krieges können dabei nebeneinander stehen. Auf den geistlichen Krieg in den ‚Gesta abbatum Fontanellensium' ist bereits hingewiesen worden. Aber je näher das Werk sich zeitlich den Karolingern nähert, desto häufiger werden Berichte aus Annalenwerken eingeschoben, welche Kriegszüge Karl Martells und seiner Nachfahren beinhalten[100]. Auch hier wird also der Ruhm des eigenen Klosters mit dem der Dynastie verwoben.

5. Nithards Historien

Nach diesem Überblick über die Historiographie der Karolingerzeit wird die Ausnahmestellung deutlich, die Nithard mit seinen Historien einnimmt. Er läßt sich keiner der bisher behandelten Gattungen zuordnen, und zu ihm gibt es nichts Vergleichbares. Seine monographische Behandlung einer relativ kurzen Zeitspanne der Gegenwartsgeschichte unter dem Gesichtspunkt der Auseinandersetzungen der Söhne Ludwigs des Frommen hat einen ganz eigenen Charakter[101].

Nach der Bedeutung des Krieges im Werk Nithards braucht man nicht lange zu suchen. Der Krieg ist sein Thema oder besser gesagt: die Kämpfe um das Erbe Ludwigs des Frommen mit allen militärischen und ‚diplomatischen' Mitteln zwischen Karl dem Kahlen und Ludwig dem Deutschen auf der einen sowie Lothar auf der anderen Seite. Der anonyme Autor einer Geschichte der Frankenkönige aus dem 13. Jahrhundert trifft den

Charakter der Schrift sehr gut, wenn er Nithards ohne Titel überliefertes Werk, das er benutzt hat, als *liber Nithardi, qui de discordia filiorum Ludovici Pii agit* bezeichnet[102].

Der Krieg, den Nithard beschreibt, hat bei ihm einen ausgeprägt rechtlichen Charakter oder wird zumindest in rechtlichen Kategorien geschildert, was im Folgenden im Kapitel über ‚Krieg und Herrschaft' ausführlich dargelegt werden soll. Vor allem die Schlacht von Fontenoy und ihr Charakter als Gottesgericht ist in der Forschung immer wieder diskutiert worden[103]. Nithard beschreibt den Bürgerkrieg als Ergebnis eines Verhaltens, das am Eigennutz und nicht am öffentlichen Nutzen orientiert ist. Die Begriffe *utilitas publica* auf der einen und *privata voluntas* oder ähnliches auf der anderen Seite werden immer wieder ausdrücklich gegeneinander gestellt, um das Verhalten der Akteure zu charakterisieren[104]. Er interpretiert damit die eigene Zeit als Kontrast zur Epoche Karls des Großen. Dessen Vorbild umschließt die Historien und wirft seinen Schatten auf das gesamte Werk, wenn Nithard im ersten Kapitel des ersten Buchs darauf verweist, daß Karl in seiner Zeit Franken und ‚Barbaren' gehindert habe, etwas gegen den öffentlichen Nutzen zu unternehmen[105], und im letzten Kapitel des letzten Buchs der Zeit in Friede und Eintracht gedenkt, die unter Karl geherrscht hätten[106]. Der unselige innere Krieg ist es, den Nithard in seinem Werk beschreiben und in der ‚richtigen' Weise deuten will. Damit wird Nithards Werk zu einem der beeindruckendsten Beispiele dafür, wie karolingische Autoren mit der Tatsache umgehen, daß die Zeiten der Eroberungskriege, die, wenn man so will, zur karolingischen Herrschaftsideologie gehören, zuende sind, und sich die Gewalt sogar im Inneren, im Gegeneinander der Brüder, manifestiert.

III. Zusammenfassung: Historiographie und Krieg

Der Überblick über die karolingische Historiographie zeigt, daß die Omnipräsenz des Krieges in der Geschichtsschreibung mehr ist als nur ein Reflex der tatsächlichen Gewalttätigkeit des Zeitalters, in dem die Werke entstanden sind oder über das sie berichten. Die Historiographie rechtfertigt in vielfacher Hinsicht den Aufstieg der Karolingerdynastie durch die erfolgreiche Kriegführung ihrer Mitglieder. Das Geschlecht von ehemaligen Hausmeiern gerät in der Geschichtsschreibung als Heerführer in die Position, die Herrschaft vollständig zu übernehmen. Ob in diesem Rechtfertigungsdrang immer noch das viel beschworene Trauma des ‚Staatsstreichs' Grimoalds nachwirkt, ist wohl kaum zu sagen. Auf seinen erfolglosen Versuch, seinen Nachkommen an die Stelle des Merowingerherrschers zu setzen, wird ja häufig das lange Zögern der Karolinger zurückgeführt, *nomen* und *res* in Übereinstimmung zu bringen und sich zu Königen zu machen[107]. Jedenfalls basiert die Stellung der Karolinger auf nicht viel mehr als ihrem militärischen Prestige, das in der Historiographie gebührend herausgestellt wird.

Daneben kann es in der Geschichtsschreibung auch in ähnlicher Weise um den Aufstieg der *gens Francorum* gehen. Auch die Franken insgesamt treten als kriegerisches Volk in die Geschichte ein, nämlich als Hilfstruppen der Römer, unter denen sie sich auch ihr Land erobern, also rechtmäßig erwerben. Dieses Modell sollte interessanterweise später in der sächsischen Historiographie wieder aufgegriffen werden, indem die sächsische Landnahme als Ergebnis der Beteiligung an den Kriegen der Franken dargestellt wurde[108]. Für die gemeinsame Identität der Franken und ihres Herrscherhauses, die in der Historiographie geschaffen wird, ist militärischer Erfolg also von grundlegender Bedeutung.

Verdanken das Volk der Franken und die Dynastie der Karolinger ihren Aufstieg und ihre Bedeutung den großen und glorreichen Kriegen, die sie geführt haben, so zeigen die sich jeweils an der Macht befindenden Herrscher ihre Befähigung zur Regierung durch erfolgreiche Kriegführung, die ein Thema in ihren Viten oder in den jährlichen Berichten der Annalenwerke sind. Das Geschichtsbild wird hier perpetuiert. Wer durch militärische Fähigkeiten reüssiert und seine Macht darauf aufbaut, muß auch immer wieder neue Erfolge vorweisen. Wie im folgenden Kapitel zu zeigen sein wird, ist die innere Logik dieses Denkens wichtiger als die Frage nach historischer Faktizität der Kriegsberichte in der karolingischen Historiographie.

Die Geschichtsschreibung kann allerdings nicht nur über Erfolge berichten. Spätestens mit den Kriegen zwischen den Karolingern im Innern des Reichs und den Einfällen äußerer Feinde kann die Erfolgsbilanz nicht mehr aufrechterhalten werden. Mit dieser Entwicklung wird in der Geschichtsschreibung vor allem auf zwei unterschiedliche Arten umgegangen: Man sucht den Schuldigen für die Katastrophen, oder man beschwört die alten Zeiten unter Karl dem Großen, als das Reich in Einigkeit und Brüderlichkeit mühelos verteidigt und erweitert worden ist. Das beste Beispiel für beides sind die Historien Nithards. Dieser beruft sich zu Beginn und am Ende des Werkes auf die Herrschaft Karls und zeigt dazwischen, wie durch den Eigennutz vor allem Lothars die inneren Konflikte entstehen und ausgetragen werden. Aber Nithard ist nicht der einzige Beleg. Auch die Annalenwerke, die in Fortsetzung der Reichsannalen die Geschichte der Franken aus unterschiedlichen Blickwinkeln erzählen, suchen Verantwortliche für die Ereignisse und finden sie auf der jeweils anderen Seite.

Es sind aber nicht nur ‚die Anderen', die von den Historiographen kritisiert werden. Wie in späteren Epochen kann auch in der Karolingerzeit Geschichtsschreibung Kritik an den Herrscher herantragen und damit versuchen, Einfluß auf sein Verhalten auszuüben. So kritisiert Hinkmar in den ‚Annales Bertiniani' immer wieder Karl den Kahlen, unter anderem auch für militärisches Versagen[109]. Und Regino greift den Einfall Ludwigs des Deutschen ins Reich seines Bruders als rechtswidrig an[110].

Auf diese Weise setzt sich die Betonung militärischer Ereignisse in der Historiographie fort. Sie können nun aber nicht mehr zum Ruhm der fränkischen *gens* oder ihres Herrschers berichtet werden, sondern zum Ruhm einzelner Könige innerhalb der karolingischen Brüdergemeine. Für die wenig ruhmreichen Erscheinungsformen des Krieges werden die jeweils anderen Herrscher verantwortlich gemacht, wenn nicht gar in bestimmten Fällen Kritik am eigenen König in den Berichten mitschwingt.

Sucht man nach Unterschieden der Darstellung in den Gattungen, so ergibt, sich, daß es weniger sinnvoll ist, nach Chronographie und Historiographie zu differenzieren, als vielmehr chronographische und historiographische Aspekte der Darstellung des Krieges zu unterscheiden. Hier erweist sich die große Bedeutung der Chronographie in diesem Zeitalter und ihr Einfluß auf alle Genera. Der historiographische, deutende, Sinn verleihende Aspekt zeigt sich im Zusammenhang zwischen Rechtfertigung der karolingischen Dynastie und Kriegführung. Diese Rechtfertigung ergibt sich aber wiederum aus der dauerhaften Kriegführung, die auch in Permanenz geschildert wird. Der Prozeß des Aufstiegs von *gens* und Dynastie sowie die weitere, möglichst erfolgreiche Kriegführung sind Thema der Geschichtsschreibung.

II
KATEGORIEN DER DARSTELLUNG

FÜNFTES KAPITEL

Krieg und Zeit

Der Althistoriker Jean-Pierre Vernant sah im andauernden Krieg zwischen den griechischen Poleis den Normalzustand im antiken Griechenland. Friede oder besser Waffenruhe sei für die Griechen nichts anderes gewesen als ‚tote Zeit' („temps mort"), die den andauernden Krieg lediglich unterbrochen habe. Solche Auffassungen, die auch von anderen Forschern geteilt wurden, haben inzwischen heftigen Widerspruch erfahren. Heute wird dieser Komplex sehr viel differenzierter betrachtet, und für das antike Griechenland werden eigene Friedensbegriffe und -konzepte herausgearbeitet[1]. Die Vorstellung des Kriegszustandes als der ‚lebendigen', der ‚eigentlichen' Zeit führt aber für jede Epoche und damit auch für das 9. Jahrhundert und die Zeit der Karolinger zu wichtigen Fragen: Gibt es eine prinzipielle Verortung des Krieges in der Zeit? Hat Krieg eine Bedeutung für die Zeit? Wird der Zeit des Krieges eine besondere Qualität zugesprochen? Gibt es eine Zeit ohne Krieg? Da Zeit und Raum grundlegende historische Kategorien sind, bietet es sich an, nach der Untersuchung der Quellen diesen Fragen zur Zeit nachzugehen[2]. Dabei ist der gerade kürzlich wieder betonte Zwiespalt zwischen mittelalterlicher Datierungssucht einerseits und Desinteresse an zeitlicher Genauigkeit andererseits[3] ebenso im Blick zu behalten, wie die häufig vorgetragene Argumentation, daß historisches Geschehen sich für mittelalterliche Autoren weitgehend außerhalb von Raum und Zeit abgespielt habe und von ihnen nur typologisch interpretiert worden sei[4].

I. Der Krieg in der Zeit des Herrschers: Die Strukturierung der Jahre nach den in ihnen geführten Kriegen

1. Der jährliche Krieg

Kriege strukturierten die Zeit. Häufig entwickelten die karolingischen Geschichtsschreiber den von ihnen dargestellten historischen Ablauf anhand der chronologischen Reihung von Kriegen. Krieg oder Kriege wurden bei ihnen auf diese Weise zu Gliederungsmerkmalen von Geschichte, halfen dabei, das historische Geschehen zu überschauen und einzuordnen. Daß Kriege diese gliedernde Funktion einnehmen konnten, wundert nicht, wenn man etwa die ‚Jahrbücher Ludwigs des Frommen' von Bernhard Simson durchgeht. In ihnen gibt es kaum ein Jahr, das vollkommen ohne kriegerische Handlungen auskommt. So gut wie immer wird an irgendeinem Ort an den Grenzen des Reiches unter Aufbietung eines bestimmten Heereskontingents gekämpft, oder es kommt zu inneren Auseinandersetzungen zwischen dem Kaiser und seinen Söhnen[5]. Für die Regierungszeiten Karl Martells, Pippins III. und Karls des Großen – also für den Zeitraum von hundert Jahren zwischen 714 und 814 – hat Jean François Verbruggen anhand der entsprechenden Bände der ‚Jahrbücher' insgesamt nur sieben Jahre ohne kriegerische Auseinandersetzung ermittelt[6].

Nun sind die Jahrbücher bekanntlich direkt aus den hier zur Diskussion stehenden Quellen erarbeitet worden, bilden mithin so etwas wie eine Art ‚Meta-Annalen', die nur spiegeln, was die Quellen weitgehend vorgeben – und das sind nahezu jährliche Kriege. Die fränkischen Reichsannalen vermerken ausdrücklich die wenigen Jahre, in denen kein Kriegszug *(iter, iter exercitale* oder *exercitum)* durchgeführt worden ist[7]. Die Spärlichkeit der sonstigen Einträge zu diesen Jahren scheint fast bedeuten zu sollen, daß sie damit eigentlich weitgehend belanglos für das kollektive Gedächtnis sind. Im Grunde genommen ist in ihnen gar nichts geschehen. Bei der Bearbeitung der älteren Stufe der Reichsannalen sind dann oftmals noch kriegerische Auseinandersetzungen hinzugefügt worden. Der Redaktor dieser sogenannten Einhardsannalen hat es für das Jahr 790, für das er offensichtlich nicht in der Lage war, einen Kriegszug zu ‚finden', sogar für angemessen gehalten, die ‚Untätigkeit' Karls des Großen zu kommentieren[8]. Er nimmt ihn dadurch in Schutz, daß er berichtet, Karl habe in diesem Jahr wenigstens eine Fahrt mit dem Schiff zum Königshof Salz vorgenommen[9]. Er habe das getan, um nicht den Eindruck zu erwecken, er sei durch Nichtstun träge geworden oder vergeude die Zeit[10]. Was auch immer der Bearbeiter der Annalen bezweckte, sicher ist, daß die Feststellung, es sei kein Feldzug vorgenommen worden, ihn zum Kommentar herausgefordert hat, ihm einer Erklärung bedürftig schien oder als Ausgangspunkt für verhaltene Kritik geeignet. Jedenfalls kam er nicht auf die Idee, das Jahr wie der moderne Historiker als ‚Friedensjahr' zu feiern[11].

Der Zusatz in den Annalen klingt, als sei ein jährliches Militärunternehmen die Pflicht des Königs. Der zyklisch in jedem Jahr aufs neue durchzuführende Kriegszug erscheint als Anspruch zur Demonstration seiner Herrschaftsfähigkeit, dem er sich nur mit einer angemessenen Begründung entziehen konnte. Das Jahr wurde ‚komplett' nur durch den Vollzug des (Heiden-)Krieges durch den König, der zu seinen Pflichten gehörte. Der König setzte sich dem Vorwurf aus, er ‚vergeude' buchstäblich seine Zeit, wenn er nicht Krieg führte. In der dem Herrscher von Gott zugemessenen Zeit hatte der Krieg offensichtlich in bestimmten Abständen seinen festen Platz. Auch die Fürstenspiegel betrachten den Krieg als Herrscheraufgabe, wobei sie allerdings die Notwendigkeit des göttlichen Beistands hervorheben, um den der König bitten soll. Höchstens wird nach Augustin das Problem des ‚gerechten Krieges' erörtert, der allein die Form des Kampfes ist, den ein Herrscher führen darf[12].

Interessant ist, was der Poeta Saxo in seiner Versfassung der Einhardsannalen aus dem Eintrag zum Jahr 790 macht. Bei ihm wird dieses Jahr zu einer Neuheit, zum ‚Friedensjahr', das auf den großen Feldzug des Vorjahres gegen die Wilzen folgt, aber eine ganz andere Tendenz bekommt als in der modernen Geschichtsschreibung. Es sei, so sagt der Dichter, das erste Jahr der Regierungszeit Karls, in dem er nicht mit dem Heer ausgezogen ist, um die Feinde niederzuwerfen oder andere Dinge zu regeln[13]. Darauf folgen die gleichen Angaben wie in der Vorlage, nämlich der Empfang der Gesandtschaft der ‚Hunnen' und die Fahrt nach Salz, letztere wieder mit der Begründung, auch nicht für einen kleinen Augenblick durch Nichtstun träge werden zu wollen[14]. Am Ende des Jahresberichts weist der Poeta Saxo dann aber über den Augenblick hinaus und kündigt weitere kriegerische Taten seines Helden an. Während die Annalen nur sagen, daß Karl Weihnachten und Ostern in Worms gefeiert habe, fügt der Poeta Saxo hinzu, daß er danach die Truppen zum Krieg zusammengerufen habe, und schließt mit der Bemerkung, daß Karl wiederum einen neuen Kampf beginnen und die Ruhe in schwere Mühen verwandeln wollte[15]. Dieser Satz ist zugleich das Ende des ersten Buchs der ‚Gesta Karoli' und erweist sich damit als Überleitung zum folgenden Buch, das mit dem großen Awarenkrieg Karls beginnt. Auch der Poeta Saxo erachtet also die Neuheit und Außergewöhnlichkeit dieses Friedensjahres als kommentarbedürftig. Und über die Inspektionsreise der Annalen hinaus wird es bei ihm zum Jahr des Innehaltens, zum Verbindungsjahr zwischen zwei großen Feldzügen. Das bedeutet, daß Karl, auch wenn er ausnahmsweise einmal nicht in den Krieg zieht, immer schon an den nächsten Zug denkt und ihn vorbereitet. Der Krieg spielt also auch im ‚Friedensjahr' eine entscheidende Rolle.

Ähnliche Einträge wie in den Reichsannalen zu Jahren ohne kriegerische Ereignisse gibt es auch in anderen, nicht nur annalistischen Geschichtswerken. Die deutlichste Signatur mit ausdrücklichem Hinweis auf die Zeit haben die ‚Annales Xantenses', in denen es zum Jahr 790 heißt, daß die Zeit ohne Krieg vergangen sei[16]. In der Chronik von Moissac wird mehrfach vermerkt, daß ein Jahr *sine hoste* vorübergegangen sei[17]. Hier gibt es zwar keine weiteren Erklärungsversuche oder Rechtfertigungen, aber es ist nicht uninteressant, daß für das Jahr 803 nach der Feststellung, es sei ‚ohne Feind' gewesen, eine Schilderung der Belagerung und Eroberung Barcelonas durch Ludwig den Frommen – damals Unterkönig in Aquitanien – folgt. Man könnte das nun nach gängigem Vorbild damit begründen, der Autor sei über die aquitanischen Verhältnisse besonders ‚informiert' oder an ihnen ‚interessiert' gewesen. Das würde aber nur sehr unzureichend erklären, warum gerade an dieser Stelle ein Kriegsbericht eingeschoben wird. Zudem scheint es so zu sein, daß die Eroberung Barcelonas in Wirklichkeit im Jahr 801 und nicht 803 stattgefunden hat[18]. Das könnte die These erhärten, den Bericht als direkte Antwort auf die Feststellung zu werten, es habe 803 kein Krieg stattgefunden, zumal die Initiative zur Belagerung Karl zugeschrieben wird. Er habe Ludwig ausgesandt, um die Stadt zu belagern und einzunehmen[19]. Es handelt sich also nicht um irgendeinen Kriegszug, sondern um einen vom Herrscher angeordneten Feldzug, durch den dieser somit in diesem Jahr doch noch zum Initiator eines militärischen Unternehmens wird, auch wenn er es nicht selbst geleitet hat.

Auf andere Weise ergänzen die Lorscher Annalen den Eintrag zu 803: Auch hier ist das Jahr *sine hoste*, aber mit der Ausnahme, daß Karl seine Truppen im Umkreis dorthin geschickt habe, wo es nötig gewesen sei[20]. Wichtig ist nun weniger die Frage, ob es stimmt, daß kein Kriegszug durchgeführt wurde, als vielmehr die Feststellung, daß durch die karolingische Annalistik, deren einzelne Werke stark voneinander abhängig sind, einige Friedensjahre ‚geisterten', die bei der Übernahme aus den Vorlagen Erklärungs- und Kommentierungsbedarf mit sich brachten. Zu ‚Friedensjahren' wurden sie dadurch, daß sie einmal ausdrücklich so gekennzeichnet worden waren. Andere Jahre, die keinen Kriegszug vermeldeten, aber die Markierung nicht hatten, haben vielleicht keine Kommentare verlangt, aber wenn die Markierung gesetzt war, fühlte sich derjenige, der sie fand, offensichtlich oftmals herausgefordert, sie zu erläutern oder zu ergänzen[21].

Besonders anschaulich wird dieses Vorgehen in den ‚Annales Mettenses priores' faßbar[22]. In ihnen werden die wenigen ‚Friedensjahre' jeweils genauestens durch die Aussage gekennzeichnet, daß der Herrscher sein Heer in diesem Jahr nirgendwohin führte, und fast immer mit der Sorge um das, was man heute ‚innere Angelegenheiten' nennen würde, erklärt[23]. Die Metzer Annalen sind in diesem Zusammenhang besonders interessant, weil sie fast ausschließlich kriegerische Unternehmungen seit 688 berichten. Königsherrschaft erscheint in ihnen als permanente erfolgreiche Kriegführung, deren Berichterstattung lediglich durch wenige Nachrichten über politische ‚Großereignisse' ergänzt wird. Eine Lücke zwischen 697 und 708 wird sogar – folgerichtig – mit der Bemerkung gefüllt, daß Pippin in dieser Zeit jedes Jahr die umliegenden Völker mit seinem Heer ‚zermalmt' und seiner Gewalt unterworfen habe[24]. Da die Annalen nicht zeitgleich zu den berichteten Ereignissen niedergeschrieben wurden, sondern in einer ersten Redaktion 805 vermutlich in St. Denis entstanden, ist klar, daß hier im Nachhinein für das künftige Gedächtnis ein ‚Leerraum' gefüllt werden sollte. Natürlich hat der Karolinger in diesem Zeitraum erfolgreiche Kriege durchgeführt, auch wenn man über sie nichts zu berichten weiß. Heißt es doch im Jahresbericht zu 692, daß Pippin jedes Jahr an den Kalenden des März eine Reichsversammlung abgehalten habe, auf der er unter anderem festgelegt habe, zu welchem Zeitpunkt das Heer bereit sein müsse, gegen den von ihm festgesetzten Gegner zu marschieren[25]. Diese Musterung und Festsetzung der Kriegsziele auf dem ‚März-' oder ‚Maifeld' ist für die Kriegsgeschichte der Karolingerzeit eine bekannte Tatsache[26] – wichtig ist, daß in der Historiographie jener Zeit die Kriegszüge in einer Weise geschildert werden, daß der jährliche – erfolgreiche – Vollzug wichtiger wird als der Grund, der zum Krieg geführt hat. Wenn keine Informationen zu einzelnen Jahren vorliegen oder nicht ausdrücklich das Gegenteil überliefert ist, gehen die Historiographen davon aus, daß die Herrscher Krieg geführt haben. Gründe werden insgesamt kaum angegeben, es sei denn, der Gegner ist rebellisch und ‚muß' daher unterworfen werden[27].

Nach den Reichsteilungen begegnet die Signatur, daß das Jahr ohne Krieg gewesen sei, nur noch äußerst selten. Das liegt sicher auch daran, daß in der Tat einer der Herrscher immer Krieg führt. Wenn das nicht geschieht, kann es aber immer noch vermerkt werden, wie in den Fuldaer Annalen zum Jahr 847. Dort beginnt der Jahresbericht mit der entsprechenden Feststellung[28]. Daß mit der Abwesenheit von Krieg hier die Heereszüge der Könige gemeint sind, wird daraus deutlich, daß im Verlauf des Berichts durchaus von Kämpfen die Rede ist, nämlich davon, daß die Normannen Durstede überfallen und geplündert haben. Dagegen wird besonders betont, daß unter den Brüdern kein Krieg geherrscht habe, denn Lothar und Ludwig, so die Annalen im Anschluß an die genannte Stelle, verbrachten das Jahr in gegenseitiger *familiaritas*, während es Ludwig nicht gelungen sei, Lothar mit Karl zu versöhnen *(pacificare)*. Vier Jahre zuvor war das Reich in Verdun zwischen den Brüdern geteilt worden. Da auf diese Weise zunächst die Kämpfe unter ihnen aufhörten, Karl sich aber in Aquitanien erst noch gegen Pippin behaupten mußte, wird das Jahr 843 in den ‚Annales Bertiniani' zu einem ‚halben' Friedensjahr. Während Lothar und Ludwig innerhalb der Grenzen ihrer Reiche bleiben und sich friedlich verhalten, durchzieht Karl Aquitanien[29].

Auch andere Quellen als Annalenwerke, bei denen man auf Konvention in der Darstellung als Erklärung für jährliche Kriege verfallen könnte, weisen auf die Selbstverständlichkeit eben dieser jährlichen Kriege hin. So läßt Ermoldus Nigellus seinen Helden Ludwig den Frommen sich vor dem Feldzug gegen Barcelona an seine Großen wenden und ihnen sagen, daß der *annuus ordo* wiedergekehrt sei, zu dem die Völker gegeneinander kämpfen. Da ihnen die Angelegenheit besser bekannt sei als Ludwig, bittet er sie um Rat, gegen wen sich der Feldzug *(iter)* diesmal richten solle[30]. Bei Ermold wird auf diese Weise – wie in den Metzer Annalen – die Reichsversammlung im Frühjahr zu einem Treffen des Herrschers mit seinen Getreuen, bei dem es um eine vorausschauende Planung des jährlichen Militärunternehmens geht, dessen Beginn dann von Ludwig auf den ersten September-Vollmond festgesetzt wird. Fraglich ist bei der Angelegenheit nur, wohin es geht, und nicht, ob es überhaupt losgehen soll. Das scheint von vornherein festzustehen, denn es gibt eine Zeit im Jahr, zu der die Völker nun einmal gegeneinander kämpfen. Der siegreich von seinen Feldzügen zurückgekehrte Herrscher dankt Gott für seinen Triumph und verbringt, wie Pippin in den ‚Annales Mettenses‘, die restliche Zeit des gegenwärtigen *circulus anni* in Freuden[31].

Ein ähnliches Verhalten wird im übrigen auch den sächsischen Gegnern der Franken unterstellt. So ist in der ‚Vita Lebuini‘ von der jährlichen Versammlung der Sachsen in Marklo die Rede, die der Heilige besucht, um sie zu bekehren. Gemäß der Vita treffen sich die Sachsen dort, um Recht zu sprechen und gemeinsam festzusetzen, was in Krieg oder Frieden in diesem Jahr zu unternehmen sei[32]. Im Krieg gegen Karl den Großen, so Einhard, sind die Sachsen dann auch fast jährlich anderer Meinung darüber, ob sie den christlichen Glauben annehmen und sich damit ergeben oder aber in ihrem ‚Götzendienst‘ fortfahren sollen[33].

2. Der Krieg in den Jahren

Hatte der Krieg seinen Platz in der Zeit des Herrschers – und der *gentes*, wie Ermoldus Nigellus zeigt –, so konnte man daran anknüpfend die Jahre ihrerseits durch die verschiedenen Kriege des Herrschers charakterisieren[34]. So tut es Einhard in der ‚Vita Karoli magni‘, in der er die Regierungszeit Karls nach den in ihr geführten Kriegen gliedert. Nach der kurzen Vorgeschichte bis zum Herrschaftsantritt Karls entwirft Einhard im vierten Kapitel, seinem Vorbild Sueton folgend, das Programm seiner Vita: Er will in ihr zuerst die *res gestae* Karls im Inneren und Äußeren schildern, anschließend auf Karls ‚Lebensweise‘ eingehen, um schließlich seine administrativen Maßnahmen und sein Ende zu beschreiben[35]. Nikolaus Staubach hat wahrscheinlich gemacht, daß die *res gestae domi* des Kaisers (c. 16f.) eine Einheit mit der *regni administratio* (c. 26–29) bilden und aus verschiedenen Gründen auseinandergezogen und um die *mores et studia* herum gruppiert worden sind. Die Gliederung des Hauptteils der Vita sei daher, wie bei Sueton, „nicht chronologisch, sondern sachlich"[36]. Das trifft auf die

Gesamtgliederung zu, nicht jedoch auf den Hauptteil der ‚Taten' Karls, nämlich seine Kriege, die Einhard der Reihe nach erzählt und deren Verlauf der Biograph die Kapitel fünf bis 14 (nach der Gliederung von Walahfrid Strabo, kurz nach 840) widmet: Er beginnt mit dem *bellum Aquitanicum*[37] (769), geht danach über zum Krieg gegen die Langobarden[38] (773/4), läßt das *bellum Saxonicum* folgen[39] (772!-804) und schildert die Feldzüge nach Spanien gegen die Mauren und Waskonen[40] (778), gegen die Bretonen (786) und Beneventaner[41] (787), gegen die Baiern unter Tassilo *(bellum Baioaricum)*[42] (787/8), gegen die Wilzen[43] (789), die Awaren[44] (791–797, 799–803) und schließlich die Normannen[45] (810). Das zeitliche Nacheinander der Kriege wird bei Einhard durch Wendungen wie *eoque bello finito* (c. 6) oder *post cuius finem* (c. 7) zu Beginn eines Kapitels angezeigt. Das unterscheidet die Darstellung der *res gestae foris* Karls von der eher systematischen Darstellung des restlichen Teils der Vita. Daß es viel eher um die Bilanz der erfolgreichen Kriegführung geht, als um eine detailliertere Schilderung des Kriegsgeschehens, sagt Einhard selbst in seinem Bericht über den Langobardenkrieg: Er würde sehr gern von den Schwierigkeiten des Alpenübergangs und den sonstigen Beschwernissen berichten, sagt Einhard, aber es sei nicht seine Absicht, den Verlauf der Kriege Karls der Erinnerung anzuvertrauen, sondern seine Lebensweise[46].

Der die Zeit strukturierende Aspekt des Krieges wird besonders deutlich in der Art, wie Einhard sich zeitlich überlagernde Feldzüge beschreibt, die er nicht einfach nacheinander berichten kann. Zu einem Problem wurde für ihn, daß die Dauer des Sachsenkrieges so lang war, nämlich 33 Jahre, daß er den italischen und spanischen zeitlich mit einschloß und erst nach dem Krieg gegen die Awaren beendet wurde. Die außergewöhnliche Länge des Krieges, die Einhard immer wieder betont[47], zeigt für ihn Karls Standhaftigkeit und sein Glück[48]. Sie führt aber auch dazu, daß Einhard wiederholt in Kapitel neun und 13 auf den Sachsenkrieg zurückkommen muß. Am Schluß des letzteren Kapitels ordnet er das Ende des Sachsenkrieges zeitlich ein: ‚Nach ihm (sc. dem Krieg gegen die Awaren) wurde auch der sächsische Krieg zu einem seiner Länge entsprechenden Ende geführt. Der böhmische und linonische, die nachher entstanden, konnten nicht lange währen; beide wurden unter der Führung des jüngeren Karl schnell beendet.'[49] Auch der Beginn des Sachsenkrieges bereitet Schwierigkeiten. Eigentlich hat er vor dem nur ein Jahr dauernden Krieg gegen die Langobarden begonnen, den Einhard im vorangehenden sechsten Kapitel schildert. Zu Anfang des siebten Kapitels läßt Einhard den Sachsenkrieg deshalb nach der Beendigung des Langobardenfeldzugs nicht beginnen, sondern stellt ihn als wiederaufgenommenen dar, obwohl er ihn vorher gar nicht erwähnt hat [50]. Auf diese Weise kann Einhard bei der von ihm gewünschten chronologischen Reihung der Kriege bleiben.

Die Aufzählung der Kriege Karls schließt mit einer Bilanz, in welcher der Zuwachs des Reiches unter seiner Herrschaft genau beschrieben wird. Im hier interessierenden Zusammenhang ist aber von noch größerer Bedeutung, daß das Kapitel mit der Aussage beginnt, dies seien die Kriege, die der König 47 Jahre hindurch geführt habe[51]. Die 47 Jahre werden durch die Angabe präzisiert, daß Karl nämlich so lange regiert habe. Das impliziert, daß er ständig, all die Jahre hindurch, mit Kriegführung beschäftigt war. Die Zahl der Regierungsjahre belegt, daß es hier um Zeit geht, um Zeit, die Karl eben nicht vertan, sondern mit höchster Klugheit und mit Glück seinen Eroberungen gewidmet hat. Er ist, so kann man diese Stelle interpretieren, vollkommen den an ihn gestellten Anforderungen in der ihm zugemessenen Zeit nachgekommen. Damit hebt er sich, ganz in der Tradition seines Geschlechts, von den im ersten Kapitel geschilderten Merowingerkönigen ab, die ihre Zeit damit zubringen, auf einem Ochsenkarren durchs Land zu fahren, und die den Kampf gegen die Sarazenen ihrem Hausmeier Pippin überlassen[52]. Während *nomen* und *potestas* zwischen dem merowingischen *rex inutilis* und seinem Hausmeier geteilt sind, wie es die gesamte karolingische Historiographie betont, vereinigt Karl Königtum und Herrschaftsfähigkeit in seiner Person[53]. In seiner neuen Datierung der Karlsvita zeigt Karl-Heinrich Krüger, wie 823, also in dem Jahr, das er als Entstehungsjahr der Karlsvita annimmt, am Hof Ludwigs des Frommen nach anfänglicher Kritik eine Besinnung auf die positiven Seiten der Herrschaft Karls einsetzte. In diesen Prozeß würde auch die beschriebene Wertung des Umgangs des verstorbenen Kaisers mit seiner Zeit passen[54].

Genauso wie von seinen merowingischen Vorgängern hebt Karl sich in den ‚Gesta Karoli' Notkers aus den achtziger Jahren des neunten Jahrhunderts von den zeitgleich regierenden byzantinischen Kaisern ab. In einer Anekdote um einen fränkischen Gesandten am byzantinischen Kaiserhof berichtet er über ein Gespräch zwischen Kaiser und Gesandtem über Karls Auseinandersetzungen mit den Sachsen, die der Basileus mit ein paar Worten als unbedeutend abtut. Bevor er seine Worte wiedergibt, bezeichnet ihn Notker als im Müßiggang erschlafft und zu jedem kriegerischen Unternehmen unbrauchbar[55]. Mit *torpens otio* wird hier wieder genau jene Charakterisierung aufgegriffen, die Karl selbst nach den Reichsannalen oder dem Poeta Saxo für sich unbedingt vermeiden will. Der Karl beleidigende byzantinische Kaiser wird also als genau der Herrschertyp geschildert, als der ein Karolinger nicht gelten will und kann.

Das Ende Karls des Großen kündigt sich bei Ermoldus Nigellus nach dem bisher Gesagten folgerichtig dadurch an, daß er nicht mehr in der Lage ist, Krieg zu führen. In der Rede auf der Reichsversammlung in Aachen im September 813 vor der Krönung Ludwigs zum Mitkaiser läßt

Ermold den greisen Karl sagen, daß, während er noch Kraft in seinem jugendlichen Körper gehabt habe, niemals ein Feind durch seine – Karls – Trägheit oder schändliche Furcht das Land der Franken geplündert habe. Mit ‚Trägheit' *(torpor)* benutzt Karl hier wiederum denselben Ausdruck, der auch in den Reichsannalen für das Jahr gebraucht wird, in dem er keinen Kriegszug unternommen hat und eben gerade deshalb Aktivitäten entwickelt, um nicht ‚träge' zu erscheinen[56]. Offensichtlich ist das der schwerste Vorwurf an einen Herrscher. Nun aber, so Karl weiter, da er alt geworden sei, sinke sein kampferprobter Schwertarm, der einst über den ganzen Erdkreis berühmt gewesen sei, mit erkaltetem Blut zitternd herab[57]. Deutlicher kann man die Unfähigkeit kaum ausdrücken, den an den Herrscher gestellten militärischen Erwartungen ganz einfach physisch gerecht zu werden. Ein ähnliches Bild verwendet im übrigen Alkuin in seinem Gedicht über die Plünderung Lindisfarnes, in dem er die Vergänglichkeit der Jugend betont[58]. Ludwig, den Karl seinen Großen als Mitregenten empfiehlt, hat dagegen gerade durch die Einnahme Barcelonas und die an Karl gesandten Trophäen seine Herrschaftsfähigkeit unter Beweis gestellt, was nur ein paar Verse weiter von Ermold implizit betont wird[59]. Karls Zeit ist buchstäblich abgelaufen; das sagt er selbst, indem er sein Greisenalter mit seiner Jugendzeit konfrontiert. Die Zeit ist vorüber, in der er sich mit dem Waffenhandwerk, also mit der Kriegführung, beschäftigte.

Es ist offensichtlich, wie hier Vorstellungen vom Königsheil weiterwirken. Ursprünglich konnten ja verschiedentlich bei den Germanen der Völkerwanderungszeit Könige, die Mißerfolge im Krieg hatten oder zu deren Zeiten es zu Mißernten kam, abgesetzt oder sogar geopfert werden. Noch im 9. Jahrhundert wurden mehrfach karolingische Könige in den Teilreichen abgesetzt, wobei die fränkische Vorstellung vom Geblütsrecht nur einen Angehörigen der eigenen Familie als Nachfolger zuließ[60]. Im hier zu betrachtenden Fall wird die Thronfolge, bei der von Absetzung natürlich überhaupt nicht die Rede ist, in diesen Kategorien geschildert; dem Mißerfolg in militärischen Auseinandersetzungen wird allerdings durch die Mitregentschaft des jungen Kaisersohnes entgegengewirkt. Interessanterweise wird hier nicht, wie sonst üblich, auf die Kriege Karls eingegangen, die eigentlich alle Eroberungszüge sind, sondern Ermold betont gerade den Schutz der Grenzen des eigenen Landes, den Karl immer bewirkt habe. Es geht also nicht um den Ruhm des Herrschers oder die Ausbreitung des Glaubens, sondern um die allererste, weil überlebenswichtige Aufgabe des Königs, das Reich zu schützen – und das zu einer Zeit, in der gerade Karl selbst und seine Vorgänger ein *regnum* nach dem anderen unterworfen haben, was deutlich die Fragilität dieser frühmittelalterlichen Herrschaftsbildungen vor Augen führt.

Daß es sich bei diesen Erwägungen nicht nur um reine Theorie handelt und die Kategorien von militärischer Tüchtigkeit bei der Einschätzung der Herrschaftsfähigkeit eine Rolle spielen, zeigt die Art, in der der Sturz Karls III. bei Regino von Prüm beschrieben wird[61]. Dort wird der Abfall der Großen auf dem Reichstag von Tribur damit begründet, daß diese sehen, wie die Körper- und Geisteskräfte des Kaisers nachgelassen haben[62]. Regino sieht diese Entwicklung als Ergebnis der vorausgegangenen Ereignisse an, und das sind die Scheidung von seiner Gemahlin Richardis und eine militärische Schlappe gegen die Normannen vor Paris. Dort war er zwar mit einem ‚unermeßlichen' Heer aufgetaucht, hatte aber ‚nichts, was der kaiserlichen Majestät würdig gewesen wäre', verrichtet, so daß er den Normannen sogar Gebiete zur Plünderung überlassen und sich erfolglos zurückziehen mußte[63]. Hier wird also der Zusammenhang zwischen kriegerischem Geschick und Herrschaftsfähigkeit auch eindeutig gesehen und bewertet.

Einhards Karlsvita stellt innerhalb ihrer Gattung mit der jährlichen Kriegsschilderung keinesfalls einen Sonderfall dar. Deutlicher noch ist das in der ‚Vita Hludowici imperatoris' des Astronomen zu beobachten, einem Text, der Annalistik und Lebensbeschreibung vereint[64] und streckenweise an den Reichsannalen orientiert ist. Die Vita ist daher in diesem Zusammenhang von besonderer Bedeutung, was noch durch die Tatsache gefördert wird, daß sie in der handschriftlichen Überlieferung fast immer eine Einheit mit der Karlsvita bildet[65]. Der Astronom selbst hat sein Werk am Rand mit Jahres- und Altersangaben Ludwigs versehen, was sich in einer Reihe von Handschriften erhalten hat. Mit 14 Jahren erhält er die Schwertleite (c. 6) und begleitet seinen Vater auf einem Heereszug gegen die Awaren. Von diesem Zeitpunkt an werden jährliche Kriege oder Abwehrmaßnahmen geschildert, die Ludwig im Auftrag seines Vaters oder aus eigenem Antrieb vornimmt, oder es werden von ihm befohlene Feldzüge berichtet. Bis zu den Auseinandersetzungen mit seinen Söhnen wird so gezeigt, daß Ludwigs Herrschaft reibungslos abläuft. Vor allem jener Teil der Vita, der Ludwigs Herrschaft als Unterkönig in Aquitanien beschreibt, beinhaltet sehr ausführliche und detaillierte Schilderungen militärischer Ereignisse. Das hängt damit zusammen, daß der Astronom sich in diesem Abschnitt an der *relatio* eines gewissen Adhemar orientiert, der, bevor er Mönch wurde, ein Jugendgefährte Ludwigs und damit wohl auch Teilnehmer an seinen aquitanischen Feldzügen gewesen ist[66].

Die Rolle des Herrschers als Heerführer wird in allen Darstellungen der Geschichte Ludwigs des Frommen dadurch herausgestrichen, daß bei seiner Absetzung und bei der späteren Wiedereinsetzung immer der Akt der Niederlegung oder Wiederaufnahme der Waffen betont wird[67]. Ein Herrscher ohne Schwert ist kein Herrscher mehr, da er die wesentlichen und bedeutendsten Herrschaftsaufgaben nicht wahrnehmen kann. Im

9. Jahrhundert wurde zudem der Akt der Niederlegung der Waffen am Altar zum Zeichen für das Verlassen der *militia secularis* für einen jeden Adligen[68]. Ganz abgesehen von der realen Bedeutung des Schwertes in Krönungszeremonien und hier auch bei der Absetzung, die ja gar nicht in allen Einzelheiten geschildert wird, ist die kurze Erwähnung, daß Ludwig die Waffen abgenommen oder wiedergegeben wurden, ein Symbol, mit dem die Autoren ein sehr komplexes Handlungsgeflecht in seinem Wesenskern deuten.

3. Die verlorene Zeit

Wie gesehen, gilt der Herrscher als träge und untätig, wenn er seiner Aufgabe der Kriegführung nicht nachkommt. Wenn er ihr ohne Erfolg oder mit falscher Zielrichtung nachkommt, gibt das den Interpreten der Gegenseite – die es im späteren 9. Jahrhundert immer gibt – die Gelegenheit, darauf zu verweisen, daß er nicht im Sinne der göttlichen Ordnung handelt. Für die Interpretation seiner Seite besteht eigentlich nur die Möglichkeit, die so ‚vertane' Zeit zu ‚nichten', sie vollkommen zu vergessen. Das geschieht konsequent im Rhythmus über die Schlacht von Fontenoy, dessen Verfasser Angelbert auf seiten Lothars am Kampf teilgenommen hat. Gegen Ende des Gedichts sagt er, daß jener ‚verfluchte' Tag, an dem sein Herr, Lothar, im Bruderkampf geschlagen worden war, nicht in den Jahreskreis aufgenommen werden dürfte, sondern daß er vielmehr aus aller Erinnerung gestrichen werden müßte:

> *Maledicta dies illa nec in anni circulo*
> *numeretur, sed radatur ab omni memoria,*
> *iubar solis illi desit, aurora crepusculo*[69].

Bemerkenswert sind dabei die liturgischen Anklänge[70]. Abgesehen vom *dies illa*, das auf den Tag des Jüngsten Gerichts verweist, ist der *circulus anni* der liturgische Jahreszyklus, der innerhalb eines Jahres die bedeutenden Epochen und Gestalten der Heilsgeschichte vergegenwärtigt. Innerhalb dieses Ablaufs, so scheint Angelbert sagen zu wollen, hat jener Tag keine Daseinsberechtigung. Im Kontext der Geschichte, die im Mittelalter immer auch Heilsgeschichte ist, kommt ihm nicht das Recht auf Erinnerung und damit auf eine Funktion zu[71].

Es ist natürlich nicht die am ehesten einleuchtende Vorgehensweise, ein Ereignis, das vergessen werden soll, mit einem Gedicht zu bedenken, dessen Überlieferung auf öffentlichen Vortrag verweist, und gerade so in Erinnerung zu halten. Vergessen kann also nicht Angelberts Ziel gewesen sein. Schon eher war es die Verarbeitung und Bewältigung des ungeheuerlichen Geschehens. Daß Lothar dabei nur durch Verrat besiegt wird, brachte ihn sicher in eine unter den gegebenen Umständen für ihn akzeptable Rolle. Das Ausradieren des Tages aus dem Kalender wird zur Metapher für seine Funktionslosigkeit innerhalb der Heilsökonomie. Diese Metapher beruht aber auf den Vorstellungen der ‚richtigen' Nutzung der Zeit durch den Herrscher und den damit verbundenen Implikationen. Interessant ist in diesem Zusammenhang die Beobachtung Janet Nelsons, daß man keine Namen von in der Schlacht Gefallenen kennt[72]. Das ist absolut unüblich. Geschichtsschreibung hat immer auch die Funktion, die Memoria gefallener Großer zu bewahren. Nur im Bruderkrieg wird das zum Problem. Hier hat sich das Verschweigen offensichtlich wirklich durchgesetzt.

4. Zyklische und lineare Zeit

Die Einordnung des kriegerischen Geschehens in das liturgische Jahr bzw. die Herausnahme bestimmter kriegerischer Handlungen aus dem liturgischen Jahr verweist auf die von Jacques Le Goff konstatierte und in der Forschung stark beachtete Einteilung der Zeit nach dem Kirchenjahr und den Gebetszeiten. Le Goff setzt damit eine zyklische „Zeit der Kirche" im frühen Mittelalter von einer linearen „Zeit der Kaufleute" als Gegenentwurf im Hochmittelalter ab[73]. Dieses Konzept ist in letzter Zeit kritisiert worden. Das betrifft zunächst die Begrifflichkeit: So zieht Hans-Werner Goetz der „Zeit der Kirche" eine „Zeit der Klöster" vor, und Gerhard Dohrn-van Rossum beschreibt die „Zeit der Kaufleute" eher als eine „Zeit der Städte"[74]. Generell beanstandet Dohrn-van Rossum und mit ihm Hans-Henning Kortüm, daß der Antagonismus von Kirche versus Kaufleute nicht das Problem komplexer Mentalitäten berücksichtige, da die verschiedenen Zeitvorstellungen auch noch im Spätmittelalter nebeneinander existierten[75]. Zudem ist die von Le Goff für das Frühmittelalter konstatierte „Zeit der Kirche" nichts anderes als die „liturgische Zeit". Und für diese hat Arnold Angenendt unlängst darauf hingewiesen, daß sie zugleich zyklisch und linear sei: zyklisch in Hinsicht auf die Wiederkehr bestimmter kommemorierter Ereignisse und auch linear im teleologischen Blick auf das Ende und Ergebnis der Heilsgeschichte[76]. In diesem Zeitbewußtsein setzen Schlachten und Kriegszüge ihre Marken als wiederkehrende zu erinnernde Ereignisse oder als Etappen innerhalb eines zeitlichen Ablaufs. Sie charakterisieren jeweils die einem bestimmten Herrscher innerhalb des Heilsgeschehens zugemessene Zeit und zeigen seine Erfolge in dieser Zeit, oder sie mahnen seine Nachfolger, diesen Erfolgen nachzueifern: Karl der Große schreitet durch seine Erfolge im Heidenkrieg in der Heilsgeschichte voran, während Lothars Niederlage im

Bruderkrieg im Verlauf des Heilsgeschehens für seine Anhänger keinen Platz hat. Wichtig ist, daß der Herrscher ‚seine' Zeit mit den angemessenen kriegerischen Taten zu füllen hat, um den an ihn gerichteten Anforderungen gerecht zu werden. Germanische und christliche Vorstellungen vermischen sich hier ganz offensichtlich in einer Weise, daß es fraglich wird, überhaupt nach unterschiedlichen Wurzeln zu suchen. Schutz der eigenen *gens* und Ausweitung ihres Territoriums, die der König, wenn er die volle Herrschaftsfähigkeit besitzt, garantieren muß, können zum Schutz der *ecclesia* und zur Ausbreitung des Glaubens werden. Der jährliche Kriegszug wird bei Ermoldus Nigellus als Selbstverständlichkeit der Kriegergesellschaft geschildert, die nur der Rechtfertigung bedarf, wenn er wie im Falle der Bretonen gegen Christen geführt wird. Der Blick auf die Fürstenspiegel hat gezeigt, an welchen Stellen hier christliche Ideen wirksam werden[77].

II. Der Krieg im Ablauf des Jahres

Lange Zeit hat in der Geschichtswissenschaft die Vorstellung dominiert, daß bei den Franken mit einer Truppenmusterung auf einem März-, später dann einem Maifeld von den Herrschern die Saison zur Kriegführung eröffnet wurde. Die ‚Lehre vom Maifeld' ist deshalb so lange apodiktisch aufrechterhalten worden, weil sie für Heinrich Brunner einen wichtigen Schritt bei der Entstehung des Lehnswesens darstellte. Seiner Ansicht nach hat es unter den Merowingern eine Heerschau im März, also ein Märzfeld gegeben, das dann genau im Jahr 755 – nach einigen Quellenbelegen – in ein Maifeld umgewandelt worden ist. Dies habe man getan, weil sich das Heer von zu Fuß kämpfenden Bauern in ein berittenes Vasallenheer verwandelt habe, und Pferde fänden nun einmal im März noch kaum Futter[78]. Mit der zweimonatigen Verschiebung der Heerschau erklärt Brunner also fundamentale soziale Wandlungsprozesse innerhalb der karolingischen Gesellschaft.

Gegen diese Vorstellung eines Märzfeldes, das dann verschoben worden sei, sind sehr berechtigte Einwände vorgebracht worden. So von Bernard Bachrach, der den ‚Mythos' von der merowingischen Armee als ‚Horde halbnackter, Äxte schwingender Fußkämpfer' widerlegt und gezeigt hat, daß das ‚Märzfeld' ein ‚Marsfeld' gewesen ist, das zu sehr unterschiedlichen Zeitpunkten im Jahr abgehalten werden konnte[79]. Zuletzt hat Matthias Springer vorgeschlagen, den *campus Madius* als Entstellung von *Magiscampus* zu sehen, was dann ursprünglich auch nichts mit dem Monatsnamen Mai zu tun hätte, sondern in Parallele zu *conventus magnus* und ähnlichem zu sehen wäre[80]. Komplizierter wird der Sachverhalt noch dadurch, daß auch den Zeitgenossen die Sache offensichtlich nicht ganz klar gewesen ist, wenn sie die Begriffe mit Monaten in Verbindung brachten. Explizit diskutiert wird der Sachverhalt von Hinkmar von Reims in einer bekannten Stelle seiner ‚Vita Remigii', wo er sagt, daß das Marsfeld seinen Namen vom heidnischen Kriegsgott erhalten habe, nach dem auch ein Monat und ein Wochentag benannt worden seien. Diese Versammlung hätten die Franken später in Maifeld umbenannt, weil die Könige zu dieser Zeit in den Krieg zu ziehen pflegen[81]. Hinkmar bringt also nur den zweiten Begriff mit einem Monat in Verbindung, den er für den Zeitpunkt hält, der mit der biblischen Wendung *eo tempore quo solent reges ad bella procedere* (2. Chron 11,1) gemeint ist. Daß jenes Bibelzitat, welches in diesem Zusammenhang gern benutzt wird, bei anderen Autoren auf alle möglichen Termine hinweisen kann, ist wiederholt gezeigt worden[82]. Die Zeit, zu der die Könige in den Krieg ziehen, ist immer dann, wenn sie es tatsächlich tun. Die jeweils gemeinten Herrscher ziehen eben zur ‚rechten Zeit', die im Jahr oftmals gar nicht genau lokalisiert wird, in den Krieg.

Bei alledem gilt aber, daß der Krieg, wie alles andere auch, ‚seine Zeit' hatte. Er durfte nicht zur Unzeit begonnen werden. Als Ludwig der Fromme am Gründonnerstag des Jahres 830 das Heer zum Krieg gegen die Bretonen versammeln wollte, war das der Anlaß für den Aufstand, der zu seiner Absetzung führte. Bei seinem von den Bischöfen formulierten Schuldbekenntnis in Compiègne wird ausdrücklich auf den ohne Notwendigkeit geplanten Feldzug während der Fastenzeit abgehoben[83]. Aber auch in der Historiographie wird an solchen Vorgängen Kritik geübt. In den ‚Annales Bertiniani' berichtet Prudentius von Troyes zum Jahr 854 von einem Feldzug Karls des Kahlen nach Aquitanien während der Fastenzeit. Bei seinem dortigen Aufenthalt, der bis nach Ostern dauerte, habe sein Heer geplündert und selbst vor den Kirchen nicht haltgemacht[84]. Das Verhalten der Leute Karls paßt vollkommen zu diesem ‚unzeitigen' Unternehmen. Datierbare Schlachten in der Fastenzeit lassen sich nicht vor dem 10. Jahrhundert finden[85]. Dagegen hat man die Zeit für Kriegsvorbereitungen offensichtlich durchaus genutzt. Lange vor der Gottesfriedensbewegung war also bereits die Vorstellung präsent, daß heilige Zeit nicht durch Krieg entweiht werden dürfte. Dabei hat man es mit einer Idee zu tun, die offensichtlich auch in vielen anderen Kulturen gezeigt werden kann, wie etwa im antiken griechischen Gottesfrieden, der die heilige Zeit während panhellenischer Spiele begleitete[86].

Neben dem Verbot, Krieg zu bestimmten Zeiten zu führen, kann man aber auch eine Tendenz beobachten, Zeiten für den Krieg zu suchen, die aufgrund ihres Heilscharakters besonders günstig erschienen. Michael Sierck hat für die Karolingerzeit ausführlich untersucht, an welchen Terminen Schlachten geschlagen wurden[87]. Dabei läßt sich der Versuch feststellen, Zeiten mit positiver Numinosität zu finden, die sich am christlichen Kalender orientierte. Schlachten wurden offensichtlich vornehmlich an Festen von Reichsheiligen geschlagen, im späteren Verlauf des neunten Jahrhunderts zunehmend auch an den Tagen der Ortsheiligen, was vermutlich mit der Übernahme der Leitung militärischer Aktionen durch lokale Große zusammenhängt. Im Westreich sind zudem Prophetenfeste bevorzugte Schlachtentermine. Bei den innerfränkischen Auseinandersetzungen konstatiert Sierck zudem den Wunsch der Beteiligten, der sich an ihrem Kriegsitinerar ablesen läßt, „die richtige Feier am richtigen Ort begehen zu können"[88].

Für die Frage, wann man Krieg führen sollte, dürften all diese Aspekte mindestens ebenso wichtig sein, wie etwa die Frage nach klimatischen Bedingungen, die einen Heereszug überhaupt erst ermöglichten, also trockene Wege, eisfreie Flüsse, begehbare Pässe oder die Möglichkeit zur Versorgung der Truppen aus dem Land[89]. All das war von Frühjahr bis Herbst gegeben, wobei der letzte Punkt natürlich am ehesten auf die Erntezeit verweist, und das ist auch die Zeit, in der die überwiegende Zahl von Kriegszügen fällt. Auch die *vastatio* als Hauptbeschäftigung der Kriegführung ist natürlich am sinnvollsten zur Zeit der Ernte oder kurz davor. Der Krieg fiel damit auch aus praktischen Gründen in die Zeit des *circulus anni*, die nicht von Hochfesten unterbrochen wurde. Der König stellte also gewöhnlich seine Herrschaftsfähigkeit auf militärischem Gebiet unter Beweis, wenn keine heiligen Zeiten verletzt wurden oder er nicht im liturgischen Zusammenhang benötigt wurde.

Kriegszüge außerhalb des genannten Zeitraums wurden von den Historiographen meistens ausdrücklich kommentiert, wenn man etwa im Winter über die Alpen nach Italien zog[90]. Wie ungewöhnlich solche Aktionen waren, zeigt der ungeheure Schrecken der Bewohner von Barcelona, den Ermoldus Nigellus schildert, als sie sehen, daß die Franken diesmal nicht, wie sonst, nach der Zerstörung des Umlandes wieder abziehen, sondern vor der Stadt, sie belagernd, überwintern wollen[91].

Statt einer regelmäßigen Heerschau im März vor dem Kriegszug scheinen die Quellen eher darauf hinzuweisen, daß es in dieser Zeit zu Versammlungen des Königs mit den Großen gekommen ist[92]. Auf diesen Hoftagen wurden dann Ziel und Beginn des jährlichen Kriegszuges festgesetzt. Hier kann man wieder auf Ermoldus Nigellus verweisen, der bei beiden militärischen Unternehmen, die er ausführlich schildert, die Versammlung, die zum Beschluß dient, ins Frühjahr und den Zug selbst in den Herbst setzt[93]. Die Zeit dazwischen dürfte allein schon für die Vorbereitung vonnöten gewesen sein. Dabei muß man freilich die selbst beschlossenen Kriegszüge von solchen unterscheiden, die nur Reaktion auf Aufstände oder Einfälle sind, wobei sich für die Zeit Ludwigs des Frommen die Tendenz beobachten läßt, die Zeit zur ‚Mobilmachung' zu verkürzen[94]. Eine solche Unterscheidung ist allerdings gar nicht so einfach, da in der Historiographie fast immer in den Kategorien von ‚Abfall' oder ‚Aufstand' gesprochen wird, wenn die Kriegszüge begründet werden.

Die Zeit des Krieges im Ablauf des Jahres wurde also bestimmt durch eine Mischung von Gründen praktischer und religiöser Natur. Es würde zu kurz greifen, jeweils nur eine Seite zu betonen. Fraglich ist allerdings, ob es den Zeitgenossen in jedem Fall bewußt war, woher die ‚Vorlieben' und Verdikte letztendlich rührten.

III. Zeit des Krieges – Zeit der Jagd

Am Ende der Überlegungen über den Krieg in der Zeit des Herrschers soll der Blick noch auf ein Ereignis gerichtet werden, das den König ebenso wie der Krieg zu teilweise festen Zeiten okkupierte, nämlich die Jagd. Daß es sich bei ihr um eine Betätigung handelt, die mit dem Krieg viel zu tun hat, weil auf der Jagd militärische Fertigkeiten eingeübt wurden, weil sie aber auch für die Teilnehmer durchaus mit Risiken verbunden war, ist bereits häufig bemerkt worden.

In der Forschung wird die Jagd immer wieder vor allem als königliches oder auch adliges Vergnügen beschrieben, dem sich die Herrscher aus Freude an der Sache hingeben, auch wenn seitens der Kirche immer wieder Kritik daran geübt wird, vor allem wenn Kleriker beteiligt sind[95]. Auch in neuester Zeit hat Lutz Fenske erneut das Vergnügen an der Jagd als Motivation dieser Beschäftigung betont und damit diese traditionelle Sicht gegen andere Vorstellungen verteidigt[96].

Kritisiert wird von Fenske unter anderem der Ansatz von Jörg Jarnut, der die Jagd im Frühmittelalter in erster Linie als Machtdemonstration des waffentragenden, herrschenden Adels gegenüber der nicht waffentragenden Bevölkerung sehen möchte[97]. Diese These hat neben dem gar nicht so einfach abzugrenzenden Waffenbesitz[98] vor allem mit dem Problem zu kämpfen, wen man denn eigentlich auf der Jagd im Wald, auf der man weitgehend unter sich war, mit seinem Auftreten beeindrucken wollte. Dazu hätte es doch wohl eher öffentliche Zeremonien gegeben, die auf ein größeres Publikum rechnen konnten.

Stärker auf die Funktion der Jagd innerhalb der ausübenden adligen Gesellschaft hebt die auch von Fenske kritisierte Janet Nelson ab, die hier, wie auch in anderen ihrer Arbeiten, das ritualisierte Handeln im Vordergrund sieht und auf den gemeinschaftsstiftenden Aspekt der gemeinsamen Jagd hinweist[99]. Nelson verweist darauf, daß sich gemeinsame Jagdunternehmen gerade nach der Beilegung von Konflikten oder dem Eingehen von Bündnissen nachweisen lassen. Dabei zitiert sie das Beispiel der Zusammenkunft Ludwigs des Frommen mit dem Dänenkönig Harald, das Ermoldus Nigellus mit einer der bekanntesten Jagdschilderungen der Karolingerzeit versieht[100]. Zu kritisieren scheint mir hier weniger, daß gemeinsames Jagen nicht belegbar oder die Jagd als Selbstzweck betrachtet worden sei[101]. Vielmehr ist es mit der Gemeinschaft der Jäger in Nelsons Beispiel nicht allzu weit her. Denn man darf nicht vergessen, daß hier nicht Gleiche auf die Jagd gehen, sondern daß Harald den Kaiser bei der Jagd begleitet, nachdem dieser sein Taufpate geworden ist und kurz bevor er ihm seinerseits das Homagium leistet. Sohn und Neffe Haralds bleiben später als Geiseln zurück[102].

Bei allen Unterschieden haben alle drei Autoren gemein, daß sie nach der Verortung der Jagd im sozialen Kontext suchen. Um zu einer die Quellen in den Mittelpunkt stellenden Interpretation zu gelangen, ist es aber angebracht, zunächst nach den Gründen dafür, daß über die Jagd berichtet wird, und der Art der Berichte in der Literatur zu fragen. In der karolingischen Historiographie – vor allem im Hinblick auf Ludwig den Frommen – kennzeichnet die Angabe des Vollzugs der Jagd häufig ‚Normalität‘: 20 Tage nach seinem Unfall im Jahr 817, als der hölzerne Gang zwischen Kirche und Pfalz in Aachen unter ihm zusammengestürzt war, ging Ludwig bereits wieder auf die Jagd – jedenfalls betonen dies sowohl die Reichsannalen als auch sein Biograph, der Astronom, ausdrücklich[103]. Der Unfall ist also, so kann man die Quellen interpretieren, weder göttliche Strafe, noch beeinträchtigt er die Herrschaftsfähigkeit Ludwigs für längere Zeit.

In den ‚Annales Bertiniani‘ werden die Ereignisse des Jahres 835 nach der Absetzung Ludwigs des Frommen so geschildert, daß zunächst Ludwig feierlich wieder in sein Amt eingesetzt und daraufhin Ebo von Reims als Anstifter der Rebellion gegen den Kaiser abgesetzt wird. Anschließend handelt Ludwig als unumschränkter Herrscher: Er feiert die Fastenzeit und Ostern in gehöriger Weise, hält eine Reichsversammlung in Tramoyes ab, nimmt die Jahresgeschenke entgegen, regelt die Verhältnisse in Markgrafschaften an den Grenzen des Reiches, reagiert auf einen Überfall der Normannen auf Dorestad mit Schutzmaßnahmen an der gesamten Meeresküste und begibt sich zur Herbstjagd in die Ardennen, bevor er nach Aachen zurückkehrt, um dort zu überwintern[104]. Die Jagd gehört hier also offensichtlich zusammen mit den anderen genannten Unternehmungen zu den Tätigkeiten, die zeigen, daß Ludwig die Macht zurückerlangt hat. Das scheint um so wahrscheinlicher, als all die eben berichteten Maßnahmen später zum Jahresbericht von 835 hinzugefügt worden sind. Denn in dieses Jahr fällt der Wechsel in der Verfasserschaft der Annalen. Das gerade Berichtete stammt vom neuen Annalisten, Prudentius von Troyes, der offensichtlich durch seinen Zusatz deutlich machen wollte, was die Wiedereinsetzung Ludwigs bedeutete[105]. In den folgenden Jahren werden bis zum Tod des Kaisers fast jährlich seine Jagdunternehmen mitgeteilt, während 835 in den Annalen das erste Mal überhaupt davon die Rede war[106]. In der Zeit der Krisen wird also nichts davon gesagt, während sie in den Reichsannalen vor 829 in relativ dichter, wenn auch keineswegs lückenloser Reihe in den zwanziger Jahren erwähnt werden[107].

Die Jagd reiht sich ein in die Folge wichtiger Ereignisse im Jahreslauf, die in der annalistischen Historiographie mit dem König in Beziehung gesetzt werden: seine Kriegszüge, die Reichs- und Kirchenversammlungen, die Verhandlungen mit auswärtigen Gesandtschaften, die Festaufenthalte sowie die Übergabe der Jahresgeschenke. In dieser Nachbarschaft erscheint es sehr unwahrscheinlich, daß mit dem Bericht über die Jagdaufenthalte königliches ‚Freizeitvergnügen' vorgeführt werden sollte. Die ‚Herbstjagd', die *autumnalis venatio,* ist fast ein Terminus technicus in den karolingischen Quellen, mit dem nicht etwa irgendeine Jagd im Herbst gemeint ist, sondern die Jagd, die offensichtlich immer in dieser Zeit unternommen wird[108]. Wenn der König ‚gern' jagt, wie es die Quellen zu vermitteln scheinen, dann tut er das, weil er im Vollsinn des Wortes ein König ist und Könige gern jagen[109].

In der Dichtung kann auf diese Weise sogar zukunftsweisend die Herrschaftsfähigkeit des künftigen Königs demonstriert werden, wie das Beispiel des jungen Karl bei Ermoldus Nigellus zeigt: Karl ist noch als Kind bei der gemeinsamen Jagd Ludwigs des Frommen mit dem Dänenkönig Harald anwesend, wird allerdings bei seiner Mutter Judith im Lager zurückgelassen. Als nun ein Hirschkalb, das von den Jägern verfolgt wird, sich ins Lager verirrt, fordert der junge Königssohn Pferd und Waffen, um, dem Vater nacheifernd, das Tier zu jagen. Die Mutter kann ihn zusammen mit seinem Erzieher gerade noch davon abhalten. Die Pagen fangen das Tier jedoch ein und bringen es zu Karl, woraufhin er, der nach Ermold die *virtus* des Vaters mit dem Namen des Großvaters vereint, es mit dem Bogen erlegt und damit den Stolz seiner Mutter hervorruft[110].

Wenn es korrekt ist, daß in den oben zitierten Stellen bei Ludwig dem Frommen Normalität der Herrschaft demonstriert werden soll – unabhängig davon, ob er selbst das faktisch so getan hat oder ob die Historiographen die Jagd als Chiffre für ‚ordnungsgemäße' Herrschaft verwenden –, dann ist die Jagd im Ablauf des Jahres eine der Handlungen, mit denen der König seine Herrschaftsfähigkeit unter Beweis stellt. Es stellt sich daher die Frage, ob die moderne Kritik an Herrschern, die in schwierigen politischen Situationen auf die Jagd gehen und dort ‚Ablenkung' suchen, nicht ein Anachronismus ist[111]. Gerade in schwierigen Momenten zu zeigen, daß man über die körperlichen Fähigkeiten verfügt, die für einen militärischen Befehlshaber auch vonnöten sind, kann bedeuten, den Gegner und, stärker noch, die eigene Gefolgschaft beeindrucken zu wollen. Und damit das zu tun, was man zu bestimmten Zeiten immer tut – vielleicht kann man von einem Ritual sprechen –, bedeutet, Normalität zu demonstrieren und zu zeigen, daß man sich nicht aus der Ruhe bringen läßt.

Man könnte mit der Vorstellung der Zeichenhaftigkeit noch einen Schritt weiter gehen. In der Karolingerzeit ist, anders als in späteren Epochen, die Jagd im Brühl ausgiebig überliefert. Es wurde also in einem umzäunten Terrain Jagd auf vorher dorthin verbrachtes Wild abgehalten[112]. Fenske untersucht diese Form der Jagd ausführlich und echauffiert sich darüber, daß hier durch die unnatürlichen Bedingungen eine absolute Überlegenheit des Jägers über die Gejagten existiert habe und somit reine Schaujagden abgehalten worden seien[113]. Nun könnte genau das der Sinn der Jagd gewesen sein, wenn man sieht, daß Walahfrid Strabo in seinen ‚Versus de imagine Tetrici‘ eine ideale Jagdlandschaft für Ludwig den Frommen evoziert und mit den Worten schließt, daß so wie in den Wäldern die wilden Tiere den königlichen Jäger fürchten, sich auch die barbarischen Völker dem Frankenherrscher unterwerfen[114]. Für Walahfrid symbolisiert also die Furcht des Wildes die erhoffte Furcht der Feinde, beide werden vom Herrscher bezwungen. Der Brühl wird zur Mikrowildnis, zum Zeichen für die Außenwelt, die es zu unterwerfen gilt. Insofern wäre ein mit allen möglichen Tieren vollgepferchtes Areal, in dem die Kreaturen von den Jägern abgeschlachtet würden, durchaus ein mit Sinn aufgeladener Ort, wie auch die gewiß brutale Handlung ‚sinnvoll‘, wenn auch nicht ‚waidgerecht‘ wäre. Daß eine solche Interpretation nicht völlig aus der Luft gegriffen ist, zeigt ein Vergleich mit Jagdriten aus anderen Kulturen, wie etwa dem ägyptischen Pharaonenreich, in dem die erfolgreiche Jagd des Königs eine große Bedeutung für den Erweis seiner Herrschaftsfähigkeit besitzt[115]. Allerdings, so muß man einschränkend sagen, sind hierbei die religiösen Konnotationen ganz andere.

Es soll aber gar nicht behauptet werden, daß hier von realen Ereignissen die Rede ist. Wenn darauf hingewiesen wird, daß die Schilderungen in der Dichtung Idealorte wiedergeben und von Tieren sprechen, die es im Frankenreich gar nicht gegeben hat oder die nicht gemeinsam zu halten sind, daß die Darstellungen also ‚unrealistisch‘ sind, berührt das einen für diese Arbeit sehr wichtigen Aspekt[116]. Denn auf diese Weise wird deutlich, daß viel wichtiger als die Verortung der Jagd im historischen und sozialen Kontext ihre symbolische Bedeutung in den Darstellungen fränkischer Geschichte ist. Wenn uns mitgeteilt wird, daß der König jagt, sagt diese Mitteilung etwas über den Herrscher und seine Position im Augenblick der Jagd aus – und die Aussage ist sicherlich nicht die, daß er seine ‚Freizeit' mit seiner Lieblingsbeschäftigung verbringt. Der Herrscher bringt seine Zeit genauso sinnvoll zu, wie er es tut, wenn er in den Krieg zieht. So wie Kriegführung für richtige Herrschaft steht, steht auch die Jagd dafür, daß alles seinen normalen Lauf geht, die Herrschaft unangefochten ausgeübt wird.

SECHSTES KAPITEL

Krieg und Raum

Ebenso wie der Zeit wird in der gegenwärtigen Geschichtswissenschaft auch dem Raum als historischer Kategorie größere Aufmerksamkeit zuteil. Und ebenso wie bei der Zeit geht es der Mediävistik hier in erster Linie um Vorstellungen der Zeitgenossen vom Raum als der sie umgebenden Lebenswelt[1]. Da sich naturgemäß jegliches historische Geschehen in Zeit und Raum ereignet, sind die Vorstellungen und Deutungen des Raumes, die in den Beschreibungen dieses Geschehens sichtbar werden, für den modernen Betrachter von kaum zu unterschätzender Bedeutung. In bezug auf den Krieg gilt dies in besonderem Maß, sind doch militärische Ereignisse in der Erinnerung immer auf geographische Fixpunkte bezogen: die Schlacht ‚von Fontenoy', der Feldzug ‚in die Bretagne', die Belagerung ‚von Barcelona'. Zudem ist Land und die Frage nach Besitzrechten an diesem Land in der europäischen Geschichte für gewöhnlich der Grund für militärische Auseinandersetzungen. Der Raum spielt also auch für die Begründung und nicht nur für die Beschreibung von Kriegen eine wesentliche Rolle[2].

Vor einer Untersuchung der Darstellung des Raumes in bestimmten Zusammenhängen ist es wichtig, sich kurz grundsätzliche Unterschiede zwischen modernen und mittelalterlichen Raumvorstellungen vor Augen zu führen, auch wenn wesentliche Aspekte letzterer im folgenden erst herausgearbeitet werden sollen. Wichtig ist – vor allem, wenn man von Krieg und Eroberung sowie von deren Darstellung spricht –, zu sehen, daß die Fähigkeit, großräumige Gebilde als geschlossene Fläche anschaulich zu machen, erst mit Formen der Erfassung und Darstellung von Raum möglich war, die nicht vor dem 17. Jahrhundert existierten. Kartographische Abbildungen beziehen sich vorher immer auf Punkte und Linien zwischen diesen Punkten, nicht auf Räume. Erst der Paradigmenwechsel vom Raum als Linie oder Wegstrecke zum Raum als Fläche bringt hier eine entscheidende Änderung[3].

Ähnlich wie bei der Trennung von zyklischer und linearer Zeit ist es hilfreich, auch im Raumverständnis des Mittelalters verschiedene Aspekte zu differenzieren. Am sinnvollsten und dem mittelalterlichen Denken am ehesten entsprechend dürfte die von Hans-Henning Kortüm vorgenommene Scheidung in physische und metaphysische bzw. spirituelle Räume sein[4]. Diese Trennung geht von der Beobachtung aus, daß mittelalterliche Quellen neben historisch-geographisch definierbaren Räumen auch solche kennen, die ‚nur' in der Imagination des Schauenden existieren. Auf diese Weise ist es möglich, Orte wie das Fegefeuer in den menschlichen Kosmos einzubeziehen[5]. Darüber hinaus ist diese Vorstellung aber auch hilfreich, um so etwas wie die ‚sakrale Aufladung' von Räumen zu beschreiben, wie sie etwa durch die Übertragung von Reliquien geschieht und von allerhöchster Bedeutung ist. Die Qualität des Raumes wandelt sich demnach durch die Vorstellungen, die mit ihm verbunden sind. Dadurch wird erkennbar, daß Raum eine Folge von Vorstellungen ist und nicht umgekehrt[6].

Mittelalterliche Raumvorstellungen erschließen sich aber nicht nur im Vergleich zur Moderne, sondern auch im anthropologischen Vergleich, der Eigenheiten der mittelalterlichen europäischen Vorstellungen und Werte verdeutlichen kann. Es wäre zu fragen, ob nicht Wurzeln des von Anthropologen als typisch europäisch eingestuften, auf das Territorium ausgerichteten Denkens auch in den Vorstellungen faßbar werden, die im folgenden zu beschreiben sind. Wer versucht, modernen Mitteleuropäern grundlegende Unterschiede im Denken beim Aufeinanderprallen von Afrikanern und Europäern am Beginn des Kolonialzeitalters zu verdeutlichen, weist auf die Bedeutungslosigkeit und Wertlosigkeit des Bodens in fast allen afrikanischen Kulturen hin[7]. Als Grund wird gewöhnlich die auf dem afrikanischen Kontinent wegen klimatischer Bedingungen fehlende Humusbildung angeführt, weswegen sich Gruppen nicht lange an einem Ort aufhielten, sondern nach der Ausbeutung des Landes weiterzogen. Ein solches Verhalten war auch aufgrund der spärlichen Besiedlung des Landes weitgehend unproblematisch. Bei Konflikten innerhalb afrikanischer Gesellschaften war das Kriegsziel folglich nicht die Besetzung von Territorium, das im Gegensatz zu anderen Ressourcen in ausreichender Menge zur Verfügung stand, sondern die Gefangennahme und Unterwerfung von Menschen[8]. Es ist offensichtlich, daß jene Europäer, die daran gingen, in Afrika Kolonialreiche zu errichten, ganz andere Vorstellungen von Territorienbildung hatten. Immer wieder wurde gezeigt, zu welchen Mißverständnissen und abschätzigen Werturteilen es durch grundlegend unterschiedliche Auffassungen gekommen ist: Land konnte eben aus afrikanischer Sicht gar nicht besessen, gekauft oder getauscht werden.

Aaron Gurjewitsch hat darauf hingewiesen, wie stark die Weltsicht des Mittelalters durch bäuerliche, auf das (eigene) Land bezogene Sichtweise geprägt ist[9]. Die Art, in der Territorium in den karolingischen Kriegen symbolhaft in Besitz genommen oder zerstört wird, deutet auf ein sehr enges Verhältnis zum Land hin. Die langen Eroberungskriege des frühen Mittelalters dürften hier einen Antrieb gefunden haben, aber auch selbst zur Basis späterer Vorstellungen geworden sein[10]. In einem Aspekt sind allerdings auch die beschriebenen Eroberungen auf den Menschen und weniger auf das Land bezogen, nämlich wenn es darum geht, daß mit dem Reich des Herrschers auch das Reich Gottes, die Christianitas, erweitert wird, wie es bei den Kämpfen des *miles Christi* Eberhard von Friaul zu sehen sein wird[11].

I. Die Grenzen des Raumes

In seiner Einleitung zum Sammelband ‚Zeremoniell und Raum' definiert Werner Paravicini Raum als „organisierte Abstände, zunächst zwischen Menschen, dann aber auch zwischen Gegenständen und Mauern, Gebäuden und Straßen, Fluß und Berg". Konstituierend für den Raum ist demnach seine Grenze, an ihr endet der Raum und wechselt seine Qualität[12]. Wenn es dabei um Territorium geht, muß man sich vor Augen führen, daß gerade im Mittelalter Grenzen nicht feste Gebilde umreißen oder gar selbst eindeutig sind, wie es Lucien Febvre bei seinen Überlegungen zur ‚frontière' betont hat[13]. In der Karolingerzeit ist das Denken über Grenzen geprägt von antiken Grenzbeschreibungen, wie sie der irische Gelehrte Dicuil, der am Hof Karls des Großen arbeitete, ausführlich rezipiert hat. Dieser Umstand war etwa bei den karolingischen Reichsteilungen von Bedeutung, denn diese beruhten wohl auf Vorstellungen, die in seinem ‚Liber de mensura orbis terrae' deutlich werden[14].

1. Die Erweiterung der Christianitas

Die wichtigste Grenze, die im Zusammenhang mit militärischen Ereignissen genannt wird, ist die zwischen dem Reich Gottes und dem des Teufels. Ein stärkerer Qualitätswechsel läßt sich kaum vorstellen. Markgraf Eberhard von Friaul wird in der ‚Translatio S. Calixti Cisonium' dafür gefeiert, daß er die Grenze, mit der die Söhne Gottes von den Söhnen des Teufels getrennt werden, verteidigt hat. Der anonyme Autor der Translatio verleiht ihm für seinen Eifer im Glauben und in der Liebe zu Gott nicht nur den in dieser Zeit für einen Laien völlig ungewöhnlichen und sonst nur Heiligen beigelegten Ehrentitel eines *miles Christi*. Er nennt ihn auch, was offensichtlich seine eigene Wortschöpfung ist, einen *marginalis miles*, er versucht also eine Bezeichnung zu finden, die Eberhards Taten am Rand und zum Schutz der Christenheit Rechnung trägt[15]. Dabei ist es dem Markgrafen darüber hinaus gelungen, durch den Schrecken, den er mit den Waffen unter den Heiden verbreitet hat, sowie durch die Entsendung von Missionaren das *regnum diaboli* zu schwächen und dagegen das Haus der Kirche auszudehnen und auszuschmücken[16].

Das Beispiel Eberhards von Friaul zeigt sehr anschaulich, daß die Vorstellungen physischer und spiritueller Räume und ihrer Grenzen nicht getrennt sein müssen. Das *regnum diaboli* vereint ebenso wie das Reich Gottes ganz eindeutig beide Aspekte, die sich hier gar nicht trennen lassen. Der militärische Befehlshaber im Grenzbereich der Mark verteidigt oder erobert Land, das aber nicht nur zum *regnum Francorum*, sondern damit auch zum *regnum Dei* oder zur *domus aecclesiae catholicae* gehört. Um dieses Land wird außer mit den Waffen auch noch mit dem Wort gekämpft. Das bedeutet nicht nur, daß Missionierung und Eroberung, wie man es aus den Sachsenkriegen kennt, Hand in Hand gehen, sondern daß es vor allem um Menschen geht, die einem der beiden Reiche angehören und nicht allein oder in erster Linie um Territorium. Das Beispiel zeigt im übrigen auch, daß der Vorwurf von Missionierung als Vorwand für Eroberung ein Anachronismus ist und den zeitgenössischen Implikationen kaum gerecht wird. Vielmehr verweisen die Vorstellungen eindeutig auf die augustinische Konzeption der zwei *civitates* und deren Verwirklichung im historischen Geschehen[17].

Schutz und Erweiterung der Grenzen wird im beschriebenen Fall von einem der Großen des Reiches wahrgenommen. Die hohe Auszeichnung durch das Epitheton *miles Christi* deutet auf die Ungewöhnlichkeit dieses Vorgangs hin. Was Eberhard getan hat, ist eigentlich Herrschaftsaufgabe des Königs. Daß das karolingische Königtum in der zweiten Hälfte des 9. Jahrhunderts oftmals nicht mehr in der Lage oder willens war, diese Aufgabe wahrzunehmen, zeigt die Kritik am mangelnden Widerstandswillen gegenüber den Normannen in der Hagiographie, die auf König und Adel zielt[18]. Im Idealfall aber ist es der Herrscher selbst, der auf diesem Feld tätig ist. Und daß es sich auch noch am Ende des Jahrhunderts so verhält, zeigt die Bewertung des Königs Karlmann, des ältesten Sohnes Ludwigs des Deutschen, durch Regino von Prüm. In seiner Chronik preist er den Verstorbenen, der viele Kriege in den Reichen der Slawen zusammen mit seinem Vater und noch mehr ohne ihn geführt habe und stets Sieger gewesen sei. Und so habe er die Grenzen seines Reiches mit dem Schwert erweitert[19]. Wie im Kapitel über die Zeit ausgeführt, hat der König bestimmte Teile seiner Zeit mit der Kriegführung zu verbringen; und das bedeutet mit der Ausweitung des Reichsgebiets. Dieselbe Stelle der ‚Vita Karoli', mit der man zeigen kann, was Einhard als ‚sinnvolle' Betätigung des Herrschers in den 47 Jahren seiner Regierung ansieht, nämlich die permanente Kriegführung[20], verdeutlicht auch, wozu diese Kriegführung dient: Karl, der das Frankenreich von seinem Vater Pippin bereits groß und stark übernommen hatte, erweiterte es so großartig, daß er seinen Umfang fast verdoppeln konnte[21]. Einhard zählt an dieser Stelle minutiös alle Eroberungen Karls mit ihren Grenzen auf. Der Poeta Saxo ist da nicht so genau, wenn er die Eroberungen Karls mit denen der Römer vergleicht: Diese hätten unter vielen Feldherrn in vielen Jahren gerade einmal Italien erobert, während jener in kurzer Zeit ganz Europa unterworfen habe mit Völkern, welche die Römer nicht einmal dem Namen nach kannten[22].

Antrieb für die Eroberungen ist die Erweiterung der Christianitas. Darüber hinaus bedarf es keiner weiteren Begründung. Denn allein das Aufeinandertreffen bzw. die gemeinsame Grenze zweier Kulturen bringt Feindseligkeiten mit sich. So jedenfalls sieht es Einhard in seiner Beschreibung des Sachsenkrieges. Aus seiner Sicht übertreten die Sachsen als Heiden permanent göttliches und menschliches Recht[23]. Außerdem aber ist allein die gemeinsame Grenze der Franken mit den Sachsen ein Grund für die Störung des Friedens. Da sie fast überall in der Ebene verlaufe und nur an wenigen Stellen durch größere Waldgebiete oder Höhenzüge unterbrochen sei, habe es fast täglich Mord, Raub und Brandschatzung auf beiden Seiten gegeben[24]. Für den ‚Anthropologen' Einhard können also unterschiedliche Kulturen sich nur bekämpfen, wenn sie aufeinandertreffen.

Es ist darauf hingewiesen worden, daß mit dem Nachlassen der Expansionsphase des Fränkischen Reiches noch unter Karl dem Großen der Schutz des Landes gegenüber angreifenden Feinden bei den militärischen Aktionen in den Vordergrund getreten ist. Timothy Reuter führt hierfür vor allem Quellen außerhalb der Historiographie wie etwa Kapitularien an, welche die Zunahme von Schutzmaßnahmen belegen[25]. Auch in der Geschichtsschreibung läßt sich beobachten, daß die Herrscher immer mehr Energie in Abwehraufgaben setzen. Allerdings hat es den Anschein, daß die Autoren bei der Bewertung königlichen Handelns eher konservativ sind und das Ideal des das Reich erweiternden Königs auch weiterhin propagieren. So vermerkt der Astronom zwar, daß Karl der Große seinen Sohn Ludwig im Jahr 808 ausdrücklich davon abhält, persönlich sein Heer gegen das spanische Tortosa zu führen und ihm vielmehr befiehlt, er solle den Bau von Schiffen auf Rhone, Garonne und Loire zur Abwehr der Normannen überwachen[26]. Anschließend schildert der Biograph Ludwigs aber nicht dessen Maßnahmen beim Schiffbau, sondern ausführlich den vom kaiserlichen *missus* Ingobert geleiteten Feldzug nach Spanien. Das folgende Kapitel beginnt damit, daß Ludwig im nächsten Jahr beschließt, selbst gegen Tortosa zu ziehen, das sich ihm auch wirklich ergibt[27]. Und im Jahr darauf ist er es, der einen *missus* mit dem Heer nach Huesca entsendet[28]. Es ist also der Kampf über die Grenzen des aquitanischen Unterkönigtums hinaus, den der Biograph ausführt, ob er nun von Ludwig persönlich oder von einem Stellvertreter in kaiserlichem Auftrag geführt wird. Die von seinem Vater befohlenen präventiven Abwehrmaßnahmen gegen die Normannen halten demnach Ludwig nur davon ab, in eigener Person dieser Herrschaftsaufgabe nachzukommen. Sie werden zwar nicht negativ geschildert, sind aber nicht weiter berichtenswert. Die Ausweitung seines Machtbereichs in das Land der Muslime hinein ist es, die der Astronom schildert, bevor er Ludwigs Regierung und seine Fürsorge für die Kirche resümiert, um dann zu seiner Kaiserkrönung überzugehen. Dadurch macht der Historiograph deutlich, daß erfolgreiche Kriegführung nach außen zusammen mit der Sorge um die Kirche nach innen Ludwig zum Kaisertum prädestiniert.

2. Der Kampf als Überwindung der Grenze und als Besetzung des Raumes

Die Ausweitung des eigenen Gebietes bedeutet Überwindung der Grenzen des Gegners und Besetzung des feindlichen Raumes. Genau diesen Vorgang verdeutlichen die militärischen Ereignisse, die in den überlieferten Berichten am häufigsten Erwähnung finden: die Belagerung und Eroberung einer Stadt sowie die Verwüstung des Landes, also das, wofür die lateinischen Quellen den Terminus technicus *vastatio* verwenden.

a) Die Stadtmauer als Grenze und als Chiffre des zu erobernden Raumes
Es ist selbstverständlich, daß zur Eroberung einer Stadt deren Mauern überwunden werden müssen, und es ist auch zunächst nicht weiter verwunderlich, wenn diesem militärischen Vorgang auch in der Verschriftung der Ereignisse erhöhte Aufmerksamkeit zuteil wird[29]. Aber die Mauer ist mehr als ein verteidigungstechnisches Bauwerk; sie begrenzt den städtischen Raum auch in rechtlicher Hinsicht, sie symbolisiert die städtische Gemeinschaft und repräsentiert sie sichtbar nach außen hin. Die Mauer ist das gesamte Mittelalter hindurch die „Chiffre der Stadt": Auch nach den sozialen Wandlungsprozessen und der Entwicklung des Bürgertums bleibt der Festungscharakter der Stadt bestehen[30]. Vor allem in bildlichen Darstellungen ist die Stadt ummauerter Raum, der in den Abbildungen der karolingischen Buchmalerei bezeichnenderweise keinerlei Innenbebauung aufweist[31]. Die Mauer versinnbildlicht also nicht nur den Ort des Übergangs von außen nach innen oder umgekehrt, sie symbolisiert ebenso die Stadt als Ganzes. Diese Vorstellungen, die vor allem an bildlichen Quellen und eher für Spätmittelalter und Neuzeit untersucht worden sind, lassen sich auch in den Quellen der Karolingerzeit zeigen[32].

Für die Mauer als Grenze kann auf Ermoldus Nigellus verwiesen werden. Es war oben bereits zu sehen, daß die Belagerung von Städten ein beliebtes Thema gerade der historischen Dichtung ist. Bei Ermoldus Nigellus fungieren die Mauern als Grenze zwischen dem bereits von den Franken besetzten und dem zu erobernden Gebiet. Mit ihren Toren stellen sie ein

Hindernis für die Besetzung des städtischen Raumes dar. Vor diesem Hintergrund muß eine offensichtlich erfundene Szene mit Ludwig dem Frommen, der zu dieser Zeit noch gar nicht vor Barcelona anwesend war, interpretiert werden: Ein von seiner Hand geworfener Speer überwindet die Mauer, bleibt im Stein stecken und versetzt die Menschen in der Stadt in panischen Schrecken. Dieser Wurf – Ermold spricht von einem *signum* – symbolisiert offensichtlich das Eindringen in die Stadt und läutet damit den Anfang vom Ende ein[33]. Unmittelbar nach diesem Ereignis findet die Belagerung ihr Ende. Bald werden die Tore geöffnet, und die Franken besetzen die Stadt. Mit der Überwindung der Mauer wird auch die Verteidigung der Stadt überwunden. Indem diese Stelle zeigt, daß die entscheidende Grenze vom König selbst überschritten wird, soll sie offensichtlich verdeutlichen, daß er für die Eroberung verantwortlich ist.

Wie stark die symbolische Bedeutung der Mauer in der Darstellung der Ereignisse ist, zeigt eine andere Belagerung einer spanischen Stadt durch Ludwig, nämlich die von Tortosa im Jahr 809. Folgt man den Reichsannalen, so konstatiert man lediglich ein erfolgloses Unternehmen: Ludwig sei in Spanien eingerückt, habe einige Zeit vor der Stadt gelegen, und als er gesehen habe, daß er sie nicht schnell einnehmen könnte, sei er ohne Verluste nach Aquitanien zurückgekehrt[34]. Interessanter ist der Bericht in der Vita des Astronomen. Dort wird die Stadt zwar ebensowenig militärisch erobert, dafür aber symbolisch. Ludwig berennt die Mauern derartig heftig mit allen Arten von Belagerungsmaschinen, daß die Bewohner alle Hoffnung aufgeben und ihm die Schlüssel der Stadt aushändigen. Diese übergibt Ludwig später unter Beifall seinem Vater. Durch solche Taten, so der Bericht, werden alle Mauren in Angst davor versetzt, daß ihren Städten dasselbe widerfahren könnte. Erst der letzte Satz besagt, daß Ludwig 40 Tage nach Beginn der Belagerung wieder abzieht und sich zurück in sein Reich begibt[35]. Auch der Astronom berichtet also nicht von einer Eroberung. Eine solche hat folglich aller Wahrscheinlichkeit nach auch nicht stattgefunden. Der Biograph Ludwigs zeigt aber, daß die Mauern der Stadt für seinen Helden kein Hindernis, keine Grenze darstellen, daß er sie, wann immer er will, einfach durchbrechen kann. Das wird auch den Mauren deutlich. Sie befällt die gleiche Furcht wie die in Barcelona Eingeschlossenen auf den Speerwurf Ludwigs hin[36].

Es ist kaum nachweisbar, ob tatsächlich eine solche Schlüsselübergabe stattgefunden hat. Im Anschluß an neuere Arbeiten zur rituellen Kommunikation ist das aber nicht unwahrscheinlich[37]. Man hätte es dann mit dem symbolischen Akt einer *deditio* zu tun; symbolisch deshalb, weil Ludwig ja von den ihm übergebenen Schlüsseln und der damit verbundenen Möglichkeit, die Stadt zu betreten, keinen Gebrauch machte, sondern einfach die Belagerung abbrach. Der Vorgang könnte als Ergebnis von Verhandlungen betrachtet werden, die aufgenommen wurden, weil Ludwig, wie es die Reichsannalen sagen, gemerkt hatte, daß er die Stadt nicht in angemessener Zeit würde einnehmen können. Abzug gegen formale Unterwerfung wäre als Formel der Unterhandlungen anzusehen.

Diese Erklärung setzt sicherlich andere Akzente als Ernst Tremp und ist seiner Deutung vorzuziehen. Er nimmt zwar auch eine „nur symbolische Unterwerfung" an, geht aber gleichzeitig davon aus, daß der Astronom hier das Scheitern Ludwigs verschleiert. Ein nachhaltiger Erfolg hätte nach Tremp im panegyrischen Epos Ermolds seinen Niederschlag finden müssen[38]. Die Argumentation mit Ermoldus Nigellus greift jedoch nicht, weil dieser in seinen vier Büchern vier wichtige Handlungskomplexe zum Ruhm Ludwigs ausbaut, und nicht eine Biographie des Herrschers schreibt. Es geht ihm nicht darum, alle Erfolge Ludwigs aufzulisten, und als Eroberer stellt er ihn bereits in Barcelona vor. Ein Argumentum e silentio ist hier also völlig unangebracht[39]. Zudem steckt in dem Bericht, wie gesehen, mehr als nur Kosmetik der historischen Ereignisse.

Letztlich ist die Schlüsselübergabe aber nicht als historisch symbolischer Akt erweisbar, wohl aber als eine in der Logik der Erzählung schlüssige Handlung. Wenn die Mauer als Chiffre für die Stadt gilt, dann ist die Übergabe des Schlüssels die Anerkennung der Tatsache, daß die Stadt dem König nicht widerstehen kann. Die Übergabe hat damit dieselbe Funktion wie bei Ermoldus Nigellus die Öffnung der Stadttore. Der Speerwurf Ludwigs bei Ermold wird kaum als reale symbolische Handlung interpretiert werden können. Er sagt dem Leser lediglich, daß die Eroberung Ludwigs Verdienst ist, so wie die Schlüsselübergabe sagt, daß er Tortosa hätte einnehmen können, wenn er nur gewollt hätte. Es zeigt sich hierin, wie schwer historisches Geschehen hinter Erzählstruktur und innerer Handlungslogik ‚rekonstruierbar' ist. Letztlich läuft die Deutung der Ereignisse durch den Autor über die Konstruktion symbolischer Akte, welche die Handlung erklären, ob sie nun real stattgefunden haben oder nicht.

Die symbolische Bedeutung der Mauern wird auch an vielen anderen Stellen deutlich. Als Ort der Interaktion zwischen Belagerern und Belagerten, aber auch der Belagerten untereinander steht sie für die Gesamtheit der Stadt. Ermold schildert immer wieder Reden der Belagerten von den Mauern herab zu den Feinden oder umgekehrt zu den eigenen Leuten. Diese Reden sind ein wichtiger Bestandteil der Handlung. Sie kommentieren das Geschehen oder provozieren Reaktionen der Beteiligten. Wenn Zado sich an seine Untertanen wendet, geschieht das von der Mauer herab, ebenso wie die Schmähungen der Stadtbewohner gegen ihre Belagerer. Aber auch die Belagerten auf der Mauer können von den Angreifern provoziert werden, was sie zum Ausfall veranlassen kann[40].

Als erhöhter Ort ist die Mauer mit ihren Türmen der Punkt, von dem aus man das gegnerische Heer am besten wahrnehmen und seine Stärke erfassen kann. Die eindrucksvollste Schilderung davon ist die des ‚eisernen Karl' aus Notkers ‚Gesta Karoli'[41]. Aber auch das Aachener Karlsepos schildert den Aufmarsch des Heeres Karls des Großen[42]. Von der Mauer des belagerten Paris herab nimmt Abbo von Saint-Germain-des-Prés die Zerstörungen der Normannen im Umkreis wahr und sieht die von ihnen getöteten Menschen und Tiere, welche die personifizierte Neustria im Dialog mit ihm beklagt[43]. Wenn man von der Mauer herab die ganze eindrucksvolle und beängstigende Stärke des Gegners sehen kann, ist es nicht verwunderlich, daß sich Belagerte aus Verzweiflung von dort herab in den Tod stürzen, wie es der Astronom für die Belagerung von Barcelona schildert[44]. Wenn die Belagerten in höchster Verzweiflung sind, wagen sie sich aus Furcht vor dem Gegner erst gar nicht mehr auf die Mauer oder auf die Türme, um das feindliche Lager zu sehen[45].

Haben die Belagerten einen Ausfall unternommen und sich dem Feind in offenem Kampf gestellt, wird die Mauer zu einem Ort sakraler Handlung, indem die nicht an der Schlacht beteiligte Bevölkerung von den Mauern der Stadt herab im Gebet Gott um den Sieg bittet[46]. Hier kann allerdings die Interpretation des Geschehens sehr unterschiedlich aussehen. Der Bischof von Paris anempfiehlt Christus in den ‚Annales Vedastini' die vor den Mauern im Turm von den Normannen Eingeschlossenen, weil er gar nichts anderes mehr für sie tun kann[47]. In den ‚Miracula S. Bertini' hingegen wird der Sieg über die Feinde stärker den auf der Mauer Betenden zugesprochen als den auf dem Feld Kämpfenden. Die Beter nehmen also von der Mauer herab aktiv am Kriegsgeschehen teil. Dieser sakrale Aspekt wird besonders anschaulich verdeutlicht im anonymen Gedicht über einen Wächter auf den Mauern von Modena, das vom Ende des 9. Jahrhunderts stammt. Es gehört in den Kontext der Verstärkung der Mauern der Stadt gegen die Ungarn und den Bau einer Maria und Johannes im Jahr 881 geweihten Kapelle. Es wird angenommen, daß es als Lied allabendlich Teil der Liturgie war, zu der sich Klerus und Wachmannschaften in der Kapelle versammelten[48]. In ihm wird der Wächter direkt angesprochen, daß er nicht schlafen soll:

> O tu, qui servas   armis ista moenia
> Noli dormire,   moneo, sed vigila.[49]

Weiter heißt es, daß nur eine gute Bewachung Troja so lange vor den Griechen oder das Kapitol vor den Galliern schützen konnte. Deshalb verehrten die Römer die Gans, die sie gewarnt hatte, als Gottheit. Heute, in den Zeiten der Ungarneinfälle, aber soll Christus verehrt werden. Er möge eine unüberwindliche Mauer für die Seinen sein:

> *Tu murus tuis   sis inexpugnabilis,*
> *Sis inimicis   hostis tu terribilis*
> *Te vigilante   nulla nocet fortia,*
> *Qui cuncta fugas   procul arma bellica*[50].

Ebenso werden die Jungfrau Maria und der hl. Johannes für den Schutz angerufen, damit die Wache ihre Aufgabe wahrnehmen und der Feind die Mauern nicht überwinden kann:

> *Et sit in armis   alterna vigilia,*
> *Ne fraus hostilis   haec invadat moenia*[51].

Das Gedicht vereint in sich klerikale und militärische Traditionen der *vigiliae murorum* und gilt als Beispiel für die Verbindung kirchlicher und weltlicher Stränge in der karolingischen Dichtung[52]. Christus und den Heiligen wird der Schutz der Mauern anvertraut, das Amt des Wächters in eine lange Tradition gestellt. Stärker kann die Bedeutung der Mauer für die Stadt nicht betont werden. Ähnliches gilt für die ‚Laudes Veronensis civitatis' aus dem achten Jahrhundert. Das Städtelob bestimmt die Stadt gleich in der zweiten Strophe als von der mit 48 Türmen versehenen Mauer umgeben[53]. Nach einem Abriß der Geschichte der Stadt folgt eine ausführliche Aufzählung ihrer Heiligen, welche die Stadt bewachen.

Die Mauer ist Chiffre für die Stadt und ihre Bewohner. Wenn Florus von Lyon die Mauern von Reims trauern läßt um den Verlust des Erzbischofs Ebo, dann zeigt dieses Bild sehr anschaulich, daß diese Trauer die gesamte Einwohnerschaft umfaßt[54]. Die Mauer ist zudem auch symbolischer Ort des Übergangs von der Belagerung zur Einnahme, von der Zuversicht und Überheblichkeit der Belagerten zur Verzweiflung. Wo sie in der Historiographie genannt wird, ist sie mit Bedeutung versehen. Es ist wichtig, sich dieses bei der Interpretation der Schilderung militärischer Handlungen zu vergegenwärtigen.

b) Die vastatio als symbolische Besetzung des Raumes

Bei der Belagerung geht es zwar in erster Linie um die Überwindung der Mauern und das Eindringen in die Stadt, aber auch andere militärische Maßnahmen werden in diesem Zusammenhang berichtet. Im Jahr 812 belagerte ein fränkisches Heer unter dem *missus* Heribert lange und erfolglos das spanische Huesca. Den Abbruch der Belagerung beschreibt der Astronom in folgender Weise: ‚Nachdem sich die Belagerung sehr lange hingezogen hatte und nachdem die *vastatio* und alles übrige, was gegen die Feinde zu unternehmen sinnvoll schien, ausgeführt worden war, kehrte man zum König zurück, der sich gerade auf der Jagd befand.'[55]

Das Substantiv *vastatio* oder das Verb *vastare* benennen einen Vorgang, der im Zentrum mittelalterlicher Kriegführung steht, nämlich die Verwüstung und Zerstörung des gegnerischen Gebietes, in das man eingefallen ist. In den karolingischen Quellen ist der Begriff bei der Schilderung militärischer Unternehmen nahezu omnipräsent. Auf fast jedem Heereszug wird zerstört und verwüstet. Der militärische Terminus technicus wird synonym gebraucht zu Verben wie dem seltener vorkommenden *populare*[56]. Er unterscheidet sich aber von Begriffen wie *praedare* oder *diripere*, die den Aspekt der Plünderung und des Raubes abdecken. Deutlich wird dieser Unterschied in einer Bemerkung der ‚Annales Bertiniani' zum Jahr 832, in denen davon die Rede ist, daß Ludwig der Deutsche in Alemannien einfallen, das Land verwüsten *(vastare)*, plündern *(diripere)* und seinem Reich angliedern *(suo regno adunare)* wolle[57]. Offensichtlich werden Plünderung und Zerstörung als zwei getrennte Dinge angesehen, die in anderen Quellen auch durchaus unabhängig voneinander genannt werden können. Ob jemals zerstört wurde, ohne zu plündern, scheint mir fraglich zu sein. Eher ist anzunehmen, daß es vor allem darum geht, zwei verschiedene Aspekte eines Vorgangs, der mit unterschiedlichen Zielrichtungen intendiert sein kann, zu beschreiben. Das ist, wie zu sehen sein wird, für die Darstellung der Ereignisse und ihre Wertung von Bedeutung. Deutlich wird diese Trennung aus einer oben bereits genannten Stelle in den ‚Miracula S. Wandregisili', wo davon die Rede ist, daß ein *miles* des Klosters St. Wandrille zusammen mit anderen fränkischen *milites* bei der Ausführung der *vastatio (vastando)* die heidnischen Reichtümer der Sachsen plündert *(diriperet eorundem gentilium opes)*[58]. Die Plünderung ist hier also eine Begleiterscheinung, die in den größeren Kontext der *vastatio* eingebettet ist. Möglich wäre, daß es sich in diesem Fall um bewußte Kulturzerstörung handelt, wie sie Alexander Demandt in seinem Buch über den Vandalismus beschreibt[59].

Die Zerstörung und Verwüstung des Landes wird nicht als eine unangenehme Begleiterscheinung des Krieges dargestellt, die man lieber verschweigt. Wenn der Begriff der *vastatio* oft nicht mit Inhalt gefüllt wird, scheint mir das ein Zeichen dafür zu sein, wie selbstverständlich es für Autoren und Leser war, daß Heere in dieser Weise vorgingen. So ist es alles andere als anstößig, wenn, wie gerade gezeigt, in der Hagiographie ein *miles*, der zum Kloster des Heiligen gehört, mit dem fränkischen Aufgebot das Land der Sachsen ‚verwüstet'. Denn er wird gefangengenommen und trägt durch sein Verhalten zur Bekehrung eines Sachsen bei[60]. Auch in der Dichtung war bereits zu sehen, daß Ermoldus Nigellus, der fast nebenbei etwas genauer sagt, was *vastatio* bedeutet, diese Akte in direkte Nachbarschaft zu eher komischen Szenen setzen kann, offensichtlich ohne einen Kontrast betonen zu wollen. Negativ besetzt ist der Begriff nur dann, wenn

Angehörige der anderen Seite – die Normannen, die Sarazenen, die jeweils feindliche Partei in den Bruderkriegen – das Land verwüsten.

Bei der Suche nach einer Antwort auf die Frage nach dem Sinn der *vastatio* kann man auf die oben zitierte Stelle aus den Annalen von Saint-Bertin zurückgreifen. Daß Ludwig der Deutsche Alemannien plündern lassen will, bevor er es seinem Herrschaftsbereich anzugliedern gedenkt, ist nicht unbedingt verwunderlich. Denn Herrschaft bedeutet im Frühmittelalter ja keineswegs Territorienbildung mit der Schaffung von Verwaltungsstrukturen im modernen Sinn, sondern ist gekennzeichnet durch die Bereitschaft der Beherrschten in einem abgegrenzten physischen Raum Abgaben zu leisten und ‚Treue' zu versprechen. ‚Plunder and Tribute' umschreibt Timothy Reuter die Zielsetzung karolingischer Kriegführung, wobei beide Formen der ‚Abgabe' nur durch den Grad der ‚Freiwilligkeit' unterschieden werden können[61]. Es ist nun aber nicht unmittelbar einsichtig, warum man ein Gebiet, das man plündern und beherrschen will, vorher ‚zerstört', denn so ist ausdrücklich die Reihenfolge im Bericht der Annalen. Wenn man diese *vastatio* nicht einfach als Begleiterscheinung der Plünderung ansehen will, so muß sie einen Sinn haben, sie muß einer gewissen Logik folgen. Und daß es sich eher umgekehrt verhält, hat das Beispiel aus Sachsen gezeigt. Eine mögliche Erklärung für diese Reihenfolge wäre, daß die *vastatio* die Unfähigkeit des Angegriffenen, sein Land zu schützen, zeichenhaft sichtbar machen und damit verdeutlichen soll, daß er nicht in der Lage ist, einer der Grundforderungen an den Herrscher nachzukommen, wie sie die Fürstenspiegel ja deutlich aussprechen[62]. Der für diesen Teil der Annalen nicht eindeutig gesicherte Autor hätte dann an dieser Stelle deutlich machen wollen, daß ‚sein' Ludwig vor der Einverleibung Alemanniens in sein *regnum* allen vor Augen führen wollte, daß Karl der Kahle dort nicht in der Lage war, Herrschaft auszuüben und daß es nur angemessen wäre, wenn er selbst an dessen Stelle träte.

Noch deutlicher ist die Darstellung einer Episode in den ‚Annales Fuldenses'. Zum Jahr 898 wird dort ein Krieg zwischen den Söhnen des verstorbenen mährischen *dux* Swatopluk berichtet. Der ostfränkische König und Kaiser Arnulf schickt auf den Hilferuf eines der Brüder ein bayrisches Heer zu dessen Unterstützung. Die bayrischen Großen aber nutzen die Gelegenheit, um ihre benachbarten Feinde zu demütigen und im Zuge der Verwüstung *(devastando)* zu töten[63]. Im Nachhinein erweist sich einer der Anführer des bayrischen Heeres, der *comes* Arbo, als Anstifter des Streites und verliert kurzfristig sein Amt. Die bayrischen Großen nutzen also eine ostfränkische Militäraktion, mit der Arnulf Einfluß in Mähren gewinnen will, um ihre Gegner durch die *vastatio* zu demütigen. Sie zeigen, daß diese ihr Land nicht schützen können. Dasselbe tun sie im folgenden Jahr gleich zweimal[64].

Ebenso stellt es der Astronom in der ‚Vita Hludowici' dar, in der Ludwig Wasconen, die von ihm ‚abfallen' wollen, zu sich befiehlt. Als diese sich weigern, überläßt er ihr Land seinem Heer zur Plünderung. Als sie, dadurch veranlaßt, um Gnade bitten, können sie es als großes Geschenk betrachten, daß sie Verzeihung erhalten[65]. Diese Interpretation des Astronomen bedeutet, daß den Wasconen durch die *vastatio* ihres Landes eigentlich gezeigt wurde, daß sie es nicht mehr beherrschen. Sie haben, so sagt er, alles verloren. Das heißt, daß es nicht nur um Plünderung geht, sondern daß diese Plünderung als Zeichen gedacht ist. Erst die Gnade Ludwigs setzt sie wieder ein.

Ein starker Herrscher ‚verwüstet' also selbst, um anderen seine Macht zu beweisen, oder er ist in der Lage, der *vastatio* seiner Feinde Einhalt zu gebieten und damit zu zeigen, daß er die Herrschaft fest in Händen hält. So schildern die ‚Annales Bertiniani' Verwüstungen durch den Sohn Karls des Kahlen, Karlmann, im Reich seines Vaters im Zuge seiner Erhebung im Jahr 871[66]. Karl läßt das aber nicht zu, sondern sitzt, da der Sohn sich ihm durch Flucht entzieht, zu Gericht über die an den Taten Beteiligten[67]. Bei fast gleichzeitigen Auseinandersetzungen im ostfränkischen Reich wird die *vastatio* hingegen durch Verhandlungen beigelegt. Ludwig der Deutsche vereinbart mit seinen Söhnen Ludwig und Karl durch Vermittler, daß er sie bis zum kommenden Mai in Frieden lassen wolle, sie dagegen die von ihnen begonnene *vastatio* des Reiches beenden sollten[68]. Ludwig der Deutsche ist offensichtlich nicht im selben Maß in der Lage, die Verwüstungen zu beenden wie vorher Karl der Kahle. Deshalb muß er sich mit seinen Söhnen auf Verhandlungen einlassen, um ihrem Tun Einhalt zu gebieten, das ansonsten die Herrschaft über sein *regnum* in Frage stellen würde.

In der Bedeutung einer zeichenhaften Handlung gebraucht im übrigen schon Isidor von Sevilla *vastare* in seiner Definition von *bellum*, die Hrabanus Maurus im neunten Jahrhundert wörtlich in sein enzyklopädisches Werk ‚De universo' übernimmt: Der assyrische König Ninus habe den Krieg als erster eingeführt, also gleichsam ‚erfunden', weil er mit der Ausdehnung seines Landes nicht mehr zufrieden gewesen sei. Er habe daher sein Heer bis nach Libyen fremdes Land verwüsten lassen und freie Völker ausgelöscht oder unterworfen[69]. Also auch hier kommt zuerst die Verwüstung, mit der Ninus Besitzansprüche über Länder und Menschen verdeutlicht, die er erst danach unterwirft oder gar vollständig vernichtet.

Die Interpretation der *vastatio* als Sichtbarmachung von Ansprüchen, also als zeichenhafte Handlung, wird dadurch gestützt, daß von *vastatio* gerade immer wieder in den Fällen die Rede ist, in denen eine endgültige Eroberung des Landes nicht gelingt oder gar nicht intendiert ist. Die Zerstörungen untermauern dabei also Ansprüche, die nicht verwirklicht werden, für das Prestige der Kriegführenden aber von größter Bedeutung sind. So beschreibt Thegan in sehr kurzen Berichten solche ‚Zerstörungszüge' gegen Slawen und Bretonen: In einem Fall entsendet Ludwig der Fromme sein Heer gegen die Kroaten. Ihr *dux* Liudewit wird in die Flucht geschlagen und das Land verwüstet, worauf das Heer nach Hause zurückkehrt[70]. An anderer Stelle dringt der Kaiser selbst in die Bretagne ein und verwüstet das Land zur Strafe für die ‚Treulosigkeit' der Bewohner, die wieder einmal von ihm abgefallen sind[71]. In beiden Fällen ist offensichtlich gar nicht mehr geplant als die *vastatio* der betreffenden Gebiete, jedenfalls begnügen sich die Berichte damit. Es kann sogar auf einem Reichstag beschlossen werden, auf einem Feldzug das Land des Gegners ausschließlich zu verwüsten. So berichten es die Reichsannalen zweimal hintereinander für Unternehmungen gegen Liudewit[72]. Derselbe Beschluß, dessen Ausführung beide Male vermeldet wird, erfolgt auch ein Jahr später, mit dem Zusatz, daß auch für die spanische Mark ein ähnliches Vorhaben beschlossen worden sei[73].

In den ‚Annales Fuldenses' hingegen wird die *vastatio* zum Ausgleich dafür, daß Ludwig der Deutsche ohne Sieg von einem Zug gegen die Mährer zurückkehren muß, da diese sich hinter Befestigungen verschanzt haben und ihm keine Schlacht bieten wollen. Deshalb verwüstet sein Heer einen großen Teil des Landes, bevor es die Rückkehr antritt. Interessant ist nun, daß der *dux* der Mährer, Rastiz, nach dem Rückzug der Ostfranken genau dasselbe tut. Er folgt ihnen und verwüstet plündernd viele Grenzorte jenseits der Donau[74]. Auch in dieser Darstellung wird wieder das Prädikat *vastavit* durch adverbiale Bestimmungen *(praedis et incendiis; praedando)* präzisiert und damit gezeigt, in welcher Form die *vastatio* ausgeführt wurde. Plünderung und Brandschatzung sind kein Selbstzweck, sondern dienen der Verwüstung des gegnerischen Landes, dessen Schutzlosigkeit sie belegen.

So können sich auch in einem anderen Beispiel aus den Fuldaer Annalen die Söhne Ludwigs des Deutschen, Karl und Karlmann, nach ihrem großen Feldzug gegen die Slawen im Jahr 869 gegenseitig zu ihrem von Gott verliehenen Sieg gratulieren, obwohl ihr Gegner Rastiz gerade einer Schlacht aus dem Weg gegangen ist und sich hinter seine Verschanzungen zurückgezogen hat. Aber Karl hat alle Mauern der Gegend niedergebrannt, alles geraubt, was in den Wäldern oder auf den Feldern versteckt war und alle, auf die er gestoßen war, verjagt oder getötet. In gleicher Weise hat Karlmann im Reich Zwentibalds, des Neffen Rastiz', gewütet[75]. Offensichtlich kann sich ihnen niemand entgegenstellen. Daß ihr Bruder Ludwig gleichzeitig in einer Schlacht über die Sorben siegreich war, wird erst im Anschluß und keineswegs mit größerer Hervorhebung berichtet[76].

An solchen Zerstörungen gibt es schon zeitgenössische Kritik. So verwüstete Karl der Kahle den *pagus* von Bourges, nachdem der dortige *comes* Gerhard den Abt Acfridus von St. Hilaire in Poitiers hatte bekriegen und schließlich sogar ermorden lassen. Diese Aktion habe allerdings, so die ‚Annales Bertiniani‘, derartig viele Übel mit sich gebracht, daß man es gar nicht erzählen könne, und zum Hungertod vieler tausend Menschen geführt[77]. Der Graf allerdings und seine Gefolgsleute seien nicht nur nicht bestraft, sondern nicht einmal aus dem Gau vertrieben worden. Die Kritik ist leicht verständlich, geht aber vermutlich an der Intention vorbei, die hinter dem Handeln Karls stand. Denn wenn dieser in der oben ausgeführten Logik der *vastatio* gehandelt hat, war es keineswegs in erster Linie seine Absicht, den Grafen direkt zu treffen. Das Problem liegt hier allerdings darin, daß er im Inneren praktizierte, was nur gegen äußere Feinde problemlos eingesetzt werden konnte.

Deshalb trifft es die Sache auch nicht ganz, wenn in der Sekundärliteratur für solche Unternehmungen generell immer wieder von ‚Strafaktionen‘ die Rede ist. Auch wenn zeitgenössische Autoren sich selbst in dieser Weise ausdrücken, so geht es doch nicht nur oder in erster Linie um Bestrafung, sondern vor allem um Sichtbarmachung von Herrschaftsansprüchen. In den Darstellungen findet das an den Stellen, an denen die *vastatio* näher beschrieben wird, seinen Ausdruck darin, daß die Besetzung und Durchdringung des Raumes immer wieder betont wird. Ob bei Ermoldus Nigellus die Franken in der Bretagne buchstäblich jeden Wald durchdringen und jeden Sumpf durchwaten und damit ‚erobern‘ oder ob sie jeden Quadratmeter um Barcelona herum besetzen, verwüsten und sich damit aneignen, immer wird der räumliche Aspekt betont[78]. Damit dürfte der Terminus *vastare* für den Leser oder Hörer die genannten Implikationen mit sich gebracht haben. Der Begriff füllt die – manchmal berichteten – Handlungen mit einem Sinn, der sich dem modernen Leser erst durch den ausführlichen Vergleich der Stellen erschließt.

So kann die *vastatio* auch zur Kritik werden, wenn über Herrscher, die in den Augen der Autoren unfähig sind, berichtet wird. Denn wer die Verwüstung seines Reiches etwa durch die Normannen zuläßt, ist natürlich kein akzeptabler König. Damit wird nicht gesagt, daß die Normannen bewußt so etwas verdeutlichen wollen, sondern die *vastatio* dient dem Leser als Zeichen für die Inkompetenz und Unfähigkeit des Herrschers, von dem die Rede ist. So heißt es in den ‚Annales Bertiniani‘ über Karl III., daß er, der als *nomine imperator* vorgestellt wird, 882 mit einem großen Heer gegen die Normannen gezogen sei. Vor ihrer Befestigung sei ihm aber ‚das Herz gesunken‘ und er habe mit ihnen über Vermittler verhandelt und erreicht daß sie sich taufen ließen und alten Besitz zu Lehen nahmen. Außerdem aber habe er ihnen Schätze aus Klöstern überlassen und ihnen erlaubt, daß sie dort blieben, um wie zuvor sein Reich und das seines Vetters zu verwüsten[79]. Die Wortwahl ‚verwüsten' statt ‚plündern' oder ‚ausrauben' scheint mir hier bewußt gewählt worden zu sein. Denn damit konnte Hinkmar von Reims verdeutlichen, daß es um mehr ging als um den materiellen Schaden, den das Reich durch die Überfälle der Normannen zu erleiden hatte. Die Darstellungsweise wirft die Frage auf – und beantwortet sie implizit –, wie es um die Herrschaft Karls III. in seinem Reich bestellt ist.

Neben der *vastatio* gibt es noch eine andere Möglichkeit, in der Darstellung deutlich zu machen, daß das Territorium sich in den Händen des Angreifers befindet und nicht mehr von den Verteidigern geschützt werden kann. So ist in den hier behandelten Quellen häufig vor der Unterwerfung eines fremden Volkes oder einzelner Großer davon die Rede, daß der fränkische Herrscher oder seine Beauftragten deren Land ungehindert durchzogen haben und dabei gegangen sind, wohin sie wollten. In den Reichsannalen wird das im Zusammenhang mit der Unterwerfung Widukinds betont: Im Jahr 785 überwintert Karl der Große auf der Eresburg und läßt – es ist wohl nicht falsch, zu sagen: demonstrativ – seine Frau mit den Kindern zu sich kommen. Währenddessen läßt er das Land der Sachsen von kleineren Abteilungen plündern und erobert selbst ihre Befestigungen und ‚säubert' die Straßen, ‚bis der passende Zeitpunkt da ist'. Dann hält er eine Reichsversammlung in Paderborn, ‚und von hier aus unternahm er einen Feldzug auf offenen Wegen, ohne daß sich ihm jemand entgegenstellte, durch ganz Sachsen, wohin auch immer er wollte'[80]. Direkt im Anschluß an diesen Satz wird weiter berichtet, daß Widukind nun Karls Aufforderung nachkommt, sich zu ihm begibt und sich unterwirft.

Karl, so wie ihn die Reichsannalen schildern, macht also dadurch, daß er sich mit seinem Heer bewegt, wie er will, deutlich, wer in Sachsen die Herrschaft innehat. Widukind kann offensichtlich gar nicht anders, als nun endgültig aufzugeben. Die Einhardsannalen bringen den zitierten Satz nicht, beschreiben aber alles, was Karl im Winter in Sachsen unternimmt, als *vastatio*[81]. Das Wort taucht in den Reichsannalen an dieser Stelle nicht auf, was aber wohl ohne Bedeutung ist, da es im Jahresbericht zuvor im gleichen Zusammenhang genannt wird und dabei auch die Rede davon ist, daß Karl umherzieht[82]. Man kann also den Bedeutungsinhalt der *vastatio* von der ungehinderten Zerstörung ausdehnen auf freie Bewegung im gegnerischen Gebiet, die ja erst die Zerstörung ermöglicht. Die Reichsannalen brauchen von ‚Zerstörungen' gar nicht mehr zu sprechen, wenn sie den ungehinderten Zug Karls erwähnen. Am deutlichsten wird dieser Zusammenhang in den von den Reichsannalen abhängigen ‚Annales Mettenses': In ihnen heißt es, daß ‚König Karl Sachsen zerstörend durchzog' und anschließend sein Lager an der Weser errichtete[83]. Hier wird also die Art

Die Grenzen des Raumes 145

des ‚Umherziehens' durch den Zusatz der *vastatio* näher erläutert und damit verdeutlicht, wie man sich diesen Vorgang vorzustellen habe.

Dieselbe Art der Darstellung und der Handlungslogik – ungehinderte Bewegung im Feindesland und danach erfolgende Unterwerfung – gibt es häufig. So berichten wiederum die Reichsannalen von der Unterwerfung der gesamten Bretagne, nachdem Markgraf Wido mit verbündeten Truppen dort eingefallen ist und das ganze Land durchzogen hat[84]. Als Zeichen der Unterwerfung überbringt Wido dem aus Sachsen zurückkehrenden Karl dem Großen die Waffen der bretonischen *duces*, die mit den Namen ihrer Besitzer versehen sind[85]. Es wird anschließend ausdrücklich gesagt, daß die Bretagne niemals vorher vollständig von den Franken unterworfen worden sei[86]. Das hat sich nun geändert und wird schon zu Beginn mit der vollständigen Durchdringung des Landes verdeutlicht. Zum *perlustrare* des ganzen Landes kommt hier noch der symbolische Akt der Übergabe der mit den Namen versehenen Waffen und vielleicht auch der Feldzeichen, wie Ado von Vienne hinzufügt, der in seiner Chronik an dieser Stelle weitgehend den Reichsannalen folgt[87]. Die Größe des Triumphs wird also in der Darstellung mit verschiedenen Mitteln verdeutlicht. Wegen der Einmaligkeit der Schilderung scheint die Episode mit den Schwertern eher einen historischen Akt wiederzugeben, während das für den Durchzug durch das Land nicht zu sagen ist. Er kann genausogut ein Zeichen für den zeitgenössischen Leser sein, der solche ‚Markierungen' mit einiger Sicherheit verstanden haben dürfte.

In den ‚Gesta abbatum Fontanellensium' wird ein solches Vorgehen auch rückwärts auf die Geschichte projiziert und bereits Julius Caesar unterstellt. Innerhalb der Gesta des Abts Teutsindus wird unter anderem über den Bau einer Basilika berichtet, die dem Erzengel Michael geweiht ist. Dafür habe man auch Steine aus dem *castrum* Iuliobona herbeigeschafft, das bereits vor Chrisi Geburt vom Kaiser der Römer Gaius Iulius errichtet worden sei. Das habe dieser getan, als er ‚ganz Gallien verheerend durchzog'[88]. Ganz anders als die vorübergehende ‚Flut' der Goten und Hunnen wird die Inbesitznahme und Unterwerfung des Landes durch den römischen Feldherrn mittels der *vastatio* und des *circuitus* in ‚ordentlichen' Kategorien dargestellt[89].

Auch der Durchzug durch das eigene Land kann eine Bedeutung haben, wie ein letztes Beispiel aus den ‚Annales Bertiniani' zeigt. Nach dem Sieg über Lothar und den Friedensverhandlungen bei Mâcon kehren Karl der Kahle und Ludwig der Deutsche in ihre Reiche zurück, Karl nach Aquitanien und Ludwig nach Sachsen. Beide durchziehen ihre Länder, die ja kurz vorher noch von Pippin und Lothar gegen sie aufgewiegelt worden waren[90]. Die Annalen betonen also, daß die Herrscher ihre Länder wieder vollständig in Besitz genommen haben. Man fühlt sich bei diesen Akten an das Rituals des Umritts erinnert, mit dem der Herrschaftsbeginn demonstriert wurde und dem bereits bei den Merowingern politische und rechtliche Bedeutung zukam[91]. Auch dabei wird der zu beherrschende Raum demonstrativ ‚umfaßt', was der ‚Durchdringung', wie sie uns in den besprochenen karolingischen Quellen entgegentritt, ähnelt. Man sieht an diesem Beispiel, wie stark das ‚Reisekönigtum' frühmittelalterlicher Herrscher in symbolischen Kategorien gedeutet werden muß.

II. Die Qualität des Raumes: Ausbau und Störung der Sakraltopographie

Mittelalterliche Raumvorstellungen trennen, wie bereits festgestellt, zwischen physischen und metaphysischen oder spirituellen Räumen[92]. Man erfaßt aber die Differenzierung nicht vollständig, wenn man lediglich aus moderner Sicht ‚realen' Räumen solche physisch nicht nachweisbaren wie etwa das Fegefeuer gegenüberstellt. Denn ein spiritueller Aspekt ist auch die Sakralisierung von ‚realen' Räumen, ihre Auflading mit Heiligkeit, die Orte schafft, an denen die göttliche Kraft auf besondere Weise wirksam ist. Diese Kraft wirkt durch die Heiligen und nach ihrem Tod an jenen Orten, an denen ihre Reliquien ruhen[93]. So existiert im Frankenreich eine Art ‚Sakraltopographie', die durch ein Netz von Orten vorstellbar ist, welche die Präsenz der Heiligen aufweisen. Auf der Ebene der Hagiographie kann man anhand voneinander abhängiger und miteinander in Verbindung stehender Viten Verbindungslinien dieses Netzes feststellen und Vitenkreise rekonstruieren, in deren Zusammenhang man von einer „topographie religieuse" gesprochen hat[94]. Translationen ermöglichen es, dieses Netz auf neu eroberte Gebiete wie Sachsen auszuweiten. Sakrale Orte der ursprünglich paganen Bevölkerung werden, wie das Beispiel der Irminsul zeigt, zerstört oder durch ‚Umwidmung' in die christliche Topographie einbezogen[95].

Bei militärischen Unternehmungen wird dieses Koordinatensystem heiliger Räume deutlich, wenn etwa Ludwig der Fromme auf seinem Zug gegen die Bretonen Kloster um Kloster besucht und sich des Zuspruchs der Heiligen versichert[96]. Ermoldus Nigellus, der diesen Zug schildert, zeigt hier ganz deutlich, welche Bedeutung es für den Sieg hat, daß der Herrscher nicht ohne die Intervention der Heiligen in den Kampf zieht. Und so bestimmt deren Aufenthalt das Kriegsitinerar des Königs. Der Vorwurf der Plünderung heiliger Räume gegenüber Lothar in den ‚Annales Bertiniani' ist gleichsam das Gegenstück zu diesem Zug Ludwigs[97]. Die Kirchen und Schatzhäuser nicht zu achten, sie nicht aufzusuchen, um sich an diesen Orten Hilfe für den Feldzug zu holen, sondern um sie auszurauben, bedeutet, die Kriegführung nicht unter den Schutz Gottes und der Heiligen zu stellen, sondern gegen sie zu richten.

1. Der Ausbau der Sakraltopographie

Mit seinen Siegen über die Slawen erweitert Eberhard von Friaul die *domus ecclesiae* und schwächt das *regnum diaboli*. Die Kirche wird also durch die Siege im Heidenkampf erweitert. In sichtbarer Form geschieht diese Erweiterung durch den Ausbau von Kirchen und Klöstern, also die Errichtung einer kirchlichen Organisationsstruktur. Für diesen Ausbau ist die Translation der Gebeine von Heiligen in die neu der Christianitas zugefügten Räume notwendig. Mit der Translation wird die *virtus* der Heiligen an die neu eroberten Orte übertragen. In der Darstellung der Ereignisse in den Translationsberichten können diese Vorgänge derart überhöht werden, daß die Übertragung der Reliquien die Christianisierung und letztendlich auch den Sieg über die Heiden bewirken. Konsequent wird damit gezeigt, wie Gott sich die Welt unterwirft[98].

2. Die Störung der Sakraltopographie durch die Barbaren

Mit den Einfällen der Normannen im neunten Jahrhundert wird die Sakraltopographie des Frankenreichs erheblich gestört. Die ‚Flüchtlingsliteratur' der westfränkischen Translationsberichte zeigt den Lesern, wie die Heiligen überall die Erhebung ihrer Reliquien und ihre Überführung an einen sichereren Ort über sich ergehen lassen müssen. Die Einfälle werden in der Hagiographie immer wieder in erster Linie als Gefahr für die Reliquien dargestellt, die daher in Sicherheit gebracht werden müssen, denn die Normannen besetzen die *sancta loca*[99]. Die Reliquien werden von Mönchen gerettet oder erweisen ihre Wirkmächtigkeit dadurch, daß sie sich von den Heiden nicht auffinden lassen. Das Kloster, das ihnen oft seit langer Zeit als Aufenthaltsort gedient hatte, wird nun ihres Schutzes beraubt und bleibt, wenn sich nicht einige Streiter Christi finden, die es nicht verlassen wollen, einsam zurück und ist der Zerstörung und Plünderung durch die Normannen ausgeliefert.

Wie weit die Mönche mit den Reliquien zu ziehen haben, hängt von den jeweiligen Umständen ab. Manchmal genügt es, die Gebeine des Heiligen aus dem unbefestigten Kloster in die nächste Stadt zu bringen. Das geschieht im Fall des hl. Vedastus, dessen Reliquien von Beauvais wieder nach St. Vaast zurückgebracht werden, nachdem das Kloster selbst befestigt worden ist[100]. Zuweilen sind die benachbarten Städte, die Sicherheit bieten könnten, genauso gefährdet und werden genauso zerstört wie die Klöster: Im Jahr 865 machen sich die Normannen erst nach der Zerstörung von Orléans mit 40 Schiffen auf den Weg zu dem nahe gelegenen Fleury, um das Kloster des hl. Benedikt zu plündern und gehen damit genauso vor, wie sie es neun Jahre zuvor schon einmal getan haben[101]. Das von den Normannen bedrohte Reims ist nicht durch Mauern geschützt, weshalb Erzbischof Hinkmar die Stadt mit den Reliquien des hl. Remigius verläßt und diese nach Epernay in Sicherheit bringt[102]. Und immer wieder wird in der Sekundärliteratur der weite Weg beschrieben, den die Reliquien des hl. Filibertus über mehrere Stationen von der Insel Noirmoutier im Atlantik bis nach Tournus am Rande des westfränkischen Burgund zurückzulegen hatten[103].

Auf der Flucht können die Reliquien durchaus zu verstehen geben, wohin der Heilige gebracht werden möchte. Eine Feuersäule über den Reliquien des hl. Remaclus zeigt den Mönchen von Stablo den Weg durch die Nacht zu ihrem neuen Bestimmungsort[104]. Orte, wie Nogent, die als sicher erachtet wurden, konnten zu Sammelplätzen für Reliquien werden, was auch die Historiographie überliefert[105]. Städte, die im Ruf standen, stärker befestigt zu sein und unter dem Kommando kampferprobter Großer zu stehen, konnten gleichsam zu Sammelplätzen von Reliquien werden, wie es die ‚Miracula S. Prudentii' für Dijon, das unter dem Kommando des burgundischen *dux* Richard stand, bezeugen[106]. Man kann nur vermuten, welch große Bedeutung eine solche Konzentration der *virtus* verschiedener Heiliger an einem Ort für die Menschen hatte.

Für die zurückbleibende Bevölkerung bedeutet in der Hagiographie die Translation der Heiligen, daß sie ihres Schutzes beraubt wird. Die göttliche Prüfung durch den Normanneneinfall muß also auch noch ohne die Hilfe der Heiligen überstanden werden. Den bewegendsten Ausdruck findet die Trauer der Menschen in der ‚Translatio S. Germani Parisiensis', deren anonymer Autor die Überführung der Reliquien des hl. Germanus beschreibt und anschließend sagt, daß außer den Reliquien aus St. Denis, deren Translation Karl der Kahle verboten habe, alle übrigen Heiligen der Gegend aus Furcht vor den Normannen an andere Orte gebracht worden seien. Niemand könne das Weinen und die Trauer der Mönche, Kleriker und Laien, der Frauen und Jungfrauen, der Greise und Kinder wiedergeben, die mit ansehen mußten, wie die Körper der Heiligen, die sie mit ihren Verdiensten immer verteidigt und beschützt hatten, an andere Orte gebracht wurden[107].

Die Klage zeigt die Furcht, daß dem Land durch die Translation der Schutz des Heiligen entzogen wird. Solche Ängste belegen ja auch Beschwerden in fränkischen Städten bei der Translation von Reliquien in das neu eroberte und missionierte Sachsen[108]. Dem Ort selbst, an dem der

Heilige gelegen hat, der Kirche, ist seine Kraft aber offensichtlich nicht gänzlich genommen. Auch dazu äußert sich der Translationsbericht des hl. Germanus, der bereits an der eben zitierten Stelle betont, daß die Reliquien so lange Zeit *(multo tempore)* in den Kirchen gelegen hatten, bevor sie von dort weggebracht wurden. Im Geist *(spiritu)* ist der Heilige immer noch anwesend und beschützt mit seiner *virtus* die Kirche vor der Verwüstung durch die Normannen, während die Stadt weitgehend zerstört wird. Und auch hier wird erneut auf die lange Zeitdauer angespielt, über die der Heilige in der Kirche ‚körperlich' anwesend war[109]. Es scheint, als ob mit zunehmender Dauer die Verbundenheit des Heiligen mit dem Ort, an dem seine Reliquien ruhen, zunimmt. Die Spannung zwischen dem weiteren Schutz des sakralen Raums, der das Grab des Heiligen auch nach der Translation umgibt, und der Schutzlosigkeit der Provinz, in der dieser sich befindet, wird in der ‚Translatio S. Germani' nicht aufgelöst. Sie wird eher noch dadurch verstärkt, daß im weiteren berichtet wird, wie Dämonen nach der Befleckung der Kirche durch die Heiden dort ihr Unwesen treiben. Von ihnen hört man aber nach der Rückführung der Reliquien nie wieder etwas[110]. Der abwesende Heilige stemmt sich also nur gegen die materielle Zerstörung der Kirche, nicht gegen den Spuk der Dämonen, die erst wieder verschwinden, wenn er erneut anwesend ist.

Die lange ersehnte Rückkehr der Reliquien bringt dann dem ganzen Land Schutz und Segen wieder zurück. Das Land ‚erblüht', wie es die ‚Miracula S. Vedasti' ausdrücken[111]. Die Sakraltopographie ist wiederhergestellt, die Leiber der Heiligen sind zurück an jenen Orten, ‚an denen sie so viele Jahre über gelegen hatten'. Damit erhalten die Provinzen ihren Schutz wieder zurück, es sei denn, die Heiligen haben sich entschlossen, weiter an den neuen Orten zu verweilen.

Die Historiographie argumentiert in diesem Zusammenhang keineswegs anders. Auch hier schützen die Heiligen ihre Kirchen, und Gott greift in das Geschehen ein. In den ‚Annales Bertiniani' werden Normannen, die das Kloster St. Denis geplündert haben, später von Wahnsinn, Aussatz oder Tod getroffen[112]. Regino von Prüm schildert, wie der hl. Maurilio, zu Lebzeiten Bischof von Angers, den Bretonenkönig Nomenoi mit einer Erscheinung vor der erneuten Verwüstung seines Sprengels abhält[113]. In den Fuldaer Annalen werden der Rückzug der Normannen nach 20 Jahren permanenter Plünderung und die sich anschließenden blutigen Machtkämpfe unter ihren Großen mit der Bemerkung quittiert, daß Gott nun den Frevel an seinen Heiligen in gebührender Weise räche[114].

Immer wieder wird die ‚Reinigung' des sakralen Raumes betont, der von den Heiden zurückerobert wird. Ado von Vienne lobt Ludwig II. dafür, daß er 868 in Benevent fast alle Ortschaften und Kastelle erneut unterwirft, die von den Franken abgefallen sind und sich mit den Sarazenen verbündet haben, und damit auch die von den Heiden sowie von den ungläubigen Christen befleckten heiligen Orte reinigt, indem er sie erneuert und wiederherstellt[115]. Nach der Einnahme Barcelonas reinigt Ludwig der Fromme in der Darstellung Ermolds die Orte ‚an denen die Dämonen verehrt wurden', bevor er Christus für den Sieg dankt[116].

III. Die ‚Präzision' der Lokalisierung: Der Krieg im physischen und metaphysischen Raum

Genauso wie bei Zeitangaben herrscht bei der Schilderung von Räumen ein Nebeneinander von geographisch exakter Zuweisung und Ungenauigkeit. Das hängt oft mit der Bedeutung des Ereignisses für den Autor zusammen: Entscheidend ist in der Hagiographie der Tag der Translation und Rückführung des Heiligen, nicht das Jahr des normannischen Überfalls, der Auslöser für beides ist. In den ‚Miracula' des hl. Vedastus fallen die Normannen irgendwann während der ‚Regierungszeit Karls, des glorreichen Königs und Sohnes Kaiser Ludwigs', in das Frankenreich ein[117]. Das veranlaßt die Mönche von St. Vaast, die Reliquien ihres Heiligen zu erheben und in Sicherheit zu bringen. Später, nach dem Abklingen der Gefahr, werden sie zurückgebracht. Für beide Ereignisse gibt der Mirakelbericht das exakte Datum an, durch die sich die gesamten Ereignisse zeitlich zuordnen lassen[118]. Die Chronologie der Normanneneinfälle läßt sich heute oft gerade aufgrund solcher Translationen rekonstruieren. Entsprechendes gilt für den Raum. Im Vordergrund stehen die Orte, an denen sich der Heilige bei seiner Flucht aufhält oder in denen er Wunder wirkt, und nicht die Züge der Normannen. Diese lassen sich wiederum oft nur genauer rekonstruieren, weil man erfährt, welche sakralen Orte sie auf ihrem Weg heimgesucht haben.

Orientiert sich die Hagiographie an den Aufenthaltsorten der Heiligen, so bezieht die Historiographie die geographischen Verhältnisse auf den Herrscher. Vor allem die Annalistik führt genauestens Buch über Reichstage, Fest- und Jagdaufenthalte des Königs. Dasselbe gilt entsprechend auch für seine oder die von ihm befohlenen Kriegszüge. Dabei werden Orte und Landschaften als Fixpunkte aufgezählt, von und zu denen sich die Heere bewegen. Die eingangs dieses Kapitels konstatierte Orientierung am Itinerar wird hier sehr gut deutlich. Die Etappen sind nacheinander aufgereiht, eine Vorstellung von ihrer Lage ‚im Raum' wird nicht erkennbar. Größere Räume werden nur genannt, wenn geschildert wird, daß sie erobert, besetzt, verwüstet oder geplündert werden. Es geht dabei also um Räume, die als *regna* oder ähnliches Personen zugeordnet sind, die sie ihrem Herrschaftsbereich einverleiben oder einfach nicht mehr schützen und damit dort keine Herrschaft mehr ausüben können.

Im Detail kann allerdings die Beschreibung des Raumes sehr exakt sein. Nithard schildert das Schlachtfeld von Fontenoy und den Aufmarsch der Brüder so genau, daß man versuchen konnte, die Schlacht in ihrem historischen Verlauf zu rekonstruieren[119]. Hier wird aber sehr unterschiedlich vorgegangen. Die Lokalisierung der in den Quellen häufig beschriebenen Normannenschlacht von 880 ist so ungewiß, daß die Diskussion der Überlieferung zu den verschiedenen möglichen Orten zum Hauptanliegen einer größeren Arbeit werden konnte[120]. Die Schlacht von Andernach wird in der Historiographie einmal genau lokalisiert, ein anderes Mal wird nur allgemein von einer Schlacht gesprochen[121]. Diese Unterschiede hängen auch mit dem ‚Horizont' des Berichterstatters zusammen. Man hat ja oftmals – nicht immer zu Recht – etwa Annalenwerke aufgrund geographischer Bezüge Verfassern aus bestimmten Klöstern zugeordnet, die Dinge in ihrer Nähe berichten. Die Unterschiede haben aber auch mit dem zu tun, was der Autor betonen will. Beim Zug Ludwigs des Frommen gegen die Bretonen führt Ermoldus Nigellus alle seine Aufenthalte an, wobei er allerdings kaum die Orte nennt, sondern statt dessen die Personen oder Heiligen, die mit diesen Orten verbunden sind und somit den Herrscher auf seinem Zug unterstützen. Hier geht es nicht um die Verortung des Zuges im Raum, sondern um die Bedeutung der Orte für den Heereszug des Kaisers, also um die sakrale Topographie.

Die Dichtung ist in ihrem Verhältnis zum Raum besonders ambivalent. Schlachten können im Irgendwo stattfinden, wie das volkssprachige Epos auf die Schlacht von Saucourt zeigt[122]. Andererseits können bei der Schilderung von Belagerungen Orte wie Paris oder Barcelona regelrecht personifiziert werden. Das Schlachtfeld oder die belagerte Stadt werden darin zu einem hoch artifiziellen und idealisierten Ort, an dem sich ein Geschehen ereignet, das weit mehr symbolische Bedeutung hat, als durch eine realistische Schilderung des Ereignisses deutlich werden könnte. Es geht in Barcelona um den Erweis der Herrschaftsfähigkeit Ludwigs und in Paris um den Kampf mit den Mächten des Bösen. Mit dieser Idealisierung des Raumes geschieht hier dasselbe, was oftmals bei der Beschreibung eines idealen Jagdortes vorgenommen wird. Dabei werden Räume evoziert, die so nicht existiert haben können. Erinnert sei nur an die Schilderung im Aachener Karlsepos oder bei Ermoldus Nigellus[123]. Auch hierbei geht es darum, den Herrscher nicht bei einem Vergnügen, sondern bei einer für den Erweis seiner Herrschaftsfähigkeit wichtigen Handlung zu zeigen und damit zu idealisieren[124]. Der Raum wird dabei zu einem wichtigen Bestandteil der Argumentation.

Bei der Erweiterung und Verteidigung des Reiches werden dort, wo dieses mit der Christianitas gleichgesetzt wird, physischer und metaphysischer Raum nicht getrennt. Der Feind kommt immer in doppelter Hinsicht von außen, als Fremder und als Heide[125]. Fränkische Bruderkriege und Züge gegen die christianisierten Bretonen bedürfen ausführlicher Argumentation, in welcher der jeweilige Gegner als im Prinzip nicht zugehörig dargestellt wird, oder es muß die Ungeheuerlichkeit des Ereignisses herausgestellt werden.

Siebtes Kapitel

Krieg und Herrschaft

Im Mittelpunkt aller Quellen, die in dieser Arbeit untersucht werden, stehen Herrschergestalten. Das ist für mittelalterliche Historiographie und panegyrische Dichtung nicht außergewöhnlich und bei den Fürstenspiegeln ohnehin selbstverständlich. In der Hagiographie hingegen rückt stärker die himmlische Hierarchie in den Vordergrund, aber auch hier treten die Heiligen oftmals in Kontakt mit den weltlichen Herrschern und helfen diesen bei ihrer Kriegführung. Diese Hervorhebung des Herrschers – oder auch allgemeiner: der Herrschaftsträger – gilt folglich auch und oftmals gerade für die Beschreibungen militärischer Ereignisse in den Quellen. So wurde in den vorangegangenen Kapiteln zu Zeit und Raum gezeigt, in welcher Weise die Darstellung der Kriegführung dem Erweis der Herrschaftsfähigkeit dient und den Herrscher in seinem Tun charakterisiert. Bei den Berichten über den Krieg geht es also in erster Linie um seine Darstellung im Kontext von Herrschaft und Herrschaftsverhältnissen.

Der Herrschaftsbegriff ist für das Mittelalter nicht unproblematisch und in mehrfacher Hinsicht vom modernen Herrschaftsverständnis scharf geschieden. Vor allem die Personenzentriertheit mittelalterlicher Herrschaft hat es nützlich erscheinen lassen, eigene Kategorien zu entwickeln, wie sie im Begriff des ‚Personenverbandsstaates' deutlich werden[1]. In der Verfassungsgeschichte ersetzte er für lange Zeit aufgrund mangelnder ‚staatlicher' Strukturen nach modernem Verständnis weitgehend den Begriff des Staates. Nach Peter Moraw ist ein Grundproblem bei der Erforschung mittelalterlicher Herrschaft deren ausgeprägte äußere Zeichenhaftigkeit, die keinen Eingang in Schriftquellen gefunden hat und daher nicht adäquat erfaßbar ist[2]. Dieser Umstand wird in der neueren Forschung sozusagen ins Positive gewendet, indem verstärkt gerade die Zeichenhaftigkeit vor allem frühmittelalterlicher Herrschaft zum Thema gemacht wird[3].

Ist Herrschaft im früheren Mittelalter zweifellos in starkem Maß von Zeichenhaftigkeit geprägt, so soll im Kontext dieser Arbeit darauf verwiesen werden, daß diese Art von Zeichenhaftigkeit auf einer anderen Ebene komplementiert wird durch eine ausgeprägte Zeichenhaftigkeit der Darstellung von Herrschaft. Wie bereits bei der *vastatio* gezeigt werden konnte, dienen hier bestimmte Formen der Beschreibung dazu, bestimmte Aussagen zu treffen, die vor allem für den heutigen Leser nicht immer auf den ersten Blick eindeutig und oft nur aus dem Kontext oder dem intertextuellen Vergleich zu erschließen sind.

In der Karolingerzeit wird Herrschaft in rechtlichen und in religiösen Kategorien beschrieben, sofern sich diese überhaupt voneinander trennen lassen. Die eingangs genannte ausgeprägte Personenbezogenheit der Berichte über den Krieg, bei denen die einzelne Herrschergestalt im Mittelpunkt der Berichte und Deutungen steht, führt dazu, daß es vor allem um das Verhältnis des Herrschers zu den rechtlichen und religiösen Normen geht. Da diese Normen nicht zur Disposition stehen, erweist sich der Herrscher als ‚gut' oder ‚schlecht', je nachdem, in welchem Maße er ihnen nachkommt beziehungsweise wie sehr er sie vernachlässigt. Seine Persönlichkeit ist also für das Gelingen oder Mißlingen der Herrschaft von absoluter Priorität[4].

Andere Kategorien, in denen moderne Darstellungen das Verhältnis von Krieg und Herrschaft beschreiben würden, wie Wirtschaft oder soziale Ungleichheit, fehlen in den hier untersuchten Quellen, oder sie werden innerhalb der Kategorien von Religion und Recht behandelt. So erwähnt zwar Einhard den unermeßlichen Reichtum, den die Eroberung des Schatzes der Awaren den Franken gebracht habe, die vorher eher als arm gegolten hätten. Aber dabei geht es nicht um die Frage, wie dieser neue Reichtum eingesetzt worden ist, sondern um die Steigerung des Prestiges der Franken, die den Awaren das wieder abgenommen haben, was diese vorher anderen geraubt hatten[5]. Hiermit wird die Größe des Sieges gezeigt, die noch betont wird durch die vorausgehende Bemerkung, daß der gesamte awarische Adel zugrunde gegangen und ganz Pannonien entvölkert worden sei, sowie durch den folgenden Zusatz, daß auf seiten der Franken lediglich zwei Große in diesem Krieg gefallen seien und er für sie ansonsten fast unblutig verlaufen sei[6]. Wenn auch Timothy Reuter gezeigt hat, welch große Bedeutung dieser materielle Gewinn gehabt haben könnte und welche Bedeutung die Plünderungen und Tribute überhaupt als Motivation für die Kriegführung und vor allem die Beteiligung des Adels gehabt haben mögen, so ist diese Argumentationsweise den zeitgenössischen Autoren absolut fremd[7].

Ebenso wie mit wirtschaftlichen verhält es sich mit sozialen Faktoren. Eines der Paradebeispiele für ‚bäuerlichen Widerstand' im frühen Mittelalter, der Aufstand der Stellinga, wird vollständig in rechtlichen und religiösen Kategorien erfaßt. Nach Nithard und den Fuldaer Annalen erheben sich die Stellinga, von Lothar aufgewiegelt, gegen ihre legitimen Herren. Lothar sieht nach seiner Niederlage bei Fontenoy darin seine letzte Chance. Für die Historiographen zeigt dieses Vorgehen nach den vielfachen Eidbrüchen Lothars nur noch stärker seine Verworfenheit, denn er gestattet den Sachsen den Rückfall ins Heidentum[8]. Abweichung von den christlichen Normen, Aufstand gegen legitime Herrschaft und charakterliche Defizite erklären hier das historische Phänomen.

Die Beispiele der Awaren und der Stellinga belegen die eingangs dargelegte Konzentration auf Recht und Religion als Kategorien für die Beschreibung des Verhältnisses von Krieg und Herrschaft. Diesen Kategorien soll daher getrennt nachgegangen und versucht werden, sie in ihrer jeweiligen Bedeutung zu erfassen. Es versteht sich dabei von selbst, daß diese Trennung für die Zeitgenossen kaum nachvollziehbar gewesen wäre, da für das frühere Mittelalter nicht eine rechtliche und eine religiöse Sphäre getrennt voneinander existierten. Vielmehr war das Recht von religiösen Vorstellungen und die Religion von rechtlichem Denken durchdrungen. Beide Sphären kennzeichnete zudem ein ähnlich ausgeprägter Formalismus[9]. Man muß dabei nur an den Gottesbeweis im rechtlichen Verfahren oder die Tarife im Bußsystem denken. Mit der im folgenden vorgenommenen Scheidung von rechtlichen und religiösen Kategorien im III. und IV. Abschnitt soll diese Einheit keineswegs in Abrede gestellt werden. Es geht dabei lediglich darum, primär rechtliche, obgleich natürlich immer auch religiös geformte Konzepte wie das des *bellum iustum* und Phänomene wie das Eingreifen der Heiligen oder des Teufels in weltliches Geschehen gesondert zu betrachten. Im Schlußkapitel wird beides zusammenzuführen sein.

I. Die Schlacht als Gottesurteil

Rechtliche und religiöse Kategorien bei der Beschreibung militärischer Ereignisse und ihrer Bedeutung für die Königsherrschaft erscheinen am anschaulichsten in der Darstellung der Schlacht als Gottesgericht oder Gottesurteil. Es ist bereits häufig festgestellt worden, daß Schlachten in der Karolingerzeit wie im gesamten Frühmittelalter in der Historiographie oftmals der Charakter eines *iudicium Dei* zugesprochen wurde. Das bekannteste Beispiel ist auch hier wieder die Schlacht von Fontenoy im Jahr 841. Nithard sagt bekanntlich, daß Karl und Ludwig nach den hin- und herlaufenden Verhandlungen mit den Gesandten Lothars am Ende fordern, daß dieser entweder einen eigenen Vorschlag unterbreiten oder eine der von ihnen angebotenen Lösungen akzeptieren solle, andernfalls würden sie sich am folgenden Tag, zur zweiten Stunde, ‚zum Gericht des allmächtigen Gottes' einfinden, zu dem er sie gegen ihren Willen genötigt habe[10]. Tag und Stunde des ‚Gerichts' werden also, offensichtlich formalen Vorgaben folgend, ganz genau angegeben. Unmittelbar nach der Schlacht kennzeichnet Nithard das Ereignis noch zweimal als Gottesgericht: Zunächst spricht er von der Gnade der Könige gegenüber den von Gottes Gericht und der Niederlage Betroffenen, und anschließend sagt er, daß die versammelten Bischöfe es durch Gottes Gericht als erwiesen betrachtet hätten, daß die Verbündeten für das Recht gekämpft haben[11].

Wenn die Darstellung der Schlacht von Fontenoy auch das bekannteste Beispiel ist, so werden doch auch andere Schlachtensiege als Gottesgericht interpretiert. In den ‚Annales Mettenses' kommt diese Einschätzung gleich mehrfach vor, wenn bei wichtigen Ereignissen vom *iudicium Dei* oder vom *iudicium Domini* beziehungsweise vom *iudicium divinae iustitiae* die Rede ist[12]. Die ‚Annales Bertiniani' interpretieren Niederlage und Flucht Ludwigs des Jüngeren vor den Normannen als Gottesgericht[13]. Und auch die Schlacht von Andernach – erneut ein Treffen zwischen Karolingern, nämlich Karl dem Kahlen und Ludwigs des Deutschen gleichnamigem Sohn – wird in den ‚Annales Vedastini' als *iudicium Dei* gewertet. Die Einschätzung der Schlacht als Gottesgericht ist in diesem Fall besonders interessant, da beide Heerführer in ihrem Handeln ausdrücklich als vom Teufel angestiftet bezeichnet werden, weil sie als Verwandte überhaupt untereinander Krieg führen[14]. Das göttliche Gericht betrifft also auch Entscheidungen, die mit teuflischem Antrieb erzwungen werden.

Einen anderen Akzent setzt Regino von Prüm bei seiner Deutung des Ereignisses, er bleibt aber prinzipiell bei der Erklärung nach rechtlichen Kriterien. Karl habe, so sagt er, zu spät erwogen, welche Gefahren es mit sich bringe, gegen die Gesetze der Billigkeit, die durch göttliche und menschliche Gesetze bekräftigt seien, von Begierde getrieben, zu verstoßen[15]. Die Niederlage ist also Folge der Selbstsucht, wie sie Nithard auch immer wieder Lothar und seinen Anhängern unterstellt. Und auch die ‚Annales Bertiniani' lassen Lothar ‚in Übertretung der Gesetze der Natur' handeln, worauf er dann auch die Niederlage zu erleiden hat[16]. Von Gottes Eingreifen ist hier nicht explizit die Rede, aber die Strafe durch die Niederlage kann eigentlich nur auf ihn zurückgeführt werden.

Auf solchen und anderen Beobachtungen zum *iudicium Dei* aufbauend, hat Wilhelm Erben, ausgehend vom Spätmittelalter, seine ‚Lehre' der Schlacht als einer Rechtshandlung, als einem Gottesurteil im germanischen Sinn entwickelt[17]. Die Beschreibungen sind für ihn Ausdruck eines ausgeprägten Rechtsformalismus, dessen Bestandteile sich als Rechtsformen in der Eröffnung, dem Zweikampf oder dem Siegerlager nach der Schlacht zeigen. Die ältere Rechts- und Verfassungsgeschichte ist Erben dabei weitgehend gefolgt[18].

In seinem Buch über den Rechtscharakter des Krieges im deutschen Mittelalter hat Kurt-Georg Cram sich hiervon abgesetzt und einen neuen Ansatz zum Verständnis dieser Befunde gewählt. Auf der Grundlage der von Johan Huizinga in seinem ‚Homo ludens' herausgearbeiteten Kategorien möchte Cram die ‚Spielregeln' rekonstruieren, die solchen rechtlichen Handlungen zugrunde lagen[19]. Nach seiner Deutung ist der von Erben betonte Formalismus, der in den Quellen bei der Darstellung des Krieges erscheint, nicht ein Rechtsformalismus, sondern beide Sphären,

Krieg und Recht, unterlägen dem „Hang zu spielhafter Form, zur ‚Spielregel'"[20]. Damit benutzt Cram einen Begriff, der auch in der zeitgenössischen Mediävistik von Gerd Althoff für seine Analysen der frühmittelalterlichen Kommunikationsformen in Frieden und Fehde aufgegriffen und für sehr viel weitergehende Analysen der frühmittelalterlichen Gesellschaft verwendet wird[21].

Crams Studie hat vor allem das große Verdienst, sich von der rechtshistorischen Fixierung gelöst und, vom Rechtsformalismus ausgehend, auf einen allgemeinen Formalismus im Denken hingewiesen zu haben, den man sicher mit dem Hang zu ‚Spielregeln' gut umschreiben kann. Außerdem differenziert er sehr genau zwischen einzelnen rechtlichen Formen und sonstigen Bestandteilen. Aber ihn beschäftigt vor allem die Frage, was hinter der Beschreibung, also auch hinter Topoi, Übertreibungen und ähnlichem, an realen Verhaltensweisen und rechtlichen Formen steckt. Zwar ist das Problem, das Erben als kriegs- und rechtsgeschichtliches ansieht, für ihn ein literarkritisches, aber es geht ihm auch um die dahinterstehenden Vorgänge auf dem Kriegsschauplatz[22]. Cram bleibt letztlich, wie seine Vorgänger auch, dabei stehen, rechtliche Akte rekonstruieren zu wollen.

Stärker auf die Beschreibung selbst rekurrieren Frank Pietzcker und Janet Nelson. Bei Pietzcker wird Nithards Darstellung als Gottesgericht zur Rechtfertigung eines Überfalls auf Lothar, der gerade nicht nach rechtlich und formal korrekten Formen erfolgt sei. Hier läßt sich Angelberts Gedicht über die Schlacht und die Klage über den Verrat gut einbauen, aber letztlich ist Pietzckers Argumentation aus den Quellen nicht schlüssig haltbar, wie Janet Nelson zeigt[23]. Es geht ihm aber – und das ist im Kontext der vorliegenden Arbeit von Interesse – vor allem darum, zu zeigen, daß das Gottesgericht nur eine Formel ist, die nicht reales Geschehen abbildet, sondern Handeln aus der Sicht der einen beteiligten Seite rechtfertigt. Bei Janet Nelson wird die Darstellungsabsicht Nithards ähnlich intrepretiert, wenn auch bei ihr die Frage nach der Realität des Gottesurteils wenig bedeutend ist. In ihrer Interpretation ist vor allem wichtig, daß Nithard das ‚korrekte' Verhalten Karls und Ludwigs für deren Gefolgsleute darstellt, die für Nelson das intendierte Publikum Nithards sind. Deren Loyalitäts- und Wertekonflikte im innerfränkischen Bruderkrieg habe Nithard durch seine Darstellung vor allem ausräumen wollen[24].

Die beiden zuletzt vorgestellten Ansätze zeigen, daß es sehr viel weiter führen kann, sich bei der Untersuchung von Schlachten als Gottesgericht von der rechtsgeschichtlichen Interpretation zu lösen, indem man nach Absichten in der Darstellung fragt. Einen wichtigen weiteren Schritt kann man gehen, wenn man versucht, diese rechtlichen Argumentationen auf die Gesamtstruktur historiographischer Werke zu beziehen. Denn wenn man den Kontext betrachtet, in den die Schlacht als Gottesgericht bei Nithard eingebettet ist, dann fällt auf, daß nicht nur die Darstellung der Schlacht, sondern auch die der gesamten Ereignisse der von ihm geschilderten Auseinandersetzungen in rechtlichen Kategorien geschildert wird. Es erhebt sich dabei die Frage, ob nicht die neuerdings für die Kriegführung im 9. Jahrhundert reklamierte Ritualisierung[25] auch Ausdruck der Verrechtlichung ihrer Darstellung ist. Auf diese rechtliche Argumentation soll im folgenden eingegangen werden. Entsprechend der Bedeutung für das Werk Nithards, wird dabei mit dem Eid begonnen.

II. Die Bedeutung des Eides für Herrschaft und Krieg

Bei der Suche nach rechtlichen Begriffen, die in der Karolingerzeit sowohl bei der Darstellung militärischer Ereignisse als auch bei der von Herrschaft eine Rolle spielen, stößt man sehr schnell auf den Eid. Er ist für die Karolinger ein Element der Herrschaftsdurchsetzung und -sicherung. Durch ihn wird das Verhältnis des Herrschers zum Volk bestimmt und gesichert[26]. Die große Bedeutung des Eides für die Zeit Karls des Großen hat vor kurzem die Arbeit von Matthias Becher herausgestellt[27]. Nun verkörpert auch der Untertaneneid letztlich eine Entwicklung aus dem Eid des römischen Militärwesens und spielt eine wichtige Rolle bei der Sicherung der militärischen Gefolgschaft im Krieg[28].

1. Der Eid bei Nithard

In den hier untersuchten erzählenden Quellen nimmt der Eid ebenfalls viel Raum ein, wenn von Gründen für den Krieg, seinen Verlauf oder seinen Ergebnissen gesprochen wird. Der Eid, der Bruch des Eides oder der Zwang, einen Eid zu leisten, dienen immer wieder dazu, Eigenschaften oder Verhalten von Kriegführenden zu charakterisieren oder Ereignisabläufe zu erklären. Das deutlichste Beispiel dafür sind die ‚Historien' Nithards, die der Verfasser selbst ja als eine Beschreibung der Wahrheit über die Streitigkeiten zwischen den Brüdern bezeichnet und in denen er fast so etwas wie eine Eideslehre entwickelt, welche die historischen Abläufe durchzieht und erläutert[29].

Eide werden im Werk Nithards auf fast jeder Seite der Edition versprochen, angekündigt, geleistet oder gebrochen. Sowohl sein Auftraggeber Karl der Kahle und der mit ihm verbündete Ludwig der Deutsche als auch die Vertreter der Gegenseite mit Pippin von Aquitanien und vor allem Lothar werden durch ihr Verhältnis zum Eid bestimmt. Darstellerisch, kompositorisch und argumentativ steht das Moment der Eidesleistung mit der ausführlichen Schilderung der Straßburger Eide an ganz zentraler Stelle[30].

In erster Linie ist es Nithard offensichtlich wichtig, zu zeigen, daß Lothar Eide eingeht und völlig ohne Gewissenskonflikte bricht, wie es ihm gerade opportun erscheint. Diese Haltung beginnt bereits mit der ersten Äußerung zum Eid in diesem Werk überhaupt: Nach der Geburt Karls leistet Lothar seinem Vater einen Eid darauf, Karl, dem Ludwig einen beliebigen Teil des bereits geteilten Reiches zuteilen soll, in Zukunft gegen alle Feinde zu beschützen[31]. Auf die Anstiftung durch Große in seiner Umgebung hin will er dies aber sehr bald wieder rückgängig machen. Damit ist im Grunde genommen bereits der Konflikt erfaßt, der das ganze Werk durchzieht. Aber noch das gesamte erste Buch hindurch, das den Auseinandersetzungen der Söhne mit dem Vater gewidmet ist und ausdrücklich die Anfänge und Ursachen des Bruderzwistes aufzeigen soll[32], wird dieses Thema weiter ausgebaut. Nach der Wiedereinsetzung Ludwigs, dessen Absetzung vor allem als Werk Lothars dargestellt wird, leisten dieser und die Seinen zunächst einen Eid, das ihnen zugewiesene Italien nicht zu verlassen und die Grenzen Franciens nicht zu überschreiten[33]. Als nun Ludwig sein Ende nahen sieht und – auch durch einen Aufstand Ludwigs des Deutschen veranlaßt – die Befürchtung hegt, daß Karl nach seinem Tod sein Reich verlieren werde, wendet er sich erneut an Lothar, in ausdrücklicher Erinnerung an den alten Eid zum Schutz des Bruders[34]. Gegen die Zusicherung von Verzeihung und der Teilung des Reiches mit Ausnahme Bayerns unter Karl und ihn selbst, beeidet Lothar, zusammen mit den kaiserlichen Gesandten, erneut seine alte Verpflichtung[35]. Bei ihrem anschließenden versöhnlichen Treffen in Worms kommt Ludwig seinen Versprechen, die seine Abgesandten beschworen haben, ausdrücklich nach[36]. Lothar hingegen erinnert er beim Abschied an dessen Eide und Verfehlungen, ruft sie ihm sogar beschwörend ins Gedächtnis und fordert ihn auf, wenigstens die neuen eidlichen Zusagen nicht wieder zu mißachten[37]. Damit ist das erste Buch fast an seinem Ende angelangt. Die eindringlichen Ermahnungen des alten Kaisers verweisen auf den weiteren Verlauf der Ereignisse, in dem Lothar – wie nicht anders zu erwarten – seine Eide wieder brechen wird. Im Prooemium des zweiten Buches sagt Nithard, daß jeder Leser nun wisse, warum Lothar nach dem Tod des Vaters seine beiden Brüder verfolge[38]. Sein Charakter ist nun offensichtlich ausreichend dargestellt, um die folgenden Ereignisse zu verstehen.

In den Auseinandersetzungen, die in den nächsten drei Büchern geschildert werden, verhält sich Lothar so, wie es das erste Buch erwarten läßt. Mehrfach wird er noch persönlich an den Bruch seiner Eide erinnert, oder andere denken bei ihren Beratungen an diese Eidbrüche zurück. Nithard selbst wird gleich zu Beginn des zweiten Buches, nach den ersten feindseligen Maßnahmen Lothars, zu diesem gesandt, um ‚Erinnerungsarbeit' zu leisten – ebenso vergeblich wie später Gesandte Karls vor oder der Bischof Exemeno nach der Schlacht von Fontenoy[39]. An anderer Stelle erinnern sich die Ratgeber Karls bei ihren Unterredungen an Lothars Eidbrüche und lassen sich durch sie in ihrem Urteil leiten[40]. Und schließlich, zu Beginn des letzten Buches, begründet die von Ludwig und Karl eingesetzte Versammlung des Klerus ihr vernichtendes Urteil über Lothars Handeln vor allem damit, daß er die seinem Vater und seinen Brüdern geleisteten Eide gebrochen habe[41]. Somit wird in den ersten Kapiteln jedes Buches an die Eidbrüche Lothars erinnert.

Im Urteil des Klerus spielt auch eine Rolle, daß Lothar durch seine Herrschsucht auch das christliche Volk eidbrüchig gemacht hat. Es ist nun sicher kein Zufall, daß gerade in den Kapiteln, in denen die soeben zitierten Stellen zur Ermahnung Lothars stehen, seine Versuche berichtet werden, andere zum Bruch ihrer Eide anzustacheln. Einmal beraubt er Gesandte Karls ihrer Güter, weil sie, im Gegensatz zu anderen Großen, die namentlich genannt werden, nicht von ihren Eiden abfallen wollen[42]. Ein weiteres Mal versucht er vergeblich, Karl selbst dazu zu bringen, sich von seinem eidlich bekräftigten Bündnis mit Ludwig loszusagen, was er mit der Zusage zu erreichen sucht, dasselbe gegenüber Pippin tun zu wollen[43]. Hier setzt Nithard ganz eindeutig dreimal dasselbe Zeichen, um Lothars Handeln zu charakterisieren: Lothar bricht seine Eide, wovon ihn auch Ermahnungen nicht abhalten, und veranlaßt andere, ebenso zu handeln. Was den Vorwurf anbetrifft, ‚das Volk' zum Eidbruch verleitet zu haben, so ist wohl in erster Linie daran zu denken, daß Lothar die Bevölkerung unterworfener Gebiete zum Gefolgschaftseid gezwungen hat, womit diese dann alte Eide zwangsläufig brechen mußten. Nithard berichtet von solchen Eidesleistungen im Zusammenhang mit militärischen Aktionen, bei denen Lothar sich der Unterstützung unsicherer Kontingente versichern will, ohne daß er den Zwang dazu betont[44].

Es ist alles andere als verwunderlich, daß der Eid, der von Lothar noch vor der Schlacht von Fontenoy geleistet wird, keinen Wert hat, auch wenn ihn seine Brüder für wahrhaftig halten[45]. Ansonsten ist in Buch II und III von Eiden, die er selbst neu leistet, nicht die Rede. Erst im letzten Buch kommt es nach der Verurteilung Lothars wieder zu Abmachungen zwischen den Brüdern, die auch beeidet werden[46]. Es entsteht der Eindruck, daß es für Nithard nicht notwendig ist, noch weiter zu betonen, was von diesen Eiden Lothars für die Zukunft zu erwarten ist. Seine Schlußbetrachtung darüber, wie schädlich es ist, das Allgemeinwohl wegen privater Vorteile zu vernachlässigen, zielt auf das gesamte Handeln Lothars, das ganz im Gegensatz zu dem Karls steht, der bereit ist, für ebendiese *utilitas publica* zu sterben[47].

So wie Karl und Lothar Antagonismen im Verhältnis zum Allgemeinwohl verkörpern, so ist auch Karls Einstellung zum Eid derjenigen seines älteren Bruders diametral entgegengesetzt. Diese konträre Haltung kommt in der Darstellung der Straßburger Eide zum Ausdruck: Deren ausführliche Schilderung gründet offensichtlich darin, daß Nithard dem Verhalten Lothars die Eintracht und das ‚korrekte' Verhalten seiner Brüder entgegensetzen will[48]. Wie Brüder eigentlich zueinander zu stehen haben, beschreibt Nithard auch gleich im anschließenden Kapitel, das die *sancta et veneranda concordia* zwischen Karl und Ludwig als wesentliches Merkmal ihrer Beziehung hervorhebt[49]. Durch die gegenseitigen Eide hat sich diese Beziehung auch auf ihre Krieger ausgedehnt. Deren Kampfspiele, die Nithard in diesem Kapitel so ausführlich und anschaulich beschreibt und bei denen keiner dem anderen eine Wunde schlägt und nicht einmal ein böses Wort sagt, stehen in krassem Gegensatz zu den mörderischen Kämpfen mit Lothar und den Seinen, die am Ende des vorangegangenen Buches bei Fontenoy ihren schrecklichen Höhepunkt erreicht haben[50]. In gleicher Weise bildet Karl das Gegenbild Lothars in der Tatsache, daß ihm Treueide freiwillig und nicht erzwungen geleistet werden. Die Aquitanier schwören ihm mehrfach die Treue, ebenso wie der Bretonenfürst Nomenoi[51]. Wenn es um Eidbruch geht, ist Karl das Opfer[52], wobei er immer Verzeihung anbietet und es sogar einmal vorkommt, daß sein Anblick und der des Kreuzes, das er mitführt und auf das seine Gegner geschworen haben, diese in die Flucht schlagen[53].

Gebrauch und Darstellung des Eides sind also ein ganz wesentlicher Schlüssel zum Verständnis der Bruderkriege im Werk Nithards. Die militärischen Auseinandersetzungen gründen darin, daß Lothar sich nicht an seine Eide hält, und der wechselvolle Verlauf der Kämpfe wird durch teilweise erzwungene Eidbrüche bestimmt[54]. Die stark an rechtlichen Kategorien orientierte Darstellung Nithards wurde schon früher beobachtet und anhand seines Gebrauchs des Begriffs der *iustitia* oder anhand seiner Darstellung der Schlacht von Fontenoy als Gottesgericht untersucht[55]. Mit dem umfassenden Gebrauch des Eides tritt hier ein weiteres Element hinzu. Für die Thematik der Arbeit ist nun wichtig, zunächst danach zu fragen, in welcher Weise die anderen hier untersuchten Quellen mit dem Eid umgehen. Da Nithard, wie bereits mehrfach erwähnt, sein ganzes Werk einer in erster Linie mit militärischen Mitteln ausgetragenen Auseinandersetzung widmet und diese offensichtlich in rechtlichen Kategorien darstellt, schließt sich daran die Frage an, inwiefern neben dem Eid rechtliche Begriffe und Vorstellungen in der Darstellung des Krieges in der gesamten Überlieferung eine Rolle spielen.

2. Eid und Krieg

Der Eid ist für die Darstellung des Ablaufs militärischer Konflikte auch außerhalb der ‚Historien' Nithards von großer Bedeutung. Daß Eide in der Praxis – sei es auf gleicher Ebene oder als Untertaneneide – einen hohen Stellenwert hatten, steht dabei außer Frage. So sei nur an die vielen Treffen der karolingischen Herrscher erinnert, bei denen sie immer wieder durch gegenseitige Versprechenseide ihr Verhältnis zueinander in friedlicher Weise zu regeln und abzusichern versuchten[56]. Die Autoren nutzen den Eid in unterschiedlichen Formen, um mit ihm militärisches Handeln zu begründen oder zu charakterisieren. Die Verbindung von Eid und Krieg ist letztlich auch in der Realität vorhanden, denn in seiner Untersuchung des Begriffs *sacramentum* hat Matthias Becher gezeigt, daß man den Treueid letztlich vom Fahneneid der römischen Soldaten herleiten kann[57].

Zunächst einmal wiederholt sich Nithards massive Kritik an Lothars Meineiden auch in den ‚Annales Bertiniani'. Die anschaulichste Formulierung ist auch hier seinem Verhalten vor der Schlacht von Fontenoy gewidmet: Karl und Ludwig, erfüllt von brüderlicher Liebe, wollen mit Lothar über Frieden und Einheit und über die Regierung des gesamten Volkes verhandeln. Lothar aber spielt nur mit ihnen oder täuscht sie, indem er häufig Gesandte schickt und Eide leistet[58]. Seine Eide sind also von vornherein ebenso wie sein angeblicher Verhandlungswille ohne Wert. Daß die Brüder so mit sich umgehen lassen, kann eigentlich nur bedeuten, daß eine solche Einstellung gegenüber dem Eid praktisch außerhalb ihrer Vorstellungskraft liegt. Sie disqualifiziert Lothar vollkommen. Als die Brüder schließlich sehen, daß Lothar nicht zur Eintracht in Frieden und Brüderlichkeit zurückgeführt werden kann – das heißt, als sie merken, daß er sie hintergeht –, greifen sie ihn an und besiegen ihn.

Man könnte mit Beispielen weiter fortfahren. Auch die bei Nithard immer wieder geäußerte Kritik an Lothar, Menschen zum Eidbruch zu verführen, wiederholt sich in den ‚Annales Bertiniani'. Der Vorwurf wird dort auf Lothars Versuch bezogen, sich der Unterstützung der sächsischen Stellinga zu versichern. Diese machen es Lothar aber auch nicht schwer, da sie immer zum Bösen neigen und lieber die alten, paganen Riten nachahmen wollen, als sich an die christlichen Eide zu halten[59]. Die bei Nithard geschilderte verächtliche Einstellung Lothars gegenüber dem Eid als der die christliche Gesellschaft zusammenhaltenden Bindung ist offensichtlich ein Gemeinplatz der Gegner Lothars bei ihrer Deutung der Auseinandersetzung zwischen den Brüdern.

Nicht gegen Lothar gerichtet ist der Vorwurf in der ‚Querela de divisione imperii' des Florus von Lyon, daß in der gegenwärtigen Zeit niemand mehr Furcht vor Eidbrüchen oder Meineiden habe. Aber auch für Florus ist dieser bedauerliche Zustand eine Folge des Bruderkrieges. Er sieht ihn im Kontext allgemeiner Rechtlosigkeit, in der Ehebruch oder allgemein Untreue und Blutvergießen, die nicht gerächt werden, überall herrschen, weil die Menschen die Furcht vor den Königen und den Gesetzen verloren haben und ‚mit geschlossenen Augen auf das Feuer der Hölle zugehen'[60].

Diese pessimistische Sicht der Dichtung, die den momentanen Zustand beschreiben will, wird in der Historiographie gewöhnlich nicht geteilt. Bei Nithard war immer wieder zu sehen, daß der Eidbruch im Krieg, so schlimm er auch ist, sich letztlich nicht auszahlt, weil Gott es nicht zuläßt. Am anschaulichsten wird diese Sichtweise in den Fuldaer Annalen beschrieben. Dort wird zum Jahr 869 von siegreichen Kämpfen Karlmanns, des ältesten Sohns Ludwigs des Deutschen, mit dem Mährerfürsten Rastiz berichtet. In einer der beiden erwähnten Schlachten wird der Markgraf von Kärnten, Gundacar, getötet, der als Vasall von Karlmann abgefallen und zu Rastiz übergelaufen ist und nun ‚wie Catilina gegen sein Vaterland kämpfen will'[61]. Gott selbst, so wird das Geschehen interpretiert, straft ihn dafür durch den hl. Emmeram. Denn als sich die *duces* Karlmanns dem Kampfplatz nähern, sagt Gundacar den Leuten des Rastiz, die er befehligt, daß sie allein zum Schutz ihrer *patria* kämpfen müßten. Er selbst könne sich nicht rühren, weil der hl. Emmeram und die übrigen Heiligen, auf deren Reliquien er Ludwig und seinen Söhnen die Treue geschworen habe, seine Arme wie mit Fesseln gebunden festhielten[62]. Noch während seiner Rede wird der Wehrlose von den Leuten Karlmanns erschlagen, was der Autor der Annalen als verdienten göttlichen Lohn für seine Treulosigkeit betrachtet[63]. Der König ordnet daraufhin Dankgottesdienste und Glockengeläut in Regensburg an. Drastischer als durch diese Lähmung kann die Selbstverfluchung, die der Eid immer auch beinhaltet, nicht in Erfüllung gehen. Der Eidbruch wird noch im Diesseits bestraft und zieht neben dem Tod des Eidbrüchigen auch die militärische Niederlage seines neuen Herrn nach sich[64].

In den bisher angeführten Beispielen geht es in erster Linie darum, einzelne Menschen oder Gruppen durch ihr Verhältnis zum Eid zu diskreditieren. Ihnen wird vorgeworfen, daß sie als Eidgeber die sakrale Selbstverpflichtung gegenüber dem Eidnehmer und – was noch weitaus schlimmer ist – gegenüber Gott mißachten und damit eines der wesentlichen Ordnungsmomente der christlichen Gesellschaft verleugnen. In der Logik der Argumentation ist es deshalb, um den Rechtszustand wieder herzustellen, notwendig, gegen sie Krieg zu führen, oder sie sind es selbst, welche die ungerechten Kriege in Analogie zu ihrem sonstigen Verhalten vom Zaun brechen. Diese unterstellte Haltung scheint auch durch, wenn immer wieder davon die Rede ist, daß jemand in einer bestimmten militärischen Situation gezwungen ist, eine Auseinandersetzung durch eidliche Zusicherungen zu beenden, er es aber nicht ernst meint und keineswegs willens ist, diese Eide in Zukunft auch einzuhalten. Oftmals wird bereits bei der Erzählung der Eidesleistung darauf hingewiesen, daß der Eid widerwillig abgegeben oder daß er in Zukunft gebrochen werden wird. So muß der Mährerfürst Rastiz, nach den Fuldaer Annalen, im Jahr 864 einsehen, daß er die Belagerung Ludwigs des Deutschen nicht wird überstehen können. Notgedrungen stellt er Geiseln, deren Anzahl und Zusammenstellung Ludwig bestimmt. Zudem leistet er dem König zusammen mit allen seinen *optimates* einen Treueid. Bei diesem Vorgang weisen die Annalen über das Geschehen hinaus, indem sie am Ende des Berichts betonen, daß Rastiz diesen Eid keineswegs einhält[65].

Schilderungen dieser Art sind gern mit dem Verweis auf die allgemeine Treulosigkeit *(perfidia)* der Eidbrecher versehen. Das trifft zumal dann zu, wenn es sich um Dauergegner der Franken wie Bretonen, Waskonen oder eben Mährer handelt, deren Treulosigkeit für die Autoren fast sprichwörtlich ist. Ihr Verhalten im jeweils besprochenen Fall wird dann als der Regel entsprechend dargestellt, was durch Wendungen wie *more solito* oder ähnliches gekennzeichnet wird.

Neben solchen Charakterisierungen zeigen die Eidesleistungen wie die des Rastiz aber auch ganz einfach an, daß kriegerische Unternehmungen durch sie abgeschlossen sind. Zusammen mit anderen Maßnahmen, wie der Stellung von Geiseln oder der Zahlung von Tributen, beenden die Eide Kriege. Mit der Eidesleistung, die oftmals ohne weitere Zusätze berichtet wird, können in der Erzählung ganz unterschiedliche Dinge angezeigt werden.

Die Eide der unterlegenen Partei sind Zeichen der Niederlage und können ebenso wie die Stellung von Geiseln oder die Zahlung von Tributen – man denke an die Normanneneinfälle – diesen Tatbestand in den Schilderungen ausdrücken[66]. Es erübrigt sich dadurch, im Bericht diese Dinge noch weiter auszuführen. Wie erniedrigend es ist, solch einen Eid leisten zu müssen, wird aus einer Stelle der ‚Vita Hludowici' deutlich, wo ein Franke dazu gezwungen wird, einem Wasconen zu schwören. Sonst sind es immer die Gegner der Franken, deren Reaktionen und Gefühle den Historiographen vollkommen gleichgültig sind. Der Graf von Toulouse, Chorso, wird durch eine nicht näher bezeichnete List von dem Wasconen Adelrich in eine Falle gelockt und erst wieder freigelassen, als er sich diesem gegenüber durch Eide gebunden hat[67]. Dieser Vorgang ist für Ludwig als aquitanischen Unterkönig derart schmachvoll, daß er eine Reichsversammlung einberuft, auf die auch Adelrich geladen wird. Dieser kommt aber nur gegen die gegenseitige Stellung von Geiseln. Mit Rücksicht auf die Geiseln geschieht ihm auch nichts, sondern er bekommt noch Geschenke und kann nach Hause zurückkehren. Erst im darauffolgenden Jahr wird er nach Worms befohlen, wo sich auch Ludwig bei seinem Vater aufhält. Er will sich reinigen, was nicht gelingt, und wird in die Verbannung geschickt. Anschließend wird Chorso durch Wilhelm von Toulouse ersetzt, und zwar ausdrücklich wegen der Schande, die durch seine Unachtsamkeit über den König und die Franken gekommen ist[68].

Leisten beide Parteien sich gegenseitig Eide, so kann man daran erkennen, daß relative Ebenbürtigkeit herrscht. Im Jahr 845 mußte Karl der Kahle bei Ballon eine katastrophale Niederlage auf einem schlecht vorbereiteten Feldzug in die Bretagne hinnehmen, die Lupus von Ferrières zu seinem Brief veranlaßte, der oben im Kapitel zu den Fürstenspiegeln besprochen wurde[69]. Die ‚Annales Bertiniani' berichten über dieses Ereignis sehr zurückhaltend, sprechen nur von einem ‚dunklen Schicksal', das das ganze Unternehmen bedroht, und stellen Karls Flucht als eine Art strategischen Rückzug dar, welcher der Vorbereitung eines neuen Feldzugs dienen soll[70]. Von diesem Feldzug sprechen die Annalen auch im nächsten Jahresbericht im Anschluß an einen Reichstag in Epernay. Es heißt aber lediglich, daß Karl mit einem Heer in die Bretagne zieht und dort mit Herzog Nomenoi unter gegenseitigen Eidesleistungen Frieden schließt[71]. Eine eingehendere Schilderung des Feldzugs erübrigt sich, wenn man dieses Ergebnis zur Kenntnis nimmt. Es ist klar, daß auch auf ihm alles andere als ein großer Sieg über die Bretonen erzielt werden konnte[72]. Die Annalen lassen daran keinen Zweifel und zeigen, daß Karl nach dem Militärunternehmen mit Nomenoi nur auf gleicher Stufe Bindungen eingehen konnte, ohne daß sie die für die Franken nicht gerade schmeichelhaften Details berichten müssen.

III. Die Verrechtlichung der Darstellung des Krieges

Die Übersicht über den Gebrauch des Eides bei der Darstellung kriegerischer Ereignisse und seine Funktion im Rahmen der Argumentation über Kriegsschuld, Kriegsverlauf und ähnliches stellt einen rechtlichen Terminus in den Mittelpunkt und zeigt, wie wichtig er für die Einordnung und Deutung des Verhaltens im Krieg und des Kriegsverlaufs ist. Ähnliches gilt auch für andere Begriffe, mit denen Vorstellungen und Ansätze zur Interpretation verbunden sind. Die Darstellung des Krieges orientiert sich also sehr stark an rechtlichen Kategorien. Aufgezeigt werden kann dieser Umstand bereits bei der Grundlage jeglichen mittelalterlichen Nachdenkens über den Krieg, nämlich bei der an Augustin anknüpfenden Frage nach dem gerechten Krieg, dem *bellum iustum*. Selbstverständlich darf der gerechte Herrscher nur einen gerechten Krieg führen. Das zeigt, wie die beiden Komplexe Krieg und Herrschaft miteinander verbunden sind. Hierzu werden im Anschluß einige Beispiele zu erläutern sein. Des weiteren sollen Überlegungen zur Darstellung des jeweiligen Gegners als ‚Tyrann' oder ‚Rebell' die rechtliche Komponente im Reden über den Krieg verdeutlichen.

Es ist dabei zu beachten, daß Krieg natürlich immer in bestimmten rechtlichen Formen stattfindet, worauf der heute noch gebrauchte Begriff des ‚Kriegsrechts' verweist. Darum geht es hier aber ebensowenig wie etwa um den realen Stellenwert gegenseitiger Eide. An dieser Stelle steht die Beschreibung des Krieges in rechtlichen Kategorien zur Diskussion, die für die Interpretation der Quellen von höchster Bedeutung ist.

1. Der gerechte Krieg

Wenn Kriege in rechtlichen Kategorien geschildert werden, soll vorrangig gezeigt werden, daß die geführten Kriege ‚gerechte' Kriege sind. Dabei bedient sich das gesamte christliche Mittelalter – und darüber hinaus auch auf weiten Strecken die Neuzeit – des von Augustin entwickelten Konzepts des *bellum iustum*[73]. Es dient dazu, „das (seiner Natur nach rechtsferne) Phänomen des Krieges in die Rechtslehre einzubinden"[74]. Dabei ist zu beachten, daß Augustin dieses Konzept in einem bestimmten historischen Zusammenhang entwickelt hat, der sich gerade von dem der karolingischen Zeit fundamental unterscheidet. Denn bei Augustin steht der Gedanke im Vordergrund, den Krieg in einer bestimmten Form zu verteidigen, nämlich als ‚gerechten' Krieg, in Absetzung von pazifistischen Tendenzen innerhalb der weit verbreiteten Häresie des Manichäismus und auch gegenüber Strömungen innerhalb des Christentums, die zur Ablehnung des Kriegsdienstes neigten[75]. Dies gelingt ihm vor allem, indem er den Krieg aufgrund der Erbsünde als unvermeidbar und als zur Erlangung des Friedens als dem höchsten Gut notwendig definiert[76]. Damit ist der Krieg in bestimmten Formen erlaubt. Diese legt Augustin fest, indem er den Krieg in sein Konzept der *caritas* einbindet: Es ist für ihn ein Akt der Liebe, Übeltäter – auch gegen ihren Willen und mit Gewalt – von ihren Sünden abzuhalten. Auf diese Weise gelingt es ihm, pazifistische Tendenzen in den Evangelien in ihr Gegenteil zu verkehren und mit scheinbar widersprüchlichen Aussagen zum Krieg im Alten Testament zu harmonisieren.

Diese Gedanken sind im Frühmittelalter weiterentwickelt und auch in der Karolingerzeit diskutiert worden. Allerdings kommen sie in der Fürstenspiegelliteratur erst relativ spät zum Tragen. Und auch dann handeln

Jonas von Orléans und nach ihm Hinkmar von Reims die Frage, ob man Kriege überhaupt führen dürfe, sehr schnell ab[77]. Zur Zeit Karls des Großen stellte sich das Problem noch kaum, denn die Verbindung zwischen Kirche, Klerus, Laien, Königtum und Reich wurde als so eng betrachtet, daß einzelne Kriege gar nicht gerechtfertigt werden mußten, oder, wie Frederick Russell es ausdrückt: „Wars were not seen as public, Roman, just, or holy, but rather as justified by Charlemagne's authority and ecclesiastical purposes."[78] Folglich werden Kriege in der Historiographie auch nicht oder nur sehr knapp begründet. In den Reichsannalen reicht die Feststellung aus, daß der König den Krieg gegen die Sachsen 772 beginnt, ohne zu erwähnen, warum er das tut[79]. Dadurch daß Karl alle Anforderungen, die an einen gerechten Herrscher gestellt werden, erfüllt, ist auch der Krieg gerechtfertigt. Und man kann sicher hinzufügen, daß auch die Erfolge, die er unbestreitbar aufzuweisen hatte, eine Diskussion über den Charakter seiner Kriege nicht gerade forcierten.

Mit den inneren Kriegen und den ‚Barbareneinfällen' änderte sich die Situation entscheidend. Es ist kein Zufall, daß in diesem Moment Hinkmar und andere erneut über den Charakter des Krieges nachdachten und ihre Gedanken den Herrschern vorlegten. Die Verteidigung des christlichen Reiches und des Glaubens wird bei ihnen zum wesentlichen Moment des gerechten Krieges[80]. Allerdings taucht der Begriff in den Darstellungen der Kriege kaum auf, statt dessen kann man ihren ‚Status' als gerechte oder ungerechte Kriege am Vorgehen der jeweiligen Herrscher erkennen, wie schon bei Nithard zu sehen war. Jemand, der wie Lothar geschildert wird, kann keinen gerechten Krieg führen. Kriege sind im 9. Jahrhundert ‚gerecht' oder ‚ungerecht', ‚richtig' oder ‚falsch', was durch die Art der Darstellung verdeutlicht wird, während unter Karl dem Großen eine solche Qualifizierung unnötig und der Wille des Königs allein als Begründung und Rechtfertigung für den Krieg entscheidend war.

2. Der Kampf gegen ‚Tyrannen' und ‚Rebellen'

Bei der Darstellung des Verhaltens Lothars aus der Sicht Nithards ist bereits deutlich geworden, daß bei seiner Beurteilung rechtliche und persönliche Argumente gemischt werden, um ihn zu diskriminieren. Seine Eidbrüche sind Teil seines Charakters, er kann gar nicht anders und muß daher auch von seinen Brüdern bekämpft werden. Diese Darstellung des Gegners bis hin zur Verteufelung des Feindes ist ein Vorgehen, das die Anthropologie allgemein für den Umgang mit Kriegsgegnern feststellt[81]. Was bis in unsere Tage mit der Entmenschlichung des Feindes enden kann, beginnt zunächst einmal damit, daß der Gegner als von vornherein im Unrecht stehend beschrieben wird, als jemand, der das Recht, das den Frieden garantieren soll, gebrochen hat. Daraus ergibt sich im Reden über den Feind eine stark an rechtlichen Kriterien orientierte Darstellung, die den Gegner als Tyrann oder Rebell betrachtet.

a) Gegner als Tyrannen

Der gerechten Herrschaft wird in den Fürstenspiegeln immer die Tyrannei entgegengestellt und dem gerechten Herrscher der Tyrann[82]. Der Tyrann wird also über den (gerechten) König als dessen Gegenstück definiert. Das findet sich bereits bei Augustin, dessen Definition für das Mittelalter maßgeblich werden sollte und der seinerseits wiederum bei Cicero anknüpft, indem er den *tyrannus* als *rex iniustus* bezeichnet[83]. Bei Isidor von Sevilla, der mit seinen Etymologien einen ähnlichen Stellenwert für das gesamte Mittelalter hatte, wird der Gegensatz noch krasser dargestellt: Mit den *reges*, die ihren Namen von *regere* und *recte facere* herleiten, werden die *tyranni* kontrastiert, als welche ursprünglich die *fortes reges*, später dann aber nur die *pessimi* und *improbi reges* bezeichnet worden seien, die von Gier nach Herrschaft getrieben würden und über die Völker eine grausame Herrschaft ausübten[84]. Es wird also weniger die Frage nach der Legitimität der Herrschaft gestellt, als die nach der Orientierung an den Normen christlicher Ethik.

Wie wichtig es allerdings für das Gelingen der Herrschaft ist, daß der Herrscher sich an diesen Normen orientiert, war bereits im Kapitel über die Fürstenspiegel zu sehen. Letztlich ist daher nur derjenige Herrscher auch rechtmäßig, der die christlichen Normen beachtet. Es ist also kein Wunder, daß nach kirchlicher Lehre der ungerechte König vor Gott aufhört, Herrscher zu sein und sich somit selbst die Amtsbefugnis entzieht. Das wird durch das Urteil der Menschen lediglich noch enthüllt[85]. Ob sich daraus ein prinzipielles Widerstandsrecht gegen einen Tyrannen ergab, war im 9. Jahrhundert heftig umstritten. Vom Adel immer wieder eingeklagt und von Herrschern teilweise zugestanden, gab es innerhalb des hohen Klerus sehr unterschiedliche Positionen, die vom absoluten Verbot über die Möglichkeit passiver Resistenz bis hin zum aktiven Widerstandsrecht reichten. Ebenso wie beim Adel waren die Positionen hier oftmals stark situationsgebunden[86].

Wie sehr die Historiographie die Tyrannis als Kriegsgrund bemüht, läßt sich an markanten Beispielen zeigen. Dabei ist sehr häufig Aquitanien betroffen. In den für Ludwig den Deutschen Partei ergreifenden Quellen wird sein Einfall in das Westreich im Jahr 858 als Reaktion auf die Bitte des aquitanischen Adels dargestellt, ihn von der Tyrannei Karls des Kahlen zu befreien[87]. Die Fuldaer Annalen sprechen sogar von wiederholten Bitten gegenüber Ludwig, selbst zu kommen oder seinen Sohn zu schicken, damit man nicht unter Gefahr für die Christenheit gezwungen sei, sich Hilfe bei auswärtigen Heiden zu suchen. Diese Hilfe bekäme man freilich lieber von den rechtgläubigen und legitimen Herren, also den Angehörigen des Karolingerhauses[88]. Die Tyrannis Karls ist demnach schlimmer als ein Bündnis mit den Heiden und muß unter allen Umständen beseitigt werden. Ihr entgegengesetzt wird die legitime und orthodoxe Herrschaft Ludwigs, der auf diese Weise geradezu verpflichtet wird, militärisch zu intervenieren, um das Seelenheil der Betroffenen nicht zu gefährden.

Fünf Jahre nach der ersten Bitte um Intervention, die Ludwig damit beantwortet hatte, daß er seinen Sohn zu einem kurzen Zug nach Aquitanien geschickt hatte, fiel der ostfränkische Herrscher tatsächlich persönlich in Westfranken ein. Die Fuldaer Annalen begründen diesen Schritt fast mit denselben Worten wie bei der früheren Einladung Ludwigs[89]. An dieser Stelle wird nur noch zusätzlich der Gewissenskonflikt Ludwigs betont, der sich für ihn daraus ergebe, daß er entweder gegen seinen Bruder handeln oder die Befreiung des Volkes unterlassen müsse. In beiden Fällen sei er gezwungen, *impius* zu handeln. Dazu käme noch der mögliche Vorwurf, er wolle nur seine Herrschaft erweitern. Auf den Rat seiner *sapientes* entscheidet er sich schließlich dazu, das Wohl vieler über den Starrsinn eines einzelnen zu stellen und beginnt den Feldzug.

Dieser Fall ist besonders interessant, weil der Vorwurf der Tyrannis in den Bruderkriegen von besonderer Bedeutung ist. Es kann nicht um Illegitimität gehen, denn schließlich ist Karl der Halbbruder Ludwigs und Teil der karolingischen Familie. Er ist selbst einer der *legitimi domini*, von denen die Aquitanier sich Hilfe erhoffen, wird aber seinen Verpflichtungen nicht gerecht. Er ist ein schlechter König, weil er die Einfälle der Heiden nicht abwehrt und zusätzlich noch selbst im Inneren hinterhältig wütet[90]. Die Fuldaer Annalen sehen zwar die Einwände, die gegen den Einfall Ludwigs sprechen könnten, begründen sein Handeln aber mit dem Wohl des Volkes, das die Beseitigung der Tyrannei erforderlich mache.

Welche Auswirkung tyrannische Herrschaft in Hinsicht auf die Einstellung zum Krieg hat, zeigt ein anderes Beispiel aus Aquitanien, wobei allerdings der Vorwurf der Tyrannis diesmal den dortigen Adel selbst betrifft. In der ‚Vita Hludowici' wird nach den militärischen Taten Ludwigs des Frommen als Unterkönig seine Sorge um die Kirche beschrieben. Er bemüht sich besonders um den Klerus, der bisher ‚unter Tyrannen' gelebt hat und sich daher mehr mit Reiten, kriegerischen Übungen und Lanzenwerfen beschäftigt hat als mit dem Gottesdienst[91]. Diesem Mißstand begegnet Ludwig durch Herbeiholung von *magistri*, die den Bildungsstand der Kleriker verbessern. Die ‚Tyrannen' sind in diesem Fall Herrscher, die den Klerus von seinen eigentlichen Aufgaben abbringen, so daß er sich mit militärischen Aufgaben beschäftigt, die ihm eigentlich nicht zukommen.

In der ‚Vita Hludowici' ist nicht konkret von einem bestimmten Herrscher die Rede, der als Tyrann bezeichnet wird, sondern die Bezeichnung betrifft ganz allgemein die aquitanischen Großen vor der Zeit Ludwigs des Frommen. Bei Nithard werden diejenigen aquitanischen Adligen ‚Tyrannen' genannt, die nach dem Tod Pippins eigenmächtig seinen gleichnamigen Sohn zum Herrscher erhoben hatten, ohne das Votum Ludwigs des Frommen abzuwarten. Tyrannis ist in diesem Fall ihr Vorgehen, sich selbst ungerechtfertigterweise einen Herrscher auszuwählen[92], weshalb Ludwig versucht, sie zu unterwerfen, nachdem die anderen den Eid auf Karl den Kahlen abgelegt haben[93]. Der Kampf wird hier also gegen viele Tyrannen geführt und nicht etwa gegen Pippin allein, von dem nur passiv die Rede ist. Tyrannis ist in diesem Fall die Störung der ‚richtigen' Herrschaft sowie der Versuch, etwas anderes an deren Stelle zu setzen, dem nur mit Gewalt begegnet werden kann.

In dieser Bedeutung taucht der Begriff der Tyrannis immer wieder in Zusammenhängen auf, die man heute eher als Unabhängigkeitsbestrebungen oder zumindest als Errichtung selbständigerer Herrschaften innerhalb des Frankenreichs begreifen und bezeichnen würde, die regelmäßig unterdrückt wurden. Eine Tyrannis ist es etwa – so sagen es jedenfalls die Reichsannalen –, was Ludwigs des Frommen Neffe Bernhard 817 in Italien errichten will, dessen König er ja bereits ist[94]. Und als eines der Verdienste Karl Martells sieht Einhard neben dem Sieg über die Sarazenen an, daß er die ‚Tyrannen', welche die Herrschaft in ganz Francien beanspruchten, unterworfen hat[95]. So kann die Tyrannis auch von Großen gegenüber dem Herrscher ausgeübt werden. Das tut, nach den ‚Annales Fuldenses', Isanricus, der Sohn des Markgrafen der Ostmark, Arbo, gegen Kaiser Arnulf[96].

Auch die inneren Gegner, die mit ganz unterschiedlichen Zielen gegen die karolingische Herrschaft opponieren, können, wie gesehen, Tyrannen sein. Ihre Tyrannei besteht in ihrem nicht am Recht orientierten Anspruch, der die göttlich legitimierte Führungsrolle der karolingischen Herrscher mißachtet[97]. Im Gegensatz zur *humilitas* und *pietas* der gerechten Könige ist ihr Verhalten durch *superbia* geprägt, die nach Smaragd von St. Mihiel die Tyrannen allgemein kennzeichnet[98]. Die *superbia* Tassilos ist es, die nach Einhard zusammen mit seiner Fahrlässigkeit das *Baioaricum bellum* verursacht hat[99]. In diesen nach modernen Vorstellungen moralisch-ethischen Kategorien werden gewaltsame Auseinandersetzungen zwischen den Herrschern auf der einen Seite und oppositionellen Großen, aber auch benachbarten Stämmen und Völkern auf der anderen Seite beschrieben. Es wird zu zeigen sein, daß hier der rechtliche Aspekt überwiegt.

Neben der Errichtung einer Tyrannis gibt es noch eine Handvoll Begriffe, mit denen benannt wird, was die Feinde der Karolinger – oder die karolingischen Gegner des jeweiligen Protagonisten – vorhaben. Die Beurteilung solcher Militäraktionen wird dadurch erschwert, daß alle Formen von offensiver Gewalt oder Widerstand in den Quellen meistens mit Begriffen wie ‚Rebellion', ‚Aufstand', ‚Verrat' oder ‚Abfall' bezeichnet werden[100].

b) Widerstand als Rebellion
Völker, die in dauerhaftem Streit mit den Franken liegen oder, anders formuliert, nicht endgültig von ihnen in ihr Reich integriert werden können, werden in den Quellen zu notorischen ‚Rebellen'. In seinem Buch über die Opposition innerhalb des Karolingerreichs hat Karl Brunner darauf verwiesen, daß der begriff der *rebellio* in der Zeit Karls des Großen vor allem in rechtlichen Zusammenhängen benutzt wird und dabei den Bruch rechtlicher Verbindlichkeiten beschreibt, wie er sich im Widerstand nichtfränkischer Völker manifestiert[101]. Das vielleicht beste Beispiel dafür sind auch in späterer Zeit die Bretonen, gegen die ja immer und immer wieder Kriege geführt wurden, deren angebliche Erfolge im krassen Gegensatz zu ihrer Häufigkeit stehen. Bei Ermoldus Nigellus wird der Feldzug gegen Morvan, wie gesehen, als Reaktion auf die Befragung Lamberts durch Ludwig den Frommen dargestellt. Lambert beginnt seine Anklage der Bretonen mit der Feststellung, sie seien seit jeher ein lügnerisches, überhebliches und rebellisches Volk ohne positive Eigenschaften[102]. Rebellisches Verhalten wird also, zusammen mit Überheblichkeit und Verlogenheit, zu den Eigenschaften der gesamten *gens* der Bretonen stilisiert. Es bleibt daher gar keine andere Möglichkeit, so suggeriert Ermold, als sie immer wieder zu unterwerfen. Nur die großen Eroberungen an Fronten, die ihnen gefährlicher erschienen, haben die Franken, so wieder Ermold, eine Zeitlang davon abgehalten[103]. Bei solchen Rebellen herrscht natürlich permanente Rechtlosigkeit, weshalb ihr König – dessen Aufgabe vor allem auch in der Herstellung eines rechtssicheren Zustands bestehen würde – seiner Ansicht nach kaum als ein König bezeichnet werden kann[104].

Es liegt hier wieder ein typisches Feindbild-Muster vor, das auch für andere Epochen und Kulturen Geltung beanspruchen kann. Dem Gegner werden negative Eigenschaften als Teil seiner Persönlichkeit zugesprochen[105]. Auf diese Weise erübrigt sich jegliche Begründung des Krieges, da mit dem Gegner aufgrund seiner Persönlichkeitsstruktur eine friedliche Koexistenz gar nicht möglich ist. Im Gegenteil verlangen seine unguten Eigenschaften geradezu seine Bestrafung. Interessant ist nun, daß hier wieder die Rechtssphäre bedeutend ist. Die entscheidende ‚schlechte Eigenschaft' der Bretonen besteht in ihrem Verhalten gegenüber legitimer Herrschaft. Als *gens rebellis* sind sie von sich aus ohne Anwendung von

Gewalt nicht in der Lage, im geordneten Rechtsraum des Frankenreichs zu existieren.

Auch andere auf das Verhalten gegenüber dem Recht bezogene Eigenschaften werden den Bretonen unterstellt. Sie sind nicht nur rebellisch, sondern auch eidbrüchig. So bezeichnen sie jedenfalls die Reichsannalen in der Darstellung des Feldzugs von 824. Dieser Feldzug wird im übrigen mit keinem Wort begründet. Nur am Schluß heißt es, daß Ludwig dem ‚eidbrüchigen Volk' Geiseln zu stellen befohlen habe[106]. Dieselbe *perfidia* unterstellt Einhard den Sachsen. Ohne dieses Verhalten hätte Karl sie viel schneller besiegen können[107]. So mußte er aber jedesmal, wenn sie wieder alle Versprechungen gebrochen hatten, erneut gegen sie vorgehen. Aber, das betont Einhard, Karl hat es ihnen niemals durchgehen lassen und sie jedesmal dafür bestraft[108]. So muß man aus Einhards Sicht mit den eidbrüchigen Gegnern umgehen. Die Angriffe auf die zu unterwerfenden Völker bekommen auf diese Weise einen erzieherischen Impetus. Karl oder Ludwig bestrafen die ‚Rebellen', und aus fränkischer Sicht hat dieses Vorgehen mit der Missionierung bei den Sachsen auch sein Ziel erreicht.

Die in der Historiographie und Hagiographie des späteren 9. Jahrhunderts häufig zu findende Feststellung, daß die Normannen ihre Angriffe nicht nur im wesentlichen ungehindert, sondern auch vor allem ‚ungestraft' durchführen können, zeigt vor dem Ideal Karls des Großen, welche deutliche Kritik hier an den zur Zeit regierenden Herrschern geübt wird[109]. Es erklärt aber auch, welche positive Bedeutung es hat, wenn in den ‚Annales Fuldenses' davon die Rede ist, daß die Normannen – denen zuvor wechselvolle Schlachten in Friesland geliefert worden sind – nach der Zerstörung Hamburgs ‚nicht ungestraft' nach Hause zurückkehren können[110]. Diese Aussage wird vor allem dann wichtig, wenn man sieht, daß im Kontrast dazu im Satz vorher gesagt wird, daß die Normannen auch das Reich Karls verwüsten und auf der Seine bis nach Paris fahren, das sie nur gegen Tributzahlungen unversehrt lassen[111]. *Vastatio*, Tributzahlungen und ‚Bewegungsfreiheit' hier, steht gegen – wenn auch unterschiedlich erfolgreichen – Widerstand und Strafe dort. So sehen es die ostfränkischen Fuldaer Annalen.

Es ist die Aufgabe des Königs, sein Volk für ihm geschehene Untaten zu rächen und die Gegner zu strafen. Darin wird seine sakrale Funktion deutlich, daß er die Seinen schützt nach dem Abbild Gottes, der, wie etwa beim hl. Ansgar, die Frevel an seinen Heiligen ahndet[112]. Dazu finden sich in den Texten oftmals entsprechende Schilderungen, so in den ‚Annales Fuldenses'. Dort ist von Überfällen und Raubzügen der Böhmen gegen die Bayern die Rede. Ludwig der Deutsche schickt als Reaktion darauf zunächst *tutores* für diese Gegenden, bis er selbst zu gegebener Zeit die Waffen ergreifen wird, um das Unrecht an den Seinen zu rächen[113]. Der

Herrscher handelt damit nach dem Vorbild Gottes, der die Normannen für all die Frevel an seinen Heiligen bestraft, die sie 20 Jahre hindurch im Frankenreich verübt haben[114]. Seine Strafe besteht in der Zwietracht, die unter den Normannen nach ihrer Heimkehr nach Dänemark entsteht und zum Tod vieler Menschen und der Auslöschung fast der gesamten Königsfamilie führt. Bezeichnenderweise straft Gott die Normannen für die Untaten an den Heiligen, obwohl zu Beginn des kurzen Berichts von Mord, Raub und Brand im ganzen Frankenreich gesprochen wird[115]. Genauso beschreiben es die ‚Annales Bertiniani‘, welche nicht etwa die Verwüstung der Küsten, sondern die Zerstörung des Klosters Saint-Germain-des-Prés und quasi den ‚Autoritätsverlust‘ Gottes als Grund für sein Gericht betrachten, das über die Normannen hereinbricht[116]. Die Verheerung des Landes zu strafen, wäre aber Aufgabe des Königs, der für das irdische Christenvolk verantwortlich ist. Eher schwingt hier noch Kritik an den Herrschern durch, wenn das Treiben der Normannen als *vastare* bezeichnet wird und damit die Herrscher als unfähig zum Schutz ihres Landes erscheinen[117]. Bei den normannischen Überfällen greift Gott lediglich in der Weise ein, daß er sie zuläßt, um mit ihnen das Volk für seine Sünden zu züchtigen. Diese Sichtweise der Hagiographie findet sich, wie die Annalen von St.-Bertin zeigen, auch in der Historiographie.

In den Kontext der Darstellung von notorisch rebellischen Gegnern gehört auch der häufige Zusatz zu Berichten über ‚Rebellionen‘ oder ‚Einfälle‘, daß diese Unternehmen *more solito* oder *secundum consuetudinem eorum* von den Gegnern unternommen worden seien. Immer wieder wird so darauf verwiesen, daß man dies als ihr gewöhnliches Verhalten betrachtet, das also Teil ihrer kollektiven Persönlichkeitsstruktur ist und kaum weiter verwundert. Auch hier kann man wieder auf die Darstellung der Sachsenkriege verweisen, die ja gerade durch ihre Länge und das immer wieder erfolgte Aufflammen der Kämpfe für die Frage nach der Begründung einzelner Feldzüge interessant sind. In den Reichsannalen heißt es im Jahr 778 erstmals, daß die Sachsen auf Gerüchte von Karls Abwesenheit wegen des Feldzugs nach Spanien und auf das Betreiben Widukinds ‚nach ihrer schlechten Gewohnheit‘ wieder rebellierten[118]. Zur schlechten Gewohnheit wird die Rebellion dadurch, daß die Sachsen bereits zwei Jahre zuvor rebelliert hatten und unterworfen worden waren, wobei nur Widukind weiter in der Rebellion verharrte[119]. Daß ihr Verhalten überhaupt als Rebellion dargestellt werden kann, liegt daran, daß die Sachsen, wiederum ein Jahr vorher, 775, Karl Treueide geleistet und Geiseln gestellt hatten, nachdem dieser in ihr Land eingefallen war und sie besiegt hatte[120]. Der sächsische Einfall ins Gebiet der Franken zwei Jahre zuvor wird ohne eine solche Kommentierung berichtet und erscheint somit lediglich als Gegenangriff auf die ersten fränkischen Einfälle in

Sachsen in den Jahren 772 und 774[121]. Im Gegenteil wird vor dem Bericht über den sächsischen Angriff ausdrücklich darauf hingewiesen, daß das als Mark begriffene Grenzland wegen des Engagements Karls in Italien ohne *foederatio*, also ohne jegliche rechtliche Regelung geblieben sei[122].

Die Sachsen werden also in der offiziellen fränkischen Historiographie zu Rebellen dadurch, daß sie auch nach ihren Treueiden erneut Widerstand leisten. Und indem sie dies zum zweiten Mal tun, ist ein solches Verhalten bereits Teil ihres Charakters. Von nun an können sie nicht mehr nur, sondern müssen bestraft werden, nachdem der erste Feldzug Karls nach Sachsen im Jahr 772 ohne irgendeine Begründung berichtet worden ist. Vom Jahr 778 an wird sächsischer Widerstand in der beschriebenen Form geschildert. 782 rebellieren sie wieder auf Betreiben Widukinds ‚in gewöhnlicher Weise'[123]. Und auch 784 erheben sie sich erneut *more solito*[124], bis sie endgültig im folgenden Jahr unterworfen werden. Hinter dieser Art der Beschreibung verbirgt sich wohl das historische Faktum, daß Verträge und Friedensschlüsse der Franken immer nur mit einem Teil der Sachsen ausgehandelt worden sind und somit Abmachungen bestanden, an die sich keineswegs alle Sachsen gebunden fühlten[125]. Man könnte nun in Anknüpfung an Parallelen aus der Anthropologie argumentieren, daß die Franken das sächsische Verhalten aufgrund unterschiedlicher Rechtsauffassungen als Treuebruch ‚wahrgenommen' und deshalb in dieser Form dargestellt hätten. Doch dürften derartige kulturelle Differenzen zwischen Sachsen und Franken, die solche Mißverständnisse bedingen könnten, eher unwahrscheinlich sein. Vielmehr zeigt sich hier deutlich, daß rechtliche Kategorien nicht nur dazu dienen, den Krieg einfach zu beschreiben. Vielmehr dienen sie der Reichsannalistik dazu, den Angriff der Franken als rechtmäßig aufzuwerten: Weil der Gegner dem Stereotyp des Rebellen entspricht, steht er ja jenseits des Rechts und muß daher bekämpft werden.

IV. Die religiöse Dimension des Krieges

Die Einschätzung der Schlacht als Gottesurteil ist vielleicht das deutlichste, wenn auch bei weitem nicht das einzige Zeichen für die starke Verwurzelung des Rechtsdenkens in religiösen Dimensionen. Auch der Eid ist mit seiner Anrufung Gottes und der Verwendung von Reliquien rechtliche und religiöse Handlung zugleich. Recht kann immer auf göttlichen Ursprung zurückgeführt werden, und letztlich ist im Mittelalter, wie eingangs dieses Kapitels bereits ausgeführt, eine rechtliche nicht von einer religiösen Sphäre zu trennen[126]. Das gilt auch für die Herrschaft, deren Verwurzelung in religiösen Dimensionen in allen hier untersuchten Quellengattungen deutlich wird. Wenn Gott als höchster und gerechter Richter über den Ausgang einer Schlacht entscheidet, in der es um die Ausübung und damit um den Nachweis von gerechter Herrschaft geht, zeigt diese Tatsache die enge Verflechtung von Recht, Religion und Herrschaft im Kontext militärischen Geschehens.

1. Die Hilfe Gottes und der Heiligen

Gott und die Heiligen greifen keineswegs nur dort in das Kampfgeschehen ein, wo die Schlacht ausdrücklich als Gottesurteil gekennzeichnet ist. Siege werden immer ‚mit Gottes Hilfe' errungen, was auch knappe Berichte in Annalenwerken immer wieder vermelden. Es scheint so zu sein, daß solche Zusätze vor allem mit Siegen über Heiden verbunden werden. Bei ihnen geht es ja nicht um die rechtliche Entscheidung in der Schlacht als Gottesgericht, sondern darum, ob Gott seinem Volk beisteht oder es durch die Siege der Heiden prüft oder straft. So sprechen, um nur ein paar Beispiele anzuführen, die ‚Annales Bertiniani' davon, daß ein Sieg der Sachsen über die Normannen ‚mit der Hilfe Jesu Christi' erreicht worden sei[127], daß Ludwig der Deutsche die in sein Reich einfallenden Slawen ‚im Namen Christi' besiegt habe[128] oder daß das Heer seines Sohnes, Ludwigs des Jüngeren, ‚indem Gott Hilfe leistete' einen großen Teil der normannischen Streitmacht tötete, die sich ihm entgegenstellte[129]. In den Reichsannalen werden in gleicher Weise die Siege in den Schlachten gegen die Sachsen Jahr für Jahr als ‚mit göttlicher Hilfe' errungen gekennzeichnet[130]. Im Jahr 788 wird diese Kennzeichnung sogar dreimal hintereinander für Triumphe über Griechen und Awaren gesetzt, wobei wohl nur aus Gründen der Variation *auxiliante* im zweiten Fall durch das sonst kaum vorkommende *opitulante* ersetzt wird[131].

Gerade in den Kriegen gegen die Heiden also – aber nicht nur gegen sie – leiht Gott den Franken seine Hilfe. Ihre Siege sind einerseits ihm zuzuschreiben, andererseits bedeuten die Triumphe aber auch, daß die Franken und ihre Herrscher sich als Vollstrecker des göttlichen Willens ansehen können. Das stereotype *Deo auxiliante* der Reichsannalen scheint somit weniger auf eine göttliche Entscheidung für die Franken in einem bestimmten Gefecht hinzuweisen, als vielmehr darauf, daß hier diejenige Seite den Sieg erringt, die generell Gottes Willen befolgt und den Sieg daher auch verdient. Die Formel deutet somit an, daß die an dieser Stelle siegreichen Franken sich im Besitz göttlicher Gnade befinden und nicht, wie in den Zeiten der Normanneneinfälle, durch Kriege und Niederlagen von Gott für ihre Sünden gestraft werden[132]. Der ausdrücklich *Deo auxiliante* errungene Sieg erweist also die Sieger als im Status göttlicher Gnade befindlich und deutet damit weit über das militärische Geschehen hinaus.

Dasselbe trifft natürlich auch auf Niederlagen zu. Aus der Sicht der ‚Annales Bertiniani' fehlt den fränkischen Heerführern, die gegen die Normannen bei Brissarthe eine Niederlage erleiden und das Leben verlieren, die göttliche Hilfe. Hinkmar von Reims sagt, daß die Franken über eine starke Streitmacht verfügt hätten, wenn Gott mit ihnen gewesen wäre[133]. Das Vertrauen auf die eigene Stärke allein hilft also nicht, was Hinkmar auch in seinem Fürstenspiegel lehrt[134]. Der Grund dafür, daß sich Gott von den Seinen abwendet, liegt für Hinkmar darin, daß Robert der Tapfere und Ramnulf sich die Abteien St. Martin in Tours und Saint-Hilaire in Poitiers angeeignet hatten und sich weigerten, dafür Buße zu leisten. Nun trifft sie aus der Sicht Hinkmars, eines heftigen Gegners des Laienabbatiats, die verdiente Strafe[135].

Über die Eingriffe der Heiligen war in den Kapiteln über die Hagiographie und über den Raum ausführlich die Rede[136]. Wichtig ist, daß sie auf unterschiedliche Weise in das Kampfgeschehen eingreifen können. Zum einen treten sie als Interzessoren mit ihrer Fürsprache bei Gott auf, der dann auf ihre Bitte hin den Sieg gewährt. Zum anderen unterstützen sie handgreiflich die Streiter Christi, wie es etwa der hl. Benedikt seinem Mirakelbericht zufolge tut, indem er mit einem Knüppel in der Hand vor dem mit seiner Hilfe siegreichen Feldherrn einherschreitet und auf die heidnischen Feinde einschlägt[137]. Darin werden keine unterschiedlichen oder gar konkurrierenden Konzepte von Heiligkeit deutlich, sondern die Heiligen werden sichtbar in ihrer „Doppelexistenz", in der sie zugleich im Himmel und auf Erden präsent sind – eine Vorstellung, die, wie Arnold Angenendt betont, „den wahren Kern der Heiligenverehrung" bildete[138].

Sich solcher Hilfe Gottes und der Heiligen zu versichern, ist folglich ein für den Ausgang der Kämpfe unmittelbar notwendiges Vorgehen, dem nach dem mit göttlicher Hilfe errungenen Sieg der Dank gegenüber Gott entspricht. Die Bedeutung der Liturgie im Kontext des Krieges hat zuletzt Michael McCormick von der Antike bis in die Karolingerzeit ausführlich untersucht[139]. Für Karl den Großen und die auf ihn folgende Zeit streicht McCormick dabei vor allem den Aspekt der Loyalitätsbekundung gegenüber dem Herrscher durch Fasten und Gebete für den Sieg heraus. Das habe zum Programm Karls gehört, wie es auch in der ‚Admonitio generalis' mit der dort erhobenen Forderung nach Erneuerung der Liturgie deutlich werde[140]. Diese Betonung der Liturgie für den Sieg des Herrschers habe denselben Zielen gedient wie die Einführung des Krönungszeremoniells und der Treueide durch die Untertanen, nämlich den König mit seinem Volk zu vereinen[141].

Die in dieser Arbeit untersuchten Quellengattungen belegen die Bedeutsamkeit der Liturgie für den Herrscher eindeutig. Die Fürstenspiegel geben die Normen vor, nach denen sich der christliche Herrscher göttlicher Hilfe zu versichern hat, bevor er in den Kampf zieht. Ihnen zufolge ist das Vertrauen auf Gott wichtiger als alles andere zur Kriegsvorbereitung Notwendige[142].

Die anderen Quellen geben zwar auch Normen und nicht unbedingt die Realität wieder, indem sie den Herrscher als ‚Idealherrscher' präsentieren, der den Forderungen nachkommt. Sie zeigen aber, wie die Sicherung der göttlichen Hilfe praktisch aussieht. So beschreiben etwa die Reichsannalen, daß Karl der Große vor seinem Angriff gegen die Awaren im Jahr 791 befiehlt, drei Tage lang Bittgänge abzuhalten und Messen zu lesen, um Gottes Trost zu erlangen für das Heil des Heeres, die Hilfe Christi und für den Sieg und die Rache an den Awaren[143]. Daß Rache genommen werden muß, hängt damit zusammen, daß die Awaren dem Bericht der Annalen zufolge Freveltaten an den Kirchen und am christlichen Volk begangen haben. Der Erfolg der rituellen Handlungen stellt sich auch wirklich ein, indem der Schrecken *(terror)* Gottes über die Awaren kommt und sie zum kampflosen Rückzug veranlaßt. Indem Christus sein Volk führt, können so – wie die Israeliten unter der Führung Moses' – die fränkischen Heere ohne Verluste ins Land der Awaren eindringen[144]. Dabei ist es kein Zufall, daß gerade in der Liturgie die Verbindung zu den Israeliten hergestellt wird, denn das Danklied, das Moses nach dem Durchzug durch das Rote Meer und dem Untergang des ägyptischen Heeres angestimmt hat (Ex 15), galt der mittelalterlichen Exegese als Urform aller Hymnen und damit der christlichen Liturgie insgesamt[145].

In der Dichtung wird ebenfalls auf die Bedeutung liturgischer Formen verwiesen. So ziehen die Franken im ‚Ludwigslied' unter der Führung ihres Königs mit einem ‚Kyrie eleison' in die Schlacht gegen die Normannen, aus der sie als Sieger hervorgehen[146]. Ludwig der Fromme versucht, sich vor seinem Feldzug gegen die Bretonen der Hilfe der Heiligen zu versichern, nach denen er sein Itinerar ausrichtet, wie bereits mehrfach erwähnt[147]. Dichtungen gehören zum Teil selbst in einen liturgischen Kontext, wie etwa jene Gedichte zum Adventus, die aus dem Zug Ludwigs oder ähnlichen Unternehmungen überliefert sind[148]. Aber auch andere Beispiele wurden bereits angesprochen, so etwa das Lied über den Wächter in Modena oder ‚De strage Normannorum' von Sedulius Scottus[149]. Bei diesem wird der liturgische Zusammenhang nur ganz allgemein vermutet, bei jenem geht man ziemlich sicher davon aus, daß es in der Abend für Abend vollzogenen liturgischen Feier der Wachmannschaften eine Rolle spielte. Hier hat man also konkrete Formen und Bestandteile der Liturgie vor sich, die McCormick und andere ausführlich beschrieben haben, deren weitere Darstellung aber nicht in den hier gesetzten Rahmen gehört.

An den Beispielen wird aber deutlich, daß der Krieg in einem liturgischen Zusammenhang zu sehen ist. Die Karolinger versuchen oder werden dazu aufgefordert, sich der göttlichen Hilfe zu versichern und auf diese Weise den Kontakt zu Gott vor, während und nach dem Krieg aufrechtzuerhalten. Daß der Krieg eine liturgische Gestaltung erhält, ist in einer Gesellschaft, in der die Liturgie eine alles durchdringende Rolle spielt und auch den Tagesablauf der Laien mitbestimmt, nicht verwunderlich[150]. Wenn der Liturgie dabei, nach McCormick, eine herrschaftsstärkende Funktion zukommt, so zeigen doch die von Klerikern verfaßten Quellen zumindest auch ein ausgeprägtes Selbstbewußtsein hinsichtlich der eigenen Rolle an. So betonen die ‚Miracula S. Bertini' den größeren Anteil der Beter gegenüber den Kämpfern am Sieg[151]. Eine solche Äußerung ist freilich nur in der Zeit der Normanneneinfälle angebracht und während der Herrschaft Karls des Großen schwer vorstellbar. Auch in seinem Fürstenspiegel ‚De rectoribus christianis' betont Sedulius Scottus die Gebetshilfe des Klerus, die letztlich für Gottes Hilfe zum Sieg verantwortlich ist und die deshalb die königlichen Leistungen für die Kleriker begründet[152].

2. Das Eingreifen des Teufels

Die göttliche Hilfe im Kampf steht aber nur für die eine Seite der Beteiligung jenseitiger Mächte. Auf der ‚Gegenseite' greift auch der Teufel in das Geschehen ein – auf ganz andere Weise und mit anderer Wirksamkeit. Auch wenn das Weltbild des frühen Mittelalters als ausgeprägt ‚dualisierend' bezeichnet werden kann, darf man nun aber nicht rein dualistische Vorstellungen über den Kampf zwischen guten und bösen Mächten um den Ausgang der irdischen Schlacht erwarten[153]. Der Teufel hat in der Historiographie seine Rolle vor allem als Anstifter zum schlechten Handeln. Er reizt Große zum Abfall und stachelt Feinde oder gar die eigenen Söhne der Herrscher zum Aufstand an. In der ‚Vita Hludowici' beginnt er mit seinem ‚Gegenangriff' gegen Ludwig den Frommen nach dessen erfolgreichem Regierungsauftakt: Ludwig handelt erfolgreich als Unterkönig in Aquitanien (c. 5–22) und führt nach dem Antritt der Kaiserherrschaft erfolgreiche Kriegszüge sowie eine Kanoniker- und Klosterreform durch (c. 23–28). Er tut also das, was man von einem christlichen Herrscher erwartet. Das kommende Unheil kündigt der Astronom dadurch an, daß er sagt, der ‚Feind des Menschengeschlechts' habe die heilige und Gottes würdige Frömmigkeit des Kaisers nicht ertragen, die alle *ordines* der Kirche gegen ihn in den Krieg führe. Er habe mit allen Kräften begonnen, dem Angriff entgegenzutreten und dem mächtigen *bellator Christi* mit Gewalt und List zuzusetzen[154]. Die Terminologie erinnert an die der Heiligenviten, in denen eben-

Die religiöse Dimension des Krieges 179

falls der Teufel den Kampf gegen die frommen Streiter Christi eröffnet. Mit diesen wird Ludwig hier gleichgesetzt. Wie die Heiligen wird er die kommenden Prüfungen ertragen und seinen Gegnern verzeihen, so daß der Astronom ihn an späterer Stelle, während des Aufstands seiner Söhne, sogar mit Hiob als dem Prototyp des Dulders vergleichen kann[155].

Es zeigt sich aber erst später, daß es die Söhne Ludwigs sind, die vom Teufel aufgestachelt werden. Zunächst kündet die eben zitierte Stelle Aufstände der Abodriten, der Bretonen und Bernhards von Italien an. Die Konjunktion *nam*, mit welcher der Satz über den ersten Aufstand beginnt, zeigt deutlich, daß der teuflische Einfluß, von dem im vorangehenden Satz die Rede ist, sich hierin, im Aufstand, manifestiert[156]. Über die Niederschlagung der Erhebung werden nicht viele Worte gemacht. Wichtig ist, daß der Sieg ‚mit Gottes Hilfe' vollbracht wird[157]. Auch die kommenden Erhebungen, auf welche auch noch diejenige Pippins folgt, werden von Ludwig niedergeschlagen. Zu Beginn des 48. Kapitels ist der Teufel erneut am Werk. Er, der an dieser Stelle als Feind des Menschengeschlechts und des Friedens bezeichnet wird, reizt nun durch seine Gehilfen die übrigen Söhne Ludwigs, indem er sie glauben macht, ihr Vater wolle sie ‚verderben'. Die Helfer des Teufels werden als *satellites* bezeichnet, womit wohl bewußt eine militärische Terminologie gewählt ist[158]. Diese ungerechtfertigte Befürchtung veranlaßt die Söhne, sich mit so vielen Truppen wie möglich zum Kampf zusammenschließen, der darauf berichtet wird. Der Teufel ist mit seinem Treiben zunächst erfolgreich.

Der Astronom sieht in der ‚Vita Hludowici' also zwei Gründe dafür, daß der Teufel Menschen zum Krieg gegen den gerechten Herrscher aufstachelt: Zum einen will er dem geistlichen Krieg, den der christliche König gegen ihn führt, mit realer Gewalt begegnen, die den Herrscher treffen und verderben soll. Der Teufel schlägt hier gleichsam zurück, und es wird, fast noch stärker als in den oben behandelten Heiligenviten, die enge Verbindung zwischen geistlichem und weltlichem Krieg deutlich. Zum anderen folgt der Teufel, indem er andere zum Krieg verführt, nur seiner Natur. Er ist von vornherein ein Feind des Friedens, ein ‚armer Teufel', der gar nicht anders kann, als Unfrieden zu stiften, wo Frieden zwischen den Menschen herrscht. Deren Feind ist er eigentlich, und er will sie dazu bringen, sich gegenseitig umzubringen oder durch das Morden in Sünde zu fallen[159]. Der Teufel verkörpert also eher die Kraft, die das Kriegsgeschehen initiiert, als diejenige, die den Kriegsverlauf beeinflußt. Denn Gott entscheidet, wie es letztlich ausgeht. Das zeigt sich am anschaulichsten in der oben zitierten Einschätzung der Schlacht von Andernach in den ‚Annales Vedastini': Die Kontrahenten, Karl der Kahle und Ludwig III. (der Jüngere), beginnen als Onkel und Neffe ihren Krieg gegeneinander *instinctu diabolico*, der Sieg bei Andernach aber fällt Ludwig *iudicio Dei* zu[160]. Allerdings kann die Zwietracht, die der Teufel oder ein böser Geist sät, durchaus zu einer Niederlage führen, wenn Gott es zuläßt: Ein Feldzug gegen die Böhmen geht 849 verloren, was die ‚Annales Fuldenses' auf Streitigkeiten unter den Heerführern zurückführen. Und dieser Zwist ist von Dämonen verursacht, wie der oberste böse Geist selbst später durch den Mund eines Besessenen verkündet[161].

Dort, wo der Teufel Kriege anstiftet, sind es natürlich ungerechte Kriege und nicht solche, die der Herrscher zum Schutz oder zur Erweiterung der Christenheit zu führen hat. Der Teufel treibt die Menschen zum Aufruhr gegen legitime Herrschaft, er bringt die Söhne dazu, sich gegen den Vater zu erheben. Sie folgen damit ihm als dem sich gegen Gott empörenden Engel nach, ganz im Gegensatz zum gerechten Herrscher, der in der David- und damit letztlich in der Christusnachfolge steht. Daß Söhne vom Teufel angestiftet werden, wenn sie sich gegen den Vater erheben, ist im übrigen keine Besonderheit der Argumentation innerhalb der ‚Vita Hludowici'. In derselben Art wird in den ‚Annales Bertiniani' in der folgenden Generation der Aufstand Karlmanns gegen seinen Vater Karl den Kahlen beschrieben. Karlmann habe, so die Annalen, viele *satellites* und Söhne Belials um sich gesammelt und auf Betreiben des Teufels derartige Grausamkeiten und Zerstörungen angerichtet, daß es nur die glauben könnten, die es mit ansehen oder erdulden mußten[162]. Mit der Anstiftung durch den Teufel hat man ein anderes Erklärungsmodell für den Kampf gegen die Franken oder der Franken untereinander, als es in der Hagiographie zu den Normanneneinfällen geboten wird. Dort läßt Gott die Einfälle zu, um mit ihnen die Sünden seines Volkes zu bestrafen. Man könnte natürlich beide Erklärungen miteinander verbinden, würde damit aber die Stoßrichtung der Argumentation verkennen. Denn wo die Hagiographen zeigen wollen, daß das sündhafte Volk diese Strafe Gottes verdient und durch die Fürsprache der Heiligen noch vom Schlimmsten verschont wird, geht es der Historiographie – in diesem Fall dem Astronom – darum, zu verdeutlichen, wie der gerechte Herrscher Anfeindungen des Teufels ausgesetzt ist, aber standhaft bleibt und sie mit Gottes Hilfe schließlich überwindet.

Dieses Verhalten des Herrschers ist nicht nur ein Abbild des Handelns der Heiligen, sondern es spiegelt auch wider, was die Fürstenspiegel vom König verlangen. Bei Sedulius Scottus war zu sehen, daß dem Herrscher, der eine Niederlage erleiden muß, empfohlen wird, sich mit einer Reihe von Tugenden zu rüsten, die ihn dann am Ende doch noch zum Sieg führen werden[163]. Und die wichtigste dieser Tugenden ist die Friedfertigkeit, die den Herrscher über die Herstellung der inneren Einheit in seinem Reich zum äußeren Sieg leitet. Mit seiner Friedensliebe wird der Herrscher zum Gegenpol seines metaphysischen Feindes, der den Frieden immer nur hassen kann, aber schließlich doch unterliegen muß.

3. Der Herrscher als Bewahrer des christlichen Volkes vor gegenseitigem Morden

Indem der Herrscher den Teufel als Feind des Friedens abwehrt, verteidigt und erweitert er nicht nur sein Reich, sondern er verhindert zugleich innere Konflikte, also das Morden von Christen untereinander. Dabei geht es nicht nur um die innere Einigkeit als Mittel zur Abwehr äußerer Gefahren, sondern in dramatischer Weise um das Seelenheil der dem König anvertrauten Menschen. In der Auseinandersetzung mit seinen Söhnen sieht sich Ludwig der Fromme diesem Problem immer wieder gegenübergestellt, ganz abgesehen von dem innerfamiliären Konflikt, der aber gewöhnlich ganz den Söhnen als Übertretung ihrer Gehorsamspflicht angelastet wird[164]. So beschreiben die ‚Annales Bertiniani', wie der Kaiser 839 von seinem Sohn Ludwig daran gehindert wird, den Rhein zu überschreiten. Die Annalen interpretieren das Geschehen auf die Art, daß der Vater schwere Befürchtungen habe, daß das Blut des gemeinsamen Volkes vergossen werden könnte und sich deshalb eine andere Stelle sucht, die zum Übergang geeignet ist[165]. Da ihm aber der Sohn auf der anderen Rheinseite folgt, gibt er den Versuch am Ende auf, kehrt nach Mainz zurück und findet dort schließlich eine Gelegenheit zum Übergang. Der Annalist kommentiert das Geschehen mit den Worten, daß es ein Jammer gewesen sei, zu sehen, wie sich hier der fromme Vater, dort der unfromme Sohn voneinander entfernten[166].

Sechs Jahre zuvor entschließt sich Ludwig – wieder nach den ‚Annales Bertiniani' – dazu, seine Söhne mit Waffengewalt zu unterwerfen, als ihm gemeldet wird, daß sie sich gegen ihn erhoben haben und ihm mit einem großen Heer entgegenziehen. Er faßt diesen Entschluß ausdrücklich, weil seine Söhne sich durch Worte des Friedens nicht hatten bewegen lassen und damit sie dem christlichen Volk kein Unheil zufügen können[167]. Eine schnelle militärische Entscheidung soll also den langen inneren Konflikt verhüten helfen, wobei der Kampf von Christen untereinander in einer Entscheidungsschlacht notgedrungen hingenommen wird. Schlimmer als diese Schlacht scheint das zu sein, was dann auch tatsächlich erfolgt: der Abfall vieler vom Herrscher und damit der Bruch ihrer Eide ihm gegenüber. Das wird in den Auseinandersetzungen immer wieder betont, denn damit versündigt sich das Volk an seinem legitimen Herrscher und damit an Gott. Diese Vorstellung wiegt offensichtlich noch schwerer als das Töten von Christen untereinander, und der Herrscher hat alles zu tun, um einen solchen Zustand zu vermeiden.

Bei den geschilderten Auseinandersetzungen kommt zu dem das Seelenheil der Untertanen gefährdenden Verhalten Lothars zusätzlich noch hinzu, daß er sich gegen seinen Vater versündigt, indem er ihm nicht den gebührenden Respekt bezeugt und auch damit die Ordnung der Welt durcheinanderbringt. In welcher Weise sich der Sohn gegenüber dem Vater zu betragen hat, zeigen die ‚Annales Fuldenses' bei der Schilderung Ludwigs des Deutschen, dem sie nahestehen. Im Jahr 838 entzog Ludwig der Fromme seinem Sohn die Herrschaft mit Ausnahme der in Bayern. Das geben die Annalen auch kurz wieder, sagen aber dazu, daß Ludwig vorher die Herrschaft dort mit der Zustimmung des Vaters innegehabt habe und stellen sofort fest, daß die Maßnahme auf den Neid schlechter Ratgeber zurückzuführen sei. Deshalb beachtet er den Befehl des Vaters auch nicht, der ihm daraufhin ‚wie einem Feind' entgegenzieht[168]. Den Kampf mit dem Vater will Ludwig aber nicht aufnehmen, da er weiß, daß es ein Verbrechen (oder eine Sünde) ist, gegen den Vater zu streiten[169]. So zieht er sich nach Bayern zurück. Es ist offensichtlich, wie dieses Verhalten im Gegensatz zu dem Lothars steht. Obwohl der Streit damit nicht beendet ist und auch militärisch bis zum Tod des Kaisers fortgeführt wird, betonen die Annalen, daß Ludwig der Deutsche die direkte Konfrontation mit seinem Vater aus religiösen Gründen meidet.

4. Begründungen des Krieges gegen Christen und Ermahnungen zu normgerechtem Verhalten

Weil ein Krieg gegen Christen eigentlich nicht geführt werden darf, bedürfen die trotzdem immer wieder geführten Kriege gegen Glaubensbrüder der ausführlichen Rechtfertigung[170]. Diese wird in unterschiedlichen Fällen nach einem ähnlichen Muster vorgenommen: Das Verhalten des Gegners wird als derart den Normen christlicher Lebensführung entgegengesetzt dargestellt, daß der Angriff gegen ihn fast als gutes Werk gelten kann. Im Anschluß daran werden sakrale Handlungen des Klerus geschildert, die – zuweilen im Vorhinein – von der Schuld des ‚Bruderkrieges' entsühnen.

So, wie Ermoldus Nigellus die Bretonen beschreibt, macht er deutlich, daß sie eigentlich nur dem Namen nach Christen sind. Aber immerhin ist die Begründung des Feldzugs in die Bretagne bei ihm ungleich ausführlicher als die für die Belagerung der heidnischen Mauren in Barcelona. Denn diese wird, wie oben gezeigt, vor allem dadurch erklärt, daß der Zeitpunkt zum Kriegführen im Jahreslauf erreicht ist[171].

Auch im Krieg Karls und Ludwigs gegen Lothar spielt es eine große Rolle, daß dieser sich durch sein Verhalten außerhalb der christlichen Normen stellt. Seine ständigen Eidbrüche und Versuche, andere zum Eidbruch zu verleiten oder gar zu zwingen, dienen bei Nithard und anderen Historiographen eindeutig dazu zu zeigen, daß Lothar, der zwar Franke, Christ und Bruder seiner Kontrahenten ist, eigentlich nicht in die christliche Gemeinschaft gehört. Denn diese basiert auf eidlichen Bindungen, die er immer wieder aufs Schärfste mißachtet und auch auf gut gemeinte Ermahnungen hin nicht befolgt.

Man könnte auch hier die Beispiele noch um eine große Anzahl vermehren. Die Verweise auf die auch in anderen Zusammenhängen bereits angesprochenen Fälle mögen aber genügen, da an ihnen das Prinzip der Darstellung zur Genüge deutlich wird. Im Fall Karls des Kahlen etwa und der Invasion in dessen Reich durch Ludwig den Deutschen ist die Argumentation in den Fuldaer Annalen ganz ähnlich[172].

Dem unchristlichen Handeln des Gegners entspricht die einwandfreie Verhaltensweise der eigenen Seite. Immer wieder wird betont, daß man versucht habe, den anderen mit buchstäblich allen Mitteln zur Einsicht zu bewegen, was nicht selten bis zur Selbstverleugnung geht. Die besten Beispiele dafür sind die Lothar immer wieder angebotenen Verhandlungen vor der Schlacht von Fontenoy und die Angebote, die dem Treffen direkt vorausgehen. Die Brüder bieten ihm nicht nur an, den Status quo zu wahren, sondern versprechen ihm auch, alle Wertgegenstände, die in ihrem Lager zu finden seien, auszuliefern und zusätzlich noch Teile ihres Besitzes abzutreten. Wenn ihm auch das nicht gefiele, solle man ganz Francien teilen, und er könne sich dann den Teil auswählen, der ihm zusage[173].

In anderen Fällen wird Lothar, etwa durch Nithard selbst, ermahnt, sich wieder normgerecht zu verhalten[174]. Diese Ermahnung geht den Zusagen voraus, die dadurch als letztes Mittel der Konfliktbeilegung deutlich werden. In solcher Weise aufgerufen, die Aggression zu unterlassen, wird auch der Bretone Morvan bei Ermoldus Nigellus durch Abt Witchar[175]. Auch Witchar deutet an, daß er glaube, Ludwig werde dem Bretonen Geschenke machen[176]. Seine Ermahnung gründet allerdings in erster Linie auf der Warnung vor der Überlegenheit der Franken, der die Aufständischen nicht widerstehen können. Morvan soll also, so der Eindruck, wirklich zur Einsicht gebracht werden.

Bei diesen Kriegen gegen Christen reicht es aber zuweilen nicht, daß allein der gute Wille der eigenen Seite, den Krieg zu vermeiden, dargestellt wird. Zusätzlich sind Vorsichtsmaßnahmen wichtig, um das Seelenheil der Krieger nicht zu gefährden. Die Darstellung des Gegners als ‚falschen Christen' reicht häufig nicht aus, um hier Sicherheit zu schaffen. So wird das Heer Karls des Großen bereits vor dem Einfall nach Bayern zur Unterwerfung Tassilos vom Papst von allen Sünden freigesprochen, die sie auf diesem Kriegszug begehen könnten[177]. Über Tassilo selbst wird bekanntlich der Bannfluch verhängt, falls er seine Eide nicht halten sollte. Ganz anders handeln die Bischöfe nach der Schlacht von Fontenoy. Nachdem sie auf die Anfrage der Sieger, was nun zu tun sei, noch einmal die durch das Gottesurteil erwiesene Rechtmäßigkeit des Handels der Verbündeten betont haben, ordnen sie an, daß alle, die sich eines Vergehens schuldig fühlen, beichten und nach ihrer Schuld gerichtet werden sollen. Alle Beteiligten aber sollen drei Tage lang zur Vergebung der Sünden, für die gefallenen Brüder und für den zukünftigen Schutz Gottes fasten[178]. Wenn also auch klargestellt wird, daß Karl und Ludwig richtig gehandelt haben, so muß das Morden im *bellum plus quam civile* doch gesühnt werden, und es muß von den Bischöfen eine Form entwickelt werden, in der diese Buße geschehen kann.

V. Friede oder gerechter Krieg als Ziel von Herrschaft?

Im modernen Verständnis, das sich auch in politischen Debatten manifestiert, ist wahrer Friede mehr als die bloße Abwesenheit von Krieg. An dieser Vorstellung kann sich der karolingische Friede nicht messen lassen. Im 9. Jahrhundert wird von Frieden durchaus bereits gesprochen, wenn kriegerische Handlungen noch lange nicht abwesend sind – und zum Teil auch gar nicht vollkommen abwesend sein sollen. Ähnlich ist beiden Vorstellungen allerdings, daß der Friede qualitativ gefaßt wird, nur mit dem Unterschied, daß diese Qualität im ersten Fall die Beendigung von Kampfhandlungen voraussetzt, im zweiten Fall auch parallel zu ihnen eintreten kann. Entscheidend ist jeweils die Bezugsgröße für den Frieden. Während sich moderne Vorstellungen bei der Definition des Friedens in erster Linie auf ein Verhältnis zwischen Nationen oder Völkern beziehen, geht es dem Mittelalter vor allem um einen Zustand innerhalb der Christianitas, dem ‚dem Joch Christi unterworfenen' Teil der Welt. Wie das Verhältnis zu ‚den anderen' geregelt wird, ist eine nachgeordnete Frage.

Der Krieg ist für die Karolingerzeit nicht nur eine unvermeidbare Notwendigkeit, sondern in mehrfacher Hinsicht eine Aufgabe, die der Herrscher zu erfüllen hat. Das ist in dieser Arbeit bereits mehrfach betont worden. Vor allem das Kapitel über die Zeit hat gezeigt, daß der Herrscher nach dem Verständnis von Historiographen jährlich in den Krieg zieht. Tut er das nicht, ist diese Unterlassung erklärungsbedürftig[179]. Größere Lücken in der Kenntnis der Vergangenheit werden in Annalenwerken damit aufgefüllt, daß man als sichere Tatsache meldet, der König habe in dieser Zeit Jahr für Jahr seine Feinde ‚zermalmt'[180]. Indem man dies mitteilt, sagt man, was man für das dem König angemessene Handeln hält.

Wenn die Historiographie Kriegführung als Aufgabe des Herrschers ansieht, ist es verständlich, daß sie ihn auch an seinen militärischen Erfolgen mißt. Dabei wird die Begründung der Kriege nebensächlich. Einhard listet alle Erfolge Karls des Großen minutiös auf, warum der Kaiser aber seine

Eroberungszüge unternommen hat, begründet der Biograph nicht oder nur sehr schematisch[181].

In gleicher Weise positiv besetzt ist der Krieg in der Dichtung – mit Ausnahme der Klagen. Er stellt das zentrale Ereignis zum Ruhm des gepriesenen Herrschers dar, an dem sich auch der göttliche Zuspruch zu seinem Handeln erweist. Und auch in den hagiographischen Texten wird der Krieg als Aufgabe des Herrschers deutlich, der das Reich Gottes zu erweitern hat, auch wenn der Krieg das Leben der *spirituales milites* stört.

Wenn man all diese Begründungen und Rechtfertigungen des Krieges sieht und seine Einbettung in die Königsherrschaft betrachtet, dann ist der gerechte Krieg nicht mehr nur mit dem augustinischen Gedanken, daß der Krieg eine Notwendigkeit zur Erlangung des Friedens sei, vollständig zu erfassen. Die Betonung liegt eher darauf, daß der Friede das kurzzeitige Ergebnis der erfolgreichen Kriegführung des Herrschers ist. Und diese Kriegführung hat ihren Sinn nicht nur in der Herstellung des Friedens, sondern auch darin, die militärischen Qualitäten des Herrschers als des Garanten der Sicherheit, aber auch des Ruhmes seines Volkes zu erweisen. Dabei gehen die Vorstellungen Augustins keineswegs verloren, wie die Analyse der Fürstenspiegel gezeigt hat. Ganz im Gegenteil, er ist weiterhin maßgeblicher Ansatzpunkt für jedes Nachdenken über Krieg und Frieden. Allerdings verschieben sich die Akzente gemäß den Bedürfnissen der frühmittelalterlichen Kriegergesellschaft: Der Friede ist immer noch das Ergebnis erfolgreicher Kriegführung, aber Krieg ist eben mehr als ein notwendiges Übel zur Erlangung des Friedens.

Das Begriffspaar von *pax* und *concordia* kann vor diesem Hintergrund in zweifacher Hinsicht interpretiert werden. Zum einen ist es als Herrschaftsmaxime Ziel karolingischer Königsherrschaft und kennzeichnet im 9. Jahrhundert vor allem in der Zeit nach Ludwig dem Frommen das Verhältnis zwischen den miteinander verwandten, in der Realität aber meistens konkurrierenden Königen als wahre *fraternitas* im inneren Frieden[182]. Zum anderen ist diese im Friedenszustand hergestellte ,Eintracht' aber auch ein Mittel, um erfolgreiche äußere Kriegführung zu gewährleisten. Diese Betrachtung des Friedens als Herrschaftsziel ist bereits bei der Untersuchung der Fürstenspiegel deutlich geworden[183].

Beide Bedeutungen der *concordia* lassen sich auch an den historiographischen Quellen verifizieren: Wie sehr der Kampf gegen äußere Feinde und die Unterdrückung äußerer Unruhen dem inneren Frieden dienen und gleichzeitig die Herrschaft stabilisieren können, betonen nicht nur die theoretischen Darlegungen in den Fürstenspiegeln, sondern kann auch in der Historiographie nachvollzogen werden[184]. So berichten die Fuldaer Annalen im Jahr 858 von Kriegsvorbereitungen Ludwigs des Deutschen gegenüber den Slawen an der Ostgrenze seines Reiches. Die Aufstellung dreier Heere unter seinen Söhnen Karlmann und Ludwig sowie unter dem *dux* der Sorbenmark, Tachulf, sei eine der Maßregeln des Königs ‚zum Wohl des Reichs', die er auf einer Versammlung in Frankfurt beschlossen habe[185]. Der Sinn dieses Unternehmens sei gewesen, durch die Unterdrückung der auswärtigen Unruhen die Herrschaft im Inneren des Reichs leichter ausüben zu können[186]. Der Zusammenhang zwischen sicherer innerer Herrschaft und militärischen Siegen an den Grenzen wird hier also ausdrücklich hergestellt. Daß es sich dabei um ein Wechselverhältnis handelt, daß also auch innere Stabilität zu äußeren Siegen führt, zeigt im Kontrast eine Stelle aus den Metzer Annalen. Dort wird von Pippins Siegen im Jahr 688 über Sueben, Bayern und Sachsen und deren Unterwerfung berichtet[187]. Diese hätten nominell zwar schon lange zum Frankenreich gehört, sie hätten wegen der Trägheit der Könige, innerer Streitigkeiten und Bürgerkriege in verschiedenen Reichsteilen aber versucht, ihre Freiheit zu erlangen[188]. Jetzt erst, nach Pippins die Herrschaft stabilisierendem Auftreten, können die Gegner endgültig bezwungen werden.

Garant des inneren Friedens und der Einheit ist der König. Mit Hilfe von Frieden und Einheit erreicht er dann wiederum den Sieg über die Feinde. So ist folgerichtig auch in den ‚Gesta Berengarii' der Ausgangspunkt der späteren Siege und Triumphe Berengars der Friedenszustand, als welcher seine Herrschaft zu Beginn geschildert wird[189]. Eine Niederlage kann mit seiner Abwesenheit und der daraus resultierenden Uneinigkeit der Großen erklärt werden. Eine schwere Niederlage der Thüringer und Sachsen gegen die Mährer, gegen die sie Ludwig der Deutsche in den Kampf geschickt hatte, erklären die ‚Annales Fuldenses' genau in dieser Weise: Weil sie den König nicht bei sich hatten und untereinander nicht einig sein wollten, mußten sie die Flucht ergreifen und unter schweren Verlusten schändlich zurückkehren[190]. Die Schande wird dadurch konkretisiert, daß einige Grafen von Frauen geprügelt und mit Knüppeln von ihren Pferden geholt worden sein sollen[191]. So weit kommt es also, wenn, wie es Nithard ausdrückt, der König nicht mit ‚gemäßigtem Schrecken' (*moderato terrore*) die ‚wilden Herzen' auch seiner eigenen Leute zügelt und auf das gemeinsame Wohl, den inneren Frieden, hinlenkt[192].

Dieser innere Friede zeichnet sich vor allem dadurch aus, daß er ein durch das Recht gekennzeichneter Zustand ist. Ganz im Sinn Augustins, der den Frieden als Rechtszustand sieht, werden die beiden Begriffe *pax* und *iustitia* zu einer Formel, die den Idealzustand verkörpert[193]. Wie zur Herstellung und Bewahrung der *pax* die *concordia* gehört, so ist die *iustitia* zur Kennzeichnung des Friedens unerläßlich. Und so wird es zur Aufgabe des Herrschers, der den Frieden geschaffen hat, sich nun um das Recht zu bemühen. In Friedenszeiten ist der König folglich in erster Linie Setzer und Bewahrer des Rechts, das wiederum den Frieden für das Volk bringt.

So kommt es in der Karolingerzeit nach alttestamentlichen Vorbildern zur funktionalen Trennung der Begriffe in die *iustitia regis* und die *pax populi*, die aber trotzdem aufeiander bezogen sind und sich gegenseitig bedingen[194].

Diese Vorstellung des Friedens erscheint in den Quellen immer wieder. Vor allem die panegyrische Dichtung, die nicht, wie die Fürstenspiegel, sagt, wie Herrschaft aussehen sollte, sondern zeigt, wie der in ihr Gefeierte den Idealen gerechter Herrschaft nachgekommen ist, betont den Zusammenhang von siegreichem Frieden und Rechtsetzung. So verlegt Ermoldus Nigellus, der Unbesiegbarkeit und Friedensliebe als die die Franken charakterisierenden Eigenschaften bestimmt, die legislativen Aktivitäten Ludwigs des Frommen in die Friedenszeiten nach seinen siegreichen Feldzügen[195]. Erst in dieser Zeit ist es überhaupt möglich, Recht zu sprechen, denn während der Eroberungszüge Karls des Großen, so argumentiert Ermold weiter, habe sich Unrecht festsetzen können. Der Krieg selbst, so ruhmreich und notwendig er sein mag, steht also der Rechtsetzung und -pflege im Weg, und man benötigt den Frieden zumindest als Phase zwischen den Kriegen, um auch auf diesem Gebiet die für die gerechte Herrschaft notwendigen Maßnahmen auszuüben.

Diese Akte der Rechtsetzung sind Teil eines Vorgangs, der in Annalenwerken oft als ‚Festsetzung dessen, was zum Frieden gehört', bezeichnet wird. Mit diesem Zitat aus dem Lukas-Evangelium kommentieren die ‚Annales Mettenses' die Tätigkeit der Herrscher in den Jahren, in denen sie ausdrücklich keinen Kriegszug vornehmen[196].

Der ideale karolingische Herrscher ist also derjenige, der erfolgreiche und regelmäßige Kriege gegen die äußeren Feinde führt und den Frieden als *concordia* der Brüdergemeine im Frankenreich (wenn er nicht, wie Karl der Große oder Ludwig der Fromme der einzige seiner Generation ist) bewahrt und ihn dazu nutzt, Recht herzustellen und zu erhalten. Aus der Rückschau des frühen 9. Jahrhunderts war die Herrschaft Pippins des Mittleren 100 Jahre zuvor dadurch gekennzeichnet, daß er mit göttlicher Hilfe das Frankenreich im Inneren mit Recht und Frieden, im Äußeren mit klugem Rat und unbesiegbarer Waffengewalt regierte[197]. Beide Aufgaben – Friedenssicherung und erfolgreiche Kriegführung – stehen gleichberechtigt und gleich wichtig nebeneinander. Der ideale Herrscher kehrt nach seiner Abwesenheit *in pace et triumpho* nach Hause zurück. So sagt es beispielsweise die Chronik von Moissac über Ludwig den Frommen nach seiner Eroberung von Barcelona[198]. Der Sieg über die Feinde ermöglicht ihm und seinem Reich den Frieden. So ist es auch nicht verwunderlich, daß Papst Johannes IX. am Ende des 9. Jahrhunderts auf einer Synode in Ravenna alle Bischöfe aufforderte, in ihren Diözesen Litaneien für Frieden, Einheit und den Sieg des Kaisers feiern zu lassen[199]. Die Bischöfe sollen also Gott um den Frieden bitten, aber nicht um irgendeinen, sondern um den Frieden nach erfolgreicher Kriegführung des Herrschers, die wiederum durch die Einheit des christlichen Volkes gewährleistet ist. Beides, Krieg und Frieden, sind demnach Ziele von Herrschaft, da sie sich gegenseitig bedingen und jeweils Voraussetzung für das andere sind.

ACHTES KAPITEL

Krieg und Erinnerung:
Die Namen der Helden im kulturellen Gedächtnis

Durch die schriftliche Aufzeichnung wird der Krieg der Erinnerung anvertraut. Das Eingehen in die *memoria* ist also der Sinn der Verschriftung von militärischen Ereignissen. Das wird, wie zu zeigen ist, von den Autoren immer wieder betont. Gleichzeitig hat aber nicht nur die schriftliche Aufzeichnung einen Sinn, sondern auch der Krieg wird in der Form, in der er verschriftet ist, mit Sinn gefüllt, was seine transzendentale Bedeutung betont. Dadurch wird diese Art der Erinnerung zum Teil des kulturellen Sinn-Gedächtnisses der Karolingerzeit, und man kann die Bedeutung des Krieges für die kollektive Identität der karolingischen Gesellschaft herausarbeiten. Das wird im folgenden in zwei Schritten zu tun sein: Zunächst wird die Bedeutung der Verschriftung erörtert und im Anschluß ihr besonderer Charakter und ihre Nähe zur Memorialkultur des Mittelalters dargestellt.

I. Erinnerung als Zweck der Verschriftung von Geschichte

Die Aufzeichnung historischer Ereignisse wird grundsätzlich mit der Notwendigkeit zur Erinnerung und der Furcht vor dem Vergessen begründet. Die Verfasser von Historiographie, historischer Dichtung und Hagiographie (letztlich auch der Fürstenspiegel) der Karolingerzeit wollen an die Taten von Herrschern, der gesamten *gens* oder einzelner Großer erinnern und diesen damit den ihrer Ansicht nach gebührenden Platz im Gesamt des kollektiven Gedächtnisses einräumen.

Motiviert wird die ‚Erinnerungsarbeit' durch die doppelte Befürchtung, daß die Taten nicht entsprechend gewürdigt werden oder gar dem Vergessen anheimfallen könnten. Die Angst vor der *oblivio* treibt die Autoren an, und es ist für den Grad der Verschriftlichung der karolingischen Epoche von großer Bedeutung, daß für sie nur das Medium der Schrift die Erinnerung garantieren kann. Die mündliche Überlieferung ist dazu nicht in der Lage, sie wird nur als Quelle der schriftlichen Fixierung akzeptiert[1]. Allein die Buchstaben, so sagt es Hrabanus Maurus, sind unsterblich; allein die Buchstaben in Büchern bringen die Vergangenheit zurück:

Grammata sola carent fato, mortemque repellunt,
Praeterita renovant grammata sola biblis.[2]

In der Einleitung zur Karlsvita Einhards, in der dieser sein Vorhaben begründet, taucht allein fünfmal der Begriff der *memoria* auf, zweimal davon explizit als Gegensatz zur *oblivio*. Auch die Taten der gegenwärtigen Zeit und vor allem die ihres größten Königs, so Einhard, dürften nicht der Vergessenheit anheimgegeben werden. Ohne die schriftliche Aufzeichnung der Taten Karls aber wäre es, als hätte der Kaiser nie gelebt[3]. Die *oblivio* wird zum Schrecken der Nichtexistenz. Das Buch dagegen wird zum Medium der Erinnerung, denn die *memoria* Karls ist im Buch gespeichert[4]. Die Entscheidung, ob ein Mensch für die Nachwelt überhaupt gelebt hat, hängt damit an der Frage, ob sein Leben der Schriftlichkeit anvertraut wird oder nicht.

In gleicher Weise argumentiert Regino von Prüm im Vorwort zu seiner Chronik, um zeitlich ans Ende des Untersuchungszeitraums der Arbeit zu gehen. Er bezieht sich dabei aber, dem Charakter seines Werkes entsprechend, nicht auf die Taten eines Herrschers, sondern auf das gesamte Handeln der Menschen seines Zeitalters. Das Fehlen historiographischer Überlieferung würde aus seiner Sicht bedeuten, daß das menschliche Handeln ganz aufgehört hätte oder nicht der *memoria* wert gewesen wäre[5]. Mit demselben Argument begründet er die Tatsache, daß er sehr wenig über Ludwig den Frommen berichtet, denn über dessen Zeit habe er wenig aus schriftlicher Überlieferung oder den Erzählungen der Älteren erfahren, das wert gewesen wäre, der *memoria* anvertraut zu werden[6].

Was der Schrift anvertraut ist, hat Bestand für immer. Der Verfasser der ‚Gesta episcoporum Virdunensium‘ jedenfalls gibt seiner Hoffnung Ausdruck, seine Aufzeichnung der Taten der Bischöfe von Verdun werde bewirken, daß ihre *memoria* für ewig bei ihm und den Seinen bleiben wird. Im Himmel dagegen sind die Namen der Bischöfe ohnehin verzeichnet[7]. Und der Memoria würdig ist sehr vieles von dem, was sie getan haben[8]. In ähnlicher Weise argumentiert die Hagiographie mit dem Wert des zu Überliefernden. Wenn schon die fiktiven Taten antiker Menschen und Heroen der Überlieferung wert sind, so der Hagiograph Ermanrich, dann doch erst recht die wahren Taten der Heiligen, die nicht vergessen werden dürfen[9].

Die Taten der Heiligen sind es wert, der Schrift anvertraut zu werden, weil sie wahr sind. Daß an der Schriftform für die karolingischen Autoren nicht nur die reine Existenz von Menschen und Ereignissen hängt, sondern auch die Wahrheit, ist ein weiterer Charakter der Schriftlichkeit[10]. Das zeigt sich in den Prooemien der Historien Nithards. Der Autor beginnt jedes der vier Bücher mit einer kurzen Rechtfertigung, wobei er immer wieder seinen Willen betont, daß durch die Niederschrift der Ereignisse um die Auseinandersetzungen der Brüder die ‚Wahrheit‘ deutlich werde. So begründet Nithard die beiden ersten Bücher, die das Gesamt-

werk ursprünglich wohl nur beinhalten sollte, damit, daß sie die ‚Wahrheit'
über die Streitigkeiten erkennbar machen sollen[11]. Die Wiederaufnahme
des Werkes mit der Verschriftung der unmittelbar zurückliegenden Ereignisse im dritten Buch hat dann auch ihren Grund darin, daß nicht irgend
jemand die Ereignisse auf andere Weise erzählen kann als sie gewesen
sind[12]. Und das letzte Buch schließlich soll dadurch, daß die Taten der
Großen der schriftlichen *memoria* anvertraut werden, die ‚Nebel des
Irrtums' zerstreuen[13].

Es zeigt sich, daß das Thema der Erinnerung stark mit dem Problem
Mündlichkeit versus Schriftlichkeit zusammenhängt. Denn wenn von Erinnerung, Memoria, kulturellem Gedächtnis die Rede ist, stellt sich fast
von selbst die Frage nach dem Medium, das die Erinnerung speichert.
Man darf nicht darüber hinwegsehen, daß die Hochschätzung der Schrift,
von der die eingangs zitierten Äußerungen zeugen, in einer weitgehend
oralen Gesellschaft geäußert wird. Das ist aber auch nicht weiter verwunderlich, denn in einer ausgeprägten Schriftgesellschaft wie der unseren
hätten solche Bemerkungen höchstens den Charakter von Platitüden. Es
sind natürlich die Träger der Schriftlichkeit wie die Gelehrten Einhard
oder Hrabanus Maurus, die der mündlichen Überlieferung mißtrauen und
nur die Schriftform für ein adäquates Mittel der Speicherung halten.

Aber auch die frühmittelalterliche Gelehrtenkultur ist in hohem Maß
von Mündlichkeit geprägt. Die intellektuelle Ausbildung basiert auf dem
Training des Gedächtnisses und beginnt mit dem Auswendiglernen des
Psalters und gegebenenfalls der Benediktsregel[14]. In einer Kultur, in der
Auswendiglernen mit Wissen gleichgesetzt wird, werden Bücher nicht nur
gelesen, sondern eben auswendig gelernt, was auch und gerade der das
Lob der Schrift verkündende Hrabanus Maurus durch listenartige Aufzählungen in den Werken seinen Schülern nahelegt[15]. Hierin werden „Über-
gänge und Spannungsfelder zwischen Mündlichkeit und Schriftlichkeit"
deutlich, die diese Epoche kennzeichnen[16]. Auch wenn der Schrift höchste
Bedeutung zugemessen wird, wird das Geschriebene nicht ausschließlich
diesem Medium anvertraut, sondern auswendig gelernt. Eine Vielzahl von
Arbeiten zur mittelalterlichen Mnemotechnik hat in den letzten Jahren
dieses Phänomen ausführlich beleuchtet[17].

Dieses Ineinandergreifen von schriftlicher und mündlicher Erinnerung
zeigt, wie wichtig es ist, nicht einfach schriftgestützte Kulturen oralen Gesellschaften gegenüberzustellen, sondern den Charakter einer Schriftkultur, den Grad und die besondere Ausformung ihrer Verschriftlichung
herauszuarbeiten. Auf diesem Gebiet hat sich die Mediävistik an den Arbeiten von Ethnologen und Kulturanthropologen orientiert und deren
vergleichende Studien für ihre Arbeiten herangezogen[18]. Aus dieser Sicht
zeigt sich für die Karolingerzeit ein hoher Grad von Verschriftlichung in

verschiedenen Bereichen, gerade wenn man sie mit der vorausgegangenen Merowinger- oder der folgenden Ottonenzeit vergleicht. Vor allem im administrativen Bereich kennt die Karolingerzeit einen ausgeprägten Schriftgebrauch[19]. Die Bedeutung der karolingischen Reformen für Theologie und Liturgie ist bereits häufig betont worden, sie betrifft aber ein Feld, auf dem die Schriftlichkeit im früheren Mittelalter allgemein eine hohe Bedeutung hatte[20]. Vor diesem Hintergrund einer in einigen Bereichen ausgeprägten Schriftlichkeit müssen die Äußerungen zur Bedeutung der schriftlichen Memoria gesehen werden. Diese Schriftlichkeit betrifft genau jene Felder, mit denen die genannten Autoren zu tun hatten und bei denen teilweise der Schriftgebrauch nicht unbedingt von vornherein selbstverständlich war.

II. Die Erinnerung an Personen und Ereignisse im Verlauf des historischen Geschehens

Was für die Erinnerung von Geschichte insgesamt zutrifft, hat seine Bedeutung auch für den Krieg. Die militärischen Ereignisse werden verschriftet, um nicht vergessen oder in ‚falscher' Weise interpretiert zu werden. Vor allem diejenigen, die bedeutende Taten im Krieg vollbracht haben, sollen mit Hilfe der Schrift den ihnen gebührenden Platz in der Erinnerung bekommen.

1. Erinnerung und Vergessen der Heldentaten

Wie wichtig die schriftliche Fixierung der Taten ist, belegt die Klage in den Fuldaer Annalen über den Tod Roberts des Tapferen, des Stammvaters der Robertiner, der 866 bei Brissarthe im Kampf gegen die Normannen fiel. Ein zweiter Makkabäus sei er gewesen, heißt es in den Annalen, dessen Kämpfe gegen Bretonen und Normannen man den Taten des Judas Makkabäus gleichsetzen könnte, wenn sie nur aufgezeichnet worden wären[21]. Robert ist also aus der Sicht des Historiographen ein *alter Machabeus*, seine Heldentaten können aber nicht, wie die des ersten Makkabäus, zum Maßstab und Vorbild für andere werden, da man sie nicht aufgeschrieben hat. Ohne eine genaue Kenntnis der Ereignisse zu haben, verbietet es sich aber für den Autor, etwas hinzuzusetzen[22].

Das hier zum Ausdruck kommende Bedauern richtet sich nicht auf das Fehlen einer Vita Roberts, denn diese Gattung war erst vor noch nicht allzu langer Zeit weltlichen Personen und nur den allerhöchsten Herrschern geöffnet worden. Gemeint sein können an dieser Stelle zwei Formen schriftlicher Überlieferung: Dichtung und allgemeine historiographische Werke wie Annalen oder Chroniken, denen somit die Aufgabe zukommt, solche außergewöhnlichen Taten außergewöhnlicher Großer zu tradieren. Hierin liegt der Sinn von kurzen Erzählungen innerhalb der Historiographie, die zuweilen eher zusammenhanglos erscheinen und leicht als ‚anekdotenhaft' abgetan werden können[23].

Der in den ‚Annales Fuldenses' nur angedeutete Schlachtentod Roberts wird in der Chronik Reginos von Prüm detailliert berichtet[24]: Es wird erzählt, wie Robert zusammen mit dem aquitanischen *dux* Ramnulf die Normannen verfolgt und in der Kirche von Brissarthe einschließt. Bei der anschließenden Belagerung unternehmen die Eingeschlossenen einen plötzlichen Ausfall. Und obwohl auch die Tapfersten bei unvorhersehbaren Zufällen im Krieg in Verwirrung zu geraten pflegen, sagt Regino, greifen Robert und die Seinen doch schnell zu den Waffen und treiben die Gegner mutig zurück[25]. Allerdings ist keine Zeit, die Rüstung vollständig anzulegen, und so wird Robert ungeschützt an der Schwelle der Kirche erschlagen[26]. Auch Ramnulf wird von einem Pfeil getroffen und tödlich verletzt. Daraufhin heben ihre Krieger die Belagerung auf, und die Normannen können zu ihren Schiffen zurückkehren.

In einer der zahlreichen Handschriften der Chronik aus dem 11. Jahrhundert steht bei der Stelle über den Tod Roberts die Marginalnotiz einer Hand aus dem 12. Jahrhundert, die genau den Satz über den Vergleich mit Judas Makkabäus aus den ‚Annales Fuldenses' dort hinzugefügt hat[27]. Auch Jahrhunderte nach den Ereignissen hielt es also noch jemand für angebracht, seinem Bedauern über das Fehlen schriftlicher Überlieferung der Heldentaten Roberts Ausdruck zu verleihen, obwohl Regino mit seinem Bericht doch zumindest teilweise Abhilfe geschaffen hatte.

Robert der Tapfere ist bei weitem nicht der einzige Krieger, über dessen militärischen Ruhm sich die Quellen auslassen. Im Zusammenhang mit bedeutenden und weniger bedeutenden militärischen Ereignissen wird in den Quellen eine Fülle von Namen genannt. Oft handelt es sich dabei um wichtige Heerführer. Man erfährt aber auch zuweilen etwas über Personen, die sonst vollkommen unbekannt sind und deren Erinnerung, wenn man so will, durch die schriftliche Fixierung bis heute fortlebt. Taten im Krieg sind in der frühmittelalterlichen Gesellschaft, die sich damit nicht von späteren Jahrhunderten unterscheidet, eine der besten Möglichkeiten, den Ruhm der eigenen Person im Gedächtnis der Menschen festzuschreiben[28].

Der Ruhm militärischer Glanztaten geht regelrecht auf den Namen ihres Vollbringers über und verbindet sich mit dem Namen desjenigen, der sie begangen hat: Nach der Chronik von Moissac wird Ludwig der Fromme von den Befehlshabern bei der Belagerung Barcelonas in dem Moment herbeigerufen, in dem die Stadt ausgehungert und reif ist für die

Übergabe. Das geschieht ausdrücklich, ‚damit der Sieg seinem Namen zugeschrieben werde'[29]. Der Astronom kommentiert die Situation noch ausführlicher, indem er sagt, daß die Belagerer, wie es sich gehörte, den ehrenvollen Entschluß faßten, Ludwig herbeizurufen, damit diese Stadt mit einem solchen Namen dem König einen ruhmreichen Namen hinzufüge, wenn sie unter seiner Anwesenheit eingenommen werden könne[30]. Der Name des Königs soll also nicht einfach ‚berühmt gemacht werden', wie es Ernst Tremp übersetzt, sondern er soll für die Mit- und Nachwelt mit dem Namen der berühmten Stadt verbunden werden und dadurch eine neue Qualität erhalten.

Es muß nicht unbedingt sein, daß diese Darstellung, wie manchmal angenommen wird, die Bedeutung Ludwigs im Vergleich zu Ermoldus Nigellus zurücknimmt, der Ludwig ja von Anfang an als aktiven Leiter der Belagerung auftreten läßt[31]. Vielmehr könnte man auch annehmen, daß der Dichter und die Historiographen einfach unterschiedliche Konzepte wählen, um den Ruhm des Herrschers zu betonen, wobei Ermold durch die Wahl der Gattung größere Freiheit in der Verarbeitung der historischen Fakten hat. Der Biograph und der Chronist machen lediglich deutlich, daß der Name Ludwigs in Zukunft mit der Eroberung Barcelonas verbunden sein soll, was offensichtlich auch den Vorstellungen des Herrschers entspricht. Der Dichter, der sicher nicht zufällig gerade dieses Ereignis aus dem Bestand militärischer Taten Ludwigs für seinen Panegyricus auswählt, nimmt diese Idee auf und verarbeitet sie nach den ‚Regeln' seiner Gattung. Die Aussage ist letztlich dieselbe[32].

Die Frage, auf wessen Namen ein Sieg übergeht, kann zu verhängnisvollen Konflikten führen, die aufgrund des offiziellen Charakters der meisten Beispiele der karolingischen Historiographie wenig Chancen haben, überliefert zu werden. Es sind bezeichnenderweise die Einhardsannalen, die einen solchen Fall ausführlich schildern. Gerade Berichte über militärische Mißerfolge stellen ja bekanntlich jene Passagen dar, in denen dieses Werk von seinem Vorbild, den Reichsannalen, am stärksten abweicht. So vor allem im Bericht über die Ereignisse des Jahres 782. In den Reichsannalen heißt es dazu lediglich in stereotyper Manier, daß die Sachsen, von Widukind angestachelt, in gewohnter Weise rebellieren[33]. Da der König davon nichts weiß, schickt er ein Heer unter den Königsboten Adalgisus, Gailo und Woradus gegen ‚ein paar Slawen', die sich erhoben hatten. Unterwegs erfahren sie von der Rebellion der Sachsen und handeln von da an ohne königliches Mandat. Sie bekämpfen die Sachsen tapfer und besiegen sie, wobei zwei der *missi* den Tod finden[34]. Daraufhin zieht Karl selbst mit einem eilig zusammengestellten Heer nach Sachsen, und es kommt zur Unterwerfung der Sachsen und der Bestrafung der Aufständischen im Strafgericht von Verden, wo 4 500 von ihnen getötet werden[35].

Die viel ausführlichere Version der Einhardsannalen bietet ein ganz anderes Bild[36]. In ihnen kommt den Königsboten, nachdem sie sich entschlossen haben, gegen die Sachsen statt gegen die Slawen zu ziehen, der ripuarische *comes* Theoderich, ein Verwandter des Königs, mit seinen Truppen zur Hilfe. Dieser berät sie, und es wird beschlossen, gemeinsam die Sachsen anzugreifen. Während sie nun aber getrennt lagern, befürchten die Königsboten, daß, wenn Theoderich in der Schlacht bei ihnen wäre, die *fama* des Sieges auf seinen Namen übergehen würde[37]. Deshalb brechen sie übereilt allein auf, werden von den Sachsen umringt und fast bis auf den letzen Mann niedergemacht. Neben den auch in den Reichsannalen genannten zwei Königsboten ist hier noch ohne Nennung von Namen von vier weiteren Grafen und 20 Großen die Rede, die in der Schlacht fallen, ganz abgesehen von den anderen in ihrem Gefolge, die lieber sterben als sie überleben wollen[38].

So sehr die Einhardsannalen historisch plausibler sind[39], geht es ihnen doch keineswegs einzig um die Wiedergabe der historischen Abläufe. Vielmehr wollen sie betonen, daß die Niederlage des fränkischen Heeres aus einem Konflikt um Erinnerung resultierte. Denn die *missi* waren nach ihnen darauf bedacht, daß der Ruhm des zu erwartenden Sieges nicht einem anderen Namen zugeschrieben werde. Wenn man nun die Reichsannalen als offiziellen Träger der Memoria betrachtet, so kann man feststellen, daß die Königsboten zumindest mit ihrer Absicht Erfolg hatten, Graf Theoderich nicht ins Gedächtnis der Franken eingehen zu lassen. Dessen Name, der durch den Sieg einen gewaltigen Zuwachs an Prestige hätte bekommen können, taucht in den Reichsannalen überhaupt nicht auf. Wo er in den Einhardsannalen vorkommt, ist er entweder mit dem Awarensieg Karls verbunden, dessen Bericht in den Reichsannalen ganz auf den Kaiser zugeschnitten ist – auch der Name eines anderen Heerführers, des *camerarius* Meginfred, wird nicht genannt –[40], oder er steht im Kontext einer weiteren Niederlage gegen die Sachsen, deren Größe Karl gemäß der Einhardsannalen ausdrücklich verschweigt[41]. Der Name Theoderichs ist nicht in die offizielle Memoria der Franken eingegangen, ganz im Gegensatz zu denen der letztlich in dieser Hinsicht erfolgreicheren *missi* Adalgis und Gailo. Diese sind für die Nachwelt im tapferen Kampf gegen die Sachsen gefallen, die sie noch im Tod bezwungen haben. Letztlich werden die Krieger also nicht in der Schlacht zu Helden, sondern durch die Erinnerung der Geschichtsschreiber.

Die Erinnerung an die Taten von Großen wird besonders in der panegyrischen Dichtung wach gehalten, denn diese Werke sind vor allem den Taten und der Memoria einzelner Herrscher gewidmet. Sie gehen aber noch darüber hinaus: Bei Ermoldus Nigellus wurde bereits auf die Zweikämpfe hingewiesen, die bei der Belagerung von Barcelona stattfunden haben und vom Dichter überliefert werden. Dabei werden auch schlagfertige verbale Repliken auf Schmähungen des Gegners oder ähnliches für wert befunden, den Namen des Sprechers zu überliefern. Mit diesen auf Kaltblütigkeit und Mut verweisenden verbalen Äußerungen konnte man offensichtlich Ruhm erwerben. Zudem sind sie geeignet, in der Überlieferung Tapferkeit als Eigenschaft zu markieren[42]. Dabei macht es den Eindruck, daß es nicht üblich ist, den Gegner verächtlich zu machen, sondern höchstens dem feindlichen Spott mit ernster Entschlossenheit zu begegnen, die dem Spötter die Lust an seinem Tun nimmt. Das zeigen die zitierten Stellen bei Ermold eindeutig. Der karolingische Kämpfer ist der Gotteskrieger, der im Vertrauen auf höchsten Beistand mit einem Gebet auf den Lippen in die Schlacht zieht[43]. Auch gegenüber den Heiden wird Verachtung seitens des Historiographen selbst geschildert, nicht seitens des Kriegers, der im Kampf für die Christianitas Gottes Werk verrichtet. Die Verachtung der Gegner scheint in den Quellen erst ganz am Ende der Karolingerzeit, etwa bei Notker, aufzutreten. Worte wie die des thurgauischen Gefolgsmanns Karls des Großen, Eishere, über Wilzen und Awaren gibt es in früheren Quellen nicht. Jener soll die Feinde ‚wie das Gras auf der Wiese' niedergemäht und dann ‚wie die Vögel' auf seine Lanze aufgespießt haben. Auf bewundernde Nachfragen habe er nur schroff geantwortet: ‚Was wollt ihr mir mit diesen Kröten? Sieben und acht und sicherlich neun von ihnen pflegte ich auf meine Lanze aufgespießt und irgend etwas brummeld mit mir herumzuschleppen. Unnützerweise haben der Herr König und ich uns mit diesem Wurmzeug abgemüht.'[44] Ebenso abfällig sind die Worte, die Notker wenig später Karl Martell in den Mund legt, als dieser weinend den Normannen nachblickt, die allein vor seiner Person die Flucht ergriffen haben. Sein Weinen begründet er mit dem Leid, das er für seine Nachfahren durch die Normannen voraussieht, und nicht etwa mit der Furcht davor, daß diese ‚Nichtse und Nullen' ihm irgendwie schaden könnten[45].

Äußerungen dieser Art scheinen, auch wenn man berücksichtigt, daß Notkers ‚Gesta' mit keinem anderen historiographischen Werk der Karolingerzeit vergleichbar sind, etwas Neues zu repräsentieren. Es ist sicher nicht so, daß die Karolinger ihre Feinde nicht auch vorher verachtet hätten. Die Historiographie betont aber diesen Zug bei ihren Protagonisten nicht, sondern stellt deren Frömmigkeit und den Willen, gerechte Kriege zu führen, heraus. Ohne daß hier näher darauf eingegangen werden kann, sei wenigstens als Möglichkeit in Betracht gezogen, daß auch Darstellungen vom äußerst grausamen Umgang mit besiegten äußeren Feinden, die sich bei ottonischen Historiographen – vor allem bei Liutprand von Cremona – finden, auf einen Wandel dessen, was die Historiographie zeigen will, verweisen könnten[46].

2. Die Größe des Sieges

Die Größe eines Sieges zeigt sich in der Bedeutung der geführten Kriege. So kommt auch dem Ereignis selbst, das mit den Namen der Beteiligten verbunden wird, Erinnerungswürdigkeit zu. Im Rahmen des kriegerischen Geschehens sind es die großen Ereignisse, welche kommemoriert werden. Schlachten, Belagerungen und Eroberungen erscheinen bei der Lektüre historiographischer Texte als Gegenstand des Krieges. Sie lassen sich – auch im Rückgriff auf antike Vorbilder – ‚ansprechender' darstellen als die Hauptbeschäftigung auf den Kriegszügen, das Zerstören, Plündern und Morden. Und sie tragen mehr zum Ruhm desjenigen bei, über den berichtet wird. Auf diesen Umstand ist vor allem im Zusammenhang mit Ermoldus Nigellus bereits hingewiesen worden[47]. Daß große Schlachten eher die Ausnahme frühmittelalterlicher Kriegführung sind, zeigt schon das Beispiel des Sachsenkrieges, bei dem Einhard betont, daß Karl in den 33 Jahren der Feindseligkeiten dieses längsten unter seinen Kriegen lediglich zwei Schlachten geschlagen habe, und dies auch noch in wenigen Tagen hintereinander[48].

Die Bedeutung einzelner Schlachten wird in der Darstellung durch die Aussage betont, daß kein vergleichbares Ereignis erinnerlich sei oder ähnliches doch sehr weit in der Vergangenheit zurückliege. Diese Charakterisierung kann auch negative Konnotationen haben. So sagen die ‚Annales Fuldenses', daß das gegenwärtige Zeitalter – also wohl das eigene Jahrhundert – sich nicht an ein solches Gemetzel unter den Franken erinnern könne, wie es in Fontenoy geschehen sei[49]. Auch Hinkmar von Reims greift in einem Brief weit in seine historische Erinnerung zurück und vergleicht das Morden mit dem in der Schlacht von Vincy im Jahr 717, in der Karl Martell fast anderthalb Jahrhunderte zuvor den neustrischen Hausmeier Raganfred besiegt hatte[50]. Es geht in diesen Fällen allerdings nicht in erster Linie darum, durch die Einmaligkeit der Größe des Kampfes den Ruhm der Protagonisten zu erhöhen, sondern darum, zu betonen, daß mit dem Kampf von Franken untereinander etwas, das überwunden zu sein schien, in gewaltiger Dimension wiedergekehrt ist. Deshalb geht es bei der Schlacht von Fontenoy auch mehr um die Erinnerung des Ereignisses als um die der Beteiligten.

Negativ besetzt ist auch die Erinnerung an die Einfälle der Goten, mit denen die Normannen in den ‚Miracula S. Vedasti' verglichen werden. Dort heißt es, daß das Land nach ihrem Abzug erblühte wie nach dem Abklingen der ‚Überflutung' durch die Goten[51].

Verluste auf der eigenen Seite werden vor allem bei der Schlacht von Fontenoy, bei der beide Gegner Franken waren, angegeben. Den bekanntesten Kommentar zu dieser Schlacht in der Historiographie stellt der Eintrag Reginos von Prüm zum Jahr 841 dar. Etwa 60 Jahre nach der Schlacht schreibt Regino, daß die Streitmacht der Franken und ihre berühmte *virtus* derart geschwächt worden seien, daß sie danach nicht mehr zur Erweiterung der Grenzen des Reiches in der Lage waren und noch nicht einmal zum Schutz des eigenen Landes ausreichten[52]. Die Ansicht, daß die Schlacht der Grund für die Einfälle der Normannen sei, setzte sich am Ende des Jahrhunderts allgemein durch. Was also auch immer die Gründe für das Ende der Expansionsphase des fränkischen Reiches bereits in der Endphase der Regierungszeit Karls des Großen gewesen sind, im kollektiven Gedächtnis der späten Karolingerzeit – und von dort weiter an spätere Epochen vermittelt – galt die Schlacht von Fontenoy als Begründung für das Nachlassen der Expansion sowie den Beginn der Normanneneinfälle. In dieser Einschätzung stimmen Historiographie und Hagiographie völlig überein[53].

Die Meinungen über die Folgen der Schlacht lassen sich am besten aus den literarischen Deutungen ablesen. Bereits das Kapitel über die Zeit hat verdeutlicht, daß es sich für die Zeitgenossen dabei nicht nur um eine entscheidende militärische Auseinandersetzung handelte, sondern um ein Ereignis von allerhöchster metaphysischer Bedeutung. Für Angelbert, der damit die Seite Lothars vertritt, muß dieser Tag aus dem Jahreskreis gestrichen werden, womit er nur die Wichtigkeit betont. Was den Ort der Schlacht betrifft, so will Angelbert auch ihn ‚nichten', ihn veröden lassen. Weder Tau noch Regen sollen das Gras befeuchten, auf dem die Tapferen gefallen sind:

Gramen illud ros nec ymber nec humectet pluvia,
in quo fortes ceciderunt, proelio doctissimi,
pater, mater, soror, frater, quos amici fleverant.[54]

Die Texte betonen vor allem zwei Faktoren: die Außerordentlichkeit dieser Schlacht und die Tatsache, daß Christen sich hier untereinander bekämpfen[55]. Die Auseinandersetzung wird zum *bellum plus quam civile*, also nach der Typologie Isidors von Sevilla und Hrabanus' Maurus zum Krieg, in dem sich nicht nur Bürger, sondern Verwandte gegenseitig bekriegen. Das Vorbild dieser Vorstellung bietet Lucan, bei dem sich die Steigerung des Bürgerkrieges auf die Verwandtschaft zwischen Cäsar und Pompeius bezieht und der auch verschiedentlich in der Historiographie zitiert wird[56].

Im Gegensatz zu den genannten Beispielen wird die Größe der Schlacht im Normalfall betont, um den Ruhm des Siegers zu verewigen. Und die Bedeutung, die einer Schlacht in der Erinnerung zukommen soll, läßt sich in erster Linie an der Zahl der getöteten Feinde ablesen. Es zeigt den totalen Triumph der eigenen Seite an, daß kaum einer der Gegner übrig

Die Erinnerung an Personen und Ereignisse 199

bleibt, um den Seinen den Ausgang der Schlacht zu melden[57]. Ähnliches gilt für die Aussage, daß ein Kampf *ad internicionem* geführt worden oder daß in einem Land kaum jemals soviel Blut vergossen worden sei wie im fraglichen Gefecht[58]. Wie bei dem Vergleich der Schlachten von Fontenoy und Vincy werden also auch hier frühere Ereignisse berufen. Bei der Nennung von konkreten Zahlen gibt es sehr viele Möglichkeiten, von denen hier nur Beispiele genannt sein sollen: einmal sind es über 100 Gefallene[59], dann allein mehr als 200 *primores*[60], mehr als 300[61], ungefähr 400[62], 500[63], mehr als 600[64], 800[65], 3000[66], 4000[67], mehr als 8000[68], 9000[69], mehr als 12000[70], fast 15000[71] oder gar 20000[72]. Die Vielfalt der unterschiedlichen Angaben belegt, daß es sich hier nicht um in irgendeiner Weise mit Sinn oder Bedeutung aufgeladene Zahlen handelt. Wichtige biblische Zahlenangaben als Bedeutungsträger, wie etwa die der im Kampf gegen die Makkabäer Gefallenen, erscheinen gar nicht oder nur neben anderen Zahlen, so daß keine bewußte Bezugnahme des Autors angenommen werden kann[73].

Die Höhe mancher Angaben muß nicht unbedingt bedeuten, daß sie immer vollkommen unrealistisch sind. Denn mit guten Gründen hat Karl Ferdinand Werner die Stärken frühmittelalterlicher Heere im Gegensatz zur älteren Forschung sehr stark nach oben korrigiert[74].

Aber nicht nur die bloße Zahl der Toten ist für die Größe einer Schlacht wichtig, sondern auch die ‚Qualität' der Gefallenen. So heißt es, Livius folgend, in den Einhardsannalen zu einer Niederlage fränkischer *missi* gegen die Sachsen, in der fast alle Beteiligten fallen, daß die Verluste für die Franken größer waren, als es die Zahl der Toten aussagt, die auch gar nicht angegeben wird. Denn unter den Toten sind zwei der Königsboten, vier Grafen und 20 *nobiles*[75].

Eine andere Möglichkeit, die Größe eines Sieges zu betonen, liegt darin, Angaben über die Beute zu machen, die dem Sieger in die Hände gefallen ist. Das beste Beispiel dafür ist der Awarensieg Karls des Großen in der Darstellung Einhards, bei dem beide Muster – viel Beute sowie hohe Verluste des Gegners – Verwendung finden: Das Land ist nach dem Krieg entvölkert, der Adel vernichtet und mehr Gold und Silber, das die Awaren vorher zusammengeraubt hatten, in die Hände der Franken gefallen als in jedem anderen Krieg zuvor[76]. Die Reichsannalen sprechen ebenfalls vom ‚Schatz der früheren Könige, der in einer langen Reihe von Jahrhunderten angehäuft worden war'[77], und betonen zum Ruhm des Kaisers ausdrücklich, daß er einen Großteil davon dem Papst geschenkt und den Rest unter die Großen und seine Gefolgschaft aufgeteilt habe[78].

Diese außergewöhnliche Beute wird zwar am stärksten hervorgehoben, aber auch andere Fälle werden, allerdings eher nebenbei, erwähnt. So etwa die exakt 644 Pferde mit Sätteln und Zaumzeug und die ebenso vielen Schilde, die eine ostfränkische Abteilung flüchtenden Slawen abnimmt, die ihre Ausrüstung an einer engen Stelle zurücklassen müssen[79].

3. Einen Namen gewinnen oder verlieren

Bisher war vom Ruhm der fränkischen Herrscher oder zumindest der am meisten herausragenden Angehörigen der Reichsaristokratie die Rede. Heldentaten von anderen als Angehörigen der fränkischen *gens* werden zwar auch berichtet, aber in angemessener Weise relativiert, indem ihre Handlungen auf das eigene Volk bezogen werden. So erzählt Regino von Prüm zum Jahr 874 eine Geschichte über den bretonischen *dux* Vurfandus als Beleg für dessen Kühnheit und Entschlossenheit. Regino sagt über ihn, daß er durch seine Abkunft bei den Seinen angesehen sei, aber noch mehr durch Beweise seiner *virtus*, die so groß gewesen sei, daß er an Hochherzigkeit und Tatenruhm niemandem unter den Seinen nachzustehen scheine[80]. Vergleichsparameter für die Außergewöhnlichkeit Vurfands sind also ausdrücklich die Bretonen, Regino vergleicht ihn nicht etwa mit fränkischen Kämpfern.

So wie es nicht ausschließlich Große der Franken oder anderer *gentes* sind, deren Taten tradiert werden, so sind es auch nicht in jedem Fall Adlige. Allerdings scheint es der Erklärung zu bedürfen, wenn man über einen ganz gewöhnlichen Franken berichtet, wie im Falle von Coslus' Heldentat, die Ermoldus Nigellus schildert[81]. Der Sieg im Zweikampf über den Bretonenherrscher Morvan, der auch den Franken das Leben kostet, ist allerdings auch eine besonders herausragende Tat, die Ermold zudem zum dramatischen Höhepunkt des Feldzugs gegen die Bretonen ausbaut. Coslus sei ein einfacher Franke gewesen, noch nicht einmal von adliger Abkunft und kaum bekannt. Erst seine tapfere Rechte habe ihm einen Namen gegeben[82]. Nun hat jeder Mensch einen Namen. Einen Namen zu bekommen, sich einen Namen zu machen heißt in diesem Zusammenhang, wie auch im heutigen Sprachgebrauch, in die kollektive Erinnerung einzugehen und nicht mit seinem Tod vollkommen zu verschwinden.

Was es für Coslus und andere bedeutet, einen Namen zu haben, zeigt eine dazu parallele Stelle aus der ‚Vita Hludowici'. Der Astronom berichtet dort kurz über den bretonischen Feldzug und über den Tod Morvans, der beim Angriff auf den Troß getötet worden sei, und zwar von einem *custos* der königlichen Pferde mit Namen Coslus[83]. Die Vita sagt außer diesem Satz nichts und auch in ihm kaum etwas über Coslus aus. Sein Name ist aber damit dem schriftlichen Gedächtnis anheimgegeben und bleibt erhalten, und zwar auch dadurch, daß die Vita ein sehr viel stärker auf Verbreitung angelegtes Werk ist als die Dichtung Ermolds.

Die Erinnerung an Personen und Ereignisse 201

Den Namen, den man sich so gemacht hat, kann man allerdings – ob vorher bekannt oder unbekannt – auch wieder verlieren. Nithard beschreibt die Reaktion Ludwigs des Deutschen und seiner Mitstreiter in dem Moment, in dem Lothar vor der Schlacht bei Fontenoy zum ersten Mal alle Verhandlungen zurückweist und sagt, daß er nichts anderes als den Kampf wolle[84]. Während Lothar dem aus Aquitanien heranziehenden Pippin entgegeneilt, um sich mit ihm gegen Karl den Kahlen zu vereinigen, sind Ludwig und seine Leute durch lange Märsche und Kämpfe erschöpft sowie durch den Mangel an Pferden und andere Widrigkeiten in ihrer Kampfkraft geschwächt. Trotzdem beschließen sie, Karl in Eilmärschen zu Hilfe zu eilen, weil sie sonst, wenn ein Bruder den anderen nicht unterstützen würde, ihren Nachkommen eine *indigna memoria* überliefern würden. Lieber wollen sie den Tod erleiden, als ihr *nomen invictum* zu verlieren[85].

Fürchten die Franken also, durch Unterlassung ihrer Verpflichtungen ihren Namen zu verlieren, so befürchtet der bereits genannte Bretone Vurfand, daß es dem Namen der Seinen Schande macht, wenn er aus Furcht vor dem Feind flieht. So argumentiert er gegenüber seinen Leuten, die vor dem Kampf mit Vurfandus' Konkurrenten um das Königtum, Pasquitan, aus Angst vor der Übermacht der Feinde die Flucht antreten wollen: Ehrenvoll zu sterben sei besser, als in Schande sein Leben zu retten[86]. Es ist bezeichnend, daß hier der Ausdruck *ignominia*, also wörtlich: ‚in namenlosem Zustand', verwendet wird, um den Status zu kennzeichnen, in den man durch die Flucht geraten würde[87].

In beiden Fällen wird die Qualität der Erinnerung angesprochen. Nicht der Name der Beteiligten geht verloren, sondern der ‚ruhmvolle' (oder ‚unbesiegbare') Name, und was den Nachkommen bleibt, ist eine ‚unwürdige' Erinnerung. Diese ist schlimmer als der Tod, der als Schlachtentod dem Namen eine endgültig ehrenvolle Erinnerung garantiert. Der einmal erworbene Name muß also verteidigt werden – ein Ausruhen auf den errungenen Lorbeeren ist den Kriegern der Karolingerzeit unmöglich.

Der mit dem Namen verbundene Ruhm entfaltet eine eigene Wirkmächtigkeit. Die *fama* der fränkischen Siege und Triumphe geht hinaus zu allen umliegenden Völkern, die, so veranlaßt, den Frieden durch Geschenke erflehen. So wird es in den ‚Annales Mettenses priores' an jener im vorigen Kapitel bereits zitierten Stelle ausgedrückt, in der die Regierung Pippins des Mittleren charakterisiert wird[88]. Bei Ermoldus Nigellus fliegt die *fama* der Franken durch das Verdienst Ludwigs des Frommen sogar über die Meere und steigt bis zum Himmel empor[89]. Diese Wendung erklärt den Friedenszustand, der zuvor beschrieben wird und der wegen der Einschüchterung der Gegner besteht[90].

Die Bemerkungen über Coslus, der ‚sich einen Namen gemacht hat', welcher dann auch in die Memoria der Historiographie eingegangen ist, zeigen die Bedeutung der bloßen Namensnennung für den Träger. In diesem Sinn müssen wohl auch sonstige Nennungen eines oder mehrerer Namen verstanden werden, die kaum mehr als den Tod der Träger dieser Namen im Kampf aussagen. Solche Nennungen, die dem heutigen Leser ohne Vergleich mit anderen Quellen überhaupt nichts sagen, finden sich zuhauf. Für Janet Nelson sind sie ein Hinweis darauf, daß die historiographischen Texte wie Nithards Historien für einen engen Zirkel von Zeitgenossen verfaßt wurden, die wußten, um wen es sich bei den Genannten jeweils handelte[91]. Und die Art der Nennung zeigt, so könnte man ergänzen, in welcher Form man sich an den Genannten erinnern soll.

Ein Beispiel dafür sind etwa die bei Nithard genannten Großen Uodo, Odo, Vivianus und Fulbert, die zusammen mit einer unzähligen Menge der *plebs* in einer Schlacht auf einem Feldzug gegen die Verbündeten Lothars, Matfried und Lantbert, fallen[92]. Über all diese Personen erfährt man von Nithard so gut wie nichts weiter. Das Geschehen aus dem Jahr 834 wird in derselben Kürze auch in den ‚Annales Bertiniani' wiedergegeben. Und auch dort werden – wenn auch nicht vollkommen dieselben – Namen genannt: Graf Odo und sein Bruder Wilhelm, Graf Fulbert und Theoto, der Abt von St. Martin[93]. Die ‚Annales Fuldenses' hingegen nennen nur ‚Graf Uodo von Orléans und Abt Theodo vom Kloster des hl. Martin in Tours', sie führen also weniger Namen, dafür aber die dazugehörenden Funktionen auf[94]. Für das ostfränkische Publikum waren diese westfränkischen Großen offensichtlich nicht von vornherein als bekannt vorauszusetzen. In beiden Fällen wird auch der Zusatz angehängt, daß mit ihnen ‚viele andere' gefallen seien. Was man nicht erfährt, ist der Ausgang des Kampfes. Das für Nithard wichtige Ergebnis – die Niederlage der Gegner Lothars, die er ausführlich berichtet – spielt offensichtlich für die Annalen keine Rolle. Sie vermerken bloß die Namen der getöteten Großen.

So weit gehen die Quellen nicht in jedem Fall. Aber es kommt immer wieder vor, daß in Annalenwerken allein das Faktum von Sieg oder Niederlage und die Namen der bedeutenden Persönlichkeiten aufgezählt werden, die in der Schlacht gefallen sind. Hier nur einige weitere Belege aus den Fuldaer Annalen: Im Jahr 837 kommen die Normannen auf die Insel Walcheren und töten den *comes* des Ortes, Eggihard, sowie einen gewissen Hemmingus, den Sohn Halpdans[95]. Am 7. Juni 844 besiegen die Heerführer Pippins das Heer Karls, wobei Abt Hugo, Abt Richbod, der Bannerträger Hraban und viele andere *nobiles* fallen[96]. 856 zieht Ludwig der Deutsche durch das Land der Sorben, schlägt ein Heer der Daleminzier und läßt sich von einigen böhmischen *duces* huldigen, wobei die Grafen Bardo und Erpf fallen[97]. Die Namen der gefallenen Großen sind, wie alle Belege zeigen, die wichtigsten Angaben in den knappen Berichten über die Militäraktionen. Sie zu bewahren, ist offensichtlich eine wesentliche Funktion der Texte.

III. Der Zusammenhang von historischer und kultischer Erinnerung

Die vielen Nennungen von Namen, von denen bisher die Rede war, verweisen auf ein weiteres Problemfeld, nämlich auf Ähnlichkeiten innerhalb verschiedener Formen historischer und religiöser Memoria. Es gibt hier Überschneidungen, die es ermöglichen, beide Formen des Erinnerns auf prinzipiell gleiche Grundlagen und Ausprägungen hin zu befragen.

1. Historiographie und Dichtung

Zum genannten Bericht über die Schlacht von 844 gibt es wieder eine parallele Schilderung in den ‚Annales Bertiniani‘, die allerdings sehr viel ausführlicher ist. Die Ereignisse werden hier genauer beschrieben und lokalisiert: Das angegriffene fränkische Heer soll Karl den Kahlen bei seiner Belagerung von Toulouse unterstützen. Es wird aber bereits im Gau von Angoulême von Pippin II. so überraschend überfallen, daß sofort viele Kämpfer getötet werden und nur wenige entkommen, während die meisten gefangengenommen und nach Ablegung eines Treueides freigelassen werden. Genauso viel Raum wie diese Schilderung nimmt anschließend die Auflistung der Gefallenen und Gefangenen ein. Neben den in den Fuldaer Annalen Aufgeführten werden noch ein Graf Eckard sowie als Gefangene zwei Bischöfe, ein Abt und sechs weitere weltliche Große genannt[98].

Wie es sich hier schon andeutet, kann es bisweilen zu fast listenartigen Aufzählungen kommen, in denen nacheinander eine Vielzahl von Namen genannt wird. So geben die Fuldaer Annalen insgesamt 32 Namen zu einer Niederlage der Sachsen gegen die Normannen im Jahr 880 an: Zwei Bischöfe, zwölf Grafen und 18 königliche *satellites* seien dort gefallen, zudem ihre gesamte Gefolgschaft, mit Ausnahme der in Gefangenschaft Geratenen. Diese Niederlage kontrastiert mit dem direkt davor genannten Sieg König Ludwigs des Jüngeren über die Normannen, der mehr als 5000 von diesen getötet habe. Dabei sei allerdings sein Sohn Hugo gefallen[99]. Neben den Bischöfen Theoderich von Minden und Markwart von Hildesheim oder Herzog Brun, dem Bruder der Königin, und anderen ‚Prominenten‘ erscheinen hier auch Personen, die sonst weitgehend unbekannt sind, deren Namen also nur durch diese historiographische Form der Memoria überliefert worden sind.

Der Begriff der ‚Memoria' ist gerade an dieser Stelle durchaus nicht fehl am Platz, da sich ebenfalls ein Eintrag mit Namen der in der Normannenschlacht Gefallenen im Reichenauer Verbrüderungsbuch findet. Dort stehen außer dem Namen des Grafen Hugo insgesamt 18 weitere, von denen zehn Namen auch in den ‚Annales Fuldenses' auftreten, wobei es sich um Vertreter aller drei Gruppen handelt[100]. Es ist nicht bekannt, wie diese Namengruppe in das Reichenauer Totengedenken gelangt ist. Daß die teilweise Übereinstimmung eine Herkunft aus Mainz als Entstehungsort des entsprechenden Teils der Annalen nahelegt, ist zumindest nicht zwingend[101]. Die beiden Bischöfe und Brun erscheinen auch in der Fuldaer und Gandersheimer Gedenküberlieferung. Für die Bischöfe hat man in beiden Fällen vermutet, daß ihr Tod in der Schlacht für ihre Aufnahme in das Totengedenken verantwortlich war. Denn Beziehungen der Bischöfe zu Fulda lassen sich trotz ihrer Aufnahme in die Fuldaer Totenannalen nicht konkretisieren, weshalb man nach einem anderen Grund gesucht und ihn in der Teilnahme und dem Tod in der Schlacht gefunden hat[102]. Im ottonischen Hauskloster Gandersheim läßt sich in der frühen Phase eine familiäre Ausrichtung der Memoria konstatieren, bei der dann der gemeinsame Tod der Bischöfe mit dem Liudolfinger Brun für ihre gemeinsame Nennung Grund genug wäre[103].

Im Gegensatz zu den beiden letztgenannten Beispielen, die nur die höchstrangigen Personen aufnehmen, ist also die Reichenauer Überlieferung sehr viel umfassender. Ob es einen Zusammenhang mit der Namenliste in der Historiographie gibt, ist nicht zu sagen. Offensichtlich aber entspringen beide Auflistungen einem ähnlichen Denken. Zwar spielen die Annalen in der liturgischen Memoria keine Rolle, haben aber dieselbe Funktion wie das Verbrüderungsbuch, nämlich Namen vor dem Vergessen zu bewahren. In beiden Fällen liegt offensichtlich ein ähnlich strukturiertes Denken zugrunde, das profanes und liturgisches Gedenken verbindet, sofern sich diese beiden Formen überhaupt voneinander trennen lassen[104]. Wie sehr liturgische und historische Memoria miteinander verwoben sind, zeigt das folgende Beispiel aus dem Bereich der historischen Dichtung.

In den ‚Bella Parisiacae urbis' Abbos von Saint-Germain-des-Prés spielt, wie gesehen, der Turm am Eingang der Brücke, die in die Stadt führt, eine herausragende Rolle. Abbo beschreibt ausführlich, wie heftig er umkämpft ist und nach häufigem Hin und Her schließlich von den Normannen erobert und zerstört wird. Wie wichtig Abbo die Ereignisse sind, zeigt sich daran, daß es eine der Stellen ist, an der er seine Augenzeugenschaft betont und auch noch einen Gewährsmann angibt, der direkt an den Kämpfen beteiligt war[105]. Dieser Turm wird am Ende von zwölf Kämpfern verteidigt, die von der Stadt abgeschnitten sind, so daß ihnen keine Hilfe von dort zuteil werden kann. Schließlich ergeben sie sich, weil ihnen Unversehrtheit zugesichert wird und sie hoffen, gegen Lösegeld wieder frei zu kommen. Diese Hoffnung erweist sich als trügerisch: Alle werden hingeschlachtet, bis auf einen, den die Normannen für einen König halten und daher annehmen, für ihn eine große Summe an Lösegeld bekommen zu können. Dieser, Erveus mit Namen, denkt aber nun, da er sieht, wie seine Gefährten ermordet werden, nicht daran, aufzugeben, sondern kämpft weiter, bis er selbst der Übermacht erliegt[106].

Diese Ereignisse sind ganz in den Kontext einer christlichen Memoria eingebunden. Die Verteidiger des Turmes sind namentlich bekannt; zu Beginn der Erzählung des Kampfes nennt Abbo sie alle[107]. Ihre Heldentaten werden in zweifacher Hinsicht gefeiert: Die Männer erlangen durch sie die Seeligkeit und erhalten einen berühmten Namen. Der Tod der zwölf Männer wird zum Martyrium, in dem sie ihre Seelen in Strömen von Blut zum Himmel schicken[108]. Ihr Lob und ihr Name, so sagt es Abbo, ihr Tod und ihr Kampf werden für immer in aller Munde sein[109]. Wie sehr er mit dieser Einschätzung Recht behalten sollte, zeigt die Tatsache, daß die Zwölf auch in moderne Formen der Heldenverehrung Eingang gefunden haben: Im Jahr 1889 wurde am Eingang der Rue du Petit-Pont in Paris eine Marmortafel mit ihren Namen aufgestellt[110]. In Abbos Gedicht vereinigen sich die beiden Sphären des Gedenkens in einem verchristlichten Heldenideal, das zu Ruhm und Erinnerung in der weltlichen Gesellschaft, aber auch zu erhöhtem Prestige im Jenseits führt. Garant für beides ist die Aufzeichnung der Taten durch den Dichter, der seiner Verantwortung für die Tradierung der ‚korrekten' Memoria daher ausdrücklich nachkommt, indem er versichert, daß er es selbst gesehen und Details von Personen erfahren hat, die direkt am Geschehen beteiligt waren.

2. Epitaphe auf verstorbene Große

Geschichtsschreibung und Dichtung weisen, wie im vorigen Abschnitt zu sehen war, Anklänge an Formen liturgischer Memoria auf. Die jetzt zu untersuchenden Texte gehen über solche Anklänge hinaus, da sie direkt in den Bereich der kultischen Memoria gehören. Bekanntlich teilt Einhard am Ende der ‚Vita Karoli magni' dem Leser den Wortlaut der Inschrift mit, die auf einem vergoldeten Bogen über dem Grab des Kaisers im Aachener Dom stand. Groß und rechtgläubig wird der Herrscher dort genannt, und es wird gesagt, daß er das *regnum* herrlich vergrößert und 47 Jahre hindurch glücklich regiert habe[111]. Die Vergrößerung des Reiches durch den Herrscher wird also in der monumentalen Erinnerung ins Zentrum gestellt. Mit der Übernahme in die Vita Karls betont Einhard noch einmal ein Faktum, daß er schon bei seinem Bericht über die Herrschaft des Kaisers herausgestellt hat[112]. Hierin liegt für ihn und seine Zeitgenossen die außergewöhnliche Leistung Karls und das Fundament seiner ‚glücklichen' Regierung. Die Grabinschrift zu zitieren heißt, diese Einschätzung auch als die ‚offizielle' Memoria des Herrschers zu kennzeichnen[113].

Epitaphe dieser Art bieten sich aber auch stilistisch und kompositorisch besonders gut an, um in knapper Form das Wesentliche über eine Person, von deren Tod man berichtet, auszusagen. Es verwundert daher nicht, daß die Historiographie sich des öfteren dieses Mittels bedient, um bedeutende Personen zu würdigen. Dabei ist es keineswegs so, daß diese oft in Versform gehaltenen Texte immer auch reale Grabinschriften sind, häufig hat man es nur mit einer Übernahme der äußeren Form zu tun, die zur Betonung der Aussage gewählt wird. Allerdings werden solche Verse meistens zur Ehrung verstorbener Geistlicher verwendet, womit der Verfasser sowohl die Bildung des Verstorbenen als auch die eigene in gebührender Weise herausstellen kann. So preisen die Fuldaer Annalen den verstorbenen Presbyter der Mainzer Kirche, Probus, zum Abschluß des Jahresberichts für 859, indem sie dessen Klugheit, Demut, Geduld und Keuschheit in einem Vers hervorheben. Der Schreiber der Annalen tut das ausdrücklich deshalb, damit man aus der Zusammenstellung dieser Tugenden besser verstehen könne, was Gott in Probus vereinigt habe[114]. Der Vers bietet also die Möglichkeit einer kurzen, gleichzeitig aber auch hervorgehobenen Charakterisierung der Person, da eine ausführliche Darstellung seiner Taten an der Stelle nicht möglich ist.

Anders als die Übernahme oder Nachahmung epigraphischer Formen kennt die Historiographie die etwas ausführlichere Charakterisierung einer Person an der Stelle, an der über ihren Tod berichtet wird. Dabei geht es bei Großen auch immer um ihre militärische Kompetenz. So schreibt Regino von Prüm über Ludwig den Deutschen unter anderem, daß er überaus siegreich in den Schlachten gewesen sei und eifriger in der Vorbereitung der Waffen als in der von *convivia*, weil die Werkzeuge des Krieges sein größter Schatz gewesen seien und er mehr die Härte des Eisens geliebt habe als den Glanz des Goldes[115]. Die Stelle ist auch deshalb interessant, weil mit den *convivia* höchstwahrscheinlich rituelle Speisegemeinschaften zur Begründung und Festigung von Beziehungen gemeint sein dürften und nicht wie auch immer geartete ‚Gelage'[116]. Wenn das richtig wäre, dann hätte man hier tatsächlich eine nicht ganz den allgemeinen Topoi folgende Charakterisierung und könnte es als Reginos Absicht ansehen, an dieser Stelle aussagen zu wollen, daß der König den Krieg dem Verhandeln vorzog[117]. Es ist interessant zu sehen, wie bereitwillig Ernst Dümmler diese Charakterisierung des ‚aufrechten Kriegers' bei

Regino in seinen Jahrbüchern übernimmt[118]. Man merkt dabei, wie viel diese Form der Geschichtsschreibung nicht nur inhaltlich, sondern auch in der formalen Gestaltung der mittelalterlichen Historiographie verdankt bzw. wie sehr sie diese nachahmt.

Die Nähe zur und ihre teilweise Übernahme in die Historiographie läßt es also angemessen erscheinen, die Epitaphe in dieser Arbeit in den Kontext der Erinnerung miteinzubeziehen. Die Verfasser dieser Texte unterscheiden durchaus, ob nur der Tod des in der Schlacht Gefallenen betrauert wird, oder ob seine heldenhaften und nacheifernswerten Taten gefeiert werden. Die Antwort auf die Frage, welche der beiden Möglichkeiten zu finden ist, hängt natürlich von den Leistungen des Verstorbenen und der ‚Erinnerungswürdigkeit' der Ereignisse um seinen Tod ab.

So ist es wohl nicht verwunderlich, daß von dem bereits genannten, bei Roncesvalles gefallene Truchseß Eggihard in seinem Epitaph nur ausgesagt wird, daß ihn der unersättliche Tod auf dem spanischen Feldzug Karls hinweggerafft habe:

> *Hunc rapuit ferro mors insatiabilis umbris,*
> *Sed lux perpetua vexit ad alta poli.*
> *Tempore quo Carolus Spanie calcavit arenas,*
> *Mortuus est mundo: vivit ubique deo.*[119]

Über das Gefecht selbst erfährt man nicht mehr als das Datum[120]. Aber auch bei anderen steht die Trauer über den plötzlichen und gewaltsamen Tod im Vordergrund, auch wenn es nicht darum geht, den eigentlichen Anlaß zu verschweigen. So bei dem jung verstorbenen Tutinus, dem Bruder des Hrabanus Maurus, dessen Epitaph der berühmte Gelehrte selbst verfaßte[121], oder bei dem ehemaligen Laienabt, Krieger und Historiographen Nithard, dessen Epitaph auch auf seinen Schlachtentod eingeht:

> *Eheu quod subito in bello rapuit gemebundo*
> *Mors inimica satis seu furibunda nimis:*
> *Invidia siquidem multatus hostis iniqui,*
> *Qui primus nocuus perstitit innocuis.*[122]

Bei Nithard werden aufgrund seiner Stellung die militärischen Fähigkeiten zusammen mit seiner Gelehrsamkeit hervorgehoben. Während er allerdings als listenreicher Krieger mit dem Helden Asilas aus der Aeneis verglichen wird, wirkt das Lob seiner Bildung fast schon etwas angehängt:

> *Astu nam belli viguit quasi fortis Asilas*
> *Nec non ex sophia floruit ipse sacra.*[123]

Bei anderen wird mehr als die Trauer um den Tod die Bedeutung der militärischen Leistungen in den Vordergrund gerückt. Dabei steht, je nach Anlaß, die Teilnahme an den Eroberungszügen oder die Verteidigung der *patria* im Vordergrund, was an zwei Beispielen gezeigt werden soll. Graf Gerold fiel im Jahr 799 als Teilnehmer an den Eroberungskriegen Karls des Großen im Kampf gegen die Awaren. An seine Taten und seinen Tod erinnert sein Epitaph. Dabei wird hervorgehoben, daß er für den wahren Frieden der Kirche getötet worden sei:

> *Mole sub hac magni servantur membra Geroldi,*
> *Huius iura loci cunctis qui viribus auxit,*
> *Pannoniis vera ecclesiae pro pace peremptus,*
> *Oppetiit saevo Septembribus ense Kalendis,*
> *Sideribusque animam dedit, artus Saxo fidelis*
> *Abstulit, huc retulit, dignoque hic clausit honore.*[124]

Dagegen stehen die Verse auf den Grafen Heinrich, der oben bereits im Zusammenhang mit Abbos Dichtung über die normannische Belagerung von Paris genannt wurde[125]. Sein Tod im Kampf gegen die Normannen repräsentiert die andere Seite des Krieges im 9. Jahrhundert, die Abwehr äußerer Feinde[126]. Der Gefallene wird ebenfalls für seine Taten und seinen Rat gepriesen, die der *res publica* zugute gekommen sind:

> *Consiliis cuius res publica crevit et armis*
> *Pendula forte prius, idque repende, deus.*
> *Hostes si minuit, si se tulit obice nostros:*
> *Insigni palma hoc, pie Christe, nota.*[127]

Die militärischen Taten sind in diesen Epitaphen jeweils nur eine Möglichkeit, die Toten zu charakterisieren und damit nur ein Teil ihrer Memoria. Natürlich liegt es am nächsten, auf diese einzugehen, wenn der Verstorbene in der Schlacht gefallen ist. Wie ausführlich auf das Ereignis eingegangen wird, hängt auch mit seiner Bedeutung zusammen. So erfährt man bei Eggihard nichts über die Niederlage bei Roncesvalles, und auch Nithards Tod im Bruderkrieg wird nicht weiter ausgeführt. Dagegen wird die Memoria der im erfolgreichen Kampf für die Erweiterung oder Verteidigung der Christenheit Gefallenen eher mit dem Ereignis verbunden.

3. Das Verschweigen von Namen

Der Versuch einer vollständigen Erfassung von Namen für das Gedenken ihrer Träger birgt immer die Gefahr in sich, daß einzelne Namen vergessen oder übergangen werden. Dieses Problem existierte auch in der Memorialliteratur. Dort war man sich vollkommen bewußt, daß man oft Namen vergessen konnte und bat daher in den Libri vitae Christus und die Heiligen darum, auch die Memoria der nicht Genannten zu bewahren[128]. Aber auch das bewußte Verschweigen oder gar das Tilgen von Namen aus der Erinnerung – also die *damnatio memoriae* – gehört als Kehrseite zu diesem Prinzip. Die Namen von Exkommunizierten oder sonstigen ‚Unwürdigen' wurden offiziell aus den Büchern gestrichen, um nicht mit den anderen Namen zusammen verlesen und immer wieder in Erinnerung gerufen zu werden[129].

Auch in der Historiographie gibt es das Phänomen, daß Namen im Zusammenhang mit Kriegen bewußt verschwiegen oder ausdrücklich nicht genannt werden. Es ist im einzelnen danach zu fragen, ob hier dasselbe Prinzip wie in der Memorialliteratur wirkt oder ob es andere Gründe für das Verschweigen gibt.

Bei der Vielzahl der Namen, die von den in den Schlachten des neunten Jahrhunderts Gefallenen überliefert wurden, fällt besonders auf, daß man aus der Historiographie oder von Epitaphen keine Namen von Großen kennt, die in der Schlacht von Fontenoy gefallen sind, obwohl die Quellen von enormen Verlusten berichten. Auf diesen Umstand hat Janet Nelson aufmerksam gemacht und gefolgert, daß es für karolingische Autoren offensichtlich weder ‚süß' noch ‚ehrenvoll' war, für eine Partei statt für das Vaterland zu sterben[130]. In dieser Schlacht, im Kampf gegen die eigenen Brüder konnte sich niemand ‚einen Namen machen'. Dieses Ereignis war nicht geeignet, mit der Memoria einzelner Großer in Verbindung gebracht zu werden. Allerdings wurde nicht die Schlacht selbst der Vergessenheit anheimgegeben, denn die historische Erzählung konnte auch in der Karolingerzeit, wie die Historiographen immer wieder betonten, zur Nachahmung wie auch zur Abschreckung dienen.

Auf ähnliche Weise scheint der Astronom zu argumentieren, der in der ‚Vita Hludowici' eine ausdrückliche ‚Markierung' setzt, Namen nicht nennen zu wollen. Er sagt bei der Schilderung des berühmten Überfalls der Wasconen auf die Nachhut Karls des Großen in den Pyrenäen, daß er die Namen der Getöteten nicht nenne, da sie allgemein bekannt seien[131]. In der Forschung wird diese Stelle in Kenntnis der seit 1100 schriftlich faßbaren Roland-Überlieferung für gewöhnlich wörtlich genommen, mit der Begründung, der Ruhm Rolands und der anderen Gefallenen habe sich bis in die Zeit des Astronomen bereits so weit verbreitet, daß er auf die

Nennung ihrer Namen habe verzichten können[132]. Die Stelle könnte aber auch bedeuten, daß der Astronom beim Leser die Kenntnis Einhards voraussetzt, der den Truchseß Eggihard, den Pfalzgrafen Anshelm und Hruodland, den Befehlshaber der bretonischen Mark, als in der Schlacht Gefallene aufzählt[133]. Daß der Astronom nicht einfach sagt, daß viele gefallen seien oder es ganz vermeidet, darüber zu reden, scheint zu bedeuten, daß die Namen eigentlich hierher gehörten. Um die bloße Bekanntmachung von Namen geht es in der Historiographie wohl kaum, so daß eine Begründung mit der Bekanntheit auch nicht überzeugend klingt. Wahrscheinlicher ist, daß diese peinliche Niederlage seiner Überzeugung nach ebenfalls nicht mit der Memoria der Gefallenen verknüpft werden soll. Bekanntlich verschweigen die Reichsannalen den Vorfall vollständig, während er in den Einhardsannalen mit dem allgemeinen Hinweis auf viele Tote unter den Anführern ergänzt wird[134]. Namen werden also auch hier nicht genannt, obgleich auf die Verstorbenen hingewiesen wird.

Die Beispiele zeigen, daß es sich hier bei der Nichtnennung von Namen etwas komplizierter verhält als in der Memorialliteratur. Mit bestimmten Ereignissen soll offensichtlich niemand in Verbindung gebracht werden. Eine bewußte *damnatio memoriae* läßt sich höchstens im Fall des oben genannten Grafen Theoderich nachweisen, dessen Taten vollständig aus den Reichsannalen getilgt wurden, oder besser, gar nicht erst in sie Eingang gefunden haben. Auf diese Weise konnte die Memoria der eigentlich an der fränkischen Niederlage schuldigen Königsboten in würdiger Form bewahrt werden.

Andere Gründe hat das Verschweigen von Namen in den ‚Gesta Caroli‘ Notkers von St. Gallen. Deren gesamtes zweites Buch ist ja nach Notkers Angaben den Kriegstaten Karls nach den Erzählungen eines Veteranen aus den Kriegen gegen Awaren, Sachsen und Slawen gewidmet[135]. Diesen Vorsatz hält Notker zwar nicht durch, er bringt aber wirklich eine ganze Reihe von Anekdoten, in denen zahlreiche Personen auftreten. Bei Erzählungen aus den Sachsenkriegen berichtet er auch über die Heldentat zweier Kämpfer, die er nur als *privati homines* bezeichnet, die der Kaiser dafür reich mit Ämtern und Landschenkungen belohnt. Ihre Namen aber nenne er ausdrücklich nicht, um, wie er sagt, den Anschein des Hochmuts zu vermeiden[136].

IV. Der Krieg im kulturellen Gedächtnis

Der Begriff des ‚kulturellen Gedächtnisses‘ ist in den letzten Jahren vor allem von Aleida und Jan Assmann, die dabei aber auf Ansätze von Maurice Halbwachs zurückgegriffen und sie weiterentwickelt haben, für die Geisteswissenschaften fruchtbar gemacht worden[137]. Gemeint ist damit jene Form der Erinnerung, deren Funktion die Überlieferung von Sinn ist, auf dem sich die kulturelle Identität einer ‚Erinnerungsgemeinschaft' aufbaut. Das Gedächtnis wird hier also in seiner kulturellen Prägung begriffen, die bestimmt, was in der Erinnerung gespeichert wird. Dadurch ist ein geistesgeschichtliches Gegenmodell zur rein biologischen Betrachtung der Erinnerungsfähigkeit entwickelt worden[138].

Daß diese Überlegungen vor allem in der deutschen Mediävistik so bereitwillig aufgenommen worden sind, hängt damit zusammen, daß in ihr seit langem die Erforschung der liturgischen Memoria einen wichtigen Schwerpunkt bildet. Und innerhalb der Memorialforschung spielt die Frage, welche Bedeutung die liturgische Erinnerung an Personen im Kult für die Selbstdefinition der christlichen Gemeinschaft hat, neben anderen, vorrangig sozialgeschichtlichen Fragestellungen immer auch eine Rolle[139]. Hinzu kommt, daß die für das Problem der Erinnerung immer wichtige Funktion der Schrift, die auch Jan Assmann in seinem Buch zur kulturellen Erinnerung ausführlich thematisiert, ebenfalls, wie eingangs beschrieben, unter sehr unterschiedlichen Fragestellungen für das Mittelalter stark erforscht wird.

1. Liturgische Memoria

Es wurde gezeigt, daß die Überlieferung von Namen in Historiographie und Dichtung im Kontext eines an liturgischen Formen orientierten Denkens zu sehen ist. Das bedeutet ausdrücklich nicht, daß die Funktion von Namennennungen in diesen Texten eine liturgische ist, sondern daß in beiden Fällen gleiche Denkstrukturen nachweisbar sind. Liturgische, rituelle Texte sind die wichtigste Form, in der das zur Schrift neigende kulturelle Gedächtnis seinen Ausdruck findet, weil sie mit ihrer Alltagsentrücktheit, der Vergegenwärtigung von schicksalhaften vergangenen Ereignissen und ihrer Perpetuierung am stärksten die Erinnerung einer Gemeinschaft bestimmen[140].

Daß die Erinnerung im religiösen Kontext so stark ist, liegt daran, daß das Christentum, worin es dem Judentum folgt, eine Religion der Erinnerung ist[141]. Im Alten wie auch im Neuen Testament stehen göttliche Heilsakte im Zentrum, deren Gedenken Juden und Christen zur Pflicht gemacht wird. Wie sehr die Erinnerung an die Errettung des Volkes aus der ägyptischen Knechtschaft in der anderen, der ‚babylonischen Gefangenschaft' zum konstitutiven Bestandteil jüdischer Identität geworden ist, hat Jan Assmann immer wieder gezeigt[142]. In Imperativen wie dem ‚Schema' Yisrael!' (‚Gedenke Israel!') oder dem ‚Zachor!' (‚Erinnere dich!') wird die Pflicht zur Erinnerung dem Gläubigen immer wieder ins Gedächtnis gerufen[143]. Und auch im Christentum steht mit dem Abendmahl, das zum

Gedächtnis gefeiert wird, ein Akt der Erinnerung an die Heilstat Christi im Zentrum religiösen Handelns. Abgesehen davon, wird auch die alttestamentliche Erinnerung in die Liturgie übernommen, wenn etwa in der Osternacht die Geschichte evoziert wird, die Gott an seinem Volk geschehen läßt. Daß dabei mit der Flucht aus Ägypten und der Vernichtung des ägyptischen Heeres sowie der Landnahme des Volkes Israel vielfach militärische Ereignisse verbunden sind, sei hier zunächst nur erwähnt.

Ort der christlichen Erinnerung ist daher in erster Linie die Liturgie: Im Jahreskreis wird zyklisch des Lebens Jesu gedacht und, daran anknüpfend, der Heiligen und der Verstorbenen[144]. Mit der Totenmemoria tritt neben das Moment der Selbstvergewisserung und Identitätsstiftung durch die Erinnerung im Christentum zusätzlich noch das der Stiftung von Gemeinschaft zwischen Lebenden und Verstorbenen[145]. Durch das Gedenken an und die Fürbitte für die Toten wird deren Gedächtnis in der Gemeinschaft der Lebenden wach gehalten. Die Totenmemoria wird im Mittelalter zu einem der wesentlichen Bestandteile der Frömmigkeit. Die Auflistung einer kaum faßbaren und für das Mittelalter singulären Menge von Namen in ‚Libri memoriales' hat es der Forschung bekanntlich ermöglicht, anhand dieser Texte sozialgeschichtliche Fragen nach Gruppenbildungen und -beziehungen vor allem des frühmittelalterlichen Adels zu untersuchen, bei denen auch immer das Problem des Selbstverständnisses und der Religiosität mit betrachtet werden[146].

Es ist wohl kaum möglich, die im Zusammenhang mit kriegerischen Ereignissen überlieferten Namen anders als vor diesem Hintergrund zu interpretieren. Die ausgeprägte Memorialkultur, die alle Autoren tief in ihrem religiösen und gesellschaftlichen Bewußtsein geprägt hat, trägt die Verantwortung für ihr Verständnis von der Pflicht, die Memoria einzelner in ihren Werken zu überliefern und der Nachwelt anzuvertrauen. Das bedeutet nicht, daß die Werke nicht auch oder manchmal sogar in erster Linie im Kontext zeitgenössischer Diskurse entstanden sind und in ihnen eine Funktion haben. Aber die Schriftform, die, wie es alle Autoren sagen, Garant der Überlieferung ist, läßt das ihr Anvertraute in die kulturelle Erinnerung eingehen. Es scheint kaum möglich, daß das den Schreibenden, zumal sie es immer wieder betonen, nicht bewußt gewesen ist.

Dieser strukturelle Zusammenhang mit der mittelalterlichen Memorialkultur bedeutet keineswegs, daß der weltliche Ruhm im Frühmittelalter keine kulturelle Wertschätzung besessen hätte, wie es Aleida Assmann behauptet[147]. Zwar ist, wie sie sagt, das „göttliche Gedächtnis noch die äußerste Klammer alles menschlichen Tuns", und zuweilen ist die *fama* in der Tat „eine zwielichtige Figur", wenn man an die Niederlage der karolingischen Königsboten denkt, die aus lauter Angst davor, daß der Ruhm des erwarteten Sieges auf einen anderen übergehe, geschieht. Aber auf der

Grundlage der Vorstellungen vom *miles christianus* kann der einzelne durchaus seiner kriegerischen Taten wegen in die Erinnerung eingehen. Das ‚Heldengedenken' ist keineswegs eine Erfindung der Neuzeit. Eher kann man sagen, daß man hier, in der Karolingerzeit, die Ursprünge seiner verchristlichten Form vor sich hat, die ja im Prinzip bis weit in die jüngste Zeit hinein Geltung behalten sollte. Schon Jean Devisse hat die Oblationen und Gebete, die Hinkmar von Reims in seinem Fürstenspiegel für die im Kampf Gefallenen mit Hinweis auf die Makkabäer fordert, als Begründung des okzidentalen Heldenkultes betrachtet[148].

2. Die Erinnerung der Kriege im Rahmen der christlichen Heilsgeschichte

Die mittelalterliche Memorialkultur beschränkt sich ebensowenig auf das liturgische Namengedenken wie die Kriegsschilderungen der Historiographie auf die *fama* einzelner Helden. In beiden Fällen geht es bei der Erinnerung einzelner Menschen um deren Stellung und den Platz ihrer Taten im Ablauf der Heilsgeschichte. In ihr haben auch die Kriege ihren Platz, die in sie eingeordnet werden müssen. Auf diese Weise wird das Kriegsgeschehen in jedem Fall für die Erinnerung mit Sinn aufgeladen. Das kann in sehr unterschiedlicher Weise geschehen. So sind es die erfolgreichen Kriege, welche den Aufstieg der Karolingerdynastie rechtfertigen und zeigen, daß sie zur Führung des Gottesvolkes berufen ist[149]. Im weiteren Verlauf der Geschichte bestätigen die erfolgreichen und permanenten Feldzüge Karls des Großen und Ludwigs des Frommen, die ihre Biographen betonen, dieses immer wieder aufs neue. Außerdem tragen diese Kriege noch auf einer anderen Ebene einen Sinn in sich, denn mit ihren Eroberungszügen erweitern und ‚verteidigen' die karolingischen Herrscher das Reich Gottes und erfüllen somit den ihnen zugewiesenen Auftrag.

Auch die für die Franken negativen Ereignisse haben einen Sinn. Die Einfälle der Normannen sind göttliche Strafe wegen der Sündenlast des Volkes, oder sie sind eine Prüfung, die zu bestehen ist. Nur bei den Bruderkriegen ist es offensichtlich ein Problem, eine ‚sinnvolle' Einordnung und Erklärung zu präsentieren. Daher sind die Darstellungen stark auf die Frage konzentriert, wer die Schuld an diesen Kriegen trägt. Höchstens eine ursächliche Bedeutung kann ihnen zugesprochen werden, wenn mit ihnen – speziell mit der Schlacht von Fontenoy – der Niedergang des Frankenreichs begründet wird. Aus diesem Denken wird leicht ersichtlich, daß Angelberts Vorschlag, die Schlacht aus der Memoria zu tilgen, ihr keinen Raum im Jahreszyklus zuzugestehen, höchst konsequent ist. Das Ereignis hat ganz einfach keinen Sinn für die Beteiligten.

Die Kriege ordnen sich auf diese Weise in ein Geschichtsverständnis ein, das nichts ohne Sinn geschehen läßt. In diesem Verständnis sind etwa Himmelserscheinungen Zeichen Gottes für zukünftiges Geschehen[150], oder das Auftreten von Häresien im Reich ist eine Prüfung für die Christenheit. Die gleiche Logik erfordert, daß auch die Kriege als sinnhaft erwiesen werden.

Dieser Memoriagedanke ist zwar nur ein Teilaspekt der historiographischen Überlieferung militärischen Handelns, und die Erinnerung hat keinen der liturgischen Memoria vergleichbaren Ort. Aber die Strukturen beider Formen des Gedenkens gleichen sich prinzipiell und verweisen darauf, wie stark der Gedanke der Erinnerung die karolingische Schriftkultur durchdringt.

Der Sinn des Krieges wird jeweils im Kontext der Heilsgeschichte gesucht, wie sie in der biblischen Überlieferung grundgelegt ist. Die Erinnerung an die Kriege ist eingebettet in die biblische Erinnerung der Taten des Gottesvolkes. Wenn ein Heerführer zum zweiten Makkabäus und der Herrscher typologisch mit David verglichen wird, dann wiederholen die fränkischen Streiter die Siege des Alten Testaments. Wenn die Normannen mit den die Israeliten verfolgenden Ägyptern gleichgesetzt werden, dann erneuert Gott selbst, der die Ägypter im Roten Meer vernichtet hat, den Beistand für sein Volk. So ist die Erinnerung der Kriege der eigenen Zeit in den verschiedenen Texten immer eingebunden in den einen Großen Text der Heiligen Schrift[151]. Die Geschichtsschreibung greift die Muster der Bibel auf und bezieht sie typologisch auf die eigene Zeit[152]. Die Historiographie gerät damit in die Nähe zur Exegese, der sie im Fächerkanon des Mittelalters auch durchaus zugeordnet werden kann[153]. Dadurch werden die Kriege des eigenen Zeitalters oder der eigenen *gens* mit der Erinnerung der alttestamentlichen Kriege verbunden und in dieser Form für die künftige Memoria geformt.

Zusammenfassung und Ausblick

Historische Wirklichkeit ist nicht unmittelbar zugänglich, sondern sie wird über Quellen, vor allem über Texte, vermittelt. Diese Aussage dürfte heute in den Kulturwissenschaften allgemeine Zustimmung finden. Weniger unumstritten ist, wie diese Vermittlung vor sich geht und wie Historiker mit dieser Tatsache umzugehen haben. Die vorliegende Studie hat sich bemüht, einen möglichen Zugang zu diesen Problemen zu finden.

Für die hier behandelten Quellen spielt der Krieg in zweifacher Hinsicht eine entscheidende Rolle: Zum einen ist er in allen Texten ein vorrangiges Thema. Das gilt vor allem für die Historiographie und die historische Dichtung. Als eine herausragende, wenn nicht sogar die wichtigste Aufgabe des Herrschers, der im Zentrum frühmittelalterlicher Geschichtsschreibung steht, nimmt der Krieg mehr Raum in den Texten ein als sonst irgendein Ereignis. Aber auch für die Fürstenspiegel konnte gezeigt werden, daß den Herrschern die Beachtung der in den Texten enthaltenen Normen mit der Begründung nahegelegt wurde, daß diese den Erfolg im Kampf garantieren würde. Wenn man so will, ist also der gesamte Inhalt der Fürstenspiegel in bestimmter Hinsicht auf den Krieg bezogen. Auch für die andere Gattung, für die der Krieg auf den ersten Blick ein eher fernstehendes Thema zu sein scheint, die Hagiographie, erwies er sich letztlich als zentral. Denn die Beschreibung des Typus des Heiligen beruht auf einer aus dem Militärischen stammenden Terminologie; der Heilige wird als Krieger – wenn auch als Krieger besonderer Art – beschrieben: Er rüstet sich mit geistlichen Waffen und kämpft gegen den überweltlichen Feind. Außerdem zeigt sich in den Werten des Adelsheiligen eindeutig seine Herkunft aus der adligen Kriegerschicht auch in den Fällen, in denen er dezidiert entgegengesetzte Haltungen gegenüber seinen Standesgenossen vertritt.

Neben diesen inhaltlichen Kriterien war der Krieg im Frühmittelalter andererseits auch ganz allgemein Entstehungsursache für schriftliche Überlieferung. Gerade für die Hagiographie ist das von großer Bedeutung: Translationsberichte und neue oder überarbeitete Viten, die wegen erzwungener Ortswechsel der Heiligen nach Normannenangriffen oder nach ihrer Überführung in das von den Franken eroberte Sachsen geschrieben wurden, legen dafür ein beredtes Zeugnis ab. Auch Dichtungen verdanken ihr Entstehen häufig der Tatsache, daß sie Herrschern auf ihren Kriegszügen überreicht oder vorgetragen werden sollten.

Ist der Krieg demnach zweifellos bedeutsam für alle untersuchten Quellengattungen, so sind doch die Formen, in denen er jeweils geschildert wird, und die Funktionen, die seine Darstellung innerhalb der einzelnen Gattungen hat, von nicht unerheblichen Unterschieden geprägt. Dem Herrscher zu zeigen, wie er sich im Krieg zu verhalten und worauf er seine Zuversicht zu richten habe, um zum Sieg zu gelangen, ist das Ziel der Passagen über den Krieg in den Fürstenspiegeln[1]. Trotz ihrer relativen Kürze sind diese Abschnitte für die Fürstenspiegel äußerst wichtig, weil das Gelingen der gesamten Herrschaft durch das rechte Verhalten im Krieg gesichert wird. In der Argumentation der Verfasser werden dazu Exempla aus den unterschiedlichsten Bereichen herangezogen, vorrangig natürlich aus der Heiligen Schrift, aber auch aus den Schriften der Kirchenväter, antiker Autoren oder aus enzyklopädischen Werken.

Eine Orientierung an antiken Vorbildern etwa in der Schilderung von Schlachtenszenen kennt auch die historische Dichtung[2]. Sie ist wohl die Gattung, die in der Form der Darstellung am stärksten von der Antike geprägt ist, auch wenn das kriegerische Geschehen in ihr als Versfassung historiographischer Texte geboten wird, wie beim Poeta Saxo. Die Funktion des Krieges in der Dichtung ist in erster Linie eine panegyrische: Die siegreiche Kriegführung dient dem Ruhm des Herrschers. Dabei werden auch wenig erfolgreiche Unternehmungen von den Verfassern in Siege gewandelt. Das ist Teil ihrer dichterischen Freiheit, denn das Publikum, für das die Texte geschrieben wurden und das im Umfeld der Herrscher zu suchen ist, wußte natürlich ziemlich genau, was jeweils ‚wirklich' geschehen war.

Ganz anders verhält es sich in der Hagiographie[3]. In sie dringt der Krieg vor allem in der Form militärischer Terminologie ein, die seit der Spätantike zur Beschreibung des heiligmäßigen Lebens Verwendung findet und über unterschiedliche Texte wie die Psychomachie, die Martinsvita oder die Benediktsregel ins Frühmittelalter gelangt. Dort wird sie bereitwillig adaptiert, weil sie hervorragend imstande ist, den Typus des Adelsheiligen zu charakterisieren, der aus der adligen Kriegergesellschaft stammt und deren Werte er keineswegs einfach ablegt. Die realen, zeitgenössischen Kriege spielen eine weniger wichtige Rolle für den Heiligen selbst, sie bringen vor allem eine Form der Bewährung seiner Heiligkeit, die aber nur eine unter vielen darstellt. Sie können andererseits aber auch eine Störung seines gottgefälligen Lebens bedeuten.

Am schwierigsten ist es, bei der Historiographie von einer Funktion des Krieges zu sprechen[4]. Krieg ist in ihr ein so zentrales Thema, daß die Darstellung von Kriegen sehr viele unterschiedliche Funktionen haben kann. Auch in der Geschichtsschreibung kann erfolgreiche Kriegführung natürlich auf die Größe des Herrschers oder seiner Dynastie verweisen – gerade bei den Karolingern zeigt sich ja die Erwähltheit zur Herrschaft genau an diesem Punkt. Die Darstellung von Kriegen kann aber auch als Mahnung an die Herrschenden oder ihr Gefolge verstanden werden, sich etwa im Bruderkrieg an die ruhmreichen Zeiten Karls des Großen zu erinnern, oder sie kann der Kritik am mangelnden Einschreiten gegen heidnische Einfälle dienen. Das gilt zwar auch teilweise für die Hagiographie, ist in ihr aber eher ein Randphänomen.

Es verwundert nicht, daß solche unterschiedlichen Formen und Funktionen der Darstellung des Krieges auch unterschiedliche Bilder vom Krieg entstehen lassen. Bei all den Differenzen, die in den verschiedenen Gattungen auftreten, gibt es aber auch sehr viele gemeinsame Bilder und Metaphern, wie die Bezeichnung des *miles Christi* für den Heiligen, die dann auch auf den Herrscher übertragen wird und für diesen ganz bestimmte Qualitäten herausstellen kann. Auch im Vergleich mit historischen oder alttestamentlichen Heerführern können wesentliche Eigenschaften der zeitgenössischen Herrscher oder Heerführer benannt werden. Vor allem die Gestalt des Judas Makkabäus spielt dabei im 9. Jahrhundert eine wichtige Rolle: In den Fürstenspiegeln wird er als Ideal hingestellt, dem der König nacheifern und das er möglichst ereichen soll. In der Historiographie dient der Vergleich dann vor allem dazu zu zeigen, inwieweit der mit dem Makkabäer Verglichene diesem Ideal tatsächlich entsprechen konnte. Die Gattungen wirken somit aufeinander ein und verwenden die in anderen Zusammenhängen entwickelten Bilder in neuem Kontext.

Neben diesen Formen und Funktionen läßt sich die Darstellung des Krieges in den untersuchten Quellen auch anhand unterschiedlicher Kategorien verfolgen. Blickt man auf das Verhältnis von Krieg und Zeit, so fällt nicht nur die Permanenz des Krieges ins Auge, sondern auch die Tatsache, daß diese Permanenz aus der Perspektive des Herrschers auch gewollt und notwendig ist[5]. Nur ein König, der jedes Jahr in den Krieg zieht, ist ein König, der die an ihn gestellten Erwartungen erfüllt. Tut er das nicht, so halten es vor allem die Verfasser von Annalenwerken für angebracht, diesen Umstand mitzuteilen oder ihn sogar zu entschuldigen. In der ‚Zeit des Herrschers' – und seines Volkes – nimmt der Krieg somit eine entscheidende Rolle ein.

Das Ziel dieser regelmäßigen Kriegführung ist im Idealfall die Ausweitung des Herrschaftsgebietes und, damit verbunden, der Christianitas[6]. Die Art, in der das Territorium des Gegners angeeignet wird, erscheint oftmals in stark symbolisierten Formen: Land wird verwüstet oder durchquert, um Besitzansprüche zu verdeutlichen. Auch in den Zeiten, in denen Eroberungen illusorisch sind und eher die Verteidigung der Grenzen auf der Tagesordnung steht, bleibt diese Art der Darstellung vielfach noch lange erhalten.

Bei dieser eminenten Bedeutung des Krieges für den karolingischen Herrscher ist es nicht verwunderlich, daß königliche Herrschaft sich im Krieg verwirklicht und sich gerade dort als gute Herrschaft erweist[7]. Der Friede ist dabei immer das Ergebnis der erfolgreichen Kriegführung und selbst wiederum die Voraussetzung für die Vorbereitung kommender militärischer Unternehmungen. Siegreiche Kriege stabilisieren die Königsherrschaft nach innen. Dabei müssen sie ethischen und religiösen Normen folgen, müssen gerecht sein. Das führt vor allem in der Historiographie zu eindeutigen Zuschreibungen: Die Vertreter der ‚schlechten' Seite brechen Eide, während sich die ‚Guten' normenkonform verhalten und Gott auf ihrer Seite haben.

In diesen geschilderten Kategorien gehen die Kriege und militärischen Unternehmungen in die historische Erinnerung ein[8]. Dabei sind sie in hohem Maß mit Namen – nicht nur denen von Herrschern – verbunden. Es geht immer darum, bedeutsame Taten bedeutsamer Menschen schriftlich festzuhalten und zu überliefern. Aus heutiger Sicht muß man diese Form der Erinnerung in den Gesamtkomplex mittelalterlicher Memorialkultur einordnen, mit dem sie strukturelle Verwandtschaften aufweist, denn oftmals werden im Zusammenhang mit militärischen Ereignissen lediglich Namen genannt, die man sonst nicht kennt; das geht bis hin zu listenartigen Aufzählungen von Gefallenen.

In der Erinnerung werden die Kriege mit historischem Sinn aufgeladen. Sie haben ihre Funktion innerhalb der Herrschaft des einzelnen Königs, der Karolinger, der fränkischen *gens*, der gesamtem christlichen Heilsgeschichte. Die erfolgreiche Kriegführung erweist die Dynastie der Karolinger als rechtmäßige und von Gott begünstigte Herrscherfamilie. Genauso ist der Aufstieg der Franken seit den Anfängen im Römischen Reich von militärischen Siegen begleitet. Der einzelne König zeigt mit seinen Taten immer wieder diese Qualitäten auf – oder er tut es eben nicht und ist dann ein schlechter Herrscher. Die Franken erneuern in ihren Siegen die Siege des Gottesvolkes im Alten Testament. Diese Form der Erinnerung ist deshalb von Bedeutung, weil sie eine gemeinsame Memoria der Franken bzw. derjenigen Gruppen innerhalb des Fränkischen Reiches schafft, die am Herrscherhof oder in einzelnen Klöstern zusammenleben und für die die untersuchten Werke geschrieben wurden.

Über den Krieg wird in den Texten vielfach in einer Form berichtet, die man – in Anlehnung an die ritualisierten Formen der realen Kriegführung – als ritualisierte Darstellung bezeichnen kann. Historische Realität und historiographische Darstellung entsprechen sich also nicht dadurch, daß das Berichtete auch in der berichteten Form stattgefunden hat. Vielmehr beeinflußte ein ritualisiertes Denken, das den Verlauf oder die Lösung von Konflikten in zeichenhafter Form stattfinden ließ, auch die Art, über diese

Konflikte zu sprechen oder zu schreiben. Einzelne Phrasen oder Begriffe wurden auf diese Weise zu Chiffren für bestimmte Aussagen, die die Leser oder Hörer in ganz anderer, angemessenerer Form verstanden haben dürften, als es uns heute möglich ist.

Das deutlichste Beispiel in der vorliegenden Studie für diese Form der Darstellung ist der Begriff der *vastatio*, mit dem sehr viel mehr ausgesagt wird als lediglich die Tatsache der Zerstörung und Verwüstung gegnerischen Landes und Besitzes. Die Benutzung dieses Begriffes verweist zeichenhaft darauf, daß der Herr des verwüsteten Landes seinen Besitz nicht mehr schützen kann, sondern zusehen muß, wie dieser geplündert und zerstört wird. Dasselbe gilt für Wendungen, die besagen, daß jemand ungehindert durch fremdes Territorium gezogen sei; auch hier kann also der Herr über dieses Land den anderen nicht am Durchzug hindern.

Die Benutzung solcher Begriffe und Phrasen ist unabhängig von der Realität des Geschehenen. Man ist auf diese Weise verfahren, um Ansprüche und Demütigungen deutlich zu machen. Historiographen verwendeten diese Darstellungen aber auch zeichenhaft für darüber hinausgehende Aussagen und Deutungen. Spricht ein Geschichtsschreiber von der *vastatio*, so gibt er damit seinen Lesern zu verstehen, wie die Machtverhältnisse in der Phase, die er beschreibt, seiner Ansicht nach waren.

Die untersuchten Texte sind aber nicht verständlich, wenn man nur den Aspekt der Ritualisierung betrachtet. Viele von ihnen haben auch ganz eindeutig pragmatische Funktion oder zumindest pragmatische Aspekte. Die Fürstenspiegel, aber auch die historischen Dichtungen, bringen Exempla früherer Könige und Heerführer, die den Herrscher ausdrücklich in seinem Handeln beeinflussen und lenken sollen. Wenn dann ein Exzerpt aus Vegetius' ‚Epitoma rei militaris' mit einem fürstenspiegelähnlichen Traktat einem Herrscher dediziert wird, dann spricht dieser Vorgang eine ebenso deutliche Sprache wie die Vorbemerkung zum Gedicht über die Belagerung von Paris, in der es heißt, daß dieser Text anderen Verteidigern von Städten als Beispiel für ihre Aufgabe dienen möge.

Mit diesen pragmatischen Gesichtspunkten erreicht man die Ebene der realen Kriegführung, die, wenngleich nicht Thema dieser Arbeit, immer mit zu bedenken ist. Die Studie beschreibt mit der Darstellung des Krieges die schriftlichen Formen der Schilderung bestimmter regulierter Arten von Gewalt. Es geht vor allem darum, die legitime Ausübung von Gewalt gegenüber äußeren Feinden oder gegenüber Rechtsbrechern im Innern darzustellen oder auch dort anzumahnen, wo sie vermißt wird. Dabei kann sowohl Gewalt nach außen als auch nach innen von den Autoren als legitim beurteilt werden. Unterschiedlich werden allerdings ihre Auswirkungen gesehen, wenn es etwa um die Folgen der *vastatio* geht. Handelt es sich um das eigene Land, wird durchaus beschrieben, welches Elend ein solches Vorgehen bei den Menschen verursachen kann.

Das tatsächliche Maß an Gewalttätigkeit der Epoche läßt sich durch diese Quellen schwer bestimmen und muß im Einzelfall überdacht werden. Eine Aussage in einem Annalenwerk wie jene, daß ein fränkischer Herrscher jedes Jahr Angriffe auf umliegende Völker vorgenommen habe, muß noch nicht heißen, daß er das in der Realität auch getan hat. Dasselbe gilt für die Aussage in der Dichtung, daß der Herrscher seine Großen auf der jährlichen Reichsversammlung nicht etwa fragt ob, sondern gegen wen der Kriegszug dieses Jahr geführt werden solle. Allerdings zeigen solche Aussagen, daß Gewalt eine bedeutende Rolle im Selbstverständnis der Franken gespielt hat, denn sie geben wieder, was vom Herrscher erwartet wurde. Gewalt ist also für die kollektive Erinnerung und die historiographische Präsentation der Franken von erheblicher Bedeutung – oder auch für die hagiographische, wenn man an die militärische Terminologie bei der Beschreibung des Adelsheiligen denkt. Und das wiederum dürfte in erheblichem Maß durch die Praxis bestimmt worden sein und auch wiederum auf die Praxis eingewirkt haben.

Aus den vorigen Ausführungen ergeben sich einige methodische Konsequenzen für den Umgang mit Kriegsschilderungen in der Karolingerzeit. Die Ritualisierung und Zeichenhaftigkeit der Sprache macht es notwendig, Aussagen grundsätzlich daraufhin zu überprüfen, inwieweit in ihnen solche symbolhaften Formen enthalten sind. Einfache Akte wie der Wurf eines Speeres über die Mauern einer belagerten Stadt durch den König können eine sehr viel tiefere Bedeutung haben, als es zunächst erscheint. Und auch Akte, deren Symbolhaftigkeit auf ereignisgeschichtlicher Ebene offensichtlich ist, können auch noch einmal für die Darstellung des Berichteten eine ganz andere Funktion übernehmen. So steht eine Schlüsselübergabe für die Übergabe eine Stadt. In der Historiographie kann sie aber auch als Chiffre dafür stehen, daß die Stadt hätte eingenommen werden können, wenn der Herrscher nur gewollt hätte. In dieser Arbeit sind dazu einige Möglichkeiten von vielen angeführt worden.

Als problematisch wird sich dabei immer auswirken, daß die Zeichenhaftigkeit der Darstellung nur schwer von der Zeichenhaftigkeit des Handelns gerade im Krieg zu trennen ist. Oftmals wird es gar nicht möglich sein, hier exakt zu differenzieren. Das ist aber auch gar nicht unbedingt immer notwendig, denn es geht letztlich nur um zwei verschiedene Ebenen desselben Problems. Die vorliegende Studie hat sich darum bemüht, dafür zu sensibilisieren, was es bedeutet, sich mit einer Kultur zu beschäftigen, die nicht nur ihre Konflikte in hoch elaborierten symbolischen Formen austrägt, sondern die auch in diesen Kategorien denkt und natürlich auch die Darstellung der Realität auf diese Weise vornimmt.

Für eine moderne historische Quellenkritik sollten diese Fragen unabdingbar sein.

Die Arbeit hat gezeigt, wie in der Karolingerzeit ‚Helden' gemacht und ihre Taten dem Gedächtnis anvertraut worden sind. Die Darstellungen der karolingischen Kriege und Krieger mit ihren vielfachen Deutungen wurden zur Grundlage des Bildes von den Karolingern für die nächsten Generationen und nicht selten sogar bis in unsere Zeit. Dabei spielt die Konzentration auf die Herrscher eine ebenso bedeutende Rolle wie die Chiffrierung der Ereignisse in den Quellen. Es wäre ein interessantes neues Thema, die Linien weiter zu verfolgen und zu analysieren, wie die karolingerzeitlichen Formen der Verschriftung des Krieges – auch zusammen mit oder getrennt von mündlichen Traditionen – durch die Jahrhunderte gewirkt haben. Eine solche Frage wenigstens anzureißen, drängt sich kurz nach der 1200. Wiederkehr der römischen Kaiserkrönung Karls des Großen geradezu auf. Allerdings ist dieser aktuelle Anlaß keineswegs der einzige Grund dafür, denn das ‚Nachleben' der Karolinger als Familie, „die Europa geformt hat"[9], hat die Mediävistik schon immer außerordentlich beschäftigt[10]. Am Ende der vorliegenden Untersuchung seien dazu nur einige Beispiele genannt.

Wie sehr karolingerzeitliche Vorstellungen vom Krieg in der Geschichtswissenschaft übernommen worden sind, zeigt sich an einem Unternehmen, das Handbücher hervorgebracht hat, die bis in unser Jahrhundert hinein die wichtigsten Standardwerke auf ihrem Gebiet waren und immer noch äußerst nützliche Hilfsmittel darstellen. Die Rede ist von den ‚Jahrbüchern der deutschen Geschichte', die von keinem Geringeren als Leopold Ranke in seinem Berliner Seminar initiiert wurden und eng verbunden waren mit der Edition der mittelalterlichen Quellen in den Monumenta Germaniae historica. Die Jahrbücher erarbeiten bekanntlich jeweils für die Regierungszeit eines Herrschers und meistens Jahr für Jahr Ereignisgeschichte, die sie direkt aus den Quellen darstellen[11]. Die Darstellung ist extrem dicht an den Quellen, paraphrasiert sie zuweilen nur. Im Kapitel über ‚Krieg und Zeit' ist bereits darauf verwiesen worden, wie sehr die Jahrbücher mit ihrer Übernahme des annalistischen Schemas die mittelalterlichen Annalenwerke imitieren und somit das Bild des jährlichen Krieges fortschreiben, der in dieser Arbeit als Kennzeichen der Annalistik postuliert wurde. Denn was den Annalen wichtig ist, das ist auch den Jahrbüchern wichtig, und das rekonstruierte herrscherliche Handeln spiegelt genau die Informationen der mittelalterlichen Quellen wider, so daß die Jahrbücher auf diese Weise, wie gesagt, zu einer Art ‚Meta-Annalistik' werden. Indem sie auf den Jahrbüchern als Hilfsmittel aufgebaut hat, sind diese Schilderungen vielfach auch in die neuere Geschichtswissenschaft eingegangen.

Eine andere Bezugnahme auf Darstellungen in den mittelalterlichen Quellen kann man sehr anschaulich an der ausführlichen Bewertung Ludwigs des Deutschen in einem Band der ‚Jahrbücher', der ‚Geschichte des ostfränkischen Reiches' von Ernst Dümmler zeigen[12]. Dieser feiert seinen Helden ganz genau in der Form, in der ihn die Quellen sehen. Für den Krieger übernimmt er zum Teil als Zitat die Worte Reginos von Prüm, die dieser zum Tod des Königs über ihn schreibt[13]. Das Bild des schlichten, aber aufrechten und tapferen Kriegsmanns, das die ostfränkischen Quellen konstruieren, entfaltet so noch in den achtziger Jahren des 19. Jahrhunderts seine Wirkung.

Diese modernen Bilder des Krieges in der Karolingerzeit bauen aber teilweise bereits auf sehr lange existierenden Vorstellungen auf, die ihre Grundlegung in der Zeit selbst haben. Ein Beispiel für das Fortwirken von Ereignissen ist das literarische Schicksal der Schlacht von Fontenoy. Diese Entscheidungsschlacht des Bruderkrieges zwischen Karl dem Kahlen und Ludwig dem Deutschen einerseits sowie Lothar andererseits hat in dieser Studie für viele Argumentationen eine wichtige Rolle gespielt. Der Skandal des blutigen Kampfes zwischen den Brüdern und die tiefen Loyalitätskonflikte der Beteiligten ließen Historiographen und Dichter in vielfacher Weise versuchen, das Geschehen zu ‚verarbeiten', bis hin zu Angelberts Lösung, es gänzlich aus der Memoria zu streichen.

Vielfach wurde im Frühmittelalter die Schlacht von Fontenoy mit dem Niedergang der karolingischen Macht in einen ursächlichen Zusammenhang gebracht[14]. Über Regino von Prüm, der diesen Konnex auch herstellte, ging die leicht nachvollziehbare Interpretation der Schlacht in die Überlieferung ein und erwies sich als äußerst langlebig. Mit Otto von Freising, der Regino für seine Weltchronik benutzte, erreichte sie auch das Zeitalter der Staufer. Zwischen einem Auszug aus Frutolf und der Schilderung Reginos kommentiert Otto das Ereignis, indem er sagt, Gott habe nicht gewollt, daß das Frankenreich, auf das ja das römische Reich übergegangen war, auf seinem hohen Stand bleibe und habe es deshalb sich selbst zerspalten und zugrunde gehen lassen[15]. Bei Otto wird die Schlacht auf diese Weise zur wichtigen Station in seiner Reiche-Lehre: Die *potestas temporalis*, die von den Babyloniern über die Meder, Perser und Griechen auf die Römer sowie unter dem römischen Namen auf die Franken übertragen worden war, ging diesen durch den inneren Zwist schließlich auch wieder verloren[16]. Auf diese Weise wurde eine Deutung, die aus der Sicht des späten 9. Jahrhunderts ein Ereignis vor der Jahrhundertmitte interpretierte, in weiterentwickelter Form zum Bestandteil des mittelalterlichen Wissens über die Karolinger und ihre Kriege.

Zu diesem Wissen gehört auch das Bild Karls des Großen als Kriegsheld, das bereits die unmittelbare Folgezeit etablierte, das sich im Mittelalter aber fortentwickelt und zuweilen interessante Formen angenommen hat[17]. Bei Einhard herrschte, wie gezeigt wurde, noch das Bild des jährlich Krieg führenden, seine Zeit also mit der Erweiterung des Reiches sinnvoll füllenden Karls vor. Bei Notker hingegen wird die Schlacht zur Anekdote, die aber wiederum Karl als erfolgreichen christlichen Heerführer präsentiert.

Mit seinen Eroberungen wird Karl zum Sinnbild des kriegerischen und militärisch erfolgreichen Herrschers im Mittelalter schlechthin. Dieses Bild wird durch die Zeiten tradiert und jeweils auf unterschiedliche Weise aktualisiert. Einen besonders interessanten Ausdruck erhält es in der ‚Historia Karoli Magni et Rotholandi' des Pseudo-Turpin. Diese Erzählung aus dem 12. Jahrhundert, die im Mittelalter Erzbischof Turpin von Reims, einem Zeitgenossen Karls des Großen, zugeschrieben wurde, berichtet über Feldzüge des Kaisers in Spanien und Aquitanien und hat ganz offensichtlich zum Ziel, den Kreuzzug gegen die Mauren im Rahmen der Reconquista zu propagieren[18]. Betrachtet man die handschriftliche Überlieferung, so ist die ‚Historia' ein noch erfolgreicheres Werk als Einhards ‚Vita Karoli magni'[19]. Karls Kriege werden in dieser Geschichte nun aber ganz aktuell zum Kreuzzug, wenn es im Prooemium heißt, daß dieser Bericht beschreibe, wie Karl Spanien und Galizien von der Herrschaft der Sarazenen befreit habe[20]. Karl wird also mit der aktuellen Form des Heidenkrieges, dem Kreuzzug, in Verbindung gebracht und für seine Propagierung benutzt.

Wird Karl hier als der ‚Prototyp' des Kriegers für eine ‚moderne' Form des Krieges reklamiert, so wird auch die Darstellung des militärischen Geschehens in entsprechender Weise aktualisiert: Gleich im zweiten Kapitel kommt Karl vor die Stadt Pamplona, nachdem er in einer Vision vom heiligen Jacobus aufgefordert worden ist, das Land, das der Heilige missioniert hatte und in dem sich sein Leichnam befand, zu befreien. Drei Monate hindurch kann er die Stadt nicht erobern, weil sie von unüberwindlichen Mauern geschützt wird[21]. Die Mauer Pamplonas steht hier also genauso zwischen Karl und der Einnahme der Stadt wie die Mauer Barcelonas bei Ludwig dem Frommen[22]. Als Kreuzritter überwindet Karl sie nun aber nicht mit der Kraft seines Armes, sondern durch das Gebet mit der Hilfe des Heiligen, die dieser ihm vorher zugesagt hat: ‚Daraufhin brachen durch Gottes Fügung und die Bitte des heiligen Jacobus die Mauern zusammen und stürzten vollständig ein.'[23]

Der Kreuzritter Karl ist nun allerdings auch nicht damit zufrieden, die heiligen Stätten des Ortes aufzusuchen und Gott und dem heiligen Jacobus für den Triumph zu danken. Er stellt die Muslime nach der Eroberung vor die Wahl zwischen Taufe oder Tod[24]. Erst nachdem sich alle anderen Städte auf die Nachricht vom Fall Pamplonas hin ergeben haben und er kampflos den Sarkophag des Heiligen besuchen konnte, dankt er bei der Stadt El Padron am Atlantik für den Sieg. Nun kommt es wieder zu bereits aus der Karolingerzeit bekannten Symbolhandlungen: Karl stößt seinen Speer in die Fluten des Meeres, um zu zeigen, bis wohin Gott ihn geführt hat[25]. Mit einem Speerwurf hatte ja bekanntlich auch Ermoldus Nigellus Ludwig den Frommen mit durchschlagender Wirkung demonstrieren lassen, daß Barcelona ihm nicht würde widerstehen können[26]. Eine solche Szene am Meer gibt es auch schon bei Paulus Diaconus, der den Langobardenkönig Authari, der ganz Süditalien erobert hat, mit dem Pferd bis zu einer Säule ins Meer reiten läßt. Dort angekommen, berührt er die Säule mit seiner Lanze und sagt, daß bis hierher das Reich der Langobarden reichen solle[27]. Am Ende des Kapitels bei Pseudo-Turpin zieht Karl durch ganz Spanien, von einem Meer zum anderen[28]. Auch diesen ungehinderten Durchzug durch das Land des – besiegten oder zu besiegenden – Feindes kennen, wie gesehen, die Quellen der Karolingerzeit als Chiffre für die Inbesitznahme des Landes oder die Unfähigkeit des Gegners, sein Land zu schützen.

Dieses Beispiel nur eines Kapitels der ‚Historia Karoli Magni et Rotholandi' zeigt sehr anschaulich, auf welche Weise sich Darstellungsmodi erhalten haben und weiterwirken, wie aber andererseits auch neue historische Herausforderungen eine Aktualisierung der Darstellungsformen erforderlich machen, die sich zusammen mit den bekannten Mustern zu neuen Beschreibungen des Krieges formen. In dieser Studie ist der Blick auf die Karolingerzeit gerichtet, ihre Ergebnisse sind daher in erster Linie für diese Epoche wichtig. Vieles dürfte allerdings auch für das Frühmittelalter insgesamt, für das ganze Mittelalter oder die europäische Zivilisation von Bedeutung sein, wenn es nicht gar als anthropologische Konstante gelten kann. Hier könnten weitere Studien ansetzen, um zu verifizieren, inwiefern einzelne Aussagen zu verallgemeinern oder allein auf die Epoche der Karolinger zu beziehen sind. Schon das Beispiel des Pseudo-Turpin hat aber gezeigt, wie wichtig das 9. Jahrhundert ist, weil die Karolinger in ihrer Historiographie am Beginn des Mittelalters ein wichtiges Vorbild und Muster für spätere Gesellschaften abgeben.

Das vorliegende Buch wird mit einem Zitat des wichtigsten Historiographen des 6. Jahrhunderts eingeleitet, es ist daher nicht unpassend, mit dem bedeutendsten Mediävisten des 20. Jahrhunderts zu schließen: Georges Duby beginnt seine Untersuchung über den Krieg in der Feudalzeit mit den Worten: „Ich habe den Eindruck, daß unsere heutige Vorstellung vom Krieg immer noch von derjenigen Vorstellung geprägt ist, die sich im Mittelalter herausgebildet hat."[29] Diese Studie sollte zeigen, auf welch unterschiedliche Weise man diesen Satz ausdeuten kann.

Anmerkungen

Einleitung:
Der Krieg im Mittelalter und seine Erforschung

[1] Gregorii episcopi Turonensis historiae I, S. 3 Z. 13 f.: *Scripturus bella regum cum gentibus adversis, martyrum cum paganis, eclesiarum cum hereticis.* Wenn nicht ausdrücklich anders angegeben, handelt es sich auch im folgenden um eigene Übersetzungen.

[2] Vgl. Her. I Prooem.

[3] Vgl. Thuk. I 1, 1.

[4] LOT, Art militaire; DELBRÜCK, Geschichte der Kriegskunst; ERBEN, Kriegsgeschichte, und OMAN, History, um nur die wichtigsten ‚Klassiker' zu nennen. Eine sehr ausführliche Bibliographie zum Krieg findet sich bei CONTAMINE, Guerre au Moyen Age, S. 11–68.

[5] So etwa, wenn OMAN, History 1, S. 148, das Verhalten der Normannen bei der Belagerung von Paris 885/86 mit dem der alliierten britischen und französischen Truppen vor Sebastopol im Krimkrieg 1855 vergleicht, oder wenn MANGOLDT-GAUDLITZ, Reiterei, S. IX, betont, welche Freude es „für den alten Soldaten und Kavalleristen" bedeutet habe, die folgende Studie zu erarbeiten.

[6] ERBEN, Kriegsgeschichte, vor allem S. 68 und 92 f.; DERS., Schlacht bei Mühldorf, S. 71–86 („Die Schlacht als Rechtshandlung").

[7] BRUNNER, Reiterdienst.

[8] CRAM, Iudicium belli; PIETZCKER, Schlacht bei Fontenoy; DERS., Krieg in der Karolingerzeit; s. auch ANGERMANN, Ausweitung des Kampfgeschehens.

[9] Zu speziellen Themen seien nur als neuere Beispiele genannt BRADBURY, Medieval Archer; DERS., Medieval Siege; CORFIS – WOLFE, Medieval City under Siege; KAGAY – VILLALON, Circle of War.

[10] Neuere Gesamtdarstellungen: VERBRUGGEN, Art of Warfare; BEELER, Warfare. Das neue Buch von OHLER, Krieg und Frieden, ist zu additiv und beliebig, um einen Neuansatz darzustellen. Zum Frühmittelalter und zur Karolingerzeit vor allem: Ordinamenti militari; MORO, Quam horrida pugna; GANSHOF, Armée; VERBRUGGEN, Armée.

[11] Zum Frieden im Frühmittelalter BONNAUD DELAMARE, Idée; GANSHOF, Paix.

[12] Die ältere Literatur zum Gottesfrieden bei CONTAMINE, Guerre au Moyen Age, S. 64–66; neuerer Forschungsüberblick bei WADLE, Gottesfrieden und Landfrieden.

[13] So, um nur einige der wichtigsten Arbeiten zum Gottesfrieden zu nennen, etwa bei HOFFMANN, Gottesfriede und Treuga Dei; KAISER, Selbsthilfe und Gewaltmonopol, oder GOETZ, Kirchenschutz.

¹⁴ HAINES, Attitudes and Impediments; zum Beispiel der Waldenser s. BILLER, Medieval Waldensian Abhorrence; TREESH, Waldensian Recourse.

¹⁵ RENNA, Idea of Peace; Frieden in Geschichte und Gegenwart; ARNOLD, De bono pacis; MCGUIRE, War and Peace; KURZE, Krieg und Frieden; FRIED, Träger und Instrumentarien.

¹⁶ Vgl. zum Beispiel MÜNKLER, Gewalt und Ordnung, S. 10.

¹⁷ BORST, Lebensformen, S. 433–435; FICHTENAU, Lebensordnungen, S. 544–546.

¹⁸ Gewalt in verschiedenen Lebensbereichen untersuchen im interkulturellen Kontext SIEFERLE – BREUNINGER, Kulturen der Gewalt, für Mittelalter und frühe Neuzeit s. Violence et contestation; RAYNAUD, Violence; CONTAMINE – GUYOTJEANNIN, Guerre; KAGAY – VILLALON, Final Argument, und KAEUPER, Violence in Medieval Society, und für das Frühmittelalter HALSALL, Violence and Society. Zur Eindämmung von Gewalt s. ALTHOFF, Schranken der Gewalt; DERS. Regeln der Gewaltanwendung.

¹⁹ ANDERMANN, Raubritter; MORSEL, *Das sy sich.*

²⁰ WILLOWEIT, Gewalt und Verbrechen; MARTIN, Verbrechen und Strafe; GROEBNER, Verletzte Körper; SCHNEIDER, Legitime Selbstbehauptung.

²¹ BRUNNER, Bilder vom Krieg; DERS., Wahrnehmung und Darstellung; zum früheren Mittelalter s. VOLLRATH, Konfliktwahrnehmung und Konfliktdarstellung.

²² Vgl. hierzu den Überblick von PATZOLD, Konflikte, insbes. S. 198 f.

²³ NELSON, Violence; DIES., Search for Peace; ALTHOFF, Schranken der Gewalt; DERS., Spielregeln; s. auch HALSALL, Violence and Society; REUTER, Plunder and Tribute; NITSCHKE, Von Verteidigungskriegen, und GOLDBERG, More devoted. Interessant ist in diesem Zusammenhang auch die Arbeit von BODMER, Krieger der Merowingerzeit, der 1957 das Kriegertum „als Form menschlicher Existenz" untersucht hat; zur selben Epoche s. jetzt auch SCHEIBELREITER, Barbarische Gesellschaft, S. 285–376.

²⁴ MCCORMICK, Eternal Victory; DERS., Liturgy of War.

²⁵ PRINZ, Klerus und Krieg; NELSON, Church's military service.

²⁶ BORST, Rittertum im Mittelalter; BARBER, Knight and Chivalry.

²⁷ SMAIL, Crusading Warfare; FRANCE, Victory in the East.

²⁸ POWERS, Society Organized for War.

²⁹ BRONISCH, Reconquista und Heiliger Krieg.

³⁰ Zum Begriff s. ASSMANN, Kulturelles Gedächtnis.

³¹ Damit reiht sich die Fragestellung in Untersuchungen ein, die nach dem Zustandekommen und der Intention von historiographischen Quellen fragen, wie GOETZ, Verschriftlichung; ALTHOFF, Causa scribendi und Darstellungsabsicht; DERS., Pragmatische Geschichtsschreibung.

³² S. oben, S. 4, Anm. 23.

³³ Zum ‚linguistic turn' vgl. v. a. die Arbeiten von WHITE, Auch Klio dichtet; DERS., Metahistory. Dazu WAGNER, Geschichte als Text; aus mediävistischer Perspektive GOETZ, Moderne Mediävistik, S. 111–117. Zur ‚thick description' vgl. GEERTZ, Dichte Beschreibung.

³⁴ Zum Krieg in der anthropologischen Forschung s. etwa: HAAS, Anthropology of War.

³⁵ Vgl. BOUTELLE, Louis the Pious.

³⁶ Vgl. EBENBAUER, Carmen historicum, S. 195.
³⁷ Zum Verhältnis von Hagiographie und Historiographie vgl. RÖCKELEIN, Gewebe der Schrift, S. 1–6 mit weiterer Literatur; außerdem VON DER NAHMER, Lateinische Heiligenvita, S. 80–123.
³⁸ Zum Exempel in der Historiographie vgl. VON MOOS, Geschichte als Topik.
³⁹ SCHARER – SCHEIBELREITER, Historiographie im frühen Mittelalter.
⁴⁰ Vgl. ebd. die Beiträge von MERTA, Recht und Propaganda, und HANNICK, Liturgie und Geschichtsschreibung. Von einem anderen neuen Ansatz her fragt GOETZ, Hochmittelalterliches Geschichtsbewußtsein, nach historischem Denken in nichthistoriographischen Quellen, vgl. die Einführung ebd. S. 9–16.
⁴¹ Wie Urkunden aus neuer Perspektive zu erzählenden Quellen werden können, zeigt auch SABLONIER, Schriftlichkeit, vor allem S. 99 f.
⁴² Das 9. Jahrhundert wird in dieser Arbeit weitgehend synonym mit der ‚Karolingerzeit' gebraucht, obwohl diese natürlich früher beginnt. Aber die wesentliche, hier zu behandelnde Überlieferung ist weitgehend ein Produkt des 9. Jahrhunderts.
⁴³ REUTER, End of Carolingian Military Expansion.
⁴⁴ Isidori Hispalensis etymologiae XVIII, 1.
⁴⁵ SCHMALE, Funktion und Formen, S. 118.
⁴⁶ S. dazu unten die Ausführungen im Ausblick des Schlußkapitels, S. 221–224.
⁴⁷ Als bewußte Neuinterpretation vgl. GODMAN – COLLINS, Charlemagne's Heir; darin s. vor allem STAUBACH, Des großen Kaisers kleiner Sohn.
⁴⁸ SCHIEFFER, Karolinger, S. 11 f.
⁴⁹ Vgl. dazu unten, S. 110–114.

Erstes Kapitel:
Der Krieg in den Fürstenspiegeln:
Geistliche Ermahnung und praktische Ratschläge

¹ Zum Gattungsbegriff ‚Fürstenspiegel' vgl. EBERHARDT, Via regia, S. 270–282, der die Gattungsdefinition allerdings sehr eng faßt.
² ANTON, Fürstenspiegel und Herrscherethos, S. 132.
³ Definition nach EBERHARDT, Via regia, S. 280.
⁴ ANTON, Fürstenspiegel und Herrscherethos, S. 89, Anm. 64.
⁵ Die bis heute wichtigste Gesamtdarstellung ist die genannte Arbeit von ANTON, Fürstenspiegel und Herrscherethos; s. außerdem KLINKENBERG, Über karolingische Fürstenspiegel.
⁶ Dazu und zum Folgenden EBERHARDT, Via regia, S. 436–439; eine Ausnahme ist für ihn erst Macchiavellis ‚Principe'.
⁷ ANTON, Fürstenspiegel und Herrscherethos, S. 55–60.
⁸ Ebd. S. 54 f.
⁹ Ebd. S. 68. Zu diesem Text und seinem Einfluß auf die Fürstenspiegel s. auch ANTON, Pseudo-Cyprian.
¹⁰ ANTON, Fürstenspiegel und Herrscherethos, S. 75.
¹¹ Ebd. S. 84–86.
¹² Ebd. S. 95–97. Zur *correctio* als Programm Karls des Großen s. SCHRAMM, Karl

der Große. Zum *terror* als Zentralbegriff der königlichen Kriegführung s. ANTON, Fürstenspiegel und Herrscherethos, S. 97, Anm. 109, vgl. auch S. 60 und 94, Anm. 95.

¹³ Ebd. S. 110.

¹⁴ Ebd. S. 132–179; EBERHARDT, Via regia, S. 195–263, argumentiert für eine Entstehung der Schrift um 810 und ihre Widmung an Karl den Großen; zu den Werken Smaragds insgesamt s. RÄDLE, Studien.

¹⁵ Smaragdi Via regia, c. 17–19, Sp. 957–959 (*De pace, De zelo rectitudinis, De clementia*); zu weiteren Stellen EBERHARDT, Via regia, S. 596 mit Anm. 579.

¹⁶ Smaragdi Via regia, c. 30, Sp. 969 A: *Quod autem et victoriam, antequam fiat, Dominus cognoscit, ipse per Ezechielem ait:* ... (folgt Hes 39,17–20).

¹⁷ Ebd. Sp. 968 C: *Hæc si diligenter agens impleveris, rex roborabit Dominus regnum tuum, exaltabit solium, et brachium confirmabit, quoniam cujus vult Dominus brachium confirmat, et ad faciendam victoriam suum gladium cum auxilio præstat;* ebd. D: *Nam cujus vult Dominus brachium debilitat et frangit.*

¹⁸ Ebd. Sp. 969 C: *Ergo salus non consistit in multitudine populi, nec in armatura multiplici, sed in invocatione nominis Domini.*

¹⁹ Ebd. c. 32, Sp. 970 A: *Et tu ergo, fidelissime rex, ut Domini possis auxilio fultus tuum defendere regnum, ejus jugiter orans require præsidium.*

²⁰ Ebd. c. 31, Sp. 969 f.

²¹ EBERHARDT, Via regia, S. 595–597.

²² Beide Texte ediert bei MEYER, Smaragd's Mahnbüchlein, S. 55–69; das Gedicht auch in MGH Poetae Lat. 4, S. 918–924.

²³ ANTON, Fürstenspiegel und Herrscherethos, S. 179–198.

²⁴ RÄDLE, Studien, S. 28–39; EBERHARDT, Via regia, S. 151–194.

²⁵ EBERHARDT, Via regia, S. 122–124.

²⁶ ANTON, Fürstenspiegel und Herrscherethos, S. 194–196; zum Vorlesen des Textes vgl. Ermoldus Nigellus, Ad Pippinum regem II, v. 215 f., S. 232: *Carmina nostra tuo, princeps, tutamine posco / Ante tuos vultus sint recitata, pie.* Zum Epos für Ludwig s. unten, S. 54–65.

²⁷ Ermoldus Nigellus, Ad Pippinum regem II, v. 143–198, S. 228–232.

²⁸ Ebd. v. 187 f., S. 230: *Hic virtute sua nescivit quaerere regna, / Imperiumque modo dante Tonante tenet.* Faral weist ebd. Anm. 5 darauf hin, daß es sich hier um dieselbe Idee handelt, die auch im Gedicht über Ludwig den Frommen ausgeführt wird (vgl. unten, S. 60–62).

²⁹ Zu Jonas und seinem Werk s. ANTON, Fürstenspiegel und Herrscherethos, S. 198–245.

³⁰ Ebd. S. 212–214; zur Abhängigkeit der Schriften voneinander s. SCHARF, Studien; dort, S. 354, eine Auflistung der Entsprechungen in den Kapiteln von ‚Institutio regia', Konzil von Paris und ‚Institutio laicalis', die zeigt, wie das zweite Buch der Konzilsakten vollständig in der ‚Institutio regia' aufgegangen ist.

³¹ ERDMANN, Entstehung, S. 14 f.; Hinweis bei ANTON, Fürstenspiegel und Herrscherethos, S. 213, Anm. 378.

³² Dhuoda, Manuel pour mon fils.

³³ In seinem Mahnschreiben an Karl den Kahlen vom Februar 859 (MGH Epp. 8.1, Nr. 126, S. 62–65) beschwert sich Hinkmar über Ausschreitungen von Kriegern und fordert den König auf, dagegen vorzugehen. Zur Krise insgesamt vgl. DE-

VISSE, Hincmar 1, S. 281–366; zum Schreiben ebd. S. 327–329; DÜMMLER, Geschichte, S. 448 f., und ERDMANN, Entstehung, S. 15. Zu den Laienspiegeln und der hier angesprochenen Tendenz vgl. auch ANTON, Fürstenspiegel und Herrscherethos, S. 287.

[34] Jonas von Orléans, De institutione regia, c. 3, S. 140: ... *patriam fortiter et iuste contra adversarios defendere* ...; ebd, S. 141: ... *sepe pax populorum rumpitur.* ... *hostium incursus provincias undique vastant.*

[35] Ebd. c. 4, S. 145. Zum Begriffspaar *pax et concordia* in der Karolingerzeit vgl. SEMMLER, Herrschaftsmaxime.

[36] Jonas von Orléans, De institutione regia, c. 7, S. 155 f., und c. 10, S. 163.

[37] Ebd. S. 128 f.

[38] ANTON, Fürstenspiegel und Herrscherethos, S. 221–231; LAEHR, Karolingischer Konzilsbrief; WILMART, Admonition.

[39] ANTON, Fürstenspiegel und Herrscherethos, S. 230.

[40] Ebd. Zu Augustin s. unten, S. 166 f.

[41] LAEHR, Karolingischer Konzilsbrief, S. 120: *III. Bella gerere et dilatare regnum bonos sola necessitate vocari. Ex libro Augustini de civitate Dei quarto.* Laehr und Wilmart edieren mit geringen Ausnahmen jeweils nur die Rubriken der einzelnen Kapitel, die fast ausnahmslos von Hinkmar von Reims in seinen Fürstenspiegel übernommen worden sind. Zu den Entsprechungen s. unten im anschließenden Kapitel über Hinkmar.

[42] Ebd.: *IIII. In eodem. Non pecasse eos, qui Deo auctore bella gesserunt; VI. In eodem. Quod qui bella tractant et sub armis militant, Deo non displiceant; VII. In eodem libro. Militem potestati, sub quae est, oboedientem non peccare, si hominem occidat; VIII. In eodem libro. De occidentis hominis a milite, vel qui publica functione tenetur.*

[43] Ebd.: *V. Item in eodem. Victoriam ab omnipotente per angelum suum, cui voluerit et ubi iusserit, dari; VIIII. Item ex libro Augustini in epistola ad Bonefacium. Quando pugnatur, Deum apertis caelis adstare et iuste parti victoriam prestare, nihilque de propriis viribus presumendum.*

[44] Ebd. S. 121: *XVI. Non in multitudinem fidendum nec pro paucitate diffidendum. Ex historia Horosii.*

[45] Ebd.: *XXII. Forma regis ex deuteronomio, et exhortatio eiusdem erga milites in procinctu belli.* Der Text des Kapitels, das Hinkmar nicht vollständig übernimmt, steht ebd. S. 124 f.

[46] Zur Problematik s. allgemein NITSCHKE, Von Verteidigungskriegen.

[47] ANTON, Fürstenspiegel und Herrscherethos, S. 281–355; SCHRÖRS, Hinkmar, S. 385–388; DEVISSE, Hincmar 2, S. 1055–1088.

[48] ANTON, Fürstenspiegel und Herrscherethos, S. 298 f.; zu Hinkmars Vorstellungen über den Krieg vgl. DEVISSE, Hincmar 1, S. 526–541; zur Übernahme der Kapitel durch Hinkmar ebd. S. 225; zu den Übereinstimmungen vgl. LAEHR, Karolingischer Konzilsbrief, S. 120–126, und WILMART, Admonition, S. 221–224. Die Kapitel über den Krieg stehen bei Hinkmar von Reims, De regis persona, c. 7–15, Sp. 840–844.

[49] Hinkmar von Reims, De regis persona, c. 15, Sp. 844.

[50] Vgl. ANTON, Fürstenspiegel und Herrscherethos, S. 348 f.; zum Vorbild der Makkabäer in der Ottonenzeit und vor allem bei Widukind von Corvey s. KELLER, Machabaeorum pugnae.

51 ANTON, Fürstenspiegel und Herrscherethos, S. 248–254.
52 Lupus von Ferrières 1, Nr. 31, S. 140–146, hier S. 146 (= MGH Epp. 7, Nr. 64, S. 63 ff.): *Haec studiose custodientes, Deo et bonis quibusque placebitis; rebelles, Deo ut credimus pro vobis pugnante, comprimetis atque vincetis.* Zur Identifizierung der Rebellen vgl. ANTON, Fürstenspiegel und Herrscherethos, S. 252, Anm. 537.
53 Lupus von Ferrières 1, Nr. 37, S. 160–164, hier S. 164 (= MGH Epp. 7, Nr. 93, S. 82 f.): *Tales, quaeso, tales quaerite, qui publicam dilectionem, hoc est totius populi, praeferant privatis commodis: et miserante Deo motus isti molestissimi conquiescent.*
54 DÜMMLER, Geschichte 1, S. 289.
55 Lupus von Ferrières 1, Nr. 46, S. 192–196, hier S. 196 (= MGH Epp. 7, Nr. 33, S. 41 f.): *quod diu apparandum sit bellum, ut celeriter vincatur.*
56 STAUBACH, Rex christianus, S. 168–172; der gesamte Fürstenspiegel wird ausführlich behandelt ebd. S. 105–197. Bisher Annahme der Widmung an Lothar II. und Entstehung zwischen 855 und 859 (ANTON, Fürstenspiegel und Herrscherethos, S. 262; DÜCHTING, Sedulius Scottus, Sp. 1667).
57 Sedulius Scottus, Liber de rectoribus Christianis, c. 14–18, S. 62–84; zur thematischen Aufteilung der Kapitel s. STAUBACH, Rex christianus, S. 125 und 135 f.
58 Sedulius Scottus, Liber de rectoribus Christianis, c. 14, S. 62–66, hier S. 62 Z. 5–9: *Sed cum boni rectores fastum superbae tyrannidis in adversariis debellare studeant, non in se nec in suorum fortitudine, sed in Altissimi virtute et gratia totam confidentiam stabilire debent, quia ipse est solus et potens protector omnium in ipso fiducialiter sperantium.*
59 Ebd. c. 15, S. 66–72, hier S. 66 Z. 5–10: *Unde, si quando bellici rumores crebrescant, non tam in armis corporalibus et fortitudine confidendum, quam assiduis ad Dominum orationibus est insistendum Deique sunt imploranda suffragia, cuius in manibus consistit salus, pax atque victoria; qui si pia devotione invocatus fuerit, numquam se invocantes deserit, sed eisdem misericorditer adiutor in oportunitatibus adsistit.*
60 Ebd. S. 70 Z. 9–11: *His itaque et talibus exemplis evidenter ostenditur, quod magis homines sanctis orationibus ac divino auxilio, quam armis saecularibus a periculo mortis protegantur.*
61 Ebd. c. 16, S. 72–77, hier S. 72 Z. 21–24: *At vero si bene regnantibus et praecepta Dei custodientibus aliqua in hoc mundo adversa contigerint, nec mox debent contristati ab eo refugere atque de eius auxilio desperare, sed fiducialiter agere ac de Dei bonitate pleniter confidere.*
62 Ebd. c. 17, S. 77–80, hier S. 77 Z. 5–9: *Qui bonus est princeps, multis virtutum praeconiis adornatur, maxime vero clementia, mansuetudine, animae tranquillitate, numquam recipiens tempestatem, sed pacis concordiam, quantum fieri potest, semper amplexans, non solum erga suos, sed etiam circa inimicos.*
63 Ebd. c. 18, S. 80–84, hier S. 80 Z. 25–S. 81 Z. 2: *Gloriosi principes et reges atque duces timorem Altissimi ante oculos habentes neque de pacis tranquillitate neque de triumphis victoriae sibimet arrogabant, sed totum Omnipotentis gratiae deputantes, dignas gratulationes sacraque vota, seu pro statu pacis, seu pro transacta victoria Domino persolvebant, qui dat salutem regibus et gloriam in ipso fiduciam spei habentibus.*
64 STAUBACH, Rex christianus, S. 134.
65 Vgl. ebd. sowie S. 130 f.

⁶⁶ Ebd. S. 133.
⁶⁷ Vgl. dazu auch BLATTMANN, Unglück für sein Volk.
⁶⁸ ALEIDA ASSMANN, Was ist Weisheit?, S. 17. Daß dieses Wissen umfassend, tief und schwer erreichbar ist, um die weiteren Kriterien der Definition anzuführen (ebd. S. 15 f.), ließe sich ebenfalls unschwer belegen.
⁶⁹ Vgl. auch STAUBACH, Rex christianus, S. 134.
⁷⁰ S. unten, S. 56 f.
⁷¹ Weiterführende Literatur in den beiden neuen Editionen von ALF ÖNNERFORS und FRIEDHELM L. MÜLLER. Zur Datierung vgl. ebd. S. 11.
⁷² PRINZ, Klerus und Krieg, S. 111; dort, Anm. 125, auch Hinweis auf Beda; zu den Exzerpten aus dem Unzialcodex des 7. Jahrhunderts s. MOMMSEN, Zu Vegetius, und Vegetius, Epitoma rei militaris, S. XIV f.; zur Verbreitung des Vegetius im 9. Jahrhundert s. ebenfalls ERBEN, Kriegsgeschichte, S. 59 f. und 64; MANITIUS, Geschichte 1, S. 293, 295, 317, 320, 588, 664, 667–668; ebd. 2, S. 814; NEUMANN, Vegetius, Sp. 996, und KLEINSCHMIDT, Vegetius, Sp. 1444; zur Vegetius-Rezeption im Mittelalter insgesamt vgl. SHRADER, Ownership and distribution; WISMAN, Epitoma rei militaris, SPRINGER, Vegetius im Mittelalter, und neuerdings für die deutschsprachige Literatur FÜRBETH, Zur deutschsprachigen Rezeption.
⁷³ Vegetius, Epitoma rei militaris, S. XI–XXIII (die Hss. A*, B, C*, G*, H*, L, M, Q*, R und V).
⁷⁴ ERBEN, Kriegsgeschichte, S. 59; PRINZ, Klerus und Krieg, S. 111 f.
⁷⁵ Ebd.; COUSSEMAKER, Cartulaire de l'abbaye de Cysoing, S. 1–5.
⁷⁶ PRINZ, Klerus und Krieg, S. 111 f.
⁷⁷ MGH Epp. 5, Nr. 4, S. 618 f. Zu den Handschriften s. Vegetius, Epitoma rei militaris, S. VII, Anm. 7.
⁷⁸ MGH Epp. 5, Nr. 4, S. 619 Z. 11–16: *Quam ob rem statui vobis offerre libellos Flavii Vegeti Renati de re militari, quos corrigere curavi sine exemplario, quoniam unum, quod reppereram tantum, vicio scriptorum ita erat depravatum, ut literatura nequaquam manere aut intellectus inde utiliter colligi possit, ut post paschales venerabilium doctorum dapes et divini fluenta eloquii seu mellifica poetarum carmina his frui libellis condescendendo delectatione exercitii non pigeat.*
⁷⁹ KLEINSCHMIDT, Vegetius, Sp. 1444, weist auf die Absicht Frechulfs hin, Karl mit der Abschrift Hilfe im Kampf gegen die Normannen leisten zu wollen. Das ist explizit aus dem Brief nicht belegbar.
⁸⁰ ERBEN, Kriegsgeschichte, S. 59; Widmungsgedicht in Sedulii Scotti carmina, c. 53, S. 90 f.
⁸¹ Ebd. c. 37–39, S. 65–70, und c. 67, S. 109 f.; dazu STAUBACH, Sedulius Scottus, S. 553.
⁸² Sedulii Scotti carmina, c. 53, v. 23, S. 91: *Te tremit armipotens Sclauus, Saracenus et hostis.*
⁸³ HELLMANN, Sedulius Scottus, S. 96; zu den Kollektaneen insgesamt dort S. 94–146; der Text ist abgedruckt bei KLEIN, Über eine Handschrift, S. 39 f.
⁸⁴ Widmungsbrief an Lothar II. in MGH Epp. 5, Nr. 57, S. 514 f.; Hrabanus Maurus, De procinctu Romanae miliciae.
⁸⁵ Z. B. in den Annales Bertiniani, a. 855 f., S. 70–73. Zur Datierung s. Hrabanus Maurus, De procinctu Romanae miliciae, S. 451.

[86] MGH Epp. 5, Nr. 57, S. 515 Z. 16–23: *Sed quia excellentiam vestram multa decet cognoscere, annexui quaedam capitula de disciplina Romanae militiae: qualiter antiqui tyrones institui solebant. Quod ideo feci, quia necessarium fore id aestimavi propter frequentissimas barbarorum incursiones. Quae scilicet ex cuiusdam Flavii Vegetii Renati libello, quem de antiquissimis scripsit Romanis, excerpsi atque compegi breviusque annotare studui, cavens scilicet prolixitatem et ne forte ea scribere viderer, quae tempore moderno in usu non sunt, illud etiam praevidens, ne, si nimius fierem, fastidio potius quam delectationi inservirem.*

[87] Zu dieser Definition pragmatischer Schriftlichkeit vgl. KELLER – WORSTBROCK, Träger, Felder, Formen, S. 389.

[88] PRINZ, Klerus und Krieg, S. 112.

Zweites Kapitel:
Der Krieg in der Hagiographie:
‚Gegenwelten' und Barbarenkämpfe

[1] Vita Alcuini, c. 22, S. 195 Z. 18–35: *Quadam igitur nocte solito orationem cum psalmorum decantatione volens secretim fundere, adgravatur immenso sompno. Surgens vero e lectulo, tulit cappam desuper se. Cumque iterum adgravaretur sompno, expoliavit se vestimentis omnibus praeter sola camisa et femoralibus. Nichilominus vero perseverante sompno, accepit turibulum, et pergens ad locum quo erat ignis tutatus, implevit prunis illud ac desuper timiama posuit totamque cameram odore suavi perfudit. Qua in hora corporali se specie diabolus praebuit ei visibilem, homo quasi magnus, nigerrimus ac deformis barbatusque, blasphemiae in eum aggerans iacula. ‚Quid', inquid, ‚hypocrita agis, Alchuine? Cur coram hominibus iustum te videri conaris, cum deceptor sis magnusque simulator? An putas, his tuis fictionibus acceptabilem posse te habere Christum?' Sed miles Christi ineluctabilis stans cum David in turre, quae est ordinata omni armatura fortium et mille pendentibus clipeis, caelesti dicebat voce: ‚Dominus lux mea et salutare meum, quem timebo? Ipse fortitudo vitae meae, quem formidabo? Intellege, Domine, murmur meum, adverte vocem clamoris mei, rex meus et Deus meus, quia te deprecor, Domine. Mane audies vocem meam, mane praeparabor ad te et contemplabor, surgens medio noctis ad confitendum tibi. Applicant mihi mendacium superbi; ego autem in toto corde scrutabor praecepta tua. Fiat cor meum perfectum in praeceptis tuis, et confundantur qui inique conterunt me, dum non confundar ego, quando aspiraverit dies, et fuerint inclinatae umbrae'.*

[2] Ebd. Z. 35–38: *Fugatus denique hostis, et ipse, completa oratione, quiescit. Hac in hora unus solummodo discipulorum eius Waltdramnus nomine, adhuc vivens, vigilabat, occulte cernens haec omnia, testis scilicet huius rei qui fieret.*

[3] Zur Deutung des Kampfes der Heiligen mit den Dämonen vgl. DINZELBACHER, Angst, S. 27–80; DERS., Kampf, der auch, allerdings sehr summarisch, den kämpfenden Heiligen mit der allgemein weit verbreiteten Gewalt im Frühmittelalter zusammenbringt (ebd. S. 691 f.).

[4] Zum Turm s. das Bild im Fürstenspiegel, oben, S. 17, Anm. 20.

[5] Zum Begriff s. AUER, Militia Christi; das Verhältnis von Kirche und Heer und

die Vorstellungen eines christlichen Soldatenstandes in den ersten Jahrhunderten untersucht HARNACK, Militia Christi.

[6] ALTHOFF, Nunc fiant Christi milites; ERDMANN, Entstehung.

[7] Eine Übersicht über die Viten des 9. Jahrhunderts findet sich bei BRÜGGEMANN, Untersuchungen, S. I–V; Hinweise auf weitere hagiographische Werke bei LÖWE, Geschichtsschreibung, S. 17–29; D'HAENENS, Invasions normandes en Belgique, S. 186–195, und ZETTEL, Bild der Normannen, S. 270 f., Anm. 69.

[8] Règle de Saint Benoît 2,20. S. dazu auch HIPPEL, Krieger Gottes.

[9] Règle de Saint Benoît, Prol 3,40; 1,2; 1,10.

[10] Ebd. 58,10: *Ecce lex sub qua militare uis.*

[11] Vita Ansberti, c. 18, S. 631 Z. 9; Vita Condedi, c. 2, S. 647 Z. 10, S. 650 Z. 9; Vita Alcuini, c. 22, S. 195 Z. 27; Vita sancti Liudgeri, c. 28, S. 34; Vita Adalhardi, c. 11, Sp. 1514 C, 1548 A; Vita Wigberti, c. 3, S. 39 Z. 25; Vita Aridii, c. 30, S. 590 Z. 34, c. 34, S. 591 Z. 27, c. 36, S. 592 Z. 35, c. 55, S. 605 Z. 18. Zum Markgrafen Eberhard von Friaul, der in der Translatio S. Calixti, c.3, S. 419 Z. 41, ebd. S. 420 Z. 10, und c. 5, S. 420 Z. 27, als einziger Laie in der Hagiographie als *miles Christi* und *vir Dei* bzw. *Domini* bezeichnet wird, vgl. LÖWE, Geschichtsschreibung, S. 22. In der Vita Sturmi, c. 24, S. 160 Z. 18, werden die Mönche interessanterweise erstmals in einer Episode als *milites Christi* bezeichnet, in der sie sich mit dem aus dem Kloster geretteten Leichnam des hl. Bonifatius vor den Sachsen verbergen.

[12] Vita Bavonis, c. 8, S. 541 Z. 4; Vita Romarici, c. 4, S. 222 Z. 19; Ex miraculis S. Remacli I, c. 5, S. 434 Z. 29.

[13] Vita S. Willehadi, c. 11, S. 846 B; Ex miraculis S. Richarii, c. 1, S. 918 Z. 17.

[14] Vita Sancti Adalhardi, c. 88, Sp. 1552 C, Vita Aridii, c. 6, S. 584 Z. 21, Vita Sigiramni, c. 21, S. 618 Z. 20.

[15] Z. B. in Vita Sualonis, S. 154 Z. 28.

[16] Ebd. S. 156 Z. 39–S. 157 Z. 9.

[17] Vita Benedicti, c. 41, S. 218 Z. 19; Vita Romarici, c. 4, S. 222 Z. 20.

[18] Für Gott kämpfen: Vita Ansberti, c. 18, S. 631 Z. 4 und c. 24, S. 635 Z. 32; Vita Benedicti, c. 42, S. 218 Z. 49; Ex historia translatio sanctae Pusinnae, c. 2, S. 681 Z. 38 f.; Vita Liutbirgae, c. 1, S. 10 Z. 13 (von unterworfenem Sachsen, der ins Kloster geht, gesagt); Kampf gegen den Teufel: Vita Amati, c. 3, S. 216 Z. 14 *(contra diabolum preliandum).*

[19] Vita Anstrudis, c. 3, S. 67 Z. 20: *Dum sic incipit militare Deo filia nobilium, ...*

[20] Vita Leobae, c. 18, S. 129 Z. 44 f.

[21] Vita Hariolfi, c. 2, S. 12; Bezeichnung der Novizen als *tirones* in der Vita Benedicti, c. 2, S. 202 Z. 28 und 34, c. 38, S. 217 Z. 25.

[22] Miracula S. Bertini, c. 1, S. 509 Z. 39.

[23] Vita Sancti Adalhardi, c. 8, Sp. 1512 B: *Elegeras enim, bone Jesu, tibi tironem et puerum; non quidem ille te, sed tu illum elegeras et præelegeras, tua præventum misericordia.* Zum historischen Klostereintritt Adalhards vgl. KASTEN, Adalhard von Corbie, S. 24–35.

[24] Vita Sancti Adalhardi, c. 8, Sp. 1512 C. Zur Einschreibung in den *liber vitae* im schrifthistorischen Kontext vgl. LENTES – SCHARFF, Schriftlichkeit und Disziplinierung, S. 237–239.

[25] Vita Sigiramni, c. 6, S. 610 Z. 1, c. 22, S. 619 Z. 17, c. 27, S. 622 Z. 12 f., c. 31, S. 624

Z. 9 und c. 34, S. 625 Z. 27; *Domini athleta* auch in der Vita Bavonis, c. 11, S. 543 Z. 7, oder in der Vita Benedicti, c. 1, S. 201 Z. 30.

[26] Vita Alcuini, c. 8, S. 189 Z. 34–36: *sis ut expugnator nefandissimae heresis, hominem Christum quae conabitur adoptivum astruere, et fidei sanctae Trinitatis firmissimus defensor clarissimusque praedicator.*

[27] Vita Aridii, c. 8, S. 585 Z. 10f.: *et hostem invisibilem orationibus et precibus repellere iugiter contendebat, pugnans ore, non gladio, precibus, non ferro, orationibus, non telo.*

[28] Vita Bavonis, c. 5, S. 538 Z. 14f.: *Apprehendite arma militiae, loricam fidei et resistite laqueis diaboli per potentiam Dei.*

[29] Vita Sturmi, c. 7, S. 139 Z. 8–11: *Sic vir sanctus armis spiritalibus perornatus, lorica iustitiae totum corpus induens, scuto fidei pectus muniens, caput galea salutis protegens, gladio verbi Dei accinctus, ad certamen contra diabolum processit.*

[30] Vita Bavonis, c. 11, S. 543 Z. 7–9: *Sed fortissimus Domini athleta quanto sibi antiquum hostem adtentius vidit insistere, tanto fortius contra eum agonem suscipiens, cotidie certare non disinit.*

[31] Vita Benedicti, c. 1, S. 201 Z. 28–30: *Temptabat igitur infra hoc spatium, si continentiae culmen arripere posset, subtraere corpori somnum, reprimere linguam, abstinere a cibo, parcius sumere vinum et veluti peritus athleta ad futurum se conponere bellum.*

[32] Vita Liutbirgae, c. 18–20, S. 22–24, hier c.18, S. 23 Z. 11–13: *Hinc superbia militum suorum multitudinem ducens, quae non solum in malefactis, sed etiam in benefactis victricia signa sustollit.*

[33] Zum Seelenkampf in der ‚Psychomachia' vgl. GNILKA, Studien.

[34] Zitat bei GRUBER, Prudentius, Sp. 290; Zur Wirkung vgl. LAVARENNE, in: Prudence 1, S. XVII–XXI.

[35] Als „une condition pratiquement impérative de la sainteté" bezeichnet POULIN, Idéal, S. 45, den Adel in der karolingischen Hagiographie. Zur ‚Aristokratisierung' des Heiligenideals in der Merowingerzeit vgl. GRAUS, Volk, S. 117, und zum ‚Adelsheiligen' PRINZ, Frühes Mönchtum, S. 489–493 und 496–501; KELLER, Mönchtum und Adel, sowie HEINZELMANN, Adelsheiliger; in religionshistorischer Perspektive s. ANGENENDT, Geschichte, S. 342–345; zum Wandel des Heiligenideals in der Reformbewegung des 11. Jahrhunderts vgl. KELLER, ‚Adelsheiliger' und Pauper Christi.

[36] Sulpicius Severus, Vita S. Martini 1, c. 4, S. 260/262.

[37] Ebd. c. 4,3: *inquit ad Caesarem, militaui tibi; patere ut nunc militem Deo. Donatiuum tuum pugnaturus accipiat; Christi ego miles sum: pugnare mihi non licet.*

[38] Annales q. d. Einhardi, a. 796, S. 99: *reliquum vero inter optimates et aulicos ceterosque in palatio suo militantes liberali manu distribuit.*

[39] Vita Lantberti, c. 1, S. 608 Z. 6–11: *Hic in aula regis iuvenculi Hlotharii, filii Hlodovei, sub seculari prius habitu militavit, licet eius mens alterius miliciae plus anelaret, sicuti eventus rei inditio est. Anno denique prefati iuvenculi regis octavo, milicia regis corruptibilis deserta, gladiisque e ferro formatis exutus, ad fulgida Christi castra devotissime convolavit; indutus galea salutis, lorica fidei ac gladio sancti Spiritus, contra invisibilem hostem feliciter dimicavit.*

[40] Adonis Viennensis chronicon, Sp. 122 C: *Sequenti anno nullam fecerunt expedi-*

tionem, eo quod Carlomannus dispositum haberet sæcularem militiam relinquere. In den von Ado benutzten Annales regni Francorum, a. 745, S. 4, heißt es übrigens: *voluisset seculum relinquere,* und in den Annales q. d. Einhardi, a. 745, S. 5: *saecularem conversationem se velle dimittere.*

⁴¹ Dazu WEINRICH, Wala, S. 7; zum Text s. auch GANZ, Epitaphium Arsenii.

⁴² Radbert's Epitaphium Arsenii I, c. 2, S. 22.

⁴³ Ebd. I, c. 6, S. 29f.: *Unde iam idem ducatum gerens, exercitum vice caesaris in hostes duxisse satis fertur egregie.* Zu Walas politischer und militärischer Karriere vgl. WEINRICH, Wala, S. 18–28.

⁴⁴ Radbert's Epitaphium Arsenii I, c. 6, S. 30: *Quem feritas gentium barbararum suis edomita benificiis, nimium, ut nostis, diligebat, et ad eum demum iam cum monachus foret, quantociens devoti confluebant.*

⁴⁵ Vita Benedicti, c. 1, S. 201 Z. 16–20: *Pater siquidem eius comitatum Magdalonensem quoadusque vixit tenuit et Francorum genti fidelissimus totis viribus extitit, fortis et ingeniosus; hostibus enim valde erat infestus. Hic nempe magna prostravit strage Wascones, qui vastandi gratia fines regni Francorum fuerant ingressi; e quibus nullus evasit, nisi quem pernix fuga salvavit.* Vgl. auch Vita Ansberti, c. 1, S. 620.

⁴⁶ Vita Benedicti, c. 2, S. 201 Z. 41f.: *Tunc se voto Deo constrinxit seculo deincebs non militaturum* (nach Errettung aus Lebensgefahr bei einer Flußüberquerung), und c. 42, S. 218 Z. 46–49: *Benedictus igitur abbas ... ab infantiae tempore usque in adolescentia militavit. Post haec autem, relicto palatio, in monasterio Sancti Sequani in provintia Burgundiorum habitum veri monachi suscepit; ibique duobus ac semis annis consistens, Deo iugiter militavit;* vgl. auch Vita Liutbirgae, c. 1, S. 10 Z. 13f.

⁴⁷ Daß die Ruhe des verstorbenen Heiligen auch auf andere Weise gestört werden kann, zeigen Auseinandersetzungen wie jene um den Leichnam des hl. Furseus, den sich verschiedene Gruppen mit Gewalt aneignen wollen, und die nur mit mehreren Gottesurteilen gelöst werden kann (Virtutes Fursei, c. 16–19, S. 445–447).

⁴⁸ Vita Sadalbergae, c. 13, S. 57 Z. 8–11: *Denique nuper civile bellum inter reges Francorum Theodericum et Dagobertum circa illos fines est actum, ubique vicinia quaeque depopulata, agri, villae, aedes et ipsa, quod gravius est, sanctorum corpora igne sunt cremata.*

⁴⁹ Miracula S. Filiberti II, praef., S. 60f.: *Conglobantur orribilia bella veluti intestina, cedit victoria lugubris atque miserabilis junioribus fratribus; illorum discordia addit vires extraneis; relinquitur fas, pergitur per nefas, deseritur custodia litorum maris Oceani; cessant bella extrinsecus, crassantur intrinsecus; augescit numerus navium, crescit innumerabilis multitudo Nortmannorum; fiunt passim Christianorum strages, depredationes, vastationes, incensiones, sicuti quandiu seculum stabit manifestis patebit indiciis. Capiuntur quascumque adeunt civitates, nemine resistente; ... Transportantur sanctorum cineres quamplurium, fit poene illud quod per prophetam Dominus minatur: ab Aquilone pandetur malum super omnes habitatore terrę. Fugimus et nos in locum qui Conaldus vocatur ... corpore beati Filiberti adhuc in monasterio quod Deae dicitur relicto, quamvis a Nortmannis incenso.*

⁵⁰ Sarazenen zerstören Kloster: Vita Ansberti, c. 9, S. 625; Sachsen brennen Kirche nieder: Vita sancti Liudgeri, c. 14f., S. 18f., c. 22, S. 27, und Vita Lebuini, c. 3, S. 792 Z. 25f., c. 7, S. 794 Z. 29f.

⁵¹ Vgl. Vita sancti Liudgeri, c. 21, S. 24f.; Vita S. Willehadi, c. 6, S. 844.

Anmerkungen zu S. 40–41

⁵² Vita Anskarii, c. 16, S. 37 f.: *Pro quibus omnibus dominus et pater noster sanctissimus nullatenus vel animo molestabatur vel labiis peccavit; sed, cum omnia fere quae ab initio episcopatus sui aggregare vel in fabricam aedificiorum componere poterat uno velut momento perdiderit, illud beati Iob saepius verbis replicabat: Dominus dedit, Dominus abstulit; sicut Domino placuit, ita factum est. Sit nomen Domini benedictum!*

⁵³ Ebd. c. 40, S. 74: *Omnis quippe vita eius fere martyrium fuit. Quippe in laboribus plurimis apud exteros et in laboribus plurimis infra dioecesim propriam propter incursiones et depraedationes barbarorum necnon et contradictiones malignantium, insuper et cruciatione propria, quam sibi ipse in corpore suo pro amore Christi numquam cessavit inducere.*

⁵⁴ ANGENENDT, Heilige und Reliquien, S. 66, zum Problem des Martyriums ohne Blutzeugenschaft.

⁵⁵ Vita sancti Pirmini, c. 10, S. 30 Z. 35–S. 31 Z. 2: *Cui vero si per occisionem gladii non imputatur martyrium, dignitatem tamen martyris non amisit, quia multa bona certamina in Domino usque in finem perpetravit.* Vom *bonum certamen* des Beda Venerabilis, das dieser bis zu seinem Tod gekämpft habe, spricht auch die Vita Alcuini, c. 4, S. 187 Z. 2 f.

⁵⁶ Vita sancti Pirmini, c. 5, S. 25 Z. 29 f.: *Bonum certamen certavi, cursum consummavi, fidem servavi, ideoque reposita est mihi corona iustitiae* (2. Tim 4,7–8). Zum Wirken Pirmins vgl. ANGENENDT, Pirmin und Bonifatius.

⁵⁷ Ex miraculis S. Wandregisili II, c. 2, S. 407 f.; Miracula Benedicti, c. 34, S. 495 f.; Miracula S. Bertini, c. 8, S. 513; Ex miraculis S. Remacli II, c. 1, S. 439; Ex miraculis S. Vedasti II, c. 1, S. 399; Ex miraculis S. Richarii I, c. 11, S. 917; Ex miraculis S. Mauri, c. 13, S. 471; Ex miraculis S. Bertae, c. 3, S. 565; Translatio S. Germani, c. 5, S. 73, und Miracula S. Filiberti I, praef., S. 23 f. Vgl. HEINZELMANN, Translationsberichte, S. 99; zu den Translationsberichten des 8.-11. Jahrhunderts insgesamt ebd. S. 94–99; speziell zum 9. Jahrhundert s. NOBEL, Königtum, S. 187–223; vgl. auch ZETTEL, Bild der Normannen, S. 270–272 mit Anm. 69.

⁵⁸ LÖWE, Geschichtsschreibung, S. 26 (der Begriff steht auch bei ihm in Anführungszeichen). Weitere Literatur zu den Normanneneinfällen: D'HAENENS, Invasions normandes en Belgique; DERS., Invasions normandes dans l'Empire franc; MUSSET, Invasions; RICHÉ, Conséquences; ZETTEL, Bild der Normannen. Allgemein zur Militärgeschichte Skandinaviens im Frühmittelalter MUSSET, Problèmes militaires (zum hier behandelten Zeitraum insbes. S. 55–63).

⁵⁹ WATTENBACH – LEVISON, Deutschlands Geschichtsquellen 5, S. 577 f.

⁶⁰ Ex miraculis S. Mauri, c. 13, S. 471 Z. 21–23: *Igitur nostro iam tempore, cum, insequentibus nos Normannis, huius beati viri corpus de monasterio asportassemus, plura per eum fieri miracula vidimus et, licet in tristibus positi, gaudio gavisi sumus.*

⁶¹ Ex miraculis S. Vedasti II, c. 1, S. 399 Z. 23–26: *Sed quia nemo Deum temptare debet, coenobitae nostri monasterii metuentes similia vicinis nostris ... adierunt venerabilem antistitem Theodericum, supplicantes ei, ut sua freti auctoritate perquirerent, ubinam essent pignera tanti patris recondita, ut, si – quod absit – vastarent locum, spes reliquiarum nobis maneret.* Die Reliquien des hl. Vedastus mußten also sogar erst gefunden werden.

⁶² Miracula S. Bertini, c. 1, S. 509 Z. 31–35: *Sed provisione iugiter in se confidentes*

tutantis Dei nullos ex fratribus ibi repererunt; verum monitu iubentis Domini obtemperantes, quo dicit: Si vos persecuti fuerint in una civitate, fugite in aliam, subduxerunt se ad tempus servantes secundis et melioribus rebus, praeter quatuor, qui devoverunt se, si Deo placuisset, ibi martirio potius velle vitam finire quam desolationi sui loci supervivere. Vgl. Translatio S. Germani, c. 5, S. 73.

⁶³ Bestes Beispiel dafür ist die Translatio S. Germani, c. 2, S. 70f., c. 15, S. 81, und c. 30, S. 91–93.

⁶⁴ Ex miraculis S. Mauri, c. 12, S. 470f.

⁶⁵ Miracula Benedicti, c. 33, S. 495 Z. 19–43.

⁶⁶ Miracula S. Filiberti II, praef., S. 59–63 ; Ex miraculis S. Vedasti, c. 3, S. 402; Miracula Benedicti, c. 33, S. 493 Z. 39f., c. 41, S. 499 Z. 9f.; Ex miraculis S. Martialis II, c. 6, S. 282f.; Translatio S. Germani, c. 2, S. 70f.

⁶⁷ Vgl. Löwe, Geschichtsschreibung, S. 26; am stärksten in der Translatio S. Germani, c. 3f., S. 71f. u. ö.

⁶⁸ S. unten, S. 146–150.

⁶⁹ Zettel, Bild der Normannen, S. 231.

⁷⁰ Miracula Benedicti, c. 33, S. 494 Z. 13–15: *Inruptionibus namque creberrimis cuncta vastando circumeuntes, primo pedites quidem, eo quod equitandi peritia deesset, deinde equis evecti more nostrorum, omnia pervagantur.* Zu diesem Problem ausführlich Gillmor, Warfare, S. 116–148.

⁷¹ Zur Diskussion über die Auswirkungen der Normanneneinfälle s. Zettel, Bild der Normannen, S. 262–273.

⁷² De Jong, Carolingian monasticism, S. 652.

⁷³ Beispiele für diese Erklärung unten, S. 147f.

⁷⁴ S. oben, S. 25, Anm. 59.

⁷⁵ S. oben, S. 39, Anm. 49.

⁷⁶ Dazu ausführlich Beumann, Hagiographie; Schmidt, Christianisierung; Ehlers, Sachsenmission; Röckelein, Gewebe, S. 25; allgemein zu Mission und Hagiographie auch Wood, Missionary Hagiography.

⁷⁷ Zu den Sachsenkriegen allgemein vgl. Lampen, Sachsenkriege (mit Literatur); Freise, Frühmittelalter, S. 292–303.

⁷⁸ Vita Anskarii, c. 12, S. 33: *omnem Saxoniam ferro perdomitam et iugo Christi subditam*; Vita Liutbirgae, c. 1, S. 10 Z. 6: *ex paganico ritu Christianae religioni subiugavit*; Translatio S. Liborii, c. 2, S. 48f.: *illos ferro edomitos Christi fidem suscipere fecit suoque addidit imperio*; Translatio sancti Viti, c. 3, S. 34: *non solum suo dominio subegisset, sed et mellifluo Christi nomini dicare meruisset*; Vita Sturmi, c. 23, S. 158 Z. 20–23: *ut gentem quae ab initio mundi daemonum vinculis fuerat obligata, doctrinis sacris mite et suave Christi iugum credendo subire fecissent.*

⁷⁹ Translatio Sancti Alexandri, c. 3, S. 426 Z. 27–31: *Eaque conditione a rege proposita et ab illis suscepta, tractum per tot annos bellum constat esse finitum, ut, abiecto demonum cultu et relictis patriis ceremoniis, christianae fidei atque religionis sacramenta susciperent, et Francis adunati, unus cum eis populus efficerentur.* Vgl. Einhardi vita Karoli, c. 7, S. 10; zum Verhältnis von Translatio und Vita s. Beumann, Hagiographie, S. 145–148.

⁸⁰ Translatio sancti Viti, c. 3, S. 34: *Cum autem requiem praestitisset ei Dominus a compluribus inimicis suis.*

⁸¹ Ebd. c. 1, S. 32: *Post salvatoris igitur Domini nostri passionem et resurrectionem, post triumphos apostolorum ac victorias martyrum tandem ipse rex regum et dominus virtutum superatis pacis inimicis pacem ecclesiae suae restituit adeo, ut ipsi reges ad tumulos martyrum prostrati adorent et gloriosius in frontibus suis crucem Christi quam diadema regum portare se gaudeant simulque pro fide atque statu ecclesiae decertare contendant, honore quoque maximo eorum, quos antecessores sui trucidarant, sepulchra ambiant. Quae victoria Christi cum primum apud Romanos tripudiaret, Longobardorum gentem penetravit atque in Francia gloriosius triumphare cepit, Hispanos adiit, Britannos conclusit, Anglorum gentem subegit; et licet compulsi ipsi Saxones, qui Anglorum socii fuerant, devota mente colla submittunt.*

⁸² Ganz im Sinne der Fürstenspiegel; s. oben, S. 27 f.

⁸³ In den Herkunftsorten der Gebeine der Heiligen gibt es natürlich auch Kritik daran, daß man die Städte des Schutzes ihrer Fürsprecher beraubt, wie in Le Mans, wo der Bischof, nach Translatio S. Liborii, c. 12, S. 70, sehr ausführlich für die Rechtmäßigkeit der Überführung der Gebeine des Heiligen nach Paderborn argumentiert.

⁸⁴ Ex miraculis S. Wandregisili, c. 5, S. 406 f.

⁸⁵ Vita Lebuini, c. 5 f., hier c. 6, S. 794 Z. 10–13: *Praeparatus est in vicina terra rex quidam, qui vestram terram ingredietur, praedabit vastabitque, variis vos bellis fatigabit, in exilium adducet, exhereditabit vel occidet, hereditates vestras quibus voluerit tradet; eique postea subditi eritis ac posteris eius.*

⁸⁶ Vita sancti Liudgeri, c. 27, S. 32 f.

⁸⁷ Vita Ansberti, c. 7, S. 623 f.

⁸⁸ Miracula S. Filiberti II, c. 11, S. 66 f.

⁸⁹ Zum Typus des Heiligen vgl. ANGENENDT, Heilige und Reliquien, S. 69–88, sowie DERS., Geschichte der Religiosität, S. 160–166.

⁹⁰ Vita Aridii, c. 46, S. 598 f., hier S. 599 Z. 3–6: *Domaricus … sanctum Dei virum adgreditur, sollerti cura sciscitans eum, ut quicquid per revelationis spiritum cognoverat, futura praediceret.*

⁹¹ Für die Merowingerzeit vgl. GRAUS, Volk, Herrscher und Heiliger, S. 455–462.

⁹² Vita Wigberti, c. 13–22, S. 41 f. Zu den Ereignissen s. ABEL, Jahrbücher 1, S. 199–201.

⁹³ Vita Wigberti, c. 16, S. 42 Z. 1–5: *Perlatis autem in oppidum beati viri preciosis reliquiis, infesto Saxones agmine subsecuti, oppidanos lacessere eosque summa vi munitione detrudere. Atque illi, facta eruptione, sancti Wigberti suffragantibus meritis, prosperrime congressi sunt, ac superiores inventi, plerosque adversariorum armis fuderunt profligaruntque, multos plagis tardantes debilitarunt, omnes postremo salutem sibi coegerunt fugae presidio querere.*

⁹⁴ Ebd. c. 19, S. 42 Z. 17–19: *Sed casso infectoque nisu, divina virtute per intercessionem sancti Wigberti repulsus, conatibus vere sacrilegis digna retulit premia, paralisi videlicet perenni multatus.*

⁹⁵ Ebd. c. 17.

⁹⁶ Ähnliche Fälle in der Vita Anskarii, c. 19, S. 59–61, und c. 30, S. 95–97, oder in den Miracula S. Filiberti II, c. 9, S. 66.

⁹⁷ Vita S. Willehadi, c. 6 f., S. 844 f.

⁹⁸ Ebd. c. 8, S. 845 A: *Willehadus … praeponens voluntatis suae devotissimam in*

praeparatione euuangelii pacis affectionem, atque ipsius in hoc aequissimam requirens praeceptionem.

[99] Ebd. S. 845 B: *Quod ille gratanter ac religiose suscipiens, rursus venit Wigmodiam, et fidem Domini publice ac strenue gentibus praedicabat. Ecclesias quoque destructas restauravit, probatasque personas, qui populis monita salutis darent, singulis quibusque locis praeesse disposuit. Sicque ipso anno, divino ordinante instinctu, gens Saxonum fidem christianitatis, quam amiserat, denuo recepit. Sed et totius mali auctor incentorque perfidiae Widukindus, eodem anno regi se subdens Karolo, baptismi est gratiam consecutus.*

[100] Zum Begriff der „Bewältigung" vgl. BEUMANN, Hagiographie.
[101] Ex miraculis S. Vedasti II, c. 1, S. 399.
[102] Ex Miraculis S. Richarii I, c. 11, S. 917, und II, c. 1, S. 917 f.
[103] Translatio S. Germani, c. 2, S. 70 f.
[104] Ebd. c. 3–5, S. 71–73.
[105] Ebd. c. 13–15, S. 79–81.
[106] Ebd. c. 20–22, S. 84–86.
[107] Ebd. c. 30 f., S. 91–93.
[108] Ebd. c. 31, S. 93 Z. 18–21: *Ecce, victoriam quam populus pro peccatis suis ex inimicis christianorum habere non valuit, beatus Germanus, Parisiacæ urbis pontifex summus, solus apud Deum obtinere promeruit.*
[109] Miracula S. Bertini, c. 1, S. 509 Z. 17–20: *Temporibus igitur divae memoriae Karoli, filii Hludowici, prius regis, postea imperatoris, cum saeva tirannidis paganorum emergeret, famosa scilicet flumina Sequanae ac Ligeris advolans et per totam Niustriam grassando ferro igneque non tantum circumiacentes terminos, verum etiam Armoricae magnam partem consumeret.*
[110] Ebd. c. 6–11, S. 511–516.
[111] Ebd. c. 6, S. 512 Z. 15–18: *Auxiliante tamen illis Deo, et patrociniis sanctorum, qui requietionis ibi elegerunt sibi locum, more solito intervenientibus, indignante Christo, praesumptiosa illorum iactantia versa est cominus in dignam vindictam; ad quam promulgandam calamum nunc vertimus nostrum.*
[112] Ebd. c. 7, S. 512 f., hier S. 513 Z. 2 f.: *Scrutemur enim humanitus verbi gratia, quibus magis addicenda sit huiusmodi victoria, oratoribus an bellatoribus.*
[113] Miracula Benedicti, c. 41, S. 499 Z. 35–38: *Roboratis ergo hac exortatione animis, confisi meritis et auxilio excellentissimi patris, haud procul a monasterio hostes prosequuntur a tergo; consertique forti animositate gravi praelio, tanta depopulationis strage in eos bacchati sunt, ut ex tanta populi numerositate vix superfuerit aliquis, qui belli eventum intimaret posteris.*
[114] Ebd. S. 499 Z. 38–S. 500 Z. 1: *Patrata itaque desiderabili victoria, belli dux suos interrogans, requisivit, si forte quempiam reverendae visionis monachum inter densitates hostium sibi viam pandentem proprio visu contemplati essent. Quibus respondentibus, se in illo praelio neminem monachorum vidisse, statim ille: ‚Sanctus', inquiens, ‚Benedictus me per totum belli huius certamen protegens, sinistra manu equi mei habenas dirigendo ac custodiendo tenuit, dextra vero baculum manu tenens, plurimos hostium prosternendo morti tradidit'.*
[115] Vita Sancti Adalhardi, c. 29, Sp. 1522 f., hier Sp. 1523 A: *neque censuit eos ita Deo placere posse, ut tanta cruentarentur cæde, et suarum prædas facultatum face-*

rent: quia omnis, inquit Apostolus, qui odit fratrem suum, homicida est: et scimus quod omnis homicida non habet vitam æternam in se manentem. Zu den Ereignissen vgl. KASTEN, Adalhard von Corbie, S. 44–47.

[116] Vita Sturmi, c. 3, S. 133 Z. 16–19: *Discordes pace rupta ad concordiam caritatis redire ante solis occasum imperavit, patientiam animi, mansuetudinem spiritus, humilitatem cordis, longanimitatem, fidem, spem atque caritatem omnes habere docuit.*

[117] Zur Überarbeitung älterer Viten in der Karolingerzeit im Kontext der Reformen vgl. BRÜGGEMANN, Untersuchungen, S. 117–124, und BANNIARD, Viva voce, S. 369–393.

[118] Vita Sancti Adalhardi, c. 9, Sp. 1513 A: *ita certaminis campum ingressus, pervenit ad cœnobium.*

[119] PRINZ, Klerus und Krieg, S. 115–146.

[120] Zur ausführlichen Diskussion vgl. VON DER NAHMER, Lateinische Heiligenvita, S. 170–178; PRINZ, Heilige; GRAUS, Volk; VAN UYTFANGHE, Hagiographie; HEENE, Merovingian and carolingian Hagiography; RÖCKELEIN, Gewebe, S. 7.

[121] Zum Verhältnis von Hagiographie und Historiographie vgl. DE GAIFFIER, Hagiographie; VAN UYTFANGHE, Vita (mit umfangreicher neuerer Literatur).

[122] Dazu vgl. unten, S. 147–150.

[123] Rhabanus Maurus, In honorem sanctae crucis A 5, S. 10–12 (mit Nachzeichnung).

[124] SEARS, Louis the Pious as Miles Christi, S. 627; zur Bedeutung unter anderem der ‚Psychomachia' oder der Benediktsregel als Vorbilder s. ebd. S. 615–619; vgl. auch PERRIN, Représentation, v. a. S. 51–56, und FERRARI, Hrabanica, S. 504–507; weitere Literatur in der Edition (wie vorige Anm.), S. CII–CVI.

Drittes Kapitel:
Der Krieg in der Dichtung: Panegyrik und Realismus

[1] Vgl. oben, S. 8f.

[2] Theganus, Gesta Hludowici imperatoris, S. 168 Z. 2–4: *Hoc opusculum in morem annalium Thegan ... breviter quidem et vere potius quam lepide composuit.*

[3] TREMP, in: Theganus, Gesta Hludowici imperatoris, S. 4f.; vgl. DERS., Studien, S. 16.

[4] Zu Epitaphen auf verstorbene Große s. unten, S. 205–208.

[5] Zu den Kriegen gegen die Bretonen s. CASSARD, Guerre; als kurzen Überblick vgl. auch GUILLOTEL – WERNER, Bretagne.

[6] Ermoldus Nigellus, Carmen in honorem Hludowici III, v. 1254–1755, S. 98–132.

[7] Zu Ermoldus Nigellus vgl. BOUTELLE, Louis the Pious; EBENBAUER, Carmen historicum, S. 101–149; BATANY, Propagande; RANIERI, Modelli; DIES, Tecnica; GODMAN, Poets and Emperors, vor allem S. 108–130; insgesamt zum Verhältnis Ludwigs des Frommen zu den Dichtern s. DERS., Louis ‚the Pious'.

[8] EBENBAUER, Carmen historicum, S. 101; SCHALLER, Ermoldus Nigellus, Sp. 2161.

[9] Ermoldus Nigellus, Carmen in honorem Hludowici IV, v. 2016–2019, S. 154: *Huc egomet scutum humeris ensemque revinctum / Gessi, sed nemo me feriente dolet. / Pippin hoc aspiciens risit, miratur, et infit: / „Cede armis, frater; litteram amato magis!"* Übersetzung nach PFUND – WATTENBACH, Ermoldus, S. 70.

¹⁰ EBENBAUER, Carmen historicum, S. 101.
¹¹ Dazu, daß das Werk zur ‚öffentlichen' Verlesung intendiert war, vgl. BOUTELLE, Louis the Pious, S. 173 und 177–179.
¹² Ermoldus Nigellus, Carmen in honorem Hludowici III, v. 1286–1293, S. 100: *Hunc vero, ut dixi, Lanpreht compellat avito / Caesar more, rogans cuncta referre sibi: /, Ut gens illa Deum recolat cultuque fideque, / Ecclesiisque Dei qualis abundet honor, / Qui sit plebis amor, quae sit justitia, quae pax, / Regis honor qualis, quod pietatis opus, / Insuper ad nostros quae sit salvatio fines: / Ordine cuncta suo dic, volo, France mihi.*' Themen der Fragen sind also der Reihe nach Gottesverehrung, Ehre der Kirche, Streben des Volkes, Recht, Friede, Ehre des Königs, Armensorge und Schutz der Grenzen. Zu solchen Fragenkatalogen vgl. ESDERS – SCHARFF, Untersuchung, vor allem S. 37–39.
¹³ Ermoldus Nigellus, Carmen in honorem Hludowici III, v. 1342–1499, S. 104–114.
¹⁴ Ebd. III, v. 1500–1503, S. 114.
¹⁵ Ebd. III, v. 1370–1374, S. 106, hier v. 1371 f.: *Gloria Francorum, christicolumque decus,/ Pace fideque prior, nulli quoque Marte secundus.*
¹⁶ Ebd. III, v. 1394–1405, S. 108.
¹⁷ Ebd. III, v. 1406–1409, S. 108.
¹⁸ Ebd. III, v. 1481–1491, S. 114. Das Motiv der Frau als ‚Kriegstreiberin' im Frühmittelalter wäre einer eingehenderen Untersuchung wert.
¹⁹ Ebd. III, v. 1501–1521, S. 114/116.
²⁰ Ebd. III, v. 1522–1559, S. 116–120; vgl. WILLMES, Herrscher-‚Adventus', S. 74–80.
²¹ Theodulfi carmina, c. 77, S. 578; zu Abt Fridugisus als Verfasser vgl. SIMSON, Jahrbücher 1, S. 133, Anm. 5. Das Gedicht ist bei DÜMMLER unter die Gedichte Theodulfs von Orléans aufgenommen worden, von dem es aber nach SCHALLER, Theodulf von Orléans, Sp. 766, nicht stammt. Auch WILLMES, Herrscher-‚Adventus', S. 78–80 und 134–136, schreibt es, ohne die Herkunft zu diskutieren, Theodulf zu.
²² Theodulfi carmina, c. 77, str. 7, S. 578: *Omne per ceptum iter ire quibis / ecce donante domino securus:/ pro te pugnabit, rex bone, Martinus / atleta fortis.* Vgl. oben, 2. Kapitel.
²³ Ebd. str. 6: *Invidus hostis laedere dum temptat / foedera iuris, animos movendo, / prosperitatem semper tibi favet, / maxime princeps.*
²⁴ Ebd. str. 5: *Fulgeas claris per regna triumphis, / gentes sub tuis pedibus iniquas / felix consternas, quae tibi repugnant / subdere colla.*
²⁵ Ebd c. 37, S. 529, und c. 78, S. 579; vgl. WILLMES, Herrscher-‚Adventus', S. 78–80. Nach SCHALLER, Philologische Untersuchungen, S. 27 f., kann c. 78 Theodulf zugeschrieben werden, während c. 37 wohl von Jonas von Orléans stammt.
²⁶ Theodulfi carmina, c. 37, str. 4, S. 529: *Hic potens armis, domino favente, / viribus gentes reprimit superbas, / harum et hic victor subigendo calcat / colla triumphans.*
²⁷ Ebd. str. 12: *Hi duces sancti reducesque sunto, / ut tui, Caesar, foveantque temet, / horum et obtentu superes duelles / poscimus omnes.* S. dazu auch WILLMES, Herrscher-‚Adventus', S. 135 f. Das Gedicht c. 78, S. 579, ist weniger deutlich, was daran liegt, daß nur der Schluß überliefert ist.
²⁸ Beispiele dafür sind Walahfridi Strabi carmina, c. 64, S. 406, oder Sedulii Scotti carmina, c. 23, S. 45 f.; c. 44, S. 79, und c. 77, S. 121. Eine Auflistung, die auch Gedichte

zum Adventus geistlicher Würdenträger beinhaltet, die hier nicht von Interesse sind, steht bei WILLMES, Herrscher-,Adventus', S. 81–84.

[29] Walahfridi Strabi carmina, c. 63, str. 8, S. 406 (für Kaiser Lothar I.): *Intus, extra, longe, iuxta / fulgeat concordia; / Britto cedat atque Bulgar, / omnis ardor hostium. / Imperator magne, vivas / semper et feliciter.*

[30] Sedulii Scotti carmina, c. 12, S. 28 f.; c. 14, S. 31; c. 28, S. 51–53; dazu DÜCHTING, Sedulius Scottus, S. 60–64, 66–69 und 104–107.

[31] Sedulii Scotti carmina, c. 30, S. 55–57; dazu DÜCHTING, Sedulius Scottus, S. 108–113.

[32] Sedulii Scotti carmina, c. 59, S. 99; c. 60, S. 100 f.; dazu DÜCHTING, Sedulius Scottus, S. 167–171.

[33] Sedulii Scotti carmina, c. 25a und b, S. 48 f.; dazu DÜCHTING, Sedulius Scottus, S. 95–101.

[34] Sedulii Scotti carmina, c. 15, S. 32 f.; dazu DÜCHTING, Sedulius Scottus, S. 69–72.

[35] Sedulii Scotti carmina, c. 39, S. 698–700; c. 53, S. 90 f.; c. 67, S. 109 f.; dazu DÜCHTING, Sedulius Scottus, S. 129–134, 158–160, 181–184, und STAUBACH, Sedulius Scottus, S. 553.

[36] S. unten, S. 176–178.

[37] Ermoldus Nigellus, Carmen in honorem Hludowici III, v. 1601–1615, S. 122/124.

[38] Ebd. III, v. 1688–1723, S. 128/130.

[39] Dazu REUTER, Plunder and Tribute.

[40] Ermoldus Nigellus, Carmen in honorem Hludowici III, v. 1600–1605, S. 122: *Praedantur miseri hominesque, pecusque juvenci; / Res quoque nulla latet nec latuere doli. / Nulla palude salus, nec dumis abdita servat / Claustra viros: Francus undique vastat opes. / Ecclesias, ut Caesar eis testatur, amabant; / Caetera flammivomis tecta dedere focis.*

[41] Dazu vgl. auch ebd. III, v. 1596 f., S. 122: *Itur, ubique vias populis dat silva remotas, / Milite Francisco rura repleta manent.*

[42] Vgl. dazu auch die Rede Ludwigs an seine Heerführer vor Barcelona, ebd. I, v. 323–333, S. 30. BRONISCH, Reconquista, S. 192 f., betont, daß hier trotz des Bewußtseins, gegen Heiden zu kämpfen, im Gegensatz zu spanischen Quellen keine Vorstellungen vom ‚heiligen Krieg' zu erkennen seien.

[43] Ermoldus Nigellus, Carmen in honorem Hludowici I, v. 110 f., S. 14.

[44] Ebd. I, v. 118–139, S. 14.

[45] Ebd. I, v. 140–223, S. 14–22.

[46] Zum jährlichen *iter* vgl. unten, S. 110–114.

[47] Und zwar: *Si pietate Dei, vestro faciente labore, / Haec capiatur, erit pax requiesque tuis* (Ermoldus Nigellus, Carmen in honorem Hludowici I, v. 188 f., S. 18).

[48] Ebd. I, v. 224–301, S. 22–26.

[49] Ebd. I, v. 302–563, S. 26–44.

[50] Ebd. I, v. 306 f., S. 28; v. 323–332, S. 30; v. 420–429, S. 36, und v. 551–559, S. 44.

[51] Chronicon Moissiacense, a. 803, S. 307 Z. 19–21; Astronomus, Vita Hludowici imperatoris, c. 13, S. 318 Z. 5–11.

[52] Ermoldus Nigellus, Carmen in honorem Hludowici I, v. 430–531, S. 36–42.

[53] Ebd. I, v. 350–383, S. 30–34; vgl. Isidori Hispalensis etymologiae IX, II, 101.

[54] Ermoldus Nigellus, Carmen in honorem Hludowici I, v. 388–405, S. 34, und v. 430–451, S. 36/38.

Anmerkungen zu S. 60–62   243

⁵⁵ Ebd. I, v. 307–310, S. 28 (Aufzählung der Großen auf dem Feldzug), und v. 388–409, S. 34 (Namen der an Zweikämpfen Beteiligten).

⁵⁶ Ebd. I, v. 556–571, S. 44/46. Ausführlicher der Astronomus, Vita Hludowici imperatoris, c. 13, S. 318 f.

⁵⁷ Ermoldus Nigellus, Carmen in honorem Hludowici I, v. 572–651, S. 46–50.

⁵⁸ Ebd. I, v. 40 f., S. 6: *Caesaris armigeri conor describere gesta, / Quae recitat merito mundus amore pio.* Schön paßt dazu der Wunsch, daß Gott Ermold dazu die ‚Waffen' geben möge: *Conferat Omnipotentem, qui valet, arma mihi* (ebd. I, v. 39, S. 6). Außerdem ergeben die Anfangs- und Endbuchstaben der Verse des Widmungsgedichts, ebd. S. 2/4, jeweils das Akrostichon: *Ermoldus cecinit Hludoici Caesaris arma.*

⁵⁹ Ebd. IV, v. 1994–2027, S. 152/154.

⁶⁰ Für die Herleitung ist es sicher unbedeutend, aber trotzdem recht interessant, daß Isidori Hispalensis etymologiae XVIII, gleichzeitig Krieg und Spiele behandelt: ‚De bello et ludis'.

⁶¹ Ermoldus Nigellus, Carmen in honorem Hludowici I, v. 78–87, S. 10.

⁶² Ebd. I, v. 36 f., S. 6: *Augustos opibus celebres praecellis et armis, / Sed, Hludowice, Dei, Caesar, amore magis.*

⁶³ Ebd. II, v. 696 f., S. 54: *Hic valet imperii post tristia funera vestri / Jura tenere armis, ingenioque fide.* Dem geht die Rede Karls voraus, in der er sagt, daß er nun nicht mehr in der Lage sei, wie einst die Grenzen vor den Feinden zu schützen, da seine über den ganzen Erdkreis berühmte Rechte herabsinke. Darauf verweist er auf die Beute, die Ludwig aus Spanien mitgebracht hat. Zu dieser Stelle s. unten, S. 117, Anm. 57.

⁶⁴ S. oben, S. 56, Anm. 17.

⁶⁵ S. oben, S. 60, Anm. 53.

⁶⁶ Ermoldus Nigellus, Carmen in honorem Hludowici IV, v. 2478 f., S. 188: *Forte aliquis aequandus erat tibi munere et armis: / Praecellis cunctos sed quoque amore Dei.*

⁶⁷ Ebd. IV, v. 2516–2519, S. 190: *Arma patrum nullo quae non valuere duello, / Sponte sua, capere, te modo regna petunt; / Quod nec Roma potens tenuit nec Francica jura, / Tu retines Christi nomine cuncta, pater.*

⁶⁸ Ebd. II, v. 838–841, S. 66: *Belliger ipse pater cum regna adquireret armis, / Intentus bellis assiduusque foret, / Tum vitium hoc passim spissis succrevit aristis; / Sed tamen adveniens mox, Hludowice, secas.*

⁶⁹ Ebd. II, v. 652 f., S. 52: *Jamque, favente Deo, Francos pax undique habebat, / Straverat adversos Marsque Deusque viros.*

⁷⁰ Ebd. III, v. 1254–1257, S. 98: *Caesaris arma Dei crescebant munere celsi, / Gentibus et cunctis pax erat aucta fide; / Famaque Francorum Hludowici munere magni / Trans freta cuncta volat et petit aethra poli.*

⁷¹ Ebd. II, v. 1151–1155, S. 90: *Limina regnorum inviolata manent / Famaque Francorum hostes procul expulit atros; / Vivimus en laeti, pacificeque pie. / Sed, quia non bellis certandum est, ducimus aptum / Ut nos subjectis congrua jura demus.*

⁷² Ebd. III, v. 1750 f., S. 132: *Mox Hludowicus ovans recipit Brittonica jura, / Dat jus datque fidem; pax requiesque datur.*

⁷³ Bei all dem muß man bedenken, daß es auf dem Hintergrund des Auslaufens der Expansionsphase des Karolingerreichs geschehen ist; vgl. REUTER, End.
⁷⁴ Zu solchen Gesten und Ritualen im Kontext mittelalterlicher Herrschaft LE GOFF, Le rituel; ALTHOFF, Demonstration und Inszenierung, und DERS., Empörung; zum Beispiel des Kusses s. SCHREINER, Er küsse mich.
⁷⁵ Zitat bei BOSHOF, Ludwig der Fromme, S. 75.
⁷⁶ SCHREINER, Er küsse mich, S. 118.
⁷⁷ Ebd. S. 118 f.
⁷⁸ SCHWAB, Proskynesis und Philoxenie, S. 237.
⁷⁹ DUBY, Sonntag von Bouvines, S. 123.
⁸⁰ S. unten, S. 138 f.
⁸¹ Ermoldus Nigellus, Carmen in honorem Hludowici IV, v. 2013, S. 152: ... *vastant undique gentis honos*; v. 2021 f., S. 154: *Vastatur populus, et pecus omne perit. / Ducuntur capti miseri, moriuntur et armis*.
⁸² Ermoldus Nigellus, Carmen in honorem Hludowici I, v. 334–341, S. 30; v. 124–127, S. 14, und v. 540–549, S. 44.
⁸³ Ebd. III, v. 1688–1691, S. 128: *Coslus erat quidam Francisco germine natus, / Non tamen e primo, nec generosa manus. / Francus erat tantum, fama minus antea notus, / Postea cui nomen dextera celsa dedit*.
⁸⁴ Anders, nämlich an Gattungen orientiert, geht EBENBAUER, Carmen historicum, vor.
⁸⁵ Zu Übernahmen aus dem Epos bei Ermold vgl. SCHALLER, Aachener Epos, S. 143, Anm. 37. Zu den in diesem Abschnitt behandelten Dichtungen insgesamt SCHALLER, Frühkarolingische Epik.
⁸⁶ SCHALLER, Aachener Epos, hat gezeigt, daß das Gedicht nicht in Paderborn entstanden sein kann (S. 156 f.) und betont, daß sich das *magnus* an der für die ältere Forschung namengebenden Stelle, v. 532, gerade nicht auf Karl, der als *pius* bezeichnet wird, sondern auf Papst Leo III. bezieht (S. 168, Anm. 169). In einer Vorbemerkung zum Nachdruck seiner Edition und Übersetzung des Gedichts bestreitet FRANZ BRUNHÖLZL, S. 5, sowohl den fragmentarischen Charakter als auch die Datierung nach der Kaiserkrönung.
⁸⁷ SCHALLER, Aachener Epos, S. 136–141; ebenso auch GODMAN, Poets and Emperors, S. 82 f.; kritisch dazu EBENBAUER, Carmen historicum, S. 34–74, vgl. die Entgegnung bei SCHALLER, Studien, S. 419 f.
⁸⁸ SCHALLER, Aachener Epos, S. 159 f.
⁸⁹ Zu diesem Treffen jetzt ausführlich PADBERG, Paderborner Treffen, und FRIED, Papst Leo III.
⁹⁰ Vgl. vor allem BEUMANN, Paderborner Epos. Zur älteren Diskussion insgesamt vgl. SCHALLER, Aachener Epos, S. 134–136, mit weiteren Hinweisen, und WATTENBACH – LEVISON, Deutschlands Geschichtsquellen 2, S. 241–245, wo LÖWE für eine Datierung nach 800 eintritt.
⁹¹ HAUCK, Ausbreitung, S. 160–172.
⁹² RATKOWITSCH, Karolus Magnus, S. 60–76.
⁹³ Ebd. SCHALLER, Aachener Epos, S. 163–168, möchte Einhard als Verfasser der Dichtung sehen, räumt aber selbst ein, daß seine Verfasserschaft letzthin nicht beweisbar ist. Dagegen FRIED, Papst Leo III., S. 287 f. mit Anm. 12.

⁹⁴ SCHALLER, Aachener Epos, S. 163.
⁹⁵ Karolus Magnus et Leo papa, v. 27 f., S. 60: *Armipotens Karolus, victor pius atque triumphans / Rex, cunctos superat reges bonitate per orbem.*
⁹⁶ Ebd. v. 36 f., S. 62: *Iniustos merito duris constringit habenis, / Atque iugum inponet gravidum cervice superbis.* V. 43 f.: *Quod non sponte prius miseri faecere rebelles, / Exercere student avide instimulante timore.*
⁹⁷ Ebd. v. 383–395, S. 86: Bitte des Papstes an die Gesandten Karls um Schutz mit Waffengewalt.
⁹⁸ Ebd. v. 336–341, S. 82: Zug Karls gegen die Sachsen; v. 415–425, S. 88: Rückkehr.
⁹⁹ Hier spielt der Blick auf das Heer und Karl selbst eine ähnliche Rolle wie im Kapitel über den ‚eisernen Karl' bei Notker; vgl. unten, S. 137, Anm. 41.
¹⁰⁰ Karolus Magnus et Leo papa, v. 455 f., S. 90, und v. 501 f., S. 94.
¹⁰¹ Ebd. v. 494–496, S. 94: *Iam Leo papa subit que externo se agmine miscet. / Quam varias habitu, linguis, tam vestis et armis / Miratur gentes diversis partibus orbis.*
¹⁰² Zu den Vorlagen und Übernahmen einzelner Szenen aus der Aeneis und aus Corippus sowie zu ihrer Umdeutung s. RATKOWITSCH, Karolus Magnus, S. 47–59.
¹⁰³ HAUCK, Karolingische Taufpfalzen, S. 34, zum ‚Carmen de conversione Saxonum'.
¹⁰⁴ BITTNER, Studien, S. 61, zum Hibernicus exul.
¹⁰⁵ EBENBAUER, Carmen historicum, S. 33, zum Gedicht über den Awarensieg.
¹⁰⁶ Zum Aufbau der Dichtung s. EBENBAUER, Carmen historicum, S. 7–17; zu einer historischen Einordnung des Gedichts auch HAUCK, Ausbreitung, und DERS., Paderborn.
¹⁰⁷ De conversione Saxonum carmen, v. 1–22 und v. 63–75, S. 380 f.
¹⁰⁸ Ebd. v. 40–46, S. 380 f.: *Hanc Carolus princeps gentem fulgentibus armis / Fortiter adcinctus, galeis cristatus acutis, / Arbitri aeterni mira virtute iuvatus, / Per varios casus domuit, per mille triumphos, / Perque cruoriferos umbos, per tela duelli, / Per vim virtutum, per spicula lita cruore / Contrivit, sibimet gladio vibrante subegit.* Zur Identifizierung des Verfassers s. SCHALLER, Dichter.
¹⁰⁹ EBENBAUER, Carmen historicum, S. 29.
¹¹⁰ Hibernici exulis carmina, c. 2, v. 77–84, S. 398.
¹¹¹ Ebd. v. 85–93, S. 398 f. Daß es sich um fränkisches Land handelt, in dem Tassilos ‚Abfall' vor sich geht, zeigt v. 92, S. 398: *At nuper nostris hostis surrexit in arvis.* Vgl. dazu EBENBAUER, Carmen historicum, S. 24 f.
¹¹² EBENBAUER, Carmen historicum, S. 23 f.
¹¹³ Ebd. S. 30–33.
¹¹⁴ POHL, Awarenkriege, S. 23–25.
¹¹⁵ De Pippini regis victoria Avarica, str. 4 f., S. 116: *Misit deus Petrum sanctum, principem apostolum, / in auxilium Pippini magni regis filium, / ut viam eius comitaret et Francorum aciem. / Rex accintus dei virtute Pippin, rex catholicus, / castra figit super flumen albidum Danubium, / hostibus accingens totum undique presidia.*
¹¹⁶ Ebd. str. 6–8, S. 116 f.
¹¹⁷ Zum Werk BOHNE, Poeta Saxo; BEUMANN, Poeta Saxo; EBENBAUER, Carmen historicum, S. 199–211.
¹¹⁸ Zur Arbeitsmethode des Verfassers BOHNE, Poeta Saxo, S. 17–28.

¹¹⁹ EBENBAUER, Carmen historicum, S. 199f.; BOHNE Poeta Saxo, S. 95–103.
¹²⁰ Poeta Saxo, Annalium de gestis Caroli magni imperatoris libri quinque, S. 55.
¹²¹ S. unten, S. 91 f.
¹²² Poeta Saxo, Annalium de gestis Caroli magni imperatoris libri quinque V, v. 413–415, S. 65: *Nam Carolo moriente tuum decus et honor omnis / Ex illo sensim fugit et interiit. / Nunc tamen Arnulfo merito sub principe gaudes.* Ebd. v. 405–424, S. 64f.: Zeitklage über Zustände im Reich. Vorher bereits Anrufung des Heiligen; vgl. EBENBAUER, Carmen historicum, S. 204–206.
¹²³ Poeta Saxo, Annalium de gestis Caroli magni imperatoris libri quinque V, v. 135–140, S. 58.
¹²⁴ Auf Karls militärische Fähigkeiten beziehen sich vor allem die Verse 95–111, S. 144, wobei der Sieg über die Sachsen und, was für die Zeit des Enkels wichtig ist, der Schutz vor den Normannen betont wird.
¹²⁵ BEUMANN, Hagiographie, S. 135–137; DERS., Ideengeschichtliche Studien, S. 35–37.
¹²⁶ Zum Folgenden vgl. EBENBAUER, Carmen historicum, S. 201–211. Zur Frage nach dem Charakter als ‚Anhängsel' ebd. S. 208.
¹²⁷ Poeta Saxo, Annalium de gestis Caroli magni imperatoris libri quinque V, v. 111–644, S. 58–70.
¹²⁸ Ebd. V, v. 1–24, S. 55 f., und v. 25–110, S. 56–58.
¹²⁹ Ebd. V, v. 645–694, S. 70 f.
¹³⁰ Ebd. V, v. 201 f., S. 60: *Gesserit ista quibus bellis, signando priores / Quattuor annales iam retulere libri.*
¹³¹ EBENBAUER, Carmen historicum, S. 209.
¹³² Annales q. d. Einhardi, a. 771 f., S. 33/35; Poeta Saxo, Annalium de gestis Caroli magni imperatoris libri quinque I, v. 1–61, S. 7–9.
¹³³ Ebd. V, v. 151–202, S. 59 f., und v. 645–666, S. 70 f.
¹³⁴ Ebd. V, v. 647–652: *Romani multis ducibus multisque sub annis / Italiae populos vix sibi subdiderant: / Unus hic in spacio perpauci temporis omnem / Subiecit victor, disposuit dominus; / Adde tot Europae populos, quos ipse subegit, / Quorum Romani nomina nescierant.*
¹³⁵ Gesta Berengarii imperatoris I, S. 357: ΑΡΧΕΤΑΙ ΤΟ ΠΑΝΗΓΥΡΙΚΟΝ ΒΕΡΕΝΓΑΡΙΟΥ ΤΟΥ ΑΝΙΚΗΤΟΥ ΚΑΙCΑΡΟC.
¹³⁶ Ebd. Prolog, v. 23 f., S. 356: *Nonne vides, tacitis abeant ut sęcla triumphis, / Quos agitat toto orbe colendus homo?*
¹³⁷ Beides bei WATTENBACH – LEVISON 4, S. 414 f.; dagegen EBENBAUER, Carmen historicum, S. 175.
¹³⁸ Ebd. S. 178.
¹³⁹ Dichtung und historischen Ablauf in Kontrast setzt EBENBAUER, Carmen historicum, S. 178–196. Den „geschichtlichen Wert" der Gesta diskutiert auch DÜMMLER, Gesta Berengarii imperatoris, S. 42–46.
¹⁴⁰ Gesta Berengarii imperatoris I, S. 357, *Glossae I: Panigiricum est licentiosum et lasciviosum genus dicendi in laudibus regum; hoc genus dicendi a Grecis exortum est.* Vgl. EBENBAUER, Carmen historicum, S. 195.
¹⁴¹ Gesta Berengarii imperatoris I, v. 70, S. 361: *Omnibus una quies, et pax erat omnibus una.*

¹⁴² Ebd. I, v. 16, S. 358, und v. 32–40, S. 359.
¹⁴³ Ebd. I, v. 250, S. 370, vgl. EBENBAUER, Carmen historicum, S. 182; Gesta Berengarii imperatoris III, v. 166–177.
¹⁴⁴ Gesta Berengarii imperatoris I, v. 78–95, S. 361 f.
¹⁴⁵ Ebd. I, v. 184–237, S. 367–369.
¹⁴⁶ Ebd. I, v. 238–272, S. 369–371, hier v. 250 f., S. 370: *Incipiunt: ‚Suprema dedit superare potestas / Cui, ductor, fera bella, animum submitte rogatu ...'*; v. 267 f., S. 370 f.: *... Aut Italis, Galli, celeres abscedite terris, / Aut bello fractas iterum densete catervas.*
¹⁴⁷ Ebd. II, v. 1–6, S. 371.
¹⁴⁸ EBENBAUER, Carmen historicum, S. 183–185; DÜMMLER, Gesta Berengarii imperatoris, S. 20–29.
¹⁴⁹ NELSON, Public Histories, S. 260.
¹⁵⁰ Vorbilder sind vor allem Vergil und Statius; vgl. DÜMMLER, Gesta Berengarii, S. 20.
¹⁵¹ Gesta Berengarii imperatoris II, v. 199–201, S. 380, und v. 174–176, S. 379.
¹⁵² Ebd. II, v. 215–279, S. 381–383.
¹⁵³ DÜMMLER, Gesta Berengarii, S. 20–29.
¹⁵⁴ Gesta Berengarii imperatoris III, v. 79–123, S. 386–388. Zu den Fehlern in der Chronologie s. EBENBAUER, Carmen historicum, S. 188 f.
¹⁵⁵ SCHÜTZEICHEL, Ludwigslied, S. 300; URMONEIT, Wortschatz, S. 353 f.
¹⁵⁶ Zu den Ereignissen s. DÜMMLER, Geschichte 3, S. 152–156, sowie D'HAENENS, Invasions normandes en Belgique, S. 49.
¹⁵⁷ Ludwigslied, Titel, str. 1–4, S. 197. MCKITTERICK, Carolingians and the written word, S. 232–235, schlägt dagegen eine Zuschreibung auf Ludwig den Jüngeren und die Schlacht von Thiméon 880 vor.
¹⁵⁸ Dazu und zur Kritik daran WEHRLI, Gattungsgeschichtliche Betrachtungen, S. 73–75.
¹⁵⁹ Ebd. S. 82.
¹⁶⁰ MÜLLER, Ludwigslied. Problematisch ist etwa die Argumentation, daß die Verdrehung von Tatsachen nur auf ein Publikum hinweisen könne, das die westfränkischen Zustände nicht so genau kenne (S. 460–462). Wenn man dieses Argument auf die gesamte historische Dichtung anwenden würde, müßten fast alle Werke für ein sehr weit entferntes, schlecht informiertes Publikum gedacht gewesen sein.
¹⁶¹ SCHÜTZEICHEL, Ludwigslied, S. 291–293; dagegen MÜLLER, Ludwigslied, S. 471–473.
¹⁶² EBENBAUER, Heldenlied und „Historisches Lied", S. 33.
¹⁶³ Einhardi vita Karoli, c. 29, S. 24: *Item barbara et antiquissima carmina, quibus veterum regum actus et bella canebantur, scripsit memoriaeque mandavit.* Beim Poeta Saxo, Annalium de gestis Caroli magni imperatoris libri quinque V, v. 117–120, S. 58, heißt es entsprechend: *Est quoque iam notum: vulgaria carmina magnis / Laudibus eius avos et proavos celebrant, / Pippinos, Carolos, Hludowicos et Theodricos / Et Carlomannos Hlothariosque canunt.* Der Poeta Saxo nennt ausdrücklich nur die christlichen Herrscher, weshalb die Kritik bei Theganus, Gesta Hludowici imperatoris, c. 19, S. 200 Z. 16–18: *Poetica carmina gentilia, quę in iuventute didicerat, respuit nec legere nec audire nec docere voluit,* hier keine Rolle spielt.

¹⁶⁴ MÜLLER, Ludwigslied, S. 443 f.; ähnlich auch GEUENICH, Volkssprachige Überlieferung, S. 114 f., der in seinem Aufsatz insgesamt kritisch mit den angeblichen volkssprachigen Bestrebungen Karls des Großen umgeht.
¹⁶⁵ Ludwigslied, S. 197: *RITHMUS TEUTONICUS DE PIAE MEMORIAE HLUDUICO REGE, FILIO HLUDUICI, AEQUE REGIS.*
¹⁶⁶ Ebd. str. 1, S. 197.
¹⁶⁷ Ebd. str. 2–4; EHLERT, Literatur und Wirklichkeit, S. 31 f.
¹⁶⁸ Ebd. str. 5 f.
¹⁶⁹ Ebd. str. 7–13, S. 197 f.
¹⁷⁰ Ebd. str. 14–19, S. 198.
¹⁷¹ Ebd. str. 20–22, S. 198 f. Vgl. MCCORMICK, Eternal Victory, S. 354 f.
¹⁷² Ludwigslied, str. 23–25, S. 199.
¹⁷³ Ebd. str. 26 f., S. 199, hier str. 26: *Gilobot st thiu godes kraft: / Hluduig uuarth sigihaft. / [I]oh allen heiligon thanc: / Sin uuarth ther sigikampf.*
¹⁷⁴ Dazu auch BERG, Ludwigslied, S. 183 f., und EHLERT, Literatur und Wirklichkeit.
¹⁷⁵ S. auch MÜLLER, Ludwigslied, S. 443, der die Orientierung an den Fürstenspiegeln statt an germanischen Quellen betont.
¹⁷⁶ Sedulii Scotti Carmina, c. 45, S. 80–82.
¹⁷⁷ DÜCHTING, Sedulius Scottus, S. 147 f. Als „Danklied über den Niedergang der Erzfeinde Irlands" betrachtet noch SZÖVÉRFFY, Annalen 1, S. 257, das Gedicht.
¹⁷⁸ Sedulii Scotti Carmina, c. 45, v. 21–24, S. 80: *Brachium patris ualidum potentis / Ecce protriuit subita rebellem / Strage Nortmannum pietatis hostem: / Gloria patri!*
¹⁷⁹ Ebd. v. 49–52, S. 81: *Iustus est iudex dominator orbis, / Chrisianorum decus omne Christus, / Gloriae princeps, domitor malorum / Regmine summo.*
¹⁸⁰ Ebd. v. 53: *Fortis est turris, clipeus salutis.*
¹⁸¹ Ebd. v. 57–60, S. 82: *Vltor existit populi fidelis, / Qui maris quondam tumidis procellis / Pressit Aegyptum, celeres rotasque / Obruit imo.*
¹⁸² Dazu ausführlich SCHARFF, Rückkehr nach Ägypten, zwischen Anm. 38 und 43.
¹⁸³ S. oben, S. 57, Anm. 30–35.
¹⁸⁴ SZÖVÉRFFY, Annalen, S. 257 f.
¹⁸⁵ Zu den Ereignissen s. DÜMMLER, Geschichte 3, S. 259–273, sowie, aus militärhistorischer Sicht, BRADBURY, Siege, S. 42–47, und OMAN, History 1, S. 140–148; zum Gedicht vgl. EBENBAUER, Carmen historicum, S. 150–174.
¹⁸⁶ Abbo, Bella Parisiacae urbis I, v. 25 f., S. 14; v. 593–595, S. 58/60, und v. 633, S. 62.
¹⁸⁷ Ebd., Widmungsbrief, S. 4/6: *Porro triadi nostros credidi biblos visu et auditu modo decusatos. Quorum duo quidem tam praeliis Parisiacę urbis, Odonis quoque regis, quam profecto almi ac heroys praesertim mei Germani, ejusdem sedis olim egregii praesulis, effulgent miraculis, alias tamen quibuslibet inauditis.*
¹⁸⁸ Ebd. S. 4: *quarum siquidem prima fuerit causa exercitacionis ... altera vero mansuri aliarum tutoribus urbium exempli.*
¹⁸⁹ Dagegen argumentiert EBENBAUER, Carmen historicum, S. 152. Dessen Feststellung der ‚dunklen' Sprache Abbos ist aber kein Argument, denn er sagt selbst, daß diese auf Kritik anderer gestoßen sei, folglich von Abbo selbst vermutlich nicht als problematisch empfunden wurde. Entlehnungen bei antiken Autoren (ebd. S. 173) zeigen vielleicht noch mehr den lehrbuchhaften Charakter.

190 Dieser Umstand schlägt sich auch in den Editionen nieder. Alle drei Bücher sind in den Poetae Latini ediert, während die neuere Ausgabe Henri Waquets nur Buch 1 und 2 umfaßt. Für das erste Buch existiert zusätzlich eine Neuedition von Anton Pauels. Im folgenden wird nach Waquet zitiert.
191 WAQUET, in: Abbo, Bella Parisiacae urbis, S. 103, Anm. 6, vermutet das Ende der ersten Redaktion bei II, v. 490, S. 102. Ich möchte mich eher EBENBAUER, Carmen historicum, S. 165f., anschließen, der II, v. 387, S. 94, annimmt, und das damit begründet, daß hier ein offensichtlicher Schluß vorliege. Abbo hätte in diesem Fall mit einem Dialog mit der Stadt Paris geendet, mit dem er auch sein Werk beginnt.
192 Abbo, Bella Parisiacae urbis I, v. 36–60, S. 16/18.
193 Ebd. I, v. 89f., S. 22: *At turris nocturna gemit dardis terebrata. / Nox fuit ejus enim genitrix, cecini quoque supra.*
194 Ebd. I, v. 133f., S. 26: *Clibanus ob humile quantum speculae sinuatus / Saeva per ora duit quamvis ignobile nomen.*
195 Ebd. I, v. 256f., S. 36: *Prospiciens turrisque nichil sub se nisi picta / Scuta videt; tellus ab eis obtecta latebat*; v. 295f., S. 38: *Torvaque plebs quae jam cecini tentoria turri / Texta tulit silvis flenti caesisque juvencis*, und v. 590f., S. 58: *Prosternuntque dehinc speculam de morte dolentem / Custodum.* ...
196 Ebd. I, v. 431, S. 48: *Quem turris metuit proprios sibi vellere ocellos.*
197 Eb. I, v. 280f., S. 36: *Hos nitens geminos auferre latenter, et ipse, / Perculsus faretra, turri veniam quoque poscit.*
198 Ebd. I, v. 61–75, S. 18/20; v. 144–149, S. 26, und v. 205–216, S. 30/32.
199 Ebd. I, v. 249–251, S. 34; v. 301–311, S. 38/40; v. 355–374, S. 42/44, und v. 375–412, S. 44/46.
200 Ebd. v. 150–160, S. 26/28; v. 413–418, S. 46, und v. 312–352, S. 40/42.
201 Dazu ausführlicher unten, S. 204f.
202 Plünderungszüge: Abbo, Bella Parisiacae urbis I, v. 175–204, S. 28/30; v. 438–459, S. 48/50, und v. 598ff., S. 60. Angriff auf das Kloster: ebd. I, v. 460–503, S. 50/52.
203 Ebd. I, v. 618–660, S. 60–64.
204 Ebd. II, v. 3–36, S. 66/68.
205 Ebd. II, v. 217f., S. 82.
206 Ebd. II, v. 163–216, S. 78–82.
207 Ebd. II, v. 315–346, S. 88–92.
208 Wunder des hl. Germanus: ebd. II, v. 79–153, S. 72–76, und v. 349–366, S. 92 (anschließender Hymnus auf den Heiligen: v. 367–386, S. 92/94). Rückkehr der Normannen: v. 347f., S. 92.
209 Ebd. II, v. 388–490, S. 94–102.
210 Ebd. II, v. 491, S. 102: *Expediamus abhinc dignos Odone triumphos.*
211 Zu Fontenoy s. FRIED, Weg in die Geschichte, S. 365–370.
212 Angelberti Rhythmus de pugna Fontanetica, str. 8, S. 53: *Hoc autem scelus peractum, quod descripsi ritmice, / Angelbertus ego vidi pugnansque cum aliis, / solus de multis remansi prima frontis acie.*
213 Ebd. str. 1–3, S. 52.
214 Ebd. str. 4f., S. 52, und str. 9f., S. 53
215 Ebd. str. 6f., S. 52, und str. 11f., S. 53
216 Ebd. str. 13–15, S. 53.

[217] Ebd. str. 10, S. 53: *Karoli de parte vero, Hludovici pariter / albescebant campi vestes mortuorum lineas, / velut solent in autumno albescere avibus.*

[218] Ebd. str. 14: *O luctum atque lamentum! nudati sunt mortui, / horum carnes vultur, corvus, lupus vorant acriter, / orrent, carent sepulturis, vane iacet cadaver.*

[219] Flori Lugdunensis carmina, c. 28, v. 100, S. 562: *Atque ferae volucresque simul pia membra vorarunt.*

[220] Das Gedicht wird bei BOSHOF, Erzbischof Agobard von Lyon, S. 312 f., und bei FAULHABER, Reichseinheitsgedanke, S. 90 f., in den Kontext der Entwicklung der Vorstellung von der Unteilbarkeit des Reiches eingeordnet; zu dieser Entwicklung s. auch BEUMANN, Unitas Ecclesiae. In den Kontext der Werke Florus' ordnet ZECHIEL-ECKES, Florus von Lyon, S. 15 f. das Gedicht ein.

[221] Flori Lugdunensis carmina, c. 28, v. 89–110, S. 562.

[222] Ebd. v. 41–68, S. 561 und v. 69–88, S. 561 f.

[223] Ebd. v. 1–40, S. 559–561, wobei die Verse 1–8 einleitenden Charakter haben.

[224] Ebd. v. 10, S. 560: *Omnia vastantur horrendae cladis erumnis.*

[225] Ebd. v. 15: *Divinae iam legis amor terrorque recessit*; ebd. v. 27: *Iam regum legumque metus mortalia liquit.*

[226] Ebd. v. 13–20, 25 und 29–34, S. 560.

[227] Ebd. v. 21–26.

[228] Ebd. v. 44, S. 561: *Pax cives tenuit, virtus exterruit hostes.*

[229] Vgl. BERNT, Rhythmen.

[230] Zu den Ereignissen s. DÜMMLER, Geschichte 2, S. 271–275.

[231] Rhythmus de Ludovico II., str. 1, S. 404: *Audite, omnes fines terre, errore cum tristitia, / quale scelus fuit factum Benevento civitas: / Lhuduicum compreenderunt sancto pio Augusto.*

[232] Ebd. str. 5, 3; vgl. Matth 26,55. Dazu Angelberti Rhythmus de pugna Fontanetica, str. 5, 1, S. 52.

[233] Alcuini carmina, c. 9, S. 229–235.

[234] Ebd. v. 31–84, S. 229–231.

[235] Ebd. v. 95 f., S. 231: *Sic deus omnipotens sanctos per saeva probavit / Verbera, post reddens premia laeta polo.*

[236] Ebd. v. 101–164, S. 231–233, hier v. 159 f., S. 233: *Iam Moyses melius precibus quam fortis in armis, / Expandens palmas praelia sacra gerit.*

[237] Ebd. v. 191–240, S. 234 f.

[238] Versus de eversione Monasterii Glonnensis; zur Datierung vgl. WATTENBACH – LEVISON 5, S. 600 f.

[239] Versus de eversione Monasterii Glonnensis, str. 15, S. 147.

[240] Versus de destructione Aquilegiae numquam restaurandae, str. 6–19, S. 142 f.

[241] Ebd. str. 20–23, S. 144.

[242] S. oben, S. 55, Anm. 9.

[243] S. oben, S. 80, Anm. 212.

[244] Abbo, Bella Parisiacae urbis I, v. 25 f., S. 14; v. 593–595, S. 58/60, und v. 633, S. 62.

[245] S. unten, S. 207, Anm. 122 f.

[246] S. oben, S. 55, Anm. 10.

[247] WILLMES, Herrscher-,Adventus', S. 52–115.

[248] S. oben, S. 76, Anm. 179.

²⁴⁹ Für Ermoldus Nigellus vgl. oben, S. 55, Anm. 11; für Angelbert SCHALLER, Angel-bertus, Sp. 57.
²⁵⁰ EBENBAUER, Carmen historicum, S. 86.
²⁵¹ Ebd.
²⁵² S. oben, S. 71.
²⁵³ Darauf wurde oben bei Ermoldus Nigellus und den ‚Gesta Berengarii' verwiesen.
²⁵⁴ S. oben, S. 77.
²⁵⁵ S. oben, S. 75.
²⁵⁶ S. oben, S. 62.
²⁵⁷ S. oben, S. 80 f.
²⁵⁸ S. oben, S. 79.
²⁵⁹ S. oben, S. 82.
²⁶⁰ S. ebd.

Viertes Kapitel:
Der Krieg in der Historiographie:
Legitimierung der karolingischen Dynastie
und Krisenbewältigung

¹ Nithardi historiae I, prooemium, S. 1 Z. 2–7: *Cum, ut optime, mi domine, nosti, iam poene annis duobus illatam a fratre vestro persecutionem vos vestrique haudquaquam meriti pateremini, antequam Cadhellonicam introissemus civitatem, precepistis, ut res vestris temporibus gestas stili officio memoriae traderem.*

² Aus der umfangreichen allgemeinen Literatur zur Historiographie seien hier nur zu den theoretischen Grundlagen genannt: SCHMALE, Funktion und Formen; GUENÉE, Histoire et culture historique; MELVILLE, System und Diachronie; DERS., Wozu Geschichte schreiben?; GENET, Historiographie médiévale; GUENÉE, Métier d'historien; LACROIX, Historien; SCHMALE, Mentalität und Berichtshorizont. Zum Frühmittelalter s. SCHARER – SCHEIBELREITER, Historiographie im frühen Mittelalter.

³ Zitat bei GRUNDMANN, Geschichtsschreibung, S. 53.

⁴ Der umfassendste Überblick über die karolingische Historiographie sind immer noch die Bände im WATTENBACH – LEVISON, Deutschlands Geschichtsquellen. Vom Bearbeiter gibt es außerdem einen anschaulichen Überblick über die späte Karolingerzeit: LÖWE, Geschichtsschreibung. Sehr knapp sind die Bemerkungen bei GRUNDMANN, Geschichtsschreibung, S. 53–55. Sonstige Zusammenfassungen sind GANSHOF, Historiographie, oder, als wichtigster neuer Beitrag, INNES – MCKITTERICK, Writing of history. Unter besonderen Aspekten s. auch WEHLEN, Geschichtsschreibung und Staatsauffassung; MCKITTERICK, Constructing the Past; DIES., Illusion of Royal Power; DIES., Idéologie politique; NELSON, History-writing, und GOETZ, Verschriftlichung von Geschichtskenntnissen; DERS., Vergangenheitswahrnehmung; DERS, Gegenwart der Vergangenheit, und DERS., Historiographisches Zeitbewußtsein.

⁵ In WATTENBACH – LEVISON, Deutschlands Geschichtsquellen, S. 193–203; zur karolingischen Reform: CONTRENI, Carolingian Renaissance; BROWN, Carolingian Renaissance; GUERREAU-JALABERT, Renaissance carolingienne.

⁶ KRÜGER, Neue Beobachtungen, S. 133–145. Die Wirkung Einhards läßt sich anschaulich zeigen bei HÄGERMANN, Karl der Große, S. 26, der jüngsten Biographie Karls, in der sich der Verfasser Einhard zum „Leitfaden" wählt und sich seiner „Darstellung ... sorgsam abwägend anvertrauen" will.

⁷ TREMP, Studien, S. 69–81.

⁸ NELSON, Public Histories, S. 282–289.

⁹ S. oben, S. 50 f.

¹⁰ HASELBACH, Aufstieg und Herrschaft, vor allem S. 184–190.

¹¹ BECHER, Eid und Herrschaft, zusammenfassend S. 74–77.

¹² Zum Interesse des karolingischen Hofes an der Historiographie s. INNES – MCKITTERICK, Writing of history, S. 211.

¹³ RANKE, Zur Kritik fränkisch-deutscher Reichsannalisten, S. 115 f.

¹⁴ Zu Hilduin vgl. PRELOG, Hilduin v. St.-Denis.

¹⁵ TREMP, Überlieferung, S. 128–138.

¹⁶ Freculphi Lexoviensis episcopi chronicon, Sp. 917–920 und 1115 f.; dazu INNES – MCKITTERICK, Writing of history, S. 212 f.

¹⁷ VON DEN BRINCKEN, Studien, S. 128 f.

¹⁸ S. unten, S. 158–161.

¹⁹ NELSON, Public Histories, S. 256. Die Verfasserin zeigt allerdings auch, daß die späteren Bücher eine andere Tendenz bekommen.

²⁰ Die Nähe der Historiographie zum Hof betonen etwa auch INNES – MCKITTERICK, Writing of history, S. 208 f.; zur Teilnahme der Historiographie an aktuellen Diskussionen s. auch GOETZ, Verschriftlichung von Geschichtskenntnissen, S. 242 f.

²¹ KELLER, Widukinds Bericht; DERS., Kaisertum Ottos des Großen; ALTHOFF, Causa scribendi und Darstellungsabsicht; DERS., Widukind von Corvey, S. 267–272, zeigt, daß auch die Sachsengeschichte wahrscheinlich direkt für eine Angehörige der Herrscherdynastie verfaßt wurde, wie es oben für mehrere karolingische Geschichtswerke gezeigt wurde.

²² Dies thematisiert GRUNDMANN, Geschichtsschreibung im Mittelalter, S. 6, bei der Aufzählung der verschiedenen Gattungen, die er getrennt behandeln will, nicht.

²³ SCHMALE, Funktion und Formen, S. 105–112; vgl. auch GOETZ, „Geschichte" im Wissenschaftssystem; MELVILLE, System und Diachronie, insbes. S. 311–316. Zu den historiographischen Genera auch GUENÉE, histoires, annales, chroniques.

²⁴ Die Annalen sind für GRUNDMANN, Geschichtsschreibung im Mittelalter, S. 25, allgemein „die eigenwüchsigste Form mittelalterlicher Geschichtsschreibung".

²⁵ Zur Bedeutung des annalistischen Schemas für die Konstruktion der fränkischen Memoria s. MCKITTERICK, Constructing the Past, S. 103.

²⁶ S. oben, S. 53, Anm. 2. Diese Aussage kann sich auch auf den Stil beziehen.

²⁷ TREMP, in: Astronomus, Vita Hludowici, S. 150.

²⁸ S. oben, S. 69.

²⁹ MCKITTERICK, Constructing the Past, S. 125 f.

³⁰ Von den hier angesprochenen Gesta, die jeweils einen Amtsträger in die Reihe seiner Vorgänger und Nachfolger stellen und damit kontinuierliche Institutionengeschichte schreiben, ist natürlich ein Werk wie Thegans ‚Gesta Hludowici' abzugrenzen.

³¹ SCHIEFFER, Karolinger, S. 58.

32 Zur karolingischen Annalistik s. HOFFMANN, Untersuchungen; neuerdings v. a. McKITTERICK, Constructing the Past, und DIES., Illusion of Royal Power.

33 McKITTERICK, Constructing the Past, S. 111–113.

34 Ebd. S. 113 und ausführlich INNES – DIES., Writing of history, S. 200–202.

35 McKITTERICK, Constructing the Past, S. 102.

36 Zur späteren Übernahme solcher Informationen in die Chronistik vgl. KRÜGER, Signa ac prodigia.

37 WATTENBACH – LEVISON, Deutschlands Geschichtsquellen 2, S. 254–257.

38 Vgl. dagegen die Interpretation von McKITTERICK, Constructing the Past, S. 123 f. Zu einem Beispiel s. unten, S. 194 f.

39 LÖWE, Geschichtsschreibung, S. 3 f.; vgl. NELSON, Annals of St Bertin, S. 185–192.

40 WATTENBACH – LEVISON, Deutschlands Geschichtsquellen 6, S. 671–687.

41 LÖWE, Studien zu den Annales Xantenses.

42 WATTENBACH – LEVISON, Deutschlands Geschichtsquellen 5, S. 535–537.

43 HOFFMANN, Untersuchungen, S. 38–41; HASELBACH, Aufstieg und Herrschaft, S. 17–21.

44 S. unten, S. 133.

45 INNES – McKITTERICK, Writing of history, S. 200 f.

46 Zur fränkischen Weltchronistik VON DEN BRINCKEN, Studien, S. 95–133; allgemein zur Gattung außerdem KRÜGER, Universalchroniken.

47 VON DEN BRINCKEN, Studien, S. 115. Die Aussage ist dort auf das Chronicon universale bezogen.

48 So beim Chronicon universale, der Chronica de sex aetatibus mundi, dem Chronicon breve Alamannicum und bei der Weltchronik des Claudius von Turin; dazu und zur Chronik von Moissac vgl. VON DEN BRINCKEN, Studien, S. 113–120.

49 Chronicon Moissiacense, S. 282 Z. 10 f.: *Tunc Franci feroces adverso per ignota latibula ingressi in Meotides paludes, cum reliquo exercitu Romanorum eiecerunt inde Alanos.*

50 Zur Diskussion, ob die Bezeichnung ‚Chronik' oder ‚Historia', die beide überliefert sind, zutreffend ist, vgl. WERNER, Gott, Herrscher und Historiograph, S. 8 f.

51 Zitat bei VON DEN BRINCKEN, Studien, S. 121.

52 Zur Konzeption Frechulfs vgl. STAUBACH, Christiana tempora, S. 199–204; zum Autor s. auch REEVE, Freculf of Lisieux; SAVIGNI, Storia universale, und GOEZ, Zur Weltchronik.

53 Freculphi Lexoviensis episcopi chronicon II, c. 22, Sp. 1254 f.

54 Adonis Viennensi Chronicon, Sp. 130 B: *Carolus imperator primus ex gente Francorum, annis quadraginta quinque.*

55 Ebd. Sp. 122 B.

56 Ebd. Sp. 120 C–121 A.

57 Ebd. Sp. 121 B–D.

58 Ebd. Sp. 122 B.

59 Zu Regino vgl. KORTÜM, Weltgeschichte; VON DEN BRINCKEN, Studien, S. 128–133; LÖWE, Regino von Prüm; WERNER, Arbeitsweise; SCHLEIDGEN, Überlieferungsgeschichte.

60 Reginonis Chronicon, S. 2.

⁶¹ Ebd. S. 40.
⁶² KORTÜM, Weltgeschichte, zusammenfassend S. 513.
⁶³ Zur Diskussion der Frage, welche auf die Annales S. Amandi zurückgehende Textversion Regino benutzt hat, s. SCHRÖER, Annales S. Amandi, S, 33–70.
⁶⁴ Reginonis Chronicon, S. 35: *Apud Francorum quoque gentem Pippino vita exempto eius filius Karolus in principatu successit, licet per multa bella et certamina de manu Reginfridi eundem principatum sustulerit. Nam cum in custodia teneretur, divino nutu ereptus aufugit ac primum contra Reginfridum cum paucis bis terque certamen iniit, ad extremum eum apud Vinciacum magno certamine superavit.*
⁶⁵ Ebd.: *Cui certamen unam, ut ferunt, hoc est Andegavensem civitatem ad habitandum concessit, cunctam vero Francorum gentem ipse gubernandam suscepit.* Vgl. Pauli Historia Langobardorum VI, c. 42, S. 231 f. Bei der Jahreszählung kommt Regino völlig durcheinander.
⁶⁶ Sieg über die Friesen im vierten Jahr (Reginonis Chronicon, S. 35), die Sachsen im fünften Jahr (ebd. S. 36), die Bayern im zehnten Jahr (ebd.), die Alemannen im 15. Jahr (ebd.), die Wasconen im 16. Jahr (ebd.), die Sarazenen im 17. Jahr (ebd.), die Friesen im 18. Jahr (ebd. S. 37), den Wasconen Eudo im 20. Jahr (ebd.), dessen Söhne im 21. Jahr (ebd.), die Sarazenen im 22. Jahr (ebd.) und wiederum über die Sarazenen im 24. Jahr (ebd.).
⁶⁷ Ebd. S. 37.
⁶⁸ Allgemein zur Biographik im Mittelalter BERSCHIN, Biographie und Epochenstil.
⁶⁹ KRÜGER, Neue Beobachtungen; vgl. dort, S. 124–126, die anderen Ansätze zur Datierung, die zwischen 817 und 830 schwanken. Zur Karlsvita s. vor allem BEUMANN, Ideengeschichtliche Studien; GANSHOF, Einhard, und WOLTER, Intention und Herrscherbild; zu Einhard insgesamt neuerdings: SCHEFERS, Einhard.
⁷⁰ Zu Thegan s. TREMP, Studien, S. 19–21; SCHMITZ, Überlieferung; zum Astronomen TREMP, Überlieferung; TENBERKEN, Vita Hludowici, und BUCHNER, Entstehungszeit; zu beiden zusammenfassend wiederum TREMP, Thegan und Astronomus.
⁷¹ STAUBACH, Cultus divinus, S. 562–570.
⁷² Zur Relatio Adhemari vgl. TREMP, in: Astronomus, Vita Hludowici, S. 69–75.
⁷³ S. oben, S. 88, Anm. 7.
⁷⁴ Zu den Gesta Karoli vgl. SIEGRIST, Herrscherbild und Weltsicht; LÖWE, Das Karlbuch Notkers von St. Gallen; GOETZ, Strukturen, und REISCHMANN, Trivialisierung des Karlsbildes; unter dem Aspekt von mündlicher versus schriftlicher Erinnerung von Geschichte jetzt INNES, Memory.
⁷⁵ Notkeri Gesta Karoli I, c. 34, S. 45–48.
⁷⁶ Ebd. II, praefatio, S. 48 Z. 12–15: *Sequens vero de bellicis rebus acerrimi Karoli ex narratione Adalberti, patris eiusdem Werinberti, cudatur. Qui cum domino suo Keroldo et Hunisco et Saxonico vel Sclavico bello interfuit.*
⁷⁷ WEHRLI, Mittelalterliche Überlieferungen, S. 33–57.
⁷⁸ Ebd. S. 34.
⁷⁹ Ebd.; vgl. Gesta Dagoberti, c. 27, S. 410, und c. 14, S. 404 f.
⁸⁰ WEHRLI, Mittelalterliche Überlieferungen, S. 57.
⁸¹ S. unten, S. 118 f.

⁸² Zu den Gesta allgemein Sot, Gesta episcoporum; Kaiser, Gesta episcoporum, dort auch, S. 460 mit Anm. 5, zur Einschränkung der Vorbildfunktion des Liber pontificalis; Grundmann, Geschichtsschreibung, S. 38–45; Schmale, Funktion und Formen, S. 136–138. Zur Datierung des Liber pontificalis Berschin, Biographie und Epochenstil 1, S. 270–272.

⁸³ Zu den hochmittelalterlichen Bistumschroniken jetzt Schlochtermeyer, Bistumschroniken.

⁸⁴ Gesta abbatum Fontanellensium I, c. 1, S. 2; c. 6, S. 10, und IX, c. 3, S. 69.

⁸⁵ Ebd. I, c. 5, S. 7 f.; c. 6, S. 10; II, c. 1, S. 16; III, c. 2, S. 25 f.; VI, c. 3, S. 52, und XIII, c. 2, S. 98. Zum Verb *militare* vgl. ebd. I, c. 4, S. 4; III, c. 2, S. 25, und VI, c. 1, S. 47.

⁸⁶ Ebd. III, c. 3, S. 28.

⁸⁷ Ebd. I, c. 2, S. 2: *Denique idem uir domini adolescentiae dum polleret aetatis in annis, atque in aula gloriosissimi regis Dagoberti nobilissime militaribus negotiis ac aulicis disciplinis educaretur ab eodem rege uillicationi est mancipatus.*

⁸⁸ Gesta pontificum Autissiodorensium, c. 8, Sp. 224 f. Zu den Gesta s. Janin, Heiric d'Auxerre

⁸⁹ Ebd. c. 1, Sp. 219–221.

⁹⁰ Das *Deo militare* findet sich auch in Angilberti abbatis De ecclesia Centulensi libellus, c. 1, S. 174 Z. 17, einer Schrift, die nicht mit den Gesta abbatum gleichgesetzt werden kann, aber in ihrer Auflistung von Reliquien und Besitztümern des Klosters, die auch etwa die Gesta abbatum Fontanellensium am Ende jedes Abbatiats aufweisen, in einen ähnlichen Kontext gehört.

⁹¹ Goffart, Narators, S. 373–378; Ders., Paul the Deacon's Gesta, S. 81–89; Oexle, Karolinger, S. 274 f., und Poensgen, Geschichtskonstruktion, S. 54 f. Zu den Vorlagen des Paulus Diaconus s. Jäschke, Karolingergenealogien aus Metz.

⁹² Pauli Gesta episcoporum Mettensium, S. 262 Z. 6 f.: *Quorum omnium studiis certum est, crevisse Dei ecclesiam, quamvis eorum nobis specialiter occulta sunt gesta.*

⁹³ Ebd. Z. 21 f.: *Successit his sacris viris Firminus, deinde Legontius, de quorum aliquid vita praeter nomina nihil ad nos deduxit relatio prisca.*

⁹⁴ Goffart, Narrators, S. 373–378, mit Tabelle auf S. 374; ausführlich auch Ders., Paul the Deacon's Gesta.

⁹⁵ Pauli Gesta episcoporum Mettensium, S. 264 Z. 11 f.: *Qui ex nobilissimo fortissimoque Francorum stemmate ortus.*

⁹⁶ Ebd. S. 265 Z. 4–21.

⁹⁷ Daß man zum Verständnis der Gesta die ‚Causa scribendi' und ‚Darstellungsabsicht' stark miteinbeziehen muß, zeigt sich bei den Actus pontificum Cenomannis, deren Entstehung – vermutlich zwischen 857 und 863 – in den Kontext von Fälschungen in Le Mans gestellt worden ist, mit denen Rechte der Dözese gewahrt werden sollten; vgl. Goffart, Le Mans Forgeries.

⁹⁸ Sot, Arguments hagiographiques, S. 96.

⁹⁹ Zur ‚Hunnenflut' vgl. Pauli Gesta episcoporum Mettensium, S. 262, und Gesta pontificum Autissiodorensium, c. 8, Sp. 226 f. Zur Flutmetaphorik vgl. Goffart, Narrators, S. 375 mit Anm. 142.

¹⁰⁰ Z. B. Gesta abbatum Fontanellensium III, c. 1, S. 23; V, c. 2, S. 44; c. 3, S. 45; VI, c. 4, S. 53 f., und VIII, c. 1, S. 59, nach den Annales Mettenses priores.

[101] Zu Nithard vgl. vor allem NELSON, Public Histories; DIES., Ninth-Century Knighthood; zu ihm als Historiographen SPRIGADE, Beurteilung Nithards; zu seinen politischen Vorstellungen in den Auseinandersetzungen seiner Zeit WEHLEN, Geschichtsschreibung und Staatsauffassung, S. 57–105, und PATZE, Iustitia bei Nithard; zur Rekonstruktion der bei ihm geschilderten Ereignisse immer noch MEYER VON KNONAU, Über Nithards vier Bücher Geschichten.

[102] Vgl. MÜLLER, in: Nithardi historiae, S. X, Anm. 2.

[103] S. unten, S. 158–161.

[104] Z. B. am Schluß, in Nithardi historiae IV, c. 7, S. 49 Z. 23–26: *Hic quique colligat, qua dementia utilitatem publicam neglegat, privatis ac propriis voluntatibus insaniat, dum ex utrisque creatorem adeo offendat, ut etiam omnia elementa eius vesaniae contraria reddat.*

[105] Ebd. I, c. 1, S. 1 Z. 30–S. 2 Z. 4: *Nam super omne, quod ammirabile fateor fore, Francorum barbarorumque ferocia ac ferrea corda, quae nec Romana potentia domare valuit, hic solus moderato terrore ita repressit, ut nihil in imperio moliri, praeter quod publicae utilitati congruebat, manifeste auderent.*

[106] Ebd. IV, c. 7, S. 49 Z. 28–S. 50 Z. 3: *Nam temporibus bone recordationis Magni Karoli, qui evoluto iam pene anno XXX. decessit, quoniam hic populus unam eandemque rectam ac per hoc viam Domini publicam incedebat, pax illis atque concordia ubique erat, at nunc econtra, quoniam quique semitam quam cupit incedit, ubique dissensiones et rixae sunt manifestae. Tunc ubique habundantia atque leticia, nunc ubique poenuria atque mestica.*

[107] Vgl. oben, S. 92, Anm. 31.

[108] Widukindi monachi Corbeiensis res gestae Saxonicae I, c. 9, S. 10–17.

[109] LÖWE, Geschichtsschreibung, S. 7–10. Gegen die dort dargelegte Vorstellung, daß Hinkmar damit bestimmte politische Konzepte und die Mitsprache des Adels an der Regierung durchsetzen oder einfordern wollte, s. NELSON, Annals of St. Bertin, S. 187–190. Auch bei den Gesta Dagoberti war oben davon die Rede, daß hier Ludwig der Fromme – vielleicht auch von Hinkmar – ermahnt werden sollte, in der Klosterreform fortzufahren.

[110] LÖWE, Regino von Prüm, S. 164.

Fünftes Kapitel:
Krieg und Zeit

[1] VERNANT, Krieg der Städte, S. 27; kritische Diskussion dazu bei GRAEBER, Friedensvorstellung, S. 124–126.

[2] Aus der umfangreichen neueren Literatur zum Thema ‚Zeit' seien genannt: EHLERT, Zeitkonzeptionen; BORST, Computus; BODMANN, Jahreszahlen und Weltalter; WENDORFF, Zeit und Kultur, S. 77–150; SULZGRUBER, Zeiterfahrung; zur Zeit als Ordnungskriterium der Historiographie s. MCKITTERICK, Constructung the Past, insbes. S. 103–110.

[3] Vgl. dazu GOETZ, Historiographisches Zeitbewußtsein, S. 160.

[4] So betont z. B. BERG, Ludwigslied, S. 190 f., das Fehlen von Zeit- und Ortsangaben in mittelalterlicher Dichtung und Historiographie. Zum mittelalterlichen Zeitbegriff ausführlicher unten, S. 114 f.

⁵ Zu den Kriegen Ludwigs vgl. SIMSON, Jahrbücher.
⁶ VERBRUGGEN, Armée, S. 420 mit Anm. 2.
⁷ Annales regni Francorum, a. 745, S. 4; a. 764, S. 22; a. 765, S. 22; a. 790, S. 86, und a. 792, S. 92.
⁸ Zum Redaktor der Annales q. d. Einhardi und seiner Tätigkeit vgl. MCKITTERICK, Constructing the Past, S. 119–124.
⁹ Annales regni Francorum a. 790, S. 86; Annales q. d. Einhardi, a. 790, S. 87. Zu den weiteren Quellen vgl. ABEL, Jahrbücher, S. 10 mit Anm. 1.
¹⁰ Annales q. d. Einhardi, a. 790, S. 87: *Rex autem, ne quasi per otium torpere ac tempus terere videretur, per Moenum fluvium ad Saltz palatium suum in Germania iuxta Salam fluvium constructum navigavit atque inde iterum per eundem amnem secunda aqua Wormaciam reversus est.*
¹¹ Als „années de paix" bezeichnet VERBRUGGEN, Armée, S. 420, die Jahre 790 und 807.
¹² S. unten, S. 166 f.
¹³ Poeta Saxo, Annalium de gestis Caroli magni imperatoris libri quinque III, v. 473–477, S. 30: *Hic modo, Musa, novam Caroli deprome quietem. / Est hic primus enim, postquam regnaverat, annus, / Quo non cum propriis foret in longinqua profectus / Militibus, seu diversos ut sterneret hostes, / Aut aliis quoque pro causis ac rebus agendis.*
¹⁴ Ebd. v. 487–489: *Sed rex nec spatium torpere per otia parvum / Dignatus, semper sed strenuus indole mentis, / Est aggressus iter Moinum navale per amnem ...*
¹⁵ Ebd. v. 505 f.: *Namque novum rursus voluit certamen inire / Atque labore gravi modicam mutare quietem.*
¹⁶ Annales Xantenses, a. 790, S. 1 Z. 2 f.: *Domnus rex moratus est Vangionam, et absque bello transivit tempus.*
¹⁷ Chronicon Moissiacense, a. 790, S. 299; a. 803, S. 307, und a. 807, S. 308.
¹⁸ BOSHOF, Ludwig der Fromme, S. 74 f. Nach ABEL – SIMSON, Jahrbücher 2, S. 257 f., Anm. 6, ist der Bericht über die Eroberung Barcelonas in der Chronik von Moissac an eine falsche Stelle geraten, weil er an das Ende der zunächst abbrechenden Annales Lauresham enses angehängt wurde.
¹⁹ Chronicon Moissiacense, a. 803, S. 307 Z. 14–16: *Eo autem regnante in Spania, misit Karolus imperator Ludovicum filium suum, regem Aquitaniae, ad obsidendam et capiendam civitatem Barchinonam.*
²⁰ Annales Lauresham enses, a. 803, S. 39: *et ipse sine hoste fecit eodem anno, excepto quod scaras suas transmisit in circuitu, ubi necesse fuit.*
²¹ Zur Abhängigkeit der Annalenwerke untereinander vgl. HOFFMANN, Untersuchungen.
²² Zu den Annales Mettenses priores vgl. HASELBACH, Aufstieg und Herrschaft; HOFFMANN, Untersuchungen, S. 9–68.
²³ Annales Mettenses priores, a. 713, S. 18 Z. 22–24: *Pippinus princeps infra principatus sui terminos ea quae pacis erant disponens in nullam partem eo anno exercitum duxit*: vgl. auch a. 740, S. 30; a. 756, S. 49; a. 759, S. 50 *(Pippinus nullum iter exercuit);* a. 764, S. 53; a. 765, S. 53; a. 790, S. 78, und a. 792, S. 79 *(Eodem anno nullum iter exercitale factum est).* Daneben gibt es einige wenige Jahre, aus denen auch keine Kriegszüge berichtet werden, was aber nicht thematisiert wird – hier hat man es wohl mit Unterschieden in den Vorlagen zu tun.

²⁴ Ebd. a. 697, S. 17 Z. 22–24: *Hinc annis singulis circumsitas gentes cum exercitu Pippinus fortiter proterit et suae ditioni subegit* (Letzter Satz für 697; es folgt unmittelbar der Eintrag zu 708).

²⁵ Ebd. a. 692, S. 14 Z. 4–15: *Singulis vero annis in Kalendis Martii generale cum omnibus Francis secundum priscorum consuetudinem concilium tenuit. ... exercitui quoque precepto dato, ut, quacumque die illis denuntiaretur, parati essent in partem, quam ipse disposuerat, proficisci.*

²⁶ S. dazu unten, S. 121–124.

²⁷ Z. B. Annales Mettenses priores, a. 784, S. 71 Z. 19 f.: Dort zieht Karl der Große wieder einmal gegen die – *more solito* – rebellischen Sachsen.

²⁸ Annales Fuldenses, a. 847, S. 36: *Hic annus a bellis quievit.*

²⁹ Annales Bertiniani, a. 843, S. 44: *Hlotharius et Hlodouuicus intra fines regnorum suorum sese cohibentes pacifice degunt, Karolus Aquitaniam peruagatur.*

³⁰ Ermoldus Nigellus, Carmen in honorem Hludowici I, v. 160–163, S. 16: *Annuus ordo redit, cum gentes gentibus instant / Et vice partita Martis in arma ruunt. / Vobis nota satis res haec, incognita nobis: / Dicite consilium, quo peragamus iter.*

³¹ Annales Mettenses priores, a. 691, S. 13 Z. 6–11: *Dispositis autem prudenter omnibus in occidentis regni gubernaculis, ad orientalis imperii sui sedes cum summa gloria et exultatione revertitur. Ibique prosperis Christo largiente successibus, Deo protectori suo gratias referens, residuum illius anni circuli tempus letus explevit.* Zum *circulus anni* s. unten, S. 119 f.

³² Vita Lebuini, c. 4, S. 793 Z. 5 f.: *et, quid per annum essent acturi sive in bello sive in pace, communi consilio statuebant.*

³³ Einhardi vita Karoli, c. 7, S. 10. Rudolf von Fulda hat den Text in die Translatio S. Alexandri, c. 3, S. 426 Z. 16 f., übernommen.

³⁴ Schlachten und Kriege nehmen auch in der Erinnerung von Zeugen bei gerichtlichen Verhandlungen im Mittelalter als ‚Fixpunkte' oft eine große Bedeutung ein; vgl. ESCH, Zeitalter und Menschenalter, S. 348 f., und DERS., Oral History, S. 322.

³⁵ Einhardi vita Karoli, c. 4, S. 7 Z. 4–6: *ita tamen, ut, primo res gestas et domi et foris, deinde mores et studia eius, tum de regni administratione et fine narrando ...*

³⁶ Zum Aufbau und der Orientierung an der Gliederung von Suetons Augustus-Biographie vgl. STAUBACH, ‚Cultus divinus', S. 562–570; ein Schema der Gliederung und das Zitat auf S. 568.

³⁷ Einhardi vita Karoli, c. 5, S. 7.

³⁸ Ebd. c. 6, S. 8 f.

³⁹ Ebd. c. 7 f., S. 9–11.

⁴⁰ Ebd. c. 9, S. 12 f.

⁴¹ Ebd. c. 10, S. 13 f.

⁴² Ebd. c. 11, S. 14.

⁴³ Ebd. c. 12, S. 15.

⁴⁴ Ebd. c. 13, S. 15–17.

⁴⁵ Ebd. c. 14, S. 17.

⁴⁶ Ebd. c. 6, S. 9 Z. 1–7: *Italiam intranti quam difficilis Alpium transitus fuerit, quantoque Francorum labore invia montium iuga et eminentes in caelum scopuli atque asperae cautes superatae sint, hoc loco describerem, nisi vitae illius modum*

potius quam bellorum, quae gessit, eventus memoriae mandare praesenti opere animo esset propositum.
⁴⁷ Die Länge des Krieges ebd. c. 7, S. 9 Z. 14 und Z. 30, S. 10 Z. 26; c. 8, S. 11 Z. 1 und Z. 11, und c. 13, S. 16 Z. 26.
⁴⁸ Ebd. c. 7, S. 10 Z. 12–15, und c. 8, S. 11 Z. 15 f.
⁴⁹ Ebd. c. 13, S. 16 Z. 25–S. 17 Z. 2.
⁵⁰ Ebd. c. 7, S. 9 Z. 12 f.: *Post cuius finem Saxonicum, quod quasi intermissum videbatur, repetitum est.*
⁵¹ Ebd. c. 15, S. 17 Z. 18–21: *Haec sunt bella, quae rex potentissimus per annos XLVII – tot enim annis regnaverat – in diversis terrarum partibus summa prudentia atque felicitate gessit.*
⁵² Ebd. c. 1 f., S. 3 f.
⁵³ Zum *rex inutilis* allgemein und zu den karolingischen Vorstellungen vgl. PETERS, Shadow King, vor allem S. 47–72.
⁵⁴ KRÜGER, Neue Beobachtungen, vor allem S. 133–145.
⁵⁵ Notkeri Gesta Karoli II, c. 5, S. 53 Z. 7 f.: *dixit homo torpens otio nec utilis belli negotio.*
⁵⁶ S. oben, S. 110, Anm. 10.
⁵⁷ Ermoldus Nigellus, Carmen in honorem Hludowici II, v. 660–667, S. 52: *Dum mihi namque foret juvenali in corpore virtus, / Viribusque atque armis ludere cura fuit; / Non torpore meo turpique pavore, fatebor, / Francorum fines gens inimica tulit. / Jam quoque sanguis hebet, torpescit dira senectus, / Florida canities lactea colla premit; / Dextera bellatrix, quondam famosa per orbem, / Sanguine frigente, jam tremebunda cadit.*
⁵⁸ Alcuini carmina, c. 9, v. 107 f., S. 231: *Dextera, quae gladios, quae fortia tela vibrabat, / Nunc tremit atque ori porrigit aegre cibos.*
⁵⁹ Ermoldus Nigellus, Carmen in honorem Hludowici II, v. 678 f., S. 54: *Vidistis quae olim Maurorum funere misit: / Regem, arma et vinctos, magna trophea simul.*
⁶⁰ HAGENEDER, Fürstenabsetzung; ERLER, Königsheil; allgemein zur Königsabsetzung im Frühmittelalter s. BUND, Thronsturz und Herrscherabsetzung.
⁶¹ Dazu s. KELLER, Zum Sturz Karls III.
⁶² Reginonis chronica, a. 887, S. 127 f.: *Cernentes optimates regni non modo vires corporis, verum etiam animi sensus ad eo diffugere, Arnolfum filium Carlomanni ultro in regnum adtrahunt et subito facta conspiratione ab imperatore deficientes ad predictum virum certatim transeunt.*
⁶³ Ebd. a. 887, S. 127: *Post haec imperator Galliarum populos perlustrans Parisius cum inmenso exercitu venit ibique adversus hostes castra posuit, sed nil dignum imperatoriae maiestati in eodem loco gessit. Ad extremum concessis terris et regionibus, quae ultra Sequanam erant, Nortmannis ad depredandum, eo quod incolae illarum sibi obtemperare nollent, recessit et recto itinere in Alamanniam perrexit.*
⁶⁴ TREMP, in: Astronomus, Vita Hludowici, S. 103.
⁶⁵ Ebd. S. 115 f.
⁶⁶ Astronomus, Vita Hludowici, Prologus, S. 284 Z. 6–8: *Porro que scripsi, usque ad tempora imperii Adhemari nobilissimi et devotissimi monachi relatione addidici, qui ei coevus et connutritus est*; außerdem die Angaben Tremps, ebd. S. 69–75.
⁶⁷ Theganus, Gesta Hludowici, c. 44, S. 232; Astronomus, Vita Hludowici, c. 49,

S. 482, und c. 51, S. 488; Annales Bertiniani, a. 833, S. 10, und a. 834, S. 12. Zu Ludwigs Niederlegung der Waffen und zur Bedeutung dieses Aktes DE JONG, Power and humility; LE JAN, Frankish giving of arms, S. 299–301.

[68] LE JAN, Frankish giving of arms, S. 299.

[69] Angelberti Rhythmus de pugna Fontanetica, str. 12, S. 53.

[70] Außerdem vgl. Hiob 3,4–6.

[71] Zum *circulus anni* vgl. ANGENENDT, Liturgische Zeit, bes. S. 103–107.

[72] NELSON, Violence, S. 100.

[73] LE GOFF, Au Moyen Age.

[74] GOETZ, Historiographisches Zeitbewußtsein, S. 160; DOHRN-VAN ROSSUM, Geschichte der Stunde, S. 210–265.

[75] KORTÜM, Menschen und Mentalitäten, S. 237 f. Allgemein zur Diskussion und zum Zeitempfinden karolingischer Historiographen vgl. GOETZ, Historiographisches Zeitbewußtsein.

[76] ANGENENDT, Liturgische Zeit.

[77] S. oben, S. 15 f.

[78] BRUNNER, Reiterdienst, S. 12. zum langsamen Übergang zur berittenen Kampfweise FRANCE, Military history.

[79] BACHRACH, Marchfield (Zitat auf S. 178); ausführlich zum merowingischen Heerwesen s. DERS., Merovingian Military Organisation.

[80] SPRINGER, Jährliche Wiederkehr, S. 323 f.

[81] Vita Remigii, c. 11, S. 292 Z. 33–S. 293 Z. 2: *Sic enim conventum illum vocabant a Marte, quem pagani deum belli credebant, a quo et Marcium mensem et tertiam feriam diem Martis appellaverunt; quem conventum posteriores Franci Mai campum, quando reges ad bella solent procedere, vocari instituerunt.* Vgl. dazu BACHRACH, Marchfield, S. 185.

[82] Wie leicht man hier Mißverständnissen aufsitzen kann, zeigt die berühmte Stelle des Fredegar-Fortsetzers zum Beginn des Italienfeldzugs König Pippins im Jahr 754. Nach der Erwähnung einer Reichsversammlung nach dem *mos Francorum* am 1. März und Beratungen Pippins mit den Großen berichtet er, daß sie zu der ‚Zeit, in der die Könige zum Krieg aufzubrechen pflegen' gemeinsam gegen das Langobardenreich gezogen seien (Chronicarum quae dicuntur Fredegarii continuationes, c. 37, S. 302). Noch OHLER, Krieg und Frieden, S. 38 f., legt den Aufbruch in unmittelbaren Anschluß an die Hofversammlung, während bereits OELSNER, Jahrbücher, S. 449–454, in einem ausführlichen Exkurs gezeigt hat, daß es sich mit *eo tempore quo solent reges ad bella procedere* um die Adaptation biblischer Sprachmuster handelt, die keinen konkreten Zeitpunkt im Auge haben. Der Feldzug hat dagegen wohl von Anfang August bis November gedauert.

[83] Episcoporum de poenitentia relatio, c. 3, S. 54 Z. 19–21: *Quia contra christianam religionem et contra votum suum sine ulla utilitate publica aut certa necessitate pravorum consilio delusus in diebus quadragesimae expeditionem generalem fieri iussit.* Vgl. dazu BOSHOF, Ludwig der Fromme, S. 182 f.

[84] Annales Bertiniani, a. 854, S. 69: *Karolus profectionem in Aquitaniam tempore quadragesimae caelebrat, in qua usque post paschalem festiuitatem demoratur, eiusque populus praedis, incendiis hominumque captiuitatibus totum suum laborem impendit nec ab ipsis ecclesiis et altaribus Dei suam cupiditatem aut audatiam cohibet.*

[85] SIERCK, Festtag und Politik, S. 204–212.
[86] Zum griechischen Festfrieden vgl. LÄMMER, Der sogenannte Olympische Friede; zu den Anfängen des Gottesfriedens im Mittelalter vgl. GOETZ, Kirchenschutz (hier allerdings zeitlich zuerst Befriedung von Personen und Orten, dann von Zeiträumen).
[87] SIERCK, Festtag und Politik, S. 200–275.
[88] Ebd. S. 264.
[89] Zu den klimatischen Voraussetzungn OHLER, Krieg und Frieden, S. 38–43.
[90] Z. B. Annales q. d. Enhardi, a. 786, S. 73: *Nec diu moratus, sed contractis celeriter Francorum copiis in ipsa hiemalis temporis asperitate Italiam ingreditur.*
[91] Ermoldus Nigellus, Carmen in honorem Hludowici I, v. 348–383, S. 30–33.
[92] BACHRACH, Marchfield, S. 183 f.
[93] S. oben, S. 54 und 58.
[94] GANSHOF, Armée, S. 119.
[95] Zu Jagdverboten für Kleriker LUTTERBACH, Die für Kleriker bestimmten Verbote; zur Kritik insgesamt SZABÓ, Kritik der Jagd.
[96] FENSKE, Jagd und Jäger.
[97] JARNUT, Frühmittelalterliche Jagd.
[98] Hauptkritikpunkt von FENSKE, Jagd und Jäger, S. 41–43.
[99] NELSON, Lord's anointed, S. 166–172.
[100] Ermoldus Nigellus, Carmen in honorem Hludowici IV, v. 2365–2437, S. 180–184.
[101] FENSKE, Jagd und Jäger, S. 44–46.
[102] Ermoldus Nigellus, Carmen in honorem Hludowici IV, v. 2510 f., S. 190: *Filius atque nepos ipsius regis in aula / Excubiis vigilant, Francia jura colunt.*
[103] Annales regni Francorum, a. 817, S. 146: *Nam vicesima postquam id acciderat, die Noviomagum profectus venatu sese exercebat*; Astronomus, Vita Hludowici, c. 28, S. 374 Z. 11–14: *Cui tamen citissime est subventum, adhibito enim medicorum studio quam brevi pristinae est restitutus saluti: XX namque peractis diebus Nouiomagum venatum petiit.*
[104] Annales Bertiniani, a. 835, S. 17 f.: *Imperator autem grauiter ferens, Aquis perueniens, disposita omni maritima custodia, Arduenna autumnalem uenationem exercuit ac deinde Aquisgrani ad hiemandum rediit.*
[105] Zu Prudentius von Troyes als Autor eines Teils der Annalen s. NELSON, Annals of St. Bertin, S. 176–185.
[106] Annales Bertiniani, a. 836, S. 19 f.; a. 838, S. 25 und a. 839, S. 33.
[107] Annales regni Francorum, a. 817, S. 147; a. 819, S. 152; a. 820, S. 154; a. 821, S. 155; a. 822, S. 159; a. 825, S. 167; a. 826, S. 170, und a. 829, S. 177. Vorher nur a. 802, S. 117; a. 804, S. 119, und a. 805, S. 120. NELSON, Last Years, S. 154, konstatiert ebenfalls knapp die Art der Darstellung in den ‚Annales Bertiniani' und der ‚Vita Hludowici'; sie legt aber in ihrer Interpretation die Betonung auf das Zusammenwirken zwischen Herrscher und Getreuen, in dem sich die erneuerte Solidarität zwischen Ludwig und seinen Adligen zeige. Es geht ihr also wiederum um ein ‚echtes' Ritual.
[108] Zu den Zeiten der Jagd s. FENSKE, Jagd und Jäger, S. 45.
[109] Anmerkungen zur Jagd bei Einhardi vita Karoli, c. 22, S. 27, und Theganus, Gesta Hludowici, c. 19, S. 204.

¹¹⁰ Ermoldus Nigellus, Carmen in honorem Hludowici IV, v. 2394–2415, S. 182/184.
¹¹¹ S. auch bei Boshof, Ludwig der Fromme, S. 207 und 268.
¹¹² Dazu Fenske, Jagd und Jäger, S. 56f.; Hauck, Tiergärten im Pfalzbereich, S. 32–44.
¹¹³ Fenske, Jagd und Jäger, S. 89.
¹¹⁴ Walahfrid, Versus de imagine Tetrici, v. 250–255, S. 378: *Utque timent vestros laetis in saltibus arcus / Ursus, aper, timidusque lepus, cervique fugaces, / Damma, lupus, immane boumque examen agrestum, / Sic Vulgar Sarraque cenus malus hospes Hiberis, / Brutus Britto, Danus versutus et horridus Afer / Subdat honorandis sua colla exterrita dextris.* Vgl. Fenske, Jagd und Jäger, S. 58f.
¹¹⁵ Decker, Physische Leistung Pharaos.
¹¹⁶ Fenske, Jagd und Jäger, S. 60. Zu den Gedichten vgl. Godman, Poetic Hunt.

Sechstes Kapitel:
Krieg und Raum

¹ Zum Thema ‚Raum' in der Mediävistik mit weiterer Literatur s. die Sammelbände Aertsen – Speer, Raum und Raumvorstellungen, sowie Paravicini, Zeremoniell und Raum; außerdem von Bedeutung: Harrison, Medieval Space; ältere Arbeiten: Gurjewitsch, Weltbild, S. 43–97; Le Goff, Phantasie und Realität, S. 81–105; zur Raumgliederung der *ecclesia* als Ganzes neuerdings Schmidt, Kirche, Staat, Nation.
² Dazu allgemein auch Bartlett, Geburt Europas.
³ Köster, Raum, Sp. 122f. Nitschke, Naturerkenntnis, S. 174, zeigt, daß ein entsprechendes Denken auch für soziale Einordnungen gilt.
⁴ Kortüm, Menschen und Mentalitäten, S. 224–236. Zu Vorstellungen von physischem und spirituellem Raum im frühchristlichen Irland s. auch Smyth, Perceptions.
⁵ Zum Prozeß der Lokalisierung des Fegefeuers im ‚realen' Raum s. Le Goff, Geburt des Fegefeuers, S. 216–253.
⁶ Paravicini, Zeremoniell und Raum, S. 14.
⁷ Vgl. etwa Bertaux, Afrika, S. 28–30.
⁸ Ebd. S. 29; zum Krieg im interkulturellen Vergleich s. Haas, Anthropology of War.
⁹ Vgl. auch Gurjewitsch, Weltbild, S. 45f.
¹⁰ Zur Karolingerzeit als Beginn und Grundlage der Expansion vgl. Duby, Krieger und Bauern, S. 101–145.
¹¹ S. unten, auf dieser Seite.
¹² Paravicini, Zeremoniell und Raum, S. 14.
¹³ Febvre, Frontière, vor allem S. 32f.
¹⁴ Dicuili liber de mensura orbis terrae; vgl. Metz, Grenze. Zu Ludwigs des Frommen „frontier ideology" s. Noble, Louis the Pious.
¹⁵ Das Wort *marginalis* ist nach Ausweis des Thesaurus Linguae Latinae im klassischen Latein nicht belegt. Im Mittellatein wird es vor allem als ‚Rand' oder ‚Mar-

ginalnotiz' gebraucht. In der Verbindung mit *miles* führt das Novum Glossarium mediae Latinitatis lediglich die hier besprochene Stelle auf und übersetzt sie mit „garde frontière".

[16] Translatio S. Calixti, c. 3, S. 419 Z. 41–46: *Hic itaque miles Christi non piger atque frigidus circa fidem ac dilectionem Dei, multitudinem gentis Sclavorum aliarumque paganarum gentium, ubi et ipse quasi quidam marginalis miles ac limes ad discernendum filios Dei a filiis diaboli fortiter astabat, valida manu sepius debellaverat pariterque armis terrendo ac predicationibus apostolicis instruendo ex eis paulatim spoliaverat atque inminuerat diaboli regnum et dilataverat atque vestierat aecclesiae catholicae domum.*

[17] Zu dieser Dichotomie vgl. SCHMIDT, Kirche, Staat, Nation, S. 25 f.

[18] S. oben, S. 41 f.

[19] Reginonis chronica, a. 880, S. 116: *Plurima quippe bella cum patre, pluriora sine patre in regnis Sclavorum gessit semperque victoriae triumphum reportavit; terminos imperii sui ampliando ferro dilatavit.*

[20] S. oben, S. 116.

[21] Einhardi vita Karoli, c. 15, S. 17 Z. 21–23: *Quibus regnum Francorum, quod post patrem Pippinum magnum quidem et forte susceperat, ita nobiliter ampliavit, ut poene duplum illi adiecerit.*

[22] Poetae Saxonis annalium de gestis Caroli magnis imperatoris libri quinque V, v. 647–652, S. 70: *Romani multis ducibus multisque sub annis / Italiae populos vix sibi subdiderant: / Unus hic in spacio perpauci temporis omnem / Subiecit victor, disposuit dominus; / Adde tot Europae populos, quos ipse subegit, / Quorum Romani nomina nescierant.*

[23] Einhardi vita Karoli, c. 7, S. 9 Z. 15–19: *quia Saxones, sicut omnes fere Germaniam incolentes nationes, et natura feroces et cultui daemonum dediti nostraeque religioni contrarii neque divina neque humana iura vel polluere vel transgredi inhonestum arbitrabantur.*

[24] Ebd. Z. 19–25: *Suberant et causae, quae cotidie pacem conturbare poterant, termini videlicet nostri et illorum poene ubique in plano contigui, praeter pauca loca, in quibus vel silvae maiores vel montium iuga interiecta utrorumque agros certo limite disterminant, in quibus caedes et rapinae et incendia vicissim fieri non cessabant.* Text von der Translatio S. Alexandri, c. 3, S. 426, übernommen; vgl. dazu BEUMANN, Hagiographie, S. 145–148, der in diesem Aufsatz auch zeigt, wie sich die Begründung der Sachsenkriege von Einhard zu Widukind von Corvey ändert, wobei letzterer sehr viel stärker auf religiöse Argumente und Missionierung setzt.

[25] REUTER, End, S. 393–395.

[26] Astronomus, Vita Hludowici, c. 15, S. 324 Z. 16–21: *Sequenti vero tempore iterum rex Hludouuicus expeditionem in Hispaniam paravit, sed pater, ne per semet ipsum illuc pergeret, eum impedivit. Preceperat namque tunc temporis fabricari naves contra Nordomanicas incursiones in omnibus fluminibus, quae mari influebant. Quam curam etiam filio iniunxit super Hrodanum et Garonnam et Silidam.*

[27] Ebd. c. 16, S. 330 Z. 1 f.: *Porro anno huic proximo Hludouuicus rex per semet ipsum Tortosam repetere statuit.*

[28] Ebd. c. 17, S. 330 Z. 12 f.: *At post anni instantis excursum exercitum ordinavit, et Hoscam cum misso patris Heriberto mittere statuit.*

²⁹ Zur Belagerung in karolingischer Zeit s. BRADBURY, Siege, S. 20–47; OMAN, History 1, S. 131–148.

³⁰ JOHANEK, Mauer, S. 29.

³¹ Ebd.; weitere Abbildungen von Belagerungen aus der Karolingerzeit, bei denen das Fehlen von Innenbebauung entgegen späteren Beispielen zu sehen ist, auch bei BRADBURY, Siege, S. 32, 40 und 42.

³² Vgl. BEHRINGER – ROECK, Bild der Stadt.

³³ Ermoldus Nigellus, Carmen in honorem Hludowici I, v. 550–555, S. 44: *Tum rex ipse pius crispans hastile lacerto, / Inque urbem adversam conpulit ire celer. / Hasta volans media ventis se contulit urbi, / Marmore subjecto figitur acta nimis. / Hoc signo Mauri turbati corde pavore / Mirantur ferrum, plus jacientis opus.* Vgl. oben, S. 59.

³⁴ Annales regni Francorum, a. 809, S. 127: *At in occiduis partibus domnus Hludowicus rex cum exercitu Hispaniam ingressus Dertosam civitatem in ripa Hiberi fluminis sitam obsedit; consumptoque in expugnatione illius aliquanto tempore, postquam eam tam cito capi non posse vidit, dimissa obsidione cum incolomi exercitu in Aquitaniam se recepit.*

³⁵ Astronomus, Vita Hludowici, c. 16, S. 330 Z. 10f.: *Reversus est igitur rex a civitate post XL dies inchoate obsidionis et in proprium se contulit regnum.*

³⁶ Das Wortspiel *maurus – murus* ist übrigens auch den zeitgenössischen Autoren geläufig. In einem Gedicht des Sedulius Scottus heißt es über Lothar II., daß er seinem ‚Volk eine Mauer gegen die Mauren' sei: *Adversus Mauros murus eras populo* (Sedulii Scotti carmina, c. 25, S. 49 Z. 34; vgl. auch ebd. Z. 54).

³⁷ ALTHOFF, Privileg der Deditio.

³⁸ Astronomus, Vita Hludowici, S. 331, Anm. 194.

³⁹ S. oben, S. 54.

⁴⁰ Astronomus, Vita Hludowici, c. 17, S. 332 Z. 2–10.

⁴¹ Notkeri Gesta Karoli II, c. 17, S. 81–85; GOETZ, Strukturen, S. 33–35; SIEGRIST, Herrscherbild, S. 99–101.

⁴² Karolus magnus et Leo papa, v. 426–428, S. 88/90.

⁴³ Abbo, Bella Parisiacae urbis I, v. 633f., S. 62: *Hęc oculis equidem petii; sistens super urbis / Moenia, nec visu claudebantur neque ritmo.*

⁴⁴ Astronomus, Vita Hludowici, c. 13, S. 316 Z. 14–16: *Alii autem mortem infelicissimę proponentes vitae, ex muris semet praecipites mittebant.*

⁴⁵ Ermoldus Nigellus, Carmen in honorem Hludowici I, v. 538f., S. 44: *Jam Mauri miseri nec muros scandere celsos / Audent, nec turri cernere castra volent.*

⁴⁶ Miracula S. Bertini, c. 7, S. 513 Z. 3–9: *Sed quoniam locum illum certaminis a moeniis castelli facile fuerat prospectari, quis valet effari, quam intimis praecordiorum suspiriis oratores in scammatis ipsius lucta pro sua liberatione Christo totis nisibus flebiliter fuderint preces. Quam crebra et alta suspiria cum fletibus comas et facies laniando incessabiliterque lacrimando anhelanter reciprocabant cum parvulis matres! Quosque inbelle vulgus gemituum mugitus ad caelum mittebat, brachiis infatigabiliter tensis palmisque pansis, finem certaminis Dei miserationi commendantes!*

⁴⁷ Annales Vedastini, a. 886, S. 59 Z. 12–17: *Illis vero qui intra turrim erant acriter resistentibus, fit clamor multitudinis usque in caelum, episcopo desuper muro civita-*

tis cum omnibus qui in civitate erant nimis flentibus, eo quod suis subvenire non possent, et quia nil aliud agere poterat, Christo eos commendabat.
⁴⁸ GODMAN, Poetry, S. 71 f.; zum Ritual des *circuitus murorum* seit merowingischer Zeit s. auch MCCORMICK, Eternal Victory, S. 342 f.
⁴⁹ Carmina Mutinensia, c. 1, v. 1 f., S. 703.
⁵⁰ Ebd. v. 25–28, S. 704.
⁵¹ Ebd. v. 39 f., S. 705.
⁵² GODMAN, Poetry, S. 71 f.; RONCAGLIA, Canto.
⁵³ Laudes Veronensis civitatis, str. 2, S. 119: *Per quadrum est compaginata, murificata firmiter; / quadraginta et octo turres fulgent per circuitum, / ex quibus octo sunt excelsae, quae eminent omnibus.*
⁵⁴ Flori Lugdunensis carmina, c. 28, v. 38, S. 561: *Tristia Remorum pariter quoque moenia lugent.*
⁵⁵ Astronomus, Vita Hludowici, c. 17, S. 332 Z. 10–13: *Protracta igitur obsidione, peracta vastatione et queque visa sunt contra inimicos agere pro irae satisfactione, ad regem sunt reversi, qui eo tempore in silvis venationum occupabatur studiis.* Der Zusatz *pro irae satisfactione*, der die Handlungen begründet, findet sich nur in einem Strang der Überlieferung in Handschriften des 11. und 12. Jahrhunderts, und es ist nach Tremp (ebd. S. 136 f.) nicht eindeutig zu klären, ob es sich um eine Texterweiterung oder einen authentischen Bestandteil der Vita handelt, da der weitaus größere Teil der Handschriftengruppen davon abweicht. In der Logik der hier vorgetragenen Argumentation wäre ein solcher Zusatz zumindest nicht notwendig und könnte gut eine spätere Erklärung darstellen.
⁵⁶ Vgl. z. B. Annales Bertiniani, a. 842, S. 40: *Hlotarius nulla penitus sua suorumque utilitate inferiores Galliae partes tantopere populatus, erga Parisiorum Loticiam fluuium Sequanae transiens, Aquasgranii rediit fratrumque coniunctionem ut audiit egre tulit.* Die Verben *vastare* und *populare* werden auch manchmal nebeneinander synonym gebraucht, z. B. in Annales Fuldenses, a. 869, S. 69.
⁵⁷ Annales Bertiniani, a. 832, S. 5 f.: *peruentum est ad aures piissimi imperatoris Hludouuicum cum omnibus Baioariis liberis et seruis, et Sclauis, quos ad se conuocare potuerat, Alamanniam, quae fratri suo Karolo a patre iam dudum data fuerat, ingredi uelle eamque uastare et diripere ac suo regno adunare, cunctumque populum regni illius ei fidelitatem promittere.*
⁵⁸ Ex miraculis S. Wandregisili, c. 5, S. 406 Z. 29–31: *Quidam namque prefati monasterii Fontanellae miles nomine Sigenandus, dum vastando cum aliis militibus diriperet eorundem gentilium opes, comprehensus est ab eis, nonnullique alii* (vgl. oben, S. 44 f.).
⁵⁹ DEMANDT, Vandalismus.
⁶⁰ Vgl. Anm. 58.
⁶¹ REUTER, Plunder and Tribute. Herrschaft als mehr oder weniger geregelte Form der Ausplünderung im Gegensatz zur idealtypischen Vorstellung seit Brunner in der Geschichtswissenschaft von Abgaben und Leistungen gegen Schutz beschreibt ALGAZI, Herrengewalt und Gewalt der Herren.
⁶² Darauf, was geschieht, wenn der Herrscher sein Reich nicht schützt, macht Jonas von Orléans aufmerksam und spricht dabei auch vom *vastare* der Feinde (vgl. oben, S. 20, Anm. 34). ANGERMANN, Ausweitung des Kampfgeschehens,

S. 44–57, sieht in den geschilderten Zerstörungen und Verwüstungen einen Teil der von ihm untersuchten „psychologischen Kriegführung" im Frühmittelalter, den er aber als wenig erfolgreich einschätzt (ebd. S. 65 f.). Damit bleibt er mit seiner Argumentation ganz auf der Ebene der Interpretation der *vastatio* als ‚realer' Handlung. Ebenso betrachtet PIETZCKER, Krieg in der Karolingerzeit, S. 116–126, die Verwüstung des feindlichen Landes als strategisches Mittel, um dem (heidnischen) Gegner zu schaden.

[63] Annales Fuldenses, a. 898, S. 132: *At illi in ore gladii igneque, prout poterant, inimicos suos humiliaverunt et devastando necaverunt.* Zu den Ereignissen s. DÜMMLER, Geschichte 3, S. 460 f., der die Stelle allerdings etwas anders auffaßt.

[64] Annales Fuldenses, a. 899, S. 132: *Iterum autem expeditione ordinata tempore hiemali Bawariorum principes cum suis fines Marahabitarum fortiter atque hostiliter invaserunt et manu valida loca illorum desertantes predamque colligentes domumque reuertentes, habentes ea.* Ebd. S. 133: *Denique non post multum temporis Bawarii terminos Maraborum confidenter iterato intrantes et, quaecumque poterant, diripiendo populati sunt.*

[65] Astronomus, Vita Hludowici, c. 18, S. 334 Z. 1–5: *Sed illis venire retrectantibus, ad eorum vicinia devenit, cuncta eorum populari manum militarem permisit. Ad ultimum, cunctis quae ad eos pertinere videbantur consumptis, ipsi supplices venerunt et tandem veniam perditis omnibus magno pro munere meruerunt.*

[66] Annales Bertiniani, a. 871, S. 179: *Quod audiens Karlomannus, cum suis complicibus ad Mosomum perrexit et ipsum castellum cum uillis circumiacentibus deuastavit.*

[67] Ebd. S. 180.

[68] Ebd. a. 870, S. 176: *Hludouuicus ad placitum suum quod in Frangonofurth condixerat ante quadragesimae initium uenit, et satagentibus legatis inter eum et filios suos utrimque factae sunt firmitates, ut usque ad futurum maium mensem et ipsi ex parte patris securi manere possent, et illi uastationem regni quam incoeperant dimitterent et pacifice usque ad idem placitum degerent; et hoc ita patrato negotio, Hludouuicus ad Reghinisburch rediit.*

[69] Isidori Hispalensis episcopi etymologiae XVIII,1,1 Z. 1–5: *Primus bella intulit Ninus Assyriorum rex. Ipse enim finibus suis nequaquam contentus, humanae societatis foedus inrumpens exercitus ducere, aliena vastare, liberos populos aut trucidare aut subicere coepit, universamque Asiam usque ad Libyae fines nova servitute perdomuit.* Vgl. Hrabanus Maurus, De universo XX, c. 1, Sp. 531 f.

[70] Theganus, Gesta Hludowici imperatoris, c. 27, S. 216 Z. 1–4: *Sequenti anno exercitum suum transmisit adversos orientales Sclauos, quorum dux nominabatur Liudeuuit, quem in fugam verterunt, et terram illam vastaverunt. Inde regrediestes venerunt domum.*

[71] Ebd. c. 31, S. 218 Z. 13–15: *Anno sequenti imperator perrexit alia vice in Brittanniam, et omnem terram illam plaga magna vastavit propter infidelitatem eorum.* Der Bericht bezieht sich auf die ebd. c. 25, S. 215, geschilderte Unterwerfung der Bretonen im Feldzug von 818.

[72] Annales regni Francorum, a. 820, S. 152: *Mense Ianuario conventus ibidem habitus, in quo de Liudewiti defectione deliberatum est, ut tres exercitus simul ex tribus partibus ad devastandam eius regionem atque ipsius audaciam coercendam mitterentur.*

⁷³ Ebd. a. 821, S. 154: *Conventus mense Febr. Aquis habitus et in eo de bello Liudewitico tractatum ac tres exercitus ordinati, qui futura aestate perfidorum agros per vices vastarent. Simili modo de marca Hispana constitutum et hoc illius limitis praefectis imperatum est.*

⁷⁴ Annales Fuldenses, a. 855, S. 46: *Magnam tamen provinciae partem praedis et incendiis vastavit exercitus non parvamque multitudinem hostium castra regis invadere cupientium usque ad internitionem delevit, sed non impune; quia post reditum regis Rastizes cum suis insecutus plurima trans Danuvium finitimorum loca praedando vastavit.*

⁷⁵ Ebd. a. 869, S. 69: *Dei auxilio fretus omnia moenia regionis illius cremavit incendio et abscondita quaeque in silvis vel defossa in agris reperiens cum suis diripuit omnesque sibi congredientes fugere compulit vel interfecit. Nec minus Carlmannus regnum Zuentibaldi nepotis Rastizi igne et gladio depopulabatur; vastatque omni regione Karolus et Carlmannus fratres convenerunt, de victoria sibi caelitus data gratulantes.*

⁷⁶ Ebd.

⁷⁷ Annales Bertiniani, a. 868, S. 141: *in quo tanta mala et in ecclesiarum confractione et in pauperum oppressione atque in omnium flagitiorum commissione atque terrae deuastatione commissa sunt ut dici ore non possint, sicut multorum milium hominum fame mortuorum pro ipsa depopulatione attestatio demonstrauit.*

⁷⁸ Vgl. Ermoldus Nigellus, Carmen in honorem Hludowici IV, v. 2020, S. 154.

⁷⁹ Annales Bertiniani, a. 882, S. 247 f.: *Karolus autem nomine imperator contra Nortmannos uenit cum multo exercitu usque ad illorum firmitatem. Quo ueniens, concidit cor eius, ... et ad deuastandam regni sui atque consubrini sui partem, sicut antea fecerant, residere permisit.*

⁸⁰ Annales regni Francorum, a. 785, S. 68/70: *et inde iter peragens vias apertas nemini contradicente per totam Saxoniam, quocumque voluit.*

⁸¹ Annales q. d. Einhardi, a. 785, S. 69: *ipse cum expedita manu ad Saxonum pagos vastandos ac villas diripiendas egressus ... Cumque huiusmodi vastationibus per totum hiberni temporis spatium omnes fere Saxonum regiones ingenti clade adfecisset.*

⁸² Annales regni Francorum, a. 784, S. 66: *Tunc deinde domnus Carolus rex iter peragens Renum transiit ad Lippiaham et ingressus est Saxoniam circuiendo et vastando.* In den Annales q. d. Einhardi, S. 67, wird dasselbe folgendermaßen wiedergegeben: *et vastatis Westfalaorum pagis.*

⁸³ Annales Mettenses priores, a. 785, S. 72 Z. 15–18: *Ut prediximus, Carolus rex Saxoniam vastando circuit, castraque posuit super fluvium Wisera, ubi confluit amnis Waharna.*

⁸⁴ Annales regni Francorum, a. 799, S. 108: *Wido comes, qui in marcam Brittaniae praesidebat, una cum sociis comitibus Brittaniam ingressus totamque perlustrans in deditionem accepit.*

⁸⁵ Ebd.: *et regi de Saxonia reverso arma ducum, qui se dederant, inscriptis singulorum nominibus praesentavit. Nam his se et terram et populum unusquisque illorum tradidit,*

⁸⁶ Ebd.: *et tota Brittaniorum provincia, quod numquam antea, a Francis subiugata est.*

⁸⁷ Adonis Viennensis Chronicon, Sp. 129 C: *Britonum signa et arma ducum nominibus illorum inscripta per Widonem Marchensem, qui totam Britaniam perlustraverat, eamque in deditionem acceperat, glorioso regi Carolo delata sunt, totaque Britania tunc primum Francis subjugata est.*

⁸⁸ Gesta abbatum Fontanellensium VI, c. 5, S. 54 f.: *Haec namque ciuitas fertur aedificata fore a Gaio Iulio imperatore Romanorum ante aduentum Domini, dum Gallias uastando circuiret.*

⁸⁹ Zu Goten und Hunnen sowie zur Flutmetaphorik s. oben, S. 102, Anm. 99.

⁹⁰ Annales Bertiniani, a. 842, S. 42: *Karolus autem a Matascone Aquitaniam ingressus atque peruagatus. ... Hlodouuicus, peragrata omni saxonia ...*

⁹¹ SCHMIDT, Geschichte, S. 50–57; für die ottonische und salische Zeit DERS., Königsumritt und Huldigung; im größeren Zusammenhang s. auch SCHNEIDER, Königswahl und Königserhebung.

⁹² S. oben, S. 129 f.

⁹³ ANGENENDT, Heilige und Reliquien, S. 155–158.

⁹⁴ DESCOMBES, Hagiographie; zu den Viten-Kreisen der Karolingerzeit s. BRÜGGEMANN, Untersuchungen, S. 12–28.

⁹⁵ Wie diese Formen von Kultzerstörungen (Irminsul, vgl. Missionsbriefe Gregors des Großen) auch als „defensiver Vandalismus" später von den Slawen angewandt werden konnten, zeigt DEMANDT, Vandalismus, S. 114 f.

⁹⁶ S. oben, S. 56.

⁹⁷ Annales Bertiniani, a. 841, S. 40: *Vnde Cenomannos nullo negotio adiens, cuncta rapinis, incendiis, stupris, sacrilegiis sacramentisque adeo iniuriat ut ne ab ipsis aditis temperaret.* Es gibt hier allerdings ein Übersetzungsproblem bei *aditis*: Der letzte Nebensatz wird von Reinhold Rau mit: „... so daß er selbst die heiligen Räume nicht verschonte', von Janet Nelson mit: „... that he could not even restrain his men from damaging those whom he was planning to visit' übersetzt. Im Anschluß an diese Stelle wird allerdings berichtet, daß Lothar alle Schätze raubte, die aus Sicherheitsgründen in die Kirchen oder ihre Schatzkammern gebracht worden waren, wozu er Priester und andere Kleriker zu eidlichen Aussagen zwang. Also scheint mir Raus Übersetzung von *adita* mit ‚heilige Räume' durchaus angemessen zu sein (was von den möglichen Bedeutungen ‚Schwelle, Heiligtum' abgeleitet werden kann).

⁹⁸ Beispiele s. oben, S. 43–45.

⁹⁹ Annales Bertiniani, a. 881, S. 244: *Qui uastantes omnia in suo itinere, Corbeiae monasterium et Ambianis ciuitatem aliaque sancta loca occupauerunt. De quibus non modicam partem occisis ceterisque fugatis.*

¹⁰⁰ Sermo de relatione S. Vedasti, c. 4 und 7, S. 402 f.

¹⁰¹ Miracula Benedicti, c. 34, S. 495 f.

¹⁰² Annales Bertiniani, a. 882, S. 250. Die Stadt wird dann doch noch ‚durch Gottes Macht und die Verdienste der Heiligen' verschont.

¹⁰³ LÖWE, Geschichtsschreibung, S. 26.

¹⁰⁴ Ex Miraculis S. Remacli II, c. 1, S. 439 f.

¹⁰⁵ Annales Bertiniani, a. 859, S. 81 f.: *Ossa beatorum martyrum Dyonisii, Rustici et Eleutherii metu eorundem Danorum in pagum Mauripensem in uillam sui iuris Nouientem deuecta sunt atque XI kalendas octobris in loculis diligenter conlocata.*

106 Miracula S. Prudentii II, c. 39, S. 361: *Proinde multa sanctorum corpora Divioni sunt invecta, utpote quod munitissimum et inexpugnabile prae caeteris videretur, et egregii ducis Burgundiae, Richardi nomine, ibidem commanentis metuenda longe lateque celebraretur potentia.* Vgl. LÖWE, Geschichtsschreibung, S. 26, Anm. 122.

107 Translatio S. Germani, c. 8, S. 75 Z. 18–31: *nec non et cetera sanctorum corpora qui in hac regione multo jacuerant tempore, e propriis effossa sepulcris, propter metum supradictorum Normannorum alias sunt deportata, præter corpus beatissimi martyris Dionysii ceterorumque sanctorum qui in eodem monasterio condigno quiescunt honore ... Heu, quanta lamentatio monachorum, quantus clericorum atque laicorum luctus, quanta mulierum ac virginum, quanta senum vel infantum tunc extitit deploratio, nullus effari valet, videntes sanctorum corpora quorum meritis semper denfensi erant et auxilio, a suis egredi finibus et ad alia asportari loca.*

108 S. oben, S. 44, Anm. 83.

109 Translatio S. Germani, c. 15, S. 81 Z. 25–31: *Licet enim beatus Germanus absens jam corpore foret, tamen spiritu præsens aderat, ipsumque Dei templum protegebat, quo per multa annorum curricula jacuerat, et haud penitus derelictum habebat. Quis enim nunc illum in eodem loco quo corpore requiescit, dubitet esse præsentem, quando ipsum nec corpore absens, virtutes in eo plurimas faciendo, oblivisci poterat?*

110 Ebd. c. 22, S. 86.

111 Ex Miraculis S. Vedasti II, c. 2, S. 399 Z. 44 f.: *Videres totam florere provinciam et quasi post diluvium Getarum tripudiare Franciam.* Vgl. LÖWE, Geschichtsschreibung, S. 26, Anm. 120.

112 Annales Bertiniani, a. 865, S. 125: *Nortmanni, qui praefatum monasterium depraedati sunt, uario modo infirmantur, et quidam in rabiem uersi, quidam autem scabie correpti, quidam intestina cum aqualiculo per anum emittentes, moriuntur.*

113 Reginonis chronica, a. 862, S. 79 f.

114 Annales Fuldenses, a. 854, S. 45: *Domino sanctorum suorum iniurias ulciscente et adversariis digna factis retribuente.*

115 Adonis Viennensis Chronicon, Sp. 137 B/C: *At Ludovicus imperator, ingressus Beneventum ... pene omnia castella et oppida Beneventanorum, quæ a Francis recesserant Saracenisque se junxerant, sub ditione sua recepit, loca sanctorum, quæ impii Saraceni ac perfidi Christiani contaminarant, Deo adjutore instaurando et restaurando purgavit.*

116 Ermoldus Nigellus, Carmen in honorem Hludowici I, v. 568, S. 46: *Mundavitque locos, ubi daemonis alma colebant, / Et Christo grates reddidit ipse pias.*

117 Ex Miraculis S. Vedasti, c. 1, S. 399 Z. 20–22: *Sed tempore Karoli gloriosissimi regis, filii imperatoris Hludowici, peccatis nostris promerentibus, infuderunt se Nortmanni intra Galliam Comatam.*

118 Ebd. Z. 33 f.: 2. Juli 852, und S. 400 Z. 3 f.: 4. Juni 853.

119 Nithardi historiae II, c. 9 f., S. 23–27; dazu MEYER VON KNONAU, Nithards vier Bücher Geschichten, S. 136–141.

120 HARTHAUSEN, Normanneneinfälle, S. 34–145.

121 Ausführlich in Annales Fuldenses, a. 876, S. 87–89, und Annales Bertiniani, a. 876, S. 207–210; dagegen Annales Vedastini, a. 876, S. 40 Z. 10: *Andranacumque devenerunt.*

122 BERG, Ludwigslied, S. 192, vgl. oben, S. 75.

¹²³ De Karolo rege et Leone papa, v. 137–325, S. 68–83, und Ermoldus Nigellus, Carmen in honorem Hludowici IV, v. 2365–2437, S. 180–184; dazu GODMAN, Poetic Hunt.
¹²⁴ S. oben, S. 127.
¹²⁵ Zur Einschätzung des fränkischen Krieges im Vergleich zum ‚Heiligen Krieg' der Reconquista s. BRONISCH, Reconquista und Heiliger Krieg, S. 175–200.

Siebtes Kapitel:
Krieg und Herrschaft

[1] Kritische Diskussion des von MAYER, Geschichtliche Grundlagen, geprägten Begriffs bei ALTHOFF, Verwandte, Freunde und Getreue, S. 5–9.

[2] MORAW, Herrschaft, S. 5.

[3] So, um für das frühere Mittelalter wichtige Beispiele zu nennen, vor allem NELSON, Politics and Ritual; THEUWS – DIES., Rituals of Power; ALTHOFF, Verwandte, Freunde und Getreue, S. 134–136 und 182–211; DERS., Spielregeln der Politik.

[4] BLATTMANN, Unglück, insbes. S. 100 f.

[5] Einhardi vita Karoli, c. 13, S. 16 Z. 8–16: *Omnis pecunia et congesti ex longo tempore thesauri direpti sunt. Neque ullum bellum contra Francos exortum humana potest memoria recordari, quo illi magis ditati et opibus aucti sint. Quippe cum usque in id temporis poene pauperes viderentur, tantum auri et argenti in regia repertum, tot spolia pretiosa in proeliis sublata, ut merito credi possit hoc Francos Hunis iuste eripuisse, quod Huni prius aliis gentibus iniuste eripuerunt.*

[6] Ebd. Z. 3–7 und 16–23.

[7] REUTER, Plunder and Tribute; zum ‚Gegenstück', den Tributzahlungen an die Normannen, vgl. neuerdings COUPLAND, Frankish Tribute Payments.

[8] Nithardi historiae IV, c. 2, S. 41 f.; Annales Fuldenses, a. 841, S. 26. Zum Stellinga-Aufstand vgl. MÜLLER-MERTENS, Stellingaaufstand, und GOLDBERG, Popular Revolt.

[9] Vgl. ANGENENDT, Geschichte der Religiosität, S. 383–387.

[10] Nithardi historiae II, c. 10, S. 27 Z. 4–11: *Quam ob rem cum omnis spes iusticiae ac pacis sua ex parte ablata videretur, mandant illi, si melius non invenisset, aut reciperet unum horum, quae illi mandaverant, aut nosset illos in crastinum – quod contigit, sicut praefatum est, VII. Kal. Iulii – hora videlicet diei secunda, ad omnipotentis Dei iudicium, quod illis absque illorum voluntate mandaverat, esse venturos.*

[11] Ebd. III, c. 1, S. 28 Z. 9–33: *reges ... et, ut iudicio Dei et hac plaga repressi ab iniqua cupiditate resipiscerent, et Deo donante deinceps unanimes in vera iusticia devenirent, piis visceribus solito more optabant. ... Quam ob rem unanimes ad concilium omnes episcopi confluunt, inventumque in conventu publico est, quod pro sola iusticia et aequitate decertaverint, et hoc Dei iuditio manifestum effectum sit.*

[12] Annales Mettenses priores, a. 690, S. 8 Z. 28 *(iudicium Domini)*; a. 717, S. 24 Z. 13 f. *(divinae iusticiae iudicium)*, und a. 743, S. 35 Z. 11 *(iudicium Dei)*.

[13] Annales Bertiniani, a. 881, S. 244: *diuino manifestante iudicio quia quod a Nortmannis fuerat actum non humana, sed diuina uirtute patratum extiterit.*

[14] Annales Vedastini, a. 876, S. 41 Z. 8–13: *Unde instinctu diabolico utrique, Karo-*

lus imperator et Hludowicus rex, bellum inter se mandavere Andranacumque devenerunt, et iudicio Dei cessit victoria Hludowico, multique Franci nobiles ibi capti atque interempti sunt, et Karolus imperator inde fugiendo rediit in regnum suum.

[15] Reginonis chronica, a. 876, S. 112: *Carolus videns suos fugere et ipse fuga vitam servavit, sero secum revolvens, quanti discriminis sit, aequitatis iura divinarum humanarumque legum institutionibus roborata immoderatae cupiditatis ambitione violari velle.*

[16] Annales Bertiniani, a. 840, S. 36: *Hlotharius, comperto genitoris obitu, ab Italia Gallias ingressus, iura naturae transgressus, imperatorio elatus nomine, in utrumque fratrem, Hludouuicum uidelicet et Karolum, hostiliter armatur, et nunc hunc, nunc illum praelio impetit, sed utrimque minus prospere.*

[17] Zuerst in ERBEN, Mühldorf, S. 79 f.; auch in DERS., Kriegsgeschichte, S. 68 und 92 f.

[18] So etwa MITTEIS, Lehnsrecht, S. 512 f., oder BRUNNER, Land und Herrschaft, S. 98.

[19] CRAM, Iudicium belli, S. 15 f.; HUIZINGA, Homo ludens, zu ‚Spiel und Recht' bzw. ‚Spiel und Krieg' s. dort S. 125–170.

[20] CRAM, Iudicium belli, S. 182.

[21] ALTHOFF, Spielregeln der Politik.

[22] CRAM, Iudicium belli, S. 179.

[23] PIETZCKER, Schlacht bei Fontenoy; zur Kritik vgl. NELSON, Public Histories, S. 263; zum Gedicht Angelberts s. oben, S. 80.

[24] NELSON, Public Histories, S. 262–264.

[25] NELSON, Violence.

[26] PRODI, Sakrament der Herrschaft, S. 55–90; HOLENSTEIN, Huldigung der Untertanen, vor allem S. 127 f.

[27] BECHER, Eid und Herrschaft.

[28] Diese Entwicklung wird demnächst Stefan Esders vor allem über die Untersuchung karolingischer Kapitularien in seiner Bochumer Habilitationsschrift ausführlich beschreiben.

[29] Nithardi historiae I, Prooem., S. 1 Z. 15–18: ... *sed facilius cuilibet legenti altercationum vestrarum veritas patebit, si quaedam, que suo in tempore contigisse novimus, summotenus praelibavero.* Zum Beginn des Prooemiums zu Buch II s. Anm. 32.

[30] Nithardi historiae III, c. 5, S. 35–37.

[31] Ebd. I, c. 3, S. 3 Z. 10–13: *tandem Lodharius consensit ac sacramento testatus est, ut portionem regni quam vellet eidem pater daret, tutoremque ac defensorem illius se fore contra omnes inimicos eius in futuro iurando firmavit.*

[32] Ebd. II, Prooem., S. 13 Z. 8–11: *Explicitis pro tempore ac viribus dissensionum vestrarum initiis, e quibus quique lector scire cupiens, quam ob rem post obitum patris vestri Lodharius vos fratremque persequi statuerit.*

[33] Ebd. I, c. 5, S. 8 Z. 23 f.: *Quod et ita se et suos servaturos tam is quam et sui sacramento firmaverunt.*

[34] Ebd. I, c. 6, S. 10 Z. 27–31: *Nam uti praemissum est, idem olim patri matrique ac Karolo iuraverat, ut partem regni quam vellet pater eidem daret, et eandem se consentire et protegere illi contra omnes inimicos omnibus diebus vitae suae deberet.*

³⁵ Ebd. I, c. 6, S. 10 f., hier S. 11 Z. 3–5: *quae quoniam Lodhario et suis rata videbantur, utraque ex parte sic velle ac sic se perficere iuraverunt.*
³⁶ Ebd. I, c. 7, S. 11 Z. 19: *Hinc pater, ut sui iuraverant, perficere cupiens.*
³⁷ Ebd. I, c. 7, S. 12 Z. 4–9: *sacramenta, quae sepe iuraverat, quotiens in illum deliquerat, quotiens delicta eidem donaverat, in memoriam reducens ac piis visceribus monens contestabatur, ne saltem id, quod tunc novissime peregerant, coramque cunctis ita se velle confirmaverat, frustrari quolibet modo permittat.*
³⁸ S. Anm. 32.
³⁹ Ebd. II, c. 2, S. 14; c. 8, S. 22, und III, c. 3, S. 32.
⁴⁰ Ebd. II, c. 5, S. 19.
⁴¹ Ebd. IV, c. 1, S. 40.
⁴² Ebd. II, c. 2, S. 15.
⁴³ Ebd. III, c. 3, S. 33; weiteres Beispiel in II, c. 4, S. 17.
⁴⁴ Ebd. II, c. 1, S. 13 Z. 23: *Dubios quoque fidei sacramento firmari praecepit.* c. 7, S. 21 Z. 20–23: *Igitur Adhelbertum ducem, quem supra memoravimus, ob hoc inibi reliquit, ut et populum sacramentis sibi firmaret, et, si Lodhuwicus ad Karolum ire vellet, nullo modo posset.* Die Rede ist hier von Leuten, die von Ludwig abgefallen sind, vgl. vorher schon I, c. 5, S. 8.
⁴⁵ Ebd. II, c. 10, S. 25 f.
⁴⁶ Ebd. IV, c. 3, S. 44; c. 4, S. 45; c. 5, S. 47, und c. 6, S. 48.
⁴⁷ Ebd. IV, c. 7, S. 49; II, c. 5, S. 18 f.
⁴⁸ Ebd. III, c. 5, S. 35–37. In gleicher Weise muß wohl auch der Reinigungseid Judiths gesehen werden (ebd. I, c. 4, S. 7).
⁴⁹ Ebd. III, c. 6, S. 37 f.
⁵⁰ Ebd. III, c. 6, S. 38 Z. 20–24: *Eratque res digna pro tanta nobilitate nec non et moderatione spectaculo; non enim quispiam in tanta multitudine ac diversitate generis, uti saepe inter paucissimos et notos contingere solet, alicui aut lesionis aut vituperii quippiam inferre audebat.*
⁵¹ Eid der Aquitanier: ebd. I, c. 4, S. 5, und c. 8, S. 12; Eid Nomenois: ebd. II, c. 5, S. 18; Treueide gegenüber Karl nach Reichsteilung: ebd. I, c. 6, S. 9 f. (zweimal); allgemeine Eide bei Teilungen (auch derjenigen, die teilen): ebd. I, c. 7, S. 1 f.; IV, c. 2, S. 41; c. 3, S. 44, und c. 5, S. 47 f.
⁵² Zu den obigen Beispielen bei Lothar vgl. noch das Verhalten Pippins und Bernhards (ebd. II, c. 3 f., S. 16 f.). Von ‚Abfall' ohne den Hinweis des Eidbruchs ist noch viel öfter die Rede.
⁵³ Ebd. II, c. 6, S. 20 Z. 8–10: *Quae dum sprevissent, classique appropinquare videretur, crucem, in qua iuraverant, et Karolum ut cognoverunt, relicto littore protinus fugerunt.*
⁵⁴ Mit dieser Interpretation hat man Nithards Werk natürlich noch keineswegs vollkommen oder gar abschließend erfaßt. Der anfangs und am Ende des Werkes vorgenommene Vergleich mit der Zeit Karls des Großen ließe sich hier aber zum Beispiel noch ohne Schwierigkeiten einfügen. Die neueste Gesamtinterpretation Nithards, die auch zu den in der folgenden Anmerkung zitierten Arbeiten Stellung nimmt, ist NELSON, Public Histories.
⁵⁵ Zum Begriff der *iustitia* PATZE, Iustitia; WEHLEN, Geschichtsschreibung, S. 61–66; zur Schlacht von Fontenoy CRAM, Iudicium belli, S. 20–47; PIETZCKER,

Schlacht bei Fontenoy; zur Begrifflichkeit Nithards s. auch FRIED, Herrschaftsverband, S. 12–15.

⁵⁶ Dazu SCHNEIDER, Brüdergemeine, S. 28f.; vgl. auch allgemein Voss, Herrschertreffen, S. 180–198.

⁵⁷ BECHER, Eid und Herrschaft, S. 94–111.

⁵⁸ Annales Bertiniani, a. 841, S. 38: *Qui tamen saepissimis eos legatis et iuramentis ludens.*

⁵⁹ Ebd. S. 39: *Qui semper ad mala procliues magis ritum paganorum imitari quam christianae fidei sacramenta tenere delegerunt.*

⁶⁰ Flori Lugdunensis carmina, c. 28, v. 25–28, S. 560: *Flagrat adulterium, periuria nulla timentur, / Funditur innocuus nullo iam vindice sanguis, / Iam regum legumque metus mortalia liquit, / Tartareum clausis oculis iamque itur ad ignem.* Zum Kontext der Stelle bei Florus s. auch oben, S. 80f.

⁶¹ Annales Fuldenses, a. 869, S. 67f. Der Verrat Gundacars in den Auseinandersetzungen zwischen Karlmann und seinem Vater wird ebd. a. 863, S. 56f., berichtet. Zu den Ereignissen von 869 DÜMMLER, Geschichte 2, S. 276f.; zu den Auseinandersetzungen zwischen Ludwig und Karlmann knapp SCHIEFFER, Karolinger, S. 55–57.

⁶² Annales Fuldenses, a. 869, S. 68: ,*Pugnate fortiter vestram patriam tuentes; ego enim in hoc certamine vobis proficuus non ero, quoniam sanctus Emmerammus ceterique sancti, in quorum reliquiis Hludowico regi filiisque illius fidem me servaturum esse iuravi, meum clipeum et hastam tenentes mea brachia iusum deprimunt et me undique constrictum quasi loris ligatum retinent, ita ut nec manum quidem ad os mittere praevaleam'*. Durch ein *dixisse fertur* wird die Rede als nicht selbst gehört gekennzeichnet.

⁶³ Ebd.: *Domino illi infidelitatis suae condignam mercedem retribuente.*

⁶⁴ Zur Selbstverfluchung s. HOLENSTEIN, Seelenheil und Untertanenpflicht, S. 12; vgl. auch ESDERS – SCHARFF, Untersuchung, S. 23–30.

⁶⁵ Annales Fuldenses, a. 864, S. 62: *obsides, quales et quantos rex praecepit, necessitate coactus dedit; insuper cum universis optimatibus suis fidem se cunctis diebus regi servaturum esse iuramentum firmavit, licet illud minime servaverit.*

⁶⁶ Zur Stellung von Geiseln im Frühmittelalter s. KINTZINGER, Geiseln und Gefangene, S. 43–49.

⁶⁷ Astronomus, Vita Hludowici, c. 5, S. 296/298, hier S. 296 Z. 9–11: *Ea tempestate Chorso dux Tholosanus dolo cuiusdam Uuasconis Adelerici nomine circumventus est et sacramentorum vinculis obstrictus sicque demum ab eo absolutus.*

⁶⁸ Ebd. S. 298 Z. 7–10: *Chorsone porro a ducatu semoto Tolosano, ob cuius incuriam tantum dedecus regi et Francis accidebat, Uuillelmus pro eo subrogatus est.* Es ist mir nicht einsichtig, warum Tremp hier, S. 299, *regi* mit ,Königreich' statt mit ,König' übersetzt. Zu den Ereignissen BACHRACH, Military Organisation, S. 18.

⁶⁹ S. oben, S. 24.

⁷⁰ Annales Bertiniani, a. 845, S. 51: *Karolus Brittaniam Galliae cum paucis minus caute adgressus, deficientibus suis, rebus sinistra fortuna inuersis, Cenomannos festinato reuertitur, reparatoque exercitu eandem parat impetere.*

⁷¹ Ebd. a. 846, S. 52: *Inde partes Brittaniae Karolus cum exercitu petens, pacem cum Nomenogio duce Brittonum, interuenientibus hinc et abinde sacramentis, paciscitur.*

⁷² Zum historischen Kontext vgl. THEIS, L'héritage des Charles, S. 46–48.

⁷³ Zum gerechten Krieg im Mittelalter vor allem RUSSELL, Just War; zu Augustin ebd. S. 16–26; RIEF, Bellum, S. 88–102; MARKUS, Saint Augustine's views; zu seinem Einfluß auf das Frühmittelalter RUSSELL, Just War, S. 26–39; LENIHAN, Influence; zu den antiken römischen Vorbildern RUSSELL, Just War, S. 4–8.

⁷⁴ CAVANNA, Bellum iustum, Sp. 1849.

⁷⁵ RUSSELL, Just War, S. 16 f.

⁷⁶ Dazu RIEF, Bellum, S. 69–88.

⁷⁷ S. oben, S. 21–23.

⁷⁸ RUSSELL, Just War, S. 29.

⁷⁹ Annales regni Francorum, a. 772, S. 32/34.

⁸⁰ Vgl. RUSSELL, Just War, S. 29 f.

⁸¹ STIETENCRON, Töten im Krieg, S. 47 f.

⁸² S. oben, S. 15, Anm. 4.

⁸³ Augustin, De civitate Dei 2, 21 (im Anschluß an Cicero, De re publica 2, 26–29); zum Tyrann im Mittelalter vgl. insgesamt MANDT, Tyrannis, Despotie, vor allem S. 661–665; vgl. auch KERN, Gottesgnadentum und Widerstandsrecht, S. 334–338.

⁸⁴ Isidori Hispalensis etymologiae, 9, 3, 4 f. und 19 f.

⁸⁵ BUND, Thronsturz und Herrscherabsetzung, S. 103.

⁸⁶ Ebd. S. 544–547; KERN, Gottesgnadentum und Widerstandsrecht, v. a. S. 175–212. Ein Verbot des Widerstandes gibt es vor allem bei Hrabanus Maurus, der den Tyrannen als Antichrist und somit als zu ertragende Strafe Gottes betrachtet. Zur Begrenzung der königlichen Macht durch vertragliche Sicherung im Westfrankenreich im Vertrag von Coulaines s. CLASSEN, Verträge von Verdun und von Coulaines, S. 265–271.

⁸⁷ Zum historischen Geschehen vgl. BUND, Thronsturz und Herrscherabsetzung, S. 448–450.

⁸⁸ Annales Fuldenses, a. 853, S. 43 f.: *Aquitanorum legati Hludowicum regem crebris supplicationibus sollicitant, ut aut ipse super eos regnum susciperet aut filium suum mitteret, qui eos a Karli regis tyrannide liberaret, ne forte ab extraneis et inimicis fidei cum periculo christianitatis quaerere cogerentur auxilia, quae ab orthodoxis et legitimis dominis invenire nequirent.* Die wiederholten Einladungen des Adels über fünf Jahre betonen auch die Annales Bertiniani, a. 853, S. 67.

⁸⁹ Ebd. a. 858, S. 49 f.

⁹⁰ Ebd.: *Tyrannidem enim Karli se diutius ferre non posse testati sunt, quia, quod ex eis pagani extrinsecus nemine resistente aut scutum opponente praedando, captivando, occidendo atque vendendo reliquissent, ille intrinsecus subdole saeviendo disperderet.*

⁹¹ Astronomus, Vita Hludowici, c. 19, S. 334 Z. 20–S. 336 Z. 3: *Nam totius Aquitaniae qui videbatur clerus, antequam ei crederetur, utpote sub tyrannis agens, magis equitationi, bellicę exercitationi, missillium librationi quam operam dare noverat divino cultui.* Dazu PRINZ, Klerus und Krieg, S. 89 f.

⁹² Nithardi historiae I, c. 8, S. 12 Z. 11–14: *et pars quedam populi, quid avus de regno vel nepotibus iuberet, praestolabatur; pars autem arrepto filio eius Pippino, quia natu maximus erat, tyrannidem exercebat.*

⁹³ Ebd. Z. 21 f.: *Post quod, quomodo tyrannos compesceret, contendit.*
⁹⁴ Annales regni Francorum, a. 817, S. 147: *nuntiatum est ei, Bernhardum nepotem suum, Italiae regem, quorundam pravorum hominum consilio tyrannidem meditatum.*
⁹⁵ Einhardi vita Karoli, c. 2, S. 4 Z. 5 f.: *Karolus, qui tyrannos per totam Franciam dominatum sibi vindicantes oppressit.*
⁹⁶ Annales Fuldenses, a. 899, S. 133: *Interim autem Isanricus tyrannidem suam sine cessatione contra regem exercens.*
⁹⁷ Zu diesem Anspruch zum Beispiel Löwe, Von den Grenzen.
⁹⁸ Smaragdi abbatis Commentaria in regulam Sancti Benedicti, c. 27, Sp. 853 f.
⁹⁹ Einhardi vita Karoli, c. 11, S. 14 Z. 3–5: *Baioaricum deinde bellum et repente ortum et celeri fine conpletum est. Quod superbia simul ac socordia Tassilonis ducis excitavit.*

¹⁰⁰ Die Sprache der Quellen in Bezug auf inneren politischen Widerstand im Karolingerreich untersucht Brunner, Oppositionelle Gruppen, S. 14–39, anhand der Begriffe *coniuratio, rebellio, consilium, socii* und *secundus a rege*.

¹⁰¹ Ebd. S. 20. Die Verwendung des Terminus *rebellio* für Aufstände wie den Tassilos wird Brunner zufolge benutzt, um solche ‚Rebellionen' ausdrücklich von „rein ‚innenpolitischer' Opposition" abzusetzen. Zur Einschätzung von Gegnern als Rebellen in der Annalistik vgl. Haselbach, Aufstieg und Herrschaft, S. 106 mit Anm. 75.

¹⁰² Ermoldus Nigellus, Carmen in honorem Hludowici III, v. 1296 f., S. 100/102: *Gens, ait, illa quidem mendaxque superba rebellis / Hactenus existit et bonitate carens.*

¹⁰³ Ebd. III, v. 1278–1280, S. 100: *Francia in alternis pulsabat regna triumphis, / Asperiora quidem quae sibi visa forent; / Idcirco haec tantos res est dimissa per annos.*

¹⁰⁴ Ebd. III, v. 1306–1309, S. 102: *Justitiae virtus nullam sibi vindicat aulam, / Linea judicii hinc fugit acta procul. / Rex Murmanus adest cognomine dictus eorum, / Dici si liceat rex, quia nulla regit.*

¹⁰⁵ Zu Feindbildern als historischem Forschungsthema s. Bosbach, Feindbilder.

¹⁰⁶ Annales regni Francorum, a. 824, S. 165: *Consumptisque in hac expeditione XL vel eo amplius diebus, acceptis, quos perfido Brittonum populo imperaverat, obsidibus, Ratumagum civitatem ... reversus est.*

¹⁰⁷ Einhardi vita Karoli, c. 7, S. 9 Z. 31–S. 10 Z. 1: *Poterat siquidem citius finiri, si Saxonum hoc perfidia pateretur.*

¹⁰⁸ Ebd. S. 10 Z. 16–19: *Nam numquam eos huiuscemodi aliquid perpetrantes inpune ferre passus est, quin aut ipse per se ducto aut per comites suos misso exercitu perfidiam ulcisceretur et dignam ab eis poenam exigeret.*

¹⁰⁹ Löwe, Geschichtsschreibung, S. 202 f.

¹¹⁰ Annales Fuldenses, a. 845, S. 35: *In Frisia quoque tribus proeliis conflixerunt: in primo quidem victi, in secundis vero duobus superiores effecti magnam hominum multitudinem prostraverunt. Castellum etiam in Saxonia, quod vocatur Hammaburg, populati nec inulti reversi sunt.*

¹¹¹ Ebd.: *Nordmanni regnum Karli vastantes per Sequanam usque Parisios navigio venerunt et tam ab ipso quam incolis terrae accepta pecunia copiosa cum pace discesserunt.*

¹¹² Vita Anskarii, c. 18, S. 39: *Taliter ergo et ceteri sive morte sive peste et damno rerum suarum puniti sunt. Et liquido omnibus patuit, quod, quia sanctum Dei pontificem et suos inhoneste tractare et spoliare praesumpserant, gravissimam domini nostri Iesu Christi senserint ultionem.*

¹¹³ Annales Fuldenses, a. 869, S. 67: *Contra quos Hludowicus rex tutores partium illarum interim misit, donec ipse oportuno tempore suorum vindicaturus iniurias in desertores arma corriperet.*

¹¹⁴ Ebd. a. 854, S. 45: *... Domino sanctorum suorum iniurias ulciscente et adversariis digna factis retribuente.*

¹¹⁵ Ebd. S. 44: *Nordmanni, qui continuis XX annis regni Francorum fines per loca navibus accessibilia caedibus et incendiis atque rapinis crudeliter vastabant, congregati de regionibus, per quas praedandi cupiditate dispersi fuerant, in patriam suam reversi sunt.*

¹¹⁶ Annales Bertiniani, a. 845, S. 50f.: *Sed licet peccatis nostris diuinae bonitatis aequitas nimium offensa taliter christianorum terras et regna attriuerit, ne tamen etiam pagani inprouidentiae aut certe inpotentiae Dominum omnipotentissimum ac prouidentissimum inpune diutius insimularent, cum a quodam monasterio direpto incensoque oneratis nauibus repedarent, ita diuino iudicio uel tenebris caecati uel insania sunt perculsi ut uix perpauci euaderent, qui Dei potentiam caeteris nuntiarent.*

¹¹⁷ Zum Begriff der *vastatio* vgl. oben, S. 138–146.

¹¹⁸ Annales regni Francorum, a. 778, S. 52: *Et cum audissent Saxones, quod domnus Carolus rex et Franci tam longe fuissent partibus Hispaniae, per suasionem supradicti Widochindi vel sociorum eius secundum consuetudinem malam iterum rebellati sunt.*

¹¹⁹ Ebd. a. 776, S. 44, und a. 777, S. 48.

¹²⁰ Ebd. a. 775, S. 40/42.

¹²¹ Ebd. a. 772, S. 32/34, und a. 774, S. 40.

¹²² Ebd. a. 773, S. 36: *Et dum propter defensionem sanctae Dei Romanae ecclesiae eodem anno invitante summo pontifice perrexisset, dimissa marca contra Saxones nulla omnino foederatione suscepta.*

¹²³ Ebd. a. 782, S. 60: *Et cum reversus fuisset, statim iterum Saxones solito more rebellati sunt, suadente Widochindo.*

¹²⁴ Ebd. a. 784, S. 66: *Et tunc rebellati sunt iterum Saxones solito more et cum eis pars aliqua Frisonum.*

¹²⁵ Diese Interpretation liegt aufgrund einer fehlenden gemeinsamen Führung der Sachsen nahe.

¹²⁶ Das zeigte sich bereits bei den Ausführungen, die oben zum Eid gemacht wurden. Die Anrufung Gottes und seine Hineinnahme in den Rechtsakt sowie die Selbstverfluchung des Eidgebers verweisen auf beide Sphären zugleich.

¹²⁷ Annales Bertiniani, a. 845, S. 49: *Quibus Saxones occurrentes commisso praelio, Domini nostri Iesu Christi auxilio uictores efficiuntur.*

¹²⁸ Ebd. a. 848, S. 55: *Sclaui in regnum Hlodouuici hostiliter irruentes ab eo in Christi nomine superantur.*

¹²⁹ Ebd. a. 880, S. 241: *Et inueniens Hludouuicus in itinere Nortmannos, Domino opem ferente, magnam partem ex illis occidit exercitus suus.*

¹³⁰ Annales regni Francorum, a. 778, S. 52: *Ibi pugna incepta et valde bene finita,*

auxiliante Domino Franci victores extiterunt; a. 779, S. 54: *et Saxones voluerunt resistere in loco, qui dicitur Bohholz; auxiliante Domino non praevaluerunt*; a. 783, S. 64: *et Domino adiuvante Franci victores extiterunt*; ebd. S. 64/66: *Ibi iterum pugna inita non minor numerus Saxonum ibi cecidit, et auxiliante Domino Franci victores extiterunt.*

[131] Ebd. a. 788, S. 82: *Et auxiliante Domino victoria est facta a Francis seu supranominatis Langobardis ... opitulante Domino victoriam obtinuerunt Franci ... Domino auxiliante victoria fuit Francorum seu Baioariorum.*

[132] S. oben, S. 41.

[133] Annales Bertiniani, a. 866, S. 131: *Qua depraedata, in regressu suo usque ad locum qui dicitur Brieserta ueniunt, ubi Rotbertum et Ramnulfum, Gozfridum quoque et Heriueum comites cum ualida manu armatorum, si Deus cum eis esset, offendunt.*

[134] S. oben, S. 23.

[135] Annales Bertiniani, a. 866, S. 131: *Et quoniam Ramnulfus et Rotbertus de praecedentium se uindicta, qui contra suum ordinem alter abbatiam Sancti Hilarii, alter abbatiam Sancti Martini praesumpserat, castigari noluerunt, in se ultionem experiri meruerunt.*

[136] S. oben, S. 45–50 und 146–150.

[137] S. oben, S. 49, Anm. 113 f.

[138] ANGENENDT, Heilige und Reliquien, S. 102–122, Zitat auf S. 114.

[139] MCCORMICK, Liturgy of War; DERS., Eternal Victory, dort S. 328–387 zum Frankenreich; s. auch ANGENENDT, Libelli bene correcti.

[140] MCCORMICK, Liturgy of War, S. 2–6.

[141] Ebd. S. 22.

[142] S. oben, S. 17.

[143] Annales regni Francorum, a. 791, S. 88: *Ad Anisam vero fluvium properantes ibi constituerunt laetanias faciendi per triduo missarumque sollemnia celebrandi; Dei solatium postulaverunt pro salute exercitus et adiutorio domini nostri Iesu Christi et pro victoria et vindicta super Avaros.* Zum Feldzug von 791 vgl. POHL, Awarenkriege, S. 17–21.

[144] Annales regni Francorum, a. 791, S. 88: *Christo perducente populo suo utrosque exercitus sine laesione introduxit.* Dazu s. MCCORMICK, Liturgy of War, S. 8 f.; Analogie zum AT (z. B. 1. Sam 7,6–11).

[145] Vgl. SCHARFF, Rückkehr nach Ägypten, bei Anm. 37.

[146] Ludwigslied, str. 22, S. 199: *Ther kuning reit kuono, / Sang lioth frano. / Ioh alle saman sungun: / ‚kyrrieleison.'*

[147] S. oben, S. 56 f.

[148] Ebd.

[149] S. oben, S. 137 f., Anm. 48–50, und S. 76.

[150] MCCORMICK, Liturgy of War, S. 2.

[151] S. oben, S. 49, Anm. 112.

[152] S. oben, S. 26, Anm. 65.

[153] Der Gegensatz von ‚dualistisch' versus ‚dualisierend' nach ANGENENDT, Frühmittelalter, S. 186.

[154] Astronomus, Vita Hludowici imperatoris, c. 29, S. 378 Z. 17–S. 380 Z. 3: *At vero*

non tulit hanc sanctam Deoque dignam imperatoris devotionem humani generis inimicus undique se inpetentem et ab omnibus ecclesię ordinibus sibimet bella inducentem, sed coepit totis virium copiis se expugnantem oppugnare et per membra sua Christi fortissimum bellatorem vi et astu quo potuit lacessere.

¹⁵⁵ Ebd. c. 45, S. 464. Dieser Vergleich wird zum Verhalten im Krieg auch auf den hl. Ansgar angewendet (s. oben, S. 40, Anm. 52). Es gibt aber auch durchaus mehrfach Kritik an der Milde des Kaisers.

¹⁵⁶ Ebd. c. 29, S. 380 Z. 3–8: *Nam his rite ordinatis ... statim ei Abodritorum defectio nuntiatur.* (In dem ausgelassenen Textteil geht es um die Einsetzung der Söhne in den Teilkönigreichen).

¹⁵⁷ Ebd. Z. 9–11: *Quos contra imperator suffitientes copias dirigens, eorum motus Deo favente compraessit.*

¹⁵⁸ Ebd. c. 48, S. 472 Z. 6–10: *Humano porro generi pacique contrarius diabolus nequaquam ab imperatoris infestatione feriabatur, sed per satellitum suorum versutias filios sollicitabat persuadens illis, quod pater eos ultro perdere vellet, non considerantes, quod qui mitior omnibus esset externis, immanis non poterat effici suis.*

¹⁵⁹ In ebd. c. 45, S. 462, kommt es auch noch einmal durch die Anstiftung des Teufels fast zum Blutvergießen, das jedoch durch das Dazwischentreten Ludwigs verhindert wird.

¹⁶⁰ S. oben, S. 156.

¹⁶¹ Annales Fuldenses, a. 849, S. 39: *Et ut maior confusio superbientibus et de sua virtute praesumentibus fieret, contigit eodem anno post non multi temporis spatium in villa Hohstedi, quae est in territorio Mogontiaco, spiritum nequam per os cuiusdam arreptitii protestari, bello se Boemanico praefuisse sociosque suos spiritum superbiae atque discordiae fuisse, quorum dolosis machinationibus Franci Boemanis terga vertissent.*

¹⁶² Annales Bertiniani, a. 870, S. 178: *Vnde Karlomannus noctu a patre aufugiens, in Belgicam prouinciam uenit, et congregatis secum plurimis satellitibus ac filiis Belial, tantam crudelitatem et deuastationem secundum operationem Satanae exercuit ut credi non possit nisi ab ipsis qui eandem depopulationem uiderunt atque sustinuerunt.*

¹⁶³ S. oben, S. 25, Anm. 61 f.

¹⁶⁴ Zur Gehorsamsverweigerung karolingischer Söhne als Rebellion s. KASTEN, Königssöhne und Königsherrschaft, S. 199–220.

¹⁶⁵ Annales Bertiniani, a. 839, S. 26: *Imperator autem, sanguinem communis populi fundi admodum metuens, ad loca alia transpositioni oportuna diuertere nullatenus dedignatus est, in quibus omnibus econtra ripis insistentem et transfretare conantibus obsistentem filium conspicatus.*

¹⁶⁶ Ebd.: *eratque uidere miseriam, hac pio patre, illac impio filio digredientibus.*

¹⁶⁷ Ebd. a. 833, S. 8 f.: *Conuocatoque exercitu, obuiam illis ire disposuit, ut si eos uerbis pacificis ab hac audatia auertere nequiuisset, armis, ne cristianum populum lederent, compesceret.*

¹⁶⁸ Annales Fuldenses, a. 838, S. 29: *Ille autem intellegens ex invidia consiliantium talem prodisse sententiam edicto posthabito III. Kal. Dec. ad Franconofurt cum suis venit. Contra quem imperator quasi sibi adversantem cum exercitu veniens.*

¹⁶⁹ Ebd. a. 839, S. 29: *Quo cognito Hludowicus nefas esse sciens filium patri repugnare cedendumque tempori iudicans in Baioariam se recepit.*

¹⁷⁰ Das zeigen bereits die oben geschilderten Bemühungen Augustins, eine Form des ‚gerechten' Krieges aufzuzeigen.

¹⁷¹ S. oben, S. 114, Anm. 30.

¹⁷² S. oben, S. 168 f.

¹⁷³ Nithardi historiae II, c. 10, S. 26.

¹⁷⁴ S. Anm. 37.

¹⁷⁵ S. oben, S. 56, Anm. 13.

¹⁷⁶ Ermoldus Nigellus, Carmen in honorem Hludowici III, v. 1392, S, 108; *Ille pius forsan proprium te mittet ad arvum / Et majora tibi munera forte dabit.*

¹⁷⁷ Annales regni Francorum, a. 787, S. 76: *et si ipse dux obdurato corde verbis supradicti apostolici minime oboedire voluisset, tunc domnus Carolus rex et suus exercitus absoluti fuissent ab omni periculo peccati, et quicquid in ipsa terra factum eveniebat in incendiis aut in homicidiis vel in qualecumque malitia, ut hoc super Tassilonem et eius consentaneis evenisset et domnus rex Carolus ac Franci innoxii ab omni culpa exinde permansissent.* Zu den Ereignissen s. BECHER, Eid und Herrschaft, S. 59–63.

¹⁷⁸ Nithardi historiae III, c. 1, S. 29 Z. 3–11: *verumtamen in veneratione ac laude tantae declarationis iusticiae pro remissione delictis mortuorum fratrum suorum – in eo, quod inperfecti peccatis intervenientibus se noverant, ut in multis volentes nolentesque delinquebant – ut suo adiutorio ab his exuti liberarentur; insuper autem, uti actenus in iusticia adiutor et protector illis Deus extitit, ita ut deinceps ubique existeret; proque his omnibus triduanum ieiunium inventum immoque libenter ac celebre celebratum est.*

¹⁷⁹ S. oben, S. 110, Anm. 10.

¹⁸⁰ S. oben, S. 112, Anm. 24.

¹⁸¹ S. oben, S. 114–116.

¹⁸² SEMMLER, Herrschaftmaxime.

¹⁸³ S. oben, S. 27.

¹⁸⁴ Vgl. auch REUTER, Plunder and tribute.

¹⁸⁵ Annales Fuldenses, a. 858, S. 49: *reversus in Franconofurt, cum multa de utilitate regni cum suis tractaret atque disponeret, tum etiam decrevit tres exercitus in diversos regni sui terminos ese mittendos.*

¹⁸⁶ Ebd.: *ut sedatis extrinsecus adversariorum tumultibus facilius intrinsecus regni gubernacula disponeret.*

¹⁸⁷ Annales Mettenses priores, a. 688, S. 4 Z. 20–22: *Hinc Suavos et Baiowarios et Saxones crebris irruptionibus frequentibusque preliis contritos sue ditioni subiugavit.*

¹⁸⁸ Ebd. S. 4 Z. 25–S. 5 Z. 1: *Sed propter desidiam regum et domesticas dissensiones et bella civilia, quae in multas partes divisi regni ingruerant, legitimam dominationem deserentes, singuli in proprio solo armis libertatem moliebantur defendere.*

¹⁸⁹ S. oben, S. 71 f.

¹⁹⁰ Annales Fuldenses, a. 872, S. 75 f.: *Mense autem Maio misit Thuringios et Saxones contra Sclavos Marahenses, qui, quoniam regem secum non habebant et inter se concordes esse nolebant, idcirco hostibus terga verterunt et plurimis suorum amissis turpiter redierunt.*

¹⁹¹ Ebd. S. 76: *ita ut quidam comites in illa expeditione fugientes a mulierculis illius regionis verberati et de equis in terram fustibus deiecti referantur.*
¹⁹² Zu Nithard s. oben, S. 102f. Zum *terror* des Herrschers in den Fürstenspiegeln s. oben, 1. Kapitel, Anm. 7 und 12. Zum biblischen Gebrauch von *terror*, auf dem die karolingischen Vorstellungen beruhen, vgl. WALTHER, Terror, S. 326f.
¹⁹³ Zur Entwicklung der Paarformeln *pax et concordia* bzw. *pax et iustitia* (und anderer) bei Augustinus und in der Karolingerzeit s. HATTENHAUER, Pax et iustitia, S. 21–32 (vgl. auch die Tabelle ebd. S. 48–50).
¹⁹⁴ Ebd. S. 29f. Zum Thema jetzt auch DILCHER, Friede durch Recht.
¹⁹⁵ S. oben, S. 61f.
¹⁹⁶ Luc 14,32: *ea quae pacis erant*; vgl. Annales Mettenses priores, a. 690, S. 9 Z. 14f.; a. 713, S. 18 Z. 23; a. 740, S. 30 Z. 19; a. 764, S. 52 Z. 26.
¹⁹⁷ Ebd. a. 692, S. 14 Z. 17–S. 15 Z. 4: *Ipse vero precinctus robore, comitante divino auxilio, regnum Francorum interius iusticia et pace, exterius prudentissimis consiliis atque invictis armorum presidiis, auxiliante Domino, gubernabat.* Zur Darstellung von Friedensliebe, Unbesiegbarkeit und Rechtsetzung bei Ermoldus Nigellus s. oben, S. 60–62.
¹⁹⁸ Chronicon Moissiacense, a. 803, S. 307 Z. 24f.: *ipse vero in pace et triumpho reversus est ad propria.*
¹⁹⁹ MGH Cap. 2, Nr. 239, S. 123–126, hier S. 126 Z. 13–21: *Cumque Deo auxiliante ad propria veneritis, ieiunium indicite, litaniam celebrate rogantes et obsecrantes pium et misericordem Dominum, ut furorem mitiget, iram a populo avertat, pacem tribuat, schismata et seditiones comprimat, discordiam auferat, retroacta peccata tergat et miserando aboleat; quatenus indultis omnibus delictis misericordiam rogantibus largiatur et ad protectionem et exaltationem sanctae suae ecclesiae spiritualem filium nostrum, excellentissimum scilicet imperatorem Lambertum, conservet et superbarum gentium illi colla subiiciat sua potenti dextera Iesus Christus dominus noster, cui est cum Patre et Spiritu sancto honor et gloria in saecula saeculorum. Amen.* Vgl. MC CORMICK, Liturgy of War, S. 13 mit Anm. 55.

Achtes Kapitel:
Krieg und Erinnerung:
Die Namen der Helden im kulturellen Gedächtnis

¹ Zur Schriftlichkeit in der Karolingerzeit SCHIEFFER, Schriftkultur und Reichsverwaltung; NELSON, Litarcy in Carolingian government; MCKITTERICK, Carolingians and the written word; DIES., Use of literacy; STRATMANN, Schriftlichkeit in der Verwaltung; JOHANEK, Raffelstätter Zollordnung; DERS., Zur rechtlichen Funktion; für die Bedeutung der schriftlichen Aufzeichnung s. auch ALTHOFF, Gloria et nomen perpetuum, S. 312 mit Anm. 59.
² Hrabani Mauri carmina, c 21, S. 186 Z. 9f.
³ Einhardi vita Karoli, S. 2. Z. 3–9: *qua me ita sibi devinxit debitoremque tam vivo quam mortuo constituit, ut merito ingratus videri et iudicari possem, si tot beneficiorum in me conlatorum inmemor clarissima et inlustrissima hominis optime de me meriti gesta silentio praeterirem patererque vitam eius, quasi qui numquam vixerit,*

sine litteris ac debita laude manere. Zu Einhards Einleitung s. auch GANZ, Preface; zum Text vgl. GOETZ, Verschriftlichung, S. 240f.

[4] Einhardi vita Karoli, S. 2 Z. 12f.: *En tibi librum praeclarissimi et maximi viri memoriam continentem.*

[5] Reginonis chronica, praefatio, S. 1: *Indignum etenim mihi visum est, ut, cum Hebreorum Grecorum et Romanorum aliarumque gentium historiographi res in diebus suis gestas scriptis usque ad nostram notitiam transmiserint, de nostris quamquam longe inferioribus temporibus ita perpetuum silentium sit, ut quasi in diebus nostris aut hominum actio cessaverit aut fortassis nil dignum, quod memoriae fuerit commendandum, egerint aut, si res dignae memoratu gestae sunt, nullus ad haec litteris mandanda idoneus inventus fuerit, notariis per incuriam otio torpentibus.*

[6] Ebd. a. 813, S. 73: *Et de Ludowici quidem imperatoris temporibus perpauca litteris comprehendi, quia nec scripta repperi, nec a senioribus, quae digna essent memoriae commendanda, audivi.*

[7] Gesta episcoporum Virdunensium, S. 37 Z. 23f.: *Idcirco etenim facta orthodoxorum praesulum litteris annotavi, ut eorum memoria sit nobiscum aeterna, quorum nomina in caelo credimus aeternaliter esse scripta.*

[8] Ebd. Z. 25–27: *Dominus igitur Hatto ... qui pontifex venerandus multa memoria digna contulit ecclesiae.*

[9] Vita Sualonis, S. 156 Z. 39–S. 157 Z. 9.

[10] Zum Zusammenhang von Schriftform und Wahrheit in der Rechtssphäre vgl. ESDERS – SCHARFF, Untersuchung, S. 37–41.

[11] Nithardi historiae I, S. 1 Z. 14–18: *Praeterire autem ea quae temporibus pii patris vestri gesta sunt disposueram, sed facilius cuilibet legenti altercationum vestrarum veritas patebit, si quaedam, que suo in tempore contigisse novimus, summotenus praelibavero.* Zur Abfassung und zu den einzelnen Prooemien s. NELSON, Public Histories.

[12] Nithardi historiae III, S. 28 Z. 1–4: *sed ne forte quilibet quocumque modo deceptus res nostro in tempore gestas, praeterquam exactae sunt, narrare praesumat, ex his quibus interfui tertium libellum ut adderem acquievi.*

[13] Ebd. IV, S. 39 Z. 25–31: *Interim autem si aliquod tempus otiosum repperero, quid oberit, si, uti iussum est, facta principum procerumque nostrorum stili officio memoriae mandare curabo? Ergo huic rerum operi quarto assistam et, si in ceteris rebus futuris prodesse nequivero, saltem in his errorum nubeculam proprio labore posteris detergam.*

[14] RICHÉ, Écoles et enseignement, S. 218.

[15] Hrabanus Maurus, De universo, Sp. 335; vgl. LE GOFF, Erinnerung, S. 110.

[16] Hierzu vgl. die Arbeiten des Freiburger Sonderforschungsbereichs 321; für das Frühmittelalter vor allem: Schriftlichkeit im frühen Mittelalter; Zur Mündlichkeit s. RICHTER, Oral Tradition.

[17] CARRUTHERS, Book of Memory; WENZEL, Hören und Sehen; ROY – ZUMTHOR, Jeux de mémoire.

[18] So etwa die Arbeit von GOODY, Entstehung und Folgen; Ansätze in der Mediävistik: VOLLRATH, Mittelalter in der Typik oraler Gesellschaften; KELLER, Vom ‚heiligen' Buch; DERS., Entwicklung der europäischen Schriftkultur.

[19] Vgl. dazu die oben unter Anm. 1 genannte Literatur.

[20] Vgl. ANGENENDT, Libelli bene correcti.

[21] Annales Fuldenses, a. 867, S. 66: *alter quodammodo nostris temporibus Machabeus; cuius proelia, quae cum Brittonibus et Nordmannis gessit, si per omnia scripta fuissent, Machabei gestis aequiperari potuissent.*

[22] Das geht aus einer Bemerkung an anderer Stelle zu einer ganz anderen Sache hervor; vgl. ebd. a. 857, S. 48: *Feruntur et alia prodigia his temporibus Treveri contigisse, quae ideo scribere distuli, quia de eis certum nuntium non habui.* Allerdings muß man sagen, daß die beiden Stellen wahrscheinlich zwei verschiedenen Autoren zuzuschreiben sind, über deren Identifizierung immer noch Unsicherheit herrscht. Vgl. WATTENBACH – LEVISON, Deutschlands Geschichtsquellen 6, S. 671–687.

[23] Vgl. auch die, allerdings nicht in erster Linie auf militärische Ereignisse bezogenen, Beispiele bei ALTHOFF, Gloria et nomen perpetuum.

[24] Reginonis chronica, a. 867, S. 92 f.

[25] Ebd. S. 92: *Sed quamvis repentini et subitanei casus etiam fortissimos viros in bello conturbare soleant, tamen arma quam citius corripiunt, hostes viriliter excipiunt et cedentes in basilicam redire compellunt.*

[26] Ebd. S. 92 f.: *Ruotbertus absque galea et lorica accurrens, cum incautius dimicaret et inimicos ultro insequeretur, interfectus est in introitu ipsius ecclesiae; eius corpus iam exanime Nortmanni intrinsecus trahunt.*

[27] Ebd. S. 93, Anm. *; vgl. oben Anm. 21. Daß es sich dabei um denselben Satz wie in den Fuldaer Annalen handelt, sagt der Herausgeber, Friedrich Kurze, nicht, obwohl er auch dieses Werk ediert hat.

[28] Zum Ruhm im Frühmittelalter im allgemeinen s. ALTHOFF, Gloria et nomen perpetuum, und MÜLLER, Gloria Bona Fama Bonorum.

[29] Chronicon Moissiacense, a. 803, S. 307 Z. 19–21: *Cumque panes defecissent in civitate, et iam capienda esset civitas, miserunt ad Ludovicum regem, ut veniret Barchinonam, quia iam capienda erat civitas, ut cum capta fuisset, nomini eius adscriberetur victoria.*

[30] Astronomus, Vita Hludowici, c. 13, S. 318 Z. 5–9: *Cum enim longa fessam obsidione nostri cernerent urbem et iamiamque capiendam aut tradendam crederent, honesto, ut decebat, usi consilio regem vocant, ut urbs tanti nominis gloriosum nomen regi propagaret, si illam eo praesente superari contingeret.*

[31] S. oben, S. 59.

[32] Das ist unabhängig davon, daß Ermold früher als der Astronom schreibt. Die Vorstellung von der Verbindung des Namens Ludwigs mit dem Barcelonas ist offensichtlich seit der Eroberung präsent.

[33] Annales regni Francorum, a. 782, S. 60: *Et cum reversus fuisset, statim iterum Saxones solito more rebellati sunt, suadente Widochindo.*

[34] Ebd.: *Et commiserunt bellum cum Saxonibus; et fortiter pugnantes et multos Saxones interimentes victores extiterunt Franci. Et ceciderunt ibi duo ex ipsis missis, Adalgisus et Gailo, in monte, qui dicitur Suntdal.*

[35] Ebd. S. 62.

[36] Annales q. d. Einhardi, a. 782, S. 61–65.

[37] Ebd. S. 63: *Habitoque inter se conloquio veriti sunt, ne ad nomen Theoderici victoriae fama transiret, si eum in eodem proelio secum haberent.*

[38] Ebd.

[39] Der Sieg der Königsboten in den Reichsannalen läßt es als unlogisch erscheinen, daß Karl anschließend eine Strafaktion durchführt.
[40] Annales regni Francorum, a. 791, S. 86/88; Annales q. d. Einhardi, S. 87/89.
[41] Annales q. d. Einhardi, a. 793, S. 93: *Cuius rei nuntio accepto magnitudinem damni dissimulans iter in Pannoniam intermisit.*
[42] Zu den verschiedenen Möglichkeiten, im Mittelalter berühmt zu werden, vgl. auch ALTHOFF, Gloria et nomen perpetuum.
[43] S. oben, S. 75, zum Ludwigslied.
[44] Notkeri Gesta Karoli II, c. 12, S. 75 Z. 14–18: ‚*Quid mihi ranunculi illi? Septem vel octo vel certe novem de illis hasta mea perforatos et quid nescio murmurantes huc illucque portare solebam. Frustra adversum tales vermiculos domnus rex et nos fatigati sumus.*' Übersetzung nach Rau.
[45] Ebd. c. 14, S. 77 Z. 20–78 Z. 5: ‚*Scitis,*' inquit ‚*o fideles mei, quid tantopere ploraverim? Non hoc*' ait ‚*timeo, quod isti nugę et nihili mihi aliquid nocere praevaleant. Sed nimirum contristor, quod me vivente ausi sunt litus istud attingere, et maximo dolore torqueor, quia praevideo, quanta mala posteris meis et eorum sunt facturi subiectis ...*'
[46] Zum Beispiel im Kampf mit den Byzantinern: Liutprandi antapodosis IV, c. 9, S. 108. Ganz im Gegensatz dazu steht der auf Ausgleich bedachte Umgang mit inneren Gegnern; vgl. die Arbeiten von ALTHOFF, Königsherrschaft und Konfliktbewältigung, oder DERS., Privileg der deditio (weiteres in DERS., Spielregeln der Politik).
[47] S. oben, S. 58f.
[48] Einhardi vita Karoli, c. 8, S. 11 Z. 1–6: *Hoc bello, licet per multum temporis spatium traheretur, ipse non amplius cum hoste quam bis acie conflixit, semel iuxta montem qui Osneggi dicitur in loco Theotmelli nominato et iterum apud Hasa fluvium, et hoc uno mense, paucis quoque interpositis diebus.*
[49] Annales Fuldenses, a. 841, S. 32: *Factumque est inter eos VII. Kal. Iulii proelium ingens et tanta caedes ex utraque parte, ut numquam aetas praesens tantam stragem in gente Francorum factam antea meminerit.* Ausdrücke wie *tempora moderna* (und daher vielleicht auch *aetas praesens*) meinen für gewöhnlich das eigene Jahhundert, vgl. LE GOFF, Geschichte und Gedächtnis, S. 108.
[50] Vgl. DÜMMLER, Geschichte 1, S. 158, Anm. 3.
[51] Ex miraculis S. Vedasti II, c. 2, S. 399 Z. 44f.: *Videres totam florere provinciam et quasi post diluvium Getarum tripudiare Franciam.* Vgl. LÖWE, Geschichtsschreibung, S. 26, Anm. 120.
[52] Reginonis chronica, a. 841, S. 75: *In qua pugna ita Francorum vires adtenuatae sunt ac famosa virtus infirmata, ut non modo ad amplificandos regni terminos, verum etiam nec ad proprios tuendos in posterum sufficerent.*
[53] Vgl. DÜMMLER, Geschichte 1, S. 159 mit Anm. 2; vgl. oben, S. 41 f.
[54] Angelberti Rhythmus de pugna Fontanetica, str. 7, S. 52.
[55] Beispiele bei DÜMMLER, Geschichte 1, S. 158, Anm. 2.
[56] Isidori Hispalensis etymologiae XVIII, 1, 4 (vgl. Hrabanus Maurus, De universo XX, c. 1, Sp. 533). Isidor beruft sich bei der Definition auf Lucan, De bello civili 2, 150f. Der Ausdruck *bellum plus quam civile* steht bei Lucan allerdings gleich in der ersten Zeile des ersten Buchs.
[57] Z. B. in Annales Bertiniani, a. 845, S. 51.

⁵⁸ Reginonis chronica, a. 874, S. 108: *Raro in illo regno in ullo prelio tantum sanguinis fusum est.*
⁵⁹ Annales Xantenses, a. 864, S. 21.
⁶⁰ Annales Bertiniani, a. 862, S. 58.
⁶¹ Ebd. a. 869, S. 106.
⁶² Ebd. a. 865, S. 80.
⁶³ Annales Xantenses, a. 873, S. 32.
⁶⁴ Ebd. a. 845, S. 14.
⁶⁵ Annales Fuldenses, a. 873, S. 80.
⁶⁶ Astronomus, Vita Hludowici, c. 32, S. 396.
⁶⁷ Annales regni Francorum, a. 798, S. 104.
⁶⁸ Reginonis chronica, a. 883, S. 120 (*ut ferunt*). Zum Zusatz vgl. SONNTAG, Studien, S. 135 f.
⁶⁹ Annales Fuldenses, a. 881, S. 96 (*perhibetur*)
⁷⁰ Annales Xantenses, a. 845, S. 14.
⁷¹ Reginonis chronica, a. 890, S. 135 f. Hier heißt es, daß kaum 400 von 15000 Normannen den Rückweg antraten; vgl. dazu SONNTAG, Studien, S. 138–140.
⁷² Annales Fuldenses, a. 896, S. 130.
⁷³ Vgl. MEYER – SUNTRUP, Lexikon, Sp. 966 (s. Stichwort ‚Gefallene' im Register ‚Gezählte Bedeutungsträger'). Ähnlich sieht es SONNTAG, Studien, S. 149 für die Angabe von Gefallenenzahlen bei Regino von Prüm, im Gegensatz zu Gregor von Tours (ebd. S. 77).
⁷⁴ WERNER, Heeresorganisation und Kriegführung, S. 813–832, setzt sich in bezug auf die Zahlenstärken vor allem mit den älteren Arbeiten zur Militärgeschichte auseinander und stellt die Grundlagen von deren Berechnungen kritisch in Frage. Neuerdings kommt in der kritischen Auseinandersetzung mit Hans Delbrück auch BACHRACH, Early Medieval Military Demography, insbes. S. 17–19, zum Ergebnis, daß man mittelalterliche Heeresstärken nicht unterschätzen dürfe. Zu den Stärken normannischer Verbände s. ZETTEL, Bild der Normannen, S. 229–231. Unrealistisch hohe Zahlenangaben speziell bei den Angaben zu den Normannenheeren konstatiert hingegen SONNTAG, Studien, S. 123–140, bei Regino von Prüm aufgrund archäologischer Befunde. Im übrigen stellt sie in ihrer Untersuchung über die Zahlenangaben bei Gregor von Tours und Regino von Prüm allerdings fest, daß diese weitgehend „zuverlässig" seien. Die einzige Ausnahme sei bei beiden Autoren hinsichtlich der Heeresstärken zu konstatieren (ebd. S. 143–145).
⁷⁵ Annales q. d. Einhardi, a. 782, S. 63: *Sed maior Francis quam pro numero iactura fuit, quia legatorum duo, Adalgisus et Geilo, comitum quattuor aliorumque clarorum atque nobilium usque ad viginti interfecti, praeter ceteros, qui hos secuti potius cum eis perire quam post eos vivere maluerunt.* Zum Livius-Zitat ebd. Anm. 5.
⁷⁶ Einhardi vita Karoli, c. 13, S. 16 Z. 3–7: *Quot proelia in eo gesta, quantum sanguinis effusum sit, testatur vacua omni habitatore Pannonia et locus, in quo regia kagani erat, ita desertus, ut ne vestigium quidem in eo humanae habitationis appareat. Tota in hoc bello Hunorum nobilitas periit, tota gloria decidit.*
⁷⁷ Annales regni Francorum, a. 796, S. 98: *Sed et Heiricus dux Foroiulensis ... thesaurum priscorum regum multa seculorum prolixitate collectum domno regi Carolo ad Aquis palatium misit.*

⁷⁸ Ebd.: *Quo accepto peracta Deo largitori omnium bonorum gratiarum actione idem vir prudentissimus atque largissimus et Dei dispensator magnam inde partem Romam ad limina apostolorum misit per Angilbertum dilectum abbatem suum; porro reliquam partem obtimatibus, clericis sive laicis, ceterisque fidelibus suis largitus est.*

⁷⁹ Annales Fuldenses, a. 871, S.75: *ibique propter loci angustiam equis et armis derelictis vix nudi evaserunt. Nostrates vero supervenientes DCXLIIII equos cum frenis et sellis atque eiusdem numeri scuta, quae fugientes dimiserant, invenerunt.*

⁸⁰ Reginonis chronica, a. 874, S.108: *Erat hic Vurfandus genere inter suos clarus, sed virtutum experimentis nobilitate clarior, quae tanta in illo fuit, ut animi magnitudine virumque gloria inter suos, ut diximus, nulli videatur esse secundus; ad cuius audatiam mentisque constantiam demonstrandam unum e multis ponere placuit.*

⁸¹ S. oben, S. 58.

⁸² Ermoldus Nigellus, Carmen in honorem Hludowici III, v. 1688–1691, S.128: *Coslus erat quidam Francisco germine natus, / Non tamen e primo, nec generosa manus. / Francus erat tantum, fama minus antea notus, / Postea cui nomen dextera celsa dedit.*

⁸³ Astronomus, Vita Hludowici, c. 30, S.386 Z. 15–17: *... donec interfecto Marmono, dum sarcinis inmediatur castrensibus, a quodam regiorum custode equorum nomine Choslo, ...*

⁸⁴ Nithardi historiae II, c. 10, S.24f.

⁸⁵ Ebd. S.25 Z. 1–6: *verumtamen, quanquam se haec ita haberent, timentes, ne forte, si ab auxilio fratris frater deficeret, posteris suis indignam memoriam reliquissent; quod quidem ne facerent, elegerunt omni penuriae, etiam, si oporteret, morti potius subire quam nomen invictum amittere.*

⁸⁶ Reginonis chronica, a. 874, S.107: *‚Absit‘, inquit, ‚optimi commilitones, ut hodie faciam, quod numquam feci, scilicet ut inimicis meis terga vertam et gloria nominis nostri infametur. Melius nobiliter mori, quam ignominia vitam servare; nec diffidendum de victoria. Fortunae vires cum hostibus experiamur; neque enim salus est in multitudine, sed potius in Deo.'*

⁸⁷ Zu den Vurfandus-Episoden s. Kortüm, Weltgeschichte, S.509f.

⁸⁸ Annales Mettenses priores, a. 692, S.15 Z. 7–11: *Exierat enim fama victoriae et triumphorum eius in omnes gentes, ut merito propter virtutem et prudentiam eius cunctae circumsitae nationes amicitiam illius magnis oblatis muneribus implorarent.* S. oben, S. 187, Anm. 197.

⁸⁹ Ermoldus Nigellus, Carmen in honorem Hludowici III, v. 1256f., S.98: *Famaque Francorum Hludowici munere magni / Trans freta cuncta volat et petit aethra poli.*

⁹⁰ Ebd. v. 1254f.: *Caesaris arma Dei crescebant munere celsi, / Gentibus et cunctis pax erat aucta fide.*

⁹¹ Nelson, Public Histories, S.256f.

⁹² Nithardi historiae I, c. 5, S.7 Z. 17f.: *Cecidit Uodo et Odo, Vivianus, Fulbertus ac plebis innumera multitudo.*

⁹³ Annales Bertiniani, a. 834, S.13: *Eo etiam tempore in expeditione quae contra Lantbertum et Matfridum aliosque Hlotarii complices directa fuerat, interfecti sunt Odo et Vuillelmus, frater eius, ac Fulbertus comites et Theoto, monasterii Sancti Martini abbas, et alii quamplures.*

[94] Annales Fuldenses, a. 834, S. 27: *Pugnatum est eodem anno cum Mahtfrido et Lantberto; in quo proelio perierunt Uodo comes Aurelianensis et Theodo abbas sancti Martini Turonensis et alii multi.*

[95] Ebd. a. 837, S. 28: *Nordmanni tributum exactantes in Walchram insulam venerunt ibique Eggihardum eiusdem loci comitem et Hemmingum Halpdani filium cum aliis multis XV. Kal. Iulii occiderunt et Dorestadum vastaverunt.*

[96] Ebd., a. 844, S. 34 f.: *Pippini duces Karli exercitum superant VII. Idus Iunii; in quo proelio ceciderunt Hugo abbas, patruus Karli, et Rihboto abbas, Hraban quoque signifer cum aliis multis ex nobilibus.*

[97] Ebd., a. 856, S. 47: *In qua expeditione perierunt comites Bardo et Erpf cum aliis quam pluribus.*

[98] Annales Bertiniani, a. 844, S. 46 f.

[99] Annales Fuldenses, a. 880, S. 94. Zur Schlacht s. HARTHAUSEN, Normanneneinfälle, S. 34–145; zu einzelnen Aspekten WERNER, Heeresorganisation und Kriegführung, S. 800–802; PRINZ, Klerus und Krieg, S. 137 f; DÜMMLER, Geschichte 3, S. 135–137.

[100] Das Verbrüderungsbuch der Abtei Reichenau, p. 100/A5 und 101/A5; zur Zusammengehörigkeit der beiden, jeweils eine Zeile umfassenden Einträge vgl. ebd. S. LXIX mit Anm. 70 und S. LXXIX.

[101] Für die Mainzer Herkunft und damit die Ablehnung der Provenienz aus Fulda vgl. FREISE, Datierung, S. 567.

[102] JAKOBI, Amtsträgerlisten, S. 516.

[103] ALTHOFF, Adels- und Königsfamilien, S. 202 f.

[104] Dazu FREISE, Kalendarische und annalistische Grundformen; ALTHOFF, Geschichtsbewußtsein durch Memorialüberlieferung, S. 87–90; INNES – McKITTERICK, Writing of History, S. 200–202.

[105] Abbo, Bella Parisiacae urbis, v. 593–597, S. 58/60: *Nemo meis super hoc dictis insurgere bello / Decertet; siquidem nemo nil verius ullus / Expediet, quoniam propriis obtutibus hausi; / Sic etiam nobis retulit qui interfuit ipse / Atque natando truces gladios evadere quivit.*

[106] Ebd. v. 511–592, S. 54–58.

[107] Ebd. v. 525–527, S. 54.

[108] Ebd. v. 563 f., S. 56: *Et cęlo mittunt animas livore fluente; / Martirii palmam sumunt caramque coronam.*

[109] Ebd. v. 586–589, S. 58: *Laus corum jugiter nomenque per ora virorum, / Insignesque simul mortes et bella volabunt, / Sol radiis donec noctis pompare tenebras, / Luna diem, stellae pariter conponere discant.*

[110] Ebd. S. 55, Anm. 3.

[111] Einhardi vita Karoli, c. 31, S. 35 Z. 24–S. 36 Z. 2: *Titulus ille hoc modo descriptus est: SUB HOC CONDITORIO SITUM EST CORPUS KAROLI MAGNI ATQUE ORTHODOXI IMPERATORIS, QUI REGNUM FRANCORUM NOBILITER AMPLIAVIT ET PER ANNOS XLVII FELICITER REXIT. DECESSIT SEPTUAGENARIUS ANNO DOMINI DCCCXIIII, INDICTIONE VII, V. KAL. FEBR.*

[112] S. oben, S. 116.

[113] Bei den militärischen Taten im Epitaph auf Ludwig II. (MGH Poetae Latini 3,

c. 2, v. 10–12, S. 405) ist hingegen nur von der Bekämpfung der Sarazenen die Rede: *IMPERII NOMEN SVBDITA ROMA DEDIT / ET SARACENORUM CREBRAS PERPESSA SECVRES / LIBERA TRANQUILLAM VEXIT.*

[114] Annales Fuldenses, a. 859, S. 54: *sed quoniam per omnia longum est texere, qualiter in supradicta aecclesia sine fastidio die noctuque fructuoso labore desudaverit vel quomodo omnibus omnia factus fuerit, ut cunctos lucrifaceret Christo, saltem aliqua virtutum illius duobus versiculis non pigeat memoriae commendare, ut ex his caetera illi divinitus collata facilius valeant intellegi: Quam prudens, humilis, patiens castusque fuisset, / Littera vel lingua nulla referre potest.*

[115] Reginonis chronica, a. 876, S. 110: *in preliis victoriosissimus, armorum quam conviviorum apparatibus studiosior, cui maximae opes erant instrumenta bellica, plus diligens ferri rigorem quam auri fulgorem.*

[116] ALTHOFF, Verwandte, Freunde und Getreue, S. 203–211.

[117] GOLDBERG, More devoted, versucht neuerdings, den besonderen Stil der „frontier kingship" Ludwigs im permanenten Krieg mit den Slawen herauszuarbeiten. Zu diesem gehöre „an ethos of knighthood and a triumphal ideology of holy war", bei dem sich Ludwig mit kriegerischen Ritualen und betont martialischem Auftreten besonders von Karl dem Kahlen abgehoben habe (ebd. S. 77).

[118] DÜMMLER, Geschichte 2, S. 413–415.

[119] MGH Poetae Latini 1, c. 6, S. 109f., hier v. 9–12, S. 110.

[120] Ebd. v. 23.

[121] MGH Poetae Latini 2, c. 96, v. 7, S. 243: *Quem iuvenem mediis cecidisse viriliter armis.*

[122] MGH Poetae Latini 3, c. 33, v. 3–6, S. 310f. S. auch ebd. v. 13f.: *Occubuit Iuli octavo decimoque Kalendas / Hostili gladio; hac requiescit humo.*

[123] Ebd. v. 7f. Zu Asilas vgl. Aen. XII, 127.

[124] MGH Poetae Latini 1, c. 10, S. 114.

[125] S. oben, S. 79.

[126] Weitere Beispiele dafür aus Italien: Epitaphium Siconis principis (MGH Poetae Latini 2, c. 2, S. 649–651): *Defendit patriam Francorum gentis ab ira* (v. 31); Epitaphium Ursi (ebd. c. 14, S. 660f.): *Defendens patriam, promptus amore dei* (v. 12); *Iustus et in cunctis fortis ad arma simul* (v. 22); Epitaphium Arichis ducis (ebd. 1, c. 33, S. 66–68), das von Paulus Diaconus stammt.

[127] MGH Poetae Latini 4, S. 137, v. 5–8. Vgl. DÜMMLER, Geschichte 3, S. 168–170.

[128] OEXLE, Memoria und Memorialüberlieferung, S. 85; vgl. auch LE GOFF, Erinnerung, S. 107.

[129] LE GOFF, Erinnerung, S. 107.

[130] NELSON, Violence, S. 100.

[131] Astronomus, Vita Hludowici, c. 2, S. 288 Z. 12f.: *Quorum, quia vulgata sunt, nomina dicere supersedi.*

[132] Vgl. OTT, Roland.

[133] Einhardi vita Karoli, c. 9, S. 12 Z. 22–26: *In quo proelio Eggihardus regiae mensae praepositus, Anshelmus comes palatii et Hruodlandus Brittannici limitis praefectus cum aliis conpluribus interficiuntur.* Der Name Rolands fehlt in einer der Handschriftenklassen.

[134] Annales q. d. Einhardi, a. 778, S. 51: *In hoc certamine plerique aulicorum, quos*

rex copiis praefecerat, interfecti sunt, direpta impedimenta et hostis propter notitiam locorum statim in diversa dilapsus est.

[135] S. oben, S. 99, Anm. 76.

[136] Notkeri gesta Karoli II, c. 2, S. 51 Z. 10–14: *In bello autem Saxonico, cum per semetipsum aliquando fuisset occupatus, quidam privati homines, quorum etiam nomina designarem, nisi notam arrogantię vitarem, testudine facta muros firmissimę civitatis vel aggeris acerrime destruebant.*

[137] J. ASSMANN, Kulturelles Gedächtnis, S. 34–48; A. ASSMANN, Erinnerungsräume, S. 130–142.

[138] Zum bewußten Gegensatz bei den frühen Vertretern des kulturellen Gedächtnisses zum Biologismus s. J. ASSMANN, Kollektives Gedächtnis, S. 9.

[139] Überblick über die Richtungen und Entwicklungen der Memoria-Forschung bei OEXLE, Memoria in der Gesellschaft; s. auch unten, Anm. 146.

[140] J. ASSMANN, Kulturelles Gedächtnis, S. 52–56.

[141] LE GOFF, Erinnerung, S. 102–104.

[142] J. ASSMANN, Katastrophe des Vergessens; s. auch DERS, Kulturelles Gedächtnis, S. 196–228.

[143] J. ASSMANN, Katastrophe des Vergessens, S. 339; YERUSHALMI, Zachor!, S. 17 f.

[144] LE GOFF, Erinnerung, S. 102–105.

[145] SCHMID – WOLLASCH, Gemeinschaft; OEXLE, Gegenwart der Toten.

[146] Zum Unternehmen der Sammlung und Auswertung von Personennamen SCHMID – WOLLASCH, Societas et Fraternitas, sowie der in der vorigen Anm. genannte Aufsatz derselben Autoren; für die weitere Forschung seien hier nur die wichtigsten Sammelbände genannt, in denen auch die Weiterungen des Themas deutlich werden: SCHMID – WOLLASCH, Memoria; GEUENICH – OEXLE, Memoria in der Gesellschaft; OEXLE, Memoria als Kultur.

[147] A. ASSMANN, Erinnerungsräume, S. 44.

[148] DEVISSE, Hincmar, S. 530.

[149] S. oben, S. 103 f.

[150] KRÜGER, Signa ac prodigia.

[151] Zum Begriff der ‚Großen Texte' vgl. J. ASSMANN, Große Texte, S. 260–264.

[152] Zum entsprechenden Vorgang bei Widukind von Corvey im 10. Jahrhundert vgl. KELLER, Machabaeorum pugnae, insbes. S. 422 f.

[153] GOETZ, „Geschichte" im Wissenschaftssystem, S. 194–208.

Zusammenfassung und Ausblick

[1] Vgl. 1. Kapitel.
[2] Vgl. 3. Kapitel.
[3] Vgl. 2. Kapitel.
[4] Vgl. 4. Kapitel.
[5] Vgl. 5. Kapitel.
[6] Vgl. 6. Kapitel.
[7] Vgl. 7. Kapitel.
[8] Vgl. 8. Kapitel.

Anmerkungen zu S. 221–224   289

⁹ So der deutsche Untertitel des Buches von RICHÉ, Die Karolinger.
¹⁰ Zum ‚Nachleben' Karls der Großen s. KERNER, Karl der Große. Entschleierung eines Mythos; BUTZER – KERNER – OBERSCHELP, Karl der Große und sein Nachwirken; MORRISSEY, L'empereur à la barbe fleurie, sowie BRAUNFELS, Karl der Große. Lebenswerk und Nachleben 4.
¹¹ Es ist dabei in den Jahrbüchern individuell recht unterschiedlich, in welchem Maß Historiographie durch andere Quellen ergänzt wird.
¹² DÜMMLER, Geschichte 2, S. 412–428.
¹³ Zu Ludwigs kriegerischen Fähigkeiten s. ebd. S. 413–415; zu Regino vgl. oben, S. 206, Anm. 116.
¹⁴ Die Quellen, in denen die Schlacht von Fontenoy beschrieben wird, und die Einschätzungen der Historiographen sind bei BÖHMER. Regesta imperii 1, S. 441–444, aufgeführt.
¹⁵ Ottonis episcopi Frisingensis Chronica V, c. 35, S. 259 Z. 10–17: *Igitur cum regnum Francorum, ad quod post innumeras, quas supra dixi, mutationes regnum Romanorum devenerat, cum et ipsum ad ostendendas mortalium miserias ac instabiles mundi rotatus auctor omnium Deus in illo, ad quem profecerat, statu manere nollet, in se ipsum miserabiliter dividi ac per hoc desolari et imminui permisit.*
¹⁶ Ebd. c. 36, S. 260 f.
¹⁷ Zum Vorbildcharakter Karls s. SEMMLER, Der vorbildliche Herrscher; GEITH, Karl der Große.
¹⁸ BOURGAIN, Pseudo-Turpin, Sp. 310. Zur legendenhaften Verbindung Karls mit Spanien und zum Pseudo-Turpin s. auch KERNER, Karl der Große und Spanien.
¹⁹ Vgl. die Liste mit den am weitesten verbreiteten Handschriften historiographischer Werke im Mittelalter bei GUENÉE, Histoire et culture historique, S. 250. Zum Eingang in die Grandes Chroniques de France s. BOURGAIN, Pseudo-Turpin, Sp. 310.
²⁰ Historia Karoli magni et Rotholandi, S. 87 Z. 5–7: *... qualiter imperator noster famosissimus Karolus magnus tellurem yspanicam et gallecianam a potestate Sarracenorum liberavit.*
²¹ Ebd. c. 2, S. 93 Z. 10–12: *Prima urbs, quam obsidione circuivit, Pampilonia extitit. Et sedit circa eam tribus mensibus et nequivit eam capere, quia muris inexpugnabilibus munitissima erat.*
²² S. oben, S. 134 f.
²³ Historia Karoli magni et Rotholandi, c. 2, S. 93 Z. 16–18: *Tunc Deo donante et beato Iacobo orante, muri confracti funditus ceciderunt.*
²⁴ Ebd. Z. 18 f.: *Sarracenos vero qui baptizari voluerunt ad vitam reservavit, et qui renuerunt illos gladio trucidavit.*
²⁵ Ebd. S. 95 Z. 5 f.: *et infixit in mari lanceam, agens Deo et sancto Iacobo grates.*
²⁶ S. oben, S. 135.
²⁷ Pauli Historia Langobardorum III, c. 32, S. 138.
²⁸ Historia Karoli magni et Rotholandi, c. 2, S. 95 Z. 14: *Deinde ivit per totam Yspaniam a mari usque ad mare.*
²⁹ DUBY, Krieg und Gesellschaft, S. 133.

Quellen und Literatur

Abkürzungen

AASS	Acta Sanctorum
CCCM	Corpus Christianorum, continuatio mediaevalis
CCSL	Corpus Christianorum, series Latina
DA	Deutsches Archiv für Erforschung des Mittelalters
FMSt	Frühmittelalterliche Studien
HRG	Handwörterbuch zur deutschen Rechtsgeschichte
HZ	Historische Zeitschrift
LexMA	Lexikon des Mittelalters
MGH	Monumenta Germaniae historica
	AA Auctores Antiquissimi
	Poetae Lat. Poetae Latini medii aevi
	SS Scriptores
	SS rer. Germ. Scriptores rerum Germanicarum in usum scholarum
	SS rer. Merov. Scriptores rerum Merovingicarum
MMS	Münstersche Mittelalter-Schriften
PL	Jacques-Paul Migne, Patrologiae cursus completus, series Latina
RhVjbll	Rheinische Vierteljahrsblätter
Settimane	Settimane di studio del Centro italiano di studi sull'alto medioevo
VMPIG	Veröffentlichungen des Max-Planck-Instituts für Geschichte
VuF	Vorträge und Forschungen
²VL	Die deutsche Literatur des Mittelalters. Verfasserlexikon
ZRG	Zeitschrift der Savigny-Stiftung für Rechtsgeschichte
	Germ. Abt. Germanistische Abteilung
	Kan. Abt. Kanonistische Abteilung
	Rom. Abt. Romanistische Abteilung

I. Quellen

Abbo, Bella Parisiacae urbis, s. Abbon.

Abbon, Le siège de Paris par les Normands. Poème du IXe siècle, hrsg. und übers. von Henri Waquet (Les classiques de l'histoire de France au moyen âge 20), Paris ²1964.

Actus pontificum Cenomannis in urbe degentium, hrsg. von G. Busson – A. Ledru (Archives historiques du Maine 2), Le Mans 1901.

Adonis Viennensis chronicon in aetates sex divisum, in: PL 123, Sp. 23–138.

Ex Adrevaldi Floriacensis miraculis S. Benedicti, hrsg. von OSWALD HOLDER-EGGER, in: MGH SS 15, Hannover 1887, S. 478–497.

Alcuini carmina, hrsg. von ERNST DÜMMLER, in: MGH Poetae Lat. 1, Berlin 1881, S. 169–351.

Angelberti rhythmus de pugna Fontanetica, in: Nithardi historiarum libri IV, S. 52 f. (auch hrsg. von ERNST DÜMMLER, in: MGH Poetae Lat. 2, Berlin 1884, S. 138 f.).

Angilberti abbatis de ecclesia Centulensi libellus, hrsg. von GEORG WAITZ, in: MGH SS 15, Hannover 1887, S. 174–179.

Annales Bertiniani, s. Annales de Saint-Bertin.

Annales q. d. Einhardi, s. Annales regni Francorum.

Annales Fuldenses sive Annales regni Francorum orientalis, hrsg. von FRIEDRICH KURZE (MGH SS rer. Germ. 7), Hannover 1891.

Annales Laureshamenses, hrsg. von GEORG HEINRICH PERTZ, in: MGH SS 1, Hannover 1826, S. 22–39.

Annales Mettenses priores, hrsg. von BERNHARD VON SIMSON (MGH SS rer. Germ. 10), Hannover – Leipzig 1905.

Annales regni Francorum inde ab a. 741 usque ad a. 829 qui dicuntur Annales Laurissenses maiores et Einhardi, hrsg. von FRIEDRICH KURZE (MGH SS rer. Germ. 6), Hannover 1895.

Annales de Saint-Bertin, hrsg. von FÉLIX GRAT – JEANNE VIELLIARD – SUZANNE CLÉMENCET, Paris 1964.

Annales Vedastini, s. Annales Xantenses.

Annales Xantenses et Annales Vedastini, hrsg. von BERNHARD VON SIMSON (MGH SS rer. Germ. 12), Hannover – Leipzig 1909.

Astronomus, Vita Hludowici imperatoris, s. Theganus, Gesta Hludowici imperatoris.

Augustinus (Sanctus Aurelius Augustinus), De civitate Dei (Ders., Opera 14, 1–2 = CCSL 47–48), Turnhout 1955.

Carmen de exordio gentis Francorum, hrsg. von ERNST DÜMMLER, in: MGH Poetae Lat. 2, Berlin 1884, S. 141–145.

Carmina Mutinensia, hrsg. von LUDWIG TRAUBE, in: MGH Poetae Lat. 3, Berlin 1896, S. 703–706.

Chronica de sex aetatibus mundi, hrsg. von THEODOR MOMMSEN, in MGH AA 13, Berlin 1898, S. 346–354.

Chronicarum quae dicuntur Fredegarii Scholastici libri IV cum continuationibus, hrsg. von BRUNO KRUSCH, in: MGH SS rer. Merov. 2, Hannover 1888, S. 18–193.

Chronicon breve Alamannicum, hrsg. von GEORG WAITZ, in: MGH SS 13, Hannover 1881, S. 260.

Chronicon Moissiacense a saeculo quarto usque ad a. 818 et 840, hrsg. von GEORG HEINRICH PERTZ, in: MGH SS 1, Hannover 1826, S. 280–313.

Chronicon universale, hrsg. von GEORG WAITZ, in: MGH SS 13, Hannover 1881, S. 1–19.

Claudii Taurinensis episcopi brevis chronica, in: PL 104, Sp. 917–926.

De conversione Saxonum carmen, hrsg. von ERNST DÜMMLER, in: MGH Poetae Lat. 1, Berlin 1881, S. 380 f.

COUSSEMAKER, I. de, Cartulaire de l'abbaye de Cysoing et de ses dépendances, Lille 1884.

Quellen 293

Dhuoda, Manuel pour mon fils, hrsg. von PIERRE RICHÉ (Sources chrétiennes 225), Paris 1975.
Dicuili liber de mensura orbis terrae, hrsg. von JAMES J. TIERNEY (Scriptores Latini Hiberniae 6), Dublin 1967.
Einhardi vita Karoli magni, hrsg. von OSWALD HOLDER-EGGER (MGH SS rer. Germ. 25), Hannover – Leipzig ^{6}1911.
Episcoporum de poenitentia, quam Hludowicus imperator professus est, relatio, in: MGH Capitularia regum Francorum 2, hrsg. von ALFRED BORETIUS – VICTOR KRAUSE, Hannover 1897, Nr. 197, S. 51–55.
Ermanrici sermo de vita S. Sualonis dicti Soli, hrsg. von OSWALD HOLDER-EGGER, in: MGH SS 15, Hannover 1887, S. 153–163.
Ermold le noir, Poème sur Louis le Pieux et épitres au roi Pépin, hrsg. und übers. von EDMOND FARAL (Les classiques de l'histoire de France au moyen âge 14), Paris 1932 (dt. Übersetzung von TH. G. PFUND – WILHELM WATTENBACH [Geschichtsschreiber der deutschen Vorzeit 18] Leipzig ^{3}1940).
Ermoldus Nigellus, Carmen in Honorem Hludowici und Ders., Ad Pippinum regem, s. Ermold le noir.
Flori Lugdunensis carmina, hrsg. von ERNST DÜMMLER, in: MGH Poetae Lat. 2, Berlin 1884, S. 509–566.
Freculphi Lexoviensis episcopi chronicon, in: PL 106, Sp. 917–1258.
Fredegar, Chronica, s. Chronicarum quae dicuntur Fredegarii Scholastici.
Gesta abbatum Fontanellensium, s. Gesta sanctorum patrum Fontanellensis coenobii.
Gesta Berengarii imperatoris, hrsg. von PAUL VON WINTERFELD, in: MGH Poet. Lat. 4, Berlin 1896, S. 355–403.
Gesta Dagoberti I. regis Francorum, hrsg. von BRUNO KRUSCH, in: MGH SS rer. Merov. 2, Hannover 1888, S. 399–425.
Gesta episcoporum Virdunensium, hrsg. von GEORG WAITZ, in: MGH SS 4, Hannover 1841, S. 37 f.
Gesta pontificum Autissiodorensium, hrsg. von PIERRE JANIN, Paris 1969 (nicht zugänglich, stattdessen zitiert nach PL 138, Sp. 219–394).
Gesta sanctorum patrum Fontanellensis coenobii (Gesta abbatum Fontanellensium), hrsg. von F. LOHIER – J. LAPORTE, Rouen – Paris 1936.
Gregorii episcopi Turonensis libri historiarum X, hrsg. von BRUNO KRUSCH – WILHELM LEVISON (MGH SS rer. Merov. 1), Hannover ^{2}1951.
Hibernici exulis carmina, hrsg. von ERNST DÜMMLER, in: MGH Poetae Lat. 1, Berlin 1881, S. 395–411.
Hincmar von Reims, De coercendis militum rapinis, in: PL 125, Sp. 953–956.
–, De regis persona et regio ministerio, in: ebd. Sp. 833–856.
Historia Karoli magni et Rotholandi ou Chronique du Pseudo-Turpin, hrsg. von C. MEREDITH-JONES, Genf 1972.
Hrabani Mauri carmina, hrsg. von ERNST DÜMMLER, in: MGH Poetae Lat. 2, Berlin 1884, S. 159–258.
Hrabani Mauri de anima, in: PL 110, Sp. 1109–1120.
Hrabani Mauri de procinctu Romanae miliciae, hrsg. von ERNST DÜMMLER, in: Zeitschrift für Deutsches Alterthum 15, N. F. 3, 1872, S. 443–451.

Hrabani Mauri de universo libri viginti duo, in: PL 111, Sp. 9–614.
Hrabani Mauri in honorem sanctae crucis, hrsg. von MICHEL PERRIN (CCCM 100), Turnhout 1997.
Isidori Hispalensis episcopi etymologiarum sive originum libri XX, hrsg. von WALLACE MARTIN LINDSAY, Oxford 1911.
Jonas von Orléans, De institutione laicali libri tres, in: PL 106, Sp. 121–280.
–, De institutione regia, s. REVIRON, JEAN.
De Karolo rege et Leone papa (Karolus Magnus et Leo papa), hrsg. und übers. von FRANZ BRUNHÖLZL, in: Dass. Ein Paderborner Epos vom Jahre 799, mit Beiträgen von HELMUT BEUMANN – DEMS. – WILHELM WINKELMANN (Studien und Quellen zur westfälischen Geschichte 8), Paderborn 1966, S. 55–97 (unv. Nachdr. u. d. Titel De Karolo rege et Leone papa als Beiheft der Studien und Quellen zur westfälischen Geschichte 36, Paderborn 1999).
KLEIN, J., Über eine Handschrift des Nicolaus von Cues, nebst ungedruckten Fragmenten ciceronischer Reden, Berlin 1866.
LAEHR, GERHARD, Ein karolingischer Konzilsbrief und der Fürstenspiegel Hincmars von Reims, in: Neues Archiv 50, 1935, S. 106–134.
Laudes Veronensis civitatis, hrsg. von ERNST DÜMMLER, in: MGH Poetae Lat. 1, Berlin 1881, S. 119–122.
Das Leben der Liutbirg. Eine Quelle zur Geschichte der Sachsen in karolingischer Zeit, hrsg. von OTTOKAR MENZEL (MGH Deutsches Mittelalter 3), Leipzig 1937.
Liudprandi Cremonensis Antapodosis, in: Ders., Opera omnia, hrsg. von PAOLO CHIESA (CCCM 156), Turnhout 1998, S. 3–150.
Loup de Ferrières, Correspondance, hrsg. und übers. von LÉON LEVILLAIN, 2 Bde. (Les classiques de l'histoire de France au moyen âge 10 und 16), Paris 1964.
Lucan (M. Annaeius Lucanus), De bello civili, hrsg. von DAVID R. SHACKLETON BAILEY, Stuttgart 1988.
Das Ludwigslied, in: BERG, Ludwigslied (s. Literaturverzeichnis), S. 197–199.
Lupus von Ferrières, s. Loup de Ferrières.
Miracula Benedicti, s. Ex Adrevaldi Floriacensis miraculis S. Benedicti.
Ex miraculis et translatione S. Bertae, hrsg. von LUDWIG VON HEINEMANN, in: MGH SS 15, Hannover 1887, S. 564–566.
Miracula S. Bertini Sithiensia, hrsg. von OSWALD HOLDER-EGGER, in: ebd. S. 509–516.
Miracula S. Filiberti, s. De translationibus et miraculis sancti Filiberti.
Ex miraculis S. Martialis, hrsg. von OSWALD HOLDER-EGGER, in: MGH SS 15, Hannover 1887, S. 280–282.
Ex Odonis miraculis S. Mauri sive restauratione monasterii Glannafoliensis, hrsg. von OSWALD HOLDER-EGGER, in: ebd. S. 462–472.
Miracula S. Prudentii II, in: AASS, Oct. 3, S. 348–378.
Ex miraculis S. Remacli Stabulensibus, hrsg. von OSWALD HOLDER-EGGER, in: MGH SS 15, Hannover 1887, S. 433–443.
Ex miraculis S. Richarii saeculi IX., hrsg. von OSWALD HOLDER-EGGER, in: ebd. S. 916–919.
Ex miraculis S. Vedasti, hrsg. von OSWALD HOLDER-EGGER, in: ebd. S. 397–402.
Ex miraculis S. Wandregisili, hrsg. von OSWALD HOLDER-EGGER, in: ebd. S. 406–409.

Nithardi historiarum libri IV. Accedit Angelberti Rhythmus de pugna Fontanetica, hrsg. von ERNST MÜLLER (MGH SS rer. Germ. 44), Hannover – Leipzig 1907.
Notkeri Balbuli Gesta Karoli Magni, hrsg. von HANS HAEFELE (MGH SS rer. Germ. N. S. 12), Berlin 1959.
Ottonis episcopi Frisingensis chronica sive historia de duabus civitatibus, hrsg. von ADOLF HOFMEISTER (MGH SS rer. Germ. 45), Hannover – Leipzig ²1912.
PAUELS, ANTON, Abbo von Saint-Germain-des-Prés, Bella Parisiacae urbis, Buch I. Lateinischer Text, deutsche Übersetzung und sprachliche Bemerkungen (Lateinische Sprache und Literatur des Mittelalters 15), Frankfurt a. M. – Bern – New York 1984.
Pauli gesta episcoporum Mettensium, hrsg. von GEORG HEINRICH PERTZ, in: MGH SS 2, Hannover 1829, S. 261–268.
Pauli Historia Langobardorum, hrsg. von GEORG WAITZ (MGH SS rer. Germ. 48), Hannover 1878.
De Pippini regis victoria Avarica, hrsg. von ERNST DÜMMLER, in: MGH Poetae Lat. 1, Berlin 1881, S. 116 f.
Poetae Saxonis annalium de gestis Caroli magni imperatoris libri quinque, hrsg. von PAUL VON WINTERFELD, in: MGH Poetae Lat. 4, Berlin 1899, S. 7–71.
Prudentius (Aurelius Prudentius Clemens), Psychomachia, in: Ders., Carmina (CCSL 126), Turnhout 1966, S. 149–181.
–, (Prudence 3:) Psychomachie contre Sammaque, hrsg. und übers. von MAURICE LAVARENNE, Paris 1948.
Radbert's Epitaphium Arsenii, hrsg. von ERNST DÜMMLER, in: Abhandlungen der Königlichen Akademie der Wissenschaften zu Berlin aus den Jahren 1899 und 1900, Berlin 1900, S. 18–98.
Reginonis abbatis Prumiensis chronicon cum continuatione Treverensi, hrsg. von FRIEDRICH KURZE (MGH SS rer. Germ. 50), Hannover 1890.
La Règle de Saint Benoît, 3 Bde., hrsg. und übers. von ADALBERT DE VOGÜÉ – JEAN NEUFVILLE (Sources Chrétiennes 181–183 = Série des Textes Monastiques d'Occident 34–36), Paris 1972.
REVIRON, JEAN, Les idées politico-religieuses d'un évêque du IXe siècle. Jonas d'Orléans et son „De institutione regia". Étude et texte critique (L'Église et l'État au moyen âge 1), Paris 1930.
Rhythmus de Ludovico II., hrsg. von LUDWIG TRAUBE, in: Poetae Lat. 3, Berlin 1896, S. 404 f.
Sedulii Scotti Carmina, hrsg. von JEAN MEYERS (CCCM 117), Turnhout 1991.
Sedulii Scotti Liber de rectoribus Christianis, hrsg. von SIEGMUND HELLMANN, in: DERS., Sedulius Scottus (Quellen und Untersuchungen zur lateinischen Philologie des Mittelalters 1), München 1906 (Nachdr. Frankfurt a. M. 1966), S. 19–91.
Sermo de relatione corporis beati Vedasti a Bellovaco ad proprium locum, facta idibus iulii mensis, hrsg. von OSWALD HOLDER-EGGER, in: MGH SS 15, Hannover 1887, S. 402–404.
Smaragdi abbatis commentaria in regulam Sancti Benedicti, in: PL 102, Sp. 689–932.
Smaragdi abbatis Via regia, in: PL 102, Sp. 931–970.
Sulpicius Severus, Vita s. Martini, hrsg. und übers. von JACQUES FONTAINE, 3 Bde. (Sources chrétiennes 133–135), Paris 1967–1969.

Theganus, Gesta Hludowici imperatoris. Astronomus, Vita Hludowici imperatoris, hrsg. und übers. von ERNST TREMP (MGH SS rer. Germ. 64), Hannover 1995.

Theodulfi carmina, hrsg. von ERNST DÜMMLER, in: MGH Poetae Lat. 1, Berlin 1881, S. 445–581.

Translatio S. Alexandri, hg von BRUNO KRUSCH, in: DERS., Die Übertragung des H. Alexander von Rom nach Wildeshausen durch den Enkel Widukinds 851. Das älteste niedersächsische Geschichtsdenkmal, in: Nachrichten von der Gesellschaft der Wissenschaften zu Göttingen, Philologisch-Historische Klasse, Berlin 1933, S. 405–436, S. 423–436.

Translatio S. Calixti Cisonium, hrsg. von OSWALD HOLDER-EGGER, in: MGH SS 15, Hannover 1887, S. 418–422.

Translatio S. Germani Parisiensis anno 846 secundum primaevam narrationem e codice Namurcensi, in: Analecta Bollandiana 2, 1883, S. 69–98.

Erconrads Translatio S. Liborii. Eine wiederentdeckte Geschichtsquelle der Karolingerzeit und die schon bekannten Übertragungsberichte mit einer Einführung, Erläuterungen und deutscher Übersetzung des Erconrad, hrsg. von ALFRED COHAUSZ (Studien und Quellen zur westfälischen Geschichte 6), Paderborn 1966.

Ex historia translationis sanctae Pusinnae, hrsg. von GEORG HEINRICH PERTZ, in: MGH SS 2, Hannover 1829, S. 681–683.

Translatio sancti Viti martyris. Übertragung des hl. Märtyrers Vitus, bearb. und übers. von IRENE SCHMALE-OTT (Fontes minores 1 = Veröffentlichungen der Historischen Kommission für Westfalen 41), Münster 1979.

De translationibus et miraculis sancti Filiberti, in: Monuments de l'histoire des Abbayes de Saint-Philibert (Noirmoutier, Grandlieu, Tournus), publiés d'après les notes d'Arthur Giry par RENÉ POUPARDIN (Collection de textes pour servir à l'étude et à l'enseignement de l'histoire 38), Paris 1905, S. 19–70 (Teiled. in: MGH SS 15, Hannover 1887, S. 298–303).

Vegetius (P. Flavii Vegeti Renati), Epitoma rei militaris, hrsg. von ALF ÖNNERFORS, Stuttgart – Leipzig 1995.

–, (Publius Flavius Vegetius Renatus), Abriß des Militärwesens, lateinisch und deutsch mit Einleitung, Erläuterungen und Indices von FRIEDHELM L. MÜLLER, Stuttgart 1997.

Das Verbrüderungsbuch der Abtei Reichenau (Einleitung, Register, Faksimile), hrsg. von JOHANNE AUTENRIETH – DIETER GEUENICH – KARL SCHMID (MGH Libri memoriales et necrologia. Nova Series 1), Hannover 1979.

Versus de destructione Aquilegiae numquam restaurandae, hrsg. von ERNST DÜMMLER, in: MGH Poetae Lat. 1, Berlin 1881, S. 142–144.

Versus de eversione Monasterii Glonnensis, hrsg. von ERNST DÜMMLER, in: MGH Poetae Lat. 2, Berlin 1884, S. 147–149.

Virtutes Fursei abbatis Latiniacensis, hrsg. von BRUNO KRUSCH, in: MGH SS rer. Merov. 4, Hannover – Leipzig 1902, S. 440–449.

Vita Sancti Adalhardi, in: PL 120, Sp. 1507–1556.

Vita Alcuini, hrsg. von WILHELM ARNDT, in: MGH SS 15, Hannover 1887, S. 184–197.

Vita Amati, s. Vitae Amati, Romarici, Adelphi abbatum Habendensium.

Vita Ansberti episcopi Rotomagensis, hrsg. von WILHELM LEVISON, in: MGH SS rer. Merov. 5, Hannover – Leipzig 1910, S. 618–643.

Vita Anskarii auctore Rimberto. Accedit Vita Rimberti, hrsg. von GEORG WAITZ (MGH SS rer. Germ. 55), Hannover 1884.
Vita Anstrudis abbatissae Laudunensis, hrsg. von WILHELM LEVISON, in: MGH SS rer. Merov. 6, Hannover – Leipzig 1913, S. 66–78.
Vita Aridii abbatis Lemovicini, hrsg. von BRUNO KRUSCH, in: MGH SS rer. Merov. 3, Hannover 1896, S. 581–609.
Vita Bavonis confessoris Gandavensis, hrsg. von BRUNO KRUSCH, in: MGH SS rer. Merov. 4, Hannover – Leipzig 1902, S. 534–546.
Vita Benedicti abbatis Anianensis et Indensis auctore Ardone, hrsg. von GEORG WAITZ, in: MGH SS 15, Hannover 1887, S. 200–220.
Vita Condedi anachoretae Belcinnacensis, hrsg. von WALTER LEVISON, in: MGH SS rer. Merov. 5, Hannover – Leipzig 1910, S. 646–651.
Vita Hariolfi, hrsg. von GEORG HEINRICH PERTZ, in: MGH SS 10, Hannover 1852, S. 11–15.
Die Vita Hludovici Pii auctore Astronomo. Einleitung und Edition, hrsg. von WOLFGANG TENBERKEN, Rottweil 1982.
Vita Lantberti abbatis Fontanellensis et episcopi Lugdunensis, hrsg. von WALTER LEVISON, in: MGH SS rer. Merov. 5, Hannover – Leipzig 1910, S. 608–612.
Vita Lebuini antiqua, hrsg. von ADOLF HOFMEISTER, in: MGH SS 30, Hannover 1934, S. 791–795.
Vita Leobae abbatissae Biscofesheimensis auctore Rudolfo Fuldensi, hrsg. von GEORG WAITZ, in: MGH SS 15, Hannover 1887, S. 121–131.
Vita Liutbirgae, s. Das Leben der Liutbirg.
Vita sancti Liudgeri auctore Altfrido, in: Die Vitae sancti Liudgeri, hrsg. von WILHELM DIEKAMP (Die Geschichtsquellen des Bisthums Münster 4), Münster 1881, S. 1–53.
Vita sancti Pirminii, hrsg. von OSWALD HOLDER-EGGER, in: MGH SS 15, Hannover 1887, S. 21–31.
Vita Remigii episcopi Remensis auctore Hincmaro, hrsg. von BRUNO KRUSCH, in: MGH SS rer. Merov. 3, Hannover 1896, S. 250–341.
Vita Romarici, s. Vitae Amati, Romarici, Adelphii abbatum Habendensium.
Vita Sadalbergae abbatissae Laudunensis, hrsg. von BRUNO KRUSCH, in: MGH SS rer. Merov. 5, Hannover – Leipzig 1910, S. 49–66.
Vita Sigiramni abbatis Longoretensis, hrsg. von BRUNO KRUSCH, in: MGH SS rer. Merov. 4, Hannover – Leipzig 1902, S. 606–625.
Die Vita Sturmi des Eigil von Fulda. Literarkritisch-historische Untersuchung und Edition, hrsg. von PIUS ENGELBERT (Veröffentlichungen der Historischen Kommission für Hessen und Waldeck 29), Marburg 1968.
Vita Sualonis, s. Ermanrici sermo de vita s. Sualonis dicti Soli.
Vita Wigberti abbatis Friteslariensis auctore Lupo, hrsg. von OSWALD HOLDER-EGGER, in: MGH SS 15, Hannover 1887, S. 37–43.
Vita S. Willehadi, in: AASS Nov. 3, Brüssel 1910, S. 842–846.
Vitae Amati, Romarici, Adelphi abbatum Habendensium, hrsg. von BRUNO KRUSCH, in: MGH SS rer. Merov. 4, Hannover – Leipzig 1902, S. 215–228.
Walahfridi Strabi carmina, hrsg. von ERNST DÜMMLER, in: MGH Poetae Lat. 2, Berlin 1884, S. 267–473.

Widukindi monachi Corbeiensis rerum gestarum Saxonicarum libri tres, hrsg. von PAUL HIRSCH – H.-E. LOHMANN (SS rer. Germ. 60), Hannover ⁵1935.

II. Sekundärliteratur

ABEL, SIGURD, Jahrbücher des Fränkischen Reiches unter Karl dem Großen, 2. Aufl., bearb. von BERNHARD SIMSON, 2 Bde., Berlin 1888.
AERTSEN, JAN A. – SPEER, ANDREAS (Hrsg.), Raum und Raumvorstellungen im Mittelalter (Miscellanea Mediaevalia 25), Berlin – New York 1998.
ALGAZI, GADI, Herrengewalt und Gewalt der Herren im späten Mittelalter. Herrschaft, Gegenseitigkeit und Sprachgebrauch (Historische Studien 17), Frankfurt a. M. – New York 1996.
ALTHOFF, GERD, Adels- und Königsfamilien im Spiegel ihrer Memorialüberlieferung. Studien zum Totengedenken der Billunger und Ottonen (MMS 47), München 1984.
–, Causa scribendi und Darstellungsabsicht: Die Lebensbeschreibungen der Königin Mathilde und andere Beispiele, in: MICHAEL BORGOLTE – HERRAD SPILLING (Hrsg.), Litterae medii aevi. Festschrift für Johanne Autenrieth, Sigmaringen 1988, S.117–133.
–, Demonstration und Inszenierung. Spielregeln der Kommunikation in mittelalterlicher Öffentlichkeit, in: FMSt 27, 1993, S.27–50 (auch in: DERS., Spielregeln, S.229–257).
–, Empörung, Tränen, Zerknirschung. Emotionen in der öffentlichen Kommunikation des Mittelalters, in: DERS., Spielregeln, S.258–281.
–, Geschichtsbewußtsein durch Memorialüberlieferung, in: GOETZ, Hochmittelalterliches Geschichtsbewußtsein, S.85–100.
–, Gloria et nomen perpetuum. Wodurch wurde man im Mittelalter berühmt?, in: DERS. u. a. (Hrsg.), Person und Gemeinschaft im Mittelalter. Karl Schmid zum 65. Geburtstag, Sigmaringen 1988, S.297–313.
–, Königsherrschaft und Konfliktbewältigung im 10. und 11.Jahrhundert, in: FMSt 23, 1984, S.265–290.
–, Nunc fiant Christi milites, qui dudum extiterunt raptores. Zur Entstehung von Rittertum und Ritterethos, in: Saeculum 32, 1981, S.317–333.
–, Das Privileg der ‚Deditio'. Formen gütlicher Konfliktbeendigung in der mittelalterlichen Adelsgesellschaft, in: DERS., Spielregeln, S.99–125.
–, Regeln der Gewaltanwendung im Mittelalter, in: SIEFERLE – BREUNINGER, Kulturen der Gewalt, S.154–170.
–, Schranken der Gewalt. Wie gewalttätig war das „finstere Mittelalter"?, in: BRUNNER, Krieg im Mittelalter, S.1–23.
–, Spielregeln der Politik im Mittelalter. Kommunikation in Frieden und Fehde, Darmstadt 1997.
–, Zur Verschriftlichung von Memoria in Krisenzeiten, in: GEUENICH – OEXLE, Memoria in der Gesellschaft des Mittelalters, S.56–73.
–, Verwandte, Freunde und Getreue. Zum politischen Stellenwert der Gruppenbindungen im früheren Mittelalter, Darmstadt 1990.

–, Widukind von Corvey. Kronzeuge und Herausforderung, in: FMSt 27, 1993, S. 253–272.
ALTHOFF, GERD – COUÉ, STEPHANIE, Pragmatische Geschichtsschreibung und Krisen, in: HAGEN KELLER – KLAUS GRUBMÜLLER – NIKOLAUS STAUBACH (Hrsg.), Pragmatische Schriftlichkeit im Mittelalter. Erscheinungsformen und Entwicklungsstufen (MMS 65), München 1992, S. 95–107.
ANDERMANN, KURT (Hrsg.), „Raubritter" oder „Rechtschaffene vom Adel"? Aspekte von Politik, Friede und Recht im späten Mittelalter (Oberrheinische Studien 14), Sigmaringen 1997.
ANGENENDT, ARNOLD, Das Frühmittelalter. Die abendländische Christenheit von 400 bis 900, Stuttgart – Berlin – Köln ²1994.
–, Geschichte der Religiosität im Mittelalter, Darmstadt 1997.
–, Heilige und Reliquien. Die Geschichte ihres Kultes vom frühen Christentum bis zur Gegenwart, München 1994.
–, Libelli bene correcti. Der „richtige Kult" als ein Motiv der karolingischen Reform, in: PETER GANZ (Hrsg.), Das Buch als magisches und als Repräsentationsobjekt, Wiesbaden 1992, S. 117–135.
–, Die liturgische Zeit: zyklisch und linear, in: GOETZ, Hochmittelalterliches Geschichtsbewußtsein, S. 101–115.
–, Pirmin und Bonifatius. Ihr Verhältnis zu Mönchtum, Bischofsamt und Adel, in: ARNO BORST (Hrsg.), Mönchtum, Episkopat und Adel zur Gründungszeit des Klosters Reichenau (VuF 20), Sigmaringen 1974, S. 251–304.
ANGENENDT, HEINRICH, Ausweitung des Kampfgeschehens und psychologische Kriegführung im früheren Mittelalter, phil. Diss., Würzburg 1971.
ANTON, HANS HUBERT, Fürstenspiegel und Herrscherethos in der Karolingerzeit (Bonner Historische Forschungen 32), Bonn 1968.
–, Pseudo-Cyprian, De duodecim abusivis saeculi und sein Einfluß auf den Kontinent, insbesondere auf die karolingischen Fürstenspiegel, in: HEINZ LÖWE (Hrsg.), Die Iren und Europa im früheren Mittelalter 2, Stuttgart 1982, S. 568–617.
ARNOLD, KLAUS, Bilder des Krieges – Bilder des Friedens, in: JOHANNES FRIED (Hrsg.), Träger und Instrumentarien des Friedens im hohen und späten Mittelalter (VuF 43), Sigmaringen 1996, S. 561–586.
–, De bono pacis. Friedensvorstellungen in Mittelalter und Renaissance, in: JÜRGEN PETERSOHN (Hrsg.), Überlieferung – Frömmigkeit – Bildung als Leitthemen der Geschichtsforschung, Wiesbaden 1987, S. 133–154.
ASSMANN, ALEIDA, Erinnerungsräume. Formen und Wandlungen des kulturellen Gedächtnisses, München 1999.
–, Was ist Weisheit? Wegmarken in einem weiten Feld, in: DIES. (Hrsg.), Weisheit (Archäologie der literarischen Kommunikation 3), München 1991, S. 15–44.
ASSMANN, JAN, Große Texte ohne eine Große Tradition: Ägypten als eine vorachsenzeitliche Kultur, in: SHMUEL N. EISENSTADT (Hrsg.), Kulturen der Achsenzeit II: Ihre institutionelle und kulturelle Dynamik, Teil 3: Buddhismus, Islam, Altägypten, westliche Kultur, Frankfurt a. M. 1992, S. 245–280.
–, Die Katastrophe des Vergessens. Das Deuteronomium als Paradigma kultureller Mnemotechnik, in: ALEIDA ASSMANN – DIETRICH HARTH (Hrsg.), Mnemosyne.

Formen und Funktionen der kulturellen Erinnerung, Frankfurt a.M. 1991, S. 337–355.
ASSMANN, JAN, Kollektives Gedächtnis und kulturelle Identität, in: DERS. – TONIO HÖLSCHER (Hgg), Kultur und Gedächtnis, Frankfurt a.M. 1988, S. 9–19.
–, Das kulturelle Gedächtnis. Schrift, Erinnerung und politische Identität in frühen Hochkulturen, München 1992.
ASSMANN, JAN – HARTH, DIETRICH (Hrsg.), Kultur und Konflikt, Frankfurt a.M. 1990.
AUER, JOHANN, Art. ‚Militia Christi‘, in: Dictionnaire de spiritualité 10, Paris 1980, Sp. 1210–1223.
–, Formen des Krieges im abendländischen Mittelalter, in: MANFRED RAUCHENSTEINER – ERWIN A. SCHMIDL (Hrsg.), Formen des Krieges. Vom Mittelalter zum „Low-Intensity-Conflict" (Forschungen zur Militärgeschichte 1), Graz – Wien – Köln 1991, S. 17–43.
BACHRACH, BERNARD S., Early Medieval Military Demography: Some Observations on the Methods of Hans Delbrück, in: KAGAY – VILLALON, Circle of War, S. 3–20.
–, Was the Marchfield Part of the Frankish Constitution?, in: Medieval Studies 36, 1974, S. 178–186.
–, Merovingian Military Organization 481–751, Minneapolis 1972.
–, Military Organization in Aquitaine under the Early Carolingians, in: Speculum 49, 1974, S. 1–33.
BANNIARD, MICHEL, Viva voce. Communication écrite et communication orale du IVe au IXe siècle en Occident latin (Collection des Études Augustiniennes. Série Moyen-Age et Temps Modernes 25), Paris 1992.
BARBER, RICHARD, The Knight and Chivalry, London u. a. ²1974.
BARTLETT, ROBERT, Die Geburt Europas aus dem Geist der Gewalt. Eroberung, Kolonisierung und kultureller Wandel von 950 bis 1350, München 1998 (Erstausgabe London 1993).
BATANY, JEAN, Propagande carolingienne et mythe carolingien: Le programme de Louis le Pieux chez Ermold le Noir et dans le *Couronnement de Louis*, in: La chanson de geste et le mythe carolingien. Mélanges René Louis 1, Saint-Père-sous-Vézelay 1982, S. 313–340.
BECHER, MATTHIAS, Eid und Herrschaft. Untersuchungen zum Herrscherethos Karls des Großen (VuF. Sonderband 39), Sigmaringen 1993.
BEELER, JOHN, Warfare in Feudal Europe 730–1200, Ithaca NY – London 1971.
BEHRINGER, WOLFGANG – ROECK, BERND (Hrsg.), Das Bild der Stadt in der Neuzeit. 1400–1800, München 1999.
BERG, ELISABETH, Das Ludwigslied und die Schlacht bei Saucourt, in: RhVjbll 29, 1964, S. 175–199.
BERNT, GÜNTER, Art. ‚Rhythmen‘, in: LexMA 7, München 1995, Sp. 800 f.
BERSCHIN, WALTER, Biographie und Epochenstil im lateinischen Mittelalter 3: Karolingische Biographie 750–920 n. Chr., Stuttgart 1991.
BERTAUX, PIERRE, Afrika. Von der Vorgeschichte bis zu den Staaten der Gegenwart (Fischer Weltgeschichte 32), Frankfurt a.M. 1966.
BEUMANN, HELMUT, Die Hagiographie „bewältigt": Unterwerfung und Christianisierung der Sachsen durch Karl den Großen, in: Cristianizzazione ed organizza-

zione ecclesiastica delle campagne nell'alto medioevo: Espansione e resistenze (Settimane 28), Spoleto 1982, S.129–163.

–, Ideengeschichtliche Studien zu Einhard und anderen Geschichtsschreibern des früheren Mittelalters, Darmstadt 1962.

–, Das Paderborner Epos und die Kaiseridee Karls des Großen, in: Karolus Magnus et Leo papa, S.1–54.

–, Art. ‚Poeta Saxo', in: ²VL 7, Berlin – New York 1989, Sp.766–769.

–, Unitas Ecclesiae – Unitas Imperii – Unitas Regni. Von der imperialen Reichseinheitsidee zur Einheit der Regna, in: Nascità dell'Europa ed Europa carolingia: Un'equazione da verificare (Settimane 27), Spoleto 1981, S.531–571.

BILLER, PETER, Medieval Waldensian Abhorrence of Killing pre-c1400, in: SHEILS, Church and War, S.129–146.

BITTNER, FRANZ, Studien zum Herrscherlob in der mittellateinischen Dichtung, phil. Diss., Würzburg 1962.

BLATTMANN, MARITA, ‚Ein Unglück für sein Volk'. Der Zusammenhang zwischen Fehlverhalten des Königs und Volkswohl in Quellen des 7.–12.Jahrhunderts, in: FMSt 30, 1996, S.80–102.

BODMANN, GERTRUD, Jahreszahlen und Weltalter. Zeit- und Raumvorstellungen im Mittelalter, Frankfurt a.M. – New York 1992.

BODMER, JEAN-PIERRE, Der Krieger der Merowingerzeit und seine Welt. Eine Studie über Kriegertum als Form der menschlichen Existenz im Frühmittelalter, Zürich 1957.

BOEHM, LAETIZIA, Der wissenschaftstheoretische Ort der historia im früheren Mittelalter. Die Geschichte auf dem Wege zur „Geschichtswissenschaft", in: CLEMENS BAUER u.a. (Hrsg.), Speculum historiale. Geschichte im Spiegel von Geschichtsschreibung und Geschichtsdeutung. Festschrift Johannes Spörl, Freiburg – München 1965, S.663–693.

BÖHMER, JOHANN FRIEDRICH, Regesta imperii 1: Die Regesten des Kaiserreichs unter den Karolingern 751–918, neubearb. von ENGELBERT MÜHLBACHER u.a., Hildesheim 1966.

BOHNE, JÜRGEN, Der Poeta Saxo in der historiographischen Tradition des 8.–10.Jahrhunderts, phil. Diss., Berlin, Frankfurt a.M. 1965.

BONNAUD DELAMARE, ROGER, L'idée de paix a l'époque carolingienne, Paris 1939.

BORST, ARNO, Computus. Zeit und Zahl im Mittelalter, in: DA 44, 1988, S.1–82.

–, Lebensformen im Mittelalter, Frankfurt a.M. 1973.

–, Das Rittertum im Mittelalter (Wege der Forschung 349), Darmstadt ²1989.

BOSBACH, FRANZ (Hrsg.), Feindbilder. Die Darstellung des Gegners in der politischen Publizistik des Mittelalters und der Neuzeit (Bayreuther Historische Kolloquien 6), Köln – Weimar – Wien 1992.

BOSHOF, EGON, Erzbischof Agobard von Lyon. Leben und Werk (Kölner Historische Abhandlungen 17), Köln – Wien 1969.

–, Einheitsidee und Teilungsprinzip in der Regierungszeit Ludwigs des Frommen, in: GODMAN – COLLINS, Charlemagne's Heir, S.161–189.

–, Ludwig der Fromme, Darmstadt 1996.

BOURGAIN, PASCALE, Art. ‚Pseudo-Turpin', in: LexMA 7, München 1995, Sp.310.

BOUTELLE, DONNA LEE, Louis the Pious and Ermoldus Nigellus: An Inquiry into the

Historical Reliability of *In honorem Hludowici*, Phil. Diss. University of California, Berkeley 1970.

BRADBURY, JIM, The Medieval Archer, Woodbridge 1985.

–, The Medieval Siege, Woodbridge 1992.

BRAUNFELS, WOLFGANG (Hrsg.), Karl der Große. Lebenswerk und Nachleben, 5 Bde., Düsseldorf 1965–1968.

BRINCKEN, ANNA-DOROTHEA VON DEN, Studien zur lateinischen Weltchronistik bis in das Zeitalter Ottos von Freising, Düsseldorf 1957.

BRONISCH, ALEXANDER PIERRE, Reconquista und Heiliger Krieg. Die Deutung des Krieges im christlichen Spanien von den Westgoten bis ins frühe 12. Jahrhundert (Spanische Forschungen der Görresgesellschaft, 2. Reihe, 35), Münster 1998.

BROWN, GILES, The Carolingian renaissance, in: MCKITTERICK, Carolingian culture, S. 1–51.

BRÜGGEMANN, WOLFGANG, Untersuchungen zur Vitae-Literatur der Karolingerzeit, phil. Diss., Münster 1957.

BRUNNER, HEINRICH, Der Reiterdienst und die Anfänge des Lehnwesens, in: ZRG Germ. Abt. 8, 1887, S. 1–38.

BRUNNER, HORST, Bilder vom Krieg in der deutschen Literatur des Mittelalters und der Frühen Neuzeit, in: DIETER RÖDEL – JOACHIM SCHNEIDER (Hrsg.), Strukturen der Gesellschaft im Mittelalter. Interdisziplinäre Mediävistik in Würzburg, Wiesbaden 1996, S. 101–114.

– (Hrsg.), Der Krieg im Mittelalter und in der Frühen Neuzeit: Gründe, Begründungen, Bilder, Bräuche, Recht (Imagines medii aevi 3), Wiesbaden 1999.

– (Hrsg.), Die Wahrnehmung und Darstellung von Kriegen im Mittelalter und in der Frühen Neuzeit (Imagines medii aevi 6), Wiesbaden 2000.

BRUNNER, KARL, Oppositionelle Gruppen im Karolingerreich (Veröffentlichungen des Instituts für österreichische Geschichtsforschung 25), Wien – Köln – Graz 1979.

BRUNNER, OTTO, Land und Herrschaft. Grundfragen der territorialen Verfassungsgeschichte Österreichs im Mittelalter, Wien ⁵1965.

BUCHNER, MAX, Entstehungszeit und Verfasser der „Vita Hludowici imperatoris" des „Astronomen", in: Historisches Jahrbuch 60, 1940, S. 14–45.

BUDA, MILADA, Medieval History and Discourse. Toward a Topography of Textuality (American University Studies Series III: Comparative Literature 28), New York u. a. 1990.

BUND, KONRAD, Thronsturz und Herrscherabsetzung im Frühmittelalter (Bonner Historische Forschungen 44), Bonn 1979.

BUTZER, PAUL L. – KERNER, MAX – OBERSCHELP, WALTER (Hrsg.), Karl der Große und sein Nachwirken. 1200 Jahre Kultur und Wissenschaft in Europa, 2 Bde., Turnhout 1997.

CARRUTHERS, MARY J., The Book of Memory. A Study of Memory in Medieval Culture (Cambridge Studies in Medieval Literature 10), Cambridge u. a. 1990.

CASSARD, JEAN-CHRISTOPHE, La guerre des Bretons armoricains au haut Moyen Age, in: Revue historique 275, 1986, S. 3–27.

CAVANNA, ADRIANO, Art. ‚Bellum iustum', in: LexMA 1, München – Zürich 1980, Sp. 1849 f.

CLASSEN, PETER, Die Verträge von Verdun und von Coulaines 843 als politische Grundlagen des westfränkischen Reiches, in: DERS., Ausgewählte Aufsätze, hrsg. von JOSEF FLECKENSTEIN (VuF 28), Sigmaringen 1983, S. 249–277 (zuerst in: HZ 196, 1963, S. 1–35).

CONTAMINE, PHILIPPE, La Guerre au Moyen Age (Nouvelle Clio 24), Paris 1980.

CONTAMINE, PHILIPPE – GUYOTJEANNIN, OLIVIER (Hrsg.), La guerre, la violence et les gens au Moyen Âge, 1: Guerre et Violence; 2: Guerre et Gens, Paris 1996.

CONTRENI, JOHN J., The Carolingian Renaissance: Education and Literary Culture, in: ROSAMUND MCKITTERICK (Hrsg.), The new Cambridge medieval history 2, Cambridge 1995, S. 709–757.

CORFIS, IVY A. – WOLFE, MICHAEL (Hrsg.), The Medieval City under Siege, Woodbridge 1995.

COUPLAND, SIMON, The Frankish Tribute Payments to the Vikings and their Consequenes, in: Francia 26/1, 1999, S. 57–75.

CRAM, KURT-GEORG, Iudicium belli. Zum Rechtscharakter des Krieges im deutschen Mittelalter, Münster 1955.

DECKER, WOLFGANG, Die physische Leistung Pharaos. Untersuchungen zu Heldentum, Jagd und Leibesübungen der ägyptischen Könige, phil. Diss., Köln 1971.

DELBRÜCK, HANS, Geschichte der Kriegskunst im Rahmen der politischen Geschichte, 4 Bde., Berlin 1962–1966 (Erstausgabe 1923).

DEMANDT, ALEXANDER, Vandalismus. Gewalt gegen Kultur, Berlin 1997.

DESCOMBES, FRANÇOISE, Hagiographie et topographie religieuse: l'exemple de Vienne en Dauphiné, in: Hagiographie, cultures et sociétés IVe–XIIe siècles. Actes du Colloque organisé à Nanterre et à Paris (2–5 mai 1979), Paris 1981, S. 361–379.

DEVISSE, JEAN, Hincmar Archevêque de Reims 845–882, 3 Bde. (Travaux d'histoire ethico-politique 29), Genf 1975–1976.

DILCHER, GERHARD, Friede durch Recht, in: FRIED, Träger und Instrumentarien, S. 203–227.

DINZELBACHER, PETER, Angst im Mittelalter. Teufels-, Todes- und Gotteserfahrung: Mentalitätsgeschichte und Ikonographie, Paderborn u. a. 1996.

–, Der Kampf der Heiligen mit den Dämonen, in: Santi e demoni nell'alto medioevo occidentale (secoli V–XI) (Settimane 36), Spoleto 1989, S. 647–695.

DOHRN-VAN ROSSUM, GERHARD, Die Geschichte der Stunde. Uhren und moderne Zeitordnungen, München – Wien 1992.

DREW, KATHERINE FISCHER, The Carolingian Military Frontier in Italy, in: Traditio 20, 1964, S. 437–447.

DUBY, GEORGES, Krieg und Gesellschaft im Europa der Feudalzeit, in: DERS., Wirklichkeit und höfischer Traum. Zur Kultur des Mittelalters, Berlin 1986, S. 133–170.

–, Krieger und Bauern. Die Entwicklung der mittelalterlichen Wirtschaft und Gesellschaft bis um 1200, Frankfurt a. M. 1984 (Erstausgabe London 1973).

–, Der Sonntag von Bouvines. 27. Juli 1214, Berlin 1988 (Erstausgabe Paris 1973).

DÜCHTING, REINHARD, Sedulius Scottus. Seine Dichtungen, München 1968.

DÜMMLER, ERNST, Geschichte des ostfränkischen Reiches, 3 Bde., Darmstadt 1960 (unv. Nachdr. der 2. Aufl. Leipzig 1887).

–, Gesta Berengarii imperatoris. Beiträge zur Geschichte Italiens im Anfange des zehnten Jahrhunderts, Halle 1871.

EBENBAUER, ALFRED, Carmen historicum. Untersuchungen zur historischen Dichtung im karolingischen Europa 1 (Philologica Germanica 4), Wien 1978.
–, Heldenlied und „Historisches Lied" im Frühmittelalter – und davor, in: HEINRICH BECK (Hrsg.), Heldensage und Heldendichtung im Germanischen (Ergänzungsbände zum Reallexikon der Germanischen Altertumskunde 2), Berlin – New York 1988, S. 15–34.
EBERHARDT, OTTO, Via regia. Der Fürstenspiegel Smaragds von St. Mihiel und seine literarische Gattung (MMS 28), München 1977.
EHLERS, JOACHIM, Die Sachsenmission als heilsgeschichtliches Ereignis, in: FRANZ J. FELTEN – NIKOLAS JASPERT (Hrsg.), Vita Religiosa im Mittelalter. Festschrift für Kaspar Elm zum 70. Geburtstag (Berliner historische Studien 31 = Ordensstudien 13), Berlin 1999, S. 37–53.
EHLERT, TRUDE, Literatur und Wirklichkeit – Exegese und Politik. Zur Deutung des Ludwigsliedes, in: Saeculum 32, 1981, S. 31–42.
– (Hrsg.), Zeitkonzeptionen, Zeiterfahrung, Zeitmessung. Stationen ihres Wandels vom Mittelalter bis zur Moderne, Paderborn u. a. 1997.
ERBEN, WILHELM, Kriegsgeschichte des Mittelalters (HZ Beihefte 16), München 1929.
–, Die Schlacht bei Mühldorf, 28. September 1322, historisch-geographisch und rechtsgeschichtlich untersucht (Veröffentlichungen des Historischen Seminars der Universität Graz 1), Graz – Wien – Leipzig 1923.
ERDMANN, CARL, Die Entstehung des Kreuzzugsgedankens, Darmstadt 1980 (Nachdr. d. Ausg. Stuttgart 1935).
ERLER, ADALBERT, Art. ‚Königsheil', in: HRG 2, Berlin 1978, Sp. 1040 f.
ESCH, ARNOLD, Ist Oral History im Mittelalter faßbar? Elemente persönlicher und absoluter Zeitrechnung in Zeugenaussagen, in: JÜRGEN VON UNGERN-STERNBERG – HANSJÖRG REINAU (Hrsg.), Vergangenheit in mündlicher Überlieferung (Colloquium Rauricum 1), Stuttgart 1988, S. 321–324.
–, Zeitalter und Menschenalter. Die Perspektiven historischer Periodisierung, in: HZ 239, 1984, S. 309–351.
ESDERS, STEFAN – SCHARFF, THOMAS, Die Untersuchung der Untersuchung. Methodische Überlegungen zum Studium rechtlicher Befragungs- und Weisungspraktiken in Mittelalter und früher Neuzeit, in: DIESS., Eid und Wahrheitssuche. Studien zu rechtlichen Befragungspraktiken in Mittelalter und früher Neuzeit (Gesellschaft, Kultur und Schrift. Mediävistische Beiträge 7), Frankfurt a. M. u. a. 1999, S. 11–47.
FAULHABER, ROLAND, Der Reichseinheitsgedanke in der Literatur der Karolingerzeit bis zum Vertrag von Verdun (Historische Studien 204), Berlin 1931.
FEBVRE, LUCIEN, „Frontière" – Wort und Bedeutung, in: DERS., Das Gewissen des Historikers, hrsg. und aus dem Französischen übers. von ULRICH RAULFF, Frankfurt a. M. 1990, S. 27–37 (Erstausgabe Paris 1928).
FENSKE, LUTZ, Jagd und Jäger im früheren Mittelalter, in: RÖSENER, Jagd und höfische Kultur, S. 29–93.
FERRARI, MICHELE CAMILLO, Hrabanica. Hrabans *De laudibus sanctae crucis* im Spiegel der neueren Forschung, in: GANGOLF SCHRIMPF (Hrsg.), Kloster Fulda in der Welt der Karolinger und Ottonen (Fuldaer Studien 7), Frankfurt a. M. 1996, S. 493–526.

FICHTENAU, HEINRICH, Lebensordnungen des 10. Jahrhunderts. Studien über Denkart und Existenz im einstigen Karolingerreich, München 1992 (zuerst Stuttgart 1984).
FOURACRE, PAUL, Attitudes towards violence in seventh- and eighth-century Francia, in: HALSALL, Violence and Society, S. 60–75.
FRANCE, JOHN, The military history of the Carolingian period, in: Revue belge d'histoire militaire 26, 1985, S. 81–99.
–, Victory in the East. A military history of the First Crusade, Cambridge 1994.
FREISE, ECKHARD, Zur Datierung und Einordnung fuldischer Namengruppen und Gedenkeinträge, in: SCHMID, Klostergemeinschaft von Fulda 2.2, S. 526–570.
–, Das Frühmittelalter bis zum Vertrag von Verdun (843), in: WILHELM KOHL (Hrsg.), Westfälische Geschichte 3: Von den Anfängen bis zum Ende des Alten Reiches (Veröffentlichungen der Historischen Kommission für Westfalen im Provinzialinstitut für Westfälische Landes- und Volksforschung des Landschaftsverbandes Westfalen-Lippe 43), Düsseldorf 1983, S. 275–335.
–, Kalendarische und annalistische Grundformen der Memoria, in: KARL SCHMID – JOACHIM WOLLASCH (Hrsg.), Memoria. Der geschichtliche Zeugniswert des liturgischen Gedenkens im Mittelalter (MMS 48), München 1984, S. 441–557.
FREYTAG, WIEBKE, Art. ‚Ludwigslied‘, in: ²VL 5, Berlin – New York 1985, Sp. 1036–1039.
FRIED, JOHANNES, Der karolingische Herrschaftsverband im 9. Jh. zwischen „Kirche" und „Königshaus", in: HZ 235, 1982, S. 1–43.
–, Mündlichkeit, Erinnerung und Herrschaft. Zugleich zum Modus ‚De Heinrico‘, in: JOSEPH CANNING – OTTO GERHARD OEXLE (Hrsg.), Political Thought and the Realities of Power in the Middle Ages – Politisches Denken und die Wirklichkeit der Macht im Mittelalter (VMPIG 147), Göttingen 1998, S. 9–32.
–, Papst Leo III. besucht Karl den Großen in Paderborn oder Einhards Schweigen, in: HZ 272, 2001, S. 281–326.
–, Der Weg in die Geschichte. Die Ursprünge Deutschlands. Bis 1024 (Propyläen Geschichte Deutschlands 1), Berlin 1994.
– (Hrsg.), Träger und Instrumentarien des Friedens im hohen und späten Mittelalter (VuF 43), Sigmaringen 1996.
Frieden in Geschichte und Gegenwart, hrsg. vom Historischen Seminar der Universität Düsseldorf (Kultur und Erkenntnis 1), Düsseldorf 1985.
FÜRBETH, FRANK, Zur deutschsprachigen Rezeption der ‚Epitoma rei militaris‘ des Vegetius im Mittelalter, in: BRUNNER, Wahrnehmung und Darstellung, S. 141–165.
GAIFFIER, BAUDOUIN DE, Hagiographie et Historiographie, in: La storiografia altomedievale 1, S. 139–166.
GANSHOF, FRANÇOIS LOUIS, A propos de la cavalerie dans les armées de Charlemagne, in: Académie des Inscriptions et Belles-Lettres. Comptes rendus des séances 1952, S. 531–536.
–, L'armée sous les Carolingiens, in: Ordinamenti militari 1, S. 109–130.
–, Einhard, biographer of Charlemagne, in: The Carolingians and the Frankish Monarchy, London 1971, S. 1–16.
–, L'historiographie dans la monarchie franque sous les mérovingiens et les carolingiens, in: Storiografia altomedievale, S. 631–685.

GANSHOF, FRANÇOIS LOUIS, La paix au très haut Moyen Âge (Recueils de la Société Jean Bodin 14), Brüssel 1962, S. 397–413.
GANZ, DAVID, The Epitaphium Arsenii and Opposition to Louis the Pious, in: GODMAN – COLLINS, Charlemagne's Heir, S. 537–550.
–, The Preface to Einhard's ‚Vita Karoli', in: SCHEFERS, Einhard, S. 299–310.
GEERTZ, CLIFFORD, Dichte Beschreibung. Beiträge zum Verstehen kultureller Systeme, Frankfurt a. M. 1983.
GEHRKE, PAMELA, Saints and Scribes. Medieval Agiography and Its Manuscripts Context, Berkeley – Los Angeles – London 1993.
GEITH, KARL-ERNST, Karl der Große, in: Herrscher, Helden, Heilige, hrsg. von ULRICH MÜLLER – WERNER WUNDERLICH (Mittelalter-Mythen 1), St. Gallen 1996, S. 87–100.
GENET, JEAN-PHILIPPE (Hrsg.), L'historiographie médiévale en Europe. Actes du colloque organisé par la Fondation Européenne de la Science au Centre de Recherches Historiques et Juridiques de l'Université Paris I du 29 mars au 1er avril 1989, Paris 1991.
GEUENICH, DIETER, Die volkssprachige Überlieferung der Karolingerzeit aus der Sicht des Historikers, in: DA 39, 1983, S. 104–130.
GEUENICH, DIETER– OEXLE, OTTO GERHARD (Hrsg.), Memoria in der Gesellschaft des Mittelalters (VMPIG 111), Göttingen 1994.
GILLMOR, CAROLL MARIE, Warfare and the Military under Charles the Bald, 840–877, phil. Diss. University of California, Los Angeles 1976.
GLADIGOW, BURKHARD, Homo publice necans. Kulturelle Bedingungen kollektiven Tötens, in: STIETENCRON, Krieg und Kultur, S. 150–165.
GNILKA, CHRISTIAN, Studien zur Psychomachie des Prudentius (Klassisch-Philologische Studien 27), Wiesbaden 1963.
GODMAN, PETER, Louis ‚the Pious' and his Poets, in: FMSt 19, 1985, S. 239–289.
–, The Poetic Hunt: From Saint Martin to Charlemagne's Heir, in: DERS. – COLLINS, Charlemagne's Heir, S. 565–589.
–, Poetry of the Carolingian Renaissance, London 1985.
–, Poets and Emperors. Frankish Politics and Carolingian Poetry, Oxford 1987.
GODMAN, PETER– COLLINS, ROGER (Hrsg.), Charlemagne's Heir. New Perspectives on the Reign of Louis the Pious, Oxford 1990.
GOETZ, HANS-WERNER, Die Gegenwart der Vergangenheit im früh- und hochmittelalterlichen Geschichtsbewußtsein, in: HZ 255, 1992, S. 61–97.
–, Die „Geschichte" im Wissenschaftssystem des Mittelalters, in: SCHMALE, Funktion und Formen, S. 165–213.
–, Historiographisches Zeitbewußtsein im frühen Mittelalter. Zum Umgang mit der Zeit in der karolingischen Geschichtsschreibung, in: SCHARER – SCHEIBELREITER, Historiographie im frühen Mittelalter, S. 158–178.
–, Kirchenschutz, Rechtswahrung und Reform. Zu den Zielen und zum Wesen der frühen Gottesfriedensbewegung, in: Francia 11, 1983, S. 193–239.
–, Moderne Mediävistik. Stand und Perspektiven der Mittelalterforschung, Darmstadt 1999.
–, Strukturen der spätkarolingischen Epoche im Spiegel der Vorstellungen eines zeitgenössischen Mönchs. Eine Interpretation der „Gesta Karoli" Notkers von Sankt Gallen, Bonn 1981.

–, Vergangenheitswahrnehmung, Vergangenheitsgebrauch und Geschichtssymbolismus in der Geschichtsschreibung der Karolingerzeit, in: Ideologie e pratiche del reimpiego nell'alto medioevo (Settimane 46), Spoleto 1999, S. 177–225.
–, Verschriftlichung von Geschichtskenntnissen: Die Historiographie der Karolingerzeit, in: Schäfer, Schriftlichkeit, S. 229–253.
–, Zum Geschichtsbewußtsein hochmittelalterlicher Geschichtsschreiber, in: Ders., Hochmittelalterliches Geschichtsbewußtsein, S. 55–72.
– (Hrsg.), Hochmittelalterliches Geschichtsbewußtsein im Spiegel nichthistoriographischer Quellen, Berlin 1998.
Goez, Werner, Zur Weltchronik des Bischofs Frechulf von Lisieux, in: Ekkehard Kaufmann (Hrsg.), Festgabe für Paul Kirn zum 70. Geburtstag dargebracht von Freunden und Schülern, Berlin 1961, S. 93–110.
Goffart, Walter, The Le Mans Forgeries. A Chapter from the History of Church Property in the Ninth Century (Harvard Historical Studies 76), Cambridge, Mass. 1966.
–, The Narrators of Barbarian History (A.D. 550–800). Jordanes, Gregory of Tours, Bede, and Paul the Deacon, Princeton, New Jersey 1988.
–, Paul the Deacon's ‚Gesta episcoporum Mettensium' and the early design of Charlemagne's succession, in: Traditio 42, 1986, S. 59–93.
Goldberg, Eric J., „More devoted to the equipment of battle than the splendor of banquets": frontier kingship, martial ritual, and early knighthood at the court of Louis the German, in: Viator 30, 1999, S. 41–78.
–, Popular Revolt, Dynastic Politics, and Aristocratic Factionalism in the Early Middle Ages: The Saxon Stellinga Reconsidered, in: Speculum 70, 1995, S. 467–501.
Goody, Jack – Watt, Ian – Gough, Kathleen, Entstehung und Folgen der Schriftkultur, Frankfurt a. M. 1986 (Erstausgabe Cambridge 1968).
Graeber, Andreas, Friedensvorstellung und Friedensbegriff bei den Griechen bis zum Peloponnesischen Krieg, in: ZRG Rom. Abt. 109, 1992, S. 116–162.
Graus, František, Volk, Herrscher und Heiliger im Reich der Merowinger. Studien zur Hagiographie der Merowingerzeit, Prag 1965.
Groebner, Valentin, Der verletzte Körper und die Stadt. Gewalttätigkeit und Gewalt in Nürnberg am Ende des 15. Jahrhunderts, in: Thomas Lindenberger – Alf Lüdtke (Hrsg.), Physische Gewalt, Frankfurt a. M. 1995, S. 162–189.
Gruber, Joachim, Art. ‚Prudentius', in: LexMA 7, München 1995, Sp. 289 f.
Grundmann, Herbert, Geschichtsschreibung im Mittelalter. Gattungen – Epochen – Eigenart, Göttingen ⁴1987 (1. Aufl. 1965).
Guenée, Bernard, Histoire et culture historique dans l'Occident médiéval, Paris ²1980.
–, Histoires, annales, chroniques. Essai sur les genres historiques au Moyen Age, in: Annales 28, 1973, S. 997–1016.
Guenée, Bernard (Hrsg.), Le métier d'historien au moyen âge. Études sur l'historiographie médiévale (Publications de la Sorbonne. Série «Études» 13), Paris 1977.
Guerreau-Jalabert, Anita, La «Renaissance carolingienne»: Modèles culturels, usages linguistiques et structures sociales, in: Bibliothèque de l'École des Chartes 139, 1981, S. 5–35.

GUILLOTEL, HUBERT – WERNER, KARL FERDINAND, Art. ‚Bretagne A. I. Frühmittelalter', in: LexMA 2, München – Zürich 1983, Sp. 615–618.

GURJEWITSCH, AARON J., Das Weltbild des mittelalterlichen Menschen, München ⁴1989 (Erstausgabe Moskau 1972).

HAAS, JONATHAN (Hrsg.), The Anthropology of War, Cambridge u. a. 1990.

HÄGERMANN, DIETER, Karl der Große. Herrscher des Abendlandes, Berlin – München 2000.

HAENENS, ALBERT D', Les invasions normandes en Belgique au IXe siècle. La phénomène et sa répercussion dans l'historiographie médiévale (Université de Louvain. Recueil de travaux d'histoire et de philologie, 4e série, fasc. 38), Louvain 1967.

–, Les invasions normandes dans l'Empire franc au IXe siècle. Pour une rénovation de la problématique, in: I Normanni e la loro espansione in Europa nell'alto medioevo (Settimane 16), Spoleto 1969, S. 233–298.

HAGENEDER, OTHMAR, Art. ‚Fürstenabsetzung', in: HRG 1, Berlin 1971, Sp. 1351–1356.

Hagiographie, cultures et sociétés IVe–XIIe siècles. Actes du Colloque organisé à Nanterre et à Paris (2–5 mai 1979), Paris 1981.

HAINES, KEITH, Attitudes and Impediments to Pacifism in Medieval Europe, in: Journal of Medieval History 7, 1981, S. 369–388.

HALSALL, GUY, Violence and society in the early medieval west: an introductory survey, in: DERS., Violence and society, S. 1–45.

HALSALL, GUY (Hrsg.), Violence and society in the early medieval west, Woodbridge 1998.

HANNICK, CHRISTIAN, Liturgie und Geschichtsschreibung, in: SCHARER – SCHEIBELREITER, Historiographie im frühen Mittelalter, S. 179–185.

HARNACK, ADOLF, Militia Christi. Die christliche Religion und der Soldatenstand in den ersten drei Jahrhunderten, Tübingen 1905.

HARRISON, DICK, Medieval Space. The Extent of Microspatial Knowledge in Western Europe during the Middle Ages (Lund Studies in International History 34), Lund 1996.

HARTHAUSEN, HARTMUT, Die Normanneneinfälle im Elb- und Wesermündungsgebiet mit besonderer Berücksichtigung der Schlacht von 800 (Quellen und Darstellungen zur Geschichte Niedersachsens 68), Hildesheim 1966.

HARTMANN, WILFRIED, Konzilien und Geschichtsschreibung in karolingischer Zeit, in: SCHARER – SCHEIBELREITER, Historiographie im frühen Mittelalter, S. 481–498.

HASELBACH, IRENE, Aufstieg und Herrschaft der Karlinger in der Darstellung der sogenannten Annales Mettenses priores. Ein Beitrag zur Geschichte der politischen Ideen im Reich Karls des Großen (Historische Studien 412), Lübeck – Hamburg 1970.

HATTENHAUER, HANS, Pax et iustitia (Berichte aus den Sitzungen der Joachim-Jungius-Gesellschaft der Wissenschaften e. V. 1, 3), Hamburg 1983.

HAUCK, KARL, Die Ausbreitung des Glaubens in Sachsen und die Verteidigung der römischen Kirche als konkurrierende Herrschaftsaufgaben Karls des Großen, in FMSt 4, 1970, S. 138–172.

–, Karolingische Taufpfalzen im Spiegel hofnaher Dichtung. Überlegungen zur

Ausmalung von Pfalzkirchen, Pfalzen und Reichsklöstern (Nachrichten der Akademie der Wissenschaften in Göttingen, phil.-hist. Klasse 1985), Göttingen 1985.

–, Paderborn, das Zentrum von Karls Sachsenmission 777, in: JOSEF FLECKENSTEIN – KARL SCHMID (Hrsg.), Adel und Kirche. Gerd Tellenbach zum 65. Geburtstag, Freiburg – Basel – Wien 1968, S. 92–140.

–, Tiergärten im Pfalzbereich, in: Deutsche Königspfalzen. Beiträge zu ihrer historischen und archäologischen Erforschung 1 (VMPIG 11,1), Göttingen 1963, S. 30–74.

HEENE, KATRIEN, Merovingian and Carolingian Hagiography. Continuity or Change in Public and Aims?, in: Analecta Bollandiana 107, 1989, S. 415–428.

HEINZELMANN, MARTIN, Art. ‚Adelsheiliger', in: LexMA 1, München 1980, Sp. 148.

–, Translationsberichte und andere Quellen des Reliquienkultes (Typologie des sources du moyen âge occidental 33), Turnhout 1979.

HIPPEL, ERNST VON, Die Krieger Gottes. Die Regel Benedikts als Ausdruck frühchristlicher Gemeinschaftsbildung, Paderborn ²1953.

HOFFMANN, HARTMUT, Gottesfriede und Treuga Dei (Schriften der MGH 20), Stuttgart 1964.

–, Untersuchungen zur karolingischen Annalistik, Bonn 1958.

HOLENSTEIN, ANDRÉ, Die Huldigung der Untertanen. Rechtskultur und Herrschaftsordnung (800–1800) (Quellen und Forschungen zur Agrargeschichte 36), Stuttgart 1991.

–, Seelenheil und Untertanenpflicht. Zur gesellschaftlichen Funktion und theoretischen Begründung des Eides in der ständischen Gesellschaft, in: PETER BLICKLE (Hrsg.), Der Fluch und der Eid. Die metaphysische Begründung gesellschaftlichen Zusammenlebens und politischer Ordnung in der ständischen Gesellschaft (Zeitschrift für Historische Forschung, Beiheft 15), Berlin 1993, S. 11–63.

HUIZINGA, JOHAN, Homo ludens. Versuch einer Bestimmung der Kultur, Basel 1944.

INNES, MATTHEW, Memory, Orality and Literacy in an Early Medieval Society, in: Past and Present 158, 1998, S. 3–36.

INNES, MATTHEW – MCKITTERICK, ROSAMOND, The writing of history, in: MCKITTERICK, Carolingian culture, S. 193–220.

JÄSCHKE, KURT-ULRICH, Die Karolingergenealogien aus Metz und Paulus Diaconus, in: RhVjbll 34, 1970, S. 190–218.

JAKOBI, FRANZ-JOSEF, Zu den Amtsträgerlisten in der Überlieferung der Fuldaer Totenannalen, in: SCHMID, Die Klostergemeinschaft von Fulda 2.2, S. 505–525.

JANIN, PIERRE, Heiric d'Auxerre et les Gesta Pontificum Autissiodorensium, in: Francia 4, 1976, S. 89–105.

JARNUT, JÖRG, Die frühmittelalterliche Jagd unter rechts- und sozialgeschichtlichen Aspekten, in: L'uomo di fronte al mondo animale nell'alto medioevo (Settimane 31), Spoleto 1985, S. 764–798.

JOHANEK, PETER, Zur rechtlichen Funktion von Traditionsnotiz, Traditionsbuch und früher Siegelurkunde, in: PETER CLASSEN (Hrsg.), Recht und Schrift im Mittelalter (VuF 23), Sigmaringen 1977, S. 131–162.

–, Die Mauer und die Heiligen. Stadtvorstellungen im Mittelalter, in: BEHRINGER – ROECK, Bild der Stadt, S. 26–38.

–, Die Raffelstätter Zollordnung und das Urkundenwesen der Karolingerzeit, in:

HELMUT MAURER – HANS PATZE (Hrsg.), Festschrift für Berent Schwineköper. Zu seinem siebzigsten Geburtstag, Sigmaringen 1982, S. 87–103.

JONG, MAYKE DE, Carolingian monasticism: the power of prayer, in: ROSAMUND MCKITTERICK (Hrsg.), The new Cambridge medieval history 2, Cambridge 1995, S. 622–653.

–, Power and humility in Carolingian society: the public penance of Louis the Pious, in: Early medieval Europe 1, 1992, S. 29–52.

KAEUPER, RICHARD W. (Hrsg.), Violence in Medieval Society, Woodbridge 2000.

KAGAY, DONALD J. – VILLALON, L. J. ANDREW (Hrsg.), The Final Argument. The Imprint of Violence on Society in Medieval and Early Modern Europe, Woodbridge 1998.

– The Circle of War in the Middle Ages. Essays on Medieval Military and Naval History, Woodbridge 1999.

KAISER, REINHOLD, Die Gesta episcoporum als Genus der Geschichtsschreibung, in: SCHARER – SCHEIBELREITER, Historiographie im frühen Mittelalter, S. 459–480.

–, Selbsthilfe und Gewaltmonopol. Königliche Friedenswahrung in Deutschland und Frankreich im Mittelalter, in: FMSt 17, 1983, S. 55–72.

KASTEN, BRIGITTE, Adalhard von Corbie. Die Biographie eines karolingischen Politikers und Klostervorstehers (Studia humaniora. Düsseldorfer Studien zu Mittelalter und Renaissance 3), Düsseldorf 1986.

–, Königssöhne und Königsherrschaft. Untersuchungen zur Teilhabe am Reich in der Merowinger- und Karolingerzeit (MGH Schriften 44), Hannover 1997.

KELLER, HAGEN, ‚Adelsheiliger‘ und Pauper Christi in Ekkeberts Vita sancti Haimeradi, in: JOSEF FLECKENSTEIN – KARL SCHMID (Hrsg.), Adel und Kirche. Gerd Tellenbach zum 65. Geburtstag, Freiburg i. Br. 1968, S. 307–324.

–, Die Entwicklung der europäischen Schriftkultur im Spiegel der mittelalterlichen Überlieferung. Beobachtungen und Überlegungen, in: PAUL LEIDINGER – DIETER METZLER (Hrsg.), Geschichte und Geschichtswissenschaft. Festschrift Karl-Ernst Jeismann zum 65. Geburtstag, Münster 1990, S. 171–204.

–, Das Kaisertum Ottos des Großen im Verständnis seiner Zeit, in: DA 20, 1964, S. 325–388.

–, Machabaeorum pugnae. Zum Stellenwert eines biblischen Vorbilds in Widukinds Deutung der ottonischen Königsherrschaft, in: DERS. – NIKOLAUS STAUBACH (Hrsg.), Iconologia sacra. Mythos, Bildkunst und Dichtung in der Religions- und Sozialgeschichte Alteuropas. Festschrift für Karl Hauck zum 75. Geburtstag (Arbeiten zur Frühmittelalterforschung 23), Berlin – New York 1994, S. 417–437.

–, Mönchtum und Adel in den Vitae patrum Jurensium und in der Vita Germani abbatis Grandivallensis. Beobachtungen zum frühmittelalterlichen Kulturwandel im alemannisch-burgundischen Grenzraum, in: KASPAR ELM – EBERHARD GÖNNER – EUGEN HILLENBRAND (Hrsg.), Landesgeschichte und Geistesgeschichte. Festschrift für Otto Herding zum 65. Geburtstag (Veröffentlichungen der Kommission für Geschichtliche Landeskunde in Baden-Württemberg, Reihe B, Forschungen 92), Stuttgart 1977, S. 1–23.

–, Vom ‚heiligen Buch‘ zur ‚Buchführung‘. Lebensfunktionen der Schrift im Mittelalter, in: FMSt 26, 1992, S. 1–31.

–, Widukinds Bericht über die Aachener Wahl und Krönung Ottos I., in FMSt 29, 1995, S. 390–453.
–, Zum Sturz Karls III. Über die Rolle Liutwards von Vercelli und Liutberts von Mainz, Arnulfs von Kärnten und der ostfränkischen Großen bei der Absetzung des Kaisers, in: EDUARD HLAWITSCHKA (Hrsg.), Königswahl und Thronfolge in fränkisch-karolingischer Zeit (Wege der Forschung 247), Darmstadt 1975, S. 432–494 (zuerst in: DA 22, 1966, S. 333–384).
KELLER, HAGEN – WORSTBROCK, FRANZ JOSEF, Träger, Felder, Formen pragmatischer Schriftlichkeit im Mittelalter. Der neue Sonderforschungsbereich 231 an der Westfälischen Wilhelms-Universität Münster, in: FMSt 22, 1988, S. 388–409.
KERN, FRITZ, Gottesgnadentum und Widerstandsrecht im früheren Mittelalter. Zur Entwicklungsgeschichte der Monarchie, unv. Nachdr. der 2. Aufl. von 1954, hrsg. von RUDOLF BUCHNER, Darmstadt ⁷1980.
KERNER, MAX, Karl der Große. Entschleierung eines Mythos, Köln – Weimar – Wien 2001.
–, Karl der Große und Spanien. Zur Geschichte einer Legende, in: MANFRED SICKING – OLAF MÜLLER (Hrsg.), Die Säule am Rande des Kontinents. Die europäische Bedeutung spanischer Geschichte, Kultur und Politik, Aachen 1993, S. 56–83.
KINTZINGER, MARTIN, Geiseln und Gefangene im Mittelalter. Zur Entwicklung eines politischen Instrumentes, in: ANDREAS GESTRICH – GERHARD HIRSCHFELD – HOLGER SONNABEND (Hrsg.), Ausweisung und Deportation. Formen der Zwangsmigration in der Geschichte (Stuttgarter Beiträge zur Historischen Migrationsforschung 2), Stuttgart 1995, S. 41–59.
KLEINSCHMIDT, HARALD, Art. ‚Vegetius', in: LexMA 8, München – Zürich 1997, Sp. 1444 f.
KLINKENBERG, HANS MARTIN, Über karolingische Fürstenspiegel, in: MAX KERNER (Hrsg.), Ideologie und Herrschaft im Mittelalter (Wege der Forschung 530), Darmstadt 1982, S. 184–206 (zuerst in: Geschichte in Wissenschaft und Unterricht 7, 1956, S. 82–98).
KÖSTER, WERNER, Art. ‚Raum, politischer', in: Historisches Wörterbuch der Philosophie 8, hrsg. von JOACHIM RITTER – KARLFRIED GRÜNDER, Basel 1992, Sp. 122–131.
KORTÜM, HANS-HENNING, Menschen und Mentalitäten. Einführung in Vorstellungswelten des Mittelalters, Berlin 1996.
–, Weltgeschichte am Ausgang der Karolingerzeit: Regino von Prüm, in: SCHARER – SCHEIBELREITER, Historiographie im frühen Mittelalter, S. 499–513.
KRÜGER, KARL-HEINRICH, Neue Beobachtungen zur Datierung von Einhards Karlsvita, in: FMSt 32, 1998, S. 124–145.
–, „Signa ac prodigia caelo terraque visa" in chronikalischer Überlieferung, in: Cieli e terre nei secoli XI–XII. Orizzonti, percezioni, rapporti. Atti della tredicesima Settimana internazionale di studio Mendola, 22–26 agosto 1995 (Miscellanea del Centro di studi medioevali 15), Mailand 1998, S. 135–164.
–, Die Universalchroniken (Typologie des sources du moyen âge occidental 16), Turnhout 1976.
KURZE, DIETRICH, Krieg und Frieden im mittelalterlichen Denken, in: HEINZ DUCHHARDT (Hrsg.), Zwischenstaatliche Friedenswahrung in Mittelalter und Früher Neuzeit (Münstersche Historische Forschungen 1), Köln – Wien 1991, S. 1–44.

LABANDE, EDMOND-RENÉ, L'historiographie de la France de l'Ouest au Xe et XIe siècles, in: La storiografia altomedievale, S. 782–788.
LACROIX, BENOÎT, L'historien au moyen âge, Montréal – Paris 1971.
LÄMMER, MANFRED, Der sogenannte Olympische Friede in der griechischen Antike, in: Stadion 8/9, 1982/83, S. 47–83
LAMMERS, WALTHER, Ein karolingisches Bildprogramm in der Aula regia von Ingelheim, in: Festschrift für Hermann Heimpel zum 70. Geburtstag 3, hrsg. von den Mitarbeitern des Max-Planck-Instituts für Geschichte (VMPIG 36), Göttingen 1972, S. 226–289.
LAMPEN, ANGELIKA, Sachsenkriege, sächsischer Widerstand und Kooperation, in: CHRISTOPH STIEGEMANN – MATTHIAS WEMHOFF (Hrsg.), Kunst und Kultur der Karolingerzeit. Karl der Große und Papst Leo III. in Paderborn. Katalog der Ausstellung Paderborn 1999, 1, Mainz 1999, S. 264–272.
LE GOFF, JACQUES, Au Moyen Age: Temps de l'Église et temps du marchand, in: DERS., Pour un autre Moyen Age, S. 46–65.
–, Erinnerung, in: DERS., Geschichte und Gedächtnis (Historische Studien 6), Frankfurt a. M. – New York – Paris 1992, S. 87–142 (Erstausgabe Turin 1977).
–, Die Geburt des Fegefeuers, Stuttgart 1984 (Erstausgabe Paris 1981).
–, Phantasie und Realität des Mittelalters, Stuttgart 1990 (Erstausgabe Paris 1985).
–, Pour un autre Moyen Age. Temps, travail et culture en Occident, Paris 1977.
–, Le rituel symbolique de la vassalité, in: DERS., Pour un autre Moyen Age, S. 349–420.
LE JAN, RÉGINE, Frankish giving of arms and rituals of power: continuity and change in the Carolingian period, in: THEUWS – NELSON, Rituals of Power, S. 281–309.
–, Satellites et bandes armées dans le monde franc (VIIe–Xe siècles), in: Le combattant au Moyen Âge, Montpellier 1991, S. 97–109.
– (Hrsg.), La royauté et les élites dans l'Europe carolingienne (du début du IXe aux environs de 920), Lille 1998.
LENIHAN, DAVID A., The Influence of Augustine's Just War: the Early Middle Ages, in: Augustinian Studies 27, 1996, S. 55–93.
LENTES, THOMAS – SCHARFF, THOMAS, Schriftlichkeit und Disziplinierung. Die Beispiele Inquisition und Frömmigkeit, in: FMSt 31, 1997, S. 233–251.
LÖWE, HEINZ, Von Cassiodor zu Dante. Ausgewählte Aufsätze zur Geschichtsschreibung und politischen Ideenwelt des Mittelalters, Berlin – New York 1973.
–, Geschichtsschreibung der ausgehenden Karolingerzeit, in: DERS., Von Cassiodor zu Dante, S. 180–205 (zuerst in: DA 23, 1967, S. 1–30).
–, Das Karlsbuch Notkers von St. Gallen und sein zeitgeschichtlicher Hintergrund, in: DERS., Von Cassiodor zu Dante, S. 123–148.
–, Regino von Prüm und das historische Weltbild der Karolingerzeit, in: DERS., Von Cassiodor zu Dante, S. 149–179 (zuerst in: RhVjbll 17, 1952, S. 151–179).
–, Studien zu den Annales Xantenses, in: DA 8, 1951, S. 59–99.
–, Von den Grenzen des Kaisergedankens in der Karolingerzeit, in: DERS., Von Cassiodor zu Dante, S. 206–230 (zuerst in: DA 14, 1958, S. 345–374).
LOT, FERDINAND, L'art militaire et les armées au moyen âge en Europe et dans le Proche Orient, 2 Bde., Paris 1946.

LUBAC, HENRI DE, Exégèse médiévale. Les quatre sens de l'écriture, 2 Bde., Paris 1959.
LUTTERBACH, HUBERTUS, Die für Kleriker bestimmten Verbote des Waffentragens, des Jagens sowie der Vogel- und Hundehaltung (a. 500–900), in: Zeitschrift für Kirchengeschichte 109, 1998, S. 149–166.
MANDT, HELLA, Art. ‚Tyrannis, Despotie‘, in: Geschichtliche Grundbegriffe. Historisches Lexikon zur politisch-sozialen Sprache in Deutschland 6, Stuttgart 1990, S. 651–706.
MANGOLDT-GAUDLITZ, HANS VON, Die Reiterei in den germanischen und fränkischen Heeren bis zum Ausgang der deutschen Karolinger (Arbeiten zur deutschen Rechts- und Verfassungsgeschichte 4), Berlin 1922.
MANITIUS, MAX, Geschichte der lateinischen Literatur des Mittelalters, 1: Von Justinian bis zur Mitte des zehnten Jahrhunderts (Handbuch der Altertumswissenschaft, 9. Abt., 2. Teil, 1. Bd.), München 1911 (unv. Nachdr. München 1965).
MANN, MICHAEL, Geschichte der Macht, 2: Vom Römischen Reich bis zum Vorabend der Industrialisierung (Theorie und Gesellschaft 20), Frankfurt a. M. – New York 1994 (Erstausgabe Cambridge 1986).
MARKUS, R. A., Saint Augustine's views on the ‚Just War‘, in: SHEILS, Church and War, S. 1–13.
MARTIN, HELMUT, Verbrechen und Strafe im Spiegel der spätmittelalterlichen Chronistik Nürnbergs (Konflikt, Verbrechen und Sanktion in der Gesellschaft Alteuropas, Fallstudien 1), Köln – Weimar – Wien 1996.
MAYER, THEODOR, Geschichtliche Grundlagen der deutschen Verfassung (Schriften der hessischen Hochschulen, Universität Gießen 1), Gießen 1933.
MCCORMICK, MICHAEL, Eternal victory. Triumphal rulership in late antiquity, Byzantium, and the early medieval West, Cambridge – Paris 1986.
–, The Liturgy of War in the Early Middle Ages: Crisis, Litanies, and the Carolingian Monarchy, in: Viator 15, 1984, S. 1–23.
MCGUIRE, BRIAN PATRICK (Hrsg.), War and Peace in the Middle Ages, Kopenhagen 1987.
MCKITTERICK, ROSAMOND, The audience for Latin historiography in the early middle ages: text transmission and manuscript dissemination, in: SCHARER – SCHEIBELREITER, Historiographie im frühen Mittelalter, S. 96–114.
–, The Carolingians and the written word, Cambridge 1989.
–, Charles the Bald (823–877) and his library: the patronage of learning, in: The English Historical Review 95, 1980, S. 28–47 (auch in: DIES., The Frankish Kings and Culture in the Early Middle Ages [Collected Studies Series 477], Aldershot – Brookfield/Vermont 1995, Nr. V).
–, Constructing the Past in the Early Middle Ages: The Case of the Royal Frankish Annals, in: Transactions of the Royal Historical Society, 6th series 7, 1997, S. 101–129.
–, L'idéologie politique dans l'historiographie carolingienne, in: LE JAN, Royauté et les élites, S. 59–70.
–, The Illusion of Royal Power in the Carolingian Annals, in: English Historical Review 115, 2000, S. 1–20.
–, Text and image in the Carolingian world, in: The use of literacy in early medieval

Europe, S. 297–318 (auch in DIES., The Frankish Kings and Culture in the Early Middle Ages, Nr. VIII).
MCKITTERICK, ROSAMOND, The written word and oral communication: Rome's legacy to the Franks, in: The Frankish Kings and Culture in the Early Middle Ages, Nr. X.
– (Hrsg.), Carolingian culture: emulation and innovation, Cambridge u. a. 1994.
– (Hrsg.), The use of literacy in early medieval Europe, Cambridge u. a. 1990.
MELVILLE, GERT, System und Diachronie. Untersuchungen zur theoretischen Grundlegung geschichtsschreiberischer Praxis im Mittelalter, in: Historisches Jahrbuch 95, 1975, S. 33–67 und 308–341.
–, Wozu Geschichte schreiben? Stellung und Funktion der Historie im Mittelalter, in: REINHART KOSELLECK – HEINRICH LUTZ – JÖRN RÜSEN (Hrsg.), Formen der Geschichtsschreibung (Theorie der Geschichte 4), München 1982, S. 86–146.
MERTA, BRIGITTE, Recht und Propaganda in Narrationes karolingischer Herrscherurkunden, in: SCHARER – SCHEIBELREITER, Historiographie im frühen Mittelalter, S. 141–157.
METZ, WOLFGANG, Art. ‚Grenze 1 G. (Grenzbeschreibung)', in: LexMA 4, München – Zürich 1989, Sp. 1700 f.
MEYER, HEINZ – SUNTRUP, RUDOLF, Lexikon der mittelalterlichen Zahlenbedeutungen (MMS 56), München 1987.
MEYER, WILHELM, Smaragd's Mahnbüchlein für einen Karolinger, in: Nachrichten von der Königlichen Gesellschaft der Wissenschaften zu Göttingen, Phil.-hist. Klasse, aus dem Jahre 1907, Berlin 1907, S. 39–74.
MEYER VON KNONAU, GEROLD, Über Nithards vier Bücher Geschichten. Der Bruderkrieg der Söhne Ludwigs des Frommen und sein Geschichtsschreiber, Leipzig 1866.
MITTEIS, HEINRICH, Lehnrecht und Staatsgewalt. Untersuchungen zur mittelalterlichen Verfassungsgeschichte, Weimar 1933.
MOMMSEN, THEODOR, Zu Vegetius, in: Hermes 1, 1866, S. 130–133.
MOOS, PETER VON, Geschichte als Topik. Das rhetorische Exemplum von der Antike zur Neuzeit und die historiae im „Policraticus" Johanns von Salisbury (Ordo. Studien zur Literatur und Gesellschaft des Mittelalters und der frühen Neuzeit 2), Hildesheim – Zürich – New York 1988.
MORAW, PETER, Art. ‚Herrschaft II. Mittelalter', in: Geschichtliche Grundbegriffe. Historisches Lexikon zur politisch-sozialen Sprache in Deutschland 3, Stuttgart 1982, S. 5–13.
MORO, Pierandrea, „Quam horrida pugna". Elementi per uno studio della guerra nell'alto medioevo italiano (secoli VI–X), Venezia 1995.
MORRISSEY, ROBERT, L'empereur à la barbe fleurie. Charlemagne dans la mythologie et l'histoire de France, Paris 1997.
MORSEL, JOSEPH, *Das sy sich mitt der besstenn gewarsamig schicken, das sy durch die widerwertigenn Franckenn nitt nidergeworffen werdenn*. Überlegungen zum sozialen Sinn der Fehdepraxis am Beispiel des spätmittelalterlichen Franken, in: DIETER RÖDEL – JOACHIM SCHNEIDER (Hrsg.), Strukturen der Gesellschaft im Mittelalter. Interdisziplinäre Mediävistik in Würzburg, Wiedbaden 1996, S. 140–167.

MÜLLER, ACHATZ FREIHERR VON, Gloria Bona Fama Bonorum. Studien zur sittlichen Bedeutung des Ruhmes in der frühchristlichen und mittelalterlichen Welt (Historische Studien 428), Husum 1977.
MÜLLER, ROBERT, das ‚Ludwigslied' – Eine Darstellung im Dienste monarchischer Propaganda für den Kampf gegen die Normannen?, in: PETER K. STEIN u. a. (Hrsg.), Sprache – Text – Geschichte. Beiträge zur Mediävistik und germanistischen Sprachwissenschaft aus dem Kreis der Mitarbeiter 1964–1979 des Instituts für Germanistik an der Universität Salzburg (Göppinger Arbeiten zur Germanistik 304), Göppingen 1980, S. 441–477.
MÜLLER-MERTENS, ECKHARD, Der Stellingaaufstand. Seine Träger und die Frage der politischen Macht, in: Zeitschrift für Geschichtswissenschaft 20, 1972, S. 818–842.
MÜNKLER, HERFRIED, Gewalt und Ordnung. Das Bild des Krieges im politischen Denken, Frankfurt a. M. 1992.
MUSSET, LUCIEN, Les invasions: le second assaut contre l'Europe chrétienne (VIIe–IXe siècles) (Nouvelle Clio 12 bis), Paris 1971.
–, Problèmes militaires du monde scandinave (VIIe–XIIe siècles), in: DERS., Nordica et Normannica (Studia Nordica 1), Paris 1997, S. 51–99.
NAHMER, DIETER VON DER, Die lateinische Heiligenvita. Eine Einführung in die lateinische Hagiographie, Darmstadt 1994.
NELSON, JANET L., The Annals of St. Bertin, in: DIES., Politics and Ritual, S. 173–194.
–, The Curch's military service in the ninth century: a contemporary comparative view?, in: SHEILS, Church and War, S. 15–30.
–, History-writing at the courts of Louis the Pious and Charles the Bald, in: SCHARER – SCHEIBELREITER, Historiographie im frühen Mittelalter, S. 435–442.
–, Ninth-Century Knighthood: The Evidence of Nithard, in: DIES., The Frankish World, 750–900, London 1996, S. 75–87.
–, Literacy in Carolingian government, in: MCKITTERICK, The use of literacy, S. 258–296.
–, The Lord's anointed and the people's choice: Carolingian royal rituals, in: DAVID CANNADINE – SIMON PRICE (Hrsg.), Rituals of Royalty. Power and Ceremonial in Traditional Societies, Cambridge u. a. 1987.
–, Politics and Ritual in the Early Medieval Europe, London – Ronceverte 1986.
–, Public *Histories* and Private History in the Work of Nithard, in: Speculum 60, 1985, S. 251–293.
–, The search for peace in a time of war: the Carolingian Brüderkrieg, 840–843, in: FRIED, Träger und Instrumentarien, S. 87–114.
–, Violence in the Carolingian world and the ritualization of ninth-century warfare, in: HALSALL, Violence and Society, S. 90–107.
–, The Last Years of Louis the Pious, in: GODMAN – COLLINS, Charlemagne's Heir, S. 147–159.
NEUMANN, ALFRED R., Art. ‚Vegetius', in: PAULY – WISSOWA, Realencyclopädie der classischen Altertumswissenschaft, Supplementband 10, Stuttgart 1965, Sp. 992–1020.
NIETSCHKE, AUGUST, Naturerkenntnis und politisches Handeln im Mittelalter. Körper – Bewegung – Raum (Stuttgarter Beiträge zur Geschichte und Politik 2), Stuttgart 1967.

NIETSCHKE, AUGUST, Von Verteidigungskriegen zur militärischen Expansion: Christliche Rechtfertigung des Krieges beim Wandel der Wahrnehmungsweise, in: STIETENCRON – RÜPKE, Töten im Krieg, S. 241–276.

NOBEL, HILDEGARD, Königtum und Heiligenverehrung zur Zeit der Karolinger, masch. phil. Diss., Heidelberg 1956.

NOBLE, THOMAS F. X., Louis the Pious and the Frontiers of the Frankish Realm, in: GODMAN – COLLINS, Charlemagne's Heir, S. 333–347.

OELSNER, LUDWIG, Jahrbücher des fränkischen Reiches unter König Pippin, Leipzig 1871 (unv. Nachdr. Berlin 1975).

OEXLE, OTTO GERHARD, Die Gegenwart der Toten, in: HERMAN BRAET – WERNER VERBEKE (Hrsg.), Death in the Middle Ages (Mediaevalia Lovaniensia 1,9), Leuven 1983, S. 19–77.

–, Die Karolinger und die Stadt des heiligen Arnulf, in: FMSt 1, 1967, S. 250–364.

–, Memoria in der Gesellschaft und in der Kultur des Mittelalters, in: JOACHIM HEINZLE (Hrsg.), Modernes Mittelalter. Neue Bilder einer populären Epoche, Frankfurt a. M. – Leipzig 1994, S. 297–323.

–, Memoria und Memorialüberlieferung im früheren Mittelalter, in: FMSt 10, 1976, S. 70–95.

–, (Hrsg.), Memoria als Kultur (VMPIG 121), Göttingen 1995.

OHLER, NORBERT, Krieg und Frieden im Mittelalter, München 1997.

OMAN, CHARLES, A History of the Art of War in the Middle Ages, 2 Bde., London ²1924.

Ordinamenti militari in occidente nell'alto medioevo (Settimane 15), Spoleto 1968.

OTT, NORBERT H., Art. ‚Roland (in der Überlieferung) A. Verehrung, allgemeine Grundzüge in der Literatur, Ikonographie', in: LexMA 7, München 1995, Sp. 952 f.

PADBERG, LUTZ E. VON, Geschichtsschreibung und kulturelles Gedächtnis. Formen der Vergangenheitswahrnehmung in der hochmittelalterlichen Historiographie am Beispiel von Thietmar von Merseburg, Adam von Bremen und Helmold von Bosau, in: Zeitschrift für Kirchengeschichte 105, 1994, S. 156–177.

–, Das Paderborner Treffen von 799 im Kontext der Geschichte Karls des Großen, in: WILHELM HENTZE (Hrsg.), De Karolo rege et Leone papa. Der Bericht über die Zusammenkunft Karls des Großen mit Papst Leo III. in Paderborn 799 in einem Epos für Karl den Kaiser (Studien und Quellen zur westfälischen Geschichte 36), Paderborn 1999, S. 9–104.

PARAVICINI, WERNER (Hrsg.), Zeremoniell und Raum. 4. Symposium der Residenzen-Kommission der Akademie der Wissenschaften in Göttingen veranstaltet gemeinsam mit dem Deutschen Historischen Institut Paris und dem Historischen Institut der Universität Potsdam, Potsdam, 25. bis 27. September 1994 (Residenzenforschung 6), Sigmaringen 1997.

PATZE, HANS, Iustitia bei Nithard, in: Festschrift für Hermann Heimpel zum 70. Geburtstag 3, hrsg. von den Mitarbeitern des Max-Planck-Instituts für Geschichte (VMPIG 36), Göttingen 1972, S. 147–165.

PATZOLD, STEFFEN, Konflikte als Thema in der modernen Mediävistik, in: GOETZ, Moderne Mediävistik, S. 198–205.

PERRIN, MICHEL, La représentation figurée de César-Louis le Pieux chez Raban Maur en 833: Religion et idéologie, in: Francia 24, 1997, S. 39–64.

PETERS, EDWARD, The Shadow King. Rex Inutilis in Medieval Law and Literature, New Haven – London 1970.
PIETZCKER, FRANK, Der Krieg in der Karolingerzeit, phil. Diss., Hamburg 1959.
–, Die Schlacht bei Fontenoy 841. Rechtsformen im Krieg des frühen Mittelalters, in: ZRG Germ. Abt. 81, 1964, S. 318–340.
POENSGEN, ALINE, Geschichtskonstruktion des frühen Mittelalters. Zur Legitimierung kirchlicher Ansprüche in Metz, Reims und Trier, phil. Diss., Marburg 1971.
POHL, WALTER, Die Awarenkriege Karls des Großen 788–803 (Militärhistorische Schriftenreihe 61), Wien 1988.
–, Der Gebrauch der Vergangenheit in der Ideologie der Regna, in: Ideologie e pratiche del reimpiego nell'alto medioevo (Settimane 46), Spoleto 1999, S. 149–175.
POULIN, JOSEPH-CLAUDE, L'idéal de sainteté dans l'Aquitaine carolingienne d'après les sources hagiographiques (750–950) (Travaux du laboratoire d'histoire religieuse de l'Université Laval 1), Québec 1975.
POWERS, JAMES F., A Society Organized for War. The Iberian Municipal Militias in the Central Middle Ages, 1000–1284, Berkeley – London 1988.
PRELOG, JAN, Art. ‚Hilduin v. St-Denis' in: LexMA 5, München – Zürich 1991, Sp. 20.
PRENZEL, ADELBERT, Geschichte der Kriegsverfassung unter den Karolingern von der Mitte des achten bis zum Ende des neunten Jahrhunderts, Leipzig 1887.
PRINZ, FRIEDRICH, Frühes Mönchtum im Frankenreich. Kultur und Gesellschaft in Gallien, den Rheinlanden und Bayern am Beispiel der monastischen Entwicklung (4.–8. Jahrhundert), München – Wien ²1988.
–, Der Heilige und seine Lebenswelt. Überlegungen zum gesellschafts- und kulturgeschichtlichen Aussagewert von Viten und Wundererzählungen, in: Santi e demoni nell'alto medioevo occidentale (secoli V–XI) (Settimane 36), Spoleto 1989, S. 285–311.
–, Klerus und Krieg im früheren Mittelalter. Untersuchungen zur Rolle der Kirche beim Aufbau der Königsherrschaft (Monographien zur Geschichte des Mittelalters 2), Stuttgart 1971.
PRODI, PAOLO, Das Sakrament der Herrschaft. Der politische Eid in der Verfassungsgeschichte des Okzidents (Schriften des Italienisch-Deutschen Historischen Instituts in Trient 11), Berlin 1997 (Erstausgabe Bologna 1992).
RÄDLE, FIDEL, Studien zu Smaragd von Saint-Mihiel (Medium Aevum, Philologische Studien 29), München 1974.
RANIERI, I., I modelli formali del ‚Carmen in honorem Hludowici Caesaris' di Ermolo Nigello, in: Acme 36, 1983, S. 161–214.
–, Le tecnica di Ermoldo Nigello, in: Studi medievali, serie 3, 25, 1984, S. 93–114.
RANKE, LEOPOLD VON, Zur Kritik fränkisch-deutscher Reichsannalisten, in: DERS., Abhandlungen und Versuche. Neue Sammlung, hrsg. von ALFRED DOVE – THEODOR WIEDEMANN (Sämmtliche Werke, 2. und 3. Gesammtausgabe 51/52), Leipzig 1888, S. 93–149.
RATKOWITSCH, CHRISTINE, Karolus Magnus – alter Aeneas, alter Martinus, alter Iustinus. Zu Intention und Datierung des „Aachener Karlsepos" (Wiener Studien. Beiheft 24 = Arbeiten zur mittel- und neulateinischen Philologie 4), Wien 1997.

RAYNAUD, CHRISTIANE, La Violence au Moyen Âge (XIIe–XVe siècle). Les représentations de la violence dans les livres d'histoire en français, Paris 1990.
REEVE, MICHAEL D., Freculf of Lisieux and Florus, in: Revue d'histoire des textes 19, 1989, S. 381–390.
REISCHMANN, HANS-JOACHIM, Die Trivialisierung des Karlsbildes der Einhard-Vita in Notkers „Gesta Karoli Magni". Rezeptionstheoretische Studien zum Abbau der kritischen Distanz in der spätkarolingischen Epoche, Konstanz 1984.
RENNA, THOMAS, The Idea of Peace in the West, 500–1150, in: Journal of Medieval History 6, 1980, S. 143–167.
REUTER, TIMOTHY, The End of Carolingian Military Expansion, in: GODMAN – COLLINS, Charlemagne's Heir, S. 391–405.
–, Plunder and Tribute in the Carolingian Empire, in: Transactions of the Royal Historical Society, 5th series 35, 1985, S. 75–94.
RICHÉ, PIERRE, Consequences des invasions normandes sur la culture monastique dans l'occident franc, in: I Normanni e la loro espansione in Europa nell'alto medioevo (Settimane 16), Spoleto 1969, S. 705–721.
–, Les écoles et l'enseignement dans l'Occident chrétien de la fin du Ve siècle au milieu du XIe siècle, Paris 1979.
–, Die Karolinger. Eine Familie formt Europa, Stuttgart 1987 (Erstausgabe Paris 1983).
RICHTER, MICHAEL, The Oral Tradition in the Early Middle Ages (Typologie des sources du moyen âge occidental 71), Turnhout 1994.
RIEF, JOSEF, „Bellum" im Denken und in den Gedanken Augustins (Beiträge zur Friedensethik 7), Barsbüttel 1990.
RÖCKELEIN, HEDWIG, Das Gewebe der Schriften. Historiographische Aspekte der karolingerzeitlichen Hagiographie Sachsens, in: DIETER R. BAUER – KLAUS HERBERS (Hrsg.), Hagiographie im Kontext. Wirkungsweisen und Möglichkeiten historischer Auswertung (Beiträge zur Hagiographie 1), Stuttgart 2000, S. 1–25.
RÖSENER, WERNER (Hrsg.), Jagd und höfische Kultur im Mittelalter (VMPIG 135), Göttingen 1997.
RONCAGLIA, A., Il „Canto delle scolte modenesi", in: Cultura neolatina 8, 1948, S. 5–47 und 205–222.
ROY, BRUNO – ZUMTHOR, PAUL (Hrsg.), Jeux de mémoire. Aspects de la mnémotechnie médiévale, Montréal 1985.
RUPP, HEINZ – KÖHLER, OSKAR, Historia – Geschichte, in: Saeculum 2, 1951, S. 627–638.
RUSSELL, FREDERICK, The Just War in the Middle Ages (Cambridge Studies in Medieval Life and Thought 8), Cambridge u. a. 1975.
SABLONIER, ROGER, Schriftlichkeit, Adelsbesitz und adliges Handeln im 13. Jahrhundert, in: OTTO GERHARD OEXLE – WERNER PARAVICINI (Hrsg.), Nobilitas. Funktion und Repräsentation des Adels in Europa (VMPIG 133), Göttingen 1997, S. 67–100.
SAVIGNI, RAFFAELE, Storia universale e storia ecclesiastica nel „Chronicon" di Freculfo di Lisieux, in: Studi medievali, serie terza 28, 1987, S. 155–192.
SCHÄFER, URSULA (Hrsg.), Schriftlichkeit im frühen Mittelalter (ScriptOralia 53), Tübingen 1993.

SCHALLER, DIETER, Das Aachener Epos für Karl den Kaiser, in: FMSt 10, 1976, S. 134–168 (auch in: DERS, Studien, S. 129–163).

–, Art. ‚Angelbertus (Engelbertus)', in: ²VL 1, Berlin – New York 1978, Sp. 356–358.

–, Der Dichter des ‚Carmen de conversione Saxonum', in: DERS., Studien, S. 313–331 (zuerst in: G. BERNT – FIDEL RÄDLE – GABRIEL SILAGI (Hrsg.), Tradition und Wertung. Festschrift für Franz Brunhölzl zum 65. Geburtstag, Sigmaringen 1989, S. 27–45).

–, Frühkarolingische Epik und Zeitgeschehen, in: CHRISTOPH CORMEAU (Hrsg.), Zeitgeschehen und seine Darstellung im Mittelalter – L'actualité et sa représentation au Moyen Age (Studium Universale 20), Bonn 1995, S. 9–24.

–, Art. ‚Ermoldus Nigellus', in: LexMA 3, München – Zürich 1986, Sp. 2160f.

–, Studien zur lateinischen Dichtung des Frühmittelalters (Quellen und Untersuchungen zur lateinischen Philologie des Mittelalters 11), Stuttgart 1995.

–, Philologische Untersuchungen zu den Gedichten Theodulfs von Orléans, in: DA 18, 1962, S. 13–91.

SCHALLER, DIETER – BROMMER, PETER, Art. ‚Theodulf von Orléans', in: ²VL 9, Berlin – New York 1995, Sp. 764–772.

SCHARER, ANTON – SCHEIBELREITER, GEORG (Hrsg.), Historiographie im frühen Mittelalter (Veröffentlichungen des Instituts für Österreichische Geschichtsforschung 32), Wien – München 1994.

SCHARF, JOACHIM, Studien zu Smaragdus und Jonas, in: DA 17, 1961, S. 333–384.

SCHARFF, THOMAS, Die Rückkehr nach Ägypten. Prolegomena zu einer Geschichte des Ägyptenbildes im westlichen Mittelalter, in: FMSt 35, 2001 (im Druck).

SCHEFERS, HERMANN (Hrsg.), Einhard. Studien zu Leben und Werk (Arbeiten der Hessischen Historischen Kommission. Neue Folge 12), Darmstadt 1997.

SCHEIBELREITER, GEORG, Die barbarische Gesellschaft. Mentalitätsgeschichte der europäischen Achsenzeit 5.–8. Jahrhundert, Darmstadt 1999.

SCHIEFFER, RUDOLF, Die Karolinger, Stuttgart – Berlin – Köln 1992.

– (Hrsg.), Schriftkultur und Reichsverwaltung unter den Karolingern. Referate des Kolloquiums der Nordrhein-Westfälischen Akademie der Wissenschaften am 17./18. Februar 1994 in Bonn (Abhandlungen der Nordrhein-Westfälischen Akademie der Wissenschaften 97), Opladen 1996.

SCHLEIDGEN, WOLF-RÜDIGER, Die Überlieferungsgeschichte der Chronik des Regino von Prüm (Quellen und Abhandlungen zur mittelrheinischen Kirchengeschichte 31), Mainz 1977.

SCHLOCHTERMEYER, DIRK, Bistumschroniken des Hochmittelalters. Die politische Instrumentalisierung von Geschichtsschreibung, Paderborn u. a. 1998.

SCHMALE, FRANZ-JOSEF, Funktion und Formen mittelalterlicher Geschichtsschreibung. Eine Einführung. Mit einem Beitrag von Hans-Werner Goetz, Darmstadt 1985.

–, Mentalität und Berichtshorizont. Absicht und Situation hochmittelalterlicher Geschichtsschreiber, in: HZ 227, 1978, S. 1–16.

SCHMID, KARL (Hrsg.), Die Klostergemeinschaft von Fulda im früheren Mittelalter, 3 Bde. (MMS 8), München 1978.

SCHMID, KARL – WOLLASCH, JOACHIM, Die Gemeinschaft der Lebenden und Verstorbenen in Zeugnissen des Mittelalters, in: FMSt 1, 1967, S. 365–405.
–, Societas et Fraternitas. Begründung eines kommentierten Quellenwerkes zur Erforschung der Personen und Personengruppen des Mittelalters, in: FMSt 9, 1975, S. 1–48.
SCHMID, KARL – WOLLASCH, JOACHIM (Hrsg.), Memoria. Der geschichtliche Zeugniswert des liturgischen Gedenkens im Mittelalter. Bestandteil des Quellenwerkes Societas et Fraternitas (MMS 48), München 1984.
SCHMIDT, HANS-JOACHIM, Kirche, Staat, Nation. Raumgliederung der Kirche im mittelalterlichen Europa (Forschungen zur mittelalterlichen Geschichte 37), Weimar 1999.
SCHMIDT, HEINRICH, Über Christianisierung und gesellschaftliches Verhalten in Sachsen und Friesland, in: Niedersächsisches Jahrbuch für Landesgeschichte 49, 1977, S. 1–44.
SCHMIDT, RODERICH, Königsumritt und Huldigung in ottonisch-salischer Zeit, in: VuF 6, Konstanz – Stuttgart 1961, S. 97–233.
–, Zur Geschichte des fränkischen Königsthrons, in: FMSt 2, 1968, S. 45–66.
SCHMITZ, GERHARD, Zur Überlieferung von Thegans Vita Hludowici und der Kapitulariensammlung des Ansegis, in: RhVjbll 44, 1980, S. 1–15.
SCHNEIDER, JOACHIM, Legitime Selbstbehauptung oder Verbrechen? Soziale und politische Konflikte in der spätmittelalterlichen Chronistik am Beispiel der Nürnberger Strafjustiz und des Süddeutschen Fürstenkriegs von 1458–1463, in: HAGEN KELLER – CHRISTEL MEIER – THOMAS SCHARFF (Hrsg.), Schriftlichkeit und Lebenspraxis im Mittelalter. Erfassen, Bewahren, Verändern (MMS 76), München 1999, S. 219–241.
SCHNEIDER, REINHARD, Brüdergemeine und Schwurfreundschaft. Der Auflösungsprozeß des Karlingerreiches im Spiegel der caritas-Terminologie in den Verträgen der karlingischen Teilkönige des 9. Jahrhunderts (Historische Studien 388), Lübeck – Hamburg 1964.
–, Königswahl und Königserhebung im Frühmittelalter. Untersuchungen zur Herrschaftsnachfolge bei den Langobarden und Merowingern (Monographien zur Geschichte des Mittelalters 3), Stuttgart 1972.
SCHRAMM, PERCY ERNST, Karl der Große: Denkart und Grundauffassungen. Die von ihm bewirkte ‚Correctio' (nicht ‚Renaissance'), in: HZ 198, 1964, S. 306.
SCHREINER, KLAUS, „Er küsse mich mit dem Kuß seines Mundes" (*Osculetur me osculo oris sui*, Cant 1,1). Metaphorik, kommunikative und herrschaftliche Funktionen einer symbolischen Handlung, in: HEDDA RAGOTZKY – HORST WENZEL (Hrsg.), Höfische Repräsentation. Das Zeremoniell und die Zeichen, Tübingen 1990, S. 89–132.
SCHRÖER, NORBERT, Die Annales S. Amandi und ihre Verwandten. Untersuchungen zu einer Gruppe karolingischer Annalen des 8. und frühen 9. Jahrhunderts (Göppinger Akademische Beiträge 85), Göppingen 1975.
SCHRÖRS, HEINRICH, Hinkmar Erzbischof von Reims. Sein Leben und seine Schriften, Freiburg i. Br. 1884.
SCHÜTZEICHEL, RUDOLF, Das Ludwigslied und die Erforschung des Westfränkischen, in: RhVjbll 31, 1966/67, S. 291–306.

SCHWAB, UTE, Proskynesis und Philoxenie in der altsächsischen Genesisdichtung, in: CHRISTEL MEIER – UWE RUBERG (Hrsg.), Text und Bild. Aspekte des Zusammenwirkens zweier Künste in Mittelalter und früher Neuzeit, Wiesbaden 1980, S. 209–272.

SEARS, ELIZABETH, Louis the Pious as *Miles Christi*: The Dedicatory Image in Hrabanus Maurus's *De laudibus sanctae crucis*, in: GODMAN – COLLINS, Charlemagne's Heir, S. 605–628.

SEIFERT, A., Historia im Mittelalter, in: Archiv für Begriffsgeschichte 21, 1977, S. 226–284.

SEMMLER, JOSEF, Eine Herrschaftsmaxime im Wandel: Pax und concordia im karolingischen Frankenreich, in: Frieden in Geschichte und Gegenwart, hrsg. vom Historischen Seminar der Universität Düsseldorf (Kultur und Erkenntnis 1), Düsseldorf 1985, S. 24–34.

–, Der vorbildliche Herrscher in seinem Jahrhundert: Karl der Große, in: HANS HECKER (Hrsg.), Der Herrscher. Leitbild und Abbild in Mitteallter und Renaissance (Studia humaniora 13), Düsseldorf 1990, S. 43–58.

SHEILS, WILLIAM J. (Hrsg.), The Church and War (Studies in Church History 20), London 1983.

SHRADER, CHARLES REGINALD, The ownership and distribution of manuscripts of the De re militari of Flavius Vegetius Renatus before the year 1300, Phil. Diss. Columbia University 1976.

SIEFERLE, ROLF PETER – BREUNINGER, HELGA (Hrsg.), Kulturen der Gewalt. Ritualisierung und Symbolisierung von Gewalt in der Geschichte, Frankfurt a. M. – New York 1998.

SIEGRIST, THEODOR, Herrscherbild und Weltsicht bei Notker Balbulus. Untersuchungen zu den Gesta Karoli (Geist und Werk der Zeiten 8), Zürich 1963.

SIEMES, HELENA, Beiträge zum literarischen Bild Kaiser Ludwigs des Frommen in der Karolingerzeit, phil. Diss., Freiburg 1966.

SIERCK, MICHAEL, Festtag und Politik. Studien zur Tagewahl karolingischer Herrscher (Beihefte zum Archiv für Kulturgeschichte 38), Köln – Weimar – Wien 1995.

SIMSON, BERNHARD, Jahrbücher des fränkischen Reichs unter Ludwig dem Frommen, 2 Bde., Berlin 1874 (unv. Nachdr. 1969).

SMAIL, R. C., Crusading Warfare (1097–1193) (Cambridge Studies in Medieval Life and Thought, N.S. 3), Cambridge ²1967.

SMYTH, MARINA, Perceptions of Physical and Spiritual Space in Early Christian Ireland, in: AERTSEN – SPEER, Raum und Raumvorstellungen im Mittelalter, S. 505–524.

SONNTAG, REGINE, Studien zur Bewertung von Zahlenangaben in der Geschichtsschreibung des früheren Mittelalters: Die Decem Libri Historiarum Gregors von Tours und die Chronica Reginos von Prüm (Münchener Historische Studien, Abteilung Mittelalterliche Geschichte 4), Kallmünz 1987.

SOT, MICHEL, Arguments hagiographiques et historiographiques dans les „Gesta episcoporum", in: Hagiographie, cultures et sociétés, S. 95–104.

–, Gesta episcoporum – Gesta abbatum (Typologie des sources du moyen âge occidental 37), Turnhout 1981.

SPRIGADE, KLAUS, Zur Beurteilung Nithards als Historiker, in: Heidelberger Jahrbücher 16, 1972, S. 94–105.

SPRINGER, MATTHIAS, Vegetius im Mittelalter, in: Philologus 123, 1979, S. 85–90.

–, Jährliche Wiederkehr oder ganz anderes: Märzfeld oder Marsfeld? in: PETER DILG – GUNDOLF KEIL – DIETZ-RÜDIGER MOSER (Hrsg.), Rhythmus und Saisonalität. Kongreßakten des 5. Symposions des Mediävistenverbandes in Göttingen 1993, Sigmaringen 1995, S. 297–324.

STAUBACH, NIKOLAUS, *Christiana tempora*. Augustin und das Ende der alten Geschichte in der Weltchronik Frechulfs von Lisieux, in: FMSt 29, 1995, S. 167–206.

–, „Des großen Kaisers kleiner Sohn": Zum Bild Ludwigs des Frommen in der älteren Geschichtsforschung, in: GODMAN – COLLINS, Charlemagne's Heir, S. 701–721.

–, ‚Cultus divinus' und karolingische Reform, in: FMSt 18, 1984, S. 546–581.

–, Rex christianus. Hofkultur und Herrschaftspropaganda im Reich Karls des Kahlen, Teil 2: Die Grundlegung der ‚religion royale' (Pictura et poesis 2), Köln – Weimar – Wien 1993.

–, Sedulius Scottus und die Gedichte des Codex Bernensis 363, in: FMSt 20, 1986, S. 549–598.

STIETENCRON, HEINRICH VON, Krieg und Kultur (Saeculum 37.2, 1986), Freiburg 1987.

STIETENCRON, HEINRICH VON – RÜPKE, JÖRG (Hrsg.), Töten im Krieg (Veröffentlichungen des Instituts für Historische Anthropologie 6), Freiburg – München 1995.

La storiografia altomedievale (Settimane 17), Spoleto 1970.

STRATMANN, MARTINA, Schriftlichkeit in der Verwaltung von Bistümern und Klöstern zur Zeit Karls des Großen, in: BUTZER – KERNER – OBERSCHELP, Karl der Große 1, S. 251–275.

SULZGRUBER, WERNER, Zeiterfahrung und Zeitordnung vom frühen Mittelalter bis ins 16. Jahrhundert, Hamburg 1995.

SZABÓ, THOMAS, Die Kritik der Jagd – Von der Antike zum Mittelalter, in: RÖSENER, Jagd und höfische Kultur, S. 167–229.

SZÖVÉRFFY, JOSEF, Die Annalen der lateinischen Hymnendichtung. Ein Handbuch. I.: Die lateinischen Hymnen bis zum Ende des 11. Jahrhunderts (Die lyrische Dichtung des Mittelalters 1), Berlin 1964.

THEIS, LAURENT, L'héritage des Charles. De la mort de Charlemagne aux environs de l'an mil (Nouvelle Histoire de la France médiévale 2), Paris 1990.

THEUWS, FRANS – NELSON, JANET L. (Hrsg.), Rituals of Power. From Late Antiquity to the Early Middle Ages (The Transformation of the Roman World 8), Leiden – Boston – Köln 2000.

TREESH, SUSANNA K., The Waldensian Recourse to Violence, in: Church History 55, 1986, S. 294–306.

TREMP, ERNST, Studien zu den Gesta Hludowici imperatoris des Trierer Chorbischofs Thegan (MGH Schriften 32), Hannover 1988.

–, Thegan und Astronomus, die beiden Geschichtsschreiber Ludwigs des Frommen, in: GODMAN – COLLINS, Charlemagne's Heir, S. 691–700.

–, Die Überlieferung der Vita Hludowici imperatoris des Astronomus (MGH Studien und Texte 1), Hannover 1991.

URMONEIT, ERIKA, Der Wortschatz des Ludwigsliedes im Umkreis der althochdeutschen Literatur (MMS 11), München 1973.

VAN UYTFANGHE, MARC, L'hagiographie et son public à l'époque mérowingienne, in: Studia Patristica 16, 1985, S. 54–62.

–, Die Vita im Spannungsfeld von Legende, Biographik und Geschichte (mit Anwendung auf einen Abschnitt aus der *Vita Amandi prima*), in: SCHARER – SCHEIBELREITER, Historiographie im frühen Mittelalter, S. 194–221.

VERBRUGGEN, JEAN FRANÇOIS, L'armée et la stratégie de Charlemagne, in: BRAUNFELS, Karl der Große 1, S. 420–436.

–, The Art of Warfare in Western Europe during the Middle Ages. From the Eights Century to 1340 (Europe in the Middle Ages. Selected Studies 1), Amsterdam – New York – Oxford 1977 (Erstausgabe Brüssel 1954).

VERNANT, JEAN-PIERRE, Der Krieg der Städte, in: DERS. (Hrsg.), Mythos und Gesellschaft im alten Griechenland, Frankfurt a. M. 1987, S. 27–50 (Erstausgabe Paris 1974; zuerst in: DERS. (Hrsg.), Problèmes de la guerre en Grèce ancienne, Paris 1968, S. 9ff.).

Violence et contestation au Moyen Âge. Actes du 114ᵉ Congrès national des sociétés savantes (Paris 1989). Section d'histoire médiévale et de philologie, Paris 1990.

VOLLRATH, HANNA, Konfliktwahrnehmung und Konfliktdarstellung in erzählenden Quellen des 11. Jahrhunderts, in: Die Salier und das Reich 3, hrsg. von STEFAN WEINFURTER, Sigmaringen 1991, S. 279–296.

–, Das Mittelalter in der Typik oraler Gesellschaften, in: HZ 233, 1981, S. 571–594.

VOSS, INGRID, Herrschertreffen im frühen und hohen Mittelalter. Untersuchungen zu den Begegnungen der ostfränkischen und westfränkischen Herrscher im 9. und 10. Jahrhundert sowie der deutschen und französischen Könige vom 11. bis 13. Jahrhundert (Beihefte zum Archiv für Kulturgeschichte 26), Köln – Wien 1987.

WADLE, ELMAR, Gottesfrieden und Landfrieden als Gegenstand der Forschung nach 1950, in: KARL KROESCHELL – ALBRECHT CORDES (Hrsg.), Funktion und Form. Quellen- und Methodenprobleme der mittelalterlichen Rechtsgeschichte (Schriften zur Europäischen Rechts- und Verfassungsgeschichte 18), Berlin 1996.

WAGNER, IRMGARD, Geschichte als Text. Zur Tropologie Hayden Whites, in: WOLFGANG KÜTTLER – JÖRN RÜSEN – ERNST SCHULIN (Hrsg.), Geschichtsdiskurs 1: Grundlagen und Methoden der Historiographiegeschichte, Frankfurt a. M. 1993, S. 212–232.

WALLACE-HADRILL, JOHN MICHAEL, War and Peace in the Earlier Middle Ages, in: Transactions of the Royal Historical Society, 5th Series 25, 1975, S. 157–174.

WALTHER, RUDOLF, Art. ‚Terror, Terrorismus', in: Geschichtliche Grundbegriffe. Historisches Lexikon zur politisch-sozialen Sprache in Deutschland 6, Stuttgart 1990, S. 323–444.

WATTENBACH – LEVISON, Deutschlands Geschichtsquellen im Mittelalter. Vorzeit und Karolinger, bearbeitet von HEINZ LÖWE, 5 Hefte u. Beiheft, Weimar 1952–1973.

WEHLEN, WOLFGANG, Geschichtsschreibung und Staatsauffassung im Zeitalter Ludwigs des Frommen, Lübeck – Hamburg 1970.

WEHRLI, CHRISTOPH, Mittelalterliche Überlieferungen von Dagobert I. (Geist und Werk der Zeiten 62), Bern – Frankfurt a. M. 1982.

WEHRLI, MAX, Gattungsgeschichtliche Betrachtungen zum Ludwigslied, in: DERS., Formen mittelalterlicher Erzählung, Zürich – Freiburg i. Br. 1969, S. 73–86 (zuerst in: Philologia Deutsch. Festschrift für Walter Henzen, Bern 1965, S. 9–20).

WEINRICH, LORENZ, Wala – Graf, Mönch und Rebell. Die Biographie eines Karolingers (Historische Studien 386), Lübeck – Hamburg 1963.

WENDORFF, RUDOLF, Zeit und Kultur. Geschichte des Zeitbewußtseins in Europa, Wiesbaden 1980.

WENZEL, HORST, Hören und Sehen – Schrift und Bild. Kultur und Gedächtnis im Mittelalter, München 1995.

WERNER, KARL FERDINAND, Zur Arbeitsweise des Regino von Prüm, in: Die Welt als Geschichte 19, 1959, S. 96–116.

–, Heeresorganisation und Kriegführung im deutschen Königreich des 10. und 11. Jahrhunderts, in: Ordinamenti militari 2, S. 791–843.

–, Gott, Herrscher und Historiograph. Der Geschichtsschreiber als Interpret des Wirkens Gottes in der Welt und Ratgeber der Könige (4. bis 12. Jahrhundert), in: ERNST-DIETER HEHL – HUBERTUS SEIBERT – FRANZ STAAB (Hrsg.), Deus qui mutat tempora. Festschrift für Alfons Becker, Sigmaringen 1987, S. 1–31.

WHITE, HAYDEN, Auch Klio dichtet oder Die Fiktion des Faktischen. Studien zur Tropologie des historischen Diskurses, Stuttgart 1986.

–, Metahistory. Die historische Einbildungskraft im 19. Jahrhundert in Europa, Frankfurt a. M. 1990.

WILLMES, PETER, Der Herrscher-‚Adventus' im Kloster des Frühmittelalters (MMS 22), München 1976.

WILLOWEIT, DIETMAR, Gewalt und Verbrechen, Strafe und Sühne im alten Würzburg – Offene Probleme der deutschen strafrechtsgeschichtlichen Forschung, in: DERS. (Hrsg.), Die Entstehung des öffentlichen Strafrechts. Bestandsaufnahme eines europäischen Forschungsproblems (Konflikt, Verbrechen und Sanktion in der Gesellschaft Alteuropas. Symposien und Synthesen 1), Köln – Weimar – Wien 1999, S. 215–238.

WILMART, ANDRÉ, L'admonition de Jonas au roi Pépin et le florilège canonique d'Orléans, in: Revue Bénédictine 45, 1933, S. 214–233.

WISMAN, JOSETTE A., L'*Epitoma rei militaris* de Végèce et sa fortune au Moyen Age, in: Le Moyen Age 85, 1979, S. 13–31.

WOLTER, HEINZ, Intention und Herrscherbild in Einhards Vita Karoli Magni, in: Archiv für Kulturgeschichte 68, 1986, S. 295–317.

WOOD, IAN, Missionary Hagiography in the Eighth and Ninth Centuries, in: KARL BRUNNER – BRIGITTE MERTA (Hrsg.), Ethnogenese und Überlieferung. Angewandte Methoden der Frühmittelalterforschung (Veröffentlichungen des Instituts für Österreichische Geschichtsforschung 31), München 1994, S. 189–199.

YERUSHALMI, YOSEF HAYIM, Zachor: Erinnere Dich! Jüdische Geschichte und jüdisches Gedächtnis, Berlin 1996 (Erstausgabe Seattle – London 1982).

ZECHIEL-ECKES, KLAUS, Florus von Lyon als Kirchenpolitiker und Publizist. Studien zur Persönlichkeit eines karolingischen „Intellektuellen" am Beispiel der Auseinandersetzung mit Amalarius (835–838) und des Prädestinationsstreits (851–855) (Quellen und Forschungen zum Recht im Mittelalter 8), Stuttgart 1999.

ZETTEL, HORST, Das Bild der Normannen und der Normanneneinfälle in westfränkischen, ostfränkischen und angelsächsischen Quellen des 8. bis 11. Jahrhunderts, München 1977.

Register

Abkürzungen: A. = Abt; Bf. = Bischof; Ebf. = Erzbischof; Fs. = Fürst; Gf. = Graf; hl. = heilig; Hzg. = Herzog; Kg. = König; Kl. = Kloster; Ks. = Kaiser; Ksn. = Kaiserin; Mgf. = Markgraf; P. = Papst

Personen

Abbo von Saint-Germain-des-Prés, Dichter 77–79, 82f., 85f., 137, 204f., 208
Abbo, sächs. Krieger 44f.
Abodriten 179
Acfridus, A. von St. Hilaire in Poitiers 143
Achilles 56
Adalbertus, Erzieher Notkers 254 A 76
Adalgis, Hzg. von Benevent 81
Adalgisus, frk. *missus* 194f.
Adalhard, A. von Corbie 34f., 50
Adelrich, wascon. Adliger 164
Adhemar, Krieger und Mönch 98, 118
Ado, Ebf. von Vienne, Geschichtsschreiber 96f., 145, 149
Ägypter 76, 214
Aeneas 56
Agobard, Ebf. von Lyon 81
Alanen 96
Alemannen 254 A 66
Alkuin 16, 20, 32f., 35f., 82f., 86, 117
Altfrid, Hagiograph 45
Amalekiter 25
Angelbert, Dichter 77, 80f., 83f., 86, 119, 157, 198, 213, 222
Angilbertus, A. von Saint-Riquier 285 A 78
Angilram, Bf. von Metz 100f.
Ansbert, hl. 45
Anschisus, Sohn Arnulfs von Metz 101
Ansgar, hl. 39f., 172

Anshelm, Pfalzgf. 210
Anstrudis, hl. 34
Aquitanier 161, 169
Arbo, Mgf. der Ostmark 140, 170
Ardo von Aniane, Hagiograph 35
Aridius, hl. 35, 46
Arnulf von Kärnten, ostfrk. Kg., Ks. 69, 72f., 140, 170
Arnulf, Bf. von Metz 69, 100f.
Asilas 207
Astronom, Geschichtsschreiber 90f., 98, 118, 125, 133–138, 141, 178–180, 194, 200, 209f.
Attila 83
Auctor, Bf. von Metz 101
Audomarus, hl. 49
Augustinus 21f., 27, 111, 166, 185f.
Augustus 96
Authari, Langobardenkg. 224
Awaren 67f., 99, 111, 115, 118, 154f., 175, 177, 196, 199, 208, 210

Babylonier 222
Bardo, Gf. 202
Bayern 115, 172, 186, 254 A 66
Beda Venerabilis 29, 95, 97, 236 A 55
Benedikt von Aniane, hl. 35, 38, 49, 176
Beneventaner 81, 115
Berengar I., Kg. von Italien, Ks. 71–73, 85, 186
Bernhard, Kg. von Italien 170, 179
Bernhart, sächs. Gf. 35

Bero, Gotenfs. 60
Bertinus, hl. 49
Böhmen 172, 180
Bretonen 28, 54f., 58f., 61f., 64, 66, 84, 96, 115, 121f., 142, 146, 151f., 164, 171f., 177, 179, 182, 192, 200
Brun, sächs. Hzg. 203f.

Caesar (C. Iulius Caesar) 56, 145, 198
Cathwulf 16
Chlodwig, frk. Kg. 10
Chlothar, frk. Kg. 37
Chorso, Gf. von Toulouse 164f.
Chrodegang, Bf. von Metz, Ebf. 101
Cicero (M. Tullius Cicero) 168
Clemens, Bf. von Metz 101
Corippus (Flavius Cresconius Corippus), Dichter 66
Coslus, frk. Krieger 58, 60, 64, 200f.

Dagobert I., frk. Kg. 99
Dagobert II., frk. Kg. 39
Dagobert III., frk. Kg. 97
Daleminzier 202
David, Kg. 17
Dhuoda, frk. Adlige 20
Dicuil, irischer Geograph 131
Dionysius, hl. 268 A 105
Durzaz, muslim. Krieger 60

Eberhard, Mgf. von Friaul 29f., 57, 131f., 147
Eberhard, Bf. von Lüttich 30
Ebo, Ebf. von Reims 98, 125, 138
Ebolus, A. von Saint-Germain-des-Prés 78
Eckard, Gf. 203
Eggihard, frk. Truchseß 207f., 210
Eggihard, Gf. 202
Eigil von Fulda, Hagiograph 50
Einhard, Geschichtsschreiber 44, 61, 70, 88, 94, 98, 114f., 132f., 154, 170, 172, 184, 190f., 197, 199, 205, 210, 223, 244 A 93
Eishere, Gefolgsmann Karls des Großen 196

Eleutherius, hl. 268 A 105
Emmeram, hl. 163
Ermanrich, Hagiograph 190
Ermoldus Nigellus, Dichter 9, 18f., 28, 53–65, 73, 77, 83f., 86, 113f., 116f., 121, 123, 125f., 134–136, 139, 143, 146, 151, 171, 182f., 187, 194–196, 200f., 224
Erpf, Gf. 202
Erveus, Verteidiger von Paris 205
Exemeno (Immo), Bf. von Noyon 160

Felix, Bf. von Urgel 35
Filibertus, hl. 45, 148
Firminus, Bf. von Metz 255 A 93
Florus von Lyon, Dichter 80f., 86, 138, 162f.
Franken 1, 10, 31, 44, 47f., 54–56, 58–62, 64, 68f., 75, 78–81, 96f., 101, 103f., 114, 122f., 133–135, 143, 145, 149, 154, 164f., 171, 174–177, 180, 187, 195, 197–199, 201, 215, 218, 220, 222
Frechulf, Bf. von Lisieux, Geschichtsschreiber 29f., 90, 96
Fredegar 96, 99
Fridugisus, A. von St. Martin in Tours 56
Friesen 254 A 66
Frutolf von Michelsberg, Geschichtsschreiber 222
Fulbert, Gf. 202
Furseus, hl. 235 A 47

Gailo, frk. *missus* 194f.
Gallier 137
Gauzlin, Bf. von Paris 77–79
Gerhard, Gf. von Bourges 143
Germanen 117
Germanus, hl. 47f., 77–79, 100, 148f.
Gerold, Gf., *praefectus* in Bayern 208
Gervasius von Canterbury, Geschichtsschreiber 91
Girboldus, Gf. von Orléans 49
Goten 82, 96, 145, 197
Gregor I., der Große, P. 96
Gregor, Bf. von Tours 1

Personen

Griechen 1, 21, 50, 137, 175, 222, 246 A 140
Grimoald, frk. Hausmeier 103
Gundacar, Mgf. von Kärnten 163

Harald, Dänenkg. 54, 61, 125, 126
Heinrich, ostfrk. Gf. 79, 208
Heiricus, Hzg. von Friaul 284 A 77
Helisachar, Kanzler Ludwigs des Frommen 90
Hemmingus 202
Heribert, frk. *missus* 138, 263 A 28
Herodot 1
Hibernicus exul, Dichter 67
Hildegard, Ksn., Gemahlin Karls des Großen 101
Hilduin, A. von St. Denis 89, 99
Hilthiberth, frk. Krieger 60
Hinkmar, Ebf. von Reims 19f., 22f., 27, 94, 99, 105, 122, 144, 148, 167, 176, 197, 213
Hiob 40, 82, 179
Horich, Normannenkg. 48
Hraban, *signifer* Karls des Kahlen 202
Hrabanus Maurus, Ebf. von Mainz 30f., 52, 141, 189, 191, 198, 207, 274 A 86
Hugo, Gf., Sohn Ludwigs des Jüngeren 203f.
Hugo, A. von St. Quentin 202
Hunald, Hzg. von Aquitanien 97
Hunnen 82, 102, 145
Hygebald, A. von Lindisfarne 82

Ingobert, frk. *missus* 133
Isanricus, Sohn Mgf. Arbos 170
Isidor, Bf. von Sevilla 10, 15f., 28, 60, 141, 168, 198
Israeliten 21, 35, 177, 212, 214

Jacobus, hl. 223
Johannes IX., P. 187
Johannes, Bf. von Cremona 71
Jonas, Bf. von Orléans 20–23, 25, 27–29, 57, 167
Josua 35
Judas 81

Judas Makkabäus 21, 23, 29, 192f., 214, 217
Judith, Ksn., Gemahlin Ludwigs des Frommen 90, 96, 126
Julian Apostata, röm. Ks. 36

Karl Martell, frk. Hausmeier 19, 96f., 99, 102, 110, 170, 196f.
Karl der Große, frk. Kg., Ks. 10f., 16, 31, 37f., 44, 46f., 60–62, 65–72, 75, 85, 89, 94, 96, 98f., 101–104, 110–112, 114–117, 120, 132f., 137, 144f., 165, 167, 172–174, 176–178, 183f., 187, 190, 194f., 197, 199, 207–210, 213, 221–224
Karl II., der Kahle, westfrk. Kg., Ks. 20, 22–25, 30, 48, 57, 69, 80, 84, 87, 90, 96, 102, 105, 113, 122, 126, 140f., 143, 145, 155–162, 165, 168–170, 179f., 182–184, 201–203, 222
Karl III., der Dicke, frk. Kg., Ks. 72, 77, 79, 98, 118, 141–144
Karlmann, frk. Hausmeier 37, 97
Karlmann, ostfrk. Kg. 132, 142, 163, 186
Karlmann, westfrk. Kg. 74f.
Karlmann, A. von St. Médard 141, 180
Karolinger 6, 19, 89, 92, 96, 99, 100–105, 116, 169, 171, 178, 213, 218, 221f.
Konstantin I., röm. Ks. 25, 52
Konstantin V., oström. Ks. 96
Kroaten 142

Lambert von Spoleto, Ks. 72, 280 A 199
Lambert, Gf. von Nantes 55, 59, 62, 171
Langobarden 16, 96, 115
Lantbert, hl. 37
Lantbert, Gf. von Nantes 202
Lebuin, hl. 45, 114
Legontius, Bf. von Metz 255 A 93
Leo III., P. 66f.
Leon III., oström. Ks. 97
Liudewit, kroat. *dux* 142
Liudger, hl. 45
Liutbirga, hl. 35
Liutprand von Cremona, Geschichtsschreiber 196
Livius (T. Livius) 199

Lothar I., frk. Kg., Ks. 57, 80f., 90, 102, 104, 113, 119f., 145f., 154–162, 167, 181–183, 198, 201f., 222
Lothar II., frk. Kg. 24, 30f., 57, 264 A 36
Lucan (M. Annaeus Lucanus) 198
Ludwig der Fromme, frk. Kg., Ks. 8, 10f., 17–19, 21, 47, 52, 54–63, 66, 75, 81, 84f., 88f., 94f., 98f., 112–114, 116–119, 122, 125–127, 133–136, 141f., 146, 150f., 159, 164f., 169–172, 177–179, 181–183, 187, 190, 193f., 201, 213, 223f.
Ludwig II., der Deutsche, ostfrk. Kg. 57, 80, 102, 105, 113, 132, 139–142, 145, 155–164, 168f., 172, 175, 181–186, 201f., 206, 222
Ludwig III, der Jüngere, ostfrk. Kg. 141f., 156, 175, 179, 186, 203, 247 A 157
Ludwig IV., das Kind, ostfrk. Kg. 90
Ludwig II., der Stammler, westfrk. Kg. 74
Ludwig III., westfrk. Kg. 74f.
Ludwig II., Kg. von Italien, Ks. 74, 81, 149
Ludwig der Blinde von Niederburgund, Ks. 72
Lupus, *princeps* der Wasconen 59
Lupus, A. von Ferrières 23f., 28f., 46, 165

Machiavelli, Nicolò 227 A 6
Mährer 142, 164, 186
Makkabäer 199, 213
Makkabäus, s. Judas Makkabäus
Markwart, Bf. von Hildesheim 203f.
Martin von Tours, hl. 36, 56
Matfrid, Gf. von Orléans 19, 202
Mauren (Muslime, Sarazenen) 10, 30, 39, 58f., 64, 102, 115f., 135, 140, 149, 170, 182, 223, 254 A 66
Maurilio, hl. 149
Maurus, hl. 41
Meder 222
Meginfred, Kämmerer 195
Merowinger 11, 69, 96, 116, 121, 146

Morvan (Murman), Bretonenkg. 55f., 58, 60–62, 64, 171, 183, 200
Mose 25, 35, 177
Muslime, s. Mauren

Ninus, assyr. Kg. 141
Nithard, Geschichtsschreiber 84, 87f., 90, 92, 102–104, 151, 154–163, 167, 170, 183, 186, 190, 201f., 207f.
Nomenoi, Bretonenfs. 82, 149, 161, 165
Normannen 10, 30, 34, 39–43, 45, 47–49, 52, 73–79, 82f., 85f., 95, 113, 115, 118, 125, 132f., 137, 140, 143f., 147–150, 172f., 175–177, 192f., 196–198, 202–205, 208, 213f., 225 A 5
Notker von St. Gallen 98f., 116, 196, 210, 223

Odo, Gf. von Paris, westfrk. Kg. 77–79
Odo, A. von Glanfeuil 41
Odo, frk. Adliger 202
Odysseus 56
Orosius (Paulus Orosius) 21f., 28
Otto I., der Große, ostfrk. Kg., Ks. 90f.
Otto, Bf. von Freising, Geschichtsschreiber 222

Paschasius Radbertus, A. von Corbie 34f., 37f., 50
Pasquitan, Bretonenfs. 201
Paulinus, Patriarch von Aquileja 16, 67, 83
Paulus, Apostel 33
Paulus Diaconus, Geschichtsschreiber 97, 100f., 224, 287 A 126
Perser 1, 222
Petrus, Apostel 68
Pippin I., der Ältere, frk. Hausmeier 100
Pippin II., der Mittlere, frk. Hausmeier 19, 97, 101, 112–114, 186f., 201
Pippin III., der Jüngere, frk. Kg. 54, 96f., 99, 102, 110, 116, 132, 260 A 82
Pippin I., Kg. von Aquitanien 18–20, 55, 64, 170, 179

Personen

Pippin II., Kg. von Aquitanien 113, 145, 158, 160, 170, 201–203
Pippin (Karlmann), Kg. von Italien 67 f.
Pirmin, hl. 40
Poeta Saxo 69–71, 111, 116, 132, 216
Pompeius (Cn. Pompeius Magnus) 198
Probus, Mainzer Presbyter 206
Prudentius (Aurelius Prudentius Clemens), Dichter 36, 51
Prudentius, Bf. von Troyes 122, 125
Pseudo-Cyprian 16, 20
Pseudo-Turpin 223 f.
Publius Syrus, Dichter 24
Pyrrhus 56

Raganfred, frk. Hausmeier 97, 197
Ragenarius, normann. Anführer 48
Ramnulf, Gf. von Poitiers 176, 193
Rastiz, Mährerfs. 142, 163 f.
Regino, A. von Prüm, Geschichtsschreiber 90, 97, 105, 118, 132, 149, 156, 190, 193, 198, 200, 206 f., 222
Remaclus, hl. 148
Remigius, hl. 148
Richard, Hzg. von Burgund 148
Richardis, Gemahlin Karls III. 118
Richarius, hl. 47
Richbod, A. von St. Riquier 202
Rimbert, Hagiograph 39
Robert der Tapfere, Gf. von Anjou 176, 192 f.
Römer 44, 71, 104, 132, 137, 222
Roland (Hruodland), Mgf. der breton. Mark 209 f.
Rudolf von Fulda, Hagiograph 44
Rusticus, hl. 268 A 105

Sachsen 39, 44–47, 67, 69–71, 96, 99, 114, 116, 133, 139, 167, 172–175, 186, 194 f., 199, 203, 210, 254 A 66
Sallust (C. Sallustius Crispus) 24
Sarazenen, s. Mauren
Sedulius Scottus 24–26, 28, 30, 57, 76, 84, 177 f., 180
Siegfried, normann. *dux* 77 f.

Sigenandus, *miles* von St. Wandrille de Fontenelle 44
Slawen 30, 99, 132, 142, 147, 175, 185, 194 f., 200, 210
Smaragdus, A. von St.-Mihiel 17–19, 23, 25 f., 28, 170
Sorben 142, 202
Statius (P. Papinius Statius), Dichter 247 A 150
Stellinga 154 f., 162
Stephan IV., P. 54, 66
Sturmi, A. von Fulda 50
Sueben 186
Sueton (C. Suetonius Tranquillus), Historiograph 98, 114
Sulpicius Severus, Hagiograph 36 f.
Swatopluk, Fs. des Großmährischen Reiches 140

Tachulf, Hzg. der Sorbenmark 186
Tassilo, bayer. Hzg. 67 f., 89, 115, 170, 183
Teutsindus, A. von St. Wandrille de Fontenelle 145
Thegan, Geschichtsschreiber 53, 88, 91, 98, 142
Theoderich, ripuarischer Gf. 195, 210
Theoderich, Bf. von Minden 203 f.
Theodericus, A. von St. Vaast 236 A 61
Theodo (Theoto), A. von St. Martin in Tours 202
Theodosius I., röm. Ks. 25
Theodulf, Bf. von Orléans, Dichter 56 f.
Theotgrimus, Bf. von Halberstadt 35
Theuderich III., frk. Kg. 39, 45
Thüringer 186
Thukydides 1
Turpin, Ebf. von Reims 223
Tutinus, Bruder des Hrabanus Maurus 207

Ungarn 137
Unguimerus, awar. Krieger 68
Uodo (Odo), Gf. von Orléans 202

Vedastus, hl. 47, 147
Vegetius (P. Flavius Vegetius Renatus) 29–31, 219
Venantius Fortunatus, Dichter 66
Vergil 66, 247 A 150
Vivianus, frk. Adliger 202
Vurfandus, Bretonenfs. 200 f.

Wala, A. von Corbie 37 f.
Walahfrid Strabo, A. der Reichenau 53, 91, 115, 127
Waltdramnus, Schüler Alkuins 32
Wandregisilus, hl. 44, 100
Wasconen 38, 102, 115, 141, 164, 209, 254 A 66
Wido II., Hzg. von Spoleto, Kg. von Italien, Ks. 71–73
Wido, Mgf. der breton. Mark 145

Widukind, sächs. Adliger 39, 44, 46 f., 144, 173 f., 194
Widukind von Corvey, Geschichtsschreiber 70
Wigbert, hl. 46
Wilhelm, Gf. von Blois 202
Wilhelm, Gf. von Toulouse 59, 63, 165
Wilhelm, frk. Krieger 60
Willehad, hl. 46 f.
Wilzen 111, 115, 196
Witchar, A. 55 f., 61, 183
Woradus, frk. *missus* 194

Xerxes 21, 25, 28

Zado, Wali von Barcelona 60 f., 136
Zwentibald, Mährerfs. 142
Zwentibold, Kg. von Lotharingien 72

Orte

Aachen 66, 116, 125
Ägypten 35, 127, 212
Afrika 82, 86, 130
Alemannien 139 f.
Alpen 123
Amiens 268 A 99
Andernach, Schlacht (876) 151, 156, 179
Angers 57, 97
Angoulême 203
Aquileja 83
Aquitanien 17, 19, 24, 84, 113, 118, 122, 133, 135, 145, 168 f., 178, 201, 223
Ardennen 125
Asien 82, 86
Athen 1
Atlantik 224

Balkan 3
Ballon, Schlacht (845) 24, 165
Barcelona 54, 58–60, 62, 64, 66, 85, 112 f., 117, 123, 135, 137, 143, 150 f., 182, 187, 193 f., 196, 223 f.
Bayern 68, 159, 182 f.
Beauvais 147

Benevent 50, 74, 81, 149
Bergamo 73
Bourges 143
Bretagne 24, 49, 54, 58, 62 f., 83, 142 f., 145, 165, 182
– Bretonische Mark 54 f.
Brissarthe, Schlacht (866) 176, 192 f.
Büraburg 46
Burgund 79, 148

Châlons-sur-Marne 87
Chartres 79
Compiègne 122
Conques, Kl. 59
Corbie, Kl. 45, 268 A 99

Dänemark 173
Deutschland 3
Dijon 148
Donau 68, 142
Dorestad (Durstede) 113, 125

El Padron 224
Enns 277 A 143

Orte

Epernay 148, 165
Eresburg 144
Europa 3, 4, 11, 133

Fleury 148
Fontenoy, Schlacht (841) 74, 80f., 83, 86, 103, 119, 151, 154–156, 160–162, 183, 197–199, 201, 209, 213, 222
Fränkisches Reich 4, 10f., 31, 39, 41f., 46f., 49, 62, 69, 71, 75, 81, 89, 100, 102, 117, 127, 133, 146f., 170, 172f., 186f., 213, 218, 222
Frankfurt 186, 266 A 68
Friesland 172
Fritzlar 46
Fulda, Kl. 204

Galizien 223
Gallien 82, 145
Gandersheim, Kl. 204
Garonne 133
Griechenland 109

Hamburg 39, 172
Huesca 133, 138

Iberische Halbinsel 4
Ingelheim (Pfalz) 54
Italien 46, 71f., 82, 123, 133, 174

Karolingerreich s. Fränkisches Reich

Langobardenreich 224, 260 A 82
Le Mans 79, 238 A 83, 268 A 97
Libyen 141
Limoges 46
Lindisfarne, Kl. 82f., 117
Lippeham 267 A 82
Loire 48, 79, 133

Mâcon 145
Mähren 140
Mainz 181, 204
Marklo 45, 114
Meaux 79
Metz 101

Modena 137, 177
Mont-Glonne, Kl. 82

Nantes 54
Neapel 100
Neustrien 49, 79, 82, 86, 137
Nogent 148
Noirmoutier, Kl. 39, 45, 148
Nymwegen 261 A 103

Orient (antiker) 15
Orléans 57, 148
Ostfränkisches Reich 141

Paderborn 66f., 144, 238 A 83, 244 A 86
Pamplona 223
Pannonien 154, 283 A 41
Paris 19, 48, 77–79, 83, 85, 118, 137, 151, 172, 208, 225 A 5
Poitiers
– St. Hilaire, Kl. 176
Pyrenäen 209

Ravenna 100, 187
Regensburg 163, 266 A 68
Reichenau, Kl. 29
Reims 54, 138, 148
Rennes 54
Rhein 181, 267 A 82
Rhone 133
Römisches Reich 29, 31, 61, 218, 222
Rom 72, 82
Roncesvalles, Schlacht (778) 207f.
Rotes Meer 76, 177, 214

Sachsen 9, 51, 69, 140, 144–146, 148, 174, 215
Saint-Germain-des-Prés, Kl. 48, 79, 173
Saint-Riquier, Kl. 47
Salz, Pfalz 110f.
Saucourt, Schlacht (881) 74, 151
Seine 48, 79
Sithiu (St. Omer) 49
Spanien 18, 62, 82, 86, 115, 133, 135, 173, 223f.
– Spanische Mark 142

Sparta 1
Spoleto 50
St. Bertin, Kl. 34, 41, 49
St. Denis, Kl. 99, 113, 148 f.
St. Gallen, Kl. 29
St. Germain-des-Prés, Kl. s. Saint-Germain-des-Prés
St. Omer, s. Sithiu
St. Philibert de Grandlieu, Kl. 39
St. Vaast, Kl. 41, 47, 147, 150
St. Wandrille de Fontenelle, Kl. 44 f., 100, 139
Straßburg 55, 84
Süditalien 224

Thiméon, Schlacht (880) 247 A 157
Tortosa 133, 135 f.

Toulouse 203
Tournus 148
Tours 56
– St. Martin, Kl. 176
Tramoyes 125
Tribur 118
Troja 137

Vannes 54, 56
Verden 195
Verdun 113, 190
Verona 138
Vincy, Schlacht (717) 97, 197, 199

Walcheren 202
Weser 144
Westfränkisches Reich 74, 169
Worms 111, 159, 165